Hannsjoachim W. Koch

GESCHICHTE DER HITLERJUGEND

HANNSJOACHIM W. KOCH

Geschichte
der
Hitlerjugend

Ihre Ursprünge
und ihre Entwicklung
1922–1945

VERLAG R. S. SCHULZ

Titel der englischen Originalausgabe:
»The Hitler Youth«
Origins and Development 1922–45
Macdonald and Jane's, London
Vom Verfasser autorisierte Übersetzung:
Helmut Kossodo und Ulrich Riemerschmidt

Redaktion: Ulrich Riemerschmidt
Einbandentwurf: Renate Weber-Rapp
Grundschrift: Garamond-Linotype-Antiqua
ISBN 3-7962-0070-2

Inhalt

Vorwort

Den Anlaß zu diesem Buche gab – abgesehen von persönlichen Erfahrungen – eine Arbeit, die ich vor einigen Jahren auf Anraten meines Kollegen und Freundes Professor Gwyn Williams begann. Diese Studienarbeit erwies sich als wertvoll und entmutigend zugleich, denn sie machte mir deutlich, in welchem Maß der von Herder geprägte Begriff des »Volkes« – eine Alternative zur volksdemokratischen Entwicklung, wie sie die Ideen der Französischen Revolution voraussah – sich im Laufe der Jahre und Jahrzehnte einer Verwandlung, ja geradezu einer Mutation unterzog, bis er zu einem wesentlichen Bestandteil des Nationalsozialismus wurde.

Ursprünglich hatte ich beabsichtigt, dieses Buch »Jugend in Fesseln« zu nennen, denn erst die Katastrophe des Zweiten Weltkriegs hatte die Deutschen und besonders die deutsche Jugend von der schlimmsten Entstellung des »Volksbegriffs« geheilt. Diese Entstellung gehörte zum ideologischen Rüstzeug der Hitler-Jugend und anderer deutscher nationalsozialistischer Jugendorganisationen. (Allerdings ist es zweifelhaft, ob das Ende des Nationalsozialismus wirklich die deutsche Jugend von ideologischen Schlacken befreit hat, denn auch heute wieder ist die ideologische Landschaft des Westens mit denselben Elementen angefüllt, wie man sie auf dem Konsummarkt findet: Ersatzprodukten und synthetischen Waren.)

Es wird hier kein Anspruch erhoben, die definitive Geschichte der Hitler-Jugend darzustellen. Einerseits sind die Quellen dazu nicht ausreichend. Mit dem Verfügbaren kann zwar ein einigermaßen zusammenfassender Umriß geboten werden, aber obwohl der bürokratische Apparat der Hitler-Jugend wie der aller Organisationen der NSDAP bis ins kleinste geregelt war, ließen die Verwaltungsmethoden auf der Gau-, Kreis- und Ortsgruppenebene viel zu wünschen übrig. Stellt man die Frage, wie der verwaltungstechnische Mechanismus auf der Gebietsebene der HJ und ihrer Untergliederungen von der Gebietsebene abwärts funktionierte, kann man nur die wissenschaftlich suspekte Antwort geben, daß er irgendwie schon funktionierte, aber sicher nicht in der Art und Weise, wie es üblich ist. Der Grund dafür lag in der Mangelhaftigkeit oder gar Abwesenheit einer diesbezüglichen systematischen Ausbildung des größten Teiles des HJ-Führerkorps, von den unteren Führern gar nicht zu reden. Die Buben, und das waren die meisten noch, trotz Schaftstiefeln, Breecheshosen, Ehrendolch usw., und die Mädel auch, sie fühlten sich in ihrer Mehrzahl wohler im Gelände als hinter einem Schreibtisch mit entsprechenden Konsequenzen auf das, was ich »Papierflut« nenne, denn diese lagert sich wiederum in Akten ab, aus denen wir die Geschichte erforschen.

Zudem ist sehr viel Material bei der systematischen Zerstörung von Archiven vor dem Einmarsch der Alliierten verlorengegangen. Aber es ist ziemlich sicher, daß nicht alles von den Alliierten erfaßt worden war. Ich bin da Zeuge sozusagen in eigener Sache, denn im Winter 1945/46 transportierte ich selber etliche Wagenladungen von Akten aus dem Gebäude der früheren HJ-Gebietsführung des Gebietes Hochland ab in die Wohnung meiner Mutter. Freilich fehlte meiner persönlichen Aktion jede wissenschaftliche Motivation. Nicht der Historie versuchte ich zu dienen, sondern um ganz einfach mir und meiner Mutter ein bißchen Wärme für den Ofen zu verschaffen, was damals ohne Kohlen und bei einer Temperatur von minus 30 Grad mit erheblichen Schwierigkeiten verbunden war. Viel Aktenmaterial muß auf diese Art und Weise für immer verschwunden sein. Immerhin habe ich im Laufe der letzten Jahre eine Anzahl wichtiger Dokumente aus privater Hand erhalten. Dieses und anderes Material werden zu gegebener Zeit dem Bundesarchiv in Koblenz zur Verfügung gestellt werden. Ich habe mich hier absichtlich nicht eingehend mit den Beziehungen der Hitler-Jugend zu anderen deutschen Jugendverbänden befaßt. Der Stoff wäre ausreichend zu einem anderen Buch und hätte dieses nur übermäßig verlängert. Der gesamte Komplex der »Bündischen Jugend« wird später in einem besonderen Band behandelt werden.

Zur Terminologie sei noch erwähnt, daß ich absichtlich eine Unterscheidung zwischen der *Hitler-Jugend* und der *HJ* eingeführt habe. Erstere Bezeichnung umfaßt alle Jugendorganisationen der NSDAP, letztere bezieht sich nur auf die Altersklasse zwischen 14 und 18 Jahren der Hitler-Jugend.

Vielen habe ich für Hilfe, Rat und Beistand zu danken. Mein erster Dank geht an meine Freunde im anderen Deutschland, die mir wertvolles Material zukommen ließen, das mir sonst nicht zugänglich gewesen wäre. Auf ihren Wunsch und in ihrem eigenen Interesse sollen sie hier nicht genannt sein. Herr Dr. Bauer, Frau Dr. Schlichting und Frau Bayer vom Bayerischen Hauptstaatsarchiv haben mir Hilfe geleistet, die weit über den »Ruf der Pflicht« hinausging; das gleiche gilt für Frau Dr. Kinder, Herrn Dr. Haupt und Herrn Regler vom Bundesarchiv, auch für Herrn Dr. Schwebel vom Staatsarchiv Bremen, Dr. Johe von der Forschungsstelle für die Geschichte des Nationalsozialismus in Hamburg und Herrn v. Löwis vom Textarchiv der Süddeutschen Zeitung in München. Und ich glaube, daß jeder, der Gelegenheit hatte, mit Herrn Dr. Anton Hoch im Institut für Zeitgeschichte ins Gespräch zu kommen, einen beträchtlichen Nutzen daraus zog. Die Bayerische Staatsbibliothek und die Bibliothek der Universität von York haben ebenfalls viel beigetragen. Für redaktionelle Hilfe habe ich Mr. und Mrs. Beechey wie auch Herrn Ulrich Riemerschmidt zu danken.

Schließlich möchte ich noch meiner mütterlichen Freundin Frau Karla Zapf aus München für den Wurstsalat und das Bier danken, die oft meine ermüdeten Lebensgeister erfrischten, sowie Gabriele von Eicken. Letzterer mit den Worten: »Etiam viginti quinque anni sunt sollemnia.« Die Familien Sailer aus Haag und Kirchdorf verschafften mir die behagliche Umgebung für meine Arbeit, und den Einwohnern von Haag/Obb. insgesamt sei für ihre Gastfreundschaft gedankt.

Vor allem aber danke ich meiner Frau und meiner Familie für ihre Geduld und Unterstützung, besonders meiner Tochter Freya, die mir bei dem Entwurf der Diagramme half.

York/München 1976   Hannsjoachim W. Koch

I. Traditionen

Es ist der 10. November 1914, drei Monate nach dem Ausbruch des Ersten Weltkriegs. An der Westfront wurde der deutsche Vormarsch auf Paris an der Marne eben aufgefangen. Der Wettlauf um die Häfen der Kanalküste hat sich in Ypern entschieden; der Bewegungskrieg geht zu Ende. In einem verzweifelten Durchbruchsversuch wird die deutsche Vierte Armee gegen die Verteidigungslinie der Alliierten zwischen Ypern und der Kanalküste eingesetzt. Und an diesem Novembertag wird das 26. Reservekorps der Vierten Armee in die Schlacht geworfen; Ziel: die Einnahme einer schwer verteidigten britischen Stellung, des Dorfes Langemarck.

Der Versuch war von Anfang an zum Scheitern verurteilt. Er zeugte von militärischer Stümperei – verbrecherischer Stümperei sogar, denn mit der Aufgabe, Langemarck zu erobern – sie hätte den kühnsten Veteranen das Herz sinken lassen –, wurde eine Truppe jüngster unerfahrenster Deutscher betraut. In der Vierten Armee gab es nur sehr wenige gediente Soldaten; sie setzte sich fast ausschließlich aus Regimentern junger Freiwilliger zusammen: Lehrlingen, Studenten und 40 000 Schuljungen, denen ein Teil ihres letzten Ausbildungsjahres erlassen worden war. Diese Jungen – die Blüte der deutschen Jugend: man kann sie wirklich nicht anders nennen – fielen in den Garben britischer Maschinengewehre vor Langemarck.

Ein letzter verzweifelter Angriff wird befohlen. Die dezimierten Einheiten des 26. Reservekorps rücken vor. Es ist hoffnungslos, völlig hoffnungslos, und jeder weiß es. Da bricht plötzlich über dem Schlachtenlärm eine junge Stimme hervor und singt, und die Kameraden fallen ein. Es ist das Deutschlandlied – »Deutschland, Deutschland über alles« –, noch nicht Deutschlands Nationalhymne, aber seit den vierziger Jahren ist es populär als ein vaterländisch-patriotisches Lied. Singend stürzen sich die jungen Freiwilligen mit leidenschaftlichem Mut auf die britischen Linien. Das Gemetzel geht weiter, der Angriff erlahmt, das Lied verklingt. Am frühen Nachmittag ist es über jeden Zweifel deutlich, daß die Schlacht für Deutschland verloren ist. Die Landschaft rings um Langemarck hat sich in eine Arena des Todes verwandelt: überall liegen Tote und Verletzte; Sanitäter und Feldärzte tun ihr möglichstes und bemühen sich um die stöhnenden, klagenden und nach ihren Kameraden rufenden Männer.

Und noch einmal stimmt ein unbekannter junger Soldat inmitten dieser Hölle von Trostlosigkeit und Verzweiflung das Deutschlandlied an, und wieder nehmen es seine Kameraden auf dem Schlachtfeld im Chor auf. Gruppen herumirrender Soldaten ohne ihre Offiziere, die gefallen sind, kehren sich ohne Helm, das Gewehr in der Faust, noch einmal in die Richtung der feindlichen Linien und stürmen ohne Befehl, einem irrationalen Zwang gehorchend, erneut zum Angriff vor.

Das waren keine Knaben und Männer mehr, es schienen singende Wahnsinnige zu sein, die da immer wieder gegen das mörderische britische Maschinengewehrfeuer anrannten.

Nicht nur diese todgeweihten jungen Menschen starben auf den Schlachtfeldern von Langemarck und anderen – bei Dixmuyden, Virschoote, Paschendaele, Beclaere, Hollbeke, Messines –, auf denen die deutsche Freiwilligenarmee von 1914 geopfert wurde. Es war auch das Ende eines großmütigen Idealismus. Ein wesentlicher Teil der deutschen Jugend war 1914 aus einer verschwommenen Begeisterung zu den Fahnen geeilt, daß dieser Krieg – als höchster Ausdruck nationalen Willens – endlich eine träge bürgerliche Gesellschaft hinwegfegen würde. Der Krieg sollte – so glaubten viele junge Deutsche – das Ende des Obrigkeitsstaates und des Kapitalismus in Deutschland und in Europa herbeiführen. Die Schlacht zwischen den Kräften einer materialistischen Zivilisation und dem Geist der Kultur schien endlich gekommen, und im Sturm der Begeisterung gab es für die deutsche Jugend keinen Zweifel über den Sieger. Aber im Blutbad von Langemarck erkannten sie, daß sie sich getäuscht hatten, daß die Hoffnung, die Welt und die Gesellschaftsordnung mit einem mächtigen Handstreich zu verändern, zum Scheitern verdammt

8

war. Der Erste Weltkrieg hatte sein wahres Gesicht gezeigt, und die Heere richteten sich auf das entsetzliche Geschäft des Massenschlachtens ein.

Bedeutete Langemarck jedoch den Tod des einen Mythos, so erwachte gleichzeitig ein anderer, ein für die Zukunft der deutschen Jugend viel gefährlicherer, zu neuem Leben und begann auf die jungen Generationen der nächsten Jahrzehnte seinen verhängnisvollen Bann auszuüben. Es war der Glaube an einen blinden, einen unerschütterlichen Gehorsam, der keinen Befehl in Frage stellte, der Glaube an eine notwendige Selbstaufopferung bis in den Tod für Volk und Vaterland. Dieser Mythos war nicht erst in Langemarck entstanden. Seine Ursprünge reichen in verschiedener Hinsicht in hundert Jahre deutscher Geschichte vor 1914 zurück, in jene vielartigen kulturellen, geistigen und politischen Entwicklungen, aus denen auch der naive und optimistische Idealismus hervorgegangen war, der 1914 sein tragisches Ende fand. Den Lauf dieser Geschichte zurückzuverfolgen, die Entwicklung der Jugendbewegungen und der Jugendweltanschauungen, die eine so fruchtbare wie komplizierte Mythologie hervorgebracht haben, zu untersuchen, sei unsere erste Aufgabe. Danach werden wir wieder auf die Schlachtfelder zurückkehren müssen, denn wenn der Glaube an Selbstaufopferung und blinden Gehorsam auch dort nicht geboren wurde, so hat er sich in den singenden Märtyrern von Langemarck in voller Reife offenbart. Das ganze tragische deutsche Epos von Tod und Niederlage im Ersten Weltkrieg ist der Katalysator in jenem großen Umwandlungsprozeß, der das Ende der patriotisch-idealistisch-utopischen Traditionen des jungen Deutschlands im neunzehnten Jahrhundert herbeiführte und in der Hitlerjugend im dritten Jahrzehnt des zwanzigsten endete.

Obwohl der Ursprung organisierter deutscher Jugendbewegungen bis in die Mitte des sechzehnten Jahrhunderts zurückverfolgt werden kann [1], muß betont werden, daß die »Jugend« als gesellschaftliche Gruppe in Deutschland und anderswo erst Ende des neunzehnten Jahrhunderts zu einem organisierten und eigenständigen Machtfaktor wurde. Der langwierige Entwicklungsprozeß autonomer Jugendbewegungen begann mit der Französischen Revolution und setzte sich im folgenden Jahrhundert fort – Ereignisse wie die napoleonischen Kriege und die revolutionären Bewegungen von 1848 brachten die Energieausbrüche hervor, die den Prozeß beschleunigten.

Hier ist Napoleon – wie in anderem – eine Schlüsselfigur. Am Ausgang des achtzehnten Jahrhunderts lehnte sich das durch die bewegenden Ereignisse im revolutionären Paris angefeuerte junge Deutschland gegen den herrschenden aufgeklärten Rationalismus auf, der die Entfaltung der menschlichen Freiheit in künstliche Grenzen einengte. In dieser »Sturm-und-Drang-Periode« forderte die Jugend ihr unbedingtes Recht, jung zu sein, sich selbst zu gehören und nicht mehr als Abbild einer verkrusteten Elterngeneration zu gelten, die wiederum das Produkt einer immobilen Gesellschaftsordnung war. Hatte es vorher Studentenverbände gegeben, auf Landesebene je nach Fürstentum entstanden, so wandelten sich jetzt viele dieser Gruppen in »Bruderschaften« um, deren Ziel die Verwirklichung eines meist sehr vagen utopischen Gedankens von weltumfassender Verbrüderung und allgemeinem Frieden war. Die Worte eines Dichters des »Sturm und Drang« drückten die typischen Sehnsüchte dieser Zeit und seiner Generation aus: »Die Welt ist mein Vaterland, und alle Menschen sind ein Volk. Durch eine allgemeine Sprache vereint! Die allgemeine Sprache der Völker sind Tränen und Seufzer ... Mußte denn das ganze menschliche Geschlecht, um glücklich zu sein, durchaus in Staaten eingesperrt werden, wo jeder ein Knecht des anderen und keiner frei ist?« [2]

Der Aufstieg Napoleons in Frankreich und sein Triumph als Liquidator der Revolution rüttelte die deutsche Jugend jäh aus ihren romantischen und utopischen Träumereien auf. Als Napoleons scheinbar unbesiegliche Legionen den Rhein überschritten und in den Schlachten von Austerlitz, Jena und Auerstädt, Eylau und Friedland ihre harten Schläge austeilten und Mitteleuropa ihren Willen aufzwangen, brachen die Ideale von einer deutschen Mission im Dienste des Weltbürgertums und allgemeiner Verbrüderung zusammen. Jetzt traten die Fragen des individuellen und nationalen Überlebens in den Vordergrund. Gegen militärische Macht und Gewalt waren der Idealismus, die Kunst und Poesie der Sturm-und-Drang-Periode nur schwache und unwirksame Waffen. Die Prinzipien der Französischen Revolution hatten zwar bei der deutschen Jugend zum Teil begeisterte Aufnahme gefunden, aber ihr Mißbrauch in den Händen Napoleons und ihre Ausbeutung zum alleinigen Nutzen der nationalen Interessen des französischen Staates veranlaßte viele junge Deutsche zu einer gründlichen Revision des Ideengutes, das sie vorher fraglos akzeptiert hatten.

Eine ideologische Waffe, die man gegen Napoleon verwenden konnte, war in der Tat bereits vorhanden. Der Philosoph Johann Gottfried Herder (1744–1803) hatte sie mit seinem Begriff des »Volks« geschmiedet, ohne zu ahnen, zu welchem Zwecke seine Darlegungen einst verwendet werden würden [3]. Während für die Rationalisten der Aufklärung »die Gesellschaft« aus der Summe ihrer Mitglieder besteht, lösen diese sich, für die religiös inspirierten Romantiker, in einem Ganzen – in der »Gemeinschaft« – auf. Die Gemeinschaft, sei sie religiös oder staatlich, wird als ein natürlicher Organismus betrachtet, und im staatlichen oder vielmehr nationalen Sinne ist dieser Organismus – so Herder – das »Volk«. Herder argumentiert, daß der Einzelmensch sich nur innerhalb des »Volkes« ganz entfalten, so wie das »Volk« seine gottgegebene Mission nur als ebenbürtiger Partner der anderen nationalen Gemeinschaften – der anderen »Völker« erfüllen kann. Der Einzelmensch ist nichts ohne sein »Volk«, genauso wie das »Volk« nichts ohne seinen Staat ist. Daraus schließt Herder, daß die Entfaltung eines »Volkes« sich in vielen Fällen nur gegen den existierenden Staat durchsetzen läßt – wenn z. B. der Staat nicht den wahren Interessen des »Volkes« entspricht –, und das trifft besonders zu, wenn der Staat von einer fremden Macht beherrscht und besetzt ist. Dieser religiös inspirierte Patriotismus führte zu einer Umwandlung aller rationalen Aspekte der Politik und einem Gebräu der Seele [4]. Immerhin gab die politische Situation der deutschen Länder im ersten Jahrzehnt des neunzehnten Jahrhunderts trotz

ihrer gefühlsbeladenen Aspekte vielen Deutschen Anlaß, sich eingehend mit den Herderschen Gedanken über die Struktur des
Staates zu befassen, wenn erst einmal eine wahre nationale Gesellschaft geschaffen wäre.

Herder war ein entschiedener Gegner der Egalitätsbestrebungen
der Aufklärung, die seiner vom christlichen Glauben beherrschten organischen Weltanschauung mit ihren gottgewollten Unterschieden zwischen den Menschen grundsätzlich widerspra-
chen [5]. In diesem Sinne betrachtete Herder die Nation – mit
ihren sozialen Unterteilungen in mehrere Stände, in denen jeder
zum Nutzen der gesamten Gemeinschaft beitragen sollte – als
eine irdische Notwendigkeit und den Willen Gottes. Jeder dieser Stände und sie alle gemeinsam sind zum allgemeinen Wohl
der nationalen Gemeinschaft erforderlich, obwohl sie einander
nicht gleich sind. Ihr Beitrag ist jedoch gleichermaßen für die
Gemeinschaft als Ganzes notwendig, und daher sind sie vor
Gott gleich. Sie bilden ein Glied in der kompliziert konstruierten
Kette des organischen Wesens. Ist die Kirche die Gemeinschaft
der Heiligen, so ist die Nation die Gemeinschaft des Dienstes,
und Dienst an der Nation ist die Pflicht aller [6].

Auch in seiner Definition der Freiheit steht Herder im Gegensatz zu den Wortführern der Aufklärung. Sein Freiheitsbegriff
beruht auf der christlichen Ethik, nach der der Mensch nur dann
vor Gott frei ist, wenn er sich bedingungslos Seinem Willen un-
terwirft. Herder interpretierte die spezifische Freiheit Deutschlands als die Freiheit des Gewissens, ein Begriff, den Immanuel
Kant später weiter ausdehnte und als das Recht und den Willen
zur Pflichterfüllung definierte.

Daß Herder kein »Nationalist« im herabsetzenden Sinne des
Wortes war, darf als erwiesen gelten. Dennoch war auch er
einem mehr kämpferischen Patriotismus durchaus zugänglich,
als er sich dem politischen und territorialen Ehrgeiz Napoleons
gegenübergestellt sah [7]. Allerdings wurzelte dieser Patriotismus im universalistischen Begriff des »Reichs« – des Heiligen
Römischen Reiches Deutscher Nation – und nicht in dem einer
neuen deutschen Nation. Er gab zu, daß man bereit sein müsse,

sein Blut »auf dem Altar des Vaterlandes« zu opfern, um den Organismus »Volk« und die Nation zu verteidigen und nicht nur den Staat, denn in seiner Sicht schafft der Staat nicht die Nation, sondern die Nation den Staat [8]. Herder empfand den ganzen rationalistischen Begriff des Staates als zu mechanistisch; es fehlten ihm die Kraft und die kreativen Impulse, die vom »Volk« ausgingen. Der Staat ist eine durch Gewalt zusammengepferchte Herde, während das »Volk« die natürliche Familie ist, ein in den Strom des göttlichen Willens gebetteter Organismus der Natur [9]. Tatsächlich steht der »Staat«, wie er zur Zeit Herders existierte, im krassen Gegensatz zum »Volk«. Er ist ein künstliches Gebilde, während das »Volk« naturgewollt und harmonisch ist. Folglich ist ein Staat nur das, was eine Nation ihn zu sein wünscht, und demnach wieder ist einer der Hauptbestandteile einer Nation oder eines Volkes die Geschichte, die im Ganzen betrachtet ein nach göttlichem Plan bestimmter organischer Vorgang ist. Herder, der Gott als die Quelle aller organischen Kräfte betrachtet, deutet die Geschichte als einen Bestandteil der viel größeren organischen Entwicklung des Kosmos – eine Sicht, die einen tiefen Einfluß auf die deutsche Geschichtsschreibung des neunzehnten Jahrhunderts ausüben sollte [10]. Wenn Herder die Geschichte auch nicht als einen Marsch in den menschlichen Fortschritt auffaßt, so sieht er sie doch als ein Fortschreiten zur Erlösung des Menschen durch Christus. Erlösung statt endlosen Fortschritts, Geschichte statt reiner Vernunft. In der Geschichte enthüllen sich nicht nur Gottes Absichten und Pläne für die Nationen, sondern auch der Kern einer höheren Lebensform für den Menschen, die ihm den Weg zur Erlösung weist [11].

Ist die Geschichte ein Hauptbestandteil der Nation, so ist ihre Sprache der Schlüssel zu ihrem Charakter und zu ihrer ureigenen Ausdrucksweise. Auch hier war Herder nicht der erste, die deutsche Sprache und deutsches Volkstum besonders hervorzuheben. Er folgte darin nur der in der letzten Hälfte des achtzehnten Jahrhunderts begonnenen deutschen kulturellen Renaissance. Unter anderen hatten sich Opitz, Spener und Francke um eine Wiederbelebung der deutschen Sprache bemüht, um sie vor dem Verfall und der Verfremdung durch die französische zu schützen. Aber für Herder ist die Sprache des »Volkes« nicht nur ein Mittel der Verständigung, sondern ein gefühlsbeladener Spektrograph; sie vermittelt zwar faktische Einzelheiten, bewahrt aber gleichzeitig den Geist einer Epoche. Sie ist das Gedächtnis des »Volkes«, und wie das »Volk« unterliegt sie einem bodenständigen organischen Wachstum; ohne sie gäbe es weder »Volk« noch Vaterland, ohne sie wäre die Nation ihrer Individualität beraubt [12].

Man hüte sich indessen, Herders Gedanken überzubewerten. Ihre eigentliche Kraft liegt viel mehr in der späteren Anwendung als in ihrem Gehalt.

Herder propagierte seine Ideen zu einer Zeit, in der der Säkularisationsprozeß enorme Fortschritte gemacht hatte, obwohl die Religion noch immer ein wesentlicher Bestandteil des deutschen kulturellen und sozialen Lebens war. Deshalb enthält seine Betonung des Begriffs nationaler Eigenständigkeit keinerlei qualitative Bedeutung. Die Leiden Christi sind immer noch der Mittelpunkt aller Ereignisse im Leben der Menschheit und das Christentum das alles umschließende Band. Die Erfüllung des Einzelmenschen – d. h. die Entwicklung und Beherrschung seiner Eigenschaften – kann sich nur innerhalb des »Volkes« vollziehen, so wie jedes »Volk« sein göttliches Geschick auch nur in Verbindung mit anderen Nationen vollziehen kann. Noch wird die Menschheit als eine Wesenheit betrachtet [13]. Deutschlands Sendung ist, zu dienen und nicht zu beherrschen [14].

So gab es am Vorabend der napoleonischen Kriege bereits einen deutschen Patriotismus, nur das Ziel dieses Patriotismus ermangelte noch der nötigen Klarheit und genauerer Definition. Sollte es das Heilige Reich sein, das Herder und viele Zeitgenossen sich in verjüngter Form erträumten und von dem sie sich eine universale kulturelle Ausstrahlung erhofften? Oder sollte es die Nation, der einfachste Ausdruck des »Volkes« in Urgestalt sein, so wie Herder sie in seinen Ausführungen des langen und breiten dargelegt hatte?

Das geistige Klima in Deutschland veränderte sich. Zuerst hatten die Bestrebungen nach größerer menschlicher Freiheit durch die Französische Revolution mächtigen Auftrieb erhalten, aber mit dem wachsenden Widerstand gegen die französische Besetzung entstand der kämpferische deutsche Nationalismus. Jetzt wurde man sich bewußt, daß Frankreich Deutschland nur deshalb stückweise verschlingen konnte, weil es keinen vereinigten mächtigen deutschen Staat gab, und Deutschland nicht nur der Einigkeit, sondern auch einer ideologischen Daseinsbestätigung bedurfte, um sich erfolgreich den revolutionären Ideen Frankreichs zu widersetzen [15].

Napoleon führte die Wandlung herbei. Im geistigen Arsenal, mit dem man sich gegen den französischen Diktator wappnete, war Herders Begriff vom »Volk« die mächtigste verfügbare Waffe, denn mit ihr konnte sich der Übergang von einer Generation deutscher Intellektueller, die sich bisher als »Weltbürger« betrachtet hatten, zu einer Generation fanatisch begeisterter Befürworter eines deutschen Nationalstaates vollziehen. »Ein Volk zu sein ... das ist die Religion unserer Zeit«, schrieb Ernst Moritz Arndt (der selbst kein Untertan eines der deutschen Länder, sondern Schwede war), um die Deutschen aus ihrer Trägheit zu erwecken und sie zum Widerstand gegen Napoleon aufzustacheln [16]. Arndt war der erste, der – noch unbewußt – Herders Begriff von seinem christlich-patriotischen Kontext zu trennen versuchte. Hatte man sich in Frankreich im Laufe der Revolution und besonders in einer ihrer Phasen offen bemüht, das Christentum durch eine nichtchristliche Substanz zu ersetzen, so lief in Deutschland die Entwicklung des Nationalismus auf eine allmähliche Auflösung der christlichen Substanz, auf einen fortschreitenden Säkularisationsprozeß hinaus, der den Deutschen in ihrer Gesamtheit gar nicht zu Bewußtsein kam. Bis in das erste Jahrzehnt des zwanzigsten Jahrhunderts waren Religion und Patriotismus noch scheinbar gleichwertige Bestandteile des deutschen Nationalismus, während in Wirklichkeit vor Ausbruch des Ersten Weltkriegs letzterer die erstere bereits voll und ganz ersetzt hatte.

Obgleich sein Werk letztlich religionsfeindlich war, gab Arndt seinen patriotischen Gefühlen und Gedanken in religiöser Form Ausdruck. Er war 1798 und 1799 durch Frankreich gereist, zu einer Zeit, als der deutsche Teil des linken Rheinufers bereits von Frankreich annektiert worden war. Er war vom revolutionären Eifer der Franzosen zwar beeindruckt, stand aber ihren Bemühungen, andere Nationen mit ihren Segnungen frei oder durch systematische Unterdrückung zu beschenken, skeptisch gegenüber. In seinem Glauben an das Nationalbewußtsein, den er von Herder übernommen hatte, fragte er sich, ob die Reaktion auf die französische Politik nicht letztendlich auf eine Schädigung der französischen Interessen hinauslaufen müßte. Was Deutschland anbetraf, so war er sicher, daß jede weitere französische Einmischung — so uneinig und geteilt Deutschland damals auch war — nur zum Wiederaufleben des Nationalbewußtseins beitragen würde [17].

In diesem Wiederaufleben spielte er als Verkünder eines kämpferischen nationalen Protestantismus, der besonders bei der Jugend der vorwiegend protestantischen Länder großen Beifall fand, eine wichtige Rolle. Indem er Luther mit der »deutschen Sache« und »Rom« mit Frankreich gleichsetzte, dachte er vor allem an das protestantische Preußen als den Verteidiger des deutschen Volkes gegen den ausländischen Feind; und da die Nationalsprache ein Hauptbestandteil der völkischen Ideologie war, betrachtete Arndt Martin Luther, den ersten Übersetzer der Bibel in die deutsche Volkssprache, auch als den Begründer der deutschen Literatur. Wenn der Geist des Volkes sich in seiner Sprache offenbart, wie es Herder formuliert und Arndt geglaubt hatte, mußte dann Luther nicht das Genie der deutschen Sprache verkörpern? Und nun sollte Preußen, wie einst Luther, zum Schutzgeist des deutschen Volkes werden und es in eine organische Einheit zurückführen. Arndt als Repräsentant der romantischen Bewegung sah das Deutschland der Zukunft eher aus der Sicht seiner traditionellen Agrarstruktur als mit dem Auge auf die wirtschaftliche und industrielle Entwicklung, deren Fortschritte sich in einigen Teilen Preußens bereits abzeichneten. Eine seiner Hauptanklagen gegen den französischen, von der Revolution übernommenen Freiheitsbegriff war, daß er das industrielle Wachstum fördere und damit den naturgegebenen politischen, wirtschaftlichen und gesellschaftlichen Organismus zerstöre [18]. Auch in Friedrich Ludwig Jahn finden wir die Verbindung religiösen und völkischen Gedankenguts und den flammenden Glauben an die Auferstehung des deutschen Volkes [19]. Für den preußischen Pfarrer war die Erfüllung religiöser und nationaler Pflichten identisch. Durch seine Persönlichkeit und besonders durch seine Lehren wirkte er anziehend auf die Jugend. Er ging in die deutsche Geschichte des frühen neunzehnten Jahrhunderts als ein unermüdlicher Kämpfer für den deutschen Nationalismus ein und übte durch die Schaffung von Turnverbänden für die Schulung patriotischer Kämpfer und die Bildung deutscher Freikorps einen erheblichen Einfluß aus. Nachdem die Feindseligkeiten mit Frankreich eingestellt waren, fuhr er fort, Studentenverbände zu nationalistischer Begeisterung anzufeuern. Von ihm stammt auch der Ausdruck »Volkstum«, der vor allem eine organische Gemeinschaft verbildlichen sollte und zwischen dem romantischen Nationenbegriff – dem »Volk« – und dem rationalen Begriff der Nation – »künstlich« zusammengefügter und von einem Herrscherhaus regierter Gebiete – unterschied, den Jahn wie Herder als unnatürlich ablehnten. Besonders verabscheute er Napoleons Ehrgeiz, sämtliche europäische Nationen in einem von Frankreich beherrschten Reich zu vereinigen, denn das würde die Herrschaft des Antichrist, das Ende der gottgeschaffenen Einheit des »Volkes« bedeuten.

Friedrich Schleiermacher war ebenfalls Pastor, und wie Jahn fügte er dem religiösen Rahmen seines Wirkungskreises die politische Weltanschauung hinzu, in der die nationale Gemeinschaft die einzige legitime und gottbestimmte Institution verkörperte. In seinen Predigten legte er die ganze Struktur religiöser und nationalistischer Gedanken dar, die auf dieser Erde ihren höchsten Ausdruck im »Volksstaat« fänden, des Menschen »größtes Kunstwerk«, das ihm gestattete, »den höchsten Zustand der Menschheit zu erklimmen« [20]. Der grundsätzliche Widerspruch seiner Auffassung vom Staat als einem »Kunstwerk« und der organischen Theorie vom Volk als einer naturgegebenen Einheit scheint ihm entgangen zu sein. Der wahre Patriot ist gleichermaßen in der Kirche wie im Volk zu Haus; beide sind Teile eines organischen Ganzen, das am besten mit Jahns Begriff vom »Volkstum« bezeichnet werden kann. Der ideale Bürger und das harmonische und autonome menschliche Wesen sind in Wirklichkeit ein und dasselbe. Die nationale Gemeinschaft stellt die gottbefohlene Ordnung dar, in der der Mensch seine Fähigkeiten voll entfalten kann und ohne die sein Wachstum unumgänglich verkümmern muß. Das steht natürlich in krassem Widerspruch zur rationalistischen Lehre vom »Gesellschaftsvertrag« Rousseaus. Da die Gesellschaft allein die menschliche Existenz in ihrer höchsten Form möglich macht, spielt die Frage, ob man für die Aufgabe seiner angeborenen Rechte an die Gesellschaft einen Gegenwert erhält, keine Rolle mehr. So wie in der christlichen Doktrin der wahre Mensch nicht außerhalb der Gnade der Kirche existiert, so kann der Mensch in den Augen derer, die Herders Ideen zu ihren eigenen Zwecken verwendeten, nicht außerhalb der Gruppe seines »Volkes« bestehen.

Herders Definition der Freiheit war die der Gewissensfreiheit, einer Freiheit jedoch, die man »im Schatten des Throns« genießt, in der man sich auch an den Früchten seiner Arbeit, seinem Trost, seinen Freunden und Kindern erfreut, »eine gemäßigte Freiheit, die sich heutzutage jeder Patriot erwünscht« [21].

Kants Definition war schon anspruchsvoller, aber auch sie bezog sich wesentlich auf eine Gewissensfreiheit im Schatten des Throns oder auf die Freiheit, all seine Fähigkeiten dem Gemeinwohl zu widmen, das in einer wesentlich christlichen Weltanschauung dem mit metaphysischen, religionsähnlichen Eigenschaften ausgeschmückten Staat dient. Der Naturwissenschaftler und Philosoph Heinrich Steffens betrachtete die Existenz des Staates als eine Vorbedingung persönlicher Freiheit, da für ihn, wie für viele seiner Zeitgenossen, der Staat gleichbedeutend mit dem Volk war und es die höchste aller Freiheiten ist, die Tiefen des Nationalgeistes in vollem Ausmaß zu ergründen [22].

Es war nur natürlich, daß die Deutschen im Gegensatz zur Aufklärung und der aus ihr hervorgegangenen Französischen Revolution, mit deren Exzessen man Napoleon gleichstellte, ihren eigenen Begriff der Freiheit prägen wollten. In Ermangelung einer fest verwurzelten und spezifisch deutsch entwickelten politischen Theorie mußten sie notgedrungen auf die einzig übriggebliebene große Tradition zurückgreifen – die Religion. Freiheit ist daher nur innerhalb der nationalen Gemeinschaft möglich, und diese wurde von den Theologen, die ihr Gedankengut von Herder bezogen hatten, mit dem wahren Christentum gleichgestellt. Dienst an der nationalen Gemeinschaft ist für ihr Leben unerläßlich und bedeutet das gleiche wie die Erfüllung christlicher Pflicht. Aber neben diesen allgemeinen Richtlinien gab es noch das Bedürfnis für Besonderes, nämlich für Selbstaufopferung, um die nationale Gemeinschaft von der französischen Unterdrückung zu befreien. Schon aus diesem Grund unterschied sich der Krieg von 1813 gegen Frankreich in der deutschen Geschichte grundlegend von allen Kriegen des achtzehnten Jahrhunderts: es war der erste »Volkskrieg«, ein »Kreuzzug« gegen Napoleon, dessen Heftigkeit noch von den Dichtern und Schriftstellern jener Zeit erheblich gesteigert wurde und dessen fanatischer Haß an die Kreuzzüge früherer Zeiten gemahnte [23].

Die idealistische Dichtung eines Körner, Kleist oder Rückert ließ klar erkennen, daß diesem »Kreuzzug« ein Ethos von Selbstaufopferung innewohnte, das seinen Ausdruck auch in den bildenden Künsten fand, obwohl dort meist mit weniger Geschmack als in der Literatur behandelt [24]. Früher hatte Herder bereits das Thema der Aufopferung für das Vaterland berührt, aber die Dichter des Befreiungskrieges übertrafen ihn darin bei weitem [25], besonders Arndt, der während des Krieges im Hauptquartier des preußischen Generals Blücher als eine Art von offiziellem Propandisten fungierte. Wie er, priesen auch andere den Tod im Kreuzzug für das Vaterland als eine der Passion Christi ähnliche Erfüllung [26].
Auch die Geschichtsschreibung wurde in den Dienst dieses

Kreuzzugs gestellt. Eine weit übersteigerte Ruhmpreisung deutscher Vergangenheit hob besonders das Gefühl der Verpflichtung gegenüber der Heimat hervor, die von allen Deutschen erwartet wurde. Die Geschichte Deutschlands wurde zu einer Offenbarung nationaler Glorie, aus der neue Kraft für die Prüfungen der Gegenwart und die Aufgaben der Zukunft geschöpft werden sollte. Auch hier hieß es, daß das Verständnis der Geschichte die vollkommene Hingabe und das Verschmelzen des Einzelmenschen in die nationale Identität voraussetzte. Nur so war man sicher, das Volk als eine Einheit geschichtlicher Kontinuität zu verstehen – nur so war der Einzelmensch gewappnet, der nationalen Gemeinschaft zu dienen [27].

Auch die Sprachwissenschaften wurden in den Kampf gegen den Eindringling einbezogen. Herder hatte die Bedeutung der Sprache für den Volkscharakter hervorgehoben. Andere dehnten diese seine Lehren noch viel weiter aus. Fichte in seinen »Reden an die deutsche Nation« schien als erster die Begriffe von »Patriotismus« und »Volk« aus ihrem bisherigen religiös gefärbten Zusammenhang zu lösen und ihnen weltlich politische Bedeutung zu geben. Über allem hob er immer wieder die Notwendigkeit hervor, die Eigenheit der deutschen Sprache zu bewahren, denn nur durch sie könne das deutsche Volk bestehen [28]. Sie habe sich – behauptete er – im Gegensatz zu den romanischen Sprachen von allen fremden Einflüssen ferngehalten, und das gebe ihr unermeßliche Tiefe und kreativ starkes Ausdrucksvermögen, während andere stark latinisierte nordeuropäische Sprachen nur noch fähig seien, die Oberfläche des Lebens auszudrücken. Diese seien tote Sprachen, und schon deshalb allein – so fuhr er fort – sei es zwecklos, sie mit der deutschen Sprache vergleichen zu wollen – denn man kann Lebendiges nicht mit Totem vergleichen. Deutschland ist der einzige und alleinige Besitzer einer lebenden Sprache und ist deshalb das ursprüngliche Volk, das »Urvolk«, das einzige Volk mit seiner eigenen Sprache. In dieser Sicht war die politische Uneinigkeit der deutschen Länder von keiner Bedeutung, solange nur die Integrität der deutschen Sprache erhalten blieb. Früher oder später würde die gemeinsame Sprache ohnehin die Nation und das deutsche Volk als eine politische Einheit wiederauferstehen lassen [29].

Ein derart übertriebener kultureller Nationalismus schlug die Warnungen und Einschränkungen, mit denen Herder seine Abhandlungen ausgestattet hatte, in den Wind [30]. Für ihn war die Sprache nur eine der eigenständigen Ausdrucksformen, die einen Teil der Vielfalt bilden, aus der sich die wesentliche Einheit der Menschheit zusammensetzt [31]. Aber dieser gemäßigte und universelle Standpunkt war von den härteren Philosophen des Befreiungskrieges längst überschritten worden. Das wird am besten sichtbar, wenn man Herder, für den die Menschheit immer noch eine natürliche Einheit ist und dessen Philosophie das »Volk« als einen Teil dieser weltweiten Wesenheit betrachtet, Schleiermacher gegenüberstellt, der den dem Weltbürgertum innewohnenden Humanismus verwirft [32].

Schleiermacher und mit ihm viele der Patrioten von 1813 erkannten zwar die Mannigfaltigkeit der Menschheit an, fügten ihr aber eine qualitative Wertmessung bei, die Herder stets ausgeschlossen hatte [33]. Die jüngeren Philosophen lehrten, daß, wenn alle Bestandteile eines organischen Staates sich untereinander ergänzen müssen, demnach auch gewisse Einzelmenschen dazu bestimmt seien, niedere Funktionen zu erfüllen, während andere zu Höherem erlesen sind [34]. Das bedeutet eine Wertunterscheidung zwischen den Einzelmenschen, und dasselbe – so wurde gefolgert – traf auch auf die Nationen zu: die einen waren von größerem Wert als die anderen; das war die Entwicklung, obgleich man noch immer der Idee der Einheit und Gleichheit der gesamten Menschheit vor Gott einen gewissen Lippendienst zollte [35]. Und noch eine gefährliche Verdrehung wurde Herders Lehre beigefügt: Im gleichen Maße, wie es für den Einzelmenschen von höchster Wichtigkeit ist, sich als einen Teil des Volkes zu betrachten, so gilt es auch bei den Beziehungen zwischen nationalen Gemeinschaften, daß jede ihr Eigenleben als Volk bewahrt, und um das sicherzustellen und zu verewigen, muß jeder Versuch der Völkervermischung oder der Verschmelzung einzelner nationaler Gemeinschaften abgelehnt werden.

Völkervermischung ist demnach ein Eingriff in die göttliche Vorsehung. Nationale Trennung und Eigenstämmigkeit sind die Vorbedingungen für das Überleben der nationalen Gemeinschaft; und dieses Prinzip hat im ganzen neunzehnten Jahrhundert einen tiefen Einfluß auf die politische Entwicklung Mitteleuropas ausgeübt.

Natürlich wurde die Aufgabe, die nationale Eigenheit zu bewahren, vor und während der Befreiungskriege eifrig gepredigt, und die ganze Propaganda dieser Epoche beruhte auf dem religiösen Ethos des »Krieges für die Freiheit«. Es muß allerdings erwähnt werden, daß der Krieg als Mittel zu größerer Macht, den man für ein typisches Phänomen des achtzehnten Jahrhunderts hielt, in den Schriften von Schleiermacher, Jahn und Arndt wieder und wieder als unmoralisch verurteilt wurde. In ihrer Anschauung ist der Krieg nur dann berechtigt, wenn die Existenz der nationalen Gemeinschaft bedroht ist [37].

Aber auch so enthielten ihre Lehren eine große latente Gefahr. Die volle Bejahung der organischen Theorie und ihre Anwendung auf internationale Beziehungen führte zwangsläufig zu dem Glauben an eine festgelegte Rangordnung unter den verschiedenen Nationen. War die Annahme, eine jede Nation habe ihre eigene gottgewollte Mission zu erfüllen, noch einigermaßen harmlos, so brachte die qualitative Einteilung mit Unterschieden zwischen höheren und niederen Aufgaben schon schwere Folgen mit sich. Jahn sah in Deutschland den Gründer ewigen Friedens in Europa und den »Schutzengel der Menschheit« [38]; mit den Griechen waren sie die heiligen Nationen der Menschheit. Andere waren noch deutlicher und befürworteten eine europäische Föderation unter deutscher Führung; und da diese Idee in den vergangenen Jahrhunderten unter Karl dem Großen und den Heiligen Römischen Kaisern einer gewissen politischen Realität entsprochen hatte, übte sie auf viele eine große Anziehungskraft aus [39]. Für Fichte bedeutete es natürlich schon eine Bestimmung für sich, ein »Urvolk« zu sein und zu bleiben. Ein Deutscher zu sein war in seinen Augen nicht nur eine Charakteristik des Zufalls, sondern bereits ein Zeichen der Vollkommenheit.

Einer Vollkommenheit, um deretwillen Arndt leidenschaftlich die völlige und gnadenlose Zerstörung des moralisch minderwertigen Feindes forderte [40].

Mit Fichte, Schleiermacher, Arndt und Steffens kommen wir in die Epoche der politischen deutschen Romantik, in der Herders kultureller Nationalismus zum System erhoben und in eine klare Ideologie verwandelt wurde, die später einen verhängnisvollen Einfluß auf die deutsche politische Gedankenwelt ausüben sollte. In einer Zeitspanne von weniger als fünfzig Jahren hatte sich in Deutschland eine Wandlung von einer vorwiegend universalistischen weltbürgerlichen Ideologie zu einer spezifisch nationalistischen Weltanschauung vollzogen. Herder war bestrebt, die Aufmerksamkeit von den mechanistisch orientierten Ideen seiner Zeit auf den organischen Wachstumsprozeß in der Entwicklung einer nationalen Kultur umzulenken. In seinen Gedanken spielte der »Staat« eine untergeordnete Rolle – wenigstens bis der fremde Eindringling seine Ruhe störte. Und dann stellte es sich heraus, daß Herders Theorie sich bequem in eine Ideologie umwandeln ließ, die sich in direkten Widerspruch und Widerstand zu den Ideen der Französischen Revolution stellte, in deren Namen Napoleon seine Eroberungsfeldzüge unternahm. Es war eine Schocktherapie, die neue Perspektiven eröffnete und es möglich machte, daß die friedliche Beobachtung der Menschheitsentwicklung sich rasch in eine Ideologie der nationalen Verteidigung verwandelte. Und mit ihr verwandelte sich die anfängliche Gleichgültigkeit Vieler dem französischen Einmarsch gegenüber in leidenschaftlichen Haß auf den fremden Eindringling und ließ sie nur allzu eifrig nach jedem Mittel greifen, um ihre Eigenständigkeit zu behaupten und zu bewahren, Trost im angeblichen Ruhm der Vergangenheit zu schöpfen und auf glorreiche Auferstehung zu hoffen.

Der deutsche Nationalismus jener Zeit war kein Vernunftprodukt der Aufklärung, sondern ein Erzeugnis der politischen Romantik. Von Anfang an war er mit gefühlsbeladenem und daher gefährlichem Sprengstoff durchsetzt. Und vielleicht übte er deshalb eine besonders starke Anziehungskraft auf die deutsche

Jugend aus. Das zeigte sich bereits in der ersten Dekade des neunzehnten Jahrhunderts. Die Studenten waren unter den Ersten, die dem Grundsatz Glauben schenkten – und auch danach handeln wollten –, daß Deutschland sich durch kühne drastische Taten vom Unterdrücker befreien könne. Ludwig Stabs, ein Student der Rechte an der Universität Göttingen, war einer von denen, die im Jahre 1808 bei einem Versuch, Napoleon zu ermorden, vergeblich ihr Leben opferten. Der Dichter Heinrich von Kleist rief in seinem Drama »Die Hermannsschlacht« anhand des Beispiels der Schlacht im Teutoburger Wald, in der Hermann der Cherusker die römischen Legionen des Varus niedermetzeln ließ, alle Deutschen zum Aufstand gegen Napoleon auf, um ihn von der deutschen Erde zu vertreiben. »Schlagt ihn tot, das Weltgericht fragt euch nach den Gründen nicht!« [41] Eine große Anzahl von Studenten und Handwerkergesellen beteiligte sich unter Andreas Hofer am Aufstand gegen Napoleon, bei dem es ihnen im Jahre 1809 zweimal gelang, seine Streitkräfte aus Tirol zu verjagen [42]. Als sich Österreich im selben Jahre entschloß, die Waffen gegen Napoleon zu erheben, erließ die Regierung einen Aufruf an das »deutsche Volk« [43], der starken Widerhall fand. Trotz der offiziellen preußischen Zurückhaltung, Österreich zu helfen, nahm der preußische Major von Schill das Gesetz in seine Hand und hoffte, die preußische Krone würde seinem Beispiel folgen. Er führte seine Truppeneinheit (die großenteils aus studentischen Reservisten bestand) ohne jede Hilfe in den Krieg gegen die Franzosen. Er hoffte einfach, daß Österreich siegen würde. Das aber traf nicht ein, und sein König distanzierte sich öffentlich von ihm. Danach versuchte er vergeblich, sich unter Oberst von Dörnberg an einem Volksaufstand in Westfalen zu beteiligen. Der gleichzeitige Aufstand der »Schwarzen Schar« des jungen Herzogs Friedrich Wilhelm von Braunschweig schlug aus ähnlichen Gründen fehl. Es blieb ihnen nichts anderes übrig, als sich ihren Weg zu den Häfen zu erkämpfen und auf britischen Schiffen Zuflucht zu suchen, was dem Herzog von Braunschweig und Dörnberg gelang. Schill jedoch fiel in einer wilden

Straßenschlacht in Stralsund an der Ostsee. Von den elf Offizieren, die danach auf Napoleons ausdrücklichen Befehl erschossen wurden, war der Älteste kaum zwanzig Jahre alt [44].
Erst drei Jahre später war die richtige Zeit gekommen. Als der preußische General York von Wartenburg 1812 seine Unterschrift auf das mit den russischen Streitkräften geschlossene Abkommen von Tauroggen setzte, hatte er mit dazu verholfen, dem König seinen Willen aufzuzwingen. Napoleons Niederlage in Rußland bot die Gelegenheit. Der von den Militär- und den Zivilkreisen der preußischen Reformbewegung fest unterstützte und ermutigte König Friedrich Wilhelm III. von Preußen erklärte Frankreich den Krieg und rief gleichzeitig das Volk zum Aufstand gegen den französischen Usurpator auf. Der Erfolg war überwältigend. Allein in den zwölf Monaten zwischen März 1813 bis März 1814 eilten 50 000 Freiwillige aus allen deutschen Ländern und aus allen Berufen zu den preußischen Fahnen [45]. Theodor Körner, der Dichter der Befreiungskriege, war Sachse, er bekleidete eine Stellung am Wiener Hofburgtheater, als er von der preußischen Mobilmachung hörte. Er gab sofort seine Stellung auf und begab sich nach Breslau, wo er als gewöhnlicher Soldat der leichten Infanterie in das Freikorps Lützow eintrat – es war eine der wenigen Truppeneinheiten, die sich nicht aus regulären Soldaten zusammensetzte und die sich als eine deutsche Einheit und nicht nur als eine preußische verstand. Die Farben seiner Uniformen waren Schwarz mit rotem Besatz und goldenen Knöpfen; auf diese dreifarbige Zusammenstellung hin sollten später die Männer von 1848 ihre Nationalfarben Schwarz, Rot, Gold begründen. Körner war in vieler Hinsicht die Idealfigur seiner Zeit: ein Kämpfer und Dichter, dessen Bedeutung nach seinem frühen Tod im Felde im August 1813 heroische Proportionen annahm. Seine vertonten Gedichte gehörten über ein Jahrhundert lang zu den beliebtesten Liedern der deutschen Jugend. Noch heute werden sie neben vielen anderen in den Befreiungskriegen entstandenen Liedern von den Soldaten der DDR gesungen. Die berühmteste oder vielmehr später berüchtigtste Zeile aus Körners Dichtung ist wohl die, die

Goebbels 130 Jahre später am Schluß seiner Rede vom »totalen Krieg« im Berliner Sportpalast zitierte: »Das Volk steht auf, der Sturm bricht los!«

Es gehörte bis jetzt zur Mythologie deutscher Geschichtsschreibung, die Freiwilligenbewegung von 1813–1814 vor allem dem Mittelstand und besonders der akademischen Jugend zuzuschreiben. Gewiß spielten die Studenten eine wichtige Rolle und waren im Verhältnis zu anderen Berufen sehr stark vertreten. Trotzdem betrug die Anzahl der Studenten und Gymnasiasten zusammengenommen nicht mehr als 7 % der Freiwilligen (4,9 % Studenten, 2,1 % Gymnasiasten), während Handwerker, Arbeiter und Bauern insgesamt 59,5 % ausmachten (41,2 % Handwerker, 14,7 % Arbeiter, 3,6 % Bauern). Die Gebiete, die vor der Regierung Friedrichs des Großen Preußen unterstanden, lieferten 53,7 % der Freiwilligen; der Rest kam aus allen anderen Teilen Deutschlands, die Staaten des Rheinlands inbegriffen. Es war also durchaus nicht nur die gebildete akademische Jugend des Mittelstandes, die zu den Fahnen eilte, sondern Deutschlands junge Generation in ihrem ganzen Querschnitt – ohne Klassenunterschiede und ohne geographische Begrenzung [46].

Waterloo war das Ende einer Epoche, die mit dem Fall der Bastille begonnen hatte. Die Regierungen Europas waren nun bemüht, soweit wie möglich den *Status quo ante bellum* wiederherzustellen. Im offiziellen deutschen Vokabular verschwand der Ausdruck »deutsches Volk« ebenso rasch wie der der »deutschen Nation«. Die Ideologie des »Volkes« bestand jedoch weiter, und der Ruf nach einer größeren politischen Einheit als der auf dem Wiener Kongreß beschlossenen konnte nicht mehr zum Schweigen gebracht werden. Während mehr als dreißig Jahren erhielt die junge Generation Deutschlands die Glut des deutschen Nationalismus am Leben [47]. Von innen und außen bekämpften sie die Wiederherstellung des *ancien régime*, bis sie sich schließlich offen als Revolutionäre bekannten. Die Gefängnisse füllten sich mit einer stets wachsenden Anzahl von politischen »Freidenkern«. Die Jugend entfesselte Proteststürme und ging schließlich auf die Barrikaden. In diesem Zusammenhang

erst gewann die akademische deutsche Jugend wahre Bedeutung. Sie hatte für die Befreiung ihres Landes gekämpft; jetzt
fühlte sie sich auch berechtigt, bei der Bestimmung der politischen Zukunft ihr Wort mitzureden.

Am 12. Juni 1815 gründeten elf Studenten der Universität Jena
unter dem Patronat des liberalen Herzogs Carl August von Sach-
sen-Weimar die »Burschenschaft«, eine Studentenschaft, die es
sich zum Ziel machte, die regional geführten Studentenvereini-
gungen an den deutschen Universitäten zu ersetzen [48]. An
dieser Universität, die von Studenten aus allen Teilen Deutschlands besucht wurde, ließ sich das neue Nationalbewußtsein mit
Humboldts Idee von einer Hochschulreform und Jahns Nationalismus verbinden. Von den elf Gründermitgliedern der »Burschenschaft« hatten neun im Freikorps Lützow gedient. Sie ver-
lautbarten in ihrer Verfassung, daß die »Burschenschaft« an jeder deutschen Universität die Sache der Freiheit und die »Unabhängigkeit des Vaterlands« vertreten und fördern solle. Sie
wählten ihren Wichs nach dem Muster der Uniform des Freikorps Lützow, und ein Jahr später zeigten sie zum erstenmal
ihre Fahne, die schwarz-rot-goldene Trikolore. Von Jena, wo in
den Jahren 1816–1817 bereits 500 von 650 Studenten der Burschenschaft angehörten, breitete sich die Bewegung rasch auf andere Universitäten, besonders in Süd- und Mitteldeutschland,
aus. »Wir wünschen unter den einzelnen Staaten Deutschlands
größeren Gemeinsinn, größere Einheit in ihrer Politik und in
ihren Staatsmaximen; keine eigene Politik der einzelnen Staaten, sondern das engste Bundesverhältnis überhaupt, wir wünschen, daß Deutschland als *ein* Land und das deutsche Volk als
ein Volk angesehen werden können« [49], schrieb Heinrich von
Gagern, eines ihrer prominenten Mitglieder. Bald machten sich
jedoch Meinungsverschiedenheiten bemerkbar, die zu Spaltungen führten. Dies war besonders bei den vom Dozenten der
Rechtswissenschaft Karl Follen geführten Radikalen an der
Universität Gießen der Fall, die eine einheitliche Politik und die
Errichtung einer deutschen Republik forderten [50].
Einstweilen war jedoch noch der liberal-konstitutionelle Flügel

mit seinem romantischen Idealismus vorherrschend. Sein Geist trat am deutlichsten beim ersten Treffen der deutschen Burschenschaften am 18. Oktober auf der Wartburg hervor. Man hatte das Thüringer Schloß gewählt, weil dort Luther einst Zuflucht und Zeit gefunden hatte, um die Bibel zu übersetzen. Es war die dritte Jahrhundertfeier der Reformation und der vierte Jahrestag der Völkerschlacht von Leipzig. Mehr als 500 Studenten aus Berlin, Erlangen, Gießen, Göttingen, Halle, Heidelberg, Jena, Kiel, Leipzig, Marburg, Rostock, Tübingen und Würzburg versammelten sich in Eisenach, und ihr erstes Treffen wurde mit den Worten eingeleitet: »Ihr habt nicht zu bereden, was im Staat geschehen soll oder nicht; und das geziemt euch, zu überlegen, wie Ihr einst im Staat handeln sollt und wie Ihr Euch dazu würdig vorbereitet« [51].

Am Abend jedoch wurde laute Verstimmung über die rückständigen Fürstenhäuser hervorgebracht, die die jugendlichen Ideale im Kampf gegen Napoleon mißbraucht hatten, und einige gingen so weit, daß sie reaktionäre Gesetzbücher zusammen mit dem *Code Napoléon* verbrannten [52]. Genau ein Jahr später wurde die Allgemeine Deutsche Burschenschaft gegründet. Sie stellte sich das Mitwirken der deutschen Jugend an der fortschreitenden Vereinigung des Vaterlandes zur Aufgabe. Bald darauf sollte ein sensationelles Ereignis die Blicke der europäischen politischen Kreise auf die Bewegung lenken. Unter Karl Follens radikaler Gefolgschaft befand sich ein Student namens Karl Ludwig Sand, der am 23. März 1819 den Dichter August von Kotzebue ermordete. Kotzebue war ein Informant in russischem Sold und stellte für Sand die typische Ausgeburt der machthabenden Reaktion dar [53]. Die schließliche Folge dieser Tat waren die Karlsbader Gesetze, in denen scharfe politische Kontrolle über die Universitäten angeordnet, die Burschenschaften verboten und »vorbeugende Zensur« über die Presse verhängt wurde. Jetzt war dem Kampf der jungen Generation für die Vereinigung Deutschlands Einhalt geboten, und ihre politischen Ziele konnten nicht mehr öffentlich propagiert werden. Deshalb war sie aber noch lange nicht besiegt. Im Gegenteil ge-

wann die Bewegung zusätzliche Beihilfe von anderen Kreisen, anderen Gesellschaftsschichten und besonders von der aufsteigenden deutschen Arbeiterklasse, deren Arbeitgeberverbände häufig die Ziele der Burschenschaften tatkräftig unterstützten [54]. Als die Mitglieder der Burschenschaften mit den Gesellen verschiedener Handwerke am Vorabend der Revolution der dreißiger Jahre in Hambach zusammentrafen – wo als Sympathiekundgebung mit den polnischen Freiheitsbestrebungen die polnische weiß-rote Fahne neben den deutschen schwarz-rot-goldenen Flaggen wehte –, erneuerte der Deutsche Bundestag die Karlsbader Gesetze gegen die Universitäten und verbot alle politischen Versammlungen [55]. Das einzig übriggebliebene politische Forum war das, welches sich im Ausland um die Gruppe »Junges Deutschland« geschart hatte, aber alle von dorther kommenden Veröffentlichungen wurden gleich darauf offiziell verboten. So lag jetzt die einzige Möglichkeit politischer Meinungsäußerung im Ausland. Heinrich Heine schrieb in Paris, er habe die Folgen einer Lage vorausgesehen, in der die unterdrückten Kräfte bald stärker als ihre Aufseher sein würden, und wenn der Augenblick gekommen sei, wo sich der jahrzehntelang gestaute Ehrgeiz freimachte, »dann wird ein deutscher Donner losbrechen, wie ihn die Weltgeschichte noch nie gehört hat«. Deutschlands spätere Nationalhymne, »Deutschland, Deutschland über alles«, wurde 1841 von Hoffmann von Fallersleben geschrieben, als er, wegen seiner politischen Betätigung aus Preußen verbannt, auf der damals britischen Insel Helgoland Zuflucht fand. Die große Mehrzahl derer, die im Laufe der letzten Jahrzehnte aktiv bemüht waren, das politische Gesicht der deutschen Nation zu verändern, lebten nun in der Schweiz, in Frankreich oder Großbritannien [56].
Die Ereignisse von 1848–1849 änderten wenig daran. Die Revolutionswelle, die damals ganz Europa überspülte, in der sich das Streben des Mittelstands nach politischer Macht und der Kampf der Arbeiter und Bauern für gerechtere wirtschaftliche und soziale Zustände Luft machten, unterschied sich in ihren Auswirkungen von Land zu Land. In den deutschen Bundes-

staaten verursachte sie Angst und Unruhe bei allen jenen, die an der Aufrechterhaltung des politischen und sozialen Status quo hingen, aber mehr eigentlich nicht. Gewiß hatte die Revolution von 1848 das erste deutsche Parlament hervorgebracht, aber den ehrbaren Männern, die sich als die ersten deutschen Parlamentsabgeordneten in der Frankfurter Paulskirche versammelten, fehlte das wichtigste Attribut – die Macht. Ohne sie war das Parlament trotz all seiner idealistischen Motivierung nichts weiter als ein harmloser Debattierklub. Es war zumindest ein trauriger Nachhall auf die hohen Erwartungen der Reformbewegung von 1807–1815, einer Bewegung, die in ihrer Zusammensetzung mehr deutsch als preußisch war und die wirklich Macht besessen hatte; aber aus Furcht, man könne es der Französischen Revolution mit ihren Exzessen gleichtun, sträubte man sich, diese Macht für eine Änderung der internen Zustände zu gebrauchen. Viele jener Abgeordneten in Frankfurt hatten in ihrer Jugend als Freiwillige in den Freikorps gekämpft, aber jetzt, da die Revolutionswelle in Europa bereits abebbte, kehrten sie mit wenigen Ausnahmen in ihre Schreibstuben und Bibliotheken zurück [57].

Was blieb, war eine nun fast ein Jahrhundert alte Tradition von jugendlich beseeltem politischem Aktivismus, eine ungestillte Sehnsucht nach einer nicht künstlichen, sondern in organischem Wachstum durch das »Volk« erstandenen politischen Einheit, die den Geist deutscher Kultur, den wahren deutschen Volksgeist ausstrahlte, und einem Volk, das in seinem Gefüge nicht die unterscheidenden Klassenmerkmale einer Gesellschaft, sondern die verschmelzenden Kräfte einer nationalen Gemeinschaft verband. Die Ideen, die diese Tradition hervorbrachten, entwickelten sich im Laufe der Zeit zu einem ideologischen Korsett, das über ein Jahrhundert lang den größten Teil der Deutschen in geistige Bande einengen sollte: am meisten davon die Jugend.

II. Anfänge

Nach dem 1848 fehlgeschlagenen Versuch einer Revolution fand sich Deutschlands Jugend einstweilen im großen und ganzen mit den herrschenden politischen und sozialen Zuständen ab. Man fühlte sich vorläufig der einst als zwingend angesehenen politischen Verpflichtungen enthoben und nahm eine Geisteshaltung ein, in der resignierte Gleichgültigkeit anstelle des früheren Aktivismus trat. Die einzige wichtige Errungenschaft der Revolution von 1848, die neuerstandenen politischen Parteien, übernahm jetzt die einst von Deutschlands politischer und literarischer Jugend in die Hand genommenen Aufgaben, und in der Person Bismarcks war ein einziger Mann auf der politischen Szene aufgetaucht, der praktisch allein die meisten »nationalen« Probleme löste, mit denen sich die deutsche Einheitsbewegung seit der Jahrhundertwende beschäftigt hatte. Die Generation nach 1848 war zwar der preußischen und altdeutschen Sache und später ihrem Kaiser, Kanzler und Reich zutiefst verbunden; es mangelte ihr aber an der Fähigkeit, eigene politische Initiativen zu entwickeln. »Der Staat« war der Maßstab, das Maß aller Dinge; er wurde als ein fast gottgleiches Gefüge verehrt und legte alle jene Kräfte lahm, die in den vorhergehenden Jahrzehnten so viel zur politischen Dynamik der Jugend beigetragen hatten. Nationalfeiern schienen den nationalen Aufruhr ersetzt zu haben. Etikette und Unterwürfigkeit, besonders bei den bereits wieder regional unterteilten und untereinander getrennten deutschen Studentenschaften, bestimmten den Verlauf dieser Festlichkeiten. Die Ereignisse zwischen 1862 und 1871, in denen Deutschland geeint wurde, feierte man ordnungsgemäß, und jene immer zahlreicheren Jubiläen offiziellen Charakters wurden mit Bier- und Weinfreudigkeit begangen: der Reformationstag, das Jubiläum der Völkerschlacht bei Leipzig, der Tag der Burschenschaft, das Wartburgfest, die Universitätsjubiläen [1]. Es war eine Zeit, in der das Enthüllen von Denkmälern zu Ehren von berühmten Künstlern, Dichtern, Politikern,

Soldaten und Heerführern fast zu einem Nationalsport geworden war. Zwischen 1850 und 1900 wurden in Deutschland mehr öffentliche Denkmäler und Standbilder errichtet und enthüllt als in den vorangegangenen 1850 Jahren [2].

Solche nationalen Denkmalseinweihungen und Feiern scheinen vielleicht vor 1871, als es noch keinen deutschen Nationalstaat gab, verfrüht, aber wenn es damals auch noch nicht zu einer Vereinigung gekommen war, so schließt das nicht aus, daß ein Nationalbewußtsein oder Nationalgefühl existierte, besonders zu einer Zeit, da sich jenseits der Alpen ein geeinigtes Italien bildete und der deutschen Nationalidee neue Impulse gab. Selbst die Arbeiterverbände, die nach 1848 zeitweilig verboten waren, die aber in den fünfziger Jahren ihre Tätigkeit wieder aufnahmen, folgten weiterhin dem nationalistischen Trend wie vor 1848 [3]. Es brauchte nur wenige Jahre, und die Barrikaden von 1848 hatten schon fast mythische Bedeutung angenommen und gehörten nicht mehr zu den wirklichen Ereignissen der nationalen Geschichte, obgleich sie als Mythos ihren Einfluß auf die Sache der deutschen Einheit weiter ausübten. Die Forderung nach Einheit wurde von der ganzen jungen Generation wohl erhoben, nur gingen die Meinungen über die Form des künftigen deutschen Staates auseinander. Sollte er ein sozialistischer, imperialistischer Cäsarismus sein, in dem alle Klassen der Nation sich in der nationalen Gemeinschaft zusammenfanden, wie es Ferdinand Lassalle forderte, eine deutsche sozialistische Republik, ein deutsches Reich in Form einer konstitutionellen parlamentarischen Demokratie oder einfach ein wie auch immer regiertes deutsches Reich? [4] Selbst die Befürworter des »Reichs« waren sich in der Auslegung dieses Begriffs durchaus nicht einig. Sollte es dem erweiterten Begriff eines Nationalstaates entsprechen, der alle Deutschen einschloß, oder einer Neuprägung des mittelalterlichen übernationalen Reichsbegriffs, mit dem ein von Deutschland wirtschaftlich beherrschtes Mitteleuropa gemeint war? Während weiter diskutiert wurde, boten die von Roon geschaffenen und von Moltke befehligten Heere im Dienste der von Bismarck bestimmten politischen Richtung die Lösung. Drei starke Männer

erreichten durch »*Eisen und Blut*«, was den national gesinnten
Sozialisten und den nach nationaler Einheit strebenden Liberalen nicht gelungen war: sie hatten Deutschland wenigstens teilweise vereinigt [5]. Auf lange Sicht jedoch war die Lösung Bismarcks – die sich später folgenschwer auswirken sollte –: die
Schaffung eines Reichs, das weder ein richtiger Nationalstaat
noch das Reich verflossener Zeiten war. Aber vorläufig gab es
keinen Grund zu weiteren Diskussionen, besonders nicht über
die nationale Sache. Bismarck würde es sicher schon schaffen. Es
liegt viel Wahrheit in der Behauptung, die Generation von nach
1848 sei in der deutschen Geschichte der Neuzeit die einzige gewesen, der es an hinreichender Protesthaltung gegen die herrschende Gesellschaftsordnung und am Willen, ihre Weltanschauung zu verwirklichen, gemangelt habe [6].
Grundsätzlich fehlte ihr die begeisternde Führerschaft. Die
Ideen eines Marx waren noch nicht aufgeblüht, und die jugendliche Gefolgschaft Lassalles, Bebels und Liebknechts war zu klein,
um politisches Gewicht zu besitzen. Und das wieder lag am der-
zeitigen Stadium Deutschlands industrieller Entwicklung, die
noch in den Kinderschuhen steckte und erst viel später eine
klassenbewußte und zahlenmäßig genügend starke Arbeiterklasse
hervorbringen sollte, die zu einem entscheidenden politischen
Faktor werden konnte [7]. Auch die Literatur jener Zeit spiegelte die damals herrschende politische Passivität und das Schwel-
gen in sentimentalem Patriotismus wider [8].
Die Mehrzahl der deutschen Studenten dieser Generation
stammte aus dem wohlhabenden Mittelstand. Besonders nach
1871 machte sich der von den Vätern begründete wirtschaftliche
Aufschwung bemerkbar. Die industrielle Revolution war in
Deutschland ausgebrochen [9]. Aber gerade dieser rasche tief-
greifende Umschwung in Industrie und Technik rief im letzten
Viertel des neunzehnten Jahrhunderts bei der Jugend weitgehend ein neues Gefühl der Unsicherheit hervor. Der Buchmarkt
wurde von Büchern und Schriften überschwemmt, in denen der
Untergang der Zivilisation durch die Industrialisierung und ihre
sozialen Begleiterscheinungen vorausgesagt und vor einer wach-

senden Zerstörung der persönlichen Sphäre des Einzelmenschen durch die organisationstechnische Strukturierung von körperschaftlichem Handel und Industrie gewarnt wurde [10]. Polemische Anklagen gegen die »Massengesellschaft«, wie »Die Psychologie der Massen« von Gustave Le Bon, in der die unheilvollen Wirkungen der Massenmanipulation beschrieben wurden, fanden weite Verbreitung. Im Rückblick mögen derlei pessimistische Voraussagungen über die Zukunft der westlichen Gesellschaft, an den geschichtlichen Ereignissen unseres Jahrhunderts gemessen, gar nicht so abwegig erscheinen [11]. Jedoch war die damals steigende Welle von Angriffen auf die moderne Industrieentwicklung eher von gefühlsbeladenen Argumenten als von einer vernünftigen Analyse der Gesellschaftsordnung gekennzeichnet. Und in dieser Gefühlsreaktion gegen die moderne Industrie lagen – neben vielem anderem – die Ursprünge der deutschen Jugendbewegung und schließlich auch ihrer verzerrtesten Form, der Hitler-Jugend [12].

Es ist eine Entwicklung, die vielleicht ein Sozialpsychologe eher analysieren könnte als ein Historiker, denn die treibenden Kräfte waren vorwiegend irrational und gefühlsbetont. Es ist eine Geschichte kühner Träume von sozialer Freiheit und individueller Unabhängigkeit, die schließlich in den Rahmen straffer und militanter Organisation gepreßt wurden, eine Geschichte, die vom extremen Individualismus zur extremen Militanz führt. In vieler Hinsicht spiegelt sie die deutsche Geschichte jener Zeit wider, durch einen raschen Verfall des Vertrauens auf Vernunft und Verstand gekennzeichnet, eine Geschichte, die von der kühnen, berechnenden, aber immerhin vorsichtigen Politik Bismarcks über die anachronistischen Wunschträume der wilhelminischen Epoche bis zur verbrecherischen Skrupellosigkeit eines Adolf Hitler, von Illusionen zur Besessenheit führt.

Die Entfremdung des Einzelmenschen im Getriebe der neuen organisatorischen Strukturen der Industrie war letzten Endes unvermeidlich [13]. An die Stelle persönlicher Beziehung zwischen Meister und Geselle oder Lehrling trat eine Beziehung, in der der Arbeiter seinen Arbeitgeber ebensowenig kannte wie der

Soldat seinen befehlshabenden General. Aber während das neue Industriesystem von den unvoraussehbaren Schwankungen eines Weltmarktes abhängig war und dem Einzelmenschen keine Sicherheit bot, war gerade die Armee – ironischerweise – derlei Schwierigkeiten nicht unterworfen und bot daher auch mehr Sicherheit. Die ihr eigene Unmenschlichkeit und zwangsmäßige Entpersönlichung wurden durch die sichere und rangmäßige Struktur mehr als aufgewogen. Hier war alles, wie es sein sollte. Man konnte nicht einfach fehlgehen, weil man einen falschen Entschluß gefaßt hatte. Die Armee setzte feste, klar umrissene Grenzen und zuverlässige Maßstäbe, hier gab es Befehl, Ordnung und Disziplin. Sie stellte eine Gemeinschaft dar, die ganz im Gegensatz zur »Anarchie« der Industriegesellschaft zu stehen schien. Es ist daher nicht verwunderlich, daß selbst überragende Intelligenzen, wie die des älteren Moltke, den Materialismus der neueren Zeit verschmähten und den Krieg als das einzige gottgegebene Instrument betrachteten, mit dem man die Welt von den Scheußlichkeiten dieser Industriegesellschaft säubern könne. Folglich stellte das Heer für viele Deutsche den Gegensatz zur liberalen Wirtschaft freien Unternehmertums dar, eine Auffassung, die wesentlich zur ständig zunehmenden Militarisierung der Gesellschaft beitragen sollte [14]. Andere reagierten mit der Flucht aus der Wirklichkeit. Sie stießen sich daran, daß Deutschland nicht mehr das Land der Dichter und Denker war, daß Beethovens Neunte Symphonie vom Getöse der Stahlwalzwerke und Gießereien übertönt wurde, sie kehrten in vergangene Zeiten zurück und schwelgten in der mißverstandenen und mißbrauchten Romantik, die den meisten Opern Wagners anhaftete [15]. Aber beiden Reaktionen war die Forderung und Suche nach einer festen Substanz der neuen Form des Vaterlandes gemein [16]. Und hier spielte wieder die Jugend eine wichtige Rolle. Sie, die in der wirklichen oder angeblichen Harmonie ihrer Kindheit aufgewachsen war, forderte nun auch eine verfeinerte Auslegung des vaterländischen Begriffs und seiner Substanz; sie strebte das an, was Max Weber in einem seiner frühen Briefe »*Bismarck sans phrase*« genannt hatte, das heißt ein

35

Vaterland ohne die byzantinischen Schnörkel des wilhelminischen Deutschlands [17]. In dieser Zeit intensiver geistiger Krise
erlebte der während seiner fruchtbarsten Schaffensperiode abge-
lehnte und verkannte Nietzsche eine Renaissance; Ibsens und
später Gerhart Hauptmanns sozialkritische Dramen fanden ein
begeistertes und leidenschaftlich stellungnehmendes Publikum,
besonders bei der jungen Generation. Ein Schriftsteller, der unter anderen Umständen wahrscheinlich unbeachtet geblieben
wäre und dessen Buch keinen Verleger gefunden hätte, gewann
in Deutschland große Bedeutung: Julius Langbehn [18].
La Rochefoucauld hatte einst die Frage erhoben: »Was ist Jugend?« Er beantwortete sie mit den Worten: »Ein ewiger
Rausch, Vernunft im Fieberzustand.« [19] Julius Langbehn erweiterte diese Antwort, indem er die Rolle der Rasse betonte
und behauptete, das Blut bestimme den Menschen, und angeborene Eigenschaften seien wichtiger als erworbene. Auf den
»Sturm und Drang« waren die »Burschenschaften« und
»Jung-Deutschland« gefolgt; nun kam der Aufstieg der Deutschen Jugendbewegung, die dem Buch Julius Langbehns, jener
»Rhapsodie des Irrationalen«, wie es nicht ohne Berechtigung
beschrieben wurde, eine aufnahmewillige Leserschaft zuführ-
te [20]. Die von dieser Rhapsodie berauschte Generation trug in
den letzten anderthalb Jahrzehnten vor dem Ersten Weltkrieg
ihre Begeisterung wie eine Fackel vor sich her. Es war eine Begeisterung, die den entwurzelten Objektivismus der Intellektuellen und die nüchterne Methodologie der Naturwissenschaften
verwarf, weil diese – so wurde behauptet – für das häßliche Fabriksystem verantwortlich waren, das wieder einmal den freien
Menschen seiner Persönlichkeit beraubt und in einen Zustand
der Sklaverei versetzt hatte, die demoralisierender und entwür-
digender als die Leibeigenschaft der Feudalzeit war. Im festen
Glauben daran waren die jungen Menschen nur allzu schnell
bereit, aus den künstlichen Normen ihrer Gesellschaft zu fliehen
und sich dem Kult der »Landschaftskultur« zu verschrei-
ben [21]. An Wochenenden oder während der Ferien verließen
sie Heim, Schule, Universität oder Fabriken mit Zelt, Rucksack

und Gitarre, um Deutschland von Norden bis Süden, von Osten bis Westen zu durchwandern, die besondere Schönheit der deutschen Landschaft neu zu entdecken, die so sehr Beethovens »Pastorale« und Schillers »Lied an die Freude« entsprach und die so stark mit den Mietskasernen, den Elendsvierteln der Industriestädte und den Fabrikschloten kontrastierte [22].

Aber auch gegen die Werte des scheinbar gesättigten und dennoch nie zufriedenen Bürgertums des wilhelminischen Deutschlands protestierte die Deutsche Jugendbewegung [23]. Sie war eine Protestbewegung durch und durch, sie rebellierte gegen eine Gesellschaft, die nichts zu bieten hatte als das Leben für die Gegenwart und die sich nicht weiter um die Zukunft kümmerte: »Unser glorreicher Kaiser wird das schon besorgen.« Sie machten sich über die verschnörkelte Fassade des wilhelminischen Reichs lustig, worin es ihnen die Jugendbewegungen anderer Länder in Mittel- und Westeuropa gleichtaten. Die wilhelminische sowie die spätviktorianische und edwardische Gesellschaft schien nicht begreifen zu können, daß Kindheit und Jugend bei jedem menschlichen Wesen Entwicklungsphasen sind, die in sich abgeschlossene Lebensabschnitte darstellen. Der Gedanke, ein Mensch könne seine Persönlichkeit zum großen Teil durch persönliche Erfahrung und eigene geistige Kraft entwickeln, schien deutschen Eltern um die Jahrhundertwende viel zu radikal, um in Betracht gezogen zu werden. Eltern und Erwachsene im allgemeinen betrachteten sich selbst – so wie sie es immer getan hatten – als nachahmenswerte Beispiele für ihre Kinder und die ganze junge Generation.

In vieler Hinsicht – zumindest oberflächlich gesehen – hatte dieses Bestreben der älteren Generation, der Jugend ein Vorbild zu sein, einige Begründung. Deutschland war ein zufriedenes Land geworden, das auf beispiellose militärische Erfolge und die daraus erfolgte Einigung des größten Teils der Nation zurückblicken konnte. Wohlstand, sogar Reichtum waren selbst beim Mittelstand des neuen Reiches zu finden, und die Arbeiterklasse – verglichen mit dem Niveau anderer westlicher Länder – hatte relativ wenig zu klagen, zumindest vom materiellen Standpunkt aus. Da war es unvermeidlich, daß man dachte, die junge Generation könne schwerlich besser fahren, als es ihren Eltern gleichzutun und auf den wohlerprobten Wegen weiter zu wandern. Dieselbe Haltung war bei den maßgebenden politischen und wirtschaftlichen Kreisen vorherrschend. Das Deutschland des ausgehenden neunzehnten Jahrhunderts war ein autoritärer und bürokratischer Staat, eine verhältnismäßig wohlgeölte Maschine, an der, nach Meinung sehr vieler Deutscher, nicht mehr viel zu verbessern war. Andere hingegen, sie waren jedoch eine Minderheit, fühlten sich berufen, die kalte Unpersönlichkeit des Staates zu kritisieren, in dem den die Nation darstellenden Menschen bei allen politischen Entscheidungen eine zu kleine Rolle zugedacht war. Im großen und ganzen aber schien sich die wilhelminische Gesellschaft mit dem Gedanken versöhnt zu haben, daß man die Dinge so lassen solle, wie sie waren, d. h. in den Händen von Experten, seien es berufliche Akademiker, Techniker oder dem Massenprodukt der deutschen Universitäten: den Doktoren der Rechtswissenschaft. Die sattsam berühmte Affäre des Hauptmanns von Köpenick illustrierte die lächerlichen Aspekte dieses Systems. Der Schuster Wilhelm Voigt, dem es in der Verkleidung als preußischer Hauptmann gelungen war, mit einer Soldateneskorte das Rathaus von Köpenick zu besetzen – in der Hoffnung, die Stadtverwaltung der für seinen Aufenthalt notwendigen Genehmigungsformulare zu berauben –, wurde zwar schließlich vom Kaiser begnadigt, hatte aber das ganze bürokratische und militärische System des Wilhelminismus *ad absurdum* geführt.

Das Bestehen auf Erhaltung des Status quo auf allen Gebieten des Lebens war jedoch auf die Dauer nicht aufrechtzuerhalten. Es machten sich Einflüsse geltend, die die Werte und Voraussetzungen der älteren Generationen in Frage stellten. Die aus England und Amerika kommenden sozialdarwinistischen Theorien wurden in Deutschland von Ernst Haeckel und anderen verbreitet und übten ihre Wirkungen auf das soziale und das politische Denken aus, obwohl man sich zu Anfang sehr gegen sie sträubte [24]. Nietzsche fand jetzt besonderen Anklang bei der Jugend, zwar nicht so sehr für seinen Kult des »Übermenschen« als für die Art, in der er das Kleinbürger- und Bürgertum der Heuchelei seiner kulturellen Ansprüche, seiner Anbetung des Mammons und seiner Verherrlichung des »Staates« als den allmächtigen Quell deutscher Glückseligkeit und des Hochmuts wegen anprangerte [25]. Diese Verachtung für die herrschenden Zustände und die Gesellschaftsklassen, die sie aufrechterhielten, zeigt sich am besten bei dem glänzendsten, zugleich schillerndsten Gelehrten und Moralisten jener Zeit – bei Paul de Lagarde [26], der 1895 schrieb: »Ich klage nicht, daß unserer Jugend Idealität mangele: Ich klage an: die Männer, vor allem die Staatsmänner klage ich an, welche der Jugend die Ideale nicht bieten, an denen allein der überall vorhandene Idealismus der Jugend zur Idealität zu werden vermag. Deutschland ist unter dem Banne der Überzeugung, daß der Staat die höchste Form des Menschenlebens sei ... Ich glaube an diese Jugend, ich glaube an die Zukunft unseres Vaterlandes; aber ich glaube nicht an die Befugtheit des jetzt herrschenden Systems, nicht an die Berufenheit der Männer, welche der Sehnsucht und den Bedürfnissen ihrer Söhne und Enkel mit dem Trödel genügen wollen, der als Rest des Besitzes früherer Tage in ihren, der Alten, Händen geblieben ist.« [27] Lagarde wandte sich an eine Generation, die ohnehin diese beiden Institutionen, deren Druck sie am meisten zu spüren bekam, angriffen.

Trotz der bemerkenswerten Errungenschaften des deutschen Lehrsystems im neunzehnten Jahrhundert wies es doch große Lücken auf, besonders, weil es nicht fähig schien, unabhängig denkende Persönlichkeiten zu entwickeln und zu fördern [28]. Die deutsche Schule war wie die protestantische Kirche eine staatliche Einrichtung, deren Lehrer in erster Linie Beamte und erst in zweiter Linie Pädagogen waren. Zweifellos stellten sie gut geschulte Spezialisten ihres Faches, aber sie waren auch gleichzeitig die Einpauker des Staatskults und der nationalistischen und militaristischen Propaganda. Der Religionsunterricht hätte den einzigen Weg bieten können, diesen eher unheilvollen Strömungen der Zeit entgegenzuwirken, aber er war zu reiner Routine abgesunken, zu unkritischem Bibellesen, mechanischem Gebetaufsagen nach Art tibetanischer Gebetsmühlen, leerer Beherrschung des Katechismus [29]. Tatsächlich waren die beiden Hauptkonfessionen, die diesen Religionsunterricht bestritten, ja selbst zu bloßen Amtswaltern des Staates geworden, und sie benutzten die christliche Lehre nur, um den politischen und sozialen Status quo weiter zu festigen. Schüler, die sich offen gegen dieses Erziehungssystem auflehnten, wurden als aufrührerisch asoziale Elemente der Schule verwiesen, und obgleich viele dennoch bereit waren, das System zu verurteilen, so fand es die Mehrheit immerhin klüger, es zu ertragen und so reibungslos wie möglich durchzukommen.

Empfand man die Schule als bedrückend, so traf das auch auf die Familie mit ihrem allmächtigen Vater als Oberhaupt und mit der fügsamen Mutter im Hintergrund zu. Kinder sollten – stets sauber und ordentlich gekleidet – gesehen und nicht gehört werden, besonders nicht, wenn sie ihre eigene Meinung zum besten gaben, und ganz besonders nicht, wenn diese Meinung nicht mit der des Familienoberhauptes übereinstimmte. Es ist daher nicht verwunderlich, daß da eine Generation aufwuchs, die die in Schule und Elternhaus praktizierte Religion als reine Hypokrisie betrachtete, die als passive Zuschauer mißbilligend das skrupellose und unehrliche Gebaren in Handel und Industrie beobachtete und die die Politik des Tages als unzulänglich und nicht den Bedürfnissen der Zeit entsprechend verwarf. Aber der herrschende Konformismus beschränkte sich nicht auf diese Gebiete. In der Kunst war patriotischer Kitsch, Gefühlsschwelgerei voll falschem Pathos maßgebend, und bei diesem geistigen Vakuum war früher oder später eine entsprechende Reaktion nicht zu vermeiden. Diese Reaktion wurde durch die Deutsche Jugendbewegung ausgelöst und fand ihre eifrigsten Befürworter in der Gesellschaftsklasse, die der Hypokrisie des wilhelminischen Deutschland am meisten ausgesetzt war: dem deutschen Kleinbürgertum [30]. Die »Sturm-und-Drang-Periode«, in der der deutsche Idealismus verwurzelt war, übte in jener Zeit einen großen Einfluß auf die deutsche Jugend aus [31]. Die »Sehnsucht nach absoluter Schönheit und dem Charisma historisch oder künstlerisch bedeutender Menschen« war in Wirklichkeit die Sehnsucht nach überlebensgroßen Beispielen, an denen man sein eigenes Leben bilden konnte, um »dem Guten, Schönen und Wahren« nachzustreben. So war zum Beispiel der in den Gedichten eines Theodor Körner ausgedrückte Idealismus am Ende des neunzehnten Jahrhunderts nicht mehr so echt. Die Vorbilder, die diesen Idealismus darstellten, wurden fast zu gleichen Teilen einer kritiklos idealisierten Fassung der preußisch-deutschen Geschichtsschreibung und den Klassikern, besonders Goethe und Schiller, entlehnt. Bezeichnenderweise wurde die deutsche Armee in den geschichtlichen Schulbüchern und in der Literatur als »schimmernde Wehr« und »Preußens Gloria« idealisiert. Man kann wohl sagen, daß die Freiwilligen von 1914 unter dem Einfluß dieses Erziehungsprozesses gestanden hatten. Anstatt des bildenden Humanismus vergangener Zeiten wurde den Schülern mit erstickender Pedanterie Grammatik eingepaukt, und die Losung bis zum Abitur war mehr Disziplin als Bildung. Die lebendigen Formen der deutschen Kultur wurden zugunsten eines Geschichtspensums, das beim Deutsch-Französischen Krieg von 1870–1871 endete, und eines Deutschunterrichts, der bis Goethe, Uhland und Kleist ging, beiseitegelassen. Desgleichen wurde in der Naturgeschichte die zeitgenössische wissenschaftliche Entwicklung kaum erwähnt, dagegen aber der Fortschritt von gestern und vorgestern gepriesen. Die Schulbücher jener Zeit liefern viele Beispiele antiindustrieller Vorurteile.

In dieser bedrückenden und von den offiziellen Schulbehörden geförderten Atmosphäre versuchte die Jugend natürlich sich zu befreien, was oft in der Flucht aus dem Jünglingsalter in ein angebliches Männerdasein geschah, indem man ausriß, sich auf See oder bei der Fremdenlegion anwerben ließ (Graf Luckner und Ernst Jünger sind populäre Beispiele solcher Ausreißer), oder aber indem man sich einer Jugendbewegung wie den Wandervögeln anschloß, in der Hoffnung, einst das Jugendreich zu gründen. Auch der Expressionismus in den Künsten kann zum großen Teil als eine Form jugendlichen Protestes angesehen werden.

Im ganzen jedoch trafen diese Charakteristiken und Verhaltensweisen nur auf einen Teil der Jugend von 1914 zu – das Klein-
bürger- und das Bürgertum –, auf eine Jugend nämlich, die nur
vage Vorstellungen von wirtschaftlicher Not und Elendsbehau-
sung hatte. Die Arbeiterkinder verließen die Schule mit vierzehn Jahren, und von da an ›spielte‹ sich ihr Leben in Fabriken
und Werkstätten ab; die schönen Künste, Literatur und Theater
waren ihnen nicht zugänglich, und daher waren auch ihre Bestrebungen weniger abstrakt, zweckmäßiger und direkt politisch [32].

Die deutsche Jugendbewegung in Form der »Wandervögel« entstand in den neunziger Jahren, als der Berliner Student Hermann
Hoffmann in seinem Gymnasium zu Berlin-Steglitz einen Steno-
graphiekurs gründete, mit dem er gelegentlich an Wochenenden
Ausflüge in die ländliche Umgebung machte [33]. Steglitz – damals noch Berliner Vorstadt – war in jenen Tagen ein Ort sozialer Umschichtung. Es war weder ein ausgesprochenes Arbeiter-
noch ein Kleinbürgerviertel. Man traf dort Familien an, die ziel-
strebig dem Kleinbürgertum entwachsen, die sich »verbessern«
wollten. Aber auch jene, die auf dem sozialen Abstieg waren,
fanden dort noch ein Heim, bevor sie – wenn ihre Lage sich
weiter verschlechterte – schließlich in die Arbeiterviertel von
Berlin-Wedding oder -Moabit abwandern mußten. Man bezeichnete Steglitz als den Vorort des »Stehkragenproletariats«. Hoffmann, der zwar kein festgelegtes Programm hatte, machte sich
indessen Gedanken darüber, was ein vernünftiges Leben bedeutete und was nicht. Er hatte begriffen, daß Industrie und Handel nun einmal nicht mehr aus der Welt zu schaffen waren, aber
er war ebenso überzeugt, daß der Einzelmensch sich nicht wider-
standslos den unpersönlichen und zermalmenden Kräften der
Industrialisierung ergeben, sondern sie tatkräftig unter Kontrolle halten solle. Um das zu erreichen, mußte er sich zuerst
seiner natürlichen Umwelt bewußt werden. Die Jugend sollte
wieder die Natur, die Felder, Wald und Wiesen, die Bäche und
Seen, die Weiden und Auen entdecken, die dem Stadtbewohner
fremd geworden waren. Die Natur – so meinte Hoffmann –

mußte man in ihren ureigensten Elementen kennenlernen: die brennende Sonne, die peitschenden Regen- und Schneestürme. Das Reisen im Eisenbahnwagen, wenn die Sonne schien oder wenn es stürmte, war kein Ersatz für das Wandern auf offener Landstraße (wenn nötig auch im Kampf gegen die Elemente), mit dem Rucksack auf dem Buckel und der Ungewißheit, wie und wo man die nächste Nacht verbringen würde. Ein Heuschober war allemal einem frischbezogenen Bett vorzuziehen, frische Luft dem Nikotinqualm und Wasser dem Alkohol. Nur wer die althergebrachten Lebensformen kennenlernt, kann das Gute in der Vergangenheit schätzen und mit ihm alle Scheußlichkeiten der Gegenwart meistern. Wer frei sein will, muß mit den bestehenden Konventionen brechen; anstatt des üblichen Grußes durch Verneigen und Hackenzusammenschlagen hielt Hoffmann es für genügend, den rechten Arm in althergebrachter Begrüßungspose zu erheben und die Geste mit einem »Heil!« zu begleiten. Auch die Kleidung mußte zum neuen Lebensstil passen. Gebügelte Hosen, gestärkte Hemden und Krawatten waren für Wanderungen über Land kaum geeignet. Daher kurze Hosen, dunkle Hemden, ein Regenmantel und genagelte Stiefel.

Karl Fischer, ein Kommilitone Hoffmanns und zeitweise sein enger Mitarbeiter, schien allen Berichten zufolge eine bemerkenswerte Anziehungskraft auf alle, die ihm folgten, ausgeübt zu haben. »Jeder, der mit Fischer in Kontakt kam oder seine Freundschaft genoß, fühlte zwangsläufig, daß hier jemand war, der mehr zu leisten fähig war als man selbst«, und es war auch eher Fischer als Hoffmann, der die wahre Führernatur besaß und der in der Lage war, das Programm der »Wandervögel« zu entwerfen. Es war zu Anfang nicht gerade ein ehrgeiziges Programm. Die kleine Gruppe Berliner Jünglinge wagte sich zuerst nur in die Umgebung der Hauptstadt. Aber der Ehrgeiz wuchs von Jahr zu Jahr. 1897 wanderten sie zwei Wochen lang durch den Harz, ein Jahr später die Ufer des Rheins entlang und 1898 durch den Böhmerwald [34]. Um nicht von ihren Eltern und Verwandten abhängig zu sein, mieteten sie einmal in der Woche einen Raum, wo sie sich treffen konnten, und nannten ihn ihr

»Nest«. Sie übten sich in der Pflege alter Traditionen, die sie vergessen glaubten, sangen alte Volkslieder, die sie der einst von Arnim und Brentano zusammengestellten Sammlung »Des Knaben Wunderhorn« entnahmen. Die in fast jedem Elternhaus obligatorischen Instrumente, wie das Klavier und die Geige, wurden verschmäht. Statt ihrer spielten sie Gitarre, Laute, Mandoline oder Mundharmonika. Auf ihren Wanderungen entdeckten sie neue Folklore, neue Volkslieder, und Hans Breuer, ein Freund Karl Fischers, sammelte sie, komponierte dazu neue Melodien und veröffentlichte sie 1908 unter dem Titel »Zupfgeigenhansl«. Diese Liedersammlung erfreute sich jahrzehntelang großer Begeisterung bei den deutschen Jugendgruppen aller Klassen, Parteien und Konfessionen. Die Renaissance des deutschen Volkslieds im späten neunzehnten Jahrhundert hatte auch ihre gesellschaftspolitische Bedeutung, denn sie verwarf nachdrücklich den bereits verbreiteten Schlager- und Schnulzenkult [35].

Um die Jahrhundertwende übernahm Karl Fischer von Hoffmann die alleinige Führung der »Wandervögel«, und unter ihm beschränkte sich diese Bewegung nicht mehr nur auf die zeitweilige Flucht aus Stadt und Industrie, sondern sie wurde zu einer Protestbewegung gegen die Eingriffe der Technologie in das tägliche menschliche Leben, einer Protestbewegung, die sich innerhalb weniger Jahre von jenem Berliner Vorort aus über ganz Deutschland ausbreitete und im übrigen Europa Nachahmer fand [36]. Trotz ihrer verschwommenen Ideale und des Fehlens fester Ziele stellte sie einen Versuch dar, die gekünstelte Tünche der Zivilisation abzuschütteln und zum Allheilmittel aller sozialen Mißstände zurückzukehren: zur wahren deutschen Kultur, zum deutschen Volksgeist. Die Idee einer spezifischen Jugendkultur war die Schöpfung eines der einflußreichsten Erziehungsreformer, Gustav Wynekens. »Es muß eine Synthese gefunden werden, eine Versöhnung der Jugend mit jener Kultur, die doch nun einmal von den Erwachsenen bewahrt und gepflegt wird ... Zwar kann diese Synthese nicht in einer Rückkehr in den Schoß der Familie, nicht in einer Unterwerfung unter den konventionellen Lebensstil der Alten bestehen.« [37]

Wyneken leugnete und verwarf – wie auch einige Soziologen unserer Zeit – die allumfassenden Ansprüche des Familienmilieus. Die Jugend – so sah er es – sollte sich im Milieu der Jugend entwickeln, die Jugend sollte die Jugend führen, und die Erwachsenen sollten ihren Einfluß so reduziert wie möglich geltend machen. Die frühen Mitglieder der Wandervogelbewegung betrachteten sich gern als die Pioniere einer jugendlichen Sendung, aber die offizielle Gründung des Vereins der Wandervögel fand erst im November 1901 im Keller des Steglitzer Rathauses statt. Der Ursprung des Namens »Wandervogel« ist sicherlich für viele ihrer Mitglieder und Angehörige anderer Richtungen der deutschen Jugendbewegung, inklusive der Hitler-Jugend, symbolisch. Der Name wurde auf einem Grabstein entdeckt und bezeichnet den wandernden oder auch den Zugvogel [38]. Und Grabsteine sollten später zu Meilensteinen der deutschen Jugend werden: von Flandern bis zur Wolga, vom Polarkreis bis nach Afrika und dann von Königsberg, Breslau bis zurück nach Berlin ist ihre tragische Wanderung verzeichnet. Fischer und der Schriftsteller Ludwig Gurlitt entwarfen die ersten Statuten der Wandervögel, und danach wuchs die Bewegung rasch an. Ihre Dynamik war so stark, daß sich bald darauf Splittergruppen bildeten. Aber selbst wenn es zahlreiche solcher Gruppen gab, so unterschieden sie sich doch nur in Kleinigkeiten voneinander. Gewiß gab es einige Fragen, die bereits ihre dunklen Schatten auf die Probleme der Zukunft warfen: Fragen wie die Zulassung junger Deutscher jüdischen Glaubens zu den Wandervögeln. Neben den Wandervögeln erschien bald die Bündische Jugend auf dem Plan. Es waren Jugendverbände, die für eine bestimmte Sache kämpften, wie das Alkohol- und Nikotinverbot oder auch die Nacktkultur, und eine brennende Frage war die Zulassung von Mädchen in diese Gruppen – bis die Mädchen ihre eigene Initiative ergriffen, ihre eigene Organisation schufen und das Dirndlkleid zu ihrer Uniform erhoben. Aber schließlich fanden Jungen und Mädchen doch ein Mittel, zusammenzukommen – und das durch eine Wiederbelebung der Volkstänze [39].

Der so vollzogene Bruch mit bestehenden Normen und Konventionen zeitigte noch andere Folgen. Hatte man sich erst einmal der elterlichen Autorität entzogen und die Schönheit der Natur entdeckt, so mußte logischerweise bald darauf eine nicht minder wichtige Entdeckung – die der Schönheit des menschlichen Körpers – folgen, und damit war ein Tabu gebrochen, unter dem bisher das ganze Problem der Sexualität gestanden hatte. Freuds Lehren hatten weniger damit zu tun, denn die deutsche Jugend wußte von ihnen noch so gut wie kaum etwas. Es bedurfte keiner wissenschaftlichen Theorie, um etwas so offenkundig Natürliches zu erkennen. Mit der Parole »zurück zur Natur« fand sich der Einzelmensch zwangsläufig seiner Sexualität gegenübergestellt. (Allerdings ist die Behauptung, die deutsche Jugendbewegung sei in erster Linie eine homo-erotische Bewegung, oder krasser ausgedrückt, ein Homosexuellenklub gewesen, barer Unsinn und völlig unbeweisbar.) Die deutsche Jugendbewegung, die aus dem Kleinbürgertum stammte, machte es sich auch zur Aufgabe, Gruppen anderer Gesellschaftsschichten für ihre Ideale und Ziele zu gewinnen. Für die Jugend der Arbeiterklasse war der Generationskonflikt zu Anfang viel weniger bedeutend als der gesellschaftspolitische Klassenunterschied. Der Abgrund zwischen Bürgerschicht und Arbeiterklasse wurde nie geschlossen, aber er konnte überbrückt werden [40]. Die sozialistischen Jugendverbände hatten zwar alle das Ziel des Klassenkampfes gemein, was sie aber nicht an Parteienzwist hinderte. Die sozialistische Jugend reagierte gegen eine Sozialdemokratische Partei, die sich zu einer Institution verknöchert hatte und die, wie der allmächtige und allumfassende Staat, zu einem Gebilde herabgesunken war, in dem der Lebenslauf ihrer Mitglieder von der Wiege bis zum Grabe vorgezeichnet schien. Die damalige SPD konnte am Vorabend des Ersten Weltkrieges auf eine vierzigjährige Entwicklung zurückblicken, in der sie bei den Reichstagswahlen von 124 000 Stimmen im Jahre 1871 bis auf 4 250 000 im Jahre 1912 angestiegen und zur größten Einzelpartei Deutschlands geworden war. In dieser Entwicklung hatte sie jedoch ihren früheren revolutionären Elan verloren, und schließlich war die

SPD genauso bürgerlich geworden wie die bürgerlichen Parteien, gegen die sie opponierte. Im großen und ganzen hatte sich der Großteil der Mitgliedschaft der SPD im Hohenzollernreich integriert, was besonders beim Kriegsausbruch 1914 sichtbar wurde, als der größte Teil der sozialdemokratischen Reichstagsabgeordneten für die notwendigen Kriegskredite stimmte. Der sozialistischen Jugend schien es daher, daß ihre Väter sich nicht sonderlich von den anderen unterschieden. Das Generationsproblem beschäftigte sie nun im gleichen Maße wie die anderen jungen Deutschen. Wohl fühlte sich die Arbeiterjugend ihren bürgerlichen Altersgenossen gegenüber nicht unbefangen, aber es zeigte sich mehr und mehr, daß man auf beiden Seiten wenigstens begann, die Probleme des anderen zu verstehen [41].

Auch die proletarische Jugend haßte, wie ihre bürgerlichen Altersgenossen, die Industrialisierung, Mechanisierung und Rationalisierung aller Sphären des täglichen Lebens. Aber anstatt diese Auswüchse als die Zerstörer aller menschlichen Werte anzusehen, reagierte die Arbeiterjugend vor allem gegen die unmittelbaren Folgen, die von Jahr zu Jahr spürbarer wurden. Auf lange Sicht – so versprach es wenigstens die marxistische Lehre – würde der dialektische Prozeß ohnehin den Sieg der Enterbten herbeiführen. Allein, im Lichte der Binsenwahrheit, daß wir schließlich alle einmal sterben, daß das Leben jetzt und hier ebenso wichtig ist wie die ferne Zukunft, war eine gemeinsame Verständigungsmöglichkeit über die Klassenunterschiede hinaus für die gesamte Jugend gegeben. Auch die Arbeiterjugend wünschte eine Verbesserung der Lebensqualität. Obgleich die sozialistischen und die bürgerlichen Jugendverbände sich grundsätzlich voneinander unterschieden, schien es eine Zeitlang, als marschiere man zwar in getrennten Reihen, stoße aber gemeinsam – wenigstens bis 1914 – in der gleichen Richtung vor [42]. Selbst die Reichsregierung fand die bei der Jugend herrschende Atmosphäre der Unruhe bedenklich genug, um gründliche Untersuchungen anzustellen, die dazu führten, daß man durchgreifende Maßnahmen für die Schaffung eines Jugendwohlfahrtsprogramms anordnete. Die Ausführung dieses Plans mußte jedoch bei Ausbruch des Ersten Weltkriegs kurzerhand abgebrochen werden [43]. Auch die Armee fand das Problem ihrer Aufmerksamkeit wert, und es wurde vorgeschlagen, die überschüssigen jugendlichen Energien zum paramilitärischen Training auf den Kasernenhöfen der Heeresgarnisonen auszunutzen [44]. Bald folgten auch die Kirchen. Schon immer hatte die katholische Kirche den Grundsatz vertreten, daß Knaben und Mädchen im Jünglingsalter besonderer Führung bedurften und daß hier jede Nachlässigkeit dem Ansehen der Kirche nur schweren Schaden zufügen würde. Die katholischen Jugendverbände unterschieden sich äußerlich nur wenig von den Wandervögeln, außer vielleicht in einer strengeren Trennung der Geschlechter und in der Führung, die stets unter Kontrolle der kirchlichen Behörden stand [45]. Jetzt wurden längst vergessene christliche Lieder aus dem Mittelalter wiederentdeckt, die neben den antiklerikalen Liedern der Bauernaufstände des sechzehnten Jahrhunderts in Breuers »Zupfgeigenhansl« aufgenommen wurden. Die katholischen Jugendverbände erfreuten sich überdies guter Beziehungen zum Ausland – ein Vorteil, den auch die evangelischen Jugendverbände genossen, wenn auch in minderem Maße, da den protestantischen Kirchen noch ein gewisser Sektierergeist innewohnte [46]. Sektiererei schien überhaupt ein allgemeiner Bestandteil der deutschen Jugendbewegungen in den Jahren vor dem Ersten Weltkrieg zu werden. Die Pfadfinderbewegung hatte sich von England aus auf dem europäischen Festland verbreitet und trat in direkten Wettbewerb mit den Wandervögeln [47]. Auch der Handel und gewisse Gewerbeverbände schenkten der Jugend in ihren Reihen größere Aufmerksamkeit und schufen besondere Jugendverbände. Das Gesamtbild ergab ein recht kompliziertes Mosaik von Verbänden, Vereinen, Bünden und Bewegungen, von denen keiner, außer den Sozialisten und den Katholiken, in irgendeiner Verbindung zu den existierenden politischen Parteien des wilhelminischen Deutschland stand [48]. Es ist erstaunlich, daß die meisten politischen Parteien von der Jugend keine Notiz nahmen, obgleich die Regierung, die Armee und die Kirchen erkannt hatten, wie wichtig es war, die jungen

Menschen in ihre Reihen zu ziehen und ihre Unterstützung zu gewinnen. Man gewann den Eindruck, daß das Land von alten Männern regiert wurde, die wenig oder kein Verständnis für die junge Generation in einer sich beständig wandelnden Welt aufbrachten. Es kann mit Recht behauptet werden, daß es gerade diese Interesselosigkeit an der Jugend war, die weitgehend zum Entstehen der deutschen Jugendbewegung beigetragen hatte [49].

Möglicherweise war die Gleichgültigkeit der Politiker zum großen Teil darauf zurückzuführen, daß die Führer der Jugendbewegung nicht gerade besonders klar und deutlich in ihrer Zielsetzung waren. Sie zogen es vor, dem Gefühl allgemeiner Unzufriedenheit Luft zu machen, besonders der Unzufriedenheit mit der älteren Generation, und das drückte sich oft in einer Flucht aus der Wirklichkeit aus. Dagegensein, ohne zu wissen, wofür man war, Ausweichen, Entscheidungen aus dem Wege zu gehen, das waren die charakteristischen Merkmale derer, die im Alter von zwölf bis neunzehn die große Masse der Jugendbewegung ausmachten. In Ermangelung eines klar formulierten Programms war der Schritt ins Irrationale nur zu oft und zu leicht getan. Es gab Fälle von Jugendbewegten, die nie mehr den Weg in die Welt der Erwachsenen fanden, die auch mit fünfzig Jahren in kurzen Hosen, Nagelschuhen und Lodenhemden herumliefen und sich noch immer als die Vertreter der Jugend betrachteten [50].

Organisationsmäßig waren die Strukturen der verschiedenen Bewegungen fast alle die gleichen. Die Jugend wurde von der Jugend geführt, und der Gruppenführer war im allgemeinen drei bis fünf Jahre älter als seine Schar. Er mußte alt genug sein, um Autorität auszuüben und aufrechtzuerhalten, und jung genug, um sich mit der Gruppe und den Wünschen und Sorgen der einzelnen identifizieren zu können. Eine Gruppe bestand meist aus höchstens zwanzig Jungen, und bei einem noch jungen Jugendverband konnten es auch viel weniger sein. In einer Stadt mit mehreren Gruppen waren diese in eine Ortsgruppe gegliedert, der sie unterstanden, während die verschiedenen

Ortsgruppen eines Gebiets einen Gau bildeten. Der Führer des Gaues war dem Führer der Bewegung gegenüber für die Aktivitäten aller Ortsgruppen verantwortlich. Treffen der verschiedenen Ortsgruppenführer fanden regelmäßig, mindestens einmal im Monat, statt, während Gautreffen zwei- bis dreimal im Jahr veranstaltet wurden. Aber einmal im Jahr schloß sich die gesamte Gefolgschaft der Bewegung bei einem großen Lagertreffen zusammen. Außer dem großen Lagertreffen war das Ereignis des Jahres – und es fand oft kurz vor dem Lagertreffen statt – die »Fahrt«, eine große Überlandwanderung, die während der Schulferien durchgeführt wurde, wenn das Wetter ein Zelten im Freien gestattete. Jugendherbergen gab es im Anfang unseres Jahrhunderts noch nicht, und daher konnten diese »Fahrten« gelegentlich sehr beschwerlich sein, aber in den meisten Fällen gehörte das eben zum Spaß aller Beteiligten. Das Geld war rar, und in den Berichten der deutschen Konsulate in Italien, Frankreich und den Niederlanden wurden häufig völlig mittellose deutsche Jugendgruppen erwähnt, die sich gewöhnlich auf der Heimreise befanden; in einigen Fällen brachten sie sich mit Betteln durch, öfters aber sangen sie und spielten Gitarre auf öffentlichen Plätzen, wonach sie mit einem Hut Geld einsammelten – sehr zum Mißfallen der ortsansässigen Landstreicher, die es ihnen deutlich zu verstehen gaben, um so mehr, als die Gesetze der meisten Länder für solche Auftritte einen Gewerbeschein verlangten, den weder die brotlosen deutschen Jungen noch die Landstreicher besaßen. Öffentliche Transportmittel waren verpönt: Schusters Rappen waren das übliche Reisemittel [51].

Zwischen 1910 und 1913 breitete sich die Jugendbewegung auch auf die deutschsprachigen Teile des österreichisch-ungarischen Kaiserreichs und die Schweiz aus. Es war, wie man sagte, »eine unsichtbare Revolution« gegen den unvermeidlichen industriellen Entwicklungsprozeß [52]. Aber in Sachen »Revolution« hatte die deutsche Jugendbewegung nichts erreicht. Sie stellte keine Krise, sondern eher das Symptom einer Krise dar. Weder der Staat noch die Schule, Familie oder Gesellschaft veränderten sich. Und trotzdem war sie nicht ganz ohne Wirkung. Durch das Infragestellen von bisher kritiklos hingenommenen Institutionen, Werten und Ideen hatte sie den Weg zu etwas neuem gebahnt – nur wußte noch niemand, was es sein würde. Mit ihrer Verachtung der politischen Parteien, ihrer Verwerfung des Parlaments, das zu einem wirkungslosen Debattierklub herabgesunken war, gab die Jugendbewegung der allgemeinen Ansicht des Kleinbürgertums Ausdruck, wonach die Politik ein schmutziges Geschäft sei, das man am besten denen überließ, die sich nicht scheuten, ihre unsaubere Wäsche in der Öffentlichkeit zu waschen. Und indem sie die ganze politische Richtung ihrer Zeit verwarf, lehnte sie auch die für das wilhelminische Deutschland so typische patriotische Heuchelei ab.

Die große Gelegenheit zu einer öffentlichen Absage an die nationalistische Welle, die Europa zu Anfang des Jahrhunderts überschwemmte, bot sich 1913 bei der Jahrhundertfeier der Völkerschlacht bei Leipzig, in der die Preußen, Österreicher und andere deutsche Streitkräfte mit Rußland gemeinsam Napoleon besiegt und ihn schließlich aus den Grenzen Deutschlands vertrieben hatten. Die Jahrhundertfeier gab Anlaß zu Ausbrüchen nationaler Euphorie [53]. Kaiser Wilhelm II. sollte am 18. Oktober 1913 ein einmalig monströses Denkmal in Leipzig enthüllen, und die Führer der deutschen Jugendbewegung hielten den Augenblick für angemessen, eine deutsche Jugenddemonstration zu veranstalten, deren Zweck nicht etwa die Verneinung des Nationalgefühls sein sollte, sondern eher, es in eine ausgewogene Perspektive zu rücken und gleichzeitig der deutschen Jugendbewegung eine Art von Programm und Zielsetzung zu geben [54]. Man wählte den 11. und 12. Oktober als Datum für das Treffen, das auf dem Hohen Meißner stattfinden sollte, einem Berg südlich von Kassel, auf dem – gemäß deutschem Volksglauben – Frau Holle ihr Heim hatte.

Am Abend des 11. Oktober versammelten sich Jugendgruppen von Jungen und von Mädchen gemeinsam mit Sozialisten und Studenten aus den naheliegenden Universitäten von Marburg, Göttingen und Jena auf dem Hohen Meißner. Gruppen aus

Österreich, dem Sudetenland und der Schweiz waren ebenfalls anwesend. Das Treffen begann unter ungünstigen Bedingungen. Es regnete in Strömen. Als das Wetter sich aber am nächsten Morgen besserte, stieg die Stimmung der versammelten Menge mit der Temperatur. Das Jugendfest konnte beginnen und mit ihm das Reden: »Vor allen Dingen hassen wir den unfruchtbaren Patriotismus, der in den Worten und Gefühlen schwelgt, der sich – oft auf Kosten der historischen Wahrheit – rückwärts begeistert und nicht daran denkt, sich neue Ziele zu stecken.« [55] Die Forderung nach freier und ungehinderter Entwicklung des Einzelmenschen, nach Wahrheit, Ehrlichkeit und Verantwortung wurde erhoben. Der Sprecher der Marburger Studenten unterstrich die Notwendigkeit, der Jugend Gelegenheit zu geben, sich selbst zu erziehen und zu disziplinieren. Andere betonten die Dringlichkeit, das soziale Gewissen zu erwecken, zu einer Zeit, da die Arbeitseinteilung und das Fabriksystem den Menschen zum »Werkzeug des Werkzeugs« erniedrigt hatten. Gustav Wyneken, der bekannte deutsche Erziehungsreformator und feurige Befürworter der Jugendbewegung, richtete sich an die etwa dreizehn versammelten und auf dem Fest vertretenen Gruppen der Jugendbewegung; er warnte sie vor den billigen überkommenen nationalistischen Parolen, von denen sie sich nicht hypnotisieren lassen sollten, und betonte die der deutschen Kultur innewohnenden weltbürgerlichen Elemente. »Wenn ich die leuchtenden Täler unseres Vaterlandes hier zu unseren Füßen ausgebreitet sehe, so kann ich nichts anderes wünschen: Möge nie der Tag erscheinen, wo wir gezwungen sind, den Krieg in die Täler eines fremden Volkes zu tragen . . .« Er wies auf einen der wichtigsten Vorkämpfer für eine innere Erneuerung Preußens hin, auf Neidhardt von Gneisenau, dem schon hundert Jahre zuvor Grundsätze wichtiger gewesen seien als Länder. Er warnte, sich vor den Übertreibungen eines deutschen Patriotismus zu hüten, der in nichts als geringschätzender Provokation prunken wolle. Andererseits lenkte er auch die Aufmerksamkeit auf ein nationales Interesse, das viele Liberale damals beschäftigte, die tiefe Spaltung, die durch das deutsche Volk ging und die Deutschen Österreichs von denen des Reiches trennte, wies auch auf die Not der deutschen Minderheiten außerhalb Deutschlands hin. Aber sie sei nicht allein auf sie beschränkt, betonte er nachdrücklich: Es gebe sie auch genug unter den Deutschen im Reich. Kriegerische Reden und Säbelgerassel lieferten keine Lösungen für die Deutschland bedrängenden Probleme, wenn es in einen Krieg gerate und vor allem seine Jugend sicher sein wolle, daß dies ein gerechter Krieg sei, in dem Deutschland die Kräfte des Lichts gegen die der Finsternis verkörpere. Das Schicksal der jungen Generation müsse nicht Glück, es könne auch Heldentum sein. Aber dann sollte dieses Heldentum auch schöpferisch wirken: um die Welt grundlegend und zum Besseren zu verändern. [56]

Die Versammlung erklärte in ihrem Endbeschluß: »Die Freideutsche Jugend will aus eigener Bestimmung und Verantwortung mit innerer Wahrhaftigkeit ihr Leben gestalten.« [57]

Das Treffen auf dem Hohen Meißner bewies, daß die deutsche Jugend dieser Zeit in ihren Gefühlen geeint war; natürlich blieben oberflächliche Unterschiede konfessioneller und sozialer Art bestehen, aber sie waren nicht mehr unüberbrückbar. Trotz ihrer bürgerlichen Herkunft lehnten sich gerade die von dort kommenden jungen Leute gegen ihr Milieu auf. Diese antibürgerliche Haltung bedeutete aber noch lange nicht, daß die zwischen ihnen und der organisierten sozialistischen Jugendbewegung liegenden Hindernisse weggeräumt waren. Auf der anderen Seite hatte sich eben in der sozialistischen Jugendbewegung eine Reaktion gegen die Partei entwickelt, die nicht mehr die Partei der Revolution war, die in ihrer ganzen Taktik bürgerlich geworden war – natürlich mit Ausnahmen wie Rosa Luxemburg –, die, trotz eines gelegentlichen Lippendienstes nach links, sich voll und ganz dem politischen Rahmen des deutschen Reiches angepaßt hatte, deren Mitglieder zwar noch nicht in der Reichsregierung, so doch immerhin in Landesregierungen und Stadtverwaltungen saßen, gesellschaftliches Ansehen genossen und nur noch in völlig erzkonservativen Kreisen als »Rote« verschrien waren. In den Augen ihrer eigenen Jugend war die Sozialdemokratische Partei eine verknöcherte Institution und ein

»gewisser Lebensstil« geworden [58]. Als sich die deutsche Jugend in ihrer Gesamtheit zum letztenmal traf, geschah es zehn Monate nach dem Fest auf dem Hohen Meißner, aber diesmal war es traurigerweise in den Schützengräben des Ersten Weltkriegs. All die vorigen Jahre hindurch hatten sie nach dem großen und schöpferischen »Erlebnis« gesucht, sei es auf ihren Wanderungen oder wenn sie um ihre Lagerfeuer versammelt waren. Und welch dürftiger Ersatz war das gewesen, wenn man bedachte, was sich jetzt bot: der Krieg! Ein Krieg, aus dem die endgültige Gestalt des neuen Menschen hervorgehen mußte: ein Krieg, der einen neuen Geist und ein neues Bewußtsein einer neuen Zeit schaffen würde. In einer Welle schier unbegreiflicher idealistischer Begeisterung und im Jubel der gesamten Bevölkerung marschierten sie im August 1914 auf die Schlachtfelder. Alle Unterschiede der Vergangenheit hatten nun ihre Bedeutung verloren und waren nur noch kleinliche Zänkereien. Die langersehnte nationale Gemeinschaft, die wahre Schicksalsgemeinschaft schien endlich Wirklichkeit geworden zu sein. Die Kasernen waren kaum mehr in der Lage, dem Andrang der herbeiströmenden Freiwilligen standzuhalten. Aus den Fabrikhallen, den Klassenzimmern und Lehrsälen eilten sie herbei, und einige Wochen nach Kriegsausbruch mußte sogar die Oberste Heeresleitung die Anzahl der zugelassenen Freiwilligen einschränken, denn es waren zu viele.

Diese Gefühlswelle einfach als einen Ausdruck jugendlichen Chauvinismus hinzustellen, hieße nur einen kleinen Teil der Wahrheit zu berühren. Es waren nicht blinder Haß und blinder Nationalismus, die den meisten den Antrieb gaben, sondern die Verfolgung einer Traumidee. Endlich schien die Stunde geschlagen, wo der Idealismus und wahre Nationalismus einer neuen Generation die korrupten alten Mächte des Materialismus und des internationalen Kapitals über Bord werfen konnte. Mit diesen Visionen marschierten die jugendlichen deutschen Regimenter in den Krieg von 1914.

Statt dessen fanden sie sich in den Gräbern von Langemarck.

III. Umgestaltung

Aus den Schrecken und Grauen des Krieges entstanden die ersten Zweifel daran, daß der Krieg die deutsche Jugend wirklich ihren Zielen näherbrachte. Der Tod hatte zu brutal und in zu großem Maßstab gewaltet, um einem positiven Zweck zu dienen und dem Krieg einen Sinn zu geben. Viele erwachten zur Vernunft und fragten sich, warum diese furchtbaren Zerstörungen sein mußten. Aber der Krieg hatte seine eigenen Maßstäbe geschaffen – und seine eigene »Gesellschaft« hervorgebracht. Im Stakkato des Maschinengewehrfeuers und den nicht enden wollenden Detonationen des Artilleriefeuers war die *aristocrazia trincesca*, die Schützengraben-Aristokratie, entstanden, und die Schützengräben bildeten die starke verbindende Kraft, die alle Klassenunterschiede zwischen Offizieren und Mannschaften, zwischen ehemaligen Studenten und Arbeitern aufhob. Die Bedingungen forderten den Einsatz und die Selbstaufopferung jedes Einzelnen für seine Kameraden, und die stets lauernde Todesgefahr schuf neue Formen menschlicher Beziehungen, eine Art von neuer Ordnung, in der die künstliche Hierarchie der Garnisonen und Kasernenhöfe einer natürlicheren Rangordnung wich. Hier war der Gehorsam letzten Endes eine spontane Reaktion, denn der Befehlende mußte sich zuerst den Respekt der Männer verdienen, die nicht mehr seine Untergebenen, sondern seine Kameraden waren und von denen ja auch sein eigenes Leben und das seiner Einheit abhängen konnte.

Junge Deutsche aller politischen und sozialen Schichten hatten sich gegen die bürgerliche Gesellschaft des wilhelminischen Reichs aufgelehnt. Die meisten von ihnen waren mit der Überzeugung in den Krieg gezogen, daß hier ein »neuer Mensch« entstehen würde. Aber die Jungen von 1914, die am Leben geblieben und 1918 aus ihren Schützengräben und Unterständen gekrochen kamen, zeigten ein anderes Gesicht als das, was sich die Dichter der Jugendbewegung von 1914 erträumt hatten [1].

Sie wurden nicht von wehenden Fahnen und Triumphmärschen angekündigt. Abgemagert, mit grauen, eingefallenen Gesichtern, verschmutzten und zerschlissenen Uniformen marschierten sie in die Heimat zurück. Sie waren eine Jugend, die in den vier Jahren des großen Massenschlachtens jeden Kontakt mit dem normalen Leben verloren hatte, und viele von ihnen hatten die Niederlage Deutschlands und einen Sinn dieser Niederlage überhaupt nicht begriffen.

Die Revolution, die am Ende des Ersten Weltkriegs ausbrach und den Kaiser vom Thron stürzte, war nicht an der Front geboren. Die meisten Soldaten erwarteten zwar ungeduldig ihre Heimkehr, aber es gibt keinen Beweis für besondere Sympathien der Truppe zur Revolution [2]. Der »junge Republikaner« war eine verhältnismäßig selten vorkommende Erscheinung, und allein diese bereits im November 1918 und 1919 offensichtliche Tatsache sollte für die Geschichte der neuen Weimarer Republik bestimmend sein: sie war eine Republik der Älteren und der Alten. Für die Jugend gab es in ihr keinen Platz. Die große Masse der jungen Deutschen hielt sich von den zahlreich aus dem Boden sprießenden Parteien fern. Soweit sie überhaupt den Wunsch hatten, einer Jugendbewegung beizutreten, schlossen sie sich der »Bündischen Jugend« [3], einer Jugendliga oder, wenn sie politisch interessiert waren, einem der extremistischen Verbände an, je nachdem, ob ihre Eltern rechts oder links eingestellt waren. War z. B. der Vater angewidert von den »imperialistisch-kapitalistischen Kriegshetzern« von der Front heimgekehrt, so waren die Söhne im Lager der extrem linken Jugendorganisationen zu finden [4]. Waren aber zu Haus die Phrasen von den »Novemberverbrechern« und dem »Dolchstoß« üblich, so wurden die Söhne Mitglieder eines der extrem rechten Jugendverbände [5].

Das Hohenzollernreich war verschwunden und hatte der Republik Platz gemacht. Aber es war nur eine Republik des Zufalls. Friedrich Ebert und seine Genossen hatten ursprünglich eine parlamentarisch konstitutionelle Monarchie ins Auge gefaßt, aber aus Angst, von Linksextremisten überholt zu werden, entschlossen sie sich schließlich zur Ausrufung der Republik. Auch die Führung der SPD wünschte keine Revolution, obgleich es in Berlin und anderen Teilen Deutschlands, besonders in München, zu wirklichen Versuchen einer Revolution gekommen war. Die Frage, wie man dieser Revolutionsbestrebungen Herr werden konnte, lag außerhalb des Machtbereichs der SPD, denn sie besaß dazu nicht die Mittel. Das Machtmonopol lag noch immer in den Händen der Obersten Heeresleitung, und nur mit ihrer Hilfe hatten die Sozialdemokraten eine Chance, die Revolution niederzuschlagen. Aber auch die Oberste Heeresleitung hatte schwere Probleme zu bewältigen, und sie lief Gefahr, zu einer Heeresleitung ohne Armee zu werden, denn die zurückgekehrten Soldaten beeilten sich zum größten Teil, die Garnisonen zu verlassen und nach Hause zu gehen. Die einzige Alternative war die Rekrutierung von Freiwilligen – die Schaffung der »Freikorps«. In Kämpfen und Aktionen, die in ihrer Grausamkeit typisch für jeden Bürgerkrieg sind, wurden die Kräfte der Linken wirkungsvoll unterdrückt. Das Erbe des Bürgerkrieges jedoch machte der Weimarer Republik zeitlebens zu schaffen, wofür in ihrer Spätphase die paramilitärischen Organisationen rechts und links und die Gefechte zwischen Sturmabteilungen (SA) und Roter Front zeugten. Die politische Atmosphäre war von Fanatismus und Kompromißlosigkeit vergiftet. In den Augen der Rechten war die Republik eine Schöpfung der Novemberverbrecher, jener Männer, die sie ausgerufen und den Waffenstillstand mit dem Feind geschlossen hatten. Man warf ihnen vor, Deutschlands Niederlage schon während des Krieges geplant und vorbereitet zu haben, und sie waren für die Demoralisierung der Zivilbevölkerung, »den Dolchstoß in den Rücken des deutschen Heeres«, verantwortlich. Derartige übertriebene Behauptungen, denen ebenso radikal-heftige Anklagen der Linken gegenüberstanden, wurden immer wieder in Zeiten politischer und wirtschaftlicher Krisen vorgebracht. Und Krisen gab es genug in der Weimarer Republik. Unter dem ständigen Druck der Ereignisse, dem fortschreitenden wirtschaftlichen Zerfall des Mittelstandes und der politischen Wechselhaftigkeit der parlamentarischen Demokratie erhoben sich bei einem großen Teil der Wählerschaft immer stärkere Zweifel und Kritik am System des Parteienstaates. Da die Republik unfähig schien, die häufigen Krisen zu meistern, verwandelten diese Zweifel sich in Überzeugungen, und der Ruf, mit der Parteipolitik aufzuräumen und nach einem Führer zu suchen, der die nationale Harmonie wiederherstellen könne – ein Ruf, der schon im Reich Bismarcks und in dem Wilhelms II. erklungen war –, wurde laut. War der Mangel an Kompromißfreudigkeit gerade einer der Hauptgründe für die Unbeständigkeit der Republik, so schaffte der Kompromiß – wo er überhaupt möglich war – paradoxerweise nur noch mehr Unruhe. Denn schließlich beruhte die Schaffung der Republik und ihr Überleben während der ersten vier Jahre ihres Bestehens auf einem Kompromiß zwischen den demokratischen Parteien – den Sozialdemokraten, Liberalen und dem Zentrum – und den bestehenden Institutionen – der Armee, Beamtenschaft, Justizgewalt und der Wirtschaft –, was von vornherein jede gründliche Reform unmöglich machte. Diese Kompromißstruktur gefährdete die gesamte Republik in dieser Zeit politischer und wirtschaftlicher Erschütterungen.

Die ersten Nachkriegsjahre standen jedoch auch unter dem Einfluß einer gewissen Kategorie junger Leute, die vielleicht vor dem Kriege der Jugendbewegung angehört hatten, die aber für derlei harmlose Spiele zu alt geworden waren und sich einem der inoffiziellen rechtsorientierten Kampfverbände angeschlossen hatten [6]. Und es waren auch wirklich die »Freikorps« der extremen Rechten und die »Spartakisten« der extremen Linken, die als einzige die Traditionen und Ziele der Deutschen Jugendbewegung [7], wenn auch in übertriebenem Maße, so doch immerhin vorerst getreuer als die neuerstandenen Jugendverbände fortsetzten. Sie vereinigten alle die, die nicht geneigt waren, beim Wiederaufbau einer Gesellschaft mitzuwirken, die die große Prüfung des Krieges nicht bestanden hatte. Die Aktivisten der Freikorps und des Spartakus schlugen sich – obgleich sie nie zusammenfanden – gegen einen gemeinsamen Feind: die Wiedererrichtung des alten bürgerlichen Status quo. Was sie voneinander trennte, war die Bereitschaft der einen, ihr eigenes Land zu zerstören, um den Kapitalismus auszurotten, und der anderen – soweit sie politische Überzeugungen hatten –, dort den Faden wiederaufnehmen zu wollen, wo ihn der liberale Friedrich Naumann einst fallengelassen hatte, und versuchten, das zu erreichen, was sie für eine Synthese von Nationalismus und Sozialismus hielten, einen nationalen Sozialismus – die Anti-These »eines unhistorischen humanitären Marxismus und einer wurzellosen kapitalistischen Gesellschaft« [8].

Einige dieser jungen Männer, die sich sagten, daß sie »den Krieg verlieren mußten, um die Nation zu gewinnen« [9], waren bereit, die totgeborene Revolution von 1918 noch weiter zu treiben und jeden zu ermorden, der fähig schien, Deutschland in die Lage von vor 1914 zurückzuführen [10]. Walther Rathenau, der politische Denker und Industrielle, dank dessen Bemühungen Deutschland während des Ersten Weltkriegs mit den lebenswichtigsten Rohstoffen versorgt wurde, war das prominenteste Opfer dieser Morde, aber man hatte ihn nicht ausgewählt, weil er Jude, sondern weil er von allen Politikern, die die Wiedererrichtung des Vorkriegszustandes zum Ziel hatten, weitaus der fähigste war [11]. Allerdings wurde er vergeblich geopfert. Um 1922 waren die revolutionären Impulse – ob sie von rechts oder links kamen – erlahmt, und der allgemeine Wunsch des Großteils der Bevölkerung war auf eine Rückkehr zu normalen Umständen gerichtet.

Nur die Jugend wollte keine »normalen Umstände«. Man begann von neuem Verbände und Bewegungen zu gründen, und sie übertrafen in ihrer Anzahl und der ihrer Mitglieder alles, was es vor dem Krieg gegeben hatte. Die »Jungsozialisten«, »Jungdemokraten«, »Jungnationalen«, »Jungprotestanten« sind einige der vielen selbständigen Jugendorganisationen, die zwischen 1923 und 1933 wie Pilze aus dem Boden schossen. Säuberung der deutschen Politik von den Mißständen der Industrialisierung, Kampf gegen die vielfältigen sozialen Ungerechtigkeiten des kapitalistischen Systems, Auflehnung gegen das »Diktat von Versailles«, das waren die Punkte, welche auf den meisten

Programmen standen und die auch ihre Rolle bei der Gründung von Studentenverbindungen wie dem »Deutschen Hochschulring«, der »Deutschen Studentenschaft« oder der kommunistischen »Freien Proletarischen Jugend« spielten [12]. Es versteht sich von selbst, daß die große Zahl der Jugendorganisationen und ihre weite Verbreitung die tiefe politische Spaltung Deutschlands widerspiegelten. Aber darüber hinaus gab es eine Anzahl gemeinsamer Faktoren, so die entschiedene Ablehnung der Alten wie der von Missionseifer beseelte Wunsch nach einer neuen Welt für die einen und einer neuen Nation für die anderen. Es wurden auch entschlossene Versuche zur Analyse dessen, was man für die Realitäten der Zeit hielt, unternommen, sie durch direkte Taten zu beeinflussen und sie nach eigenen Bildern umzuformen — was immer auch diese Bilder sein mochten. Es wurde der von Walter Flex geprägte Satz übernommen: »Wer auf die preußische Fahne schwört, hat nichts mehr, was ihm selber gehört« [13]. Jugendorganisationen aller politischen Schattierungen sangen das für die kommunistische Jugend von Hermann Claudius — einem Nachkommen von Matthias Claudius und späterem Nationalsozialisten – geschriebene Lied:

> »Wann wir schreiten Seit an Seit
> und die alten Lieder singen
> und die Wälder widerklingen,
> fühlen wir, es muß gelingen:
> Mit uns zieht die neue Zeit!« [14]

Die jungen Männer der Frontgeneration, die schon früh gelernt hatten, ihr Leben einzusetzen, waren auch in den Nachkriegsjahren dazu bereit. Aus dieser Haltung entstand das, was man »Frontkämpfersozialismus« nennen könnte. Ernst von Salomon schrieb 1928 dazu: »Der Krieg zwang sie, der Krieg beherrschte sie, der Krieg wird sie niemals entlassen, niemals werden sie heimkehren können, niemals werden sie ganz zu uns gehören, sie werden immer die Front im Blute tragen, den nahen Tod, die Bereitschaft, das Grauen, den Rausch, das Eisen. Was nun geschah, dieser Einmarsch, das Hineinfügen in die friedliche, in die gefügte, in die bürgerliche Welt, das war Verpflanzung, eine Verfälschung, das konnte niemals gelingen. Der Krieg ist zu Ende. Die Krieger marschieren immer noch. Und da hier die Masse steht, hier die in Neuordnung begriffene deutsche Welt, gärend, unbeholfen, aus tausend kleinen Süchten und Strömen, wirkend durch ihr Gewicht, enthaltend alle Elemente, darum werden sie, die Soldaten, marschieren für die Revolution, für eine andere Revolution, ob sie wollen oder nicht, gepeitscht von Gewalten, die wir nicht ahnen können, Unzufriedene, wenn sie auseinandergehen, Sprengstoff, wenn sie zusammenbleiben.« [15] Mit dieser nationalrevolutionären Einstellung, die im Krieg zu einer Überzeugung geworden war, wollten sie weder dem Wiederaufbau des kurzlebigen vergangenen Kaiserreichs noch seinem bürgerlichen Nachspiel, dieser Weimarer Republik, zustimmen. Obgleich es in der Republik keinen rechten Platz für die Jugend zu geben schien, war merkwürdigerweise gerade die Jugend der Vorkriegsjugendbewegung eine ihrer lebendigsten Kräfte. Ohne sie hätte die junge Republik die ersten sechs Monate ihrer Existenz kaum überlebt. Diese vom »Stahlgewitter« des Krieges gehärteten jungen Menschen sicherten mit ihren Freikorps Deutschlands östliche Grenzen, schlugen den rheinischen Separatismus und den bayerischen Partikularismus nieder. Nach der Besetzung des Ruhrgebiets durch die Franzosen und Belgier verbündeten sich Linke und Rechte, Kommunisten und Freikorpsmitglieder zum Kampf gegen die Besatzungsmächte, stifteten Verschwörungen an und sprengten sowohl Eisenbahnbrücken wie Separatistengruppen im Rheinland [16]. Im Rheinland, an der Ruhr und auch in Oberschlesien schufen sie einen neuen Kämpfertyp: den Stadtguerillero [17].

Wahrscheinlich sind sich die Politiker der Weimarer Republik nie dieser schweren Folgen ihrer Unfähigkeit, die Jugend auch nach der Anfangszeit zu begeistern, bewußt gewesen. In den ersten vier Jahren herrschte der deutsche Bürgerkrieg. Darauf folgte eine Zeit relativer Ruhe, in der die Republik scheinbar friedlich, bürgerlich und selbstzufrieden wurde. Die letzten vier

Jahre waren wiederum eine Krisenzeit, in der die demokratischen Führer deutlich ihre Unfähigkeit zeigten, die dringlichen politischen und wirtschaftlichen Probleme zu meistern. Die Republik war von Anfang an mit zu vielen Kompromissen beladen; sie war zu sehr auf Parteitreue und die Interessen ihrer Machtgruppen angewiesen, um bei der Jugend auch nur einen Funken von Begeisterung erwecken zu können [18].

Durch das übertrieben demokratisch gehandhabte Verhältniswahlrecht, das bis 1932 immer größere Anzahlen von Parteien hervorgebracht hatte, war die politische Zersplitterung schon schlimm genug; sie wurde durch die politischen und wirtschaftlichen Schwierigkeiten aus dem Erbe des Versailler Vertrags nur noch beschleunigt. Es gab viele Gründe, warum eine entfremdete Generation sich nicht für, sondern gegen die junge Republik zusammenschloß. Bereits 1919 hieß es in einer Proklamation zur Neuorganisierung der Deutschen Jugendbewegung: »Aus tausend Wunden blutet unser Volk. Man will uns rauben, was uns groß gemacht, will uns die Zukunft nehmen, damit wir elend verderben. An jedes Deutschen Tür pocht heute die Schicksalsfrage: Untergang oder Aufbau – Leben oder Tod?

Darum wenden wir uns an die deutsche Jugend beiderlei Geschlechts und aller Stände, an Schulpflichtige und Schulentlassene ohne Unterschied des Bekenntnisses. Wir wollen sammeln, was zu splittern droht. Die bestehenden Jugendbünde und Organisationen sollen bleiben und ihre Arbeit weiterverrichten. Wir wollen sie zusammenschließen zu einer großen deutschen Jugendgemeinschaft.

Wir wollen aber auch die Hunderttausende zur Arbeit heranziehen, die noch nicht organisiert sind. Das ganze junge Deutschland soll es sein.« [19] Dieser Appell fand wenig Widerhall, und ähnlich erging es vielen anderen, weil man sie verdächtigte, Beziehungen zu einer politischen Partei zu haben. Aber dieser Aufruf von 1919 ist immerhin für die extremistische politische Propaganda der zwanziger und frühen dreißiger Jahre charakteristisch. Für ihn gibt es nur zwei extreme Alternativen; er beruft sich auf die »Volksgemeinschaft«, die über all den religiösen, sozialen oder wie auch immer gearteten Unterschieden steht und behauptet, allein das Streben nach einem geistig geeinten Deutschland, das wieder seine verlorene politische Macht zurückgewinnen könnte, zu verkörpern.

Der Ruf nach Einigkeit kam vielleicht etwas zu früh, und einige Jahre lang gab es innerhalb der deutschen Jugendbewegungen zahlreiche Verbände und Organisationen, die sich zu weigern schienen, mit den extremistischen Jugendorganisationen gemeinsame Sache zu machen. Die Wandervogelidee erlebte eine Art von Renaissance, aber das war ebenfalls bei Hunderten von »Bünden« der Fall, und immer neue Bünde, Gilden, Gruppen von Jugendverbänden wurden gegründet [20]. Aber wie ihre Vorgänger zeichneten sie sich durch ihre hartnäckige Kompromißfeindlichkeit aus, und größere Zusammenschlüsse waren stets von kurzer Dauer. Im Vergleich mit dem Jahrzehnt vor 1914 ist das Gesamtbild der Jugendverbände dieser Zeit zu verworren, widersprüchlich und bizarr, um Verallgemeinerungen zuzulassen. Der Name »Bündische Jugend« ist nicht mehr als ein Sammelname – er drückt keinesfalls die Natur, die Charakteristik und Zielsetzung der unter ihm bezeichneten Jugendbünde aus. Natürlich behaupteten alle, nicht den Richtlinien einer bestimmten politischen Partei zu folgen, obwohl einzelne Jugendliche in einer Zeit explosiver politischer Auseinandersetzungen zwangsweise ihre eigenen Meinungen und Ansichten vertreten und offen zum Ausdruck bringen mußten. Die Parteien ihrerseits versuchten, sich eine jugendliche Gefolgschaft zu sichern, und in manchen Fällen war die Grenze zwischen den Jugendbünden und den Jugendverbänden der Parteien kaum noch zu erkennen [21].

Für den Außenstehenden schien das äußere Bild zwar eine Kontinuität mit den Traditionen der Vergangenheit zu ergeben. Die Jugendgruppen wanderten durchs Land; ihre Lieder stammten wie früher aus dem »Zupfgeigenhansl«, vielleicht mit einigen Bereicherungen aus dem Weltkrieg, wie zum Beispiel »Wildgänse rauschen durch die Nacht« von Walter Flex. Volkslieder und Volkstänze gehörten weiterhin zum Programm, und die wö-

chentlichen Zusammenkünfte fanden statt wie zuvor. Aber während die Vorkriegsjugendbewegung sich ihre Tracht aus vorwiegend praktischen Gründen ausgesucht hatte, neigten die Nachkriegsjugendbünde zur Uniformierung im militärischen Sinne [22]. Hatte sich früher die Führung mehr oder weniger aus allgemeiner Einmütigkeit ergeben, so waren jetzt militärische Rangordnungen gang und gäbe. Ganze Reihen von Dienstgraden, die von Bund zu Bund wechselten, wurden erfunden, und ein Beobachter stellte fest: »In einer Zeit, da die Demokratie die ganze Welt eroberte, da die Masse dachte, regieren zu können, wurde in der Jugendbewegung wieder der Gedanke für Führertum und Gefolgschaftstreue lebendig.« [23]
Hatte der Krieg der Frontgeneration dazu verholfen, die Klassenunterschiede zu überbrücken, so wurden diese Brücken von der Nachkriegsgeneration innerhalb ihrer Jugendbünde eiligst wieder abgerissen. Die Wandervögel nahmen nur noch Schüler höherer Schulen auf und verbannten die Arbeiterjugend in die sozialdemokratischen oder kommunistischen Jugendverbände, die ihre Interessen zu verteidigen behaupteten, oder in solche, die den Klassenkampf bewußt ablehnten. Einige kleine Jugendverbände glaubten, für die Sache der Arbeiterjugend kämpfen zu können, ohne sich einer politischen Partei anzuschließen [24]. Bei einer Kulturtagung der Arbeiterjugend in Weimar 1920 wurde ein Beschluß verlesen, der eigentlich schon fast eine Bitte der Arbeiterjugend an den Mittelstand um anerkennende Unterstützung war. »In dem engen Gemeinschaftsleben beider Geschlechter wollen wir den Adel in uns bilden, um mitzubauen an einer sozialistischen Zukunft, bis wir an Stelle von Haß, Neid, Kleinsucht die Liebe der Menschen untereinander in Volks- und Völkergemeinschaften zum Siege geführt haben. Wir wollen die Erneuerung des Sozialismus durch Tat und Beispiel aus unserer Jugendbewegung.« [25]
Auch hier machte sich wieder die utopisch schwärmerische Neigung bemerkbar.
Der Beschluß fand bei der politischen Linken kein Echo. Die Klassen waren nicht nur voneinander, sondern auch in sich

selbst gespalten. Angesichts der überwältigenden Katastrophe des verlorenen Krieges und der damit verbundenen seelischen Demütigung hatte man ganz vergessen, daß die deutsche Jugend sich schon vor einem Jahrhundert in ihrer Reaktion gegen den ausländischen Unterdrücker und die Tyrannei der heimischen Duodezfürsten organisiert hatte und daß ihr Ziel die nationale Unabhängigkeit und persönliche Freiheit gewesen war. Daß zumindest die persönliche Freiheit im Rahmen der neuen Republik gewährleistet war, wurde entweder nicht anerkannt oder absichtlich ignoriert. Letzteres ist wahrscheinlicher. Wie vor dem Krieg wurde nichts oder sehr wenig unternommen, um sich der industriellen Entwicklung und der verfeinerten städtischen Kultur anzupassen. Im Gegenteil, die Symptome der Entfremdung häuften sich in den sogenannten goldenen zwanziger Jahren. Sie trugen viel zum Rüstzeug derer bei, die den Verfall der westlichen Kultur predigten. Die deutsche Jugendbewegung half dabei tätig mit ihren künstlichen Wiederbelebungsversuchen aller Arten »durch Tradition geweihter« Volkskunst und setzte sich bald empfindlich den Argumenten der Apostel eines völkischen Mystizismus aus.

Im Gegensatz zu den Jugendbünden waren die parteizugehörigen Jugendorganisationen klarer profiliert. Die KPD und die SPD hatten ihre eigenen Jugendorganisationen mit etwa 803 000 Mitgliedern im Jahre 1933; die Jugendorganisation des Zentrums belief sich auf 35 000 Mitglieder, während die Rechtsparteien (exklusive der Hitler-Jugend) über 253 000 Mitglieder verfügten [26]. Die Wirkungskraft der Linken war durch die tiefe ideologische Spaltung zwischen SPD und KPD gelähmt und die der Rechten durch Splitterung und kleinliches Gezänk. Links wie rechts herrschte die bereits bei den Jugendbünden festgestellte Tendenz zu Uniform, militärischem Drill und strenger Rangordnung in der Führerschaft. Lange bevor die Nationalsozialisten die verschiedenen Formationen der deutschen Jugendbewegung »gleichgeschaltet« und in die Hitler-Jugend integriert hatten, waren die Geister der jungen Deutschen bereits durch Haltung und durch Überzeugungen gekennzeich-

net, die ihnen den Farbenwechsel ihrer Uniformen nur noch als
reine Formalität erscheinen ließ.

Die Aufgabe, aus allen diesen Tendenzen wertvolles politisches
Kapital zu schlagen, blieb einem Mann vorbehalten, der zwar
nach den damaligen Verhältnissen unbedeutender Herkunft
war, der es aber im Vergleich zu seinen weit erfahreneren Rivalen im Kampf um die politische Macht verstand, viel geschickter
vorzugehen und überzeugender auf seine Gefolgschaft zu wirken. Adolf Hitler, der unbekannte Gefreite, der in den Schützengräben gedient und nicht im Reichstag gesessen hatte, besaß
die Gabe der Vereinfachung und konnte die kompliziertesten
Probleme auf ein paar handfeste Schlagworte reduzieren. Seine
nationalsozialistische Bewegung entsprach den Bedürfnissen vieler, die glaubten, eine Synthese von Nationalismus und Sozialismus sei möglich. Und da er nie sagte, was er unter Nationalismus oder Sozialismus verstand, konnte das – wenigstens eine
Zeitlang – jedem alles bedeuten. Seine Bewegung, die unter der
Einwirkung politischen Versagens und wirtschaftlicher Krisen
entstanden war, wurde aus einer Gruppe von rein bayerisch-lo-
kaler Bedeutung zum großen Sammelbecken von häufig sich aus-
schließenden Konzepten, Persönlichkeiten und politischen Ambitionen. In diesem Becken vermischten und vermengten sich nationalistische und sozialistische Ideen, die um die Jahrhundertwende völlig entstellte Auslegung des ursprünglich humanistischen Volksbegriffs Herders [27]: Rassismus – wie er in den
Schriften eines Houston Steward Chamberlain erschien –, pan-
germanistische Wunschträume, katholischer Korporativismus
und faschistische Führerprinzipien gemeinsam mit dem althergebrachten Reichsbegriff und den preußischen Traditionen von
Nüchternheit und Gehorsam [28]. Ob alle diese Dinge nun
wirklich in einen Topf paßten, war eine andere Frage; fürs erste
schienen sie jedenfalls nebeneinander zu bestehen. Aber all den
Deutschen, für die Weimar nichts weiter als ein Kaiserreich ohne
Kaiser war, durch die Inflation und durch die Depression wirtschaftlich ruiniert, während ihrer Ansicht nach die Politiker nur
untätig diskutierten, bis es zu spät war, den vielen, die für die

Probleme ihres Landes keine andere Lösung sahen als eine starke, energische und zielbewußte Führung, all denen hatte Hitler etwas Neues zu bieten [29].

Seine Sturm-Abteilungen und später seine SS-Formationen zogen eine größere Anzahl von Freiwilligen an als irgendeine andere der in den Tagen der Weimarer Republik florierenden Privatarmeen der Rechts- oder Linksparteien. Franz Matzke, der damals noch keiner nationalsozialistischen Organisation angehörte, schrieb in seinem Buch »Jugend bekennt: So sind wir!«: »Wir sind bereit, große Bünde und Verbände zu bilden, die mit Schlagkraft nach einem Ziel streben. Wir sind bereit, uns Führern unterzuordnen. Und wir sehen mit Verachtung auf jene – für vorgestern und gestern typische – kleinliche Pflege der vielen oberflächlichen Eitelkeiten des Ich herab, die etwas zu verlieren glaubte, wenn sie einmal einem von außen kommenden Befehl gehorchte. Diese ›Individualitätspflege‹ der vergangenen Generationen, das Verhätscheln der eigenen Sonderart bis in die äußeren Dinge ist uns erbärmlich. Deshalb sind uns auch jene weiten Kreise im gegenwärtigen Bürgertum erbärmlich, die nicht zu schlagkräftigen Organisationen zusammenzufassen sind, weil sie sich nicht unterordnen können, fürchtend, sonst ein Quentchen ihres höchst individuellen und im Weltall unersetzlichen Eigenwerts zu verlieren.« [30] Das sind die Worte des jungen Menschen einer Generation, die es gelernt hatte, sich zu opfern, zu leiden und zu töten. Sie waren zu jung, zu befangen, zu sehr von der um sie herrschenden Unruhe überwältigt und hatten weder die Möglichkeit noch vielleicht die Zeit, um kühl nachzudenken und fair zu urteilen. Viele von ihnen waren das Fertigmaterial für den Rattenfänger aus Braunau, der ein neues Deutschland, ein neues Reich und eine neue Gesellschaftsordnung versprach.

Das war allerdings 1919 noch nicht unmittelbar vorauszusehen. Aber in Deutschlands zweitgrößtem Land, in Bayern, hatten die Nachkriegswirren im politischen und wirtschaftlichen Leben Zustände geschaffen, die Hitlers frühem politischem Aufstieg nur förderlich waren. Im April 1919 wurde dort eine Sowjetrepublik ausgerufen, die die Reichswehr und die Freikorps kurz darauf auf Befehl der Reichsregierung blutig niederschlugen. Um die bayerische Bevölkerung stärker in den Griff zu bekommen, hatte der Stab der Reichswehr in München schlauerweise beschlossen, die politische Agitation unter den Massen des Proletariats heimlich zu unterstützen. Und einer ihrer wichtigsten Agitatoren war der ehemalige Gefreite Hitler. In seiner Tätigkeit für die Reichswehr kam er dann zum erstenmal mit der noch kleinen und unbedeutenden Deutschen Arbeiter-Partei – der Keimzelle der späteren NSDAP – in Kontakt, und Hitlers Kontakte mit der Reichswehr waren ihm wiederum außerordentlich nützlich, als er den Heeresdienst verließ, um seine ganze Zeit und Fähigkeit der kleinen DAP zu widmen. Hauptmann Ernst Röhm, ein begabter, aber eigenwilliger junger Offizier der Münchner Reichswehr, half ihm und besorgte ihm bei seinen Versammlungen und öffentlichen Reden den militärischen Schutz der Mörserkompanie 19. Der Grundstein für die zukünftigen Sturm-Abteilungen, der SA war gelegt.

Die DAP, die Partei, der Hitler beitrat, war am 5. Januar 1919 von Arbeitern der Münchner Eisenbahnreparaturwerkstätten gegründet worden, von denen mindestens zwei Mitglieder über gute Beziehungen zu alteingesessenen Münchner Bürgerkreisen verfügten. Die einzige noch vorhandene Anwesenheitsliste jener Zeit stammt aus einer Versammlung in Münchens Sterneckerbräu im Tal, einer Durchgangsstraße, die die Ludwigsbrücke mit dem Marienplatz und dem Rathaus verbindet. Der Versammlung wohnten 46 Personen bei, die ihre Berufe auf der Anwesenliste eintrugen. Es waren zwölf Schlosser, Mechaniker und Büchsenmacher, sechs Soldaten, fünf Studenten, dreizehn freiberuflich Tätige, davon ein Apotheker, ein praktischer Arzt, zwei Ladenbesitzer, zwei Kaufleute, zwei Bankiers, ein Maler, zwei Ingenieure, ein Schriftsteller und die Tochter eines Richters beim Landgericht. Außerdem waren noch vier Handwerker anwesend, ein Schuster, ein Schreiner, ein Friseur und ein Polier. Fünf gaben keinen Beruf an; unter ihnen eine Frau [31]. Daraus geht klar hervor, daß Arbeiter und Kleinbürger vorherrschend waren. Die älteste vollständige Mitgliedsliste stammt aus dem Januar 1920. Sie weist 190 Mitglieder mit einem Durchschnittsalter von dreißig bis zweiunddreißig Jahren auf und einer weiblichen Beteiligung von zehneinhalb Prozent. Sie teilt sich auf wie folgt:

Gelernte Arbeiter und Handwerker	33 %
Akademiker	14,5%
Beamte und Angestellte	15 %
Soldaten und Offiziere	13 %
Kaufmännische Berufe	12 %
Studenten	7 %
Ladenbesitzer	4 %
Ungelernte Arbeiter	2,5%

Die gelernten Arbeiter und Handwerker, besonders die Schlosser und Mechaniker der Eisenbahnreparaturwerkstätten des Münchner Bahnhofs, waren immer noch die größte Einzelgruppe. Bis auf acht, die aber in Bayern ansässig waren, waren alle gebürtige Münchner. Einige Mitglieder, wie der später sehr einflußreiche Verlagsleiter der NSDAP, Hermann Esser, hatten früher der Sozialdemokratischen Partei angehört und waren ausgetreten, weil sie sich von der schwankenden Haltung der SPD in der Nachkriegszeit enttäuscht sahen [33].
Hitler war der im Januar 1919 gegründeten DAP im September desselben Jahres beigetreten. Im Juli 1921 hatte er die Führung übernommen, und aus der DAP wurde die NSDAP. Gegen Januar 1923 war sie zu einer bayerischen Massenbewegung geworden und stellte eine ernsthafte Bedrohung für Ordnung und Gesetz in Bayern dar, als sie im gleichen Monat die Landesregierung in einem kritischen Moment zu einer teilweisen Rückziehung des immer noch bestehenden Demonstrationsverbotes zwang. Hitler konnte in München seinen Parteitag in aller Öffentlichkeit abhalten und seine Sturm-Abteilungen durch die Straßen marschieren lassen, während die öffentlichen Demonstrationen der Sozialdemokraten verboten blieben. Es ist schon

bemerkenswert, wie es einer unbedeutenden Schar von Eisenbahnarbeitern, Kleinbürgern, Arbeitslosen, Soldaten und Intellektuellen in kurzer Zeit gelang, sich zu einer wichtigen – wenn auch vorerst lokalen – Bewegung zu entwickeln. Gewiß hatten der verlorene Krieg, die Revolution, der Versailler Vertrag und die Inflation, von der seit 1918 besonders die in der NSDAP maßgebenden sozialen Schichten betroffen waren, eine Rolle gespielt. Es ist ebenfalls wahr, daß die Hitlerbewegung ein Produkt des Frontkämpfergeistes und eine Folgeerscheinung des Krieges war, aber man darf die Persönlichkeit Hitlers nicht außer acht lassen. Ohne Hitler waren die DAP oder die NSDAP gewiß Möglichkeiten, aber sie wären nicht mehr als Stammtischgruppen geblieben, die sich von Zeit zu Zeit in einer mittelgroßen Gaststätte versammeln konnten. Hitler schuf und war die Partei; ohne ihn wäre sie zum Scheitern verdammt gewesen [34]. Bei seiner Rhetorik konnte man sich darauf verlassen, daß er das seit den Gründerjahren um 1870 von antikapitalistischen und industriefeindlichen Sehnsüchten und Gefühlen beherrschte Kleinbürgertum anzusprechen verstand.

Das Erlebnis der Schützengräben an der Front und die Erkenntnis, daß all die Opfer umsonst gewesen waren, rief eine gefühlsmäßige Umwälzung hervor, die einem großen Teil dieser Generation die geistige Heimkehr unmöglich machte. Die einst hochgeschätzten Werte hatten fraglos ihre Bedeutung verloren. Heim, Vaterland, Gott und Familie waren zu leeren Phrasen geworden. Gewiß hatte die Mehrheit sich trotzdem mit den neuen Zuständen abfinden können. Aber eine beachtliche Minderheit vermochte es nicht. Sie sehnten sich nach einer neuen Gemeinschaft mit neuen Idealen, in der es keine Klassenunterschiede, keine sozialen, wirtschaftlichen oder konfessionellen Gegensätze geben würde. Auf dem Schlachtfeld war der Tod der große Gleichmacher geworden. Und wenn es vor dem Tod keine sozialen Unterschiede gab, so sollten sie im Leben noch weniger bedeuten. Sie sahen sich um ihre Zukunft betrogen, denn sie hatten den Krieg verloren, sie waren der Institutionen und ihrer gekrönten Häupter beraubt, denen sie den Treueeid geleistet hatten und deren oberster Repräsentant sich nach Holland abgesetzt hatte (der König von Bayern, so erzählte man sich, war einfach mit einer Schachtel seiner Lieblingszigarren aus der Hintertür seiner Residenz verschwunden); für sie sah die Zukunft trübe aus. Der Friedensvertrag hatte ihnen bestätigt, daß eine neue Weltordnung geschaffen werde, in der Deutschland die Rolle des Parias zugeschrieben werden sollte. In der großen Welt fanden die Deutschen nicht mehr das Sicherheitsventil, durch das sie ihre überschüssigen Energien konstruktiv entladen konnten, und deshalb machten sich die aufgespeicherten Kräfte und Enttäuschungen zerstörerisch im eigenen Lande frei. Wenn der Krieg der Vater aller Dinge war, so war der Bürgerkrieg die Mutter, die neue Formen gebar; und die Weimarer Republik war während ihrer ganzen Dauer, auch in den ruhigeren Perioden, nie weit vom Bürgerkrieg entfernt. Hitler und genausosehr seine Zeitgenossen waren Produkte dieser physischen und geistigen Umwälzung, aber er war auch einer der wenigen, die denen, die sich um ihr rechtmäßiges Erbe betrogen, verraten und belogen fühlten, ein neues Ziel setzen konnte. In normalen Zeiten klingen seine Reden schon wegen ihrer wesentlichen Grobheit nicht an. In der Zeit jedoch, in der sie gehalten wurden, waren sie der Ausdruck des kollektiven Gefühls der Verbitterung und Enttäuschung, das einen großen Teil des deutschen Volkes beherrschte – und das gab Hitler seine Chance als Redner. Der gemeinsame Nenner, auf den er sich immer wieder berief, um Klassen- und Konfessionsunterschiede zu überbrücken, war der Begriff des »Volkes«, ein Begriff, der sich zur Zeit, als Hitler ihn benutzte, bereits so verzerrt hatte, daß er zum Synonym des Rassenbegriffes geworden war. München bot die einzigartige Verbindung günstiger Gelegenheiten zu Hitlers Aufstieg. Die Sozialstruktur war vorwiegend von der aus dem Bauernstand und dem Kleinbürgertum stammenden Bevölkerung beherrscht und empfand die fortschreitende Industrialisierung und die nunmehr stark zunehmende Zuwanderung eines städtischen Proletariats als eine Bedrohung. Dasselbe traf für Städte wie Augsburg und Nürnberg zu [35]. Die politischen und religiösen Anschauungen waren von einer

71

streng römisch-katholischen Tradition bestimmt. Die sozialistische Revolution und der Versuch, die Diktatur des Proletariats zu errichten, hatten Bayerns Bürgertum für kurze Zeit überrumpelt und gelähmt, aber da sie von Natur aus geduldig waren, hatten sie sich begnügt, abzuwarten, bis die Ereignisse ein Übermaß erreicht hatten, um dann ihrerseits mit Übermaß zu reagieren. Bayern war damals einfach noch nicht reif für eine sozialistische Revolution; es zeichnete sich – ganz im Gegenteil – durch seine Ablehnung dagegen aus. Es ist daher nicht erstaunlich, daß es zu einem Zentrum und Zufluchtsort der extrem reaktionären Kräfte aus allen Teilen Deutschlands wurde [36]. Bayern war zur Ordnungszelle aller antimarxistischen Kräfte Deutschlands geworden; diese Lage wurde dann noch zusätzlich durch den traditionellen Konflikt zwischen Bayern und der Berliner Reichsregierung kompliziert und erschwert, da Bayern auf besonderen Privilegien innerhalb eines lockeren Bundesstaatensystems beharrte, während Berlin darauf bestand, sie auf ein striktes Minimum zu beschränken [37]. So sammelte Bayern innerhalb seiner Grenzen alle die Kräfte, die die althergebrachte Antipathie zwischen Nord- und Süddeutschland verkörperten. Die Regierung setzte sich für den Föderalismus ein, für den Mittelstand und das Bürgertum, gegen die proletarische, atheistische Revolution aus dem Norden, deren Verfechter ein zentralistisch regiertes Deutschland im Auge zu haben schienen. Und gegen die Revolution gab es nur ein Mittel – eine tatkräftige Gegenrevolution.

In dieser bayerischen Gegenrevolution sollte die NSDAP, deren Taktiken und Ziele in ihrer Frühzeit von ehemaligen Frontsoldaten und Mitgliedern der Freikorps bestimmt wurden, eine zunehmend aktive Rolle spielen. Die Taktiken der Stoßtrupps aus dem Weltkrieg dienten den ersten Formationen der Sturm-Abteilungen als Modell, und Hitler führte das Prinzip autoritär-militärischer Führung in die Partei ein, die schließlich ihm allein gehören sollte: sie setzte sich zusammen aus den Elementen der DAP, Julius Streichers »Deutscher Sozialistischer Partei«, den Kampfverbänden der Freikorps Epp und Oberland, der Marinebrigade Ehrhardt und Mitgliedern lokaler Selbstverteidi-

gungseinheiten und anderer paramilitärischer Verbände. Diese
Partei wurde zu seinem persönlichen Instrument, mit dem er die
Massen für seine Ziele mobilisierte. Die Partei – oder eher die
Bewegung – war eine Mischung von Idealismus und Brutalität,
von der Macht ehrlicher Überzeugung und der eines vor nichts
haltmachenden Terrors. Aber in ihren frühen Jahren – und mit
einigen Einschränkungen trifft es auch auf die Jahre 1925–1929
zu – war sie keine gesamtdeutsche, sondern eine Lokalerscheinung,
oder – wie manche sagen würden – eine typisch bayerische Angelegenheit.

Betrachtet man die Zusammensetzung dieser Bewegung, ihren
jugendlichen Schwung und ihr ständiges Werben um Unterstützung bei der Jugend Deutschlands, so ist es recht erstaunlich,
daß die eigentliche Initiative zur Gründung einer spezifisch nationalsozialistischen Jugendbewegung weder von Hitler noch
von einem seiner direkten Untergeordneten stammte. Sie kam
von einem praktisch unbekannten Münchner Klavierpolierer
namens Adolf Lenk, der am 15. Oktober 1903 geboren
war [38]. Er hatte sich nach dem Krieg, während der revolutionären Ereignisse 1919 in München, dem Deutschnationalen Jugendbund angeschlossen, nahm aber an dem damals allen national gesinnten Jugendorganisationen gemeinsamen Charakterzug
Anstoß: am bürgerlichen Klassenvorurteil [39].

Nachdem er einigen Hitlerreden auf den Stufen der Feldherrnhalle oder im Hofbräuhaus zugehört hatte, bekehrte Lenk sich
als einer der ersten zum Nationalsozialismus. Er versuchte bereits Ende des Jahres 1921 der NSDAP beizutreten, wurde
aber nicht angenommen, da er noch nicht achtzehn Jahre alt
war. Er erkundigte sich, ob es nicht wenigstens eine Jugendorganisation der Partei gäbe, und da es keine gab, wurde er aufgefordert, eine solche aufzubauen. Allerdings muß es innerhalb
der Partei zuerst einige Zweifel gegeben haben, denn Lenk bemühte sich eifrig in zahlreichen Briefen und Denkschriften um
seine Sache [40].

Hitler selbst war nicht schwer zu überzeugen, aber Adolf Drexler, einer der Mitbegründer der NSDAP, der zwar zuerst einer

Jugendorganisation zugestimmt hatte, schien es sich später anders überlegt zu haben, vor allem weil die Partei im Aufbau begriffen war, wozu alle verfügbaren Mittel an Arbeitskräften und Finanzen benötigt wurden. In diesem Stadium zu allen Sorgen und Lasten noch einen »Kindergarten« zu betreuen, schien ein wenig zuviel verlangt, um so mehr, als es ja bereits viele nationalgesinnte Jugendverbände gab, von denen man einen, hatte er sich einmal fest bewährt, *en bloc* übernehmen konnte. Drexlers Bedenken schienen sich aber gelegt zu haben, denn am 25. Februar 1922 richtete Hitler ein Rundschreiben an alle Parteistellen der NSDAP und der SA, in dem er ausführte:

»Jugendabteilung!
Da sich in letzter Zeit die Anfragen an die Parteileitung mehren, ob die Bewegung im Besitze einer Jugendabteilung wäre, sehen wir uns veranlaßt, die Organisation einer Jugendabteilung ins Leben zu rufen.
Statutengemäß steht der Gründung nicht nur nichts im Wege, sondern es ist im Gegenteil bereits darauf Rücksicht genommen. Die Organisation der Jugendabteilung wird durch die Leitung der Sturm-Abteilung erfolgen. Diese wird unverzüglich nun ein Organisationsstatut ausarbeiten, das den einzelnen Ortsgruppen zugehen wird.
Damit sind ab jetzt sämtliche Anschriften betr. Jugendabteilung an die Leitung der Sturm-Abteilung zu richten (Geschäftsstelle der NSDAP, Sturm-Abteilung, Corneliusstraße 12.« [41]

Aus diesem Rundschreiben geht klar hervor, daß Hitler die Traditionen der Deutschen Jugendbewegung der Vorkriegsjahre nicht kannte oder kennen wollte, nämlich die Betonung einer von der Jugend geführten Jugend: ein Punkt, der bis nach 1933 noch zu gelegentlichen Auseinandersetzungen führen sollte. Er betrachtete die Jugendabteilung der NSDAP als politisch wertvoll, aber nur solange sie sich sozusagen unter den Fittichen der SA befand. Auf Hitlers Rundschreiben folgte ein am 18. März 1922 im »Völkischen Beobachter« (dem offiziellen Organ der NSDAP) veröffentlichter Aufruf, in dem er die Gründung eines »Jugendbundes der National-Sozialistischen Arbeiter-Partei bekanntgab [42]:

An die deutsche Jugend!

Durch unsere Partei ist ein »Jugendbund der National-Sozialistischen Arbeiter-Partei« ins Leben gerufen worden, der alle jungen Anhänger unserer Sache sammeln und organisieren soll, die infolge ihres Alters nicht der Sturm-Abteilung als einer politischen Organisation angehören dürfen. Der Bund besitzt eigene Satzungen; er wird seine Mitglieder in dem Geiste erziehen, wie er der Partei zu eigen ist. Wir glauben, daß allein der Name des Bundes schon Gewähr genug dafür bietet, daß in ihm unsere Jugend die beste Vorbereitung für ihren schweren künftigen Beruf findet. Auf ihren Schultern ruht die Zukunft unseres Vaterlandes. Der »Jugendbund der NSDAP« wird dafür sorgen, daß ihre Schultern stark genug werden, um diese Riesenlast einst tragen zu können. Wir fordern die nationalsozialistische Jugend, aber auch alle anderen jungen Deutschen, ohne Unterschied des Standes oder Berufes, im Alter von 14 bis 18 Jahren, denen die Not und das Elend des Vaterlandes am Herzen frißt und die später einmal als Kämpfer gegen den jüdischen Feind, den einzigen Schöpfer der heutigen Schmach und des Elends, in die Reihen unserer Partei und der Sturm-Abteilung eintreten wollen, auf, sich dem »Jugendbund der NSDAP« zur Verfügung zu stellen. Auch an Jugendorganisationen, die noch keiner großen politischen Bewegung eingegliedert sind, treten wir mit der Aufforderung heran, die deutsche Einheitsfront gegen den gemeinsamen Feind durch ihren Anschluß zu verstärken und zu einem gewaltigen Sturmblock zu machen.

Um auch dem ärmsten jungen Deutschen den Eintritt in den Jugendbund zu ermöglichen, verzichtet dieser darauf, einen Mitgliedsbeitrag zu erheben. Er erwartet und erhofft jedoch ein tätiges Wohlwollen von seiten der besser bemittelten Parteigenossen.

Anmeldungen sowie Anfragen betreffs Eintrittsbedingungen,

Satzungen usw. bitten wir zu richten an die Geschäftsstelle des »Jugendbundes der NSDAP«, Corneliusstraße 12 (Zimmer der Sturm-Abteilung).

Heil allen jungen Kämpfern! [43]

Einige Tage später folgte die Veröffentlichung der Satzungen:

Satzungen des Jugendbundes der National-Sozialistischen Deutschen Arbeiter-Partei (März 1922):

1. Der Bund führt den Namen »Jugendbund der National-Sozialistischen Deutschen Arbeiter-Partei«. Er hat seinen Sitz in München und ist die Jugendorganisation der National-Sozialistischen Deutschen Arbeiter-Partei.

2. Der Jugendbund führt eigene Satzungen; jedoch wird in ihm der Geist herrschen, wie er der Partei zu eigen ist. Wie diese kennt der Jugendbund kein feiges Beschönigen der heutigen Zustände, keinen parlamentarischen »Einerseits-Anderseits-Standpunkt«, sondern nur ein rücksichtsloses, freudiges Bekenntnis der Wahrheit. Er ist die Sammelstelle derjenigen Kameraden unter 18 Jahren, die mit ihrem 18. Geburtstage in die Sturm-Abteilung der NSDAP eintreten wollen.

3. Sein Zweck ist, in unserer Jugend wieder die Eigenschaften zu wecken und zu pflegen, die in dem germanischen Blut ihren Ursprung haben, nämlich: Liebe zur Heimat und zum Volk, Freude am ehrlichen, offenen Kampf und an gesunder, körperlicher Betätigung, Hochschätzung aller sittlichen und geistigen Güter, Verachtung der jüdisch-mammonistischen Ideale. Daraus folgt, daß der Bund Klassen-, Standes- oder Berufsunterschiede nicht kennt, da diese dem germanischen Wesen nicht entsprechen und den alten Auffassungen von der Zusammengehörigkeit und Blutsgemeinschaft aller deutschen Volksgenossen zuwiderlaufen. Es heißt im »Jugendbund der NSDAP« also nicht: Hier Lehrlinge – hier Mittel- oder Hochschüler, sondern: Hier Deutsch – dort Nichtdeutsch!

4. Dieser Geist soll gepflegt werden durch vaterländische Abende, Vorträge, gemeinsame Wanderungen und durch Bewegungsspiele aller Art.

5. Als Mitglieder werden nur Deutsche (Arier) im Alter von 14 bis 18 Jahren aufgenommen. Ausländer und Juden können nicht Mitglieder sein. Ein jedes Mitglied erhält zugleich mit der Mitgliedskarte vorliegende Satzungen sowie einen Auszug des Parteiprogramms der NSDAP ausgehändigt und verpflichtet sich damit, alle Satzungspunkte genauestens zu erfüllen.

6. Mitgliedsbeiträge werden nicht erhoben.

7. Zusammenkunftswesen: Der »Jugendbund« hat jede Woche einen Zusammenkunftsabend, der Vorträgen, Besprechungen, Unterhaltungen aller Art usw. gewidmet ist. Jeden zweiten Sonntag findet ein Ausflug statt, an dem alle Mitglieder des »Jugendbundes« teilzunehmen haben. Damit die Schundliteratur in unseren Reihen keinen Einlaß findet, soll eine eigene Bibliothek errichtet werden. Es wird ein jedes Bundesmitglied ersucht, durch Spenden guter Bücher unsere Sammlung dauernd zu vergrößern.

8. Hat ein Mitglied das 18. Lebensjahr erreicht, so scheidet es aus dem »Jugendbund« aus. Es steht ihm dann frei, in die Sturm-Abteilung der NSDAP einzutreten.

9. Die Zentrale des Jugendbundes befindet sich in München, Corneliusstraße 12 (Parteiheim). Alle auswärtigen Ortsgruppen sowie einzelne Mitglieder der hiesigen Gruppen werden ersucht, Anfragen und Berichte stets nur an diese Adresse zu richten.

10. Der Arbeitsausschuß des »Jugendbundes« behält es sich vor, Änderungen im Text vorstehender Satzungen vorzunehmen sowie Ergänzungen und weitere Punkte hinzuzufügen. [44], [45], [46]

Entgegen den Hoffnungen und Erwartungen der Parteileitung der NSDAP und besonders Adolf Lenks fand der Zulauf der Jugend nicht statt. Die proletarische Jugend hätte sich dem Jugendbund ihres Hauptgegners kaum zugewandt, und den Bürgerlichen erschien die NSDAP zu proletarisch. Außerdem hatte die nationalsozialistische Bewegung im Jahre 1922 eben nur lokale Bedeutung. Sie war eine der vielen rechtsextremen Gruppen, die sich der Ausrottung des Bolschewismus verschrieben hatten. Nach dem kurzlebigen Experiment mit der Sowjetrepublik in Bayern, deren Führer zum großen Teil deutsche oder russische Juden waren, hatte sich der Antisemitismus stärker, lärmender und organisierter als je verbreitet, konnte aber in seiner ausdrücklichen Aufnahme in das Parteiprogramm und den Satzungen des Jugendbundes im erzkatholischen Bayern, wo die Kirche vorrangigen Einfluß ausübte, in dieser Form nicht gutgeheißen werden. Außerdem hatten die katholische und die protestantische Kirche ihre eigenen Jugendgruppen und waren kaum geneigt, das Wachstum eines Rivalen zu fördern.

Es vergingen fast zwei weitere Monate, bis am 13. Mai 1922 eine öffentliche Versammlung zwecks Bekanntgabe der offiziellen Gründung des Jugendbundes der NSDAP angesagt wurde [47]. Die Versammlung, die im historischen Bürgerbräukeller in München stattfand, war voll besucht. Trotzdem war sie eine Enttäuschung, denn unter den Anwesenden befanden sich nur siebzehn Jugendliche [48]. Die Redner waren Hitler, gefolgt vom damaligen Führer der Sturm-Abteilungen, dem einstigen Leutnant und Freikorpsmitglied Johann Ulrich Klintzsch, und Gustav Adolf Lenk [49]. Lenk war zwar ein begabter Organisator und Verwalter, aber keineswegs ein guter Redner – und das wußte er, denn er beschränkte sich in seinen öffentlichen Ansprachen auf das strikte Minimum und verließ sich eher in Privatgesprächen und Zusammenkünften in kleinem Kreis auf seine Überzeugungsgabe. Bei der Versammlung wurde Lenk offiziell mit der Leitung des Jugendbundes der NSDAP betraut. Er unterstand unmittelbar der SA, und die ersten Uniformen der Jugendlichen waren nach dem Modell der SA-Uniform zugeschnitten. Lenk gab ebenfalls sofort eine Aufteilung des Jugendbundes in zwei Gruppen bekannt: die erste war für Knaben zwischen 14 und 16 Jahren, die zweite für junge Leute zwischen 16 und 18 bestimmt. Besonders für die zweite Gruppe, die den Namen »Jungsturm Adolf Hitler« trug, wurde die Uniform zu einem Problem, da sie sich kaum von der der Sturm-Abteilungen unterschied, was bei diesen Mißfallen erregte. Tatsächlich wurden die Mitglieder des Jungsturms sehr häufig mit den SA-Männern verwechselt oder als gleichgestellt betrachtet, und sowohl in Zeitungsberichten als in Polizeimeldungen wurde die Jugendlichkeit vieler SA-Leute hervorgehoben. Ein Emil Klein zum Beispiel, der später zum Gebietsführer München-Oberbayern avancieren sollte, wurde in den Listen als SA-Mann geführt, obgleich er zu dieser Zeit noch nicht einmal das sechzehnte Altersjahr erreicht hatte. In einer Liste der Münchner Sturm-Abteilungen von 1922 hatten sich 94 von 244 Mitgliedern des Jugendbundes geweigert, ihr Geburtsdatum anzugeben; 47 von ihnen waren jünger als achtzehn und der jüngste erst vierzehn Jahre alt [50].

Das erste öffentliche Erscheinen des »Jungsturms Adolf Hitler« fand am 28. Januar 1923 statt, als Hitler seinen ersten offiziellen Parteitag in München abhielt [51]. In einer feierlichen Zeremonie wurde den Jungens ihr erster Wimpel überreicht. Der Wimpel war allerdings ein kurzlebiges Symbol: bei einer Straßenschlacht zwischen Anhängern verschiedener politischer Verbände – wie sie in der Weimarer Republik und besonders in München üblich waren – hatte auch der »Jungsturm Adolf Hitler« teilgenommen, und die Münchner Polizei hatte ihren Wimpel beschlagnahmt [52].

Lenks mangelnde Rednergabe wurde durch seine persönlichen und ungezwungenen Führerqualitäten und vielleicht mehr noch durch seine Fähigkeiten als unermüdlicher Organisator aufgewogen. Auf seine persönliche Initiative hin wurden kleine Einheiten des nationalsozialistischen Jugendbundes in Nürnberg und außerhalb Bayerns in Zeitz, Dresden, Hanau sowie in Dortmund und anderwärts gegründet [53]. Und es gelang Lenk sogar, seine Organisation außerhalb der deutschen Grenzen, besonders in Deutsch-Österreich auszubreiten. Dort kamen ihm allerdings bereits bestehende Kontakte der NSDAP mit einer unabhängig von ihr in Wien gegründeten Schwesterpartei zugute [54]. Österreichs Deutsche National-Sozialistische Arbeiter-Partei war bedeutend kleiner als Hitlers Bewegung, aber zumindest bis 1924 übte einer ihrer Führer – Rudolf Jung – einen beträchtlichen intellektuellen Einfluß auf die NSDAP aus [55].

Auf österreichische Initiative wurde ein gemeinsames Treffen irgendwann im Jahre 1920 vorgeschlagen, und es fand schließlich am 7., 8. und 9. August in Salzburg statt [56]. Der Hauptdiskussionspunkt war der mögliche Zusammenschluß aller nationalsozialistischen Gruppen und ihrer zugehörigen Jugendorganisationen [57]. Jung betonte die gemeinsamen Ziele in seiner Rede, aber Hitler – im Gegensatz zu Drexler, der Jung unterstützte – erklärte, ein Zusammenschluß sei nur unter deutscher Führung möglich, und damit meinte er natürlich sich selbst [58]. In dieser Zeit befand sich Hitler erst am Anfang seiner politischen Laufbahn und wurde daher im Vergleich zu Jung und seinen österreichischen Genossen als eine politische Null betrachtet. Da er sich also in diesem Stadium nicht durchsetzen konnte, bemühte er sich, den bestehenden Zustand aufrechtzuerhalten, indem er seinen österreichischen Genossen schmeichelte. In seiner Ansprache sagte er: »Ich schäme mich geradezu, daß erst heute, nach so vielen Jahren, die gleiche Bewegung, die in Deutsch-Österreich schon 1904 begonnen hat, im Deutschen Reich Fuß zu fassen beginnt. Es hat sich überlebt das System des Bürgertums und das System des Proletariertums, und so ist dann unsere Partei entstanden. Wir sollen uns gegenseitig keine Vorwürfe machen, denn der gleiche Gedanke und die gleiche Not hat die gleiche Bewegung an allen Enden des Reiches emporsteigen lassen. Wir waren natürlich unabhängig voneinander ... Für uns ist das Wort ›Arbeiter‹ geradezu der Prüfstein, wer für unsere Bewegung reif ist oder nicht ... Für uns gilt erst der, der es als Ehrentitel auf sich nimmt ... Jede Volksbewegung, die nicht Millionen hinter sich hat, ist wertlos, ist zwecklos. Der nationale Gedanke wird erst wirksam, wenn er Gemeingut des ganzen Volkes wird.« [59]

Jung, dem es zwar nicht gelungen war, alle nationalsozialistischen Bewegungen zu vereinigen, und der Hitlers Führungsanspruch vorerst vereitelt hatte, war trotzdem von Hitlers Persönlichkeit stark beeindruckt. »Der Hitler wird einmal unser Größter«, hatte er seinem Sekretär gesagt [60]. Andrerseits hatte Hitler den österreichischen Führungsanspruch, von dem seiner Meinung nach nichts als Nachteile zu erwarten waren, zum Scheitern gebracht. Das Mißtrauen, das er dem Habsburger Kaiserreich entgegengebracht hatte, war auch nicht gewichen, als dieses sich aufgelöst hatte. Für ihn bedeutete eine österreichische Führung – von persönlichen Gründen abgesehen – die Gefahr der typisch österreichischen Schlamperei in der Partei, eine Eigenschaft, von der er selbst bis zum letzten Tage seines Lebens nicht frei war. Er hatte in Salzburg nur einigen Gemeinplätzen zugestimmt, die einen Monat später in einem Bericht über das Salzburger Treffen in München zusammengefaßt wurden – »Streng national, streng antisemitisch, streng sozialistisch«. Lenks deutsche Mitarbeiter waren anwesend. Eugen Weese hatte den »Nationalsozialistischen Jugendbund« im Sudetenland gegründet, während Walter Gattermeyer und Adolf Bauer in Österreich mit Erfolg die »Nationalsozialistische Arbeiterjugend« mit Zweigstellen in Tirol, Salzburg, Kärnten, Wien und Niederösterreich ins Leben gerufen hatten [61]. Was auf dem Salzburger Treffen wirklich erreicht wurde, war eine stärkere Zusammenarbeit zwischen den deutschen Nationalsozialisten Münchens, Österreichs und des Sudetenlandes [62]. Im selben Jahr sprach Hitler vor Versammlungen in Wien, Salzburg, St. Pölten, Innsbruck und Linz. Auch Gottfried Feder, einer der Gründer der DAP und ihr »Wirtschaftsexperte«, sprach in Österreich. Andrerseits traten Österreicher wie Walter Gattermeyer in Deutschland bei öffentlichen Versammlungen der NSDAP als Redner auf [63]. Trotz der wachsenden und engen Zusammenarbeit widersetzte sich Hitler jedoch allen Zusammenschlußversuchen, die nicht seinen Bedingungen entsprachen. Sein weitgehendstes Zugeständnis war die Schaffung eines Hauptausschusses der nationalsozialistischen Parteien Großdeutschlands. Die Proklamation dieses Ausschusses bezog sich auf das Salzburger Treffen und die Tatsache, daß die Vertreter der NSDAP in der Tschechoslowakei, der NSP Oberschlesiens (Polen), der NSDAP Deutschlands (mit Sitz in München) und der Deutschen Sozialistischen Partei (mit Sitz in Hannover) ihren Zusammenschluß in eine deutsche Nationalsozialistische Partei erklärt hat-

ten [64]. Um indessen diese recht übermäßige Forderung abzu-
schwächen, wurde hinzugefügt, daß die Parteien in ihren re-
spektiven Ländern bei allen taktischen Fragen völlige Unabhängigkeit bewahrten [65]. In einer Liste der wichtigsten Richtlinien wurde hervorgehoben, daß die Deutsche Nationalsozialistische Partei das Ziel verfolgte, die arbeitende Bevölkerung
Deutschlands aus der wirtschaftlichen, politischen und geistigen
Unterdrückung zu befreien und ihr volle Gleichberechtigung in
allen Gebieten des nationalen Lebens zuzusichern. Als nationale
politische Ziele bezeichneten die Richtlinien vor allem die
Schaffung eines territorial vereinigten deutschen Staates:
»Zusammenfassung des gesamten deutschen Siedlungsgebietes in
Europa zum demokratischen, sozialen Deutschen Reich, tatkräf-
tigsten Schutz aller von unserem Volk bewohnten und von
fremden Völkern beherrschten Gebieten.« [66]
Es ist sehr wahrscheinlich, daß die Zusammenarbeit zwischen
deutschen und deutsch-österreichischen Nationalisten auch ohne
die NSDAP sehr eng gewesen wäre, denn die Freikorps und frei-
korpsähnlichen Verbände, wie der Bund Oberland und die örtlichen Selbstverteidigungseinheiten, hatten sich schon lange über
die künstlichen, von Bismarck 1867 geschaffenen und in den Pariser Friedensverträgen festgesetzten Grenzen hinweggesetzt.
Obgleich die Zusammenarbeit mit den Nationalsozialisten Su-
detenlands ebenso eng war, bildeten die Grenzen immerhin ein
Hindernis, und die tschechischen Behörden waren begreiflicher-
weise mit der Ausweisung unerwünschter Ausländer, die am
Aufflammen des Irredentismus Interesse hatten, weniger zimperlich. Trotzdem hielt die NSDAP im Jahre 1921 in Prag eine
Massenversammlung ab, bei der Vertreter Münchens anwesend
waren, und Lenk zum Beispiel konnte häufig auf legalen und illegalen Treffen des Nationalsozialistischen Jugendbundes in
Eger erscheinen. Wie eng indessen der Grad der Zusammenarbeit war, so blieb Hitlers Ansicht maßgebend:
»Es wäre der größte Irrtum, zu glauben, daß die Stärke einer
Bewegung durch die Verschmelzung dieser Vereinigung mit ähnlichen anderen zunimmt. Natürlich bedeutet eine jede derartige

Vergrößerung für eine Weile eine Verstärkung an Umfang und, in den Augen eines oberflächlichen Betrachters, an Größe und Machtzuwachs. Aber was gegenwärtig geschieht, ist die Übertragung einer Saat der Schwäche, die nur langsam, aber sicher spürbar wird.« [67]

Damit waren Lenks Macht Grenzen gesetzt, aber seine Fähigkeit zu dynamischer Organisation wurde bald anerkannt, und als die Zahl der Gruppen des Nationalsozialistischen Jugendbundes anstieg, beförderte ihn Hitler von seiner ursprünglichen regionalen Stellung in eine »nationale« Position [68]. Er sollte nun eine verwaltungstechnische und organisatorische Zentrale des Jugendbundes für ganz Deutschland aufbauen. Lenk teilte die Gebiete, in denen sein Jugendbund tätig war, in Landesverbände ein, und im Sommer 1923 gab es deren bereits neun. Er schuf und baute seine Verbindungen mit den nationalsozialistischen Jugendorganisationen im Sudetenland und Österreich aus, die von Eugen Weese beziehungsweise von Walter Gattermeyer geführt wurden. Aber die Zügel lagen in fester Hand in der Münchner Zentrale, und da er immer noch der SA unterstand, fühlte Lenk sich zuweilen durch die »Engstirnigkeit« des Münchner Parteihauptquartiers befangen und enttäuscht [69].

Im Mai 1923 veröffentlichte er unter dem Titel »Der Nationale Jungsturm« die erste Jugendzeitschrift des Nationalsozialistischen Jugendbundes. Sie erwies sich als ein finanzielles Fiasko. Offenbar gab es noch nicht genügend Mitglieder, um die Kosten einer Zeitschrift zu tragen, und so wurde sie einfach zu einer Beilage des »Völkischen Beobachters« reduziert und erschien unter dem Titel »Nationalsozialistische Jugend« [70].

Vom Mai 1923 an geriet die NSDAP in eine Krisenzeit, und das mag ebenfalls zum Mißerfolg der nationalsozialistischen Jugendzeitschrift beigetragen haben. Seit mehr als drei Jahren hatte Hitler nun schon die Revolution versprochen, die notwendige Beseitigung der »Novemberverbrecher« und der »Judenrepublik« gepredigt. Aber bisher war nichts geschehen. Im Gegenteil, als die Franzosen und Belgier im Februar 1923 das Ruhrgebiet besetzten, hatte Hitler den passiven Widerstand verworfen und erklärt, der Sturz der Berliner Regierung müsse Vorrang haben. Aber nichts deutete darauf hin, daß Hitler seinem Ziel näher war als vor drei Jahren. In den Sturm-Abteilungen machte sich Unruhe bemerkbar, besonders als die Inflation immer rascher ihrem Höhepunkt zustrebte. Hitler befand sich unter Druck; er fühlte, daß er handeln mußte [71].

Der 1. Mai 1923 besaß für München eine doppelte Bedeutung. Für die Sozialdemokraten und Kommunisten war es der internationale Tag der Arbeit, der in großen öffentlichen Demonstrationen gefeiert wurde. Für die Parteien und politischen Gruppen der Rechten war es der vierte Jahrestag der »Befreiung vom Joch der Sowjetrepublik«. Die Sozialdemokraten, Kommunisten und Gewerkschaften hatten für ihren Demonstrationszug eine Marschroute gewählt, auf der erst vor vierzehn Tagen Münchens paramilitärische rechtsextreme Verbände einen Aufmarsch abgehalten hatten, und diese sahen daher in der Absicht ihrer linken Gegner eine geplante beleidigende Herausforderung und erwarteten vom bayerischen Innenministerium, daß es die Demonstration verbiete. Zu ihrer Bestürzung erfuhren sie, daß der Umzug gestattet werde, unter der Bedingung, daß keine »Sowjetfahnen«, Banner oder Transparente mit politischen Parolen gezeigt wurden [72]. Hitler versuchte, persönlich zu intervenieren, und forderte den Reichswehrkommandanten des Bezirks München, General von Lossow, und den Polizeipräsidenten Hans Ritter von Seißer auf, die Genehmigung zurückzuziehen [73]. Lossow deutete zwar an, er werde auf jeden Unruhestifter das Feuer eröffnen lassen, aber Hitler erklärte mit einem Bluff, der rote Aufmarsch würde nur über seine Leiche stattfinden können [75]. Es half nichts. Hetzkampagnen in der sozialistischen und nationalsozialistischen Presse erhitzten die Gemüter noch mehr, und die Lage verschärfte sich. Gewalttätigkeiten zwischen den Kommunisten und Nationalsozialisten nahmen in den letzten zwei Wochen vor diesem 1. Mai einen solchen Umfang an, daß gewisse Bezirke und Straßen Münchens zu wahren Bürgerkriegsschauplätzen wurden [76]. Die Rechte verbreitete ein Gerücht, nach dem die Linke einen Staatsstreich plane, und in einer Stadt wie München, wo Erinnerungen an den roten Terror noch lebendig waren, fielen solche Anspielungen nicht in taube Ohren [77]. Seißer gab nach und billigte Hitler das Verbot der Demonstration zu [78]. Hitler schien gewonnen zu haben. Er begab sich also am 30. April mit einigen seiner Leute – unter ihnen auch der mit zahlreichen Orden aus dem Weltkrieg geschmückte Jagdflieger Hermann Göring, den Hitler im Februar 1922 zum Führer der SA ernannt hatte – zum bayerischen Ministerpräsidenten von Knilling und zum Innenminister. Er forderte die Verhängung des Kriegsgesetzes gegen die Sozialisten und die Einberufung der »patriotischen Verbände« der Rechten, inklusive der SA, als »Hilfspolizeikräfte« am 1. Mai. Weder Knilling noch die Reichswehr waren bereit, sich darauf einzulassen, und sie machten sogar Seißers Beschluß wieder rückgängig, was Hitler nicht daran hinderte, vor dem Polizeipräsidenten zu behaupten, die Reichswehr habe dem Verbot zugestimmt [79]. Hitler hatte sich scheinbar in eine Richtung vorgewagt, von der es kein Zurück gab. Görings Sturm-Abteilungen waren mit Hilfe von Röhm mit Handfeuerwaffen und Maschinengewehren ausgerüstet, und das gleiche galt für andere »patriotische« paramilitärische Verbände, von denen es seit 1919 in München viele gab [80]. Reichswehrgarnisonen außerhalb Münchens stellten den Sturm-Abteilungen Panzerwagen zur Verfügung, mit denen sie quer durch ganz Bayern nach München rollten [81]. Die SA, der Bund Oberland und die »Reichsflagge« versammelten sich in voller Bewaffnung auf dem Oberwiesenfeld. Weitere bewaffnete Kontingente gruppierten sich innerhalb der Stadt im Maximilianeum auf dem östlichen Ufer der Isar, während Hitler mit seiner Umgebung, in der sich General von Ludendorff, das anerkannte Oberhaupt aller nationalistischen Gruppen Münchens, befand, im Münchner Hauptquartier eintraf [82]. Hitler versuchte, von Lossow eine nachträgliche Legitimierung für die Bewaffnung seiner Truppen zu bekommen, aber Lossow weigerte sich, was Hitler nicht davon abhielt, sich weitere Waffen zu beschaffen [83].

Die Sozialisten, Kommunisten und Gewerkschaften nahmen vom Regierungsverbot ihrer Demonstration genausowenig Notiz und versammelten sich auf der Theresienwiese, demselben Ort, wo die bayerische Revolution von 1918 ihren Ausgang genommen hatte [84]. Die Polizei nahm vorsichtig Stellung, aber nur um Zusammenstöße zwischen rechts und links zu vermeiden. Lossow hingegen gab sofort Befehl, die paramilitärischen Verbände zu entwaffnen, und beauftragte damit niemand anderen als Röhm, der sich nun mit Einheiten der Reichswehr und Polizei auf das Oberwiesenfeld begeben mußte, wo Hitler inzwischen angekommen war. Hitler trug einen Stahlhelm und traf die letzten Vorbereitungen für einen Angriff auf die Innenstadt, als er von Röhm angehalten und gezwungen wurde, seine Waffen auf der Stelle auszuhändigen [85]. Lastwagen der Reichswehr rollten an, und die Sturm-Abteilungen mit ihren Verbündeten wurden entwaffnet. Mitglieder des »Jungsturms Adolf Hitler«, die als Meldefahrer eingesetzt waren, wurden nach Hause geschickt [86]. Hitlers Bluff war fehlgeschlagen, und die Folgen waren schwerwiegend. Die Zeit vom 1. Mai bis zum 8. November 1923 ließ zwar keine drastische, aber dafür eine ständige Abnahme der Mitgliederzahl bei den SA-Männern erkennen, die sich anderen paramilitärischen Verbänden anschlossen [87]. Das Glück schien sich von Hitler abgewendet zu haben. Er war in München nicht der einzige, der sich mit Putschplänen befaßte. Auch Lossow plante, es Mussolini gleichzutun und einen Marsch auf Berlin zu unternehmen. Er hatte Verhandlungen mit anderen Kampfverbänden begonnen, aber bezeichnenderweise wurden Hitler und seine Sturm-Abteilungen nicht zu Rate gezogen. Man nahm an, daß das Gros von Hitlers Gefolgschaft ohnehin bald in den anderen Gruppen der extremen Rechten aufgehen würde [88]. Unter diesen Umständen erscheint der berühmte Hitler-Putsch – die Ereignisse des 8. und 9. November 1923 – in einem anderen Licht als dem der üblichen Darstellung. Hitler wußte genau, was hier vor sich ging, war aber vom Zentrum der Entscheidungen ausgeschlossen. Ihm blieb nichts anderes als die »Flucht nach vorn« übrig, um eine

Parallelaktion zu der Lossows und Konsorten zu starten. In einer Reihe von Massenversammlungen wurden seine Drohungen mit einer Revolution offener, radikaler und direkter als je zuvor [89]. Innerhalb einiger Wochen vor dem 8. November war es ihm einmal wieder gelungen, den gesamten extrem nationalistischen Flügel für sich zu gewinnen und sogar Lossow von rechts zu überholen, besonders seit ihm Zweifel am Gelingen seines Marsches auf Berlin gekommen waren [90]. Hitler hatte einmal wieder Kräfte entfesselt, deren er nicht mehr Herr war, selbst als er einsah, daß seine Aktion zu einer Katastrophe führen mußte. Wenn er nicht für immer sein Prestige als »Führer« der Partei verlieren wollte, mußte er jetzt handeln und sich an die Spitze seiner Bewegung stellen, um wenigstens dem Anschein nach die ihm über den Kopf gewachsenen Kräfte zu führen. Er hatte seine Stellung wieder gewonnen, sein Stern war wieder einmal im Aufstieg – aber um einen hohen Preis. Da ein Sieg ausgeschlossen war, konnte dieser Preis nur mit einer Katastrophe bezahlt werden.

In einer dramatischen Rede bei einer gutbesuchten Versammlung im Münchner Bürgerbräukeller verkündete Hitler die Bildung einer neuen deutschen Reichsregierung mit ihm als Kanzler und Ludendorff als Reichspräsident. Unter Druck erzwang er sich die Unterstützung der anwesenden Vertreter der Regierungsbehörden. Kaum hatten aber diese den Bierkeller verlassen dürfen, da widerriefen sie ihre Beschlüsse und trafen Maßnahmen, um Hitler zu bremsen.

Wollte Hitler nun nicht noch einmal eine Demütigung wie die der Niederlage vom 1. Mai über sich ergehen lassen, so blieb ihm nichts anderes übrig, als mit seinen Formationen in die Münchner Innenstadt zu marschieren, und da er eine Spielernatur war, glaubte er, die Lage würde sich unterwegs zu seinen Gunsten ändern. Die von ihm und Ludendorff angeführten Sturm-Abteilungen und andere paramilitärische Verbände der Rechten, die von weit aus allen Teilen Bayerns nach München gekommen waren, setzten sich am Morgen des 9. November vom Bürgerbräukeller aus in Bewegung. Ihr Marsch führte sie in die Residenzstraße, eine ziemlich enge Straße, an deren Ende bei der Feldherrnhalle eine von der Reichswehr verstärkte Polizeisperre ihnen den Weg zum Odeonsplatz abschnitt. Hitler und sein Gefolge wurden aufgefordert, ihren Umzug aufzulösen. Anstatt dem Befehl nachzugeben, stürzten sie sich nach vorn, und die Polizei eröffnete das Feuer. Sechzehn Gefolgsleute Hitlers bezahlten an der Feldherrnhalle das Spiel mit ihrem Leben, und einer von ihnen war ein Mitglied des »Jungsturms Adolf Hitler« [91]. Ludendorff, der unverletzt durch die Sperre marschiert war, wurde nach Hause begleitet. Hitler entkam im Gedränge mit einer Armverletzung, wurde aber einige Tage später von der Polizei verhaftet.

Lenk war am Abend vorher bei der Versammlung im Bürgerbräukeller gewesen, hatte die Lage richtig eingeschätzt und sorgte nach bestem Ermessen für die Sicherheit der jüngeren Mitglieder des »Jungsturms Adolf Hitler«. Er schickte sie nach Hause oder beauftragte sie mit erfundenen Meldefahrten von und nach verschiedenen Ortsgruppenstellen der SA in den Vororten der Stadt [92]. Aber einige der älteren Jungen konnte er nicht zurückhalten.

Der 9. November 1923 war nicht nur das Ende der ersten NSDAP, er war auch das Ende des »Jungsturms Adolf Hitler« und des »Jugendbundes« der NSDAP.

IV. Geburt

Wie unentbehrlich Hitler für das Weiterleben der NSDAP war, ging deutlich aus den Ereignissen während seiner Abwesenheit hervor, als er in der Festung Landsberg die neun Monate seiner fünfjährigen Haftstrafe absaß, zu der ihn das bayerische Gericht für seine Rolle im Putsch verurteilt hatte. Unter normalen Umständen hätte er das Ende der politischen Laufbahn Hitlers bedeutet, aber Hitler war kein normaler Mensch, und die Umstände waren es auch nicht. Vor dem offensichtlich befangenen und behinderten Gericht, das dazu noch die illegalen Tätigkeiten einiger Minister der offiziellen bayerischen Regierung bemänteln mußte, hatte Hitler ein leichtes Spiel, die Initiative zu ergreifen und die Verhandlung im Gerichtssaal an sich zu reißen [1], um seine Haltung zu rechtfertigen und sich selbst und seiner Partei zu weiterem Ruhm zu verhelfen. Hitlers Taktik brachte sofortige Resultate ein: fünf Tage nach dem Gerichtsurteil gaben die Landtagswahlen den Rechtsextremisten in München die Mehrheit, während sie im übrigen Bayern nicht mehr als 17,1% der Wahlstimmen erzielten. Kaum einen Monat später, am 4. Mai 1924, erhielt die Nationalsozialistische Freiheitsbewegung bei den Reichstagswahlen 1 920 000 Stimmen und zog mit 32 Abgeordneten in das deutsche Parlament ein [2].

Der Erfolg war jedoch von kurzer Dauer. Den Nationalsozialisten fehlte noch eine richtige Reichsorganisation, und der Hauptsitz ihrer Macht war immer noch in Bayern. Diese Schwierigkeit wäre wohl zu bewältigen gewesen, wären nicht schwere interne Machtkämpfe ausgebrochen, die zur Spaltung der Bewegung in zwei Gruppen führten, von denen die eine, die von Alfred Rosenberg und Julius Streicher geführte »Großdeutsche Volksgemeinschaft«, die eindeutig jede Teilnahme am parlamentarischen System ablehnte, und die andere die von Gregor Strasser und Ernst Röhm geführte »Nationalsozialistische Freiheitsbewegung« war. Letztere Gruppe verfocht Gregor Strassers Argument, wonach der Weg zur Revolution für absehbare Zeit versperrt war und eine Partei, die sich außerhalb der bestehenden politischen Strukturen stellte, sich zur politischen Machtlosigkeit verdammte [3].

Hitler weigerte sich, von seiner Zelle in Landsberg aus einzugreifen, und im Lichte der stets wachsenden Verwirrung im Lager der Rechtsradikalen verbreitete sich unter vielen ihrer Anhänger die Überzeugung, nur Hitlers Autorität könne eine Wiedervereinigung der nationalsozialistischen Bewegung herbeiführen – eine Überzeugung, die Hitler selbst natürlich teilte [4]. Er allein war der Achspunkt seiner Bewegung, er war der einzige Mann, der ihr Zusammenhalt und Form geben konnte.

Während Hitlers Abwesenheit von der politischen Szene machten sich der Zerfall und die Uneinigkeit der Rechtsradikalen auch in ihrer Jugendbewegung bemerkbar. Gerhard Roßbach, ein früherer Anhänger Hitlers, der Gründer und ehemalige Führer des Freikorps Roßbach, mußte nach dem Münchner Putsch nach Österreich flüchten und gründete dort die nach Ferdinand von Schill, einem der Helden der Aufstände gegen Napoleon, benannte »Schilljugend« [5]. Gustav Adolf Lenk wiederum glaubte den abgerissenen Faden wieder aufnehmen zu können und rief bereits Mitte November 1923 den »Vaterländischen Jugendverband Großdeutschland« ins Leben [6]. Die bayerische Polizei bedurfte keines besonderen Spürsinns, um herauszufinden, daß dieser Verband nichts anderes als die Fortsetzung des verbotenen Jugendbundes der NSDAP unter einem anderen Namen war. Sie schritt rasch ein, löste den Verband auf und steckte Lenk ins Gefängnis [7]. Kaum war er wieder freigelassen, übernahm er im April 1924 die Führung der »Großdeutschen Jugendbewegung«, die zwar in München gegründet worden war, ihren eigentlichen Sitz aber im Vogtland, nördlich der bayerischen Landesgrenze hatte [8]. Lenks Entschluß, Bayern zu verlassen, sollte Folgen haben, die er gewiß nicht vorausgesehen hatte, denn die Verlegung der nationalsozialistischen Jugendbewegung außerhalb Hitlers unmittelbarem Machtbereich sicherte ihr für die nächsten Jahre eine verhältnismäßig autonome Entwicklung zu. Vorerst geriet Lenk aber wieder einmal mit den

Münchner Behörden in Schwierigkeiten, weil er eine illegale Jugendorganisation führte [9]. Er wurde im November 1924 auf die Festung Landsberg gebracht, aber einen Monat später, am 20. Dezember 1924 zusammen mit Hitler, der Straferlaß bekam, entlassen [10].

Hitler war entschlossen, den Rat des Staatsanwaltes Dr. Stenglein zu beachten, den dieser in seiner Anklagerede beim Prozeß ausgesprochen hatte: »Ich verkenne den guten Kern nicht. Es ist verständlich, daß die begeisterungsfähige Jugend dieser Ungeduld verfällt. Aber sie muß gezügelt und in richtige Bahnen gelenkt werden von reifen Männern. An Stelle der Ungeduld muß treten eiserne Geduld, die in der Stille arbeitet, tatenfreudig, aber der Zukunft sicher, die Geduld, die mit zusammengebissenen Zähnen wartet, bis die Saat reif und die Stunde gekommen ist.« [11]

In einem Polizeibericht über Hitler, zwei Monate nach seiner Entlassung aus Landsberg, heißt es, es sei ihm gelungen, »sich über seine Bewegung zu stellen« [12]. Er hatte nach seiner Haft zwei Monate gewartet, bevor er sich wieder als Führer der nationalsozialistischen Partei auf die bayerische politische Szene begab. Diese Zeitspanne gestattete ihm, in aller Ruhe die nötigen Pläne für die Zukunft festzulegen. Obgleich er immer noch scheinbar über der Bewegung stand, machte Hitler keinen Hehl daraus, daß er der von Rosenberg und Streicher geführten Gruppe vor der Gregor Strassers den Vorzug gab. Und das hatte einen einfachen Grund: Rosenberg und Streicher waren als Untergeordnete kein Problem und würden es nie versuchen, ihm die absolute Führerschaft streitig zu machen. Bei der Strasser-Gruppe war das nicht der Fall, denn dort befand sich sein allerstärkster Rivale – Ludendorff. Diese Gruppe hätte Hitler höchstens den Posten eines Hauptpropagandaleiters zugebilligt. Allerdings wurde Ludendorff es in zunehmendem Maß müde, sich in politische Intrigen verwickeln zu lassen, und weigerte sich, als Lanzenträger im Machtkampf gegen Hitler verwendet zu werden. Als Ludendorff sich im Februar 1925 von der Nationalsozialistischen Freiheitsbewegung zurückzog, hielt Hitler die Gelegenheit für reif, seinen Entschluß zur Neugründung einer NSDAP bekanntzugeben [13]. Indem er gewartet und sich geweigert hatte, offen für die eine oder andere radikale nationalistische Gruppe Partei zu ergreifen, hatte Hitler ihnen Zeit gegeben, sich selbst zu zerstören, und nun konnte er den Überbleibseln und Trümmern der Organisationen am 25. Februar 1925 verkünden: »Der Streit hat nun ein Ende ... Kommen Sie jetzt in die Reihen der alten Bewegung wieder herein und lassen Sie alles wieder zurück, was hinter dem gestrigen Tag liegt.« [14]

Die Neugründung der NSDAP mit Hitler als dem unbestrittenen Führer ergab in Bayern einen raschen Zerfall der übrigen Gruppen des militanten rechtsextremen Flügels. Hitler konnte sich die Großzügigkeit leisten, Ludendorff als einen »treuen und selbstlosen Freund« zu bezeichnen [15], da Ludendorff ja nun nicht mehr als der Führer der deutschen nationalen Revolution galt. Der einzige Führer der deutschen Erneuerung war jetzt Adolf Hitler. Als er Ludendorffs Kandidatur bei den Reichspräsidentenwahlen 1925 nach dem plötzlichen Tod Eberts unterstützte, war das nur eine Geste, die ihn zu nichts verpflichtete, denn es gab nicht den geringsten Zweifel, daß Ludendorff die Wahl gegen seinen einstigen Vorgesetzten, den Feldmarschall von Hindenburg, verlieren mußte [16].

Nach seiner Entlassung aus Landsberg war sich Gustav Adolf Lenk über die Zukunft der nationalsozialistischen Bewegung gar nicht mehr so sicher. Er beschloß, seine Jugendbewegungsaktivitäten vorläufig außerhalb der bestehenden politischen Gruppen auzuüben, bis sich ein Sieger gezeigt hatte. Trotz der Neugründung der NSDAP schien Lenk Hitlers Führerposition noch nicht genügend gefestigt, um seinen rückhaltlosen Einsatz zu verdienen. Daher unternahm er einen Alleingang und gründete die unabhängige »Deutsche Wehrjugend« [17]. In einer Atmosphäre, die noch von Beschuldigungen und Gegenbeschuldigungen unter den nationalistischen Gruppen vergiftet war, bedeutete dieser Schritt das Ende Lenks in der Jugendpolitik. Er wurde des Verrats an der Bewegung bezichtigt und mit der Begründung einer möglicherweise erdichteten Klage wegen Unterschlagung und Unfähigkeit abgeschoben. Lenk zog sich daraufhin ganz aus der Jugendbewegung zurück. Zuerst hatte er versucht, seinen Austritt mit einer großen Geste publik zu machen. Er bat den »Völkischen Beobachter«, einen Artikel zu veröffentlichen, in dem er sein Ausscheiden aus der Bewegung bekanntgab. Als Gründe führte er wirtschaftlichen Druck, verbunden mit heftiger Opposition gewisser Parteikreise gegen seine Persönlichkeit, an. In dem Artikel ertönte eine Klage, die seine späteren Nachfolger Gruber und Schirach wiederholen sollten, nämlich über das mangelnde Verständnis der Parteibehörden für die Jugendbewegung. Die Parteizeitung druckte den Artikel nicht. Lenk schnitt jedoch seine Beziehungen nicht ganz ab [18]. 1927 trat er in die SA und 1932 in die NSDAP ein. Er versuchte vergeblich, in die Hitler-Jugend zurückzukehren, was am Widerstand Baldur von Schirachs, des Führers der Hitler-Jugend von 1931 an, scheiterte. (In späteren Jahren erst rechtfertigte das Hauptarchiv der NSDAP seine Behauptung, der »Jungsturm Adolf Hitler« sei der Vorläufer der Hitler-Jugend gewesen.) Immerhin hielt Lenk äußerst herzliche Beziehungen zu einigen hochgestellten Führern der Hitler-Jugend aufrecht, und bei der Feier des Novemberputschs von München im Jahre 1933 marschierte er an der Spitze ehemaliger Jungsturmmitglieder. Danach nahm er an keinen weiteren Aufmärschen teil [19].

Lenk hinterließ jedoch ein sehr wertvolles und nützliches Erbe, denn eine der unter seiner Führung gegründeten Gruppen war die Großdeutsche Jugendbewegung in Plauen. Sie wurde von einem Jurastudenten namens Kurt Gruber geleitet, der schon im Mai 1923 der NSDAP beigetreten war, aber nicht am Münchner Putsch teilgenommen hatte [20]. Lenk hatte ihn zum Nachfolger Brettschneiders, des Jugendführers für Sachsen und Thüringen, ernannt, weil dieser sich als ein ziemlich unfähiger Organisator erwiesen hatte [21]. Gruber festigte rasch die Position des Landesverbandes Sachsen/Thüringen und wechselte während Hitlers Gefangenschaft und dem Verbot der NSDAP wiederholt den Namen seiner Organisation, die er meist als Wandersport- oder Turnverein tarnte [22].

Der 1904 geborene Gruber war ein typischer Vertreter der Nachkriegsgeneration, die im Nationalsozialismus den einzigen Weg zu sehen glaubte, um Deutschlands Zukunft, Wiederaufbau und seinen Platz unter den Nationen Europas zu sichern – wobei die Betonung auf dem Sozialismus lag. Es war größtenteils ihm zu verdanken, daß die spätere Hitler-Jugend viel länger ihre radikal sozialistische Haltung bewahrte als die meisten anderen Formationen der NSDAP [23].

In drei Monaten war es ihm gelungen, zahlreiche kleine verstreute Gruppen in seine Bewegung aufzunehmen, und im Juli 1924 hielt er sein eigenes Jugendtreffen in Plauen ab [24]. Als Hitler und Lenk aus Landsberg entlassen wurden, hatte Gruber allein in Sachsen eine Jugendbewegung von etwa 2500 Mitgliedern aufgestellt, den nötigen Verwaltungsapparat geschaffen und die erste Hitler-Jugend-Uniform eingeführt, die mit Braunhemden und einer sich von der SA unterscheidenden Hakenkreuzbinde ausgestattet war [25]. Obgleich das alles vorwiegend Grubers persönlichem Einsatz zuzuschreiben ist, darf man die finanzielle Unterstützung nicht vergessen, die ihm der sächsische Textilfabrikant Martin Mutschmann zukommen ließ. Mutschmann war seit 1923 Mitglied der NSDAP und wurde später einer ihrer Gauleiter. Der Titel Gauleiter wurde in den Jahren 1921–22 geschaffen und bezeichnete den Parteileiter eines Gaues, der auf Landesebene die höchste Parteiinstanz war. Alle Gauleiter unterstanden direkt der Reichsleitung der NSDAP, die zuerst von Rudolf Heß und dann von seinem Nachfolger Martin Bormann betreut wurde. Mutschmanns finanzielle Hilfe gestattete Gruber, ganztägig als Führer der Jugendbewegung zu arbeiten, Büroräume in Plauen zu mieten, wo er seinen Verwaltungsapparat unterbrachte, und eine eigene Zeitung herauszugeben [26]. Während kurzer Zeit schloß sich die Großdeutsche Jugendbewegung mit der von Röhm gegründeten Frontjugend [27] zusammen und nahm deren Namen an, aber nachdem Hitler beschlossen hatte, den paramilitärischen Charakter der SA einzuschränken und ihr eine rein propagandistische Rolle zu erteilen – was den zeitweiligen Austritt Röhms aus den Rängen der NSDAP zur Folge hatte [29] –, nahm Gruber wieder den früheren Namen der Bewegung an [30]. Allgemein gesagt beruhte Grubers Erfolg vor allem auf dem hohen Grade seiner Unabhängigkeit, die er sich dank seiner taktischen Begabung und der finanziellen Selbständigkeit seiner Bewegung von der NSDAP bewahren konnte. Obwohl die Mitglieder der Großdeutschen Jugendbewegung Hitler den Treueid leisteten und das Führerprinzip anerkannten, war es doch nicht dasselbe, wie voll und ganz im Parteiapparat integriert zu sein, den Hitler in München aufbaute [31]. Inzwischen bemühte sich Gruber, seine Bewegung über Sachsen/Thüringen hinaus auszudehnen und Landesverbände in Franken, dem Rheinland und der Pfalz zu errichten. Hier hatte er einige Erfolge zu verzeichnen, aber in Berlin und Preußen erlebte er mit ähnlichen Versuchen eine volle Niederlage, denn die ortsansässigen Rechtsparteien hatten ihre Jugendorganisationen fest in der Hand. [32]

Trotz seiner Erfolge war die Unterstützung, die Gruber von der NSDAP in München oder von Hitler persönlich erhielt, nicht gerade ermutigend. Seine Unabhängigkeit brachte ihm in München Stirnrunzeln und Mißtrauen ein, und Hitler hatte gerade im kürzlich erschienenen ersten Band seines Werkes »Mein Kampf« seine Ideen dargelegt und beschlossen, die Jugendbewegung als einen integrierenden Bestandteil der NSDAP neu aufzubauen [33]. Gruber, den Hitler persönlich nicht kannte und der von einer Atmosphäre des Mißtrauens und Verdachts umgeben war, kam für Hitler zunächst nicht als der zukünftige Führer der geplanten Jugendbewegung in Frage. Seine Wahl fiel auf Edmund Heines, einen ehemaligen Leutnant und Mitglied des Freikorps Roßbach, der am 6. Mai 1925 offiziell auf Hitlers Befehl mit allen die Jugendbewegung betreffenden Angelegenheiten betraut wurde [34]. Das war natürlich noch keine Berufung Heines' als Jugendführer. Der Befehl spiegelt Hitlers Unsicherheit und den Unwillen wider, sich in diesem Augenblick so oder so zu entscheiden, besonders da Heines' Stellung als der eines Führers der Schilljugend innerhalb der Partei und der nationalistischen Jugendgruppen Konfliktstoff ergab.

Hitlers Entschlußfeindlichkeit war weitgehend gerechtfertigt. Heines' scheinbare Berufung löste sofort einen Streit aus, der – soweit er grundsätzliche und entscheidende Fragen betraf – während der ganzen Frühgeschichte der NSDAP ungeschlichtet blieb. Die Schilljugend stand im Ruf, eine elitäre, vorwiegend bürgerliche Formation zu sein, in der man wenig Zeit hatte, sich um die Brüder der Arbeiterklasse zu bekümmern [35]. Gruber wandte sich sofort an Hitler und weigerte sich praktisch, seine Großdeutsche Jugendbewegung der Schilljugend unterordnen zu lassen [36]. Gruber, dessen Gefolgschaft sich vor allem aus der Arbeiterjugend der Industriegebiete Sachsens und Thüringens zusammensetzte, wandte ein, das Aufgehen seiner Organisation in der Schilljugend würde unvermeidlich zu einer Verengung der Rekrutierungsbasis führen, denn kein Arbeiterjunge würde sich der energielosen und versnobten Schilljugend anschließen wollen. Hitler war immer noch nicht überzeugt genug, um einen Entschluß zu fassen, und Gruber wandte sich daraufhin direkt an Roßbach. Er schlug eine Kompromißlösung in Form einer Föderation der beiden Bewegungen vor, in der jede ihre volle Autonomie bewahren könnte [37].

Roßbach lehnte den Vorschlag ab und brachte dafür genau die Gründe vor, aus denen Gruber sich nicht der Schilljugend anschließen wollte, nämlich, die Notwendigkeit, der Gruppe ihren elitären Charakter zu bewahren [38]. Jetzt hatten sich die Möglichkeiten eines Kompromisses erschöpft, und endlich versuchte nun Hitler, Gruber, dessen Fähigkeiten er nicht länger außer acht lassen konnte, zu beruhigen. Er ernannte ihn im Oktober 1925 zum Führer der Nationalsozialistischen Jugendbewegung in Sachsen. Roßbach, der noch bei Salzburg im Exil lebte, konnte wenig tun, um die Dinge zu ändern, außer daß er seinen Entschluß, sich auf keinen Kompromiß einzulassen, wiederholte. Das Problem wurde schließlich von Roßbach selbst gelöst, als er begnadigt wurde und nach Deutschland zurückkehrte. Er war von Hitler enttäuscht, vertraute aber auf seine eigene politische Zukunft und weigerte sich, eine Hitler untergeordnete Stellung zu bekleiden oder die Schilljugend der NSDAP zu unterstellen.

Mit der Tür, die Roßbach zugeschlagen hatte, war für ihn jede Möglichkeit zu einer eigenen politischen Tätigkeit oder der der Schilljugend abgeschnitten. Die Schilljugend ging schließlich aus ihrem Mangel an Anziehungskraft auf die Massen ein. Roßbachs Niederlage ergab die günstige Gelegenheit für Gruber. Hitler, der Gruber seit Mai 1925 scharf beobachtet hatte, konnte nicht umhin, vom Organisationstalent dieses einundzwanzigjährigen jungen Mannes beeindruckt zu sein, trotz des noch immer herrschenden Mißtrauens der NSDAP-Leitung. Allmählich wurde die Großdeutsche Jugendbewegung zur offiziellen Jugendorganisation der NSDAP.

Was die ideologische Rechtgläubigkeit anbetraf, so hatte Hitler nichts von Gruber zu befürchten. Ideologisch war Gruber ein Einfaltspinsel. Er nahm Hitlers Programm vorbehaltlos an, wie es war, er schien die ihm innewohnenden Widersprüche überhaupt nicht zu bemerken und legte die kompromißlos radikalen Auswüchse, besonders den wilden Antisemitismus als eine Zeiterscheinung aus, deren Auswirkungen sich bald verflüchtigen würden, sobald einmal der propagandistische Effekt erreicht war. Hitlers endlicher Entschluß, Gruber gegen die Schilljugend zu unterstützen, schien Grubers Ansicht zu bestätigen, daß Hitler ein ehrlicher Sozialrevolutionär sei, und solange er das glaubte, war er bereit, jedem Befehl Hitlers zu gehorchen. Von Hitlers Standpunkt aus war ein unkritischer Idealist wie Gruber viel leichter zu dirigieren als ein ehemaliger Frontoffizier wie Ernst Röhm, Walter Stennes oder Gerhard Roßbach.

Das Jahr 1925 war für Hitler vor allem dem Wiederaufbau der Partei gewidmet, und angesichts der vielen Rivalitäten und der zahlreichen direkten und indirekten Bedrohungen seiner Stellung in der NSDAP [39] war es unvermeidlich, daß das Problem der nationalsozialistischen Jugendbewegung nicht Vorrang hatte. Trotzdem blieb es außerordentlich wichtig, sich unbedingt auf einen Mann wie Gruber verlassen zu können. Das gestattete Hitler, sich auf seine unmittelbare Aufgabe zu konzentrieren und sich für allemal seine eigene Führerposition nicht nur in Bayern, sondern überall in der Partei in Deutschland zu sichern [40]. Hatte Hitler erst einmal bezüglich seiner eigenen Ansprüche auf unbestrittenen Gehorsam seiner Gauleiter wenigstens vorläufig reinen Tisch gemacht, so konnte er jetzt einen Schritt weiter gehen und seinen ersten neuen Parteitag – diesesmal in Weimar – einberufen [41]. Die Wahl war auf Weimar gefallen, weil Thüringen eins der wenigen Länder war, in denen Hitler öffentlich sprechen durfte. Waren die meisten vorherigen Parteitage als gemeinsame Treffen verschiedener rechtsextremer Verbände mit der NSDAP organisiert worden, so folgte der Weimarer Parteitag dem 1923 in München festgelegten Modell als eine rein nationalsozialistische Angelegenheit und wurde damit zum Vorläufer derjenigen Parteitage, die bis 1938 – mit einer Ausnahme – in Nürnberg begangen wurden. Am 3. und 4. Juli 1926 trafen sich die Parteiformationen, und Hitler hob in seiner Hauptansprache die Wichtigkeit hervor, die deutsche Jugend für die nationalsozialistische Sache zu gewinnen [42]. Am Ende des Monats erwähnte Hitler seine Absicht, einen neuen SA-Führer als Nachfolger Röhms zu ernennen und die Jugendorganisation wieder der SA zu unterstellen [43].

Diese Absicht Hitlers entsprach auch dem Drängen kleiner, aber immerhin wachsender nationalsozialistischer Gruppen in Nord- und Nordwestdeutschland, die 1925 und Anfang 1926 immer mehr darauf bestanden, ihre Leute im Münchner Hauptquartier vertreten zu sehen [44]. Die Wahl fiel auf Hauptmann Franz Felix Pfeffer von Salomon, einen berühmten ehemaligen westfälischen Freikorpsführer hugenottischer Abstammung und ersten Gauleiter des Ruhrgebiets [45]. Mit seiner militärischen Erfahrung schien Pfeffer Hitler als der geeignete Mann, die Reorganisation der SA durchzuführen, und gleichzeitig erfüllte er die Forderungen des Nordens, in München maßgebend vertreten zu sein [46]. Pfeffer übernahm sein Amt am 1. November 1926. In den Richtlinien, die er von Hitler erhielt, war klar ausgedrückt, daß die SA nicht nach dem Muster des alten Heeres organisiert werden sollte [47], sie sollte eine Parteiformation, ein Instrument für parteipolitische Zwecke sein, dessen erste Aufgabe der Ausbau der NSDAP [43] zu einer Massenbewegung war [48].

Mit dem Auftrag war auch die weitere Entwicklungsphase der Hitler-Jugend für die nächsten sechs Jahre festgelegt [49]. Anläßlich des Weimarer Parteitags am Sonntag, dem 4. Juli 1926, wurde auf Antrag des scharf antisemitischen Julius Streicher, des Gauleiters Frankens, die Großdeutsche Jugendbewegung in »Hitler-Jugend, Bund der deutschen Arbeiterjugend«, umbenannt [50]. Die Hitler-Jugend war geboren, und Gruber wurden vom regionalen Führer der Jugendbewegung der NSDAP zum ersten Reichsführer der Hitler-Jugend befördert sowie zum Referenten für Jugendfragen in der Parteileitung in München. Es spricht für Grubers politischen Instinkt, daß er nun, da er sein Ziel erreicht und seine Organisation als offizielle Jugendorganisation der NSDAP etabliert hatte, den Köder nicht schluckte und sich nicht in seinem Münchner Büro niederließ. Er hielt nach wie vor die Reichsleitung der Hitler-Jugend in Plauen aufrecht und wahrte, soweit es ihm möglich war, Distanz von den Bestrebungen nach größerer Zentralisierung, die in der bayerischen Hauptstadt am Werke waren.

Auf lange Sicht war diese Tendenz jedoch unabwendbar, denn jetzt war die Hitler-Jugend *de jure* in den Parteiapparat eingebaut, und Grubers Stellung war die eines Parteifunktionärs geworden. Jetzt war er kein unabhängiger Jugendführer mehr, der eigene Initiativen ergreifen konnte. Für die unmittelbare Zukunft aber überwogen die Vorteile für Gruber noch die Einbußen. Einige Gruppen der nationalsozialistischen Jugendverbände – sie waren meist klein – hatten sich vorher Gruber nicht anschließen wollen. Die bedeutendste von ihnen, an Wichtigkeit und Mitgliederzahl, war die Nationalsozialistische Arbeiterjugend Österreichs, die seit 1923 existierte [52]. Auf Hitlers Entschluß hin stimmten sie nun ihrer vollen Integration in die Hitler-Jugend zu, und Grubers Betätigungsfeld beschränkte sich nicht mehr nur auf Sachsen, sondern erstreckte sich über ganz Deutschland und Österreich. Gruber war nie der Mann, der seine Macht mit kraftmeierischen Gesten und Phrasen unterstrich, sondern er verließ sich eher in Mann-zu-Mann-Gesprächen auf seine Überzeugungsgabe und bewältigte seine Aufgabe, der Hitler-Jugend möglichst reibungslos immer neue Jugendgruppen zuzuführen, höchst erfolgreich.

Er errichtete in Plauen die HJ-Reichsführung, die aus etwa vierzehn Abteilungen bestand, welche sich u. a. mit Erziehung, Fürsorge, Wehrsport, Propaganda und Film befaßten [53]. Letztere stellte keine eigenen Filme her – das begann eigentlich erst richtig ab 1933 –, sondern sie fungierte als Verteilungsdienst für »genehmigte Filme«, die für die Einheiten der Hitler-Jugend bestimmt waren. Eine ausgesprochene Neuheit waren die beiden Abteilungen, von denen sich die eine mit Jugendgruppen für Kinder unter vierzehn Jahren und die andere, von zwei Mädchen geleitet, mit weiblichen Mitgliedern befaßte [54]. Außerdem begann die Hitler-Jugend nun auch, die gleichen organisatorischen Unterteilungen wie die der NSDAP, in Gaue, Kreise und Ortsgruppen, vorzunehmen [55], ein Unternehmen, das erst in den ersten Jahren des Zweiten Weltkrieges beendet wurde, als ein Hitler-Jugend-»Gebiet« immer noch einem NSDAP-»Gau« entsprach. Aus den über ganz Deutschland verstreuten vereinzelten Einheiten bildete sich nun die eine große Organisation. Schwieriger war jedoch, wie es die folgenden Jahre zeigen sollten, der völlige Einbau der Hitler-Jugend in den Parteiapparat der NSDAP. Gleich nach seiner Ernennung begab sich Pfeffer von Salomon daran, Hitlers Forderung nach einer Unterstellung der Hitler-Jugend unter die SA auszuführen [56]. Das machte Gruber mißtrauisch. Er berief das erste Treffen der Führer der Hitler-Jugend im Dezember 1926 in Weimar ein, und eine Einladung ging auch – allerdings etwas widerstrebend – an Pfeffer von Salomon [57]. Pfeffer nahm an. Mit bemerkenswertem Taktgefühl und einer Haltung, die väterliche Freundschaftlichkeit ausstrahlte, gelang es Pfeffer rasch, Grubers anfängliche Bedenken zu verscheuchen und ihn zu einem bereitwilligen Mitarbeiter zu gewinnen. Das praktische Ergebnis war, daß Gruber jetzt öffentlich den Parteierlaß anerkannte, wonach er als Reichsführer persönlich dem Chef der SA gegenüber verantwortlich war [58].

Auf diesem Treffen wurden auch die Richtlinien für die Beziehungen zwischen NSDAP und Hitler-Jugend festgelegt. Sie entsprachen im wesentlichen den Bestimmungen der Satzungen von 1922, die natürlich inzwischen erloschen waren [59]. Es gab auch einige wichtige Zusätze, wie zum Beispiel, daß jedes mehr als achtzehnjährige Mitglied der Hitler-Jugend in die Partei eintreten mußte und daß der Verlust der Parteimitgliedschaft automatisch den Verlust der Mitgliedschaft bei der Hitler-Jugend nach sich zog [60]. Das hieß, daß die höheren Führer der Hitler-Jugend Parteimitglieder sein mußten, was der Partei gestattete, die oberste Schicht der Hitler-Jugend-Führung unter Kontrolle zu halten. Der organisatorische Rahmen der Hitler-Jugend mußte der in der NSDAP bestehenden Struktur angepaßt werden, was Gruber mit seinen eigenen Maßnahmen auf diesem Gebiet bereits vorausgenommen hatte. Für alle Ernennungen in den höheren Graden der Hitler-Jugend war die Einwilligung der NSDAP erforderlich sowie auch für alle öffentlichen Veranstaltungen [61]. Die Hitler-Jugend hatte jedem Befehl eines Parteiführers zu gehorchen, und die vierteljährlichen Führertreffen fanden unter der Obhut der NSDAP statt. Zum erstenmal wurde ein Mitgliedsbeitrag von vier Pfennig pro Monat erhoben [62]. Die Uniformen wurden vereinheitlicht, wobei ganz besonders auf das Vermeiden jeder Verwechslung mit der SA-Uniform zu achten war. Sowohl Pfeffer von Salomon wie Gruber waren entschlossen, stärkere Unterscheidungsmerkmale einzuführen.

Die Zusammenarbeit zwischen Pfeffer von Salomon und Gruber war stets gut und die Beziehung herzlich. Auf niederer Ebene jedoch gab es häufig Versuche der NSDAP, sich in die Angelegenheiten der Hitler-Jugend zu mischen [63].

Zwischen 1926 und 1933 schien die Hitler-Jugend vor allem besorgt zu sein, ihre Position innerhalb der NSDAP zu behaupten; viele Parteimitglieder betrachteten die Jugendorganisation als ein Anhängsel der SA und andere als einen Pfadfinderbund nationalsozialistischer Färbung. Innerhalb der Hitler-Jugend gab die drohende Tendenz, von der älteren Generation kommandiert zu werden, zu Befürchtungen Anlaß, da sie dem herrschenden Grundsatz der Zeit – daß die Jugend durch Jugend geführt werden müsse – widersprach. Es setzte auch die Hitler-Jugend der Kritik anderer Jugendbewegungen aus und dem Vorwurf, daß es in bezug auf Parteihörigkeit keinen großen Unterschied zwischen den Jugendorganisationen der Kommunisten und Nationalsozialisten gäbe – ein Vorwurf, der um so berechtigter erschien, als Ende 1927 ein Erlaß der NSDAP für alle Mitglieder der Hitler-Jugend über achtzehn Jahre die Überweisung in die SA anordnete [64].

Diese Entwicklung, oder vielmehr die Befürchtung in bezug auf die Richtung, die diese Entwicklung der Hitler-Jugend zu nehmen drohte, war der Grund zur ersten größeren Krise, die Gruber Anfang 1927 durchmachte. Die Hitler-Jugend der Gaue Berlin-Brandenburg, Hamburg, Hannover-Braunschweig, Anhalt-Sachsen, Nord und Ruhr – die Gebiete, in denen Hitler ein Jahr vorher größeren Widerstand seitens Otto Strasser, der die Führung der NSDAP für sich beanspruchte, begegnet war – legte ihren Namen ab und benannte sich in »Bund Deutscher Arbeiter-Jugend (BDAJ)« um [65]. In der lokalen NSDAP-Presse, die die Maßnahme gutzuheißen schien, wurde ein Aufruf der BDAJ veröffentlicht, in dem die Namensänderung, allerdings ohne Angabe von Gründen, bekanntgegeben und die Organisationen der NSDAP aufgefordert wurden, den BDAJ zu unterstützen:

»Auf Grund einer längeren schriftlichen Auseinandersetzung sowie der gelegentlich des Essener Ruhrparteitages stattgefundenen Aussprache sind die unterzeichneten Gaue der HJ dahin übereingekommen, gemeinsam den Namen ›Bund Deutscher Arbeiterjugend‹ zu führen. Gleichzeitig wird als Bundesabzeichen die grün-goldene Schnur eingeführt. Die ›Sturmjugend‹, bisher Schrift des Gaues Ruhr, wird zum Pflichtorgan für unsere Gaue erklärt.

Unsere Bekanntmachungen erfolgen außer im Bundesblatt in den Gaublättern der NSDAP sowie in den ›Kommenden‹. Die Organisationen der NSDAP bitten wir, unsere Arbeit tatkräftig zu unterstützen.

Alle aktivistischen revolutionären Elemente der deutschen Jugend fordern wir auf, sich endlich freizumachen von der Bevormundung durch reaktionäre und marxistische Verbände. Euer Platz ist in den Reihen derer, die in leidenschaftlichem Kampf um die Neugestaltung des deutschen Volkes und Staates in nationalem und sozialistischem Geiste stehen. Zerreißt die Fesseln bürgerlicher Feigheit und marxistischer Lüge! Hinein in den BDAJ!« [66]

Gruber, der eben erst Ende 1926 neun weitere Ortsgruppen der Hitler-Jugend – acht davon in Nord- und Nordwestdeutschland mit einer Mitgliederzahl von zwischen 700 und 1000 Jungen – gegründet hatte [67], empfand diesen Abfall zuerst als eine schwere Niederlage. Einige Monate später jedoch wurde es klar, daß, wenn Grubers verhältnismäßig gut organisierte Hitler-Jugend auch anfängliche Schwierigkeiten bei der Massenrekrutierung hatte, diese bei der BDAJ, die bald überhaupt keine Anziehungskraft mehr besaß, viel größer waren. Der letzte BDAJ-Führer, Günther Orsoleck, trat 1930 in die Sozialdemokratische Partei ein [68]. Der durch den Abfall verursachte Verlust wurde außerdem durch den Anschluß neuer Gruppen an die Hitler-Jugend wieder gutgemacht, die vor allem aus den nationalkonservativen Lagern kamen. Die von Hartmann Lauterbacher – der später Baldur von Schirachs engster Mitarbeiter und Stellvertreter wurde – geführte Deutsche Jugend trat geschlossen in die HJ ein [69].
Ein für das Wachstum der Hitler-Jugend schwieriges Problem war ihr Mangel an geschulten Führern, denn kaum waren diese dazu alt genug, so wurden sie sofort von der SA übernommen [70]. Um eine bessere Gleichschaltung der Angelegenheiten der Hitler-Jugend mit denen der NSDAP herbeizuführen, wurde am 27. Oktober 1927 unter dem Vorsitz Pfeffer von Salomons ein Jugendkomitee der NSDAP gegründet [71]. Der Mangel an geschulten Führungskräften war einer der Hauptpunkte, die bei der ersten Sitzung besprochen wurden, und Pfeffer von Salomon zeigte durchaus Verständnis für Grubers

Klagen. So wurde eine inoffizielle Abmachung getroffen, nach der die Jungen, die in der Hitler-Jugend als Führer benötigt wurden, nicht in die SA überzutreten brauchten [72]. Weniger als ein Jahr später wurde das Jugendkomitee zu einem Jugendausschuß innerhalb der NSDAP-Parteileitung ausgebaut. Seine Aufgabe war, alle Jugendaktivitäten der NSDAP, inklusive der Studentenverbände, zu koordinieren und dafür zu sorgen, daß die Weisungen der Partei ausgeführt wurden. Aber anstatt eine engere Zusammenarbeit herbeizuführen, diente der inzwischen in »Jugendamt« umbenannte Ausschuß als Schauplatz für die Zänkereien und Machtkämpfe zwischen Hitler-Jugend und SA-Führung. Ob dies ein Beispiel für Hitlers Politik des *Divide et impera* war, indem er schlecht festgelegte und sich überschneidende Kompetenzen absichtlich zuließ, ist zweifelhaft, denn das hieße, die Bedeutung der Hitler-Jugend in jener Zeit zu überschätzen. Außerdem siegten bei diesen Streitigkeiten im allgemeinen das Jugendamt und die Hitler-Jugend. Hier fand Gruber tatkräftige Unterstützung durch Walter Buch, den Leiter des Jugendamtes, ehemaligem Major und Freikorpsmitglied, der in die SA eingetreten und Vorsitzender des Parteigerichts und des Untersuchungs- und Schlichtungsausschusses geworden war. Er hatte selbst vor dem Krieg der Jugendbewegung angehört und zeigte volles Verständnis für die Klagen über ungerechtfertigte Einmischung der Partei in Jugendangelegenheiten [73].

War der Mangel an geschulter Führerschaft in den höheren Dienstgraden der Hitler-Jugend schon ein schweres Problem für Gruber, so waren die Finanzen ein noch größeres [74]. Die Mittel eines Privatmannes hatten dem Gedeihen der Hitler-Jugend in Sachsen geholfen; aber sie reichten nicht aus für eine Verbreitung auf Reichsebene und um die 1927 bereits auf zwanzig Gaue verteilten Ortsgruppen am Leben zu erhalten. Der neueingeführte Mitgliedsbeitrag konnte hierzu nur zu einem kleinen Teil beisteuern [75]. Die Zuschüsse aus dem Parteifonds waren beschränkt, denn die Finanzmittel waren im Jahre 1927 viel geringer als drei oder dann vor allem sechs Jahre später [76]. Ein zwar nicht besonders legaler Weg, sich Geld zu verschaffen, waren die öffentlichen Sammelaktionen anläßlich der Propaganda-märsche. Öffentliche Umzüge waren nicht mit großen Kosten verbunden und erzielten wirkungsvolle Resultate [77], aber bei dem wachsenden kämpferischen Widerstand jener anderen Partei, die den Anspruch erhob, »die Straße zu beherrschen«, nämlich der Kommunisten, wurden sie allmählich gefährlich.

Die erste derartige große öffentliche Demonstration fand am Tag der Arbeit, dem 1. Mai 1927 statt, als Kurt Gruber gemeinsam mit der SA und mit der SS in Plauen ein Treffen mit der Hitler-Jugend veranstaltete, das, wie einige Beobachter notierten, sich an Disziplin sehr von den traditionellen Umzügen der Sozialisten unterschied [78]. Grubers Bemühungen fanden jedoch ihre Krönung beim Nürnberger Parteitag am 19. und 21. August 1927 [79]. Zum erstenmal nahmen 300 Hitlerjungen am Aufmarsch teil. Hitler, der seit Mai 1927 wieder öffentlich in Bayern reden durfte, sprach dem Patriotismus und der Selbstlosigkeit seiner jungen Gefolgschaft, von der viele die Reise zu Fuß gemacht hatten, während die übrigen Parteiformationen in 47 Sonderzügen kamen, seine Anerkennung aus [80]. Die Hitler-Jugend machte zwar nur ein Prozent gegenüber den 30 000 anwesenden SA Männern aus, aber Gruber fühlte, daß der Anfang gemacht war und daß seine Arbeit Resultate zu zeigen begann.

Endlich schien der Weg offen; ein eigenes Führerkorps war gesichert, der Zustand völliger Abhängigkeit von der SA war behoben, und die Hitler-Jugend konnte ihren eigenen Charakter und ihre eigenen Traditionen entwickeln. Gruber schrieb später folgendes: »Zu dieser Zeit hörte das tote Organisieren auf, und die Idee begann zu wirken. Junge Menschen arbeiteten und vermochten es, der Hitler-Jugend ein eigenes Gesicht zu geben. Bald schon zeigten sich die Erfolge dieser unermüdlichen, zähen Arbeit, Spuren des Eigenlebens innerhalb der Hitler-Jugend traten hervor. Das dauernde Mitmarschieren mit SA und Partei hörte endlich auf. Die Jungen fingen an, ›auf Fahrt zu gehen‹, ihren eigenen Heimabend abzuhalten – ganz auf ihre Weise.« [81]

Natürlich machte sich das Fehlen einer eigenen Tradition innerhalb der Mitgliedschaft in mancher Weise spürbar. Man hatte
nicht einmal seine eigenen Lieder und mußte entweder die der
»bürgerlich nationalen« Konkurrenz singen oder schweigen [82].
So ging man dazu über, einfach alten Liedern neue Texte zu geben, und hier waren NSDAP und Hitler-Jugend in ihrer Auswahl nicht gerade zimperlich; selbst kommunistische Marschlie-
der wurden »entliehen«, solange sie zündend genug waren, besonders bei öffentlichen Aufmärschen [83].
Während des Jahres 1928 fand Gruber noch immer seine finanzielle Unterstützung eher bei Privatleuten und Mitgliedern als
bei der Partei. Er vergrößerte seine Büroräume in Plauen und
richtete eine Reichsgeschäftsstelle der Hitler-Jugend ein [84],
deren Personal aus unbezahlten Hilfskräften bestand. Gruber
erweiterte sogar die Aktivitäten seines Büros und schuf ein besonderes »Grenzlandamt« [85]. Dort wurden die alten Kontakte und die von Lenk mit deutschen Gruppen des Sudetenlandes
in der Tschechoslowakei und Minderheitengruppen in Polen an-
geknüpften Beziehungen wiederhergestellt [86]. Um das Bewußtsein der »inneren Solidarität« zu stärken, jenes Zugehörigkeitsgefühl zu einer wahren nationalen Jugendgemeinschaft und
damit zur deutschen Volksgemeinschaft, führte Gruber am 18.
November den »Reichsappell« ein: am gleichen Tage und zur
gleichen Stunde hatten im ganzen deutschen Reich die Einheiten
der Hitler-Jugend anzutreten; den Jungen wurde dann ein
wichtiger Befehl oder eine besondere Kundgebung vorgelesen [87]. Massenveranstaltungen der Hitler-Jugend wurden in
größerem Maße fortgesetzt, obwohl der finanzielle Erfolg oft-
mals mehr als mager war. Aber das traf nicht nur auf die Hitler-Jugend zu, denn die ganze Entwicklung der nationalsozialistischen Bewegung in jener Zeit war ins Stocken geraten. In den
Maiwahlen 1928 eroberte die NSDAP nur noch zwölf Sitze im
Reichstag. Die beiden Extreme auf der politischen Landkarte
der Weimarer Republik hatten Rückschläge erlitten. Es sah aus,
als habe sich die deutsche Wählerschaft mit einer Republik abgefunden, die zwar nicht beliebt war, die aber immerhin ihre Posi-

tion nach innen und außen gefestigt zu haben schien. Das Chaos
der ersten vier Jahre ihrer Existenz war scheinbar überwunden.
Aber dieses Bild war trügerisch; zusammen betrugen die antire-
publikanischen Stimmen der Links-Rechtsextremisten noch immer 27% [88].

Die NSDAP machte nicht gerade Riesensprünge, aber sie nahm
ständig zu und ebenso ihre Jugendorganisation. Ende 1928
stand Hitler an der Spitze einer Bewegung, die in den letzten
vier Jahren von 27 000 auf 108 000 Mitglieder gestiegen war,
und die Mitgliedschaften beschränkten sich nicht mehr auf Bayern,
sondern fanden sich im ganzen Reichsgebiet [89].

Für den 28.–31. Dezember des gleichen Jahres berief Gruber die
gesamte Führerschaft zu einer Reichsführertagung in Plauen
ein [90]. Die Führer aus fast allen Gauen der NSDAP waren
erschienen [91]. Die beiden einzigen Ausnahmen waren das
Rheinland, wo Gruber noch keine volle Autorität über den
BDAJ gewonnen hatte, und Ostpreußen, wo anscheinend finanzielle und organisatorische Probleme für die Nichtteilnahme
verantwortlich waren. Nachdem Gruber in einer Vertrauens-
wahl als Reichsführer bestätigt worden war, kamen drei größere
Themen zur Diskussion. Als erstes wurden für die Jungen zwischen zehn und vierzehn die »Jungmannschaften« gegründet,
die später dem »Jungvolk« eingegliedert wurden [92]. Zweitens
wurde für die Mädchen die Schaffung von »Schwesternschaf-
ten« – später »Bund Deutscher Mädel (BDM) – beschlossen,
denn obwohl die Reichsleitung eine besondere Gliederung für
Mädchen vorgesehen hatte, gab es bisher noch keine besondere
Organisation für sie in der Hitler-Jugend [93]. Drittens hielt es
Gruber für notwendig, die Prinzipien zu erörtern, die das Verhältnis der Hitler-Jugend zu anderen nationalistischen Jugendgruppen abgrenzte [94]. In seinem Grundsatzreferat erläuterte
er:

»Es liegt im Wesen der Hitler-Jugend, daß sie ebenso wenig wie
die Partei mit anderen Parteien, mit anderen Jugendorganisationen verglichen werden kann. Die Hitler-Jugend ist weder ein

politischer Wehrverband noch ein antisemitischer Pfadfinderbund oder sonst irgend ein Konglomerat aus dem verkalkten
Geröll erstarrter Jugendbewegung. Sie ist auch nicht etwa Parteijugend schlechthin, die ihre Ideale ausgerechnet in kapitalistischen Dawesparteien gepflegt sieht, sondern: *die Hitler-Jugend
ist die neue Jugendbewegung sozialrevolutionärer Menschen
deutscher Art und volkhaften Wesens, verkettet mit dem Schicksal der Nation. Sie betont die Erziehung und die Pflege der Persönlichkeit unter klarer Erkenntnis der gegebenen Verhältnisse
und ihrer Forderungen.*
Diese heißen nicht nur die Heimat erwandern und erleben, sondern heißen heute die Heimat mit dem Einsatz des Lebens erkämpfen, heißen: Staat und Wirtschaft aus den Krallen kapitalistischer, volkstumsfeindlicher Mächte zu befreien.
Daraus folgern wir den Willen zum neuen sozialistischen Volksstaat Adolf Hitlers und wissen, daß sein Weg nur über die Leiche
des Marxismus geht [95]. Darum lassen wir uns nicht durch ebenso schöne wie untergeordnete Ideen und Probleme verwirren
und ableiten. Unser Weg hat ein scharf umrissenes Ziel, wir haben ein großes Ja vor uns und in uns. Über das morsche, faule
Alte gehen wir zur Gestaltung des besseren Neuen, streben wir
zum Dritten Reich. Dazu ist uns die Basis der Bündischen Jugend ebenso wie die der Wehrjugend zu unzulänglich und zu
klein. Die Erkenntnis der Wirklichkeit und Gestaltung des
neuen Ja setzen wir an die Stelle des charakteristischen Neins
aller Typen der Jugendbünde. So reift in uns ein neuer Typ
deutscher Jugend: die Hitler-Jugend. Ein Typ, der hart, scharf
und fest geformt, politisch in der Organisation gebunden, einer
realen Welt des Nationalsozialismus im Marschtritt der neuen
Jugend zustrebt, hinweg über all das Gerümpel von Bünden
und Grüppchen nur einem folgt, ihrem Führer Adolf Hitler.« [96]

Schließlich wurden noch einige neue Abteilungen in der »Reichsführung« zur Diskussion gestellt und beschlossen. So wurde ein
Pressedienst der Hitler-Jugend eingerichtet, um den nationalso-

zialistischen Bemühungen, das »jüdische Nachrichtenmonopol« zu sprengen [97], zur Seite zu stehen; eine Sonderabteilung »Landjugendamt« sollte sich besonders um die Jugend der Agrargebiete kümmern; das »Grenzlandamt«, das die Aktivitäten der Hitler-Jugend in den Grenzgebieten koordinieren und die Hitler-Jugendgruppen der deutschrassigen Bevölkerung im Ausland, besonders in der Tschechoslowakei und in Polen überwachen sollte [98].

Wenn Gruber erneut die Trennung der Hitler-Jugend von anderen nationalgesinnten Jugendverbänden so stark betonte, so war es nicht nur aus Sorge, die allgemeine politische Richtung beizubehalten, sondern auch aus persönlichen Befürchtungen einer für ihn recht gefährlichen Entwicklung. Neben der Hitler-Jugend war der NS-Studentenbund gegründet worden, dessen Führer seit Ende 1928 Baldur von Schirach war, und Schirach benutzte diese Studentenorganisation als einen Machthebel, mit dem er den Zusammenschluß aller nationalistischen Jugendgruppen unter seiner Führung zu erreichen hoffte [99]. Es war daher verständlich, daß Gruber diese Pläne nicht nur als eine Bedrohung seiner persönlichen Stellung, sondern auch seiner ganzen Auffassung vom Wesen der Hitler-Jugend betrachtete.

Der 1907 geborene Schirach war der Sohn eines preußischen Hauptmanns, der nach seinem Ausscheiden aus der Armee als Generalintendant des Hoftheaters nach Weimar ging [100]. Schirachs Mutter war Amerikanerin, ebenso seine väterliche Großmutter. Alle Kinder der Schirach-Familie besuchten höchst exklusive Schulen. Der Zusammenbruch des Deutschen Reiches bei Kriegsende 1918 setzte dem Wohlstand der Familie ein plötzliches Ende. Baldurs älterer Bruder verübte Selbstmord, »weil er das Unglück Deutschlands nicht überleben wollte«. Die anderen Kinder mußten nun die örtlichen Gymnasien besuchen. Im März 1925 hörte Schirach – damals noch ein Schüler in Weimar – zum erstenmal Hitler sprechen und schrieb sich sogleich, als kaum Achtzehnjähriger, in die NSDAP ein. Von Hitler persönlich ermutigt, besuchte er die Universität in München und studierte dort Germanistik und Kunstgeschichte. Hitler, der sich stets geschmeichelt fühlte, wenn Menschen, die seiner Meinung nach zur Oberschicht der Gesellschaft gehörten, ihm Respekt zollten, hieß Schirach mit offenen Armen willkommen. Bereits 1925 hatte er seinen ersten offiziellen Besuch bei der Familie gemacht, und bald war auch der Vater dem Beispiel des Sohnes gefolgt und hatte sich der Partei angeschlossen.

In München trat der junge Schirach in die SA ein, obgleich man ihn dort wegen seines knabenhaften Aussehens, das ihm noch bis in die letzten Zeiten des Dritten Reiches anhing, oft lächerlich machte. Er wurde auch Mitglied des National-Sozialistischen Studentenbundes, der damals von dem überzeugten nationalsozialistischen Revolutionär Wilhelm Tempel geleitet wurde. Schirach hatte sich nie sein eigenes Geld verdienen müssen und stand den Problemen eines Arbeiters oder Werkstudenten völlig ahnungslos gegenüber; daher galt er bald als der Wortführer der gehobenen bürgerlichen Kreise im Studentenbund. Dank Hitlers direkter Unterstützung wurde er am 20. Juli 1928 zum Führer des NS-Studentenbundes ernannt und trat an Stelle Wilhelm Tempels als Reichsführer und Berater für Studentenfragen in die Parteileitung ein. Jetzt war sein Ziel die Führerschaft der gesamten Hitler-Jugend [101].

Schirach ist ein typisches Beispiel für die fast totale Farblosigkeit, durch die sich der größte Teil der Führerschicht der NSDAP auszeichnete. Man denkt unwillkührlich an Hannah Arendts treffenden Ausdruck »die Banalität des Bösen«, wenn Schirach auch eigentlich weniger böse als dumm war; jedoch wenn man Zeit und Umstände in Betracht zieht, kann ein dummer Mensch ebenso gefährlich wie ein böser sein. Schirach war nicht nur dumm, er war zugleich ehrgeizig, wenn er auch seinen Ehrgeiz in jenen nationalistisch pathetischen Schwulst einhüllte, den er jugendlichen Idealismus nannte. Es mag schon wahr sein, daß ein Volk die Führer hat, die es verdient, aber dann macht die Hitler-Jugend dennoch eine Ausnahme, denn selbst mit allen Vorbehalten hätte sie etwas Besseres verdient.

Ohne sich vorher mit Hitler oder Gruber verständigt zu haben,

sandte Schirach Rundschreiben an alle nationalistischen Jugendverbände [102]. Obgleich sie vertraulich behandelt werden sollten, gelangten diese Briefe bald an die Öffentlichkeit und somit
auch Schirachs Bemühungen, und bei den anderen nationalistischen Jugendgruppen freute man sich darüber nicht wenig, denn
man glaubte darin das erste Zeichen einer ernsthaften Spaltung
in der Hitler-Jugend zu sehen. Gruber tat sein Bestes, um diese
Entwicklung zu verhindern, besuchte persönlich alle ihm unterstellten Hitler-Jugendführer und setzte seine ganze Überzeu-
gungskraft ein, um seinen Standpunkt klarzulegen [103]. Er
wies berechtigt darauf hin, daß die den Ideen Schirachs innewohnende Gefahr in einer allmählichen, zur Bedeutungslosigkeit
führenden Verwässerung der sozialrevolutionären Ziele der
Hitler-Jugend bestand [104].
Um Hitler weiterhin günstig zu beeindrucken, baute Gruber
rasch die Presseaktivitäten der Hitler-Jugend auf, und schon im
Frühjahr 1929 konnte er stolz auf zwei Monatszeitschriften
hinweisen – »Die Junge Front«, eine Zeitschrift für die Führerschaft der Hitler-Jugend, und die »Hitler-Jugend-Zeitung« für
die Gefolgschaft [105]. Außerdem gab es noch die alle zwei Wochen erscheinenden »Deutschen Jugendnachrichten«. Zuverlässige Auflagenzahlen gibt es nicht, und die Behauptung, die »Hitler-Jugend-Zeitung« habe eine Auflage von 15 000 Exemplaren
gehabt, ist stark übertrieben, denn sie bezieht sich nur auf die
Druck-, nicht aber auf die Leserzahlen [106]. Da der größte Teil
des gedruckten Propagandamaterials der NSDAP gratis verteilt
wurde, besteht kein Anlaß, anzunehmen, daß es bei der Hitler-
Jugend anders war. Außer seinen persönlichen Besuchen bei den
Hitler-Jugendführern veranstaltete Gruber eine Jugendtournee
und sprach zwischen März und April 1929 vor 32 Hitler-Ju-
gend-Versammlungen in ganz Deutschland [107].
Mit diesen Bemühungen schien Gruber nicht nur seine eigene
Position Schirach gegenüber zu festigen, sondern auch der Gefolgschaft neues Selbstvertrauen einzuflößen. 2000 Hitlerjungen
marschierten unter begeistertem Applaus am Nürnberger Parteitag 1929 [108] an Hitlers Tribüne vorbei. Fast die Hälfte von

ihnen soll aus Österreich gekommen sein, von den reichsdeutschen Gauen waren Sachsen und Berlin-Brandenburg am stärksten vertreten [109]. Die Berliner Abordnung war nach Nürnberg marschiert. Das war das Vorbild für den nach 1933 mehrfach wiederholten »Adolf-Hitler-Marsch« [110]. Die Ereignisse auf dem Parteitag trugen noch zur Festigung des Gemeinschaftsgefühls der Hitler-Jugend bei – es war nicht so sehr die Fahnenweihe der ersten eigenen Fahnen der Hitler-Jugend, die einen Adler mit schwarz gekreuztem Hammer und Schwert auf rotem Grund zeigten, als die Gefahr der ständigen Bedrohungen und Gewalttätigkeiten. Ein SA-Mann wurde erschossen, ein anderer erlag mehreren Messerstichen [111].

Schirach entfaltete seinerseits auch große Aktivität auf dem Parteitag – trotz seiner vorherigen Niederlage. Zusammen mit Alfred Rosenberg, dem Parteiideologen, lud er die Führer anderer völkischer Bünde zu einer Besprechung am 3. August ein [112]. Gruber war nicht gewillt, persönlich zu erscheinen, und ließ sich durch den Berliner Gauführer Robert Gadewoltz vertreten [113]. Gadewoltz erläuterte offen und klar Grubers Standpunkt, der jeden Zusammenschluß mit den elitären Bünden ablehnte [114]. Ein Zusammenschluß käme überhaupt nur in Form eines völligen Aufgehens und Übertretens in die Hitler-Jugend in Frage, und dagegen sträubten sich natürlich die Führer der anderen Bünde [115]. Gruber gewann auch die Unterstützung Pfeffer von Salomons, der Rosenberg und Schirach eine Weisung zukommen ließ, daß die Hitler-Jugend jetzt und in Zukunft die einzige nationalsozialistische Jugendbewegung sei [116]. Als Hitler persönlich gegen Ende des Parteitages das Zeltlager besuchte und den Hitlerjungen Blumensträuße zuwarf, glaubte Gruber, den Kampf gegen Schirach gewonnen zu haben [117]. Und er hatte wirklich viel erreicht. Er hatte die Hitler-Jugend von den anfänglichen 80 Ortsgruppen des Jahres 1926 1929 auf 450 Ortsgruppen gebracht, und die Mitgliedszahl war zwischen 1926 und 1929 von 700 auf 13 000 gestiegen [118]. Gewiß war diese Wachstumsrate noch dürftig, wenn man sie mit den im Reichsausschuß der Deutschen Jugendverbände vertretenen Jugendorganisationen vergleicht, die zusammen eine Mitgliedschaft von 4 338 850 Jungen und Mädchen hatten [119]. Trotzdem bedeutete die Existenz straff organisierter Kader auf Hitler-Jugend- und Parteiniveau ein unschätzbares Plus für Hitler in einer Zeit, da die Auswirkungen der Weltwirtschaftskrise Deutschland gegen Ende 1929 erreichten und die politische Atmosphäre in der Weimarer Republik sich fast ebenso stark wie zwischen 1918 und 1924 zu radikalisieren begann.

Im Herbst 1929 stellte Gruber nach mehreren vorherigen vergeblichen Versuchen erneut einen Antrag auf Mitgliedschaft im Reichsausschuß der Deutschen Jugendverbände [120]. Dieser Antrag wurde wie vorher unter der Begründung abgelehnt, die Hitler-Jugend habe sich gemäß ihrer Satzungen geweigert, mit anderen Jugendverbänden zusammenzuarbeiten, und betreibe staatsfeindliche Politik [121]. Aufnahme oder Abweisung machten Gruber und einigen seiner Mitarbeiter wirklich etwas aus; es ging um das Prestige der Hitler-Jugend und auch um praktische Dinge wie ermäßigte Eisenbahnfahrten und die Benutzung der Jugendherbergen. Der übrigen Führung der NSDAP war es völlig egal. Die NSDAP war zwar berechtigt, alle ihre Organisationen unter scharfer Kontrolle zu halten, aber dieses Recht wurde selten wirklich ausgeübt. Gruber war damit zufrieden, denn ihm war ein unabhängiges Wirken wichtiger als der Buchstabe der Satzungen. Er und die Reichsleitung waren in Plauen weit genug von München entfernt, und München hatte wenigstens bis 1931 nie auf Grubers Bitten um finanzielle Hilfe reagiert [122]. Dank dieses Versäumnisses der Parteileitung hatte Gruber verhältnismäßig freie Hand, und München lag nichts an einer Änderung der Lage, die sich nur ungünstig auf die Kasse ausgewirkt hätte. Schon aus diesem Grunde hatten sich mehrere NSDAP-Ortsgruppen geweigert, auf eigene Initiative Hitler-Jugend-Ortsgruppen zu bilden [123]. Das Gros der Parteimitglieder sah in der Hitler-Jugend ohnehin nicht mehr als einen Klub für Halbwüchsige. In einem bayerischen Polizeibericht aus dem Jahre 1927 hieß es: »Soweit beobachtet werden konnte, herrscht in nationalsozialistischen Kreisen keine besondere Be-

geisterung über die Jugendorganisation.« [124] Pfeffers Zugeständnis, daß achtzehnjährige Hitlerjungen nicht mehr in die
SA überzutreten brauchten, zeitigte Konsequenzen und schaffte
größere Unabhängigkeit. Trotzdem blieb die Hitler-Jugend
natürlich nach wie vor in allererster Linie eine Propaganda-
einheit innerhalb der NSDAP.

In diesem Sinne wurde dann auch im November 1929 die erste
große Kundgebung der Hitler-Jugend in München eröffnet. Sie
fand unter der Schutzherrschaft der SA statt [125]. Es gab damals zwar noch keinen formellen Zwang für die Hitlerjungen
oder ihre Führer, an SA-Treffen teilzunehmen, aber die Einheiten der Hitler-Jugend mußten auf Ersuchen an SA-Propagan-
damärschen teilnehmen, und die höheren SA-Führer hatten das
Recht, alle öffentlichen Veranstaltungen der Hitler-Jugend zu
beaufsichtigen. Die Beziehungen zwischen Hitler-Jugend und
SA oder NSDAP wurden noch einmal in den Richtlinien vom
23. April 1929 genau festgelegt, obgleich diese Richtlinien
eigentlich nichts grundsätzlich Neues enthielten [126]. Sie waren
hauptsächlich eine erneute Bestätigung der bestehenden Verhältnisse. Sollte die Hitler-Jugend vor dem Gesetz ein eigener unabhängiger eingetragener Verein werden, so änderte das nichts an
ihrer Position innerhalb der NSDAP-Struktur. Aber ihre praktische Unabhängigkeit verdankte die Hitler-Jugend zum großen
Teil der persönlichen Freundschaft zwischen Gruber und Pfeffer
von Salomon und Pfeffers eigenen Sorgen der Organisierung
der SA, die ihm wenig Zeit ließen, sich überwachend in Grubers
Aktionssphäre zu betätigen [127]. Einige Monate vor den
Reichstagswahlen 1930 kam dann noch eine in der NSDAP und
in der SA sich geltend machende Unzufriedenheit hinzu. Viele
hatten die Bedeutung des langsamen, aber ständigen Wachsens
der NSDAP in den letzten Jahren nicht erkannt [128]. Statt
dessen wiesen sie auf eine zweifellos richtige Tatsache hin, nämlich daß die NSDAP in bezug auf effektive politische Bedeutung
noch immer in den Kinderschuhen steckte. Natürlich erhitzte die
sich ausbreitende Arbeitslosigkeit die Gemüter nur noch mehr,
und Unmut wurde laut. Die Auseinandersetzungen erreichten

ihre Höhepunkte, als Otto Strasser aus der Partei ausschied, und bei der »Stennes-Revolte« im März 1931, die sich gegen Hitlers Führeranspruch in Berlin erhoben hatte [129]. Wie schon oft zuvor, gelang es Hitler kraft seiner Persönlichkeit, die Krisis zu überwinden. Doch auch Pfeffer von Salomon sah sich im Licht der Ereignisse gezwungen, die Demission einzureichen, die Hitler akzeptierte [130]. Der Führer übernahm selbst die oberste SA-Führung, bis er Röhm, der zu dieser Zeit als Heeresinstruk-teur bei der bolivianischen Armee diente, überreden konnte, zurückzukehren und das Amt des Stabschefs der SA – und nicht mehr das des obersten SA-Führers oder OSAF – anzunehmen [131]. Unter Röhm, dessen Ideen über Natur und Charakter der SA sich nicht geändert hatten, wurden die Sturm-Abteilungen wieder ein paramilitärischer Verband, was auf viele Hitlerjungen so anziehend wirkte, daß sie schon vor ihrem achtzehnten Geburtstag in die SA eintraten [132]. Jetzt war es an Gruber, sich auf die strenge Einhaltung der Abmachungen zwischen Hitler-Jugend und SA zu berufen. Einmal mußte sogar die oberste SA-Führung einschreiten, um die stets zunehmende Rekrutierung Sechzehn- und Siebzehnjähriger zu stoppen [133].

Gruber setzte inzwischen seine Tätigkeit fort. Am 20. Mai 1930 wurde die Hitler-Jugend zu ihrer ersten Großkundgebung in Berlin gerufen, die unter dem Thema »Vom Widerstand zum Angriff« stattfand. Es sprachen der Gauleiter von Berlin, Dr. Joseph Goebbels, Dr. Adrian von Renteln, ein Baltendeutscher, der die Reichsführung des NS-Schülerbundes innehatte, Kurt Gruber, Gotthart Ammerlahn und der Gauführer der Hitler-Jugend Berlin, Robert Gadewoltz [134].

Organisationsmäßig brachte die Hitler-Jugend nun die Direktiven von 1926 zur praktischen Ausführung, indem sie sich in fünfunddreißig Gaue mit fast 18 000 deutschen Jungen und etwa 3000 Österreichern aufteilte. Letztere waren wiederum in sechs getrennten Gauen vertreten [135]. Diese Aufteilung entsprach vor allem den Bedürfnissen der NSDAP-Wahlpropaganda und hatte nicht immer eine direkte Bedeutung für die Hitler-Jugend selbst [136]. Um das Zeitschriftenwesen der Hitler-

Jugend schneller zu entwickeln, gründete Gruber seinen eigenen Verlag, den »Jungfront-Verlag« in Plauen [137]. Die Hitler-Jugend hatte jedoch während ihrer ganzen Geschichte mit wenigen Ausnahmen unter mangelndem Erfolg ihrer Druckerzeugnisse zu leiden, und Grubers verlegerische Bemühungen änderten wenig daran. Einige Zeit lang versuchte er sogar, die Ernennungen zu Führerposten in der Hitler-Jugend davon abhängig zu machen, wie viele Exemplare der Hitler-Jugend-Veröffentlichungen der Kandidat pro Monat verkauft hatte. Aber es half alles nichts. Immer wieder mußte die Reichsleitung feststellen, daß nicht genügend Hitler-Jugend-Literatur von der Gefolgschaft gelesen wurde, und dieser Zustand wirkte sich jetzt zu einer Katastrophe aus [138].

Die zunehmende politische Tätigkeit der Hitler-Jugend löste bald bei den offiziellen Behörden Reaktionen aus; Aufmärsche wurden verboten und die Mitgliedschaft Schuljungen vielerorts untersagt [139]. Jahre später schilderte Schirach in lebhaften, aber stark übertriebenen Farben die Verfolgungen jener Tage [140]. Es ist jedoch unbedeutend, wie man im Rückblick die Zustände beurteilt; wichtiger ist es, inwieweit die Hitlerjungen selbst sich von ihren Gegnern auf der Straße oder bei den Regierungsbehörden bedroht fühlten. Die wachsende Verrohung der politischen Sitten in der Weimarer Republik trat natürlich am stärksten bei den Extremen in Erscheinung. Kaum ein Jahr, nachdem die Depression eingesetzt hatte, war die offene Bürgerkriegsatmosphäre der ersten Tage der Republik zurückgekehrt. Zuerst versuchte die Regierung nach Möglichkeit, den wachsenden Extremismus einzudämmen. Die erste Anti-NS-Jugendreaktion setzte ein, als der Oberpräsident von Hannover, Gustav Noske, ehemaliger Reichswehrminister der Weimarer Republik, am 16. Januar 1930 allen Schülern der Höheren und Handelsschulen die Mitgliedschaft in der Hitler-Jugend verbot [141]. Preußen schloß sich dieser Maßnahme am 22. Mai 1930 an, und per Runderlaß wurde bekanntgegeben, daß alle nationalistischen und kommunistischen Jugendpflegeverbände aus der staatlich geförderten Jugendpflegeorganisation Preußens ausgeschlossen seien [142]. Da weder die Hitler-Jugend noch die Kommunisten vorher staatliche Unterstützung bekommen hatten, machte ihnen diese Maßnahme nicht sehr viel aus. Die preußische Regierung nahm zu Recht an, daß ihre Anordnung in anderen Ländern des Reichs bereits gefaßten Beschlüssen entsprach; Bayern hatte 1924 in dieser Weise verfügt und Württemberg schon 1921 [143]. Obgleich die Gesetze bezüglich der Nationalsozialisten in Bayern inzwischen gelockert worden waren, blieb das Verbot für politische Tätigkeit bei der Schuljugend bestehen [144]. Die bayerische Landespolizei hatte 1930 im Hinblick auf die anstehenden Reichstagswahlen die Hitler-Jugend in München noch einmal auf dieses Verbot aufmerksam gemacht [145]. Andere Landesregierungen im Reich folgten dem Beispiel Preußens und Noskes. Aber mit Verboten konnte man die Hitler-Jugend nicht mehr beseitigen. Im Gegenteil, die Regierungsverbote wurden von der Hitler-Jugend nur zu Propagandazwecken bei ihrer Rekrutierungskampagne ausgenutzt. Die wegen ihrer Mitgliedschaft ausgestoßenen und bestraften Schüler waren natürlich überzeugt, daß sie nicht nur aus parteipolitischen Gründen, sondern vor allem wegen ihres Patriotismus verfolgt wurden. War eine Hitler-Jugend-Gruppe verboten, so tauchte sie am nächsten Tag unter irgendeinem harmlosen Namen wieder auf, und es gab eine endlose Liste solcher Namen wie »Die Naturfreunde« oder »Junge Volks-Philatelisten« [146]. Wer ins Gefängnis gesteckt oder mit einer Geldstrafe belegt worden war, fand als Märtyrer Anerkennung. Trotz dieser Behinderungen setzte die Hitler-Jugend ihre Tätigkeit fort. Im Jahre 1930 waren die wichtigsten Ereignisse die Anti-Young-Plan-Kundgebungen und die Reichstagswahlen. Der Young-Plan, der die deutschen Reparationszahlungen neu regeln sollte, rief bei den Rechtsparteien heftige Opposition hervor, die ihm vorwarfen, Reparationszahlungen bis in die achtziger Jahre vorzusehen und dadurch »noch ungeborene Generationen zu versklaven« [147]. Auf diese Weise kam es zu einem zeitweisen Bündnis zwischen den Nationalsozialisten und den Deutschnationalen und somit zwischen der Hitler-Jugend und anderen deutschnationalen Gruppen [148]. Die Anti-Young-Plan-Kampagne erreichte ihr Ziel nicht und führte zu keiner Mehrheit in der diesbezüglichen Volksabstimmung. Die Proteste gingen jedoch weiter. Auch auf anderen Gebieten wurde laut und heftig protestiert. In Berlin und in Wien störten Mitglieder der Hitler-Jugend die Erstaufführung des Films »Im Westen nichts Neues« so lautstark und methodisch, daß die Regierung sich gezwungen sah, den Film im ganzen Reichsgebiet aus dem Verkehr ziehen zu lassen [149].

Die wichtigsten Ereignisse des Jahres waren jedoch die Reichstagswahlen. Die NSDAP wählte als Wahlkampfthema den nationalen Sozialismus und trennte die beiden Begriffe in »Nationalismus«, der die Befreiung von den Fesseln des Diktats von Versailles bedeutete, und »Sozialismus«, der jedem Deutschen das Recht auf Arbeit versprach. Die Wahlen waren von den Sozialdemokraten vorverlegt worden: eine Fehlrechnung, die auf falscher Interpretation der Volksabstimmung über den Young-Plan fußte und nach der man hoffte, bei den sofortigen Wahlen eine sozialdemokratisch dominierte »kleine Koalition« mit einem Sozialdemokraten als Reichskanzler zu erzielen. Die Sozialdemokraten hatten die Regierungsbänke unter dem Vorwand von Unstimmigkeiten über die Finanzierungsmethode der Arbeitslosenunterstützung verlassen und gegen die von ihnen selbst geführte Regierung gestimmt. So trat am 27. März 1930 die letzte repräsentative demokratische Regierung der Weimarer Republik zurück [150]. Das Wahlergebnis war ein schwerer Schlag. Die SPD blieb zwar noch immer die stärkste Partei, aber die NSDAP rückte mit 107 Reichstagssitzen auf die zweite Stelle, nachdem sie im 1928 gewählten Reichstag nur mit zwölf Sitzen vertreten war. Ihr Stimmenanteil war von 2,6% auf 18,3% angestiegen [151].

Ob verboten oder nicht, die Hitler-Jugend trug im selben Maße wie die anderen Parteiformationen zum Sieg bei. Mit Veranstaltungen wie Hitler-Jugend-Kundgebungen, -Werbetreffen, -Propagandamärschen und -Elternabenden halfen sie im Kräftespiel der Wahlkampagne mit. In ländlichen Gebieten fuhren sie wie die SA in gemieteten Lastwagen in hellen Haufen, mit wehenden Fahnen, Kampfliedern und Wahlparolen, durch die Gegend [152]. Ihr begeisterter Tatendrang war so stark, daß jeder, der daran teilhatte, ungeachtet des Endergebnisses, die Überzeugung gewann, mit seiner Gruppe einen wichtigen Beitrag geleistet zu haben, und das Endresultat gab der Hitler-Jugend ebensoviel Aufschwung wie der gesamten NSDAP [153]. Kurt Gruber wurde allerdings um den verdienten Lohn für seine wohlorganisierte Mitarbeit bei den Wahlen betrogen. Letzten Endes war das auf Schirachs Intrigen und die Rückkehr Ernst Röhms aus Bolivien und seine Ernennung zum Stabschef der SA zurückzuführen. Röhm hatte seinen eigenen Kandidaten für die Führung der Hitler-Jugend; es war Joachim Haupt, den auch Hitler gern als Ersatz für Gruber gesehen hätte. Schirach empfand die Aussicht auf einen Rivalen als durchaus nicht erfreulich, besonders da es Haupt gewesen, der ihm schon einmal als bevorzugter Kandidat für den Führerposten des NS-Studentenbundes in die Quere gekommen war. Glücklicherweise für Schirach hatte Hitler ihn damals gegen den Willen der Studenten durchgesetzt, und Haupt lehnte das Angebot, Führer der Hitler-Jugend zu werden, zweimal hintereinander ab [154].

Schlimmer als die Ächtung durch Landesregierungsverbote machten sich bei der Hitler-Jugend die Folgen der damit verbundenen Zeitungs- und Veröffentlichungsverbote von Propagandaschriften fühlbar, denn die parteieigenen Druckpressen waren in diesen Fällen praktisch lahmgelegt. Und da sich sowohl Partei- als Hitler-Jugend-Zeitschriften im Anfangsstadium ihrer Entwicklung befanden, übersetzte sich jedes zeitweilige Verbot auf Landes- oder Reichsebene in schwere finanzielle Verluste. Schirach benutzte gerade diese Schwierigkeiten als Beweis für Grubers Unfähigkeit als Reichsführer der Hitler-Jugend. Gruber sei – so behauptete Schirach – durchaus der geeignete Mann gewesen, solange die Hitler-Jugend noch eine rein provinzielle Angelegenheit war. Aber jetzt, auf Reichsebene, weise er deutliche Anzeichen mangelnder Weitsicht und Organisationsfähigkeit auf, und es sei nur Grubers Starrköpfigkeit zuzuschreiben, daß alle nationalistischen Jugendbewegungen noch nicht vereint wären [155]. Auch von München aus wurde Druck angewandt, um die Hitler-Jugend zu reorganisieren. Röhm war nach seiner Rückkehr aus Bolivien nicht geneigt, die relative Unabhängigkeit der Hitler-Jugend länger hinzunehmen, und verlangte eine sofortige Revision der Beziehungen zwischen SA und Hitler-Jugend. Am 27. April 1931 erließ Hitler einen Beschluß, der Gruber direkt dem Stabschef der SA – also Röhm – unterstellte und ihn dessen Befehlsgewalt aussetzte [156]. Alle Gruppen der Hitler-Jugend unterstanden jetzt den jeweiligen SA-Kommandos, nicht aber anderen Zweigen der SA-Verwaltung. Die SA-Führung der Hitler-Jugend beschränkte sich jedoch auf öffentliche Aufmärsche oder andere Veranstaltungen, Überwachung ihres Auftretens nach außen hin und das Recht, sich Ernennungen in der höheren Führerschaft zu widersetzen. Jede Gebietsführung der SA sollte über einen eigenen Ratgeber in Hitler-Jugend-Angelegenheiten verfügen, während der Reichsführer der Hitler-Jugend in dieser seiner Eigenschaft im Parteihauptquartier der NSDAP und im Stab der SA in München tätig zu sein hatte. Mit diesem Erlaß war die Hitler-Jugend wieder einmal direkt der SA-Kontrolle unterstellt, besonders natürlich auf höherer Führungsebene, die in die Struktur der SA eingebaut war [157]. Die Verlegung der Hitler-Jugend-Reichsleitung von Plauen nach München setzte der Unabhängigkeit, die Gruber so lange für sich hatte beanspruchen können, ein jähes Ende. Er fühlte deutlich die Gefahr, der seine Position ausgesetzt war, und seine Machtlosigkeit gegenüber den offenbaren Intrigen Schirachs mit Röhm. War Gruber schon von Natur aus kein sanft-gutmütiger Mann, so begann er jetzt häufiger mit seinen untergeordneten Führern zu streiten, und viele, die die Situation erkannt hatten, wechselten dementsprechend das Lager [158]. Röhm wies auf den langsamen Zuwachs der Hitler-Jugend im Vergleich zu dem der NSDAP hin. Gruber verstieg sich zu dem voreiligen Versprechen, er werde bis Ende 1931 die Mitgliedschaft der Hitler-Jugend auf 50 000 verdoppeln, was praktisch unmöglich war [159].

Das zweite Halbjahr 1931 zeichnete sich durch fieberhafte Propagandatätigkeit vor allem gegen die Jugendverbände der SPD und KPD aus. Während diese Bemühungen sich im großen und ganzen für den NSDAP-Propagandaapparat bezahlt machten, brachte die Kampagne der Hitler-Jugend nicht den versprochenen Mitgliedszuwachs ein [160]. Die Hitler-Jugend hatte sich zwar sehr stark an einer der großen Massenversammlungen, die am Wochenende des 17. und 18. Oktobers 1931 in Braunschweig abgehalten wurde, beteiligt [161], und Röhm hatte persönlich dem Einsatz der Hitler-Jugend Beifall und Anerkennung bezeugt [162], aber Gruber konnte seine Stellung nicht mehr länger halten. Kaum zwei Wochen danach gab die Parteileitung in München bekannt, daß sie Grubers Rücktritt angenommen habe – Gruber hatte gar keinen Rücktritt erbeten. Die Gründe wurden nie bekanntgegeben. Gruber selbst scheint seine Entlassung erst durch die Morgenzeitungen erfahren zu haben, und sogar die Polizei drückte ihr Erstaunen darüber aus, nachdem er so intensiv für die Hitler-Jugend gearbeitet hatte [163]. Gewiß mag Schirachs Erklärung, Gruber habe sich »buchstäblich kaputtgearbeitet«, den Tatsachen entsprechen [164], aber der eigentliche Grund war es nicht. Schirachs enge Verbindung zu Röhm, die zu allerlei anstößigem und böswilligem Klatsch Anlaß gegeben hatte, trug ihre Früchte. Gruber war nach dreijährigem Kampf endlich gestürzt, und mit ihm verschwand der letzte Reichsführer der Hitler-Jugend, ein Mann, der sein ganzes persönliches Leben einer Sache geopfert hatte, die er für sein Land nützlich hielt. Seine Nachfolger waren weder Sozialrevolutionäre noch dynamische Jugendführer, wie er es gewesen war, sondern typische Funktionäre, die sehr bald den Verlockungen der Korruption durch allerlei mit ihrem Amte verbundene Privilegien verfallen sollten.

Teilweise, um die schmutzigen Hintergründe dieser Affäre zu verhüllen, gab Hitler am 30. Oktober 1931 einen neuen Erlaß heraus, der folgendermaßen lautete:

»1. Im Rahmen der Obersten SA-Führung wird eine neue Dienststelle ›Reichsjugendführer‹ (RJF) errichtet.

2. Der Reichsjugendführer untersteht dem Chef des Stabes der SA unmittelbar. Zum Reichsjugendführer ernenne ich den Pg. von Schirach.

3. In den Arbeitsbereich des Reichsjugendführers gehören:

   a) der National-Sozialistische Studentenbund (Reichsführer Pg. von Schirach),
   b) die Hitler-Jugend (mit der Führung beauftragt: Pg. von Renteln),
   c) der National-Sozialistische Schülerbund (Reichsführer Pg. von Renteln).

4. Der RJF ist Referent für alle unter 3 genannten Gliederungen und bearbeitet im Stabe des Obersten SA-Führers die gesamten Jugendangelegenheiten. Er hält den Chef des Stabes über alle organisatorischen Fragen der Jugendgliederungen auf dem laufenden und trägt insbesondere alle Angelegenheiten, welche die SA berühren, vor. Er steht im Range eines Gruppenführers; sein Dienstanzug wird noch besonders festgesetzt.

5. In Fragen der inneren Organisation, der Stellenbesetzung und des Zusammenwirkens mit der SA hat der Reichsführer der Hitler-Jugend unmittelbares Vortragsrecht beim Chef des Stabes. Er hat darüber dem RJF vorher zu berichten.

6. Der bisherige Reichsführer der Hitler-Jugend, Gruber, wird in die Reichsleitung der NSDAP (Jugendausschuß) berufen. Er steht unter besonderer Anerkennung der im Auf- und Ausbau der HJ geleisteten Dienste zur besonderen Verfügung der Obersten SA-Führung.

7. Die Zusammensetzung der Stäbe des RJF und der Jugendverbände schlägt der RJF der Obersten SA-Führung baldigst zur Genehmigung vor.« [165]

Somit war die Hitler-Jugend nun praktisch zu einer Einheit der SA unter dem direkten Befehl Ernst Röhms geworden. Da Schirach sich ausgezeichnet mit ihm verstand, blieben die Beziehungen zwischen SA und Hitler-Jugend reibungslos. Schirach bewies auch in seinen früheren Jahren ein gewisses Organisationstalent und erfreute sich weiterhin Röhms Unterstützung. Innerhalb der Hitler-Jugend beruhte sein Ansehen eher auf seiner Beliebtheit bei der Parteiführung, die ihn stützte, als auf seinen Qualitäten als Jugendführer, denn das für ihn schwierigste Problem bei der Hitler-Jugend, das ihm während seiner ganzen Karriere anhaftete, war, daß man ihn nicht ernst nahm. Gruber verschwand im Dunkel, man fand für ihn eine Stelle als Wirtschaftsberater, und einige Anerkennung wurde ihm – damals und auch später – hie und da zuteil [166].

Jetzt wurde auch der 1929 in Hamburg gegründete NS-Schülerbund in die Hitler-Jugend eingegliedert [167]. Er war ein vorwiegend bürgerlicher Verein, dessen Mitglieder – meist Höhere Schüler – mit ziemlich geringschätzendem Snobismus auf ihre proletarischen Brüder der Hitler-Jugend herabsahen. Bis 1931 hatten sie in der NSDAP größere Unabhängigkeit genossen als die Hitler-Jugend und waren besonders wegen ihres Antisemitismus bekannt. Jüdische Lehrer und Schuldirektoren fanden sie nicht nur in stets zunehmendem Maße störend, sondern als geradezu gefährlich. Einige ihrer Mitglieder scheuten nicht vor verbalen und tätlichen Angriffen auf Lehrer zurück und leisteten damit gerade jenen wertvolle Hilfe, die drastische Schritte gegen die Bedrohung durch Hitler und seine Bewegung für nötig hielten [168]. Diese »drastischen Schritte« wurden allerdings nie unternommen, und zeitweilige Verbote oder Verweisungen wirkten nur als Anstachelung wilderer und gewalttätigerer Reaktionen.

Ein bemerkenswerter Umstand in Hitlers Erlaß vom 30. Oktober ist, daß die Mädchenorganisationen der Hitler-Jugend – der BDM – mit keinem Wort erwähnt wird. Die Vorläufer waren ein Mädchenbund aus den Jahren 1922–1923 und der am 1. Mai 1925 vom ehemaligen Freikorpsführer Roßbach zusammen mit Lenk gegründete Völkische Mädchenbund. Eine Abteilung für Mädchen in der Hitler-Jugend wurde 1927 in Plauen geschaffen, aber sie lebte ein relatives Schattendasein bis Juli 1930, als sie offiziell in »Bund Deutscher Mädel« (BDM) umge-

nannt wurde, doch zwei Jahre sollten noch vergehen, ehe Richtlinien erlassen wurden, die sie zu einem integrierenden Bestandteil der Hitler-Jugend und dem kommenden Mädchenbund der
NSDAP machten. Offenbar hatte die NS-Frauenschaft Forderungen gestellt, um die Mädchen unter ihre Kontrolle zu bringen, was die offizielle Erfassung des BDM in der Hitler-Jugend
beschleunigte [169].

Der BDM zeichnete sich durch sein bemerkenswertes Wachstum
aus. Beim Reichsjugendtreffen in Potsdam am 1. und 2. Oktober
1932 waren von den etwa 70 000 Teilnehmern 15 000 Mädchen [170].

Eine weitere Jugendorganisation, die sich der Hitler-Jugend an-
gegliedert hatte, das »Deutsche Jungvolk« [171], war nicht in
Deutschland zur Welt gekommen, sondern hatte ihre Wurzeln
in Deutsch-Österreich und dem Sudetenland in der Tschechoslowakei. Dort waren immer noch Traditionen der deutschen Jugendbewegung von vor dem Kriege lebendig [172]. Die Parolen
enthielten noch viel sozialrevolutionären Stoff. Das Jungvolk
war zwar keiner politischen Partei angeschlossen, zeigte aber
einen ausgesprochenen Rechtsdrall. In Wien wurde es für seine
Teilnahme an den Demonstrationen gegen den Film »Im Westen nichts Neues« bekannt. Ab 1930 begannen die Jungvolk-
gruppen innerhalb Deutschlands sich der Hitler-Jugend anzuschließen, allerdings nicht als integrierter, sondern als eigen-
ständiger Teil [173]. Das Erbe der mühevollen Arbeit Lenks
und Grubers machte sich nun bezahlt, obgleich sich Schirach natürlich zuerst mit diesen Lorbeeren selbst schmückte und damit
zu beweisen versuchte, daß dank seiner alleinigen Geschicklichkeit die Traditionen der deutschen Jugendbewegung in der Hitler-Jugend weiterlebten und sich entwickelten. Praktisch ausgedrückt, betrachtete er das »Jungvolk« als eine ideale Einheit für
die Altersklasse unter vierzehn, in der die lockende Romantik
der Lagerfeuer und des Volksliedersingens gepflegt werden konnte. Von allen Jugendorganisationen, die in die Hitler-Jugend
eingereiht wurden, war das »Jungvolk« die einzige, die ihre
alten Zeichen beibehalten durfte: eine Siegesrune auf schwarzem

Feld. Als aber immer mehr Einheiten des Jungvolks zur Hitler-Jugend strömten, wurde die Mitgliedschaft bei der letzteren
in vielen Teilen Deutschlands von den Landesregierungen untersagt [174], bis sie zwischen dem 13. April und dem 13. Juni
1932, zusammen mit allen uniformierten Abteilungen der
NSDAP, von der Regierung Brüning im Rahmen der Maßnahmen gegen die wachsende Radikalisierung der politischen Szene
Deutschlands verboten wurde [175].
Mit der direkten Unterstellung der Hitler-Jugend unter die SA
wurde das Finanzierungsproblem wieder akut. Unter Grubers
Führerschaft war das Einkommen der Hitler-Jugend zum größten Teil aus privaten Spenden bestritten worden [176]. Grubers
Abgang bedeutete mehr als einen einfachen Personalwechsel.
Auf der Führungsebene der Hitler-Jugend bedeutete er das Ende
freiwilliger unbezahlter Arbeit. Alle Nachfolger in der Reichsjugendführung wurden nun vollbeschäftigte Sachbearbeiter, die
man bezahlen mußte, in einer Zeit zunehmender Arbeitslosigkeit. Schirach hatte Schulden in Höhe von etwa 2000 RM
geerbt [177]. In den ersten Monaten zahlte die NSDAP eine
monatliche Unterstützung von etwa 100 RM, die die verwaltungstechnischen Aufgaben, nicht aber die Propagandatätigkeit
bestritt [178]. Außerdem wurden Monatsgehälter von etwa 30
RM an die Gruppenführer und Gauführer gezahlt [179]. Man
erwartete Einnahmen aus den Ende 1931 eingeführten Mit-
gliedsbeiträgen, aber angesichts des starken Zulaufs von Arbeitslosen oder arbeitslosen Familien angehörenden Jungen war
diese Quelle sehr unsicher, und nach zwei Reichstagswahlen im
Jahre 1932 begann die NSDAP in bedenkliche finanzielle
Schwierigkeiten zu geraten [180]. Davon war natürlich auch die
Hitler-Jugend betroffen, und in vielen Gegenden mußte man
zur Selbsthilfe greifen und veranstaltete Lotterien [181]. Die
einzigen, die weiter ihre Gehälter bezogen, waren im Stab der
Reichsjugendführung [182]. In der ohnehin recht prekären
wirtschaftlichen Lage des Reiches machten die Regierungsverbote der Hitler-Jugend das Auftreiben von Geldspenden durch
persönliche Initiative auch oft unmöglich. Selbst Schirach fühlte

125

sich nun gezwungen, einzugreifen, und bei dem Jugendtreffen in Potsdam erwähnte er, daß die Kasse der Hitler-Jugend auf 200 RM gesunken sei und daß die NSDAP nicht helfen könne [183].

Aktive Teilnahme an dem verbitterten und gewalttätigen politischen Parteienkrieg kostete jedoch mehr als nur Geld. Der Preis, den die Hitler-Jugend in den Jahren zwischen 1931 und 1933 für ihren politischen Einsatz bezahlen mußte, waren dreiundzwanzig Menschenleben. [184]

Wir marschieren für Hitler
Durch Nacht und durch Not
Mit der Fahne der Jugend für Freiheit und Brot
. . .
Unsere Fahne ist mehr für uns als der Tod.

Die Worte des »Fahnenlieds«, der Hymne der Hitler-Jugend, die Schirach zu einer strammen Marschmelodie geschrieben hatte, wurden für viele zur Wahrheit, als der Kampf sich vom machtlosen Reichstag auf die Straße verlegte, wo Rot-Front und SA sich in erbarmungsloser Feindschaft gegenüberstanden. Die Bürgerkriegsatmosphäre der frühen zwanziger Jahre war voll zurückgekehrt. Die Brutalität und Wildheit der Kämpfe sind Tatsachen, für die man nicht eine politische Partei allein verantwortlich machen kann. Das preußische Innenministerium hatte eine Statistik über politische Terrorakte in Preußen (aber ausschließlich Berlins) zwischen dem 1. Juni und dem 20. Juli 1932 aufgestellt. Während dieser Zeit wurden 322 Terrorakte verübt, die 72 Tote und 497 Schwerverletzte forderten. In 203 Fällen wurden die Angreifer als Kommunisten, in 72 Fällen als Nationalsozialisten und in 21 Fällen als Mitglieder des Reichsbanners Schwarz-Rot-Gold, der paramilitärischen Organisation der SPD, festgestellt. Bei den übrigen 26 Fällen konnte der Angreifer nicht ermittelt werden [185]. Der Höhepunkt – zumindest für 1932 – wurde in Hamburg-Altona am blutigen Sonntag des 17. Juli erreicht, als Kommunisten von Dächern und

Fenstern aus einen vorbeiziehenden Propagandamarsch der SA beschossen [186]. Sitten, Wertschätzungen, Vokabular und Betragen waren noch immer die gleichen wie während des Krieges, und sie wurden durch wirtschaftliche Not und politische Polarisation nur noch stärker radikalisiert. Das Kleinbürgertum und die Arbeiterklasse, denen die wirtschaftlichen und politischen Zustände am meisten zugesetzt hatten, stellten die Straßenkämpfer von rechts und links.

Das berühmteste Opfer der Hitler-Jugend – berühmt durch den riesigen Propagandanutzen, den Goebbels aus ihm zog, und den nach 1933 gedrehten Film über sein Leben – war Herbert Norkus. Er war der Sohn eines Berliner Taxichauffeurs, der sich infolge durch die Weltwirtschaftskrise verursachter Schwierigkeiten der SA angeschlossen hatte. Herbert Norkus war zwölf Jahre alt, als er als Hitler-Junge am Morgen eines Sonntags, dem 26. Januar 1932, ausgeschickt wurde, um Plakate für eine NSDAP-Versammlung zu kleben. In dieser Versammlung, die vier Tage später stattfinden sollte, waren Hitler-Jugend-Führer angesagt, die über Themen wie »Hakenkreuz oder Sowjetstern« und »Was wir wollen« sprechen sollten. Norkus lebte im Bezirk Wedding von Berlin, dem »roten Wedding«, wie man diese Gegend nannte, und an jenem kalten Januarmorgen war er mit einem Trupp Hitler-Jungen dabei, seine Plakate in den Straßen seines Viertels zu kleben. Ein Motorradfahrer kam an ihnen vorbei, kehrte zurück und verschwand dann im Dunkel. Dann stand den jugendlichen Plakatklebern plötzlich ein Trupp von Kommunisten gegenüber, und die Jungen flohen in alle Richtungen. Norkus wurde eingeholt und erhielt zwei Messerstiche. Er hatte gerade noch genug Kraft, um zu einem Haus zu rennen, aber der Besitzer schlug ihm die Tür vor der Nase zu. Er wurde wieder mit dem Messer gestochen, versuchte noch einmal, sich aufzurichten, hinterließ eine blutige Spur, als er auf seinen Händen eine Mauer entlang kroch. Seine Mörder zerrten ihn in den Hausflur der Zwinglistraße 4 und ließen ihn dort sterben. Eine Autopsie im Moabiter Krankenhaus ergab fünf Messerstiche im Rücken, zwei in der Brust, und sein Gesicht war bis zur

Unkenntlichkeit entstellt, die ganze Oberlippe abgerissen. Von allen bis 1933 getöteten Hitler-Jungen war der älteste achtzehn und der jüngste zwölf Jahre alt [187].

So endeten viele politische Auseinandersetzungen der letzten Tage der Weimarer Republik. In Berlin allein wurden sechs Hitlerjungen getötet, und drei von ihnen kamen aus dem »roten Wedding« [188]. Gewiß erging es den kämpfenden Gegnern des Nationalsozialismus nicht besser, aber in Anbetracht der Opfer, die diese ideologisch irregeführten, aber immerhin idealistischen jungen Menschen brachten, tut man wohl keiner der beteiligten Parteien Recht an, wenn man nur noch von kommunistischen Helden auf der einen und von faschistischen Bestien auf der anderen Seite spricht. Und ebenso tragisch ist die Tatsache, daß Beispiele wie Herbert Norkus letzten Endes nur Wasser auf die Propagandamühlen eines Goebbels waren und ihrer Zweckbestimmung für die jungen Deutschen der Zukunft dienen mußten [189].

V. Vorherrschaft

Im Jahre 1932 stieg die Mitgliedszahl bei der Hitler-Jugend, wie überhaupt in der ganzen NSDAP, beträchtlich an. Ob dieser Erfolg bei der Hitler-Jugend auf Schirachs Tätigkeit zurückzuführen ist, muß bezweifelt werden. Der Sieg bei den Reichstagswahlen, die die NSDAP zur größten Einzelpartei machten, die zunehmende Verschlechterung der wirtschaftlichen Lage, die Unfähigkeit der Reichsregierung, eine Lösung zu finden (unter dem Reichskanzler Brüning und der Führung des katholischen Zentrums wurde versucht, die Deflation mit deflationären Maßnahmen zu bekämpfen), und das Fehlen einer anderen Alternative als der des Rechts- oder Linksextremismus trugen zur Popularität der Nationalsozialisten bei. Und da ihre Partei mehr Stimmen gewonnen hatte als die andere Seite der politischen Skala, war es klar, daß es mehr Deutsche gab, die das »braune Übel« dem roten vorzogen als umgekehrt. Auf dem Niveau der Jugendorganisationen bedeutete es, daß die Sozialisten und das katholische Zentrum ihre Gefolgschaft beibehielten, während die Jugendgruppen der nicht nationalsozialistischen Rechtsparteien immer mehr Mitglieder an die Hitler-Jugend verloren [1]. Allerdings ist es immer noch unmöglich, genaue Zahlen bezüglich der Stärke der Hitler-Jugend vor 1936 zu erhalten, besonders für die Zeit zwischen 1930 und 1933, aus der es nur wenige Angaben über die Mitgliederzahl bei Gruppen wie dem »Jungvolk« gibt, das bis 1933 eine fast unabhängige Existenz innerhalb der Hitler-Jugend geführt hatte [2]. Wollte man zum Beispiel die erhobenen Mitgliedsbeiträge als Basis für die Ermittlung der eigentlichen Mitgliedszahl bei der Hitler-Jugend heranziehen, so ergäbe das ein völlig falsches Bild. Die zu jener Zeit herrschende Arbeitslosigkeit hatte schwere Auswirkungen auf die dem schulpflichtigen Alter entwachsene Jugend (es waren vor allem die Altersgruppen zwischen vierzehn und achtzehn), und arbeitslose Hitlerjungen bezahlten überhaupt keine Mitgliedsbeiträge [3]. 1931 gab es schätzungsweise 20 000 zahlende Mitglieder für eine Gesamtzahl von 28 500. In Berlin z. B., wo es eine der zahlenmäßig stärksten Gruppen der Hitler-Jugend gab, waren weniger als 1000 zahlende Mitglieder registriert [4], und das ließ sich gewiß nicht auf mangelnde Organisation zurückführen. Unter Joachim Walter, Elmar Warning und Alfred Loose (der aus dem Bezirk Wedding stammte) war die Berliner Hitler-Jugend eine der bestorganisierten Einheiten Deutschlands [5]. Nur die herrschende Arbeitslosigkeit erklärt diese niedrige Anzahl der Mitgliedsbeiträge. Am 1. Januar 1932 erreichte die Mitgliedszahl Berichten der Hitler-Jugend zufolge 37 000 [6], aber die Zuverlässigkeit dieser Meldung muß sehr in Frage gestellt werden, besonders wenn sie am 1. März 1932 einen Zuwachs auf 72 821 Mitglieder angab. Da es sich hier vor allem um Geheimberichte an die Parteileitung der NSDAP handelt, könnte man zunächst annehmen, sie entsprächen der Wahrheit, aber viele Zeichen deuten darauf hin, daß man mit übertriebenen Zahlen versuchte, die Parteikasse zu höheren finanziellen Unterstützungen für die Hitler-Jugend zu bewegen [7]. Oft wurde ein Junge, der aus reiner Neugierde einmal einer Ortsgruppenversammlung beigewohnt hatte, als Mitglied geführt, um die Rekrutierungszahlen zu vergrößern [8]. Wie dem auch sei, die allgemeine Entwicklung zeigte trotzdem eine starke Zunahme von neuen Mitgliedern, die aus den Bünden der Jugendbewegung, aber auch aus dem kommunistischen Lager kamen [9]. Diese »Bekehrung« vieler Kommunisten scheint erstaunlich, da die KPD auf der extrem linken Seite der Wählerschaft ja in dieser Zeit auch Wahlerfolge erzielt hatte – wenn auch in geringerem Maße als die NSDAP. Es war aber eine Tatsache, die besonders in großen Stadtgebieten zu beobachten war, wo nicht nur die Hitler-Jugend, sondern auch die SA regen Zulauf von links erhielt. Nicht ohne Grund bezeichnete man damals die Berliner SA-Männer als »Beefsteak-Nazis«, die außen braun und innen rot waren [10]. In der Gebietsaufteilung der Hitler-Jugend waren 1932 die stärksten Gebiete Norddeutschland, Schlesien, Ostpreußen und Mitteldeutschland, während Bayern, die Oberpfalz, Schwaben und Nordfranken, die Gegenden, von denen die Hitler-Bewegung ihren Ausgang genommen hatte, die schwächsten blieben [11]. Dort waren die stärksten Jugendorganisationen vor allem die katholischen, und die Kirche hatte bis 1936 die Gefolgschaft ihrer Jugendgruppen fest im Griff.

Ebenso schwer ist es, die soziale Herkunft der Hitler-Jugend-Mitglieder in jenem Zeitabschnitt festzustellen. Die Zahlen von 1930 weisen 2800 beitragspflichtige Mitglieder auf, wobei jedoch nicht der NS-Schülerbund, das »Jungvolk« oder der BDM inbegriffen sind [12]. Von diesen 2800 Hitlerjungen wurden 1000 als aus Arbeiterkreisen stammend angegeben, über 500 als Höhere Schüler [13] –, denn der Oberschulunterricht kostete Geld, und man kann daher annehmen, daß diese Jungen dem Mittelstand angehörten –, 400 Überläufer aus sonstigen Jugendbewegungen (woraus sich keine soziale Herkunft ableiten läßt) und 900 »andere«. Ein weiteres Beispiel: Der Gau München-Oberbayern veröffentlichte folgende Angaben über seine soziale Zusammensetzung: 71% Handarbeiter, 11% Handel und Gewerbe und 16% Schüler [14]. Für das Jahr 1931–32 wurden präzisere Angaben gemacht, sie waren aber ebenso wenig überprüfbar: 69% Arbeiter, 10% in Handel und Gewerbe Tätige (was damals bedeutete, daß sie Lehrlinge waren) und 12% Schüler [15]. Der Rest war nicht klar bezeichnet, aber es ist anzunehmen, daß es sich um Arbeitslose handelte.

Die Wirtschaftskrise, die Hitler 1932 einen so überwältigenden Wahlsieg eingebracht hatte, wirkte sich innerhalb der Hitler-Jugend durch stärkere Betonung der sozialistischen Komponente aus, was sich besonders in der Agitation in den großstädtischen Arbeitervierteln merkbar machte. Berlin-Wedding war dafür ein Beispiel und ebenso Kiel [16]. Dort wurde die HJ von der Parteistelle weitgehend ignoriert und sich selbst überlassen; sie organisierte ihre eigenen Diskussionsabende, öffentliche Versammlungen und sorgte für den besonderen Saalschutz. Die Ortsgruppenleitung der Partei kümmerte sich nur um sie, wenn sie Plakatkleber brauchte [17]. Wie in anderen deutschen Städten organisierte die Hitler-Jugend auch in Kiel die systematische Störung von Filmvorführungen, in denen »Im Westen nichts Neues« lief [18]. Straßenschlachten mit der kommunistischen Jugendorganisation oder mit der kommunistischen paramilitärischen »Roten Front« waren an der Tagesordnung. Auf beiden Seiten begnügte man sich nicht mehr mit Fäusten, Stöcken oder Knüppeln; der Gebrauch von Feuerwaffen nahm besonders im Jahre 1932 ständig zu [19].

Als die paramilitärischen Formationen der NSDAP am 13. April 1932 in Anbetracht der bedenklich zunehmenden Radikalisierung der öffentlichen Auseinandersetzungen verboten wurden, was praktisch nur bedeutete, daß sie keine Uniformen tragen durften, kämpften die Hitlerjungen, die Fleischerlehrlinge waren, in ihrer Berufskleidung, einer blutverschmierten weißen Schürze, die ihnen ein noch wilderes Aussehen verlieh als ihre Uniform [20]. Selbst die erwachsenen Mitglieder der Roten Front scheuten sich offenbar, es mit dieser Gruppe der Hitler-Jugend anzulegen. In Kiel, wie überall, war die Hauptagitation der Hitler-Jugend gegen die Kommunisten gerichtet. Im Sommer 1932 verteilte die Kieler HJ Handzettel mit folgendem Aufruf:

»Jugendgenossen! *Wir* stürzen das alte System. Wir buhlen nicht um Eure Stimmen zur Reichstagswahl, sondern Euch selber wollen wir haben! Mit dem Tage der nationalsozialistischen Regierungsübernahme beginnt erst die deutsche Revolution. Dann müssen die jungen sozialistischen Kräfte aus allen Lagern geeint sein, der Reaktion die Stirn zu bieten ... Auf unseren Fahnen steht nicht ›Moskau‹, steht nicht ›Internationale‹ und nicht ›Pazifismus‹, da steht: ›Deutschland, nichts als Deutschland!‹ Kommt mit fliegenden Fahnen zu uns in die Deutsche Arbeiterjugend (HJ), kämpft bei uns gegen das alte System, gegen die alte Ordnung, gegen die alte Generation! Hier ist der Freiheit letztes Aufgebot, kämpft mit für Sozialismus, für Freiheit und Brot!

Hinein in die deutsche Arbeiterjugend Kiel!« [21]

In den Städten und Dörfern Schleswig-Holsteins entfaltete sich

eine besonders rege Propagandatätigkeit. Gerade dieses Gebiet hatte sich infolge immer häufigerer Hypothekenverfallserklärungen und Zwangsversteigerungen von Gutshöfen und Viehbeständen der von der Krise ruinierten Bauern, die nicht mehr ihre Steuern bezahlen konnten, politisch stark radikalisiert [22]. Man gruppierte sich in Selbstverteidigungseinheiten zusammen, um zunächst die Gerichtsvollzieher an der Pfändung und Beschlagnahme von Vieh und Hof zu hindern, und schließlich ging man dazu über, auf die örtlichen Büros der Steuerbehörde Sprengstoffanschläge zu verüben [23]. Man kann wohl sagen, daß die Kieler Hitler-Jugend der NSDAP mehr Wahlstimmen eingebracht hatte als die Ortsgruppenstelle der Partei [24]. Allerdings führte dort die äußerst komplizierte Situation zeitweilig zu einem Paradox: nämlich einer stillschweigenden Allianz zwischen der NSDAP und den Kommunisten, die beide die Bauernaktionen unterstützten [25]. In den Städten Schleswig-Holsteins war die Lage jedoch anders. Dort nahmen die Gewalttätigkeiten derartige Weiterungen an, daß jedes Mitglied der Hitler-Jugend – sei es in der Schule oder auf dem Arbeitsplatz – automatisch verdächtig war. Auch die Eltern waren natürlich um die Sicherheit ihrer Kinder besorgt und versuchten – meist vergeblich – sie von ihren politischen Aktivitäten fernzuhalten. Die Schulbehörden forderten die Lehrer auf, Listen von den Nazis in ihren Klassen aufzustellen. Solche Maßnahmen waren keineswegs neu. Bereits 1919 hatte zum Beispiel die bayerische Regierung durch einen Erlaß versucht, Schülern die Zugehörigkeit zu einer politischen Partei oder die Teilnahme an politischen Versammlungen zu verbieten. Mindestens ab 1928 mußten alle Direktoren und Klassenleiter der bayerischen Schulen genaue Berichte über Schüler abliefern, die der Mitgliedschaft bei der Hitler-Jugend oder einer anderen politischen Organisation verdächtig waren [26].
Die Beispiele von Kiel und Schleswig-Holstein waren für ganz Deutschland maßgebend; die Lage wechselte nur je nach den wirtschaftlichen Zuständen und oft auch nach den vorherrschenden religiösen Anschauungen. So konnte durchaus die katholische Kirche das Wachstum der Hitler-Jugend und ihre Beliebtheit bei

der Bevölkerung je nach Gebiet entscheidend beeinträchtigen. Die katholische Kirche widersetzte sich in ihren Hirtenbriefen und kirchlichen Erlassen dem Eintritt junger Katholiken in die Hitler-Jugend und hielt ihre eigenen Jugendorganisationen unter strikter Kontrolle [27]. Der fanatische Antisemitismus eines Julius Streicher und die zwar verschwommene, jedoch klar antichristliche Pseudo-Philosophie eines Alfred Rosenberg – so wie er sie in seinem Buch »Der Mythus des 20. Jahrhunderts« dargelegt hatte – waren wunde Punkte, mit denen sich die NSDAP und ihre angeschlossenen Verbände schärfster Kritik aussetzten [28].

Andrerseits jedoch war eine nationalsozialistische Komponente in Hitlers Programm auch nicht in Bausch und Bogen zu verdammen. In ihrem Wunsch, sich aus den »Fesseln des Vertrags von Versailles« zu befreien, ein neues Deutschland zu schaffen, und in ihrer Einsicht, daß die Weimarer Republik ein allzu offensichtlich ohnmächtiges Gebilde war, gingen die konfessionellen Jugendbünde und die Hitler-Jugend einig. Eins der gemeinsamen Hauptziele war die Schaffung Großdeutschlands, eines Deutschlands, das Deutsch-Österreich einschloß. Für viele Katholiken und Protestanten wurde die Krise des Weimarer demokratischen Systems einfach dahin verallgemeinert, daß die westliche Demokratie überhaupt, mit ihrer Politik der pluralistischen Wahl, deutschem Wesen und deutscher Tradition fremd und unangemessen sei [29]. Viele wünschten statt dessen eine Art korporativen Staat. Es war keineswegs ein Zufall, daß die bedeutendsten deutschen Theoretiker des Korporationsstaates, wie Othmar Spann, praktizierende Katholiken waren [30].

Um sich vor den Anklagen der Kirchen zu verteidigen, verwiesen die NSDAP und ihre Jugendorganisationen immer wieder auf das italienische Beispiel, wo es Mussolini gelungen war, sich die Unterstützung des Vatikans zu sichern und ein wirksames und befriedigendes Verhältnis zwischen Kirche und Staat herzustellen. Sie behaupteten, sie wünschten nicht mehr, als was Kirche und Staat in Italien erreicht hatten. Gewiß erhofften viele Nationalsozialisten viel mehr als das, aber solche Verschiedenheiten bewiesen einmal mehr die ganze Mannigfaltigkeit der in der NSDAP angesammelten Kräfte, deren Generalnenner letzten Endes nicht Deutschland war – sondern Adolf Hitler [31]. Denn viele Nationalsozialisten hatten für die Zukunft der katholischen Kirche in Deutschland viel radikalere Lösungen im Sinn.

Die den konfessionellen Jugendbünden und der Hitler-Jugend gemeinsamen Elemente führten bei ersteren zur Einführung von Hitler-Jugend-Methoden, um Abwanderungen vorzubeugen. In vielen katholischen Jugendverbänden wurden paramilitärische Geländeübungen und Schießunterricht eingeführt [32]. Der katholische Klerus veröffentlichte zwar Rundschreiben, in denen die Unvereinbarkeit von Evangelium und Schießgewehr betont wurde, aber man unternahm nichts, um diese Ansichten praktisch durchzusetzen [33]. Eines der meist gesungenen und bekanntesten Lieder der Hitler-Jugend wurde von einem Jungen komponiert und geschrieben, der, als er es verfaßte, noch der katholischen Jugendbewegung angehörte [34]. Es hieß »Es zittern die morschen Knochen« und endete mit dem oft zitierten Refrain: »Denn heute gehört uns Deutschland und morgen die ganze Welt.« So sang man ihn jedenfalls in jugendlicher Überschwenglichkeit und Aggressivität, denn in Wirklichkeit lautete er: »Denn heute da hört uns Deutschland und morgen die ganze Welt«, womit die Warnung vor der »roten Gefahr« gemeint war [35].

Die Infiltration in die protestantischen Jugendbünde war leichter als bei den Katholiken. Erstens waren sie organisationsmäßig und in ihrer ideologischen und parteipolitischen Zugehörigkeit viel gespaltener, und ihre Mitgliedschaft reichte von den ultrakonservativen Deutschnationalen bis zu den liberalen Demokraten [36]. Manche dieser Jugendgruppen lehnten die republikanische Fahne ab und marschierten unter den Farben des Kaiserreichs – schwarz-weiß-rot [37]. Hier muß allerdings bei den protestantischen Jugendbünden ein Unterschied zwischen Führern und Gefolgschaft gemacht werden. Während erstere der NSDAP im allgemeinen reserviert oder offen feindselig gegenüberstanden, waren Mitglieder der Hitler-Jugend-Propaganda viel zugänglicher: ».. . Es ist hier einfach etwas Irrationales, etwas, das ansteckt, das Blut in Wallung bringt und ahnen läßt: hier bahnt sich etwas Großes an, hier ist das Brausen eines Stromes, dem man sich nicht entziehen kann.« [38]

Das bezieht sich zweifellos ebenso auf katholische wie protestantische Jugendorganisationen, obgleich die Katholiken besser geführt und genauer überwacht wurden. Jedoch in beiden Fällen konnte die Hitler-Jugend nicht vor Januar 1933 aus der politischen Radikalisierung den erhofften Nutzen ziehen.

Das Jahr 1932 hatte eine beträchtliche Zunahme an Mitgliedern gebracht, denn die Gesamtzahl belief sich bei Jahresende auf 107 956 Mitglieder [39]. Als die Regierung Brüning alle uniformierten Verbände der NSDAP verbot, einschließlich der HJ, nannte sie sich zeitweilig wieder »Nationalsozialistischer Jugendbund«, um einem allgemeinen Verbot der gesamten NSDAP zu entgehen [40]. Das Verbot brachte der Hitler-Jugend einen doppelten Vorteil. Der Hauch von Illegalität – die zwar durch die Namensänderung nicht einmal bestand – übte bei der Rekrutierung große Anziehungskraft aus. Zweitens löste der Namenswechsel die Verbindung mit der SA und die Abhängigkeit von ihr auf. Am 13. Mai 1932 gab Hitler durch Erlaß bekannt, daß Schirach nicht mehr der SA unterstellt war und als gleichberechtigter Amtsträger in der Parteileitung fungieren konnte [41]. Jetzt war er nur noch allein Hitler gegenüber verantwortlich [42]. Auch bei Ernennungen hatte die Hitler-Jugend volle Unabhängigkeit [43]. Ob und inwieweit die homosexuellen Neigungen des SA-Stabschefs Röhm Hitlers Beschluß beeinflußt hatten, ist schwer zu sagen [44]. Eine solche Möglichkeit scheint durchaus plausibel, aber der einzige Hinweis in dieser Richtung stammt von Schirach, der nach mehr als dreißig Jahren behauptete, daß kompromittierende Briefe Röhms im April 1932 in die Hände der SPD gelangt seien [45]. Hitler habe einen politischen Skandal befürchtet, der sich äußerst schwerwiegend auf die Hitler-Jugend ausgewirkt und in wenigen Tagen die mühevolle Arbeit vieler Jahre zunichtegemacht hätte [46]. Tatsächlich gab es aber keinen Skandal, und man muß sich fragen, wie zuverlässig Schirach in diesem Punkt (wie in vielen anderen) ist, denn es ist kaum anzunehmen, daß die SPD sich nicht dieser Briefe bedient haben würde, um Hitler und die NSDAP in Verlegenheit zu setzen. Wie dem auch sei, der Erlaß vom Mai brachte der Hitler-Jugend für kurze Zeit relative Unabhängigkeit von der SA und der NSDAP, die letztere nicht störte, da sie alle Geldmittel für die Präsidentenwahlen im März und April und die Reichstagswahlen vom Juli und November brauchte.

Solange Brüning noch Kanzler war und obgleich er nur kraft der Notverordnungen des Reichspräsidenten und mit einem funktionsunfähigen Reichstag regierte, in dem die kombinierte Mehrheit von NSDAP und KPD jede parlamentarische Beschlußfähigkeit blockierte, war die Republik noch stark genug, um sich der Extreme von links und rechts zu erwehren. Wilhelm Groener, der einstige Nachfolger Ludendorffs und im März 1932 Brünings Innen- und Reichswehrminister, zögerte nicht und drohte mit dem Verbot eines großen Hitler-Jugend-Treffens in Braunschweig [47]. So fand an seiner Stelle eine geschlossene Versammlung der Hitler-Jugend-Führung statt, in der den einzelnen Einheiten der Hitler-Jugend ihre Fahnen mit folgenden Worten ausgehändigt wurden: »Wir weihen unsere Fahnen im Zeichen der Auferstehung. Gott segne unsere Fahnen, den Sieg erkämpfen wir uns selbst!« [48]

Als Brüning Ende Mai 1932 gestürzt und von Papen an seiner Stelle ernannt wurde, war eine der ersten Maßnahmen des neuen Kanzlers die Aufhebung des Uniformverbotes für die paramilitärischen Verbände der NSDAP – inklusive der Hitler-Jugend natürlich. Er hoffte mit dieser »Öffnung nach rechts« die Stimmen der NSDAP im Reichstag für sich zu gewinnen und also mit einer bequemen Mehrheit regieren zu können. Aber Hitler widerstand der Verlockung; er lehnte es ab, als Vizekanzler in die Regierung von Papen einzutreten, und interpretierte die Konzessionen des Kanzlers ganz richtig als das, was sie waren: als ein Zeichen der Schwäche [49].

Papens Zugeständnisse wirkten sich auch auf ein anderes Betäti-

gungsfeld der Hitler-Jugend aus. Seit den späten zwanziger Jahren hatte die Reichswehr die paramilitärische Schulung rechtsstehender Jugendverbände aktiv unterstützt, und diese Maßnahme war auch der Hitler-Jugend zugute gekommen, bis Groener sie ihr entzog [50]. Er hatte sich bemüht, die paramilitärischen Verbände aller Parteien von der Mitte bis rechts in einer großen, dem Reichswehr- und Innenministerium unterstehenden Organisation unter Kontrolle der Reichswehr zu vereinigen, und hatte dabei auch die ehemaligen Frontkämpferverbände mit einbezogen [51]. Hitler war aus begreiflichen Gründen nicht bereit, seine SA und die Hitler-Jugend einer solchen Kontrolle zu unterwerfen und zog das Verbot vor. Mit der Aufhebung des Verbotes im Juni 1932 wurde die Zusammenarbeit zwischen Hitler-Jugend und Reichswehr wieder aufgenommen, obgleich dieses Zugeständnis der NSDAP weniger wichtig war als die Möglichkeit, wieder in uniformierten Formationen durch die Städte und Landgegenden Deutschlands marschieren zu können. Immerhin wirft diese Tatsache ein bezeichnendes Licht auf die Tätigkeit der Reichswehr, die bereits 1932 und schon vorher Offiziere für die militärische Schulung der Hitler-Jugend, vor allem in Berlin und Umgebung, zur Verfügung stellte [52].
Papens Regierung erwies sich auch als hilfreich in der Frage des Beitritts in den »Reichsausschuß der deutschen Jugendverbände«, der zu wiederholten Malen den Antrag der Hitler-Jugend um Mitgliedschaft abgelehnt hatte. Schirachs Endziel war es, den Ausschuß zu einem Instrument der Hitler-Jugend zu machen [53]. Vorläufig begnügte er sich jedoch, seinen Plänen den Mantel der Legalität umzuhängen, indem er das »Deutsche Jugendwerk e. V.« gründete, dessen Satzungen sich angeblich von denen der Hitler-Jugend unterschieden, obwohl es diese, den NS-Schülerbund, den BDM und den NS-Studentenbund einschloß [54]. In seinem Beitrittsantrag in den Reichsausschuß gab Schirach eine gesamte Mitgliederzahl von 120 000 Jugendlichen an, von denen 70 000 der Hitler-Jugend angehörten. Es ist wahrscheinlich, daß diese Zahl übertrieben war, aber der Antrag wurde im Oktober 1932 angenommen, und bei Jahresende

waren sämtliche bestehenden Einschränkungen gegen die Hitler-Jugend auf Reichs- und Landesebene aufgehoben. Das Stigma der Zusammenarbeit mit einer Institution des »Weimarer Systems« scheint ebensowenig störend empfunden worden zu sein wie die Vertretung der Partei im Reichstag, die ihn auszuschalten trachtete.

Die wichtigsten Ereignisse des Jahres waren natürlich die Wahlen. Bei der Präsidentenwahl ging es hauptsächlich um die Entscheidung zwischen Hindenburg und Hitler. Hitler war bereits so stark, daß es zweier Wahlgänge bedurfte, bis Hindenburg die absolute Mehrheit errang. Die Reichstagswahlen vom Juli 1932 waren ein neues Zugeständnis, das Hitler dem Kanzler Papen abrang. Sie fanden am 31. Juli 1932 statt und brachten der NSDAP einen überwältigenden Sieg mit 13 745 000 Wahlstimmen und 230 Reichstagssitzen ein. Jetzt war die NSDAP die zahlenmäßig am stärksten vertretene Partei [55]. Hitler zollte der Hitler-Jugend Anerkennung, denn sie hatte einen wesentlichen Beitrag mit der Verteilung eines bis dahin unerreichten Propagandamaterials geleistet und etwa zwanzig Millionen Broschüren und Zeitungen unter die Leute gebracht [56]. Auch Schirach hatte sich um einen Reichstagssitz beworben und war gewählt worden. Reichstagsabgeordnete bezogen eine Monatsdiät von 800 RM und hatten außerdem freie Fahrt auf allen öffentlichen Verkehrsmitteln [57].

Trotz des Erfolges der Nationalsozialisten hatte sich die Wahlkampagne als äußerst kostspielig erwiesen; die Kassen der Parteileitung waren völlig leer [58]. Aber um die neue Stärke der Hitler-Jugend zu demonstrieren, berief Schirach den »Reichsjugendtag der NSDAP« in Potsdam ein. Es war ein Monstertreffen der Hitler-Jugend. Für Schirach und die Hitler-Jugend wurde es ein durchschlagender Erfolg, obwohl sich Hitler zuvor eher skeptisch gezeigt hatte [59]. Papen hatte den Reichstag wegen seiner Beschlußunfähigkeit aufgelöst und neue Wahlen für den 6. November 1932 einberufen. In Anbetracht des Geldmangels bei der Hitler-Jugend hatte Hitler ein Massentreffen dieses Ausmaßes für eine Gefahr gehalten, weil es sich im Falle eines

Mißerfolges schädigend auf die Chancen der NSDAP bei den ausstehenden Wahlen auswirken konnte [60].

Hitler hätte sich keine Sorgen zu machen brauchen. Man hatte mit einer Teilnehmerzahl von 20 000 gerechnet, aber tatsächlich waren etwa 100 000 Jungen und Mädchen gekommen [61]. Obgleich die Vorbereitungen für die Verhältnisse der Hitler-Jugend beträchtlich waren, erwiesen sie sich als kaum genügend. Die Transportmittel blieben unzureichend, und die meisten Einheiten der HJ mußten sich auf eigene Faust Fahrtmöglichkeiten verschaffen.

Man hatte in Potsdam nur fünfzig große Zelte zur Verfügung gestellt, und leerstehende Fabrikräume boten zusätzliche Unterkunft [62]. Per Bahn, Autobus und zu Fuß strömten die Jungen nach Potsdam, Flaggen wurden gehißt, sobald sie durch einen Weiler, ein Dorf oder eine Stadt zogen, laute Trompetensignale erschallten, und das Kopfsteinpflaster hallte von den Nagelstiefeln der marschierenden und singenden Jungen wider. Der Idealismus und Elan der jungen Braunhemden mußte jeden beeindrucken, der ein Gefühl dafür besaß.

Das erste abendliche Lagertreffen fand am Oktoberbeginn statt. Während die Lagerfeuer langsam niederbrannten, sangen Zehntausende von Stimmen das Lied »Gute Nacht, Kameraden« mit. Der Weckruf war um fünf Uhr am nächsten Morgen [63]. Später legte Baldur von Schirach auf den Stufen der Garnisonskirche, dem Wahrzeichen Preußens, einen Kranz nieder. Hier waren die bedeutendsten Könige Preußens, Friedrich Wilhelm I. und Friedrich der Große, begraben, Symbol für Preußens Gloria, seine Hingabe an Pflichterfüllung und Vaterlandsliebe. Das Kontingent der Mädchen hatte sich auf dem großen Paradeplatz versammelt, und der Marsch der Jungen begann um elf Uhr morgens und dauerte bis um sechs Uhr abends an [64]. Hitler, der zuerst am Erfolg des Treffens gezweifelt hatte, war unerwarteterweise erschienen und stand auf dem Podium, an dem *seine* Jugend vorbeimarschierte.

Einigen Aussagen zufolge hatte er Tränen in den Augen [65]. Selbst Beobachter von anderen Jugendorganisationen waren beeindruckt. »Es ist mehr als Parteijugend, was man in Potsdam aufmarschieren sah; ... der NSDAP ist es gelungen, in großem Maße bestes Blut der jungen Generation zu erfassen und mit einem heiligen Feuer des Glaubens und der Begeisterung zu erfüllen.« [66]

Willi Körber, der Pressechef der Hitler-Jugend, schrieb, die Jugend wolle für ihren Sozialismus marschieren, marschieren gegen jede Form von Reaktion, denn die Jugend, weil sie die Jugend ist, sei sozialistisch [67].

Hitler wandte sich persönlich an die Jungen und Mädchen; das war der Höhepunkt des Treffens. Er sagte in seiner Rede: »Der Deutsche muß es wieder lernen, sich über Stand, Konfession und Gesellschaftsklasse hinweg als einiges Volk zu fühlen. Unser Volk stürzte von seiner stolzen Höhe, weil es dies alles vergaß, und ihr, meine deutschen Jungen und Mädel, sollt es in der nationalsozialistischen Bewegung wieder lernen, euch als Brüder und Schwestern einer Nation zu fühlen. Ihr sollt über die Berufsstände und Gesellschaftsschichten hinweg, über alles, was euch zu zerreißen droht, die deutsche Gemeinsamkeit suchen und finden. Ihr sollt sie bewahren und festhalten, und niemand soll sie euch rauben. Nicht früh genug kann die deutsche Jugend dazu erzogen werden, sich zuallererst als deutsch zu fühlen. Die nationalsozialistische Jugenderziehung soll nicht einer Partei, sondern dem deutschen Volk zum Wohl gereichen, wie ja auch die nationalsozialistische Bewegung einmal Deutschland sein soll, und das einheitliche Bekenntnis der opferfreudigen deutschen Jugend zur Idee des Nationalsozialismus gibt hierfür den klaren Beweis. Mögen die andern spotten und lachen, Ihr werdet einmal Deutschlands Zukunft sein.« [68, 69] Wenn die Hitler-Jugend den von Hitler in Potsdam gezogenen Richtlinien treu bleibt, schloß der oben erwähnte Beobachter, »wird das Deutschland von morgen ein sozialistisches sein« [70]. Schirach hob in seiner Rede den Symbolwert und die Bedeutung des Jugendtreffens hervor. Der einzelne Hitlerjunge »steht nicht mehr allein. Er wird ein Teil einer Millionengemeinschaft. Überall, wo die Fahnen der Hitlerjugend wehen, hat er seine Kameraden, seine Brüder und Schwestern, die in einem Glauben gebunden, in einer Weltanschauung geeint, in einer Organisation zusammengefügt sind. Es ist ein herrliches und wunderbares Erlebnis, dessen deutsche Jugend teilhaftig wird.« [71]

Das Treffen wurde von den Sozialdemokraten scharf kritisiert, wobei man ihm organisatorische Unzulänglichkeit vorwarf [72]. Die Presse der SPD berichtete, daß 120 Hitlerjungen vor Erschöpfung zusammengebrochen waren und in Berliner Krankenhäuser gebracht werden mußten. Die Hitler-Jugend konnte diese Behauptung sofort widerlegen und darauf hinweisen, daß tatsächlich nur fünf Hitlerjungen in Krankenhäuser eingeliefert worden waren und daß es sich in allen Fällen um Blinddarmentzündungen handelte. Zwei weitere waren bei Verkehrsunfällen verletzt worden. Vielleicht war die Kritik der SPD dem Neid entsprungen, denn beim sozialistischen Jugendtreffen im Mai 1932 waren kaum 15 000 Teilnehmer erschienen [73]. Die psychologische Wirkung eines solchen Massentreffens darf nicht unterschätzt werden. Kleine Gruppen der Hitler-Jugend hatten sich monatelang – vielleicht jahrelang – in teilweiser Isolation in den Arbeitervierteln abgerackert, waren feindseligen Eltern, Lehrern oder Arbeitskollegen ausgesetzt und erfuhren nun zum erstenmal, was es heißt, zu einem Ganzen zu gehören, zu wissen, daß es außer ihnen Tausende von anderen in Deutschland gab, die für dieselbe Sache und für dieselben Ziele kämpften.

War die psychologische Wirkung auf die Teilnehmer groß, so kann man nicht behaupten, daß das Jugendtreffen bei der allgemeinen Wählerschaft einen starken Eindruck hinterlassen hätte, denn in den Reichstagswahlen vom 6. November 1932 verlor die NSDAP zwei Millionen Stimmen und 34 Reichstagssitze [74]. Damit blieb sie zwar noch die stärkste Partei, aber es war ein schwerer Schlag, und viele Experten waren der Meinung, die NSDAP habe den Gipfel der Popularität überschritten und befinde sich auf dem Abstieg.

General von Schleicher, der am 2. Dezember 1932 Papen als Kanzler gefolgt war, dachte ebenfalls, er könne sich eine »Öffnung nach rechts« zunutze machen, indem er die NSDAP spal-

tete und Gregor Strasser den Posten des Vizekanzlers an-
bot [75]. Strasser schien zwar zuerst interessiert, verlor aber die
Nerven und zog sich zurück, legte alle seine Parteiämter nieder
und nahm Urlaub, während Hitler seine eigene Stellung festigte [76]. Schleicher versuchte nun eine »Öffnung nach links«, ver-
störte damit die konservativen Deutschnationalen bis zum katholischen Zentrum, die nun ihrerseits den Präsidenten Hindenburg drängten, einem nur durch Notverordnungen handlungs-
fähigen Regierungssystem ein Ende zu setzen und eine Regierung
zu ernennen, die über eine Reichstagsmehrheit verfügte, selbst
wenn die Nationalsozialisten an ihr beteiligt wären und selbst
wenn Hitler Reichskanzler werden sollte [77]. Der greise und
von Zweifeln geplagte Hindenburg glaubte, wenigstens das Heer
der Kontrolle Hitlers vorenthalten zu können, indem er den
General von Blomberg, »einen soliden konservativen Mann«,
zum Reichswehrminister machte, und berief Adolf Hitler als
Reichskanzler [78].

Es ist schwierig, wenn nicht gar unmöglich, den Einfluß der Hitler-Jugend auf die gesamte deutsche Jugend in diesem Zeitabschnitt genau zu ermessen. Vor dem 30. Januar 1933 war es ihr
jedenfalls nicht gelungen, irgendwelche zahlenmäßig wichtigen
Jugendgruppen anderer Parteien zu sich hinzuzugewinnen. Im
»Reichsausschuß der deutschen Jugendverbände« stellte die Hitler-Jugend nur 1% der organisierten Jugendlichen, obgleich sie
sicher die aktivsten waren. Aber ihr indirekter Einfluß war
stark genug, um viele Jugendverbände, besonders die konfessionellen und die der Rechtsparteien, zur Nachahmung ihres Stils
und ihrer Parolen zu bewegen.

Die schwierigen Jahre der Hitlerbewegung zwischen 1926 und
1933 wurden von Sir Winston Churchill zusammengefaßt, als
er schrieb: »Man kann die Geschichte dieses Kampfes nicht
ohne Bewunderung für den Mut, die Hartnäckigkeit und Vitali-
tät lesen, die es Hitler möglich machten, sich allen Instanzen
und Oppositionen auf seinem Weg zu widersetzen, sie heraus-
zufordern, zu versöhnen oder zu überwinden. Er und die stets
wachsenden Legionen, die mit ihm wirkten, zeigten in dieser

Zeit mit ihrer patriotischen Inbrunst und ihrer Vaterlandsliebe, daß es nichts gab, was sie nicht bereit waren zu wagen, zu tun oder ihren Gegnern zuzufügen, und koste es ihre Freiheit, ihre Gesundheit oder ihr Leben.« [79]

Andrerseits ist es jedoch mehr als zweifelhaft, ob die Mitglieder der Hitler-Jugend ein klares ideologisches Konzept und nicht nur patriotische Inbrunst und eine vage Vorstellung von »deutschem Sozialismus« besaßen. W. S. Allen zitiert in seiner ausgezeichneten Studie über die Machtergreifung einen ehemaligen Hitlerjungen, dessen Zeugnis für viele – wenn nicht für die meisten – bezeichnend ist:

»Weder mein Vater noch irgendwer sonst hat mich dazu gedrängt, in die Hitler-Jugend einzutreten. Ich hatte mich selbst dazu entschieden, weil ich einfach in einem Jungenverein sein wollte, wo ich ein nationalsozialistisches Ideal verfolgen konnte. In der Hitler-Jugend gab es Zeltwanderungen und Gruppentreffen. Ich war Nummer neun in der Thalburggruppe, als ich 1930 eintrat. Wir stammten aus allen Bevölkerungsschichten, die meisten allerdings aus Kleinbürger- und Arbeiterkreisen. Soziale oder Klassenunterschiede wurden nicht gemacht, und das gefiel mir sehr. Eine direkte oder offenbare politische Schulung kam erst später – als Hitler an der Macht war. Die Hitler-Jugend von Thalburg wuchs rasch an, ohne sich wirklich um neue Mitglieder zu bemühen. Ich glaube, die meisten Jungen traten aus denselben Gründen ein wie ich. Sie suchten einen Ort, wo sie andere Jungen treffen und gemeinsam aufregende Dinge tun konnten. Denn es war ja die Arbeitslosenzeit, und da gab es eine Menge übler Einflüsse ringsum, denen anständige Jungen aus dem Wege gehen wollten. Jedenfalls glaube ich nicht, daß der politische Faktor für den Beitritt der meisten ausschlaggebend war. Wir marschierten natürlich in Umzügen und haßten die SPD, aber das war ganz allgemein und nichts Besonderes – es gehörte einfach dazu. Wir waren uns unserer Taten nie so recht bewußt, aber wir hatten unseren Spaß und kamen uns auch wichtig vor.« [80]

Ein Mitglied des BDM, die während des Krieges eine leitende

Stelle in der Reichsjugendführung einnehmen sollte, erklärte es folgendermaßen:

»Wenn ich den Gründen nachforsche, die es mir verlockend machten, in die Hitler-Jugend einzutreten, so stoße ich auch auf diesen: Ich wollte aus meinem kindlichen, engen Leben heraus und wollte mich an etwas binden, das groß und wesentlich war. Dieses Verlangen teilte ich mit unzähligen Altersgenossen.

Schwerer wird es sein, zu erklären, wie mich dieser Anstoß über die zwölf Jahre bis 1945 hinwegtrug. Daß ich so lange am Nationalsozialismus festhielt, hängt mit Erlebnissen aus meiner frühen Kindheit zusammen. Es ist merkwürdig: die ›sozialistische‹ Tendenz, die im Namen dieser ›Bewegung‹ zum Ausdruck kam, zog mich an, weil sie mich in der Opposition gegen mein konservatives Elternhaus stärkte. Im Gegensatz dazu wurde die nationale Tendenz mir bedeutsam, gerade weil sie dem Geist entsprach, der mich dort seit früher Kindheit durchdrungen hatte. Um dir verständlich zu machen, wie tief nationales Fühlen und Denken mein Leben von früh an mitbestimmte, muß ich hier ausführlicher auf meine Kindheit eingehen, als dir im Zusammenhang mit meiner Frage gerechtfertigt erscheinen mag. Aber meine Kindheitserlebnisse entsprachen den Erlebnissen einer ganzen Generation, die damals im rechtsgerichteten Bürgertum heranwuchs und aus der später viele junge Führungskräfte der nationalsozialistischen ›Bewegung‹ und der Wehrmacht des ›Dritten Reiches‹ kamen.« [81]

Der verlorene Krieg, das »Diktat von Versailles«, die von den Reparationszahlungen überlastete Wirtschaft, die »fremdländischen« Einflüsse auf die deutsche Kultur, die allgemeine politische Unsicherheit – all das führte zu einer Lage, von der man sagen konnte:

»Längst ehe ich die Zusammenhänge durchschaute, ja ehe ich die Bedeutung des Wortes ›Deutschland‹ begriff, liebte ich es als etwas geheimnisvoll von Trauer überschattetes, unendliches Teures und Gefährdetes.« [82]

Das Streben nach einem nationalsozialistischen Ideal, das nicht einmal unbedingt den Seiten von »Mein Kampf« entsprungen sein mußte, und das neue Gefühl, wichtig zu sein, waren – wie wir sehen werden – zwei Elemente, die denen, die vor 1933 oder nach 1939 in die Hitler-Jugend eintraten, gemeinsam waren. Beide dieser Gruppen waren sich des Gefühls »nationalen Notstands« bewußt, ob dieser nun vom Versailler Vertrag oder später durch den Kriegszustand verursacht war. Die Partei und die ganze Situation der Zeit gaben der Jugend das Gefühl, daß sie – wie es im Vokabular jener Zeit hieß – aktiv am Kampf für Deutschlands Ehre und seinen Platz in der Welt teilnahm.

Die Hitlerjungen spürten, daß sie einen wichtigen Beitrag zur Machtergreifung Hitlers geleistet hatten. Mochte die Brutalität der Erwachsenen im politischen Kampf viele Beobachter entsetzt und angewidert haben, so waren der Opfergeist und der dynamische Idealismus der Hitler-Jugend ein versöhnender, ja sogar ein begeisternder Faktor. Die Hitler-Jugend hatte als Jugendorganisation und als nationalsozialistischer Propagandaträger ihren Wert unter Beweis gestellt. »Die Polizei, die uns gestern noch verfolgte, grüßte uns jetzt mit erhobenem Arm. Es war eine einzigartige Verbrüderung« – so Schirach [83].

Die wenigsten der Hitlerjungen, die am 30. Januar 1933 an Hindenburg und Hitler, am Abend seiner Ernennung zum Reichskanzler, vorbeimarschierten, hatten die leiseste Ahnung, wo ihre »nationalistischen Ideale« und ihr Gefühl der Wichtigkeit sie innerhalb der kurzen Zeitspanne von zwölf Jahren hinführen sollte. Und die wenigsten hätten je geglaubt, daß man ihren Idealismus und ihre Opferbereitschaft eines Tages auf so bittere Weise ausbeuten würde. Die Fackelzüge des 30. Januar, mit denen man den Beginn von Deutschlands »nationaler Revolution« feierte, schienen all diesen jungen Deutschen zu beweisen, daß die neue Generation endlich zu sich gekommen war. Soziale Verzweiflung, nationalistische Romantik und der Generationenkonflikt bildeten zusammen eine beinahe klassische Synthese [84]. Gregor Strasser hatte in den zwanziger Jahren gefordert: »Macht Platz, ihr Alten!« [85], und Baldur von Schirach hatte es mit den Worten zusammengefaßt: »Die NSDAP ist die Partei der Jugend.« [86]

Der neue Geist beeinflußte sogar einige jener, die später schließlich zu den tragischen Opfern des Nationalsozialismus wurden – die deutschen Juden. Deutschjüdische Studenten wandten sich an Hitler und versuchten, ihn von der Ehrlichkeit ihres deutschen Patriotismus zu überzeugen [87]. Als der liberale Theodor Heuss – der 1949 der erste Präsident der Bundesrepublik Deutschland wurde – in den letzten Februartagen 1933 von einer Versammlung zurückkehrte, die er vor deutsch-jüdischen Studenten abgehalten hatte, gab er in seinem Tagebuch seiner Enttäuschung darüber Ausdruck, daß er vor »verhinderten Nazis« gesprochen habe [88].

Obgleich das erste Hitler-Kabinett eine Koalitionsregierung war, gab das Ermächtigungsgesetz vom März 1933, mit dem sich Hitler zunächst für vier Jahre diktatorische Macht verschaffte – das Gesetz wurde in den Jahren 1937 und 1941 vom Reichstag um weitere vier Jahre verlängert – völlig freie Bahn, und das wurde von der Hitler-Jugend genauso wie von jeder anderen NSDAP-Formation wahrgenommen. Jetzt, da sie die gesamte Staatsgewalt auf ihrer Seite wußte, konnte die Hitler-Jugend daran gehen, ihren Wunsch nach einer Monopolstellung zu erfüllen und allmählich in der Frage der verschiedenartigen Jugendorganisationen den Prozeß der »Gleichschaltung« einzuleiten, das heißt, alle anderen Jugendverbände in sich aufzunehmen und jede von ihr unabhängige organisierte Jugendbetätigung zu verbieten. Wie auf allen Gebieten des nationalsozialistischen Deutschlands war die totale Erfassung und Kontrolle aller Deutschen das Endziel der Regierung, was logischerweise zunächst die Einschränkung und gegebenenfalls die Abschaffung der Privatsphäre des Einzelmenschen und sein völliges Aufgehen in der Volksgemeinschaft bedeutete [89].

Die traditionellen Gesellschaftsstrukturen und ideologischen Einflüsse, wie vor allem Kirche und Familie, waren natürlich die stärksten Hindernisse auf dem Weg zu diesem Ziel, und in diesem Anfangsstadium konnte man noch keinen Frontalangriff auf sie wagen [90]. Infolgedessen hatte die Hitler-Jugend im Jahre 1933 eine dreifache unmittelbare Aufgabe zu erfüllen: als

147

erstes, alle mit ihr irgendwie im Wettbewerb stehenden Jugendverbände – außer den katholischen – zu eliminieren, zweitens,
die größtmögliche Anzahl von Funktionen der Jugendarbeit zu
übernehmen, wie Sport, künstlerische Betätigung und soziale Jugendarbeit und Gesetzgebung, und drittens, so viele Altersgruppen wie möglich in die verschiedenen Organisationen der Hitler-Jugend einzubeziehen, um damit durch das Gewicht der Anzahl die Monopolstellung zu sichern [91]. »Wie die NSDAP
nunmehr die einzige Partei ist, so muß die HJ die einzige Jugendorganisation sein.« – »Die HJ will sowohl die Gesamtheit
der Jugend wie auch den gesamten Lebensbereich des jungen
Deutschen erfassen.« [92] Wie radikal derartige Stellungnahmen
auch waren, so muß man in Betracht ziehen, daß sie zu einer
Zeit veröffentlicht wurden, als die Hitler-Jugend fast oder
schon ganz ihre Monopolstellung erobert hatte. Bis 1935 wurden öffentliche Bekanntgaben in sanfterem konzilianterem Ton
gehalten, aber die Maßnahmen waren von Anfang an kompromißlos und variierten in ihren Methoden nur wenig, je nach den
betroffenen Gebieten. Sehr oft erreichte ein lokaler Hitler-Jugend-Führer mit physischer oder psychologischer Drohung das
gleiche, was anderswo nur mit tätlicher Gewalt erzwungen werden konnte. Und selbst dort, wo wirklich Gewalt angewandt
wurde, fühlten sich die Täter nicht immer sehr behaglich in ihrer
Rolle. Ein Beispiel dafür ist die am 3. April 1933 von Schirach
befohlene Besetzung der Büros des »Reichsausschusses der deutschen Jugendverbände« [93]. Die fünfzig Hitlerjungen, die diese
Operation unter dem Befehl des Obergebietsführers Karl Nabersberg ausführten – er war übrigens stellvertretender Vorsitzender des Ausschusses und Schirachs enger Vertrauter –, erzwangen sich ihren Weg in die Geschäftsräume des Ausschusses
in der Alsenstraße in Berlin, fanden aber außer den Büroangestellten keinen der leitenden Beamten vor. Hermann Maaß, der
aus der Jugendbewegung der SPD kam und geschäftsführender
Vorsitzender des Ausschusses war, mußte aus einem anderen
Teil Berlins gerufen werden, um sich von Nabersberg übel beschimpfen zu lassen, aufgefordert zu werden, seine Sachen zu

packen, zu verschwinden und sich nie mehr sehen zu lassen. Inzwischen durchsuchten die anderen Hitlerjungen die Akten, bündelten sie zusammen und versiegelten sie. Einer von ihnen wurde beauftragt, die Büroangestellten zu überwachen, da er aber noch nicht an seine Befehlsrolle, Leuten gegenüber, die seine Eltern hätten sein können, gewohnt war, bat er einen Angestellten um Erlaubnis, sein Stullenpapier in den Papierkorb werfen zu dürfen [94].

Maaß gab seinem Unmut in Worten Ausdruck, leistete aber keinen Widerstand und verließ das Büro, das Nabersberg nun besetzt hielt. Nabersberg forderte die Angestellten auf, unter seiner Leitung weiterzuarbeiten. Mit diesem Handstreich verschaffte sich Schirach die Kontrolle über einen Organismus, in dem etwa sechs Millionen junger Deutscher aus den verschiedenen Jugendverbänden vertreten waren. Außerdem lieferten die Akten des Reichsausschusses eine Fülle von Material und Informationen über die Gegner der Hitler-Jugend [95]. Die Gleichschaltung der deutschen Jugend konnte beginnen. Zunächst wurde in Aufrufen gefordert, der Uneinigkeit Deutschlands an dem Ansatz seiner Wurzeln, in der deutschen Jugend, ein Ende zu setzen. Damit wurde aber ebenso unmißverständlich angedeutet, daß jede Weigerung, sich der Hitler-Jugend anzuschließen, von unpatriotischem und zutiefst undeutschem Geist zeuge.

Die ersten betroffenen Jugendverbände waren die den politischen Parteien der Weimarer Republik angeschlossenen und die jüdischen Jugendorganisationen. Der Reichstagsbrand vom Februar 1933 hatte bereits den nötigen Vorwand geliefert, um die Kommunistische Partei und die ihr angeschlossenen Verbände zu verbieten [96]. Am Abend des Brandes hatten sich die Führer einiger radikaler Jugendverbände – die Hitler-Jugend war auch dabei – in einem Restaurant des Stettiner Bahnhofes in Berlin getroffen [97]. Offenbar hatten sie sich bereits vorher über ihre gemeinsamen sozialrevolutionären Ziele geeinigt, und etwa 200 junge Leute, aus dem revolutionären Flügel der Hitler-Jugend, der sozialistischen Jugend, den Jungkommunisten, Roten Pfadfindern, Nationalrevolutionären und Otto Strassers

Schwarzer Front, versprachen sich gegenseitige Zusammenarbeit [98]. Unter ihnen befand sich Heinz Gruber (nicht mit K. Gruber verwandt, aber eine führende Persönlichkeit der Berliner Hitler-Jugend) und auch Harro Schulze-Boysen, der spätere Chef der kommunistischen Spionageorganisation »Rote Kapelle« [99]. Hitlers Bündnis mit den konservativen Machtgruppen der Weimarer Republik war für manche von der HJ ein schwerer Schock, während andererseits viele ihrer Gegner die NSDAP in einem anderen Licht zu sehen begannen, nämlich als eine lawinenhafte Bewegung, die die Schranken zwischen Bürgertum und Proletariat zerstörte. Ein 1933 scharfer Gegner der Hitler-Jugend, Richard Schapke, schrieb damals in der Zeitschrift »Die Schwarze Fahne«: »Die Schützengräben von rechts gegen links und von links gegen rechts sind falsche Schützengräben, Kameraden. Es war ein verderbliches Wort, das aus dem Munde eines Zentrumkanzlers einmal fiel: Der Feind steht rechts! Und es ist in diesen Tagen genauso verderblich das andere Wort: Der Feind steht links! ... Wir wenden uns gegen jede Zerreißung der Nation, gleichgültig, ob sie von ›rechts‹ oder von ›links‹ kommt. Und wir wollen, daß gegen jede fremdvölkische Überfremdung unseres Volkes – nicht allein gegen den ›Marxismus‹ – vorgegangen wird [100].« Das Echo der Rede Karl Radeks von vor zehn Jahren schien immer noch nachzuhallen.

Es ist vernünftigerweise anzunehmen, daß die plötzlichen Annäherungsversuche der gemäßigten Linksgruppen bei der Hitler-Jugend auf die veränderten Umstände und die Furcht vor dem Verbot der eigenen Jugendverbände zurückzuführen sind; trotzdem gab es viele, die an den Nutzen einer Zusammenarbeit der jugendlichen Kräfte für ein gemeinsames Ziel glaubten [101]. Der Reichstagsbrand hatte allerdings solche Annäherungsversuche bereits im Keim erstickt. Nach den Kommunisten war die »Sozialistische Arbeiterjugend«, die der SPD angeschlossene Jugendorganisation, am meisten gefährdet [102]. Es ist typisch für die stillschweigende Anerkennung einer bereits festgelegten politischen Richtung, daß einzelne Einheiten der Hitler-Jugend, ohne Auftrag der NSDAP oder der Reichsjugendführung, spontan den Ereignissen vorausgriffen oder sie sogar überstürzten. Ortsstellen der Sozialistischen Arbeiterjugend wurden von der Hitler-Jugend gestürmt und ihre Akten beseitigt. Während die örtliche Polizei solche Übergriffe zeitweilig unterband, benutzten die NSDAP-Führer die Gelegenheit zu dem Vorwand, die Schließung der Zweigstellen ihrer Gegner zu fordern [103].

Die Jugendgruppen Hitlers deutschnationaler Verbündeter, wie die Bismarck-Jugend und einige Organisationen der Bündischen Jugend, die Hindenburg-Jugend und die Scharnhorst-Jugend überlebten nicht viel länger. Die politisch nicht gebundenen Jugendbünde versuchten zuerst mit der Gründung des von Admiral von Trotha geleiteten »Großdeutschen Bundes« eine gemeinsame Front zu bilden und sich abwartend zu verhalten [104]. Trotha, der sich einige Zeit vorher von der Marine zurückgezogen hatte, genoß noch einige wertvolle Beziehungen zur Reichswehr, wo ihn General Edwin von Stülpnagel, der für die Hilfe der Reichswehr bei der militärischen Schulung nationalistischer Jugendbünde verantwortlich war, besonders unterstützte [105]. Trothas »Großdeutscher Bund« war rasch Schirachs Beispiel gefolgt und hatte ausdrücklich allen Juden den Eintritt in seine Reihen untersagt. Auch »Demokraten« oder »Sozialisten« waren ausgeschlossen [106]. In einem Aufruf wurde Hitler und dem nationalsozialistischen Staat die Treue gelobt, und für eine kurze Zeit sah es so aus, als wolle »der Großdeutsche Bund« die Hitler-Jugend von rechts überholen [107]. Die Wahlen vom März 1933 und das Ermächtigungsgesetz waren Zeichen, die Hitlers Koalitionspartner nicht übersehen konnten. Sie schlossen sich sofort der Partei an und unternahmen Schritte, um ihre Militärverbände und Jugendorganisationen in die der NSDAP einzugliedern [108]. Das bedeutete das eigentliche Ende des »Großdeutschen Bundes«, auch wenn er noch ein paar Monate weiterexistierte. Mit der Kontrolle über den »Reichsausschuß der deutschen Jugendverbände« hatte die Hitler-Jugend direkt und indirekt die ganze organisierte Jugend Deutschlands in ihrer Hand, und die, die wie ihre Älteren die Zeichen zu deuten wußten, schlossen sich ihr an. In Trothas Bund wurden auch Vorschläge laut, man solle sich *en bloc* der Hitler-Jugend anschließen, aber Schirach und Hitler widersetzten sich dem Angebot aus taktischen Gründen, denn das hätte bedeutet, daß alle vorher nicht nationalsozialistischen Verbände zusammen mit ihrer Führerschaft in die Hitler-Jugend eingetreten wären. Das hätte wiederum dann eine Entwicklung ergeben, die eine Kräfteverlagerung innerhalb der Führerschaft bedeutet und die bestehende Führung der Hitler-Jugend durch eine große Masse von oppositionellen Führern praktisch in Frage gestellt hätte [109]. Zu Pfingsten 1933 hielt der Bund sein letztes Lagertreffen ab [110]. Die Teilnehmer kamen am späten Samstagabend an, feierten am Sonntag und sahen sich am Montag plötzlich der Polizei und einigen SA-Kontingenten gegenüber, die das Treffen auflösten und die Teilnehmer nach Hause schickten, da sie »öffentliches Ärgernis« erregten [111]. Einen Monat später löste sich der Bund »offiziell« von selbst auf, was Trotha nicht daran hinderte, sich in einem öffentlichen Protest an den Reichspräsidenten Hindenburg zu wenden. Dieser Protest hatte keine weiteren Folgen als ein Gespräch zwischen Hindenburg und Hitler, der über den Vorfall sein Bedauern aussprach und Schirach veranlaßte, sich bei Trotha schriftlich zu entschuldigen [112]. Der Admiral schien sich mit der herrschenden Macht abgefunden zu haben, denn er nahm später von Schirach die Ernennung zum Ehrenführer der Marine-HJ an [113]. In weniger als fünf Monaten nach der Ernennung Hitlers zum Reichskanzler hatte die Hitler-Jugend alle Jugendverbände ihrer Koalitionspartner und Trothas politisch nicht gebundene Bündische Jugend aufgesogen oder eliminiert. Eine Ausnahme bildete der »Bund der Artamanen«, dem prominente Nationalsozialisten wie Himmler und Darré angehörten [114]. Hitlers Parole hatte gesiegt: »Wer nicht bereit ist, meinen Namen zu tragen, wird folglich auch nicht als ein Freund des Nationalsozialismus angesehen werden.« [115] Andere Jugendorganisationen oder Institutionen politisch neutralen Charakters, die sich um Lehrlinge oder jugendliche Sportler bekümmerten, stellten kein Problem.

Ein großer Gewinn waren der »Reichsverband der deutschen Jugendherbergen« und der »Europäische Jugendaustauschdienst«, der in Verbindung mit dem »Verein für das Deutschtum im Ausland« arbeitete [116], den Austausch mit europäischen Jugendgruppen organisierte und Jugendgruppen deutscher Minderheiten im Ausland unterstützte. Ein wichtiger Schritt auf dem Wege zur Gleichschaltung war Hitlers Erlaß vom 17. Juni 1933, der Schirachs Titel vom »Reichsjugendführer der NSDAP« in »Jugendführer des Deutschen Reiches« oder einfach Deutscher Jugendführer umänderte [117]. In dieser Eigenschaft übte Schirachs Amt eine überwachende Funktion auf alle Jugendaktivitäten Deutschlands und auch der von Erwachsenen geleiteten aus. Jede Neugründung einer Jugendorganisation brauchte Schirachs Genehmigung. Selbstverständlich wurde sie nicht erteilt [118]. Schirachs neue Ernennung gab ihm jedoch nicht die vollständige Kontrolle aller Jugendangelegenheiten. Das Reichsinnenministerium unter Frick, das Justizministerium und das neu geschaffene Ministerium für Wissenschaft, Erziehung und Volksbildung nahmen alle an den Entscheidungen über die Jugendpolitik teil [119]. Das Ergebnis war ein wucherndes Wachstum von verantwortlichen Stellen [120]. Außerdem hatte Schirach mit rivalisierenden Einflüssen von Persönlichkeiten wie General von Reichenau zu kämpfen, der als Chef der Reichswehr die gesamten deutschen Jugendverbände unter seine Kontrolle zu bringen hoffte, oder mit Parteiführern wie Röhm, Goebbels und Heß, die einige Zeit für die Ernennung eines älteren Parteigenossen zur allumfassenden Kontrolle von Jugendangelegenheiten plädierten [121]. Die einzige dem System innewohnende Gewißheit war ein ständiger Konflikt von Temperament und Autorität, der unweigerlich zur Machtvergrößerung des stärksten einzelnen Elementes führte, Adolf Hitlers.

Eine der ersten offiziellen Maßnahmen, die Schirach in seinem neuen Amt traf, war der Befehl zur Auflösung des »Großdeutschen Bundes«; auch der »Reichsausschuß der deutschen Jugendverbände« hatte nun seinen Zweck erfüllt und wurde am 8. Juli 1933 aufgelöst [122], kurz nachdem Schirach neue Maßnahmen für die regionale Organisation der Hitler-Jugend getroffen und eine neue, auf Altersgruppen begründete Struktur eingeführt hatte, die bis 1945 in Kraft bleiben sollte. Die Hitler-Jugend war nun in folgende Gruppen eingeteilt:

Jungen:	Jungvolk	(von 10 bis 14 Jahren)
	HJ	(von 14 bis 18 Jahren)
Mädchen:	Jungmädel	(von 10 bis 14)
	BDM	(von 14 bis 18)

Anstelle des Reichsausschusses gründete Schirach den »Deutschen Jugendführerrat«, der aus den Führern der deutschen Jugendverbände bestand, aber schon nach weniger als einem Jahr gab es außer den konfessionellen Jugendbünden und außer der Hitler-Jugend keine weiteren Verbände mehr, und der Jugendführerrat besaß nie eine eigentliche Funktion [123]. Gegen Ende 1933 hatten sich, außer den den politischen Parteien angeschlossenen und in den ersten Monaten des Dritten Reichs verbotenen Organisationen, zwanzig Jugendverbände selbst aufgelöst und ihre Mitglieder in die Hitler-Jugend eintreten lassen [124]. Unter diesem großen Mitgliederzuwachs hatte sich die Mitgliedszahl der Hitler-Jugend von 107 956 Ende 1932 auf 3 577 565 erhöht, was eine ganz neue Strukturierung nötig machte [125]. Sie wurde sehr durch den Umstand kompliziert, daß die Parteileitung der NSDAP sich in München befand, während Berlin die Reichshauptstadt war. Schirach löste das Problem auf seine eigene Art. Er beließ die Reichsjugendführung in München, richtete sich aber sein eigenes Jugendführeramt in Berlin ein. Hitler hatte sich geweigert, die Geldmittel für die Einrichtung eines großen Büros in einer Villa am repräsentativen Kronprinzenufer zur Verfügung zu stellen, aber Schirach tätigte den Kauf durch private finanzielle Unterstützung [126].

Nachdem er sich eingerichtet hatte, konnte er sich der Umorganisierung der Hitler-Jugend widmen. In seiner Eigenschaft als Reichsjugendführer der NSDAP war Schirach Hitler gegenüber direkt verantwortlich gewesen. In der des Jugendführers des Deutschen Reiches waren seine unmittelbaren Vorgesetzten der Reichsinnenminister Dr. Frick und der Reichsjustizminister Dr.

Gürtner [127]. Das Reichsjugendführeramt, das bis dahin eine Abteilung mit mehreren kleinen Unterabteilungen innerhalb der NSDAP-Reichsleitung München gewesen war, wuchs nun rasch zu einem riesenhaften Gebilde an, dessen Verwicklungen und Einmischungen in zahlreiche zusätzliche Betätigungssphären nicht gerade zu größerer Leistungsfähigkeit beitrugen. Sogar noch kurz vor dem Ausbruch des Krieges nahmen die Klagen auf Ortsniveau über die Schwierigkeiten im Umgang mit der Hitler-Jugend-Bürokratie in Berlin ständig zu [128]. Die sonst sehr wohlwollende SS-Zeitung »Das Schwarze Korps« witzelte gelegentlich recht hämisch über die Reichsjugendführung [129]. Es wurden wichtige neue Abteilungen geschaffen wie die für Rundfunk unter Karl Cerff und die für Presse und Propaganda unter Gustav Staebe. Organisationsmäßig thronte die Reichsjugendführung auf dem Gipfel einer Pyramide; ihr unterstanden zunächst die fünf Obergebiete Nord, Süd, Ost, West und Mitte [130]; darunter lagen einundzwanzig Gebiete, von denen jedes wieder in Oberbanne, Banne, Unterbanne, Gefolgschaften, Scharen und Kameradschaften aufgeteilt war [131]. In diese Unterabteilungen der HJ waren die Einheiten des Jungvolks, des BDM und der Jungmädel integriert, wenn auch jedesmal unter der ihnen eigenen Bezeichnung. Jedes Obergebiet konnte höchstens fünf Gebiete mit einer Gesamtzahl von etwa 375 000 Mitgliedern männlicher und weiblicher Hitler-Jugend umfassen [132]. Österreich war als ein unabhängiges »Gebiet« organisiert, das Saarland kam 1935 nach der Volksabstimmung hinzu, und 1942 gab es insgesamt sechs Obergebiete und zweiundvierzig Gebiete [133]. Die Verwaltung war streng hierarchisch aufgebaut; außerdem wurden zusätzliche Reichjugendführungsämter auf Obergebiets- und Gebietsebene eingerichtet, was den Verwaltungsapparat noch mehr aufbauschte [134]. Trotz der Schwerfälligkeit der Hitler-Jugend-Verwaltung war jedoch das ursprüngliche Ziel im Jahre 1934 bereits erreicht – man hatte sich eine Position geschaffen, die die endgültige Alleinvertretung der deutschen Jugend nur noch zu einer Frage der Zeit machte. Gewiß war die Hitler-Jugend immer noch von Rivalitätskämpfen innerhalb der NSDAP betroffen. Der Reichssportführer Hans von Tschammer und Osten war nicht gewillt, die Kontrolle über seine Sportjugend aus der Hand zu geben [135]; Robert Ley, der Führer der Deutschen Arbeitsfront, dem NSDAP-Ersatz für die aufgelösten Gewerkschaften, verfolgte die gleichen Ziele mit der werktätigen Jugend, die ja automatisch beim Antritt einer Arbeitsstelle in die DAF eintreten mußte [136]. Tschammer mußte sich schließlich dem überwältigenden Druck beugen, aber Ley fand es zweckmäßig, sich mit Schirach gegen den Minister für Wissenschaft, Erziehung und Volksbildung, Bernhard Rust, zu verbünden [137]. Diese Rivalitäten waren keineswegs die einzigen. Die 1935 in Wehrmacht umbenannte Reichswehr bemühte sich weiterhin, einen überwachenden Einfluß auf die Hitler-Jugend zu gewinnen, und sie fand bei diesen Bemühungen sogar zeitweise Hitlers Unterstützung [138], allerdings nur so lange, wie er es zur Beschwichtigung der konservativen Elemente für nötig hielt. In den Jahren vor dem Krieg rivalisierte auch die SS – besonders die SS-Verfügungstruppe, später Waffen-SS – mit der Wehrmacht um Einfluß auf die Hitler-Jugend [139]. Dem riesigen Zustrom von Mitgliedern konnte nicht einfach durch verstärkte Organisation und Zentralisierung standgehalten werden. Er stellte die Hitler-Jugend vor ein Problem, das nur die Zeit lösen konnte: Mangel an geschulten und erfahrenen Führungskräften. Ein Mittel zur Bewältigung des Problems wäre eine Flut von Ernennungen und Beförderungen von der Reichsjugendführung bis auf Bannebene gewesen [140]. Gewiß gab es eine große Reserve möglicher Führungskräfte unter den zahlreichen Führern der verbotenen Jugendbünde, die inzwischen in die Hitler-Jugend eingetreten waren. Aber Schirach hielt sie für politisch unzuverlässig und zog seine eigene kleine Schar von »alten Kämpfern« vor, wie Ammerlahn oder Lauterbacher, die inzwischen Obergebietsführer geworden waren [141]. Dasselbe traf auf die Gebiets-, Oberbann- und Bannführer zu. Die nunmehrigen neuen Gesichter kamen nicht aus der Jugendbewegung, und sie waren auch sehr rar. Jugendführer aus anderen Jugendorganisationen wurden nur in den unteren

Führungsrängen befördert, meist in solchen Rängen wie die, die sie einst innehatten, und auch dort waren sie von Mißtrauen umgeben [142]. Einige von ihnen wurden zu Recht oder Unrecht mit Röhm in Beziehung gebracht und bei der Säuberung nach dem 30. Juni 1934 verhaftet und ausgeschlossen [143]. Schirach versuchte auch erfahrene Erwachsene zur Mitarbeit zu gewinnen, wie Karl Walter Kondeyne, den Begründer des Hitler-Jugend-Gesundheitsdienstes und der medizinischen Abteilung der Reichsjugendführung [144], oder den Ritter von Schleich, den Fliegerhelden des Ersten Weltkrieges [145]. Aber das waren alles nur Versuche, das Führerschaftsproblem zu meistern — eine Lösung brachten sie nicht.

Wie dringlich die Notwendigkeit einer direkten Regelung war, zeigte sich bei einem Zwischenfall in Hessen, wo man entdeckte, daß es ehemaligen Gewerkschaftsführern und Sozialisten, inzwischen Hitler-Jugend-Führer geworden, gelungen war, die gleichen Jugendkader, die sie vor 1933 geleitet hatten, zusammenzuhalten [146].

Um im nationalsozialistischen Geist geschulte Führer in genügender Anzahl auszubilden, wurden in verschiedenen Gegenden Deutschlands Führerschulen eingerichtet [147]. Die erste dieser Reichsführerschulen wurde 1933 in Potsdam eröffnet. Sie erwies sich als ein Beispiel, das in allen anderen Teilen Deutschlands befolgt wurde. Anfang 1934 gab es bereits einen Kern von zweiundzwanzig solcher Schulen, und in ihnen wurden als Dringlichkeitsmaßnahme dreiwöchentliche Kurse eingerichtet [148]. Außer der eigentlichen Führungsschulung bestand der Unterricht in körperlicher Ertüchtigung, Schießübungen, Unterricht in Rassenkunde und deutscher Geschichte [149]. Die Reichsjugendführung versicherte, sie habe dank dieser Schnellkurse bis zum Ende 1933 bereits 7000 Hitler-Jugendführer bestellen können [150]: eine wahrlich recht kühne, aber verständliche Behauptung, wenn man bedenkt, daß der in zahlreiche Intrigen und parteiinterne Rivalitätskämpfe verwickelte Schirach nur allzugut wußte, wie sehr seine eigene Position von der guten Qualität der Führung auf allen Ebenen abhing und mit welchem

Eifer man ihm jede Schwäche und jeden Fehler anrechnen würde. Daher ließ er eine Flut von Memoranden, Richtlinien, Erlassen, Telefonaten und persönlichen Aussprachen über die beiden in der Reichsjugendführung direkt für die Reichsführerschulen Verantwortlichen ergehen: Obergebietsführer Stellrecht, Leiter für sportliche Ausbildung, und Gebietsführer Usadel, Leiter der Führerschulen [151].

Im Jahre 1934 schuf Schirach jene Einrichtung, die sich in jedem Jahr bis 1944 fortsetzen sollte: jedes Jahr trug den Namen eines besonderen Betätigungsfeldes, und dieser Name war gleichzeitig die Parole des Jahres [152]. 1934 war »das Jahr der Schulung«, in dem man die Massenproduktion der Hitler-Jugend-Führerschaft plante. Das Jahr war der Ausbildung der Jugendführer gewidmet und sollte ihnen »gesunde geschichtliche, politische und rassenkundliche Kenntnisse sowie weitgehende körperliche Ausbildung vermitteln«. Schirach hob in einer öffentlichen Bekanntmachung hervor: »Die HJ ist eine weltanschauliche Erziehungsgemeinschaft. Wer in der HJ marschiert, ist keine Nummer unter Millionen, sondern Soldat einer Idee. Je nachdem er mehr oder weniger tief in die Idee eingedrungen ist, ist sein Wert für die Gemeinschaft zu bemessen. Der beste Hitlerjunge ist – unabhängig von Rang und Dienststellung – derjenige, der ganz in der nationalsozialistischen Weltanschauung aufgeht.« [153]

Am 24. Januar 1934, dem Geburtstag Friedrichs des Großen und Todestag Herbert Norkus', fand ein Massentreffen in Potsdam statt [154]. 342 Fahnen wurden den Einheiten der Hitler-Jugend feierlich überreicht. Bis Ende Februar hatte Schirach seinen Frieden mit Robert Ley geschlossen, und sie beriefen gemeinsam den »Reichsberufswettkampf« ein [156]. Es handelte sich um einen jährlich stattfindenden beruflichen Wettbewerb, bei dem die besten Leistungen der Hitlerjungen in ihren verschiedenen Fächern beurteilt und belohnt wurden [157]. Die Sieger wurden von Hitler persönlich empfangen. Im Jahre 1934 nahmen 500 000 Jungen und Mädchen teil, und bis 1939 war die Zahl auf 3 500 000 Teilnehmer gestiegen [158]. Der Wettkampf erwies sich als äußerst wertvoll, denn in ihm spiegelte sich das allgemeine Schulungsniveau in den verschiedenen Berufen und Gewerben, und er zeigte auch die Lücken und Mängel, die man im Interesse der nationalen Wirtschaft zu beheben hatte [159]. Der 1935 eingeführte »Reichssportwettkampf« war das andere große jährliche Ereignis für die Altersgruppen der Hitler-Jugend zwischen zehn und achtzehn. Er erforderte sehr spezifische sportliche Leistungen, und wer sie erreichte, bekam ein besonderes Abzeichen [160]. Im Sommer jedes Jahres gab es noch den »Staatsjugendtag«, ein weiterer Feiertag in einem Kalender, der immer weniger religiöse und immer mehr nationalsozialistische Festtage enthielt [161]. Mitgliedern der Hitler-Jugend wurde der Samstagsunterricht in den Schulen erlassen und durch körperliche Ertüchtigung oder Wehrsportübungen ersetzt [162].

Für die Mädchen wurden im ersten Halbjahr 1934 siebenundzwanzig Führerschulen eingerichtet [163], aber die meisten von ihnen zeichneten sich durch Improvisation aus, und das gleiche traf auch in hohem Maße auf die männlichen Schulen zu. Trotzdem konnte Schirach im August 1934 einen Bericht vorlegen, wonach er in 287 Dreiwochenkursen 12 725 HJ-Führer und 24 660 Jungvolkführer produziert habe [164]. Außerdem hatten 15 000 Hitler-Jugend-Führer besondere Kurse für körperliche Ertüchtigung absolviert [165]. Es blieb in der Tat ein stolzer Tag für viele jener Jugendlichen, die in Leni Riefenstahls Film »Triumph des Willens« zu sehen waren, als Hitler, zwischen Goebbels und Schirach stehend, sich am Nürnberger Parteitag 1934, dem »Parteitag der Einheit«, an die Hitler-Jugend wandte [166]. Ausländische Korrespondenten berichteten, daß das Jugendtreffen bei weitem das begeisterndste war [167]. Hitler pries die Hitler-Jugend für ihre Leistungen in der Vergangenheit und für die Durchführung eines wichtigen Ziels: der Disziplin [168], denn nur Disziplin und Gehorsam ermögliche ihnen, später im Leben Befehle zu erteilen. Er schloß mit den Worten: »Ihr müßt nun das in eure Jugend aufnehmen und lernen, was wir dereinst in ganz Deutschland sehen möchten. Wir wissen, es wird nichts im Völkerleben geschenkt. Alles muß erkämpft und erobert werden. Man wird dereinst nichts beherrschen, was man nicht vorher gelernt und sich selbst anerzogen hat. Wir wollen ein Volk sein, und ihr, meine Jugend, sollt dieses Volk nun werden.

Wir wollen einst keine Klassen und Stände mehr sehen, und ihr dürft schon in euch diesen Klassendünkel nicht groß werden lassen!

Wir wollen einst ein Reich sehen, und ihr müßt euch dafür schon erziehen in einer Organisation!

Wir wollen einst, daß dieses Volk treu ist, und ihr müßt diese Treue lernen!

Wir wollen, daß dieses Volk einst gehorsam ist, und ihr müßt euch in Gehorsam üben!

Wir wollen, daß das Volk friedliebend, aber auch tapfer ist, und ihr müßt deshalb friedfertig sein und mutig zugleich!

Wir wollen, daß dieses Volk einst nicht verweichlicht wird, sondern daß es hart sei, daß es den Unbilden des menschlichen Lebens Widerstand zu leisten vermag, und ihr müßt euch in der Jugend dafür stählen!

Ihr müßt lernen, hart zu sein, Entbehrungen auf euch zu nehmen, ohne jemals zusammenzubrechen!

Wir wollen, daß dieses Volk dereinst wieder ehrliebend wird, und ihr müßt euch schon in den jüngsten Jahren zu diesem Begriff der Ehre bekennen!

Wir wollen aber, daß ihr einst auch wieder ein stolzes Volk werdet, und ihr müßt in eurer Jugend in einem wehrhaften Stolz leben, müßt stolz sein als Junggenossen eines stolzen Volkes, auf daß dereinst euer Jugendstolz zum Stolz der Nation wird.

Alles, was wir vom Deutschland der Zukunft fordern, das, Jungen und Mädchen, verlangen wir von euch.

Das müßt ihr üben, und das müßt ihr damit der Zukunft geben.

Denn was immer wir auch heute schaffen und was wir tun, wir werden vergehen.

Aber in euch wird Deutschland weiterleben, und wenn von uns

nichts mehr übrig sein wird, dann werdet ihr die Fahne, die wir einst aus dem Nichts herausgeholt haben, in euren Fäusten halten müssen.

Und ihr müßt daher feststehen auf dem Boden eurer Erde und müßt hart sein, auf daß euch diese Fahne nie entfällt, und dann mag nach euch wieder Generation um Generation kommen, und ihr könnt von ihr dasselbe fordern und verlangen, daß sie so wird, wie ihr gewesen seid.

Und dann blickt auf euch auch Deutschland mit Stolz, uns allen geht das Herz über vor Freude, wenn wir euch sehen und wenn wir in euch das Unterpfand erblicken können, daß unsere Arbeit nicht umsonst gewesen ist, sondern daß sie fruchtbringend wird für unser Volk. Dann erfaßt uns alle das stolze Glück, in euch die Vollendung unserer Arbeit sehen zu können, und damit das Bewußtsein, daß die Millionen des großen Krieges, die zahlreichen Kameraden unter uns, nicht umsonst ihr Opfer für Deutschland gebracht haben, daß uns in allem am Ende doch ersteht wieder ein einiges, freies, stolzes, ehrliebendes Volk.

Ihr könnt nicht anders sein als mit uns verbunden, und wenn die großen Kolonnen unserer Bewegung heute singend durch Deutschland marschieren, dann weiß ich, ihr schließt euch den Kolonnen an, und wir wissen, alle:

Vor uns liegt Deutschland, in uns marschiert Deutschland, und hinter uns marschiert Deutschland!« [169]

Hitler wurde häufig durch begeisterte Beifallsrufe unterbrochen, und am Ende der Kundgebung schüttelte er einigen Hitlerjungen die Hand, während die Hitler-Jugend-Hymne erklang, und fuhr einmal um das ganze Stadion herum, damit ihn jeder sehen konnte.

Jetzt boten sich denen, die den Ehrgeiz und die besondere Befähigung dazu hatten, eine ganze Reihe von überaus günstigen Aussichten. Der höchste Rang war in der Hitler-Jugend im »Führerkorps« und in der »Reichsjugendführung« erreicht [170]. Das Führerkorps schloß alle Ränge vom Bannführer (HJ), Jungbannführer (Jungvolk) und Untergauführerin (BDM) an ein. Diese zuerst unbezahlten Teilarbeitsposten entwickelten sich mit der Zeit zu vollbezahlten offiziellen Parteistellungen [171]. Im Jahre 1939 waren von insgesamt 765 000 Hitler-Jugend-Führern 8017 festangestellte Funktionäre, was bei der damaligen Mitgliederzahl einen vollbezahlten Funktionär auf 1450 Jugendliche ergab [172]. In der am 23. Februar 1938 veröffentlichten Ausbildungsverordnung für das Führerkorps wurde ein Schulungssystem für die fest angestellten Funktionäre der Führerschaft eingeführt [173]:

»Die großen Aufgaben, die der Führer seiner Jugend gestellt hat, erfordern ein Führerkorps, das nach Charakter und Leistung höchsten Anforderungen genügt. Der Heranbildung dieses Führerkorps dient die Akademie für Jugendführung in Braunschweig.

An diese Akademie kann jeder Hitlerjunge berufen werden. Voraussetzung hierfür ist:

1. Nachweis der deutschblütigen Abstammung.

2. Einwandfreier gesundheitlicher und erbgesundheitlicher Untersuchungsbefund.

3. Einwandfreie nationalsozialistische Haltung, körperliche und geistige Leistungsfähigkeit.

4. Abgeschlossene Berufsausbildung oder Abitur.

Der Anwärter nimmt an einem Vorausleselehrgang teil. Nach Abschluß dieses Lehrgangs wird entschieden, ob er den gestellten Anforderungen genügt. Nach erfolgreicher Ableistung der Arbeitsdienst- und Wehrpflicht wird vom Führeranwärter die Erfüllung folgender Aufgaben verlangt:

1. Viermonatige Tätigkeit als Mitarbeiter in einer Gebietsführung;

2. Achtwöchiger Lehrgang in der Reichsführerschule Potsdam;

3. Einjährige Ausbildung auf der Akademie für Jugendführung in Braunschweig;

4. Dreiwöchige Ausbildung in der Industrie des Inlandes und sechsmonatige Ausbildung im Ausland;

5. Abschlußprüfung.

Mit der Einberufung zur Akademie ist der Anwärter auf eine

Mindestzeit von zwölf Jahren für den Dienst in der Hitler-Jugend verpflichtet. Nach Bestehen der Abschlußprüfung erhält der Führeranwärter das Jugendführerpatent des Jugendführers des Deutschen Reiches unter gleichzeitiger Ernennung zum Stammführer und Berufung in das Führerkorps der Hitler-Jugend ...«

Beim Eintritt in die Akademie verpflichtete sich der Kandidat zu einer obligatorischen Dienstzeit von mindestens zwölf Jahren. Nachdem er die Endexamen bestanden hatte, erhielt er ein Diplom als Jugendführer des Deutschen Reiches und die gleichzeitige Ernennung zum »Stammführer«, als der er im Führerkorps der Hitler-Jugend Aufnahme fand [174]. Unter Berücksichtigung der Arbeitsdienst- und Militärdienstzeit hatte der Kandidat seinen Schulungskurs mit dem Alter von etwa vierundzwanzig Jahren beendet.

Allerdings blieb die Führerschulung – besonders infolge des beginnenden Krieges – trotz dieser Verordnung eine recht lückenhafte und improvisierte Angelegenheit. Von einer »ideologisch homogenen« Führerschaft der Hitler-Jugend konnte keine Rede sein, obgleich sich in gewisser Hinsicht eine Art von Homogenität entwickelte, nämlich in ihrer sozialen Zusammensetzung. Mit dem obligatorischen Eintritt in die Hitler-Jugend kamen viel mehr Jugendliche aus dem Mittelstand in ihre Reihen als vor 1933 [175]. Und die Jugend des Mittelstandes überwog bald in der Zusammensetzung der Führerschaft. Während vor 1933 weniger als zehn Prozent aller Hitler-Jugend-Führer Abiturreife oder eine Universitätserziehung besaßen, waren es sechs Jahre später fast 24 Prozent [176]. Die berufliche Aufteilung der gesamten Hitler-Jugend-Führerschaft ergab 16,4 % Schüler, 5,9 % Studenten, 25 % Handel und Gewerbe, 5,4 % Lehrer, 8,7 % technische Berufe, 20,9 % Arbeiter, 3,4 % landwirtschaftliche Berufe, 11,3 % »andere« und 2,5 % ohne Beruf [177]. Die Arbeiter waren immer noch verhältnismäßig stark vertreten, aber Schüler (die Zahlen beziehen sich fast ausschließlich auf Höhere Schüler, die damals wie jetzt meist dem Mittelstand angehörten), Studenten, Berufstätige aus Handel und Gewerbe, Lehrer, Techniker machten insgesamt 62,3 % aus, so daß mehr als die Hälfte der Führerschaft dem Milieu des Mittelstandes entstammte. Die Beherrschung der Hitler-Jugend durch Abkömmlinge aus dem Mittelstand war in den Führerschaften mancher besonderen Abteilungen der HJ noch stärker spürbar.

Diese Zahlen – wie fast alles, was die soziale Zusammensetzung der Hitler-Jugend allgemein vor 1933 und ihre Führerschaft danach betrifft – sind nicht zuverlässig und bis heute nicht nachprüfbar [178]. Da sie aber die offiziellen Angaben der Hitler-Jugend und der NSDAP sind und da sie wahrscheinlich manipuliert wurden, um den Eindruck zu erwecken, die Hitler-Jugend und ihre Führerschaft stelle einen getreuen Querschnitt der deutschen Volksgemeinschaft dar, ist anzunehmen, daß die den Mittelstand betreffenden Zahlen zu niedrig und die der Arbeiterbeteiligung zu hoch gehalten sind.

Wie dem auch sei – sie zeigen eine soziale Verlagerung innerhalb der Hitler-Jugend nach 1936, wenn nicht schon früher. Waren die leitenden Mitglieder der Hitler-Jugend vor 1936 meist Arbeiter, Bauern und Studenten, die in Fabriken oder in schlecht bezahlten Stellungen voll berufstätig sein mußten, um ihren Lebensunterhalt zu bestreiten, so verschwanden sie praktisch nach 1936 aus der eigentlichen Führerschaft und wurden in Nebenabteilungen oder kleine Parteiämter abgeschoben. Ihre Nachfolger in der Führerschaft besaßen zu etwa 66,5 % höhere Schul- oder Akademikerbildung, und über die Hälfte der Bannführer und Jungbannführer gehörte in die gleiche Kategorie [179]. In den mittleren und späten dreißiger Jahren war das Amt des Hitler-Jugend-Führers zu einer »gesellschaftlich anerkannten« Stellung geworden. Es war nicht mehr das Attribut des gefährlich lebenden, proletarischen Straßenkämpfers von vor 1933. Beim Jungvolk, das zu diesem Zeitpunkt weit weniger von den »sozialrevolutionären« Traditionen der HJ beeinflußt war, machte sich die bürgerliche Tendenz besonders stark bemerkbar [180].

Die plötzlich riesenhaft angewachsene Mitgliederzahl und das Ausmaß ihres Autoritätsanspruches machte die Reichsjugendführung unter Schirach und seinem Stellvertreter Lauterbacher zu einer Behörde, die sich an Größe mit einem Ministerium vergleichen ließ und die einige der schlimmsten Auswüchse der Bürokratie – Ämterjagd, Kompetenzstreitigkeiten und andauernde innere Intrigen – aufwies [181].

Die Hitler-Jugend bekam auch ihre eigene Rundfunkausstrahlung über den Deutschlandsender sowie ein besonderes Hitler-Jugend-Institut für die Ausbildung von eigenen Rundfunksprechern [182]. In einer der ersten Sendungen im Jahre 1934 wurden die immer noch bestehenden Klassenvorurteile angegriffen, besonders das Tragen von Schülermützen, das Schüler höherer Schulen von den anderen Schuljungen unterschied. Das Ergebnis war eine im ganzen Reich veranstaltete Aktion, bei der die Schülermützen diffamiert, auf sämtlichen deutschen Schulen abgeschafft und öffentlich verbrannt wurden [183]. Schullehrer, die als Verfechter des neuen klassenlosen Staates anerkannt wurden, erhielten offizielle Ehrungen, und Schulen, die neunzig Prozent Hitler-Jugend-Schüler aufwiesen, wurden mit einem Banner der Hitler-Jugend belohnt [184].

Während die politische Eingliederung oder Ausschaltung der einer politischen Partei angehörigen oder politisch unabhängigen Jugendorganisationen verhältnismäßig reibungslos vor sich gegangen war, bildeten die organisierten Jugendverbände der protestantischen und katholischen Kirche offenbar zuerst ein schwieriges Problem. Und wieder waren es hier zunächst die protestantischen Verbände, die leichter zum Übertritt zu gewinnen waren. Die Aufforderung war einfach und wirkungsvoll, und das Ergebnis entsprach den Erwartungen.

»Eine neue Stunde deutscher Geschichte schlägt! Hart am Abgrund des Bolschewismus wurde Deutschlands Schicksal noch einmal zurückgerissen. Eine starke Staatsführung ruft alle Deutschen zu letzter Verantwortung. Die gottgesetzten Grundlagen von Heimat, Volk und Staat werden wieder neu erkannt. Das Volk steht auf. Eine Bewegung bricht sich Bahn, die eine Überbrückung der Klassen, Stände und Stammesgegensätze verheißt. In dieser Stunde soll die evangelische Jugend Deutschlands wissen, daß ihre Führerschaft ein freudiges Ja zum Aufbruch der deutschen Nation sagt. Die Erkenntnis, daß es um eine Erneuerung der Lebensgrundlagen allen Volkstums geht, trifft das Evangelische Jugendwerk im Herzstück seiner geschichtlichen Sendung und ruft es zum Einsatz von Gut und Blut. Evangelische Jugend weiß, daß in dieser Stunde die lebendigen Kräfte des Evangeliums allein Rettung und Erneuerung aus Verfall und Untergang bringen. So treten wir als evangelische Jugend erneut unter Gottes Befehlsgewalt und Verheißung. Der Heilige Geist richtet Zersetzung und Zerfall in Sitte, Beruf, Familie und Staat. Darum kann die Haltung der jungen evangelischen Front in diesen Tagen keine andere sein als die einer leidenschaftlichen Teilnahme an dem Schicksal unseres Volkes und zugleich eine radikale Entschlossenheit, wie sie das Wort Gottes fordert.« [185]

Mit diesen Worten, die sich inhaltlich nicht von ähnlichen Ergüssen nationalsozialistischer Atheisten unterschieden, bekannte sich Erich Stange, einer der prominentesten protestantischen Jugendführer, zum Dritten Reich. Natürlich war es noch lange nicht genug, den neuen Herren nach dem Mund zu reden, um sich damit Ruhe und Unabhängigkeit zu bewahren. Man kann eigentlich nicht behaupten, die Hitler-Jugend habe die konfessionellen Gruppen systematisch bekämpft; ein Eingreifen oder Nichteingreifen hing eher nur von der jeweiligen örtlichen NSDAP-Leitung ab, und oft neigten die örtlichen Hitler-Jugend-Führer dazu, das Gesetz in die Hand zu nehmen und durch Verordnungen alle öffentlichen Versammlungen von Jugendlichen, die nicht in der Hitler-Jugend waren, zu verbieten. Diese Übergriffe nahmen ein solches Ausmaß an, daß Schirach am 5. Juli 1933 gezwungen war, folgende Anordnung zu erlassen: »Ich untersage hiermit jede Belästigung von Angehörigen anderer Jugendbünde durch Mitglieder der Hitler-Jugend. Wenn durch das Verhalten von Angehörigen deutscher Jugendverbände Anlaß zu Klagen gegeben wird, ist auf dem Dienstwege an mich zu berichten. Soweit die Klagen ein Einschreiten notwendig machen, werde ich bei den zuständigen staatlichen

Stellen das Notwendige veranlassen. Einzelaktionen werden bestraft.« [186]

In der Hoffnung, ihre Autonomie bewahren zu können, waren viele protestantische Jugendverbände bereit, auf Ortsebene mit der Hitler-Jugend zusammenzuarbeiten, an Kundgebungen und Führerversammlungen teilzunehmen [187]. Aber jene, die glaubten, eine Brücke geschlagen zu haben, mußten erkennen, daß sie nur einem Einbahnverkehr in Richtung Hitler-Jugend zugänglich war. Außerdem sah sich die Gefolgschaft bald von ihren eigenen Führern verraten, als diese die Autorität des »Reichsbischofs« Ludwig Müller, dem Oberhaupt einer nationalsozialistischen Richtung, der »Deutschen Christen«, über alle protestantischen Jugendverbände anerkannten [188]. Müller hatte während des Ersten Weltkriegs als Heerespfarrer an den Dardanellen gedient und später den Wehrkreisbezirk Ostpreußen unter seine geistlichen Fittiche genommen. Er gehörte zu den frühen Anhängern Hitlers und hatte den damaligen Oberst von Reichenau, Stabschef der 1. Infanteriedivision, und General von Blomberg, den Befehlshaber des Wehrkreiskommandos I, in seinem Sinne bekehrt. Beide hatten Hitler in Müllers Haus kennengelernt. Nach dem 30. Januar 1933 hatte Hitler Müller zum »Beauftragten des Kanzlers für Fragen der Evangelischen Kirche« ernannt und hoffte durch ihn eine eigenständige »Deutsche Kirche für Deutsche Christen« zu schaffen [189]. Müller war natürlich ein eifriger Verfechter der Fusion aller kirchlichen Jugendverbände mit der Hitler-Jugend, aber er stieß bei seinen Kollegen, wie dem ehemaligen U-Bootkommandanten Pastor Martin Niemöller, der später zu einem unerbittlichen Feind Hitlers werden sollte, auf heftigen Widerstand. Auch viele protestantische Jugendführer sprachen sich dagegen aus. Müller hingegen konnte sich auf das Beispiel Danzigs berufen, wo sich die protestantische Jugend auf ihre eigene Initiative der Hitler-Jugend angeschlossen hatte, und darauf hinweisen, daß die protestantischen Jugendbünde keine neuen Mitglieder gewannen und die alten immer mehr an die Hitler-Jugend verloren [190].

Die innerlich gespaltene protestantische Kirche mußte sich

schließlich dem Druck der NSDAP und HJ beugen, und am 19. Dezember 1933 wurde ein Abkommen unterzeichnet, wonach die protestantischen Jugendbünde sich der einheitlichen politischen Schulung durch Hitler-Jugend und nationalsozialistischen Staat unterstellten [191]. Alle Mitglieder von weniger als achtzehn Jahren waren in die Einheiten der Hitler-Jugend zu überführen. Als einziges Zugeständnis an die Kirche sollten zwei Nachmittage in der Woche für die kirchliche Erziehungstätigkeit frei gehalten werden, aber auch diese Bedingung wurde nicht lange erfüllt, denn die Hitler-Jugend-Führung beanspruchte bald die gesamte Zeit der Jungen und Mädchen und beschränkte den Religionsunterricht auf eine Schulstunde in der Woche – oder zu Hause, soweit das überhaupt noch möglich war [192]. Das Abkommen löste beachtlichen Protest aus, aber die Protestierenden hatten nicht die Macht, das bereits Geschehene rückgängig zu machen [193].

In der katholischen Jugendbewegung nahm die Entwicklung einen etwas anderen Verlauf. Hitler hatte in seiner Regierungsansprache vom 23. März 1933 den christlichen Kirchen seine Unterstützung und die weitere Gültigkeit der zwischen einzelnen deutschen Ländern und dem Vatikan von der Weimarer Republik abgeschlossenen Konkordatsverträge versprochen [194]. Der Gleichschaltungsprozeß, die Zentralisierung und Abschaffung der einzelnen deutschen Länder machten den Abschluß eines neuen Konkordats notwendig [195]. Bald hatte es sich herumgesprochen, daß die Reichsregierung den Vizekanzler von Papen nach Rom geschickt habe, um über die Bedingungen eines neuen Konkordates zu verhandeln [196]. Dieses wurde dann auch befriedigend abgeschlossen, und was Hitler an der Vordertür nicht erreicht hatte, schaffte er geschickt durch die Hintertür. Die katholische Hierarchie entzog der katholischen Zentrumspartei ihre traditionelle Unterstützung, und das zu einer Zeit, da solche Hilfe ohnehin nichts mehr nützen konnte [197]. Immerhin zollte die Mehrheit der Katholiken Hitler nicht die bedingungslose Verehrung, die er bei der protestantischen Jugendgemeinschaft besaß. Die eineinhalb Millionen starken katholischen Jugendverbände spürten wohl die Bedrohung durch die Hitler-Jugend, aber sie glaubten, mit dem Konkordat eine neue Lebensgrundlage bekommen zu haben, den ihre Bischöfe auch wachsam verteidigten [198]. Hitler hatte für seinen Teil zumindest die Ausschaltung der katholischen Kirche als einer politischen Macht in Deutschland erreicht.

Allerdings hatten die Katholiken und die Nationalsozialisten – und man vergesse nicht, daß viele Nationalsozialisten praktizierende Katholiken waren – außer der Ablehnung des Versailler Vertrags und dem Glauben an Großdeutschland noch vieles gemein. Beide verabscheuten die Gespaltenheit des »Parteienstaates« von Weimar [199], beide verwarfen die Prinzipien des Liberalismus und glaubten an einen »organisch entwickelten« deutschen Nationalstaat auf der Grundlage eines Ständestaates [200]. Das am 20. Juli 1933 zwischen dem Vatikan und dem Deutschen Reich abgeschlossene Reichskonkordat verschaffte den katholischen Jugendverbänden eine Atempause [201]. Aber eine seiner Bestimmungen enthielt eine Lücke, die sich die NSDAP sehr bald zunutze machen sollte. Laut Artikel 31 genossen alle die katholischen Organisationen und Verbände, die ausschließlich religiöse und kulturelle Ziele anstrebten, den vollen Schutz ihrer Einrichtungen und Aktivitäten [202]. Gleich darauf folgte jedoch eine Einschränkungsklausel, nach welcher die Reichsregierung und die Deutsche Bischofskonferenz in einer gemeinsamen Abmachung bestimmen sollten, für welche Organisationen und Verbände der Artikel 31 anwendbar sei [203].

Jahrelange Verhandlungen zwischen Partei und Hitler-Jugend-Führern einerseits und den katholischen Bischöfen andererseits zogen sich hin, um sich über diesen Punkt zu einigen, und die Verhandlungspartner warfen sich gegenseitig Versuche, das Konkordat zu verletzen oder zu umgehen, vor [204]. Es ist natürlich selbstverständlich, daß der nationalsozialistische Staat in seinem festen Entschluß, einziger Erzieher seiner Jugend zu sein, entschlossen war, das Konkordat zu brechen, noch ehe er es unterschrieben hatte. Die Defensivstellung der katholischen Kirche war nur deshalb stärker, weil die Kirche zu jener Zeit noch eine universelle Organisation mit einer machtvollen hierarchischen Struktur war, in der innere Abweichungen die Gesamthaltung der Außenwelt gegenüber nicht beeinflussen konnten.

Kardinal Bertram, der Bischof von Breslau, stellte zuerst in der Öffentlichkeit die Frage, welche Funktionen können die katholische Kirche und ihre Jugendorganisationen dem nationalsozialistischen Staate abtreten? Seine Schlußfolgerungen waren im wesentlichen negativ: Wandern, Sport und ähnliche Betätigungsfelder als moderne Erziehungsmittel seien für das praktische Christentum – so erklärte er – genauso wichtig wie Gebet, Beichte und andere rein religiöse Betätigungen. Der Konflikt war daher unvermeidlich [205].

Der von Alfred Rosenberg, Julius Streicher und zahlreichen Gauleitern, wie Adolf Wagner in Oberbayern, vertretene antiklerikale Flügel der NSDAP betrachtete das Christentum im allgemeinen und den Katholizismus im besonderen als einen Ausdruck der jüdischen Verschwörung gegen das deutsche Volk und hielt den Jesuitenorden für deren gefährlichsten Ausbund [206]. Rein juristisch wurde der Kampf seitens der NSDAP mit stets neuen Ränkespielen ausgetragen. Katholische Zeitungen mußten ihr Erscheinen einstellen, da sie angeblich subversive Artikel veröffentlicht hatten [207]. Jugendorganisationen wurden wegen Verstoßes gegen die Devisenverordnungen verboten. Öffentliche katholische Jugendversammlungen wurden untersagt. Im Falle eines HJ-Mitgliedes, das Selbstmord verübt hatte, wurde eine Pressekampagne eingeleitet und behauptet, es sei von einer katholischen Verschwörung zu diesem Schritt getrieben worden [208]. Wie viele protestantische Jugendführer, so gaben sich auch manche Katholiken zuerst der Illusion hin, die ganze Verfolgung beruhe auf einem schweren Mißverständnis, das man durch Zusammenarbeit mit der Hitler-Jugend klären könne. Aber dazu hatten sie nie eine Chance, und man dachte auch nicht daran, ihnen eine zu geben. Ein Abkommen, wie es zwischen der Hitler-Jugend und den protestantischen Jugendverbänden geschlossen wurde, kam nie zustande, und erst das 1936 verlautbarte Gesetz über den obligatorischen Eintritt in die Hitler-Jugend bereitete den organisierten katholischen Jugendverbänden ein Ende.

Der sogenannte Röhmputsch vom 30. Juni 1934 hatte auch seine Auswirkungen auf die Hitler-Jugend. Der Unterbannführer Karl Lämmermann wurde aus nicht mehr zu ermittelnden Gründen hingerichtet. Ein ausführlicher Briefwechsel mit dem Justizministerium zog sich jahrelang hin mit dem Bemühen, Lämmermann nachträglich zu rehabilitieren. Im großen und ganzen waren die Auswirkungen aber für die Hitler-Jugend eher günstig [209]. Zum Beispiel fielen am 9. November 1934 zum erstenmal die jährlichen Versetzungen aus der Hitler-Jugend in die SA aus, obgleich die HJ schon länger von der SA unabhängig war [210]. Statt dessen wurden die Hitlerjungen, die das achtzehnte Altersjahr erreicht hatten, als Mitglieder in die NSDAP aufgenommen. Am 29. März 1935 wurde die so veränderte Prozedur und die Autonomie der Hitler-Jugend offiziell in einem Erlaß bestätigt, in dem die Hitler-Jugend neben der SA, der SS und anderen Organisationen als eigenständige Staatsjugend angeführt wurde [211].

Im Jahre 1934 wurde auch der Hitler-Jugend-Streifendienst eingeführt; es handelte sich in Wirklichkeit um eine interne Hitler-Jugend-Polizei, die bei der Gefolgschaft für Gesetz und Ordnung zu sorgen und illegale Widerstände niederzuschlagen hatte. Dem Paragraphen nach hatte der Streifendienst keinerlei polizeiähnliche Befugnis, praktisch übte er sie aber aus [212]. Der Streifendienst arbeitete bei seinen Betätigungen eng mit der SS und der Gestapo zusammen. Diese Verbindung wurde vier Jahre später in einem Abkommen zwischen Himmler und Schirach offiziell bestätigt, und die Funktionen des Streifendienstes innerhalb der Hitler-Jugend wurden denen der SS im ganzen Reichsgebiet als entsprechend beschrieben [213]. Der Streifendienst sollte auch der SS als ein besonderes Reservoir für ihre Rekrutierung dienen, besonders für die SS-Totenkopfverbände (die für die Bewachung der Konzentrationslager verantwortlichen SS-Einheiten) und die Junkerschulen, in denen die SS-Offiziere herangebildet wurden [216]. Aus dem streng vertraulichen »Informations-Dienst«, einem Nachrichtenblatt, das während der Vorkriegsjahre von den ranghöheren Hitler-Jugend-Führern gelesen wurde, geht hervor, daß der Streifendienst nicht nur äußerst wirkungsvoll in der Ermittlung von Widerstandsregungen innerhalb der Hitler-Jugend war, sondern auch, daß es überhaupt trotz Verboten und Gleichschaltungen immer wieder solche Regungen gegen die offizielle Parteipolitik gab [217].

Dem »Jahr der Ertüchtigung« 1935 folgte 1936 das der Altersgruppe zwischen zehn und vierzehn gewidmete »Jahr des Deutschen Jungvolks« [218]. Man veranstaltete eine große Rekrutierungskampagne, um so viele Jungen wie möglich zum Beitritt zu gewinnen. Das Ziel war, die gesamte 1926 geborene Altersklasse, Jungen und Mädel, bis zum 20. April, Hitlers 47. Geburtstag, zum »freiwilligen« Eintritt in das »Jungvolk« und die »Jungmädel« zu bewegen [219]. Um dem Unternehmen den größtmöglichen Erfolg zu sichern, paßte sich die Hitler-Jugend der Gebietseinteilung der NSDAP in Ortsgruppen an, die ihrerseits in Zellen und Blocks unterteilt waren. Eine solche Ortsgruppe umfaßte etwa um 150 zehn- bis vierzehnjährige Jungens und bildete ein »Fähnlein« von Kompaniestärke. Die Mädchen wurden nach dem gleichen Muster organisiert. Diese Einheiten veranstalteten in ihrer Ortsgruppe eine gründliche Rekrutierungskampagne mit Aufmärschen, abendlichem Chorgesang und Elternabenden. Die Lehrerschaft der Volks- und Oberschulen, die zu dieser Zeit gezwungen war, wenn nicht gerade der Partei, so doch wenigstens dem NS-Lehrerbund beizutreten, um ihre Stellungen zu behalten, wurde aufgefordert, ihre Schüler mit allen Druckmitteln zum Eintritt ins »Jungvolk« zu bewegen. Diese Propaganda erreichte in den vier Wochen vor Hitlers Geburtstag ihren Höhepunkt [220].

Als Ort für die offizielle Feier war die Marienburg, die Burg des Deutschen Ritterordens, ausersehen, und das sollte beispielgebend für den Eifer jedes Hitlerjungen sein [221]. Dort wurden in der großen gotischen Haupthalle im Dämmerschein der Kerzen und Fackeln die neuen Mitglieder des Jungvolkes eingeschworen. Die Eidesformel wurde jedes Jahr am 20. April bis 1945 wiederholt: »Ich verspreche, in der Hitler-Jugend allezeit meine Pflicht zu tun in Liebe und Treue zum Führer und zu unserer Fahne. So wahr mir Gott helfe!« [222]

Dann folgten Pfeifen, Trommeln und Fanfaren und »Vorwärts, vorwärts schmettern die hellen Fanfaren ...«. Danach machten die Jungen und Mädchen eine Probezeit von zwei bis sechs Monaten durch. Am Ende dieser Zeit gab es eine besondere Prüfung in Sport, Nahkampfübungen und Fragen »ideologischer« Natur (meist über die Geschichte der NSDAP), und zum Schluß kam die »Mutprobe«, die manchmal darin bestand, daß der Junge in voller Uniform und Stiefeln aus einem Fenster im ersten Stock eines Wohnhauses springen mußte. Nach dieser Prüfung durfte das neue Jungvolkmitglied sein Fahrtenmesser — es hatte eine sehr ähnliche Form wie die Bajonette der Wehrmacht —, Schulterklappen und das Jungvolkabzeichen auf dem Braunhemd tragen [223]. Jede Ortsgruppe, jeder Bezirk hatte nun je ein Fähnlein der HJ, des Jungvolkes, BDM und Jungmädel. Der Abschluß dieser Entwicklung folgte etwa sechs Monate später am 1. Dezember 1936 mit der Verlautbarung des »Gesetzes über die Hitler-Jugend« [224]. Nach diesem Gesetz war die gesamte »körperliche, geistige und sittliche« Erziehung der deutschen Jugend außerhalb von Schule und Elternhaus eine Sache der Hitler-Jugend [225]. Die Mitgliedschaft in der Hitler-Jugend war nun obligatorisch vom Alter von zehn Jahren an, und die Aufgabe, die gesamte deutsche Jugend in der Hitler-Jugend zu erziehen, wurde dem Reichsjugendführer der NSDAP, Baldur von Schirach, anvertraut. Seine Position war nicht mehr die eines Partei-, sondern die eines Regierungsbeamten im Range eines Ministers mit Sitz in Berlin bei direkter Verantwortung dem Führer gegenüber. Mit dem Elternhaus und der Schule war die Hitler-Jugend zur dritten offiziellen Kraft geworden, die den Charakter der Jugend Deutschlands zu formen hatte.

Das bedeutete zwar für Schirach und vielleicht für einige seiner »alten Kämpfer« einen großen persönlichen Erfolg, aber sonst brachten die Jahre bis zum Ausbruch des Zweiten Weltkrieges für die Hitler-Jugend im großen und ganzen eher einen Abstieg. Das Jahrzehnt zwischen 1925 und 1935 war für die meisten Hitlerjungen, die sich mit ihrem ganzen Wesen für eine Sache eingesetzt hatten, an die sie glaubten, eine Zeit des Kampfes und der Selbstaufopferung gewesen. Jetzt war die Hitler-Jugend für die meisten ihrer Mitglieder zu einer Institution mit Routinepflichten geworden, bei denen man nur noch die Zwangsmäßigkeit empfand. Leere Beschäftigung nur um der Beschäftigung willen führte oft zu Desinteresse oder offener Ablehnung.

Die Teilnahme der HJ bei antisemitischen Krawallen in verschiedenen Gegenden Deutschlands, besonders am Pogrom des 8. November 1938, geschah nicht auf Befehl der Reichsjugendführung, sondern auf Anstiftung der örtlichen SA oder wie in Berlin rein mutwillig [225]. Als die Reichsjugendführung von Ausschreitungen der HJ erfuhr, berief Schirach sofort ein Treffen aller Obergebiets- und Gebietsführer ein, verurteilte ausdrücklich die »kriminellen Tätigkeiten« und verbot jede Teilnahme der Hitler-Jugend an ihnen [226].

Der Anschluß Österreichs und die Angliederung des Sudetenlandes brachten der Hitler-Jugend eine neue Welle von Mitgliedern ein, die sich gegen Ende 1938 auf eine Gesamtmitgliedszahl von 8 700 000 Jugendlichen – etwa die Hälfte waren Mädels – belief [227]. Dieses Jahr zeichnete sich auch durch stärkere Betonung der militärischen Schulung aus. Schon 1935 hatte Obergebietsführer Stellrecht konstatiert: »Es ist schon eine merkwürdige Geistesauffassung für eine Nation, wenn sie jahrelang viele Stunden täglich auf Schön- und Rechtschreiben verwendet, aber nicht eine einzige Stunde auf Schießen.« [228].

Seiner Ansicht nach war es Aufgabe der Hitler-Jugend, dafür zu sorgen, daß das Gewehr von der deutschen Jugend mit derselben Fertigkeit gehandhabt wurde wie die Feder [229]. Eine HJ-Schießschule existierte bereits 1937, und 1938 wurden einundhalb Millionen Hitlerjungen im Gewehrschießen geübt. Von Anfang 1939 an beschäftigte sich das OKW (Oberkommando der Wehrmacht) intensiver mit der Überwachung des Schießunterrichts und der Feldübungen bei der Hitler-Jugend und nahm Verbindung zur Reichsjugendführung auf [230].

Am 25. März 1939 wurde eine Durchführungsverordnung veröffentlicht, in der noch einmal der Inhalt des HJ-Gesetzes vom 1. Dezember 1936 rekapituliert wurde [231], aber neben allgemeinen Prinzipien enthielt die Verordnung genaue Bestimmungen über die Anwendung des Gesetzes [232]. Insbesondere wurde angeordnet, daß alle sechzehn- bis achtzehnjährigen Mitglieder der Hitler-Jugend zu jährlichen öffentlichen Diensten heranzuziehen seien; Knaben waren besonders in der Erntezeit in der Landwirtschaft einzusetzen und Mädchen bei Familien mit mehreren Kindern. Aus diesem Grunde wurde sie dann auch als »Jugenddienstverordnung« bezeichnet. Praktisch hatte es diesen Einsatz bereits seit 1933 gegeben, er war aber noch nicht gesetzlich festgelegt. Ab 1939 wurde der Jugenddienst genauso obligatorisch wie Arbeits- und Militärdienst [233]. Die Hitler-Jugend hatte nun die angestrebte Dreieinigkeit vollendet – Hitler-Jugend – Reichsarbeitsdienst – Wehrmacht –, die jeden jungen Deutschen von seinem zehnten Lebensjahr an formen sollte.

VI. Ideologie

Die Rassenlehre war der wichtigste Punkt der nationalsozialistischen Weltanschauung und versuchte wesentlich die staatliche Jugenderziehung zu beeinflussen. Es war der Wille des Führers, daß die physische Leistung der deutschen Jugend auf ein Höchstmaß zu steigern sei, denn nur mit einem solchen Höchstmaß würde die deutsche Jugend den politischen Existenzkampf bestehen. Selbstvertrauen durch Kampf und Sieg müsse jedem Mitglied der deutschen Volksgemeinschaft schon von Kindesbeinen an beigebracht werden. Die ganze Erziehung müsse mit dem Ziel geplant werden, ihm das Gefühl der Überlegenheit über andere zu geben [1].

Die Quintessenz der Ansichten Hitlers über die erzieherischen Ziele des Nationalsozialismus war, daß der Jugend seine »Ideologie«, jene Vermengung einer Vulgärfassung des Sozialdarwinismus mit Rassismus, eingetrichtert werden müsse. Obwohl man dies in gewissen Kreisen der Hitler-Jugend und der NSDAP-Führerschaft damals als »Ideologie« bezeichnete, bleibt immerhin die Frage offen, inwieweit es dieser »Ideologie« überhaupt möglich war, sich im Laufe von zwölf Jahren (und nur sieben davon dauerte die Erfassung der gesamten jugendlichen Bevölkerung Deutschlands durch die Hitler-Jugend) bei allen durchzusetzen.

Ideologisch war der Nationalsozialismus, so wie er von Hitler propagiert wurde, ein wirres Konglomerat, das sich in keiner Weise mit der systematisch theoretischen Struktur des Marxismus-Leninismus vergleichen konnte, und man muß schon nach anderem als dem von Hitler zusammengeklaubten suchen, um herauszufinden, worin seine anziehende Wirkung auf einen wichtigen Teil der jungen Generation bestand. Von Hitlers und Himmlers Standpunkt aus war der einzige »ideologische Grundsatz«, von dem der Nationalsozialismus bis zu seinem Zusammenbruch nie abgewichen ist, sein Rassismus und Antisemitismus. Aber mit diesem Grundsatz allein ließ sich keine Massenpartei zusammenbringen, sondern höchstens eine Randbewegung von

Wirrköpfen. Um also den Antisemitismus zu popularisieren und ihn zu einer politischen Aufgabe zu machen, mußte man ihn mit den politischen und wirtschaftlichen Mißständen der Zeit in Verbindung bringen – was an sich nicht einmal originell war, denn bereits im Mittelalter und vorher hatte man diesen Vorwand benutzt [2]. Die Popularität einiger jüdischer Intellektueller in der bolschewistischen Revolution und danach in Sowjetrußland und auch in den kommunistischen und sozialistischen Parteien, besonders in Deutschland, gab dem Wiederaufkommen der »Verschwörertheorie« Anlaß, wonach das »internationale Judentum« das deutsche Volk in den Fesseln der Sowjettyrannei versklaven wolle. Wesentlich wirksamer war jedoch in jener Zeit wirtschaftlicher Depression, kaum sechs Jahre nach der großen Inflation, die das deutsche Kleinbürgertum an den Rand der Proletarisierung gebracht hatte, die viel stärker als jede abstrakte rassische Agitation wirkende wirtschaftliche Motivierung des Antisemitismus. Die »Geldmacht der Banken«, die Folgen der Industrialisierung mit dem Übergewicht großer Konzerne auf Kosten der an die Wand gedrückten Kleinunternehmer, die Entpersönlichung der Industriegesellschaft – für all das konnte man die »internationale Finanz« verantwortlich machen, und da es unter diesen auch Juden gab, genügte das, um Leute, die nicht fähig waren, die Komplexität der gesellschaftspolitischen Umwälzungen und ihre Folgen zu begreifen oder ihnen Rechnung zu tragen, vom Bestehen einer Verschwörung des »Weltjudentums« zu überzeugen oder sie ihnen wenigstens zu suggerieren [3]. Der eher auf den Folgen wirtschaftlicher Mißstände als auf rein rassischer Grundlage fußende Antisemitismus war daher einer der Aspekte Hitlerischer Politik, der bei den Massen Widerhall fand. Aber »Masse« ist eigentlich ein zweideutiger Begriff; man mag vielleicht mit einiger Vorsicht darunter die Wählerschaft verstehen, die sich für Hitler entschieden hatte. Das würde aber bei dieser Definition den größten Teil, nämlich den, der in Hitlers Worten »der Garant der Zukunft Deutschlands« war – und damit ist die Hitler-Jugend gemeint –, ausschließen.

Denn die systematisch verstaatlichte Jugend von 1936 bis 1945 war nicht die gleiche wie die Hitler-Jugend vor 1933. Ihre *de jure*-Existenz als eine der NSDAP und zeitweilig der SA untergeordnete Gliederung konnte nicht die Tatsache verschleiern, daß sie *de facto* von ihrer Entstehung bis zu Hitlers Machtübernahme ein weitgehend unabhängiges Leben geführt hatte und daß es daher Raum gab, eine eigene ideologische Richtung zu verfolgen, die ihre Anleihen aus den tief im Boden verwurzelten Quellen nicht nur der deutschen Jugendbewegung, sondern auch der durch die Auswirkungen der Niederlage im Ersten Weltkrieg und den wirtschaftlichen Schwankungen der Weimarer Republik umgestalteten deutschen politischen Tradition beziehen konnte.

Der Tradition der deutschen Jugendbewegung entstammte der inbrünstig gehütete Glaube an eine verschwommene, höchst gefühlsbeladene, dynamische wie primitive Lebensphilosophie, deren einziger Hüter die Jugend war, die allein konstruktiven und nicht von den degenerierten Kräften der bürgerlichen Dekadenz – so nannte man sie damals – verfälschten Zielen entgegenarbeiten konnte [4]. Viel ist geschrieben worden, um zu erläutern und zu beweisen, daß Friedrich Nietzsche der Vater dieser Philosophie war, aber diese These läßt sich nur da verteidigen, wo man sich auf die Verzerrungen und Verfälschungen seines Werkes durch seine Schwester und deren Mann stützt [5]. Die wahre Quelle dieser Philosophie liegt vielmehr in der Romantischen Bewegung mit ihrem unerschütterlichen Glauben an die schöpferische Lebenskraft des Ursprünglichen, ihrer Reaktion gegen die verspielten Auswüchse des Rokoko, die oberflächlichen Einflüsse der »Aufklärung« und die fragwürdigen eines Vernunftglaubens, die ihre *ultima ratio* auf dem Schafott und in der Versklavung vieler Nationen Europas fanden [6]. Wie wir bereits gesehen haben, hatte die romantische Suche nach den schöpferischen Lebenskräften schon zur Verwerfung des rationalen Staatsbegriffes geführt und ihre Vorliebe für die »organisch« gewachsene, aus den Naturkräften des Lebens entstandene Gemeinschaft bekundet. Das Ziel war die »Volksgemeinschaft«

statt des »künstlichen« Staatsgebildes, das »Volk« statt des »Staates«, denn das Volk ist der Leib, aus dem die großen Errungenschaften des Geistes, der Künste und der Religion geboren werden [7].

Die Jugendbewegung war diesen Ideen blind gläubig und gehorsam gefolgt. Aber um die Jahrhundertwende entsprach der Begriff des »Volkes« nicht mehr Herders Vorstellungen. Die Historiker des Reiches Bismarcks und Wilhelms, der wachsende Einfluß der sozialdarwinistischen Theorien, wie sie in Deutschland von Gumplowicz, Schemann, Woltmann und anderen verbreitet wurden, hatten Herders Idee in einen Begriff verwandelt, in dem bewußt oder unbewußt »Volk« mit »Rasse« identifiziert und ausdrücklich qualitative Unterschiede zwischen den Rassen festgelegt wurden [8]. Initiiert von Treitschke wurde die Geschichtsschreibung mißbraucht und der Versuch gemacht, sie als eine empirische Wissenschaft darzustellen, um dem deutschen Volk nicht nur die schließlich zur Vollbringung der deutschen Einheit führende Entwicklung vor Augen zu führen, sondern daraus auch gleich alle Lehren für die Zukunft herzuleiten, Lehren, deren Quintessenz Treitschke mit den Worten zusammenfaßte: »Erstens Macht, zweitens Macht und drittens noch einmal Macht.« [9]

Der Mehrheit der deutschen Jugend nach 1918 schienen die Ereignisse, die zur Niederlage und zum Zusammenbruch des Zweiten Reiches geführt hatten, ähnliche Lehren zu enthalten. Und unter denen, die am Massenschlachten auf den Kriegsschauplätzen des Westens teilgenommen hatten, ließ sich die Lehre in den Satz zusammenfassen: »Zuerst der neue Mensch und dann der neue Staat« – eine Lehre, die mit mannigfachen Abänderungen bald zum Schlagwort wurde und bei allen Jugendbewegungen von rechts bis links lautstark zu hören war [10]. Besonders bei der Rechten wurde der von Lagarde und Langbehn vor dem Kriege verkündete Kulturpessimismus zu einer spezifisch antiwestlichen Haltung vertieft, die sich gegen die weichliche Zivilisation, ihre Beherrschung durch eine unfähige Demokratie und den Parlamentarismus des »Parteienstaates« richtete. Anstelle des Begriffs einer pluralistischen Gesellschaft setzte man mit erneuter Emphase den einer organischen Gemeinschaft. Und man glaubte, in der Armee die einzige von Menschenkraft geschaffene Institution zu sehen, die diese naturgewollte Einheit widerspiegelte. Daher wurde bei der Rechten, und nicht nur unter den Nationalsozialisten, die Bedeutung der Unterordnung des Einzelnen in den Rängen der Gemeinschaft und die Glorifizierung des Führerprinzips betont – eines Prinzips, das sich – wie man glaubte – zur Zeit der »Stahlgewitter« gewandelt hatte, wo der wahre Führer (im Gegensatz zu dem aus altem Kastengeist hervorgebrachten) sich gezeigt und bewährt hatte, weil er für die anderen beispielgebend war [11]. Der Begriff des »Soldatentums« und die militärischen Organisationsformen wurden zu den Maßstäben der Jugendbewegung nach dem Krieg [12].

Die Literatur dieser Zeit von Ernst Jünger bis zu Franz Schauwecker und Hans Zöberlein war die Quelle, die den meisten jungen Deutschen politische Orientierung schenkte – aber sie war nicht die einzige [13].

Schließlich hatte sich ja bereits die Vorkriegsjugendbewegung dem Kult der altgermanischen Vergangenheit hingegeben. Jetzt richtete sich die besondere Aufmerksamkeit auf das Beispiel von einzelnen Gruppen, wie die Ostrogoten Tejas oder die Landsknechte Frundsbergs, die bis zum letzten Mann gekämpft und ihr Leben für eine verlorene Sache geopfert hatten, und diese Geisteshaltung drückte sich nur wenig später im Gelöbnis »Meine Ehre heißt Treue« aus. Treue und Ergebenheit ohne Rücksicht auf die Folgen waren ein von großen Teilen der deutschen Jugend gepflegter Glaubenssatz. Die Nibelungensage, Hagens beispielhafter Kampf gegen die ränkespinnende, den Tod ihres Gatten Siegfried rächen wollende Kriemhild tauchten immer wieder in der Literatur für die Jugendlichen jener Zeit auf:

> Laßt den verlor'nen Haufen
> Vorwärts zum Sturme laufen;
> Falle, wer fallen mag . . .

Es wäre naiv, sich mit der Erklärung zu begnügen, die Jugend sei allein dank der volksaufhetzerischen Begabung der radikalen Propagandisten dem politischen Extremismus verfallen. Die damalige Situation wurde sehr richtig von dem amerikanischen Politologen John H. E. Fried erfaßt, der darauf hinweist, daß solche Gefühle auch zum geistigen Gepäck der Jugendorganisationen der nicht so radikalen Parteien gehörten, und dann fortfährt: »Das zivile Leben war einer verhängnisvollen Überflutung von militärischen Begriffen und einer tatsächlichen Kriegsmentalität ausgesetzt. Im Krieg ist kein Platz für Toleranz dem Feind gegenüber, aber in Friedenszeiten betrachtet eine normale Gesellschaft ihre Nonkonformisten nicht als Geächtete. Der Faschismus tat es charakteristischerweise. Einem Menschen, der anderer Meinung ist, kann man die Hand schütteln, aber nicht, wenn er als Feind und Verräter gebrandmarkt ist. Ein Andersdenkender war ein Verfemter ... Es herrschte eine fortschreitende Tendenz zur Ausschaltung des Andersseins und eine sich stets verschärfende Polarisierung von Freund oder Feind.« [14] Vielleicht braucht man nur noch hinzuzufügen, daß diese Intoleranz nicht nur bezeichnend für die Rechtsparteien und besonders der NSDAP war, sondern auch für die extreme Linke. Wo die einen den Ausdruck »Landesverräter« benutzten, sprachen die anderen von »Klassenverräter«. Außerdem darf man nicht vergessen, daß die Weimarer Republik während ihres ganzen Bestehens nie eine normale Friedenszeitgesellschaft, sondern eine anormale, in einer ständigen Bürgerkriegsatmosphäre lebende war, in der sich bei der Jugend keine normalen Verhaltensweisen entwickeln oder festigen konnten. »Der Krieg ist die Achse, um die sich das Leben dreht.« [15] Diese Bemerkung Ernst Jüngers bezieht sich nicht nur auf die Generation, die im Krieg gekämpft hatte, sondern auch auf die, die unter seinem Einfluß und unter seinen Folgen lebte. Oder, wie Schirach es ausdrückte: »Uns hat der Krieg behütet für den Krieg.« [16]
Ein Einfluß, der sich besonders stark in der Hitler-Jugend geltend gemacht hatte, war der Sozialismus, oder zumindest das, was man für den Sinn des Sozialismus hielt, nämlich eine Art

von kameradschaftlichem Schützengrabensozialismus, der jedoch, wie erwähnt, seine Vorläufer bereits in den Jahrzehnten vor dem Kriege hatte, aber bei den Parteien und Jugendverbänden der Rechtsextremen den Gipfel der Popularität in den Jahren der Weimarer Republik erreichte. Für die frühe Hitler-Jugend war es ein Glaubenssatz [17].

Dieser »Sozialismus« war, wie wir gesehen haben, einer der grundlegenden Faktoren, die, besonders unter Grubers Führung, die Hitler-Jugend von den elitären bürgerlichen Jugendverbänden unterschieden [18]. Sie nahm ihren Nationalsozialismus äußerst ernst, und sogar der Name »Hitler-Jugend, Bund Deutscher Arbeiterjugend« zeugte von dieser Einstellung, die die Klassenunterschiede und das Klassenbewußtsein der Weimarer Republik verwarf. Dieser »sozialistische« Aspekt war in der Hitler-Jugend während ihrer ganzen Geschichte vorhanden und reichte von der Verneinung des Klassenkampfes bis zum Versuch, die Klassenunterschiede zu überbrücken [19].

Natürlich war der Begriff des »Klassenkampfes« zu keiner Zeit einer theoretischen Analyse unterworfen und durfte auch nie offen und allgemein diskutiert werden: man verwarf ihn einfach als einen Auswuchs der degenerierten liberalen Demokratie. Der allesbestimmende Faktor für die Struktur der deutschen Gesellschaftsordnung mußte das »Führerprinzip« sein; Arbeiter und Angestellte marschierten unter derselben Fahne, in denselben Uniformen und mit demselben Ziel: dem Gemeinwohl der nationalen Volksgemeinschaft. Und in den Reihen der Hitler-Jugend wurden ehrliche und erfolgreiche Anstrengungen gemacht, um die sozialen Schranken niederzubrechen; das gesamte Erziehungssystem zielte auf eine besondere Form der Gleichheit hin, wo der Wohlstand für eine Zukunft mit gleichen Chancen für jeden nicht mehr ausschlaggebend war [20]. Gewiß gab es Schulen, deren Auftrag es war, eine Elite heranzuzüchten, aber es waren keine privaten, sondern nationalsozialistische Staatsschulen, deren Schulgeld verhältnismäßig bescheiden war und die gratis jenen zur Verfügung standen, deren Eltern nicht die Mittel aufbringen konnten. Die Zahlen zeigen zwar immer noch eine überwiegende Beteiligung der bürgerlichen Schicht auf dieser Bildungsebene, aber sie beweisen sehr wenig, außer daß es in diesen Schulen immerhin viel mehr Kinder aus der Arbeiterklasse und dem Bauernstand gab als auf den Kadetten-Vorschulen und -Hauptanstalten – den kaiserlichen Kadettenschulen der Vorkriegszeit – oder den privaten Internaten wie Salem. Außerdem konnte das Ziel, allen jungen Menschen der deutschen Volksgemeinschaft gleiche Chancen zu geben, unmöglich in einer Zeitspanne von zwölf Jahren erreicht werden. Natürlich gab es auch auf der untersten Ebene einer Hitler-Jugend-Einheit gelegentlich Probleme und Widerstände, wie zum Beispiel, als Knaben eines bürgerlichen Stadtteils Münchens innerhalb ihrer Hitler-Jugend-Einheit ihre eigene kleine Clique bildeten, um sich von den Kameraden zu distanzieren, die in Arbeitervierteln wohnten und nicht die Höhere Schule besuchten. Als die Cliquenwirtschaft in dieser besonderen Hitler-Jugend-Einheit publik wurde, traf die Führung drastische und wirkungsvolle Maßnahmen. Die bürgerlichen Jungen wurden »auf Vordermann« gebracht und mußten drei Monate lang ihre ganze Freizeit, Wochenenden inbegriffen, der Hilfe für Arbeiterfamilien widmen, wo der Vater Soldat war. Nach den drei Monaten hatte die Kur sich als heilsam erwiesen, und alles kehrte zum normalen Leben zurück, als wenn sich nichts ereignet hätte [21]. Auch die Kriegsereignisse, wie die alliierte Bombenoffensive, schlossen die Einzelnen zusammen und schufen ein praktisches Bedürfnis nach Kameradschaft, wo sich jeder ohne Zögern auf den andern verlassen konnte.

In den frühen Jahren der Hitler-Jugend wurden häufige Versuche unternommen, die spezifisch nationalsozialistische Auffassung des »Sozialismus« zu erläutern, besonders da dieses ein Punkt war, in dem die NSDAP und Hitler-Jugend den meisten Angriffen ausgesetzt waren [22]. Aber einmal zu Papier gebracht, blieb nichts weiter übrig als ein Sammelsurium antibürgerlicher Parolen, das Bestehen auf kameradschaftlichem Geist und das Streben nach einer deutschen nationalen Volksgemeinschaft. Mit der Berufung auf einen proletarischen Nationalismus beabsichtigte die Hitler-Jugend ihre eigene sozialrevolutionäre Mission voranzutreiben und unter der Arbeiterjugend neue Anhänger zu gewinnen. Aber auch ihre Schlagworte waren nicht sonderlich originell: »Durch Sozialismus zur Nation« war schon bei den frühen Freikorps geläufig [23], »Gemeinnutz geht vor Eigennutz« gehörte zum jahrhundertealten deutschen Sprichwortschatz, und »Freiheit und Brot« vernahm man bereits aus den Marschkolonnen der demonstrierenden Sozialisten zu Bismarcks Zeiten. Trotz des offensichtlichen Mangels an Originalität dieser Parolen zeigten sie zumindest die grundsätzliche Haltung der Hitler-Jugend vor 1933.

Angesichts der fortschreitenden Arbeitslosigkeit versuchte Kurt Gruber die antikapitalistischen und sozialistischen Gefühle seiner Organisation auszudrücken, als er sagte:

»Es liegt im Wesen der Hitler-Jugend, daß sie, ebenso wenig wie die Partei mit anderen Parteien, mit anderen Jugendorganisationen verglichen werden kann. Die Hitler-Jugend ist weder ein politischer Wehrverband noch ein antisemitischer Pfadfinderbund und sonst irgend ein Konglomerat aus dem verkalkten Geröll erstarrter Jugendbewegung. Sie ist auch nicht etwa Parteijugend schlechthin, die ihre Ideale ausgerechnet in kapitalistischen Dawesparteien gepflegt sieht, sondern:

Die Hitler-Jugend ist die neue Jugendbewegung sozial-revolutionärer Menschen deutscher Art und volkhaften Wesens, verkettet mit dem Schicksal der Nation. Sie betont die Erziehung und Pflege der Persönlichkeit unter klarer Erkenntnis der gegebenen Verhältnisse und ihrer Forderungen.

Diese heißen nicht nur die Heimat erwandern und erleben, sondern heißen heute die Heimat mit dem Einsatz des Lebens erkämpfen, heißen: Staat und Wirtschaft aus den Krallen kapitalistischer volksfeindlicher Mächte zu befreien.

Daraus folgern wir den Willen zum neuen sozialistischen Volksstaat Adolf Hitlers und wissen, daß sein Weg nur über die Leiche des Marxismus geht . . .« [24]

In der Agitation gegen den Versailler Vertrag und seine wirtschaftlichen Bestimmungen entwickelte die Hitler-Jugend-Propaganda besonderen Haß, der in den Kundgebungen gegen den Young-Plan Ausdruck fand [25]. In dieser Agitationsperiode ging die Hitler-Jugend ein kurzlebiges Bündnis mit anderen rechtsorientierten Jugendverbänden ein, aber Hugenberg, der Besitzer eines mächtigen Presse- und Filmimperiums und seit 1928 der Führer der konservativen Deutschnationalen Volkspartei (DNVP), soll sich besorgt über den Stil der Hitler-Jugend-Agitation und den betont proletarischen Ton geäußert haben [26].

Die geographische Lage des Hauptquartiers der Hitler-Jugend bis 1931 in Plauen trug ebenfalls zu ihrem fortgesetzten sozialrevolutionären Verhalten bei. Der Gegensatz zwischen München und Plauen ist ebenso bezeichnend wie wichtig. In München hatten die Erfahrungen aus der Revolution und der kurzlebigen Räterepublik dazu geführt, daß Ausdrücke wie Sozialismus und Revolution fast als Herausforderung zu Gewalttätigkeit wirkten. Bei der Finanzierung der NSDAP zählten die von den Arbeitern von Krauss-Maffei oder Rodenstock gespendeten Beiträge weniger als die wohlhabender Münchner Familien, wie der Bruckmanns oder Hanfstaengls, die kaum sozialrevolutionäre Ziele verfolgten, sondern den sozialen Status des von Revolution, Inflation und Depression heimgesuchten Münchner Bürgertums festigen wollten [27]. Das politische Münchner Klima, sowohl in der NSDAP wie bei den Wittelsbacher-Monarchisten oder den bayerischen Separatisten, war konservativ und nicht revolutionär. Wenn es überhaupt ein revolutionäres Ziel gab, so war es die Revolution der Spießbürger, die sich in die sogenannte gute alte Zeit von vor 1914 zurücksehnten und am liebsten die Wittelsbacher Monarchie – die sie der der Hohenzollern vorzogen – an der Macht gesehen hätten [28].

Plauen gehörte dagegen zu jener Gegend, die man damals das »rote Sachsen« nannte und wo die revolutionäre Tätigkeit der Kommunisten das politische Leben nach 1919 stark bestimmte: sie hatte ihren eigenen Robin Hood in der Person des extrem radikalen Max Hölz emporkommen lassen, dessen Aktivitäten sogar von seinen Gegnern neidvoll bewundert wurden [29]. In einem solchen Gebiet konnte die Hitler-Jugend keine behagliche pseudorevolutionäre Existenz genießen wie unter den Münchner Bürgern, sondern mußte hart aneinander mit der Arbeiterklasse leben, aus der die Mehrheit ihrer Plauener Mitgliedschaft ohnehin stammte. Hier war das revolutionäre Ethos, auch in seiner vagen verschwommenen Form, eher zu Hause als in München, wo man bei der NSDAP-Parteileitung über solche »revolutionären Machenschaften« die Stirn runzelte. Eine ähnliche Lage wie in Plauen gab es in anderen Gebieten mit hochentwickelter Industrie, wie in Berlin, Hamburg und dem Ruhrgebiet.

Ob das alles nun die Hitler-Jugend oder einen großen Teil von ihr zu »Sozialisten« machte, ist zweifelhaft, obwohl man durchaus behaupten kann, daß ihr »Sozialismus« im Vergleich zur Auslegung und Anwendung dieses Begriffs durch andere Organisationen der NSDAP, wie z. B. bei der SA, gewiß ausgeprägter war [30]. Daran änderte sich zunächst auch nach dem Ausscheiden Grubers und seines Ersatzes durch Schirach nichts, denn Schirach war sich der Gegensätze bezüglich seiner Herkunft und der seiner Untergeordneten bewußt und versuchte zuerst, sich sozialrevolutionäre Ziele und Parolen zu eigen zu machen, die zum Teil noch radikaler waren als die seines Vorgängers. Da er sich aber bald überzeugt hatte, daß er die nationalistischen Jugendbünde unter die Obhut der Hitler-Jugend bekommen mußte, um sich durchzusetzen, ließ er bald die Maske fallen. Fand man sich jetzt der Frage nach einer Definition des Sozialismus gegenübergestellt, so verwies man auf Oswald Spenglers »Preußentum und Sozialismus«, wo es heißt:

»Der Sinn des Sozialismus ist, daß nicht der Gegensatz von reich und arm, sondern der Rang, den Leistung und Fähigkeit geben, das Leben beherrscht. Das ist *unsre* Freiheit, Freiheit von der wirtschaftlichen Willkür des einzelnen.

Was ich erhoffe, ist, daß niemand in der Tiefe bleibt, der durch seine Fähigkeiten zum Befehlen geboren ist, daß niemand befiehlt, der durch seine Begabung nicht dazu berufen war. Sozialismus bedeutet Können, nicht Wollen. Nicht der Rang der Absichten, sondern der Rang der Leistungen ist entscheidend. Ich wende mich an die Jugend. Ich rufe alle die auf, die Mark in den Knochen und Blut in den Adern haben. Erzieht euch selbst! Werdet Männer! Wir brauchen keine Ideologen mehr, kein Gerede von Bildung und Weltbürgertum und geistiger Mission der Deutschen. Wir brauchen Härte, wir brauchen eine tapfere Skepsis, wir brauchen eine Klasse von sozialistischen Herrennaturen. Noch einmal: der Sozialismus bedeutet Macht, Macht und immer wieder Macht. Pläne und Gedanken sind nichts ohne Macht. Der Weg zur Macht ist vorgezeichnet: der wertvolle Teil der deutschen Arbeiterschaft in Verbindung mit den besten Trägern des altpreußischen Staatsgefühls, beide entschlossen zur Gründung eines streng sozialistischen Staates, zu einer Demokratisierung im *preußischen* Sinne, beide zusammengeschmiedet durch eine Einheit des Pflichtgefühls, durch das Bewußtsein einer großen Aufgabe, durch den Willen, zu gehorchen, um zu herrschen, zu sterben, um zu siegen, durch die Kraft, ungeheure Opfer zu bringen, um das durchzusetzen, wozu wir geboren sind, *was wir sind,* was ohne uns nicht da sein würde. *Wir sind* Sozialisten. *Wir wollen es nicht umsonst gewesen sein.*« [31]

Fühlte man sich von Gegnern in der Frage nach einer sozialistischen Theorie in die Ecke gedrängt, so flüchtete sich die Hitler-Jugend in die Parole vom »Sozialismus der Tat«, der sich im Motto »Suum cuique« (Jedem das Seine) zusammenfassen läßt, das man dem utopischen »Alles für Jeden« vorzog. Dieser »Sozialismus der Tat« fand in der Forderung der Hitler-Jugend nach einer besseren Jugendgesetzgebung und in verschiedenen Aktionen seinen Ausdruck, wie bei der Verteilung kostenloser Mahlzeiten an hungernde Kinder im Katastrophenwinter 1930 bis 1931 und in einigen Fällen der Gewährung von Gratisferien in den bayerischen Alpen. Dieser Plan wurde allerdings dann von der Regierung verboten, weil man befürchtete, die Hitler-Jugend würde damit zuviel Zulauf gewinnen.

Schirach behauptete oft, die Hitler-Jugend stelle den Mikrokosmos einer wahren und echten Volksgemeinschaft dar:

»Das Erbe der Einigkeit, das der Jugend in diesen Jahren der Führung durch Adolf Hitler geschaffen wird, darf auch von ihr nicht als etwas Selbstverständliches hingenommen werden. Und an Euch, meine Jungen und Mädel, ist es, diese Einigkeit immer aufs neue zu erwerben, um sie dereinst in Wahrheit besitzen zu können. Auch Euch wird die Volksgemeinschaft nicht geschenkt werden, sondern Ihr selbst müßt schon in Eurer frühesten Jugend die spätere Gemeinschaft des Volkes in der großen Kameradschaft der Jugend vorzuleben beginnen. Das ist die tiefste Bedeutung dieser gewaltigen Jugendbewegung. Daß Deutschland einig ist, dankt Ihr dem Führer, daß es einig bleibt, müssen die späteren Generationen Euch zu danken haben! [32]

Oft hat uns der Führer so unsere große Aufgabe vorgezeichnet, und die HJ versucht nach seinem Wort zu leben und die Volksgemeinschaft zu werden, die Deutschland braucht. Sie ist darum keine soziale Anstalt zur mildtätigen Unterstützung armer Kinder. Wenn sie sich ihrer bedürftigen Mitglieder annimmt und sie zum mehrwöchigen Erholungsurlaub aufs Land schickt, dann tut sie das nicht aus Mitleid. *Es soll auch kein Hitlerjunge dafür danke sagen. Es ist die selbstverständliche Kameradschaft der Jugend.* Wer in dieser Jugend krank wird, hat Recht und Anspruch auf die Hilfe der Gemeinschaft, denn ebenso wie er der Gemeinschaft gehört, gehört die Gemeinschaft ihm. Die HJ kennt nicht den Stachel des Besitzes. Geld hat in ihrer Gemeinschaft nicht den Wert, den es anderswo hat. Da es keine Einrichtung der HJ gibt, die nicht allen Kameraden gleichmäßig offen stünde, sei es nun Lager, Heim oder Fahrt, ist es gleichgültig, ob der Hitlerjunge 3 Mark in der Tasche hat oder nichts.

Auch der Sohn des Millionärs hat keine andere Tracht als der Sohn des Arbeitslosen. Beide tragen das Kleid der Kameradschaft. In ganz Deutschland gibt es keinen kostbareren und für seinen Träger ehrenvolleren Anzug als das Braunhemd der HJ. Das weiß jeder Hitlerjunge, genauso wie jedes Hitlermädel, dem die Tracht dasselbe bedeutet.

Die Uniform der HJ ist der Ausdruck einer Haltung, die nicht nach Klasse und Besitz fragt, sondern nur nach Einsatz und Lei-

stung. Konnte man früher einmal diejenigen als ›gesellschafts-
fähig‹ erklären, die über Frack und Lackschuhe verfügten oder
kostbare Anzüge besaßen, so ist das heute anders. *Gesellschafts-
fähig ist heute jeder, der eine Uniform Adolf Hitlers trägt.* Das
ist die gute Gesellschaft von heute. Mancher Reiche, der unseren
Kampf nicht mitkämpfte und dem Schlosser im ›blauen Anton‹
den Zutritt zu seiner guten Gesellschaft der oberen Zehntausend
verwehrte, ist heute ein Außenseiter der neuen, guten Gesellschaft geworden. So ändert sich die Zeit.
Das Symbol der klassenlosen Gemeinschaft unserer Jugend ist
die Fahne der HJ, die Fahne des Nationalsozialismus, die Fahne Adolf Hitlers. In ihr ist der sozialistische Wille der neuen
Generation Gestalt geworden. Wer unter dieser Fahne egoistisch
denkt, scheidet sich von ihr; nur die Selbstlosen dürfen ihr folgen. Unsere Fahne und unsere Uniform sind die Symbole des
deutschen Sozialismus, den uns die Kämpfer der National-Sozialistischen Deutschen Arbeiter-Partei vorgelebt haben und
dereinst als Erbe überantworten werden.
*Sozialismus heißt nicht, dem einen die Früchte seiner Arbeit
nehmen, um allen etwas von der Arbeit des einen zu geben.* Jeder soll arbeiten, aber auch jeder soll die Früchte seiner Arbeit
ernten. Es soll auch nicht einer reich werden dadurch, daß Tausende für ihn Not leiden müssen. Wer seine Arbeiter ausbeutet
und die Gemeinschaft ausplündert, um seine Kassen zu füllen,
ist ein Feind des deutschen Volkes. Gegen ihn, den verächtlichen
Überlebenden einer überwundenen Zeit, marschiert eine neue.
*Millionen der Jugend stehen gegen ihn auf. Sie vertreten nicht
ihre Interessen, sondern das Wohl der Nation. Der Wille des
Führers ist in ihnen lebendig, der ihnen das Wort gab, nach dem
sie sich richten: ›Nichts für uns, alles für Deutschland‹.«* [33, 34]
Sind Schirachs Bekenntnisse zum Sozialismus mit Vorsicht zu
genießen, wenn man seine Herkunft und seine Ambitionen
im Auge behält, so waren die Voraussetzungen bei seinem
Nachfolger Arthur Axmann sehr anders. Axmann entstammte
der Arbeiterklasse und galt eine Zeitlang als der Wortführer des

189

sozial-revolutionären Flügels der Hitler-Jugend; zwischen 1933 und 1940 war er Chef des Sozialen Amtes innerhalb der Reichsjugendführung; als er während des Krieges Reichsjugendführer wurde und von Schirach einem recht luxuriösen Lebensstil huldigte, verlor letzterer den Respekt vieler seiner einstigen Bewunderer [35]. Trotz alledem glaubten noch viele an Schirachs Bekenntnisse und folgten ihnen. Eine BDM-Führerin schreibt: »Unsere Lagergemeinschaft war ein verkleinertes Modell dessen, was ich mir unter Volksgemeinschaft vorstellte. Sie war ein vollkommen gelungenes Modell. Niemals vorher oder nachher habe ich eine so gute Gemeinschaft erlebt, auch dort nicht, wo die Zusammensetzung in jeder Beziehung homogener war. Unter uns gab es Bauernmädchen, Studentinnen, Arbeiterinnen, Verkäuferinnen, Friseusen, Schülerinnen, Büroangestellte usw. Geführt wurde das Lager von einer ostpreußischen Bauerntochter, die nie über ihre engere Heimat hinausgekommen war. Obwohl sie kaum je ein Fremdwort richtig aussprach, wäre niemand auf die Idee gekommen, sie auszulachen. Sie brachte uns dazu, daß jeder jeden in seiner Art gelten ließ, nachdem man die gegenseitigen Schwächen und Stärken erkannt hatte, und daß jeder sich bemühte, hilfsbereit und zuverlässig zu sein.

Daß ich dieses Modell einer Volksgemeinschaft damals mit so intensivem Glücksgefühl erlebt habe, hat einen Optimismus in mir entstehen lassen, an den ich mich bis 1945 eigensinnig klammerte. Gestützt auf diese Erfahrung glaubte ich allen Gegenbeweisen zum Trotz, daß der Musterfall unseres Lagers sich eines Tages ins Unendliche würde vergrößern lassen. Wenn noch nicht in der nächsten, so doch in einer künftigen Generation.« [36]

Gewiß unterschied sich der Hitler-Jugend-Sozialismus in seiner pragmatisch nüchternen Auslegung radikal von der verschwommenen Romantik der anderen nationalistischen Jugendbewegungen. Vor 1933 forderte die Hitler-Jugend ein Gesetz zum sozialen und wirtschaftlichen Schutz der Jugend, ihre Gleichberechtigung auf sozialem und wirtschaftlichem Gebiet, das Verbot von Kinderarbeit, ärztliche Betreuung jugendlicher Arbeiter unter zwanzig, die Vierzigstundenwoche und drei Wochen bezahlte

Ferien. Der Mißbrauch von Lehrlingsarbeit wurde angeprangert, und die Partei forderte, daß Jugendlichen keine gefährliche Arbeit zugeteilt werden dürfe [37]. Diese und viele andere Punkte waren dann auch später Bestandteil des Jugendschutzgesetzes vom 30. April 1938 [38]. Allerdings kann auch der Pragmatismus den Mangel einer klar umschriebenen sozialistischen Ideologie nicht verbergen. Ob das ein Vor- oder Nachteil ist, bleibe dahingestellt. Die Hitler-Jugend entlieh sich ihre Ideen aus den verschiedensten Quellen, ohne sie zu einer zusammenhängenden Gedankenstruktur zu formen. Sie schaffte keine Synthesen und ließ einfach die sozialistische Komponente in einem ideologischen Vakuum schweben. Daher war es auch stets ein Problem, wie und womit man sich »ideologisch schulen« sollte, und daher war diese Schulung so unsystematisch wie ihr »Sozialismus« und erschöpfte sich in der Verbreitung ihres nationalistisch-völkisch-rassistischen Evangeliums. Von 1931 ab wurden allmonatlich besondere Schulungsbriefe mit genauen Angaben über die Art, Versammlungen der einzelnen Hitler-Jugend-Einheiten abzuhalten (jeder Jungzug, jede Schar traf sich einmal in der Woche), und Ratschläge über Themen und Inhalt dieser Versammlungen an die Hitler-Jugend-Führer versandt. In Hitler-Jugend-Kalendern wurde für jede Woche auf Tage nationaler Bedeutung hingewiesen, die zusammen mit den wichtigsten Tagesereignissen die Themen für Schulung und Diskussion ergeben sollten [39]. Vor 1933 spielte der Inhalt dieser »Heimabende« an sich überhaupt keine Rolle: weil die politische Tätigkeit während der letzten Jahre der Weimarer Republik die HJ so in Anspruch nahm, daß es kaum Zeit für anderes als die Behandlung rein praktischer Fragen gab. Aber schon bald nach der Machtergreifung konnten die Heimabende recht langweilig werden. Die bereits zitierte ehemalige BDM-Führerin schreibt: »Die Heimabende, zu denen man sich in einem dunklen und schmutzigen Keller traf, waren von einer fatalen Inhaltslosigkeit. Die Zeit wurde mit dem Einkassieren der Beiträge, mit dem Führen unzähliger Listen und dem Einpauken von Liedertexten totgeschlagen, über deren sprachliche Dürftigkeit ich

191

trotz redlicher Mühe nicht hinwegsehen konnte. Aussprachen über politische Texte – etwa aus ›Mein Kampf‹ – endeten schnell in allgemeinem Verstummen.« [40]

Solche Erlebnisse waren ziemlich allgemein, und bald entwickelte sich bei den Führern der Einheiten die Gewohnheit, bei Heimabenden zuerst des gerade fälligen Ereignisses zu gedenken, dann Kriegs- oder Abenteuergeschichten vorzulesen oder die Jungens oder Mädels draußen etwas herumtollen zu lassen und dann mit ihnen durch den Ort zu marschieren, während das Repertoire an Soldaten- und Hitler-Jugend-Liedern abgesungen wurde. Der Abend wurde mit einem Geländespiel auf der Straße oder im Park beendet, oder aber man überfiel eine benachbarte Hitler-Jugend-Einheit, mit der man in »Fehde« war [41]. Körperliche Betätigung mußte so unbeabsichtigterweise die ideologische Schulung und den Mangel an geistigem Inhalt, der der nationalsozialistischen Bewegung eigen war, wettmachen. Fand einmal etwas für die ideologische Schulung statt, so grenzte es oft ans absurd Lächerliche. In Berlin zum Beispiel wurde einmal eine Einheit der Hitler-Jugend durch das »Freimaurermuseum« geführt:

»In einer Vitrine wurden uns dort ein Fläschchen mit einer bräunlichen Flüssigkeit und ein Gegenstand gezeigt, der an eine Stricknadel erinnerte. Mit diesem Instrument, so erläuterte uns der Museumsdiener, habe Goethe, bekanntlich ein verschworener Freimaurer, den armen Schiller meuchlings getötet. Natürlich habe die internationale Zunft der Freimaurer bis heute dafür gesorgt, daß dieses Verbrechen nicht bekannt geworden sei. Die Parteiführung wünsche auch keine öffentliche Diskussion darüber, aber einer kleinen Auswahl besonders zuverlässiger Menschen solle hier Einblick in dieses traurige und beschämende Geheimnis gewährt werden. Beim nächsten Führerinnentreffen brachte jemand ein Buch mit, das den Titel ›Der gefesselte Goethe‹ trug. Auf seinem Schutzumschlag war eines der späten Goetheporträts abgebildet (es hing, solange ich denken konnte, im Eßzimmer unserer Wohnung); durch eine plumpe Montage waren dem Brustbild Arme und Hände hinzugefügt, um die sich

schwere, eiserne Ketten wanden. Aus diesem Buch wurde vorgelesen, und, soviel ich mich erinnere, enthielt der Text eine Bestätigung jener irrsinnigen These von der Ermordung Schillers durch
Goethe. Ich hatte zu dem gleichen Treffen den Briefwechsel zwischen Schiller und Goethe mitgebracht, in dem ich damals gut
Bescheid wußte. Aber mein Protest gegen die Verdächtigung
Goethes wurde nicht angehört.« [42]

Ein Aspekt der Hitler-Jugend-»Ideologie« war jedoch ausgeprägter als ihr Sozialismus oder die Verbreitung von Verschwö-
rungstheorien: der Anspruch auf Totalitarismus. Hitler hatte
ihn bereits in »Mein Kampf« angemeldet, und was 1924 sein
Ziel war, glaubte er 1938 erreicht zu haben:

»Diese Jugend, die lernt ja nichts anderes als deutsch denken,
deutsch handeln, und wenn diese Knaben mit zehn Jahren in
unsere Organisation hineinkommen und dort oft zum erstenmal
überhaupt eine frische Luft bekommen und fühlen, dann kommen sie vier Jahre später vom Jungvolk in die Hitler-Jugend,
und dort behalten wir sie wieder vier Jahre, und dann geben
wir sie erst recht nicht zurück in die Hände unserer alten Klas-
sen- und Standeserzeuger, sondern dann nehmen wir sie sofort
in die Partei, in die Arbeitsfront, in die SA oder in die SS, in
das NSKK und so weiter. Und wenn sie dort zwei Jahre oder
anderthalb Jahre sind und noch nicht ganze Nationalsozialisten
geworden sein sollten, dann kommen sie in den Arbeitsdienst
und werden dort wieder sechs und sieben Monate geschliffen, alles mit einem Symbol, dem deutschen Spaten. Und was dann
nach sechs oder sieben Monaten noch an Klassenbewußtsein oder
Standesdünkel da oder da noch vorhanden sein sollte, das über-
nimmt dann die Wehrmacht zur weiteren Behandlung auf zwei
Jahre, und wenn sie nach zwei, drei oder vier Jahren zurückkehren, dann nehmen wir sie, damit sie auf keinen Fall rückfäl-
lig werden, sofort wieder in die SA, SS und so weiter, und sie
werden nicht mehr frei ihr ganzes Leben. Und wenn mir einer
sagt, ja, da werden aber doch immer noch welche übrigbleiben:
Der Nationalsozialismus steht nicht am Ende seiner Tage, sondern erst am Anfang!« [43]

Die Realität dieses Totalitätsanspruchs war überall spürbar, sowohl in der Hitler-Jugend wie im gesamten Erziehungssystem des Dritten Reiches. Inwieweit das Ziel effektiv erreicht wurde, ist eine andere Frage, aber zweifellos wäre es dazu gekommen, wenn Hitler-Deutschland länger angedauert hätte. Die Reichsjugendführung machte ernsthafte und hartnäckige Anstrengungen in dieser Richtung, besonders in ihrer Abteilung für ideologische Schulung, dem »Mittelpunkt der Bemühungen zur geistigen Gestaltung der deutschen Jugend. Von hier aus werden die meisten Jugendveröffentlichungen in einem fortlaufenden Strom von Literatur, erzieherischen Schriften und ähnlichem ausgesandt. Die Rundfunkabteilung hat stets zunehmende Bedeutung gewonnen. Ihr untersteht das weitverbreitete Sendernetz für Jugendprogramme; das wichtigste davon ist die wöchentliche Abendsendung an jedem Mittwoch um 20 Uhr, wenn sich die gesamte deutsche Jugend um die Rundfunkempfänger schart, um ein besonders vorbereitetes Schulungsprogramm anzuhören. Weitere Sendungen von und für die Hitler-Jugend werden während der Woche ausgestrahlt. Die Abteilung Presse und Propaganda beschränkt sich nicht auf die Herausgabe von Büchern und Zeitschriften für die Hitler-Jugend. Diese Arbeit wird soweit wie möglich der Initiative der Jugend selbst überlassen.« [44]

Natürlich ist das übertrieben, aber es sagt genügend über die Ansprüche der Hitler-Jugend aus. Allerdings wurde z. B. die regelmäßige Rundfunksendung bei Ausbruch des Krieges eingestellt, weil sie in die Hauptsendezeit fiel. Ob die ideologische Schulung nun alldurchdringend war oder nicht, das Bewußtsein fortwährender Aktivität war mit der ausgesprochenen Absicht verbunden, den Gedanken an ein eigenes Privatleben auszuschalten. Junge Menschen wurden absichtlich oder kraft der Umstände dazu gezwungen, stets im Dienst zu sein. Was immer sie auch taten, es stand stets in direkter oder indirekter Verbindung mit dem nationalsozialistischen Staat. Die Kindheit war mit dem Alter von zehn Jahren beendet, sobald die jungen Deutschen dem Jungvolk oder den Jungmädels angehörten. Von diesem Augenblick an trug jeder Pimpf seinen »Marschallstab im Tornister«.

»Aber es ist nicht die Führung der Jugend allein, die ihm offensteht, auch die Tore des Staates sind ihm weit geöffnet. Wer von frühester Jugend an in diesem Deutschland Adolf Hitlers seine Pflicht erfüllt, tüchtig, treu und tapfer ist, braucht um seine Zukunft keine Sorge zu haben.« [45]

»Die HJ war eine *Jugend*organisation. Ihre Mitglieder ließen sich zwar uniformieren und im Dienst reglementieren, aber sie hörten deshalb nicht auf, Jugendliche zu sein und sich wie Jugendliche zu verhalten. Ihr altersbedingter Überschuß an Tatendurst und Bewegungsdrang fand in dem ständig auf Hochtouren laufenden Aktionsprogramm der HJ ein weites Feld. Es gehörte zur Methodik der nationalsozialistischen Jugendführung, daß fast alles in Form von Wettkämpfen abgewickelt wurde. Man kämpfte nicht nur im Sport und im Beruf um die beste Leistung. Jede Einheit wollte das schönste Heim, das interessanteste Fahrtenbuch, das höchste Ergebnis bei der Spendensammlung fürs Winterhilfswerk haben . . .« [46]

Wurden individuelle Leistungen auch belohnt, so achtete man sehr darauf, daß sie niemals auf Kosten der Einheit gingen; im allgemeinen fand der Wettbewerb zwischen Gruppen und nicht zwischen Einzelnen statt; das Hauptgewicht wurde auf Gehorsam, Pflichterfüllung in der Gruppe und Hilfsbereitschaft in der Gruppe gelegt [47]. Fähnlein wetteiferte gegen Fähnlein im Stamm, Jungzug gegen Jungzug innerhalb des Fähnleins und Jungenschaft gegen Jungenschaft.

»Dieser ständige Kampf um die Leistung brachte schon in Friedenszeiten ein Element der Unruhe und forcierter Betriebsamkeit in das Leben der Gruppen. Er fing den jugendlichen Aktionsdrang nicht nur auf, er fachte ihn an, wo es sinnvoller und notwendiger gewesen wäre, dem Einzelnen in seiner Gruppe und der Gruppe als Ganzes Zonen einer behüteten inneren Reifungs- und Entfaltungsmöglichkeit zu schaffen . . .

Die Führerschaft einer solchen auf Aktivität und Leistung gedrillten Jugend bildete allmählich einen eigenen Managerstil heraus. Sie wurde selbst von einer Aktion in die andere gejagt und jagte ihre Gefolgschaft von einer Aktion in die andere. Auch die jungen Männer und Frauen in der Reichsjugendführung, von denen jene Aktionen ausgelöst wurden, standen unter demselben Zwang rastloser Motorik. Das Rad der immerrollenden Aktivität schöpfte stets neue Schwungkraft aus seiner eigenen Umdrehung und riß jeden mit, der in seinen Bereich geriet.« [48, 49]

Der den meisten jungen Menschen angeborene Enthusiasmus, mit dem sie ihr Leben in den Dienst einer sinnvollen und nützlichen Sache zu stellen wünschen, wurde voll ausgenutzt und trug seine meisten Früchte in der Frühzeit der Hitler-Jugend und in den letzten Jahren des Krieges, als die Jungen aus wesentlich unpolitischen Gründen und bestimmt nicht aus Begeisterung für den nationalsozialistischen Imperialismus bereit waren, mehr als den größten Teil ihrer Freizeit zu opfern. Es war unvermeidlich, daß eine solche Politik und die Begeisterung, mit der sie aufgenommen wurde, auf lange Sicht eine schwere Bedrohung für traditionelle Gesellschaftsstrukturen, wie z. B. die Familie, darstellte. Aber diese lange Sicht war bereits 1945 abgeschnitten, und folglich kamen die möglichen, aufs äußerste gesteigerten Formen und Auswirkungen des Generationenkonflikts niemals zur Reife.

Das eine konstante »ideologische Element« der Hitler-Jugend und Hitler-Jugend-Schulung war der blinde Glaube an Adolf Hitler, der Schirachs Auslassungen oft an die Grenze der Blasphemie brachte, wenn er Hitler als den Gott der Deutschen hinstellte: »Geistige Führer, die neue Ideen herstellen, brauchen wir nicht, denn der überragende Führer dieses Jugendwollens ist Adolf Hitler.« [50] – »Ihr Name ist das Glück der Jugend, Ihr Name, mein Führer, ist unsere Unsterblichkeit.« [51] – »Diese Volksabstimmung (Österreichs zum Anschluß 1938) ist für uns keine Wahl, sie ist für uns ein deutsches Dankgebet, und dieses Dankgebet heißt: Ja, mein Führer.« [52] – »Wer Adolf Hitler, dem Führer, dient, dient Deutschland, und wer Deutschland dient, dient Gott.« [53] – »Wenn wir die Jugend zu Deutschland führen, führen wir sie zu Gott.« [54] – Eine ziemlich makabre und unbeabsichtigte Prophezeiung. – »Mama, nicht weinen, ich weiß, daß ich für Adolf Hitler sterben muß« [55], waren die letzten Worte des Hitlerjungen Werner Gerhardt, als er 1932 von politischen Gegnern ermordet wurde.

Schirach übernahm die Verantwortung für die Beeinflussung und Erziehung der deutschen Jugend zum pseudoreligiösen Hitler-Kult und sagte im Nürnberger Prozeß aus: »Ich habe diese Jugend in dem Glauben und der Treue zu Hitler erzogen. Die von mir aufgebaute Jugendbewegung trug seinen Namen.« [56] Hitlers eigene Einstellung zu seiner jugendlichen Gefolgschaft veränderte sich sehr im Laufe der Zeit. Er hatte von Anfang an die Bedeutung, die Jugend für sich zu gewinnen, erkannt. Aber vor 1933 beschäftigten ihn andere, zwangsläufig vorrangige Probleme, und er schenkte der Hitler-Jugend weniger Aufmerksamkeit als nach 1933. Dasselbe trifft offenbar auf die meisten führenden Parteifunktionäre des Dritten Reiches zu, aber Schirach selbst hatte im Jahre 1932 auf eine Clique innerhalb der NSDAP hingewiesen, die »der Jugend fremd ist, die unseren Kampf nicht versteht und auch nicht verstehen will« [57]. Nach 1936 wurde die Hitler-Jugend zu einer Organisation, der alle anderen NSDAP-Formationen oder Dienststellen der Wehrmacht größtes Interesse entgegenbrachten.

Die Verehrung Hitlers zusammen mit dem inbrünstigen Glauben an die Schaffung der Volksgemeinschaft, in der es keine Klassenunterschiede geben und in der nur Wille und Leistung zählen würden, war das Glaubensbekenntnis der Hitler-Jugend. Der Totalitarisierungsprozeß mußte vorangetrieben und gefestigt werden, und das wirft die grundsätzliche Frage auf, inwieweit das nationalsozialistische Deutschland überhaupt ein totalitärer Staat war, der die Macht hatte, jedem einzelnen Bürger der nationalen Gemeinschaft seinen Willen und seine Ideen aufzuzwingen.

Hitler hatte versprochen, Bismarcks Werk zu vollenden, und das war ihm wirklich für eine sehr kurze Zeit gelungen. Aber um mit Erfolg einen völlig totalitären Staat zu schaffen, hätte

Hitler die bestehende traditionelle deutsche Gesellschaftsstruktur zerschlagen und die traditionellen sozialen Bindungen des deutschen Volkes lösen müssen, so wie es die Bolschewisten nach 1917 in Rußland getan hatten. Anstatt dessen spielte er sich als ihr großer Verteidiger auf (was ihm sogar aus dem ultrakonservativen Lager Zulauf brachte), weil er wußte, daß er zur Durchführung seiner Politik die Unterstützung der traditionellen Mächte brauchte, und gleichzeitig legte er die Keimzellen für den völlig totalitären Staat der Zukunft. Vorläufig bestanden die alten Institutionen weiter neben denen der Partei, aber es herrschte ein Gefühl des Unbehagens, das sich rasch in den letzten Jahren des Krieges steigerte. Dieses Unbehagen konnte man in den Beziehungen zwischen Hitler-Jugend und Elternhaus beobachten, denn die Hitler-Jugend setzte sich für eine grundsätzlich verschiedene Gesellschaftsform ein als die, die vielen Eltern, die noch den Werten einer verflossenen Zeit – nämlich der wilhelminischen – anhingen, vorschwebte. Glücklicherweise hinkte die Wirklichkeit des Lebens in der Hitler-Jugend ihren Idealen um eine beträchtliche Entfernung nach. Der Mangel an Jugendführern und Mitteln für ideologische Schulung und Koordination konnte nie behoben werden.

Obwohl Deutschland in den Kriegsjahren mehr und mehr den Charakter des totalitären Staates annahm, in dem jeder Einzelne erfaßt und in den politischen Prozeß eingeordnet wurde, duldete die nationalsozialistische Regierung immer noch eine weitreichende »politische Privatatmosphäre«. [58] Mit anderen Worten: haßte jemand die Methoden Hitlers und der Partei, ohne indessen bereit zu sein, sich ihnen aktiv zu widersetzen, so war es immer noch möglich, aus der Politik auszusteigen. Schriftsteller und Journalisten zum Beispiel hatten noch die Möglichkeit, in jener stummen geistigen Zurückgezogenheit Zuflucht zu suchen, die man in Deutschland seit dem Krieg die »innere Emigration« nennt [59]. Sie wandten sich einfach gefahrloseren Beschäftigungen als der Politik zu und schrieben unter einem Pseudonym, das womöglich dem Ministerium Goebbels', aber nicht dem allgemeinen Publikum bekannt war.

In Deutschland erreichte der Totalitarismus des nationalsozialistischen Staates nie den Punkt, wo er in die innere Lebenssphäre jedes Einzelnen eindringen, jede einzelne private oder öffentliche Handlung seinem Urteil gemäß den Kriterien der nationalsozialistischen Ideologie unterwerfen konnte [60]. Außerdem wurde während der vollen zwölf Jahre Hitler-Regierung die ideologische Kohärenz, die zur Bildung klarer und eindeutiger programmatischer Kriterien notwendig gewesen wäre, nie erreicht.

Jede systematische Untersuchung der offiziellen, für die Hitler-Jugend bestimmten Veröffentlichungen zeigt, wie wenig Raum der direkten politischen und ideologischen Schulung überhaupt gegeben wurde. Die hervortretensten Merkmale sind überall die in stilisierter gotischer Schrift reproduzierten Zitate aus Hitlers Reden, und der Rest besteht aus Berichten über die Betätigungen der Hitler-Jugend in den verschiedenen Landesteilen.

Betrachtet man die Lage der Hitler-Jugend als Institution innerhalb der NSDAP, so gewinnt man den Eindruck, daß sie fest in den Parteiapparat eingezwängt war und wenig Ungezwungenheit oder überhaupt ein Eigenleben entwickeln konnte. Das trifft auch durchaus auf die Stellung der Reichsjugendführung gegenüber der NSDAP zu, aber auf unterer Ebene, wo tatsächlich die Jugend die Jugend führte, ergab sich ein völlig anderes Bild. Das Durchschnittsalter für einen Bannführer war vierundzwanzig, aber mit dem Ausbruch des Krieges wurde es stark herabgesetzt. Ein Gefolgschaftsführer war selten älter als siebzehn, ein Fähnleinführer im Jungvolk zwischen vierzehn und fünfzehn. 1945 konnte ein Jungzugführer, der für 30 bis 50 Jungen verantwortlich war, sogar erst elf Jahre alt sein (61). Folglich kann man wahrhaftig sagen, daß nie zuvor in der Geschichte Deutschlands die Jugend derartige für ihr Alter bedeutende Machtpositionen eingenommen hatte und daß man ihrer Tätigkeit nie eine so große nationale Bedeutung zugemessen hatte wie im Hitler-Deutschland. Eine unvermeidliche Begleiterscheinung war dann allerdings die lässig arrogante Art, in der viele Hitlerjungen auf die ältere Generation herabblickten – der Generationenkonflikt hatte sich umgekehrt. Der ständige Druck zu Betätigungen aller Art, wie Propagandamärsche, sportliche Wettbewerbe oder das Sammeln für das Winterhilfswerk, ließen wenig Zeit zum Nachdenken, geschweige zu systematischer ideologischer Schulung. Körperliche Betätigung und Geschäftigkeit waren der Ersatz für eine Ideologie. Das gilt noch in höherem Maße für die Kriegsjahre, denn schon von Kriegsausbruch an wurden HJ, Jungvolk, BDM und Jungmädels immer stärker an der Heimatfront eingesetzt, bis viele von ihnen schließlich an die Kampffront gestellt wurden und inzwischen mehr über alle Arten des Sterbens gelernt hatten als über die Dinge des Lebens.

Das Bild jener Millionen kleiner Hitlerjungen, die Hitlers »Mein Kampf« fleißig und begeistert auswendig lernten, ist frei erfunden und entspricht durchaus nicht der Wirklichkeit. Was man auf den SS-Junkerschulen schon für zu unverdaulich fand, mußte es noch mehr für die jüngeren Altersgruppen sein. Die sogenannten ideologischen Lehrsätze vom Nationalismus, dem Glauben an die moralische und physische Überlegenheit des eigenen Landes und ein gewisser latenter oder aggressiver Rassismus waren nicht allein für die nationalsozialistische Jugend charakteristisch, und man hatte sie schon vor 1933 in jeder gemäßigten Rechtspartei angetroffen.

Man hat bei der Untersuchung der ideologischen Grundlagen oft die Ideologie mit der in der sogenannten ideologischen Schulung so gern und oft behandelten parteigeschichtlichen Mythologie durcheinandergebracht. Diese beschäftigte sich fast ausschließlich mit der Glorifizierung jeder Phase im Leben Hitlers, den »Blutzeugen der Bewegung«, den sechzehn Toten des Münchner Putsches von 1923 und natürlich den Märtyrern Horst Wessel und Herbert Norkus [62]. Mit diesem ziemlich beschränkten Programm war die offizielle Hitler-Jugend-Literatur recht langweilig und wurde auch von der Gefolgschaft als das betrachtet, was sie war: ungeschickte Propaganda [63]. Die Reichsjugendführung hatte sich bereits 1932 in das Filmgeschäft gewagt, als der Reichsjugendtag in Potsdam gefilmt wurde [64], aber ihre weiteren Anstrengungen auf diesem Gebiet blieben, mit möglicherweise zwei Ausnahmen, genauso langweilig und schwunglos wie die Literatur [65]. Die beiden einzigen Hitler-Jugend-Filme, die Anspruch auf Beachtung erheben konnten, kamen nicht aus der Produktion der Hitler-Jugend, sondern aus bestehenden privaten und staatlichen Filmgesellschaften. Einer davon war der »Hitlerjunge Quex«, der auf der Lebensgeschichte des kleinen Herbert Norkus fußte und im November 1933 herauskam, der andere erschien im Mai 1944 und hieß »Junge Adler«: es handelte sich um den straffällig gewordenen Sohn eines reichen Flugzeugfabrikanten, der sich als Hitlerjunge und freiwilliger Arbeiter in der Fabrik seines Vaters rehabilitiert. Aber die große Mehrzahl der unter der Schirmherrschaft der Reichsjugendführung herausgebrachten Filme war für ihre Langweiligkeit so berüchtigt, daß die Hitlerjungen zu den Vorstellungen in die Kinos abkommandiert werden mußten [66].

Natürlich wurde daneben noch ein anderer indirekter ideologischer Einfluß durch die gleichgeschalteten Massenmedien, wie Presse, Film, Theater – besonders letztere beide –, ausgeübt, denn dort war die »ideologische Schulung« wenigstens mit Unterhaltung verbrämt.

Die Reichsjugendführung schien sich des Mangels an wirksamem ideologischem Schulungsmaterial und der sich daraus ergebenden Nachteile bewußt zu sein, denn sie führte 1943 einen Hitler-Jugend-Katechismus ein [67]. Diese Veröffentlichung wurde mit Gleichgültigkeit aufgenommen. Eine Nachfrage bei den Hauptquartieren der Hitler-Jugend in Berlin, München, Hamburg, Dresden, Essen, Düsseldorf, Breslau und Königsberg ergab, daß die gelieferten Bestände nicht einmal abgeholt worden waren [68]. Es sprach auch nicht gerade für die Qualität dieses Katechismus, als er ein wenig später stapelweise bei den von der Hitler-Jugend durchgeführten »Altpapier-Sammlungen« auftauchte [69]. Außerdem behaupteten viele Hitlerjungen in jener Zeit, viel zu beschäftigt zu sein, um sich noch aufmerksamer Lektüre widmen zu können [70].

Vielleicht war allein die katholische Kirche letzten Endes die einzige traditionsgebundene Institution, der die NSDAP nicht viel anhaben konnte. Das Konkordat von 1933 schien die Beziehungen zwischen der nationalsozialistischen Regierung und der Kurie ein für allemal geregelt zu haben. Aber wie schon erwähnt, war es nur ein kurzer Waffenstillstand, und schon wenig später war praktisch wieder der offene Krieg zwischen Vatikan und NSDAP ausgebrochen. Offiziell hatte Hitler beschlossen, die Kirchen zu ignorieren, solange sie nicht seinen Maßnahmen in die Quere kamen. Wagten sie sich auf verbotenen Grund vor, so hing seine Reaktion von den Umständen ab. Als zum Beispiel während der ersten Kriegsjahre das geplante Euthanasiegesetz öffentlich bekannt wurde und der katholische wie protestantische Klerus sich offen dagegen aussprach, erklärte er sich einverstanden, es zurückzuziehen [71]. In einer Zeit nationaler Krise konnte er es sich nicht leisten, sich die Kirchen zum Feind zu machen. Aber vor dem Krieg und auch zu einem großen Teil während des Krieges führten die Gauleiter der NSDAP ein fast autonomes Regiment. Daher hingen die Beziehungen zwischen NSDAP oder auch der Hitler-Jugend zu den Kirchen sehr oft von der Einstellung des entsprechenden Gauleiters ab. Aber auch seiner Macht innerhalb des Gaues waren gewisse Grenzen gesetzt. Als Gauleiter Wagner in Oberbayern 1939 die Entfernung sämtlicher Kruzifixe aus den Schulräumen befahl, gab es in diesem traditionell katholischen Lande einen solchen Aufruhr, daß er aus Gründen der Zweckmäßigkeit durch Gauleiter Giesler ersetzt werden mußte [72].

In den Jahren zwischen 1933 und 1937 konnten einzelne Parteiführer sich schärfer der Kirche entgegenstellen als später. Graf Galen, der Bischof von Münster, hatte zum Beispiel sehr viel gegen die Weimarer Republik eingewandt und kurz nach Hitlers Machtergreifung die Gläubigen aufgefordert, mit dem neuen Regime zusammenzuarbeiten, um Deutschland wieder seinen rechtmäßigen Platz unter den Nationen einzuräumen. Aber er machte einen klaren Unterschied zwischen Hitler und dem Hauptwortführer des »neuen Heidentums« Alfred Rosenberg. Als es 1935 bekannt wurde, daß Rosenberg bei einer öffentlichen Versammlung in Münster eine Rede halten würde, wandte er sich sofort in einem Protestbrief an den Gauleiter Westfalens und schrieb: »Die überwiegend katholische Bevölkerung Westfalens würde das Erscheinen Rosenbergs als direkte Provokation empfinden . . .« [73]

Aber Rosenberg kam doch am 7. Juli, und die örtliche Parteileitung machte aus dieser Veranstaltung eine Massenkundgebung auf Münsters größtem Platz, wo sich zugleich auch die Bischofsresidenz befand. Graf Galen wurde als Verkörperung der reaktionären Mächte diffamiert, und Innenminister Frick, den Rosenberg zuerst gegen seinen Willen zur Teilnahme überredet hatte, hielt eine Ansprache über die Trennung von Kirche und Staat. Rosenberg griff in seiner Rede den Bischof an, fragte ihn, ob die NSDAP nicht mehr als jede andere politische Macht geleistet habe, um der Bedrohung durch den Bolschewismus entgegenzutreten. Er behauptete ferner, religiöse Toleranz sei einer der Grundsätze der Regierungspolitik, und führte als Beweis dafür den Bischof selbst an, der Briefe mit Verleumdungen über Rosenberg geschrieben habe und dafür nicht einmal befürchten müsse, in Haft genommen zu werden [74].

Die Versammlung endete mit einem Aufmarsch der Hitler-Jugend vor der bischöflichen Residenz und dem Absingen antiklerikaler und persönlich den Bischof beleidigender Parolen. Auch bei ähnlichen Demonstrationen gegen den Bischof von Trier und den Erzbischof von Paderborn wurden Hitler-Jugend-Formationen eingesetzt, aber in allen drei Fällen hatte man die Hitlerjungen weiter aus anderen Gegenden Deutschlands »importiert«. Bei solchen Gelegenheiten bediente man sich oft der Hitler-Jugend-Einheiten auch in anderen Teilen Deutschlands [75], aber es ist zu bezweifeln, daß diese Jungens wirklich aus »ideologischer« Überzeugung mitmachten. Es ist viel wahrscheinlicher, daß die Paraden und Märsche ihnen Gelegenheit gaben, ihre Energien auszutoben, und daß der Gedanke an eine Gratisreise in einen anderen Landesteil mit gutem und reichlichem Essen und einigen schul- oder arbeitsfreien Tagen einfach verlockend war.

Gelegentlich wurden – besonders in der Hitler-Jugend-Führerschaft – Bemühungen unternommen, die Hitlerjungen zum Austritt aus der Kirche zu bewegen. Der Freiburger Historiker H.-G. Zmarzlik erinnert sich an seine eigenen Erfahrungen als Hitlerjunge:

»Unser Direktor war Nationalsozialist. Ein ›alter Kämpfer‹, der bald nach der Machtübernahme seine Chance erhielt. Er war nicht beliebt, aber auch nicht verhaßt. Er galt als ›kleinkariert‹, war borniert, aber wohlmeinend. So waren viele, die damals kleine Karriere machten.

Einmal stellte er mich, Obertertianer, und sagte: ›Du bist doch Führer in der HJ, warum gehst du dann noch zum katholischen Religionsunterricht?‹ Ich ging nicht gern zum katholischen Religionsunterricht. Der war langweilig. Aber mich ärgerte die Anzapfung, und ich antwortete: ›Herr Direktor, ich bin nun einmal katholisch, also bleibe ich dabei.‹ Da sagte er: ›Da hast du recht. Man soll seiner Überzeugung treu bleiben.‹ Das war typisch für die Mentalität bürgerlich geprägter Nationalsozialisten, die über jeden Opportunismusverdacht erhaben sein wollten und in der Fortexistenz der Kirchen im Grunde ein moralisches Alibi fanden.« [76]

Schirach distanzierte sich klar vom extrem antichristlichen Flügel der NSDAP, als er sagte: »Es ist nicht meine Absicht, in den Wäldern Deutschlands Heidenaltare errichten zu lassen und die Jugend einem Wotanskult zuzuführen ...«. Auch rief er einmal aus, daß er in der Hitler-Jugend niemanden leiden würde, »der nicht an Gott glaubt« [77].

Es wurde oft vermutet, die teutonischen Zeremonien und Rituale, die angeblich stark verbreitet waren, hätten die Phantasie der jungen Menschen angeregt. Ferner wurde oft behauptet, die ideologische Schulung sei besonders wirksam gewesen und von hochspezialisierten Experten, die mit allen Techniken ideologischer Gehirnwäsche vertraut waren, durchgeführt worden. Zu diesen Techniken gehöre der pulsierende Rhythmus der Marschkolonnen und das gemeinsame endlos wiederholte Absingen von Naziliedern. Jeder Junge und jedes Mädel sollte auf diese Weise in das Kollektiv eingeführt sein, im Laufe des Erlebnisses seine Individualität aufgelöst und sich ganz mit den Kameraden vereint haben [78]. Es ist unmöglich, eine derartige Behauptung zu beweisen. Was den letzten Punkt anbetrifft, so wird bei jedem organisierten Lagererlebnis mehr oder weniger das gleiche Resultat erreicht. Es würde doch wohl kaum hochspezialisierten Experten entsprechen, Ideologisierung durch endloses Absingen von Naziliedern erreichen zu wollen, und es ist überhaupt überraschend, zu sehen, wie wenig diese Lieder wirklich aus der Hitler-Jugend stammten. Die meisten waren dem Repertoire der Deutschen Jugendbewegung von vor 1914 entnommen, die sie ihrerseits zum großen Teil aus dem Lieder- und Balladenschatz der Folklore entliehen hatte. So konnte Schirach, als er während der Nürnberger Prozesse angeklagt wurde, er habe antiklerikale Lieder wie »Wir sind des Geyers schwarzer Haufen« für die Hitler-Jugend schreiben und komponieren lassen, mit Recht darauf hinweisen, daß das fragliche Lied in Deutschland vor vierhundert Jahren bei den Bauernaufständen gegen die Aristokratie und die reichen Klöster entstanden war [79].

Einem Hitlerjungen beizubringen, sein christliches Erbgut zu verachten und Priester als Verräter ihres Vaterlandes zu betrachten, wäre wohl ebenfalls nicht einem »hochspezialisierten Experten« zuzutrauen, denn dieser wäre sich gewiß der Bedeutung bewußt gewesen, die das Familienleben in Deutschland noch hatte, und des Einflusses, den die Kirche ausübte.

Das nationalsozialistische Regime mußte vor dem Krieg in seinen Beziehungen zur Kirche mit größter Vorsicht auftreten. Die Übertreibungen und Maßlosigkeiten einzelner NSDAP-Führer, die ihre persönlichen antiklerikalen Hetzkampagnen führten, konnten sich als äußerst unbequem erweisen, und die Schauprozesse, in denen Priester wegen Sexualdelikten oder anderer Vergehen angeklagt wurden, mußten gestoppt werden [80]. Die Zeit war noch nicht gekommen, wo Hitler es sich leisten konnte, sich direkt der Kirche entgegenzustellen, und am allerwenigsten war das bei Kriegsbeginn der Fall. Obgleich er in seinen »Tischgesprächen« gegen die Kirche wetterte, beziehen sich seine Prophezeiungen und Ankündigungen doch nur auf das, was er nach dem Krieg zu tun beabsichtige [81]. Während der Krieg andauerte, brauchte er am nötigsten ihr stillschweigendes Einverständnis mit seiner Politik, und auch das konnte er zuweilen, wie eben in der Frage der Euthanasie, nicht erreichen.

Der Krieg bedeutete auch für die katholischen und einige noch existierende protestantische Jugendverbände eine große Veränderung. In einer Münchner Gemeinde löste sich eine solche Gruppe auf, um eine aktive Rolle in der Hitler-Jugend zu übernehmen [82]. Die Jungen waren jetzt überzeugt, daß der Kampf der Kirche gegen den extremen Nationalsozialismus überholt war und daß es nun um »die Sache des Vaterlandes gegen seine Feinde« ging.

Wäre die ideologische Durchdringung der deutschen Jugend und die antichristliche Beeinflussung zwischen 1933 und 1945 wirklich so effektiv und gründlich gewesen, wie es behauptet wurde, so muß man sich fragen, warum die große Mehrheit sich so rasch von den nationalsozialistischen Glaubenssätzen abwandte und sie fallen ließ, als Hitlers Staat besiegt worden war. Wie dem auch sei, es ist klar, daß die nationalsozialistische »Ideologie« – was man auch darunter verstehen mag – wenigstens oberflächlich den Eindruck eines gewissen Zusammenhangs gab, denn viele der ihr innewohnenden Elemente, besonders der Nationalismus und der Rassismus, waren schon Jahrzehnte vorher vorhanden gewesen und hatten sich in das politische Bewußtsein der Jugend auf dem leichtesten Weg – über die Literatur – eingefiltert.

VII. Literatur

Die Literatur, einer der bildendsten Einflüsse auf junge Menschen, war im nationalsozialistischen Deutschland einer umfassenden Kontrolle unterworfen. Aber auch diese Kontrolle war nur bis zu einem gewissen Punkt wirksam, denn das Regime wagte sich selten bis in die Intimsphäre der Familie hinein – außer in Fällen, wo ein Einzelmensch als aktiver Feind betrachtet wurde. So konnte man zwar Bücher aus Verlagsbeständen, Schulen, Universitäten und öffentlichen Büchereien entfernen, nicht aber aus einer Privatbibliothek. Es ist mit Wahrscheinlichkeit anzunehmen, daß mehr Bücher von Autoren, die von der NSDAP verboten waren, im Kriege durch die Bombenangriffe der Alliierten zerstört wurden als durch drastische Maßnahmen der NSDAP oder einer ihrer Formationen. Es muß viele Jungen gegeben haben, die offiziell verbotene Bücher lasen, wie Erich Maria Remarques »Im Westen nichts Neues«, und gleich darauf »empfohlene Werke« wie Hans Zöberleins »Glaube an Deutschland« und Ernst Jüngers »In Stahlgewittern« – nicht unbedingt in dieser Reihenfolge – oder Kurt Tucholskys politische Satiren und Ernst von Salomons »Die Geächteten«. Die Werke Thomas Manns wurden zwar 1933 in Berlin öffentlich verbrannt, aber in vielen deutschen Heimen nahmen seine »Buddenbrooks« nach wie vor ihren Ehrenplatz im Bücherschrank ein.

Diese und andere Einschränkungen der sonst weitreichenden Macht über Kontrolle und Zensur der deutschen literarischen Produktion müssen berücksichtigt werden, aber welches war die nationalsozialistische Politik der Jugendliteratur? Zensurstellen für Jugendliteratur waren in Deutschland nichts Neues; sie waren das ganze neunzehnte Jahrhundert hindurch feste Einrichtungen gewesen. Im Jahre 1890 wurden sie unter dem Namen »Vereinigter Deutscher Zensurstellen-Ausschuß für Jugendliteratur« vereinigt und nach 1933 sofort Rusts Preußischem Kultusministerium unterstellt [1]. Auch die verschiedenen Parteistellen bemühten sich, ihren Einfluß geltend zu machen.

Kurz vor dem Ausbruch des Krieges 1939 hatte die NSDAP ihr eigenes Amt dafür [2], ebenso der NS-Lehrerbund, das Hauptamt für Erziehung [3], die Hitler-Jugend, die in der Reichsjugendführung eine eigene Abteilung für Literatur besaß [4], Goebbels' Ministerium für Volksaufklärung und Propaganda, das Amt für öffentliche Leihbüchereien [5] und der Arbeitsdienst [6]. Die wirksamste Kontrolle wurde jedoch vom NS-Lehrerbund ausgeübt, der seit Hitlers Machtergreifung die Vereinigten Deutschen Zensurstellen-Ausschüsse streng umorganisierte, um sie den ideologischen Bedürfnissen anzupassen. In einer Flut von Rundschreiben wurden Richtlinien ausgegeben, über wen und was man *nicht* lesen durfte. Rusts Ministerium vervollständigte in der Folge diese Bemühungen mit periodisch erscheinenden Anweisungen, die praktisch während der gesamten Dauer des Hitler-Reiches gesetzgebend auf die Jugendliteratur wirkten. Mit der Zeit verschwanden die Vereinigten Deutschen Zensurstellen-Ausschüsse vollständig von der Bildfläche und wurden der Reichsstelle für Jugendschrifttum im NS-Lehrerbund einverleibt [7]. Dieses Amt war in 41 Abteilungen der NSDAP-Hoheit unterstellt. Seine Ziele waren klar formuliert: ...»Nationalsozialistische Kulturarbeit erfordert einen völligen Wandel in der Zielsetzung der Büchereiarbeit überhaupt und damit auch in der Durchsetzung der Aufgaben im einzelnen ... An die Stelle der Wahllosigkeit tritt die Auswahl des Volksgemäßen mit der Richtung auf den Staat. Die Volksbücherei hütet das überkommene, unvergängliche Erbe der deutschen Vergangenheit und hält es mit Hilfe des Buches immer lebendig und wirksam, darüber hinaus aber pflegt sie vor allem auch Volkstum in seiner politisch aktiven Form in den wesentlichen Büchern unserer Zeit und hilft mit an der Wehrhaftmachung des deutschen Geistes ...« [8]

Zusammen mit der Reichsjugendführung veröffentlichte die Reichsstelle jährlich den Band »Das Jugendbuch«, in dem Listen aller der deutschen Jugend zur Lektüre empfohlenen Bücher enthalten waren [9]. Diese Veröffentlichung wurde durch ein dünnes Heft mit dem Titel »Wir verwerfen« ergänzt, in dem die für ungeeignet befundenen Bücher mit einem kurzen begründenden Kommentar aufgezählt waren [10].

Schirachs Reichsjugendführung hatte sich im Netzwerk der Zensurstellen bereits 1933 eine starke Position gesichert, als sie eine der größten Jugendbuchsammlungen Berlins, die in »Reichsjugendbücherei« umgenannte Bibliothek mit Jugendschriften aus fünf Jahrhunderten, in Besitz nahm [11]. Auch hatte Schirach rasch Verbindung zu den bedeutendsten Verlagshäusern aufgenommen, und dank dieser Beziehungen war es ihm und seinen Beratern möglich, die Verlagsprogramme in vielen Fällen entscheidend zu beeinflussen [12]. 1933 gab die Reichsjugendbücherei als ihr unmittelbares Ziel die Gründung eines eigenen Verlagshauses an, »in dem wertvolle, fast vergessene Texte erneuert werden. Außerdem werden von der Reichsjugendbücherei zu Weihnachten Wanderausstellungen veranstaltet, die anregend, belehrend und werbend dienen sollen, wie sie auch Listen empfehlenswerter Jugendbücher herausgibt.

So wird die Reichsjugendbücherei in jeder Beziehung bemüht sein, allmählich die Stelle zu werden, die den maßgeblichen Einfluß auf alle Jugendbüchereien ausübt. Man hat sich das Ziel gesetzt, im Volke größeres Verständnis für die Bedeutung der Jugendliteratur in bezug auf die Jugenderziehung zu wecken, und man hofft, daß dieses Institut durch weiteren Ausbau der Arbeit und durch sein tätiges Wirken einmal seine Weltgeltung durchsetzen muß.« [13]

Für das Jungvolk und die HJ wurden zweimal im Monat Hefte [14] über ein besonderes Thema wie »Der Versailler Vertrag« oder »Die Verschwörung des Weltjudentums« mit Angabe in örtlichen Bibliotheken leicht zu beschaffender Literatur zur weiteren »Aufklärung« herausgegeben [15]. Wie oft und in welchem Maße diese Hefte überhaupt in den wöchentlichen Heimabenden zur Sprache kamen oder benutzt wurden und ob sie nicht einfach zum übrigen Wust von Büchern und Schriften des Münchener Eher-Verlages (dem offiziellen Verlag der NSDAP) oder der Reichsjugendführung gelegt wurden und die gewöhnlich ungelesen und durcheinander herumlagen, wenn nicht gerade eine Parteiinspektion angesagt war, ist eine Frage, auf die es auch nie eine befriedigende Antwort geben wird. Um 1938 gründete die Hitler-Jugend dann noch einen Buchklub, um es allen Jungen zu ermöglichen, ein einwandfreies Buch billig zu beziehen [16]. Das Amt für Presse und Propaganda in der Reichsjugendführung war für die Hitler-Jugend-Zeitschriften verantwortlich, die – wie es für die meisten ausgesprochen nationalsozialistischen Presseerzeugnisse bezeichnend war – niemals besonderes Interesse bei der Jugend zu erwecken vermochten. Die Hitlerjungen mußten praktisch gezwungen werden, sie zu kaufen, denn sie zogen ihnen bei weitem die Wochen- oder Halbmonatszeitschriften des OKW, wie »Die Wehrmacht« oder den »Adler« vor, deren eindrucksvoll bebilderte und aktionsgeladene Berichte über Deutschlands Rüstung und Soldaten eine viel stärkere Anziehungskraft auf die halbwüchsigen Jungen ausübten. Die endlos sich immer wiederholende Phrasendrescherei der Hitler-Jugend-Presse konnte mit solchen Veröffentlichungen nicht konkurrieren.

Seit 1935 wirkte ein aus hundert HJ-Mitgliedern zusammengesetztes Lektorat in freier Mitarbeit unter der Anleitung der Reichsjugendführung in der Reichsjugendbücherei, las Bücher und Manuskripte, die ihnen im Laufe des Jahres zukamen [17]. Nach 1936, als die Hitler-Jugend die obligatorische deutsche Staatsjugendorganisation geworden war, fanden es die meisten Verleger von Jugendschriften ratsam, die Manuskripte ihrer Autoren zuerst dem Lektorat der Hitler-Jugend zur Begutachtung vorzulegen [18]. Die vorherrschenden Kriterien der Beurteilung wurden von Fritz Helke, dem Leiter des Lektorates, in einem scharfen Angriff auf die Verleger 1936 dargelegt: »Es hat uns die praktische Arbeit, der wir uns um der Jugend und also um des Volkes willen unterzogen haben, erschütternde Einblicke gewährt in Auffassungen und Anschauungen, wie sie noch im dritten Jahre der nationalsozialistischen Revolution in Kreisen der am Buch Schaffenden Geltung hatten. Es sind einige tausend Bücher im Laufe dieses Jahres durch unser Lektorat gegangen, es sind einige hundert Manuskripte geprüft und bewertet worden. Als Ergebnis dieser Prüfungsarbeit liegt nunmehr die zweite Ausgabe des Jugendschriftenverzeichnisses ›Das Buch der Jugend 1935/36‹ vor uns. Schon ein kurzer Vergleich der beiden Verzeichnisse zeigt den Wandel, der sich hier im Laufe eines Jahres vollzogen hat.« [19]

Wie ernst derartige Angriffe genommen werden mußten, geht aus dem Beitrag Dr. Herbert Becks im »Börsenblatt für den deutschen Buchhandel« hervor. Er schrieb in seiner Antwort an Fritz Helke: »Wenn der Lektor des Kulturamts der Reichsjugendführung, Fritz Helke, der zugleich Verfasser richtungweisender Jugendbücher ist, in so scharfer Weise zu der Herbstproduktion des Jugendbuchverlags Stellung nimmt ... so erfordert eine derartige grundsätzliche Äußerung ernste Beachtung ... Helkes radikales Verdammungsurteil, das einen ganzen Berufsstand als morsch und unfähig erklärt, wird freilich erst verständlich, wenn wir berücksichtigen, daß es der leidenschaftlichen Hingabe an die ihm gestellte Aufgabe und seinem kämpferischen Eifer entspringt ...« [20]

Die Reichsjugendführung beschäftigte sich mit allem, vom Märchen bis zum Abenteuerroman. Bei ersteren wurden nach Rücksprache mit dem NS-Lehrerbund besondere Richtlinien gesetzt. Das Prinzip der freien Auswahl wurde von vornherein abgelehnt: »Es wäre völlig falsch, unseren Kindern die Märchen primitiver exotischer Völker zu bieten ...« [21] Vielmehr sollte folgendes beachtet werden: »Auf jeden Fall müssen wir durch die Gestaltung unseres Jugendschrifttums dafür sorgen, daß unsere heranwachsenden Geschlechter ein inniges Verhältnis zu Märchen, Sage und Götterglauben unseres Volkes gewinnen. Denn davon hängt auch ab, ob wir es vollbringen, eine wirklich deutsche Weltanschauung als unerschütterliche Grundlage des neuen Reiches und unserer völkischen Selbstbehauptung in jedem Deutschen zu schaffen.« [22]

In einem mehrbändigen Werk für Kinder der Volksschulen unter dem Titel »Volk und Führer«, welches 1939 erschien, bestand der erste Band aus einer Sammlung von nach rein ideologischen Gesichtspunkten ausgewählten Märchen [23]. Das Mär-

211

chen sollte als eine Vorbereitung für den Kampf ums Dasein dienen, und daß diese Tatsache noch nicht allerorts erkannt worden war, bewegte den Herausgeber D. Klagges 1940 zu folgendem Kommentar: »Das Märchen als Ausdruck einer Weltanschauung aufzufassen und es als Erziehungsmittel zu dieser Weltanschauung hin anzuwenden, ist der Masse der deutschen Erzieher nicht geläufig . . .« [24]

Die Auswahl »darf nicht nach den Gesichtspunkten der Vergangenheit erfolgen, sonst würde nur eine ›Sammlung der bekanntesten Märchen‹ dabei herauskommen. Sie muß vielmehr danach getroffen werden, in welchen Märchen der kämpferische Gegensatz am klarsten ist und die kämpferischen Eigenschaften am deutlichsten hervortreten. Damit sie auch im Buch selbst festgelegt sind und den Kindern beim wiederholten Lesen sich unverlierbar einprägen, sind eine Anzahl Gruppenüberschriften gebildet: Stark muß ein Junge werden! Du deutsches Kind: Sei treu! Der Furchtlose kennt keine Gefahr! Kein Wagnis ist dem Retter zu kühn! Treue ist stärker als der Tod!

Die Märchengestalt ist durchweg kein Held . . . Zum Helden und Heldentum aber soll die nationalsozialistische Erziehung gerade hinleiten. Darum sind auch solche Märchen zu berücksichtigen, die zum mindesten dazu hinführen und so einen Übergang zur Sage bilden. So kann die Überschrift eines Abschnittes lauten: Nur Helden bezwingen die Welt! . . .

So wird erreicht, das zu sagen, was wir dazu zu sagen haben, und doch den überlieferten Wortlaut und die klassische Grimmsche Erzählung pietätvoll zu schonen . . . Es mag sein, daß der feine Duft und der zarte Schmelz, durch die sich die Märchen vor anderen Dichtungen auszeichnen, dadurch etwas berührt wird. Es mag auch sein, daß dieses Hilfsmittel mit der Zeit überflüssig wird, wenn erst alle Erzieher den neuen Sinn der Märchenstunde begriffen haben. Solange aber möchte ich eine leichte Beeinträchtigung der rein dichterischen Wirkung zugunsten einer klareren Ausprägung der kämpferischen Grundhaltung und damit einer stärkeren erziehlichen Auswirkung in Kauf nehmen.« [25]

Dem möglichen Einwand, eine solche ideologische Schulung müsse wohl doch das Auffassungsvermögen eines Siebenjährigen überfordern, setzte der oben erwähnte Ideologe das Beispiel einer Vierjährigen entgegen, die ihn fragte, ob er wisse, wer der Tapferste von allen sei. Er wußte es nicht und fragte sie, ob sie es wisse. Worauf sie antwortete: »Du und Adolf Hitler.«

Diese Antwort kennzeichnet das Innenleben des damals heranwachsenden Geschlechts schon im frühesten Alter. Es ist nicht mehr beschränkt auf die Familie und die nächste Umgebung. Zwar steht der Vater noch im Vordergrund, aber hinter ihm und der Familie erhebt sich bereits die ragende Gestalt des Führers. Und mit diesem frühen Blick für Führer und Volk erwacht auch ebenso früh der Wille zu den sozialen Tugenden, die den Wert des Menschen für die nationale Gemeinschaft bestimmen [26].

Ob es nun ihrem wahren Ursprung entsprach oder nicht – Märchen hatten arischer Herkunft zu sein. Literaturprofessoren verstiegen sich tatsächlich zu der Erklärung, das Volksmärchen sei nur bei Völkern arischer Rasse entstanden, denn nur sie kannten die Tradition der mündlichen Überlieferung von Generation zu Generation: »Die Gestalten der Märchenwelt sind keine Zufallsprodukte, sondern Zeugen einer uralten nordrassisch bedingten Weltanschauung.« [27]

Folglich wäre die »ideologisch« zutreffende Interpretation des Aschenputtels zunächst die des Konflikts zwischen einem rassisch reinen Mädchen und einer artfremden Stiefmutter. Aschenputtel wird von einem Prinzen gerettet, dessen Instinkt allein ihm dazu verhilft, das wahre Aschenputtel zu finden. Die Stimme seines Blutes führt ihn auf den richtigen Weg [28]. Eine nationalsozialistische Untersuchung des »Tapferen Schneiderleins« glaubt auf den ersten Blick einen Mann vor sich zu sehen, der grob genommen alle Charakteristiken des Juden in sich zu vereinen scheint. Seine übertriebenen Prahlereien »Sieben auf einen Schlag«, die Art, in der er den Riesen überlistet, wie er seinen Empfang am Hofe des Königs inszeniert und dort alle Favoriten ausspielt, all das könnte man als typisch jüdisch bezeichnen.

»Das ist alles echt jüdisch. Aber es muß um der Gerechtigkeit willen eines gesagt werden: er *profitiert* nicht bloß, er *riskiert* doch auch etwas dabei! Das *Ziel*, das der Jude verfolgt, ist, aufs letzte gesehen, einfach teuflisch: alle Reiche der Welt und ihre Herrlichkeit! Und auf seinem Weg zu diesem Ziel schreitet er über Leichen, watet er durch ein Meer von Blut. Das sind *Tatsachen*, über die es unter Vernünftigen keine Diskussion mehr gibt . . .« [29]

Märchen stellen den ewigen Sieg der Mächte des Lichts über die der Finsternis dar, und das ist eine Lehre, die Mütter besonders zur Weihnachtszeit beherzigen und an ihre Kinder weitergeben sollten. Und noch eine andre Empfehlung: die Krippe, die im Mittelpunkt des christlichen Weihnachtsfestes steht, hat mit einem wahren deutschen Weihnachtsfest nichts gemein und sollte durch eine Winterszene ersetzt werden, mit hochragenden schneebedeckten Tannen in einer ruhigen, reinen, nicht durch christliche Begriffe verwässerten Atmosphäre [30].

Boten die Märchen eigentlich nur einen Übergang, so war die Sage »nationaler Bildungsstoff ersten Ranges . . .«

»Wohl dem Volke, das von Heldensinn getragen ist. Eine unheldische Nation ist nicht wert, zu leben. Sie verkommt in sich, sie versinkt in Sklaverei.« [31]

Auf dem ersten Reichsjugendtag in Potsdam 1932 hatte Hitler in seiner Rede vor der versammelten Hitler-Jugend auf die großen Beispiele der in den deutschen Heldensagen verzeichneten Taten hingewiesen: »Die nationalsozialistische Bewegung will den deutschen Knaben erziehen, ihn stolz und mutig machen und ihn beizeiten lehren, das kleine Haupt nicht zu beugen, wenn andere ihn zum Unrecht bewegen wollen. Gerade dann bleibt ein deutscher Junge seinem Volke treu, wenn er sich in der größten Gefahr befindet. Was du, mein lieber deutscher Junge, in deinen Heldensagen und in deinen Heldenliedern bewunderst, dem mußt du selbst nachstreben, damit dein Volk einst würdig ist, im Heldenlied besungen zu werden.« [32]

Die Heldensagen lieferten auch die Veranschaulichung des Führerprinzips, der Überlegenheit des Führers, dessen Größe jenseits aller Vernunftmaßstäbe liegt. Der Volksführer, der »Volksherzog«, ist der Adolf Hitler der Volkssage: »Kann das, was wir unserem großen Volksherzog heute schulden, weil wir schon kraft seines leuchtenden Vorbilds der Hingabe an uns gar nicht anders können: die Gefolgschaftstreue, kann sie reiner und hinreißender verkörpert werden als im alten Heldenlied, wo die herrlichsten Beispiele der Verbundenheit von Führer und Mannen uns entgegentreten, kann es ein gelegeneres Mittel geben zur Erziehung, namentlich der Jugend in diesem Sinne, als mit jener Dichtung vertraut zu machen, die die höchste Anspannung zum opferbereiten Dienst der Notgesellen an dem Volkskönig wie des Volkskönigs an den Notgesellen als Hochziel aufstellt?« [33]

Auch Alfred Rosenberg weist auf die Bedeutung der nordischen Sagen im Erziehungsprozeß des nationalsozialistischen Deutschland hin: »Denn anstelle der alttestamentlichen Zuhälter- und Viehhändlergeschichten werden die nordischen Sagen treten, anfangs schlicht erzählt, später als Symbole begriffen. Nicht der Traum von Haß und mordendem Messianismus, sondern der Traum von Ehre und Freiheit ist es, der durch nordische, germanische Sagen angefacht werden soll. Von Odin an über die alten Märchen bis Eckehart und Walther von der Vogelweide.« [34]

Eine der einflußreichsten Persönlichkeiten, dessen Neufassungen der deutschen Heldensagen bei manchem Lagerfeuer vor und während des Krieges vorgelesen wurden, und wahrscheinlich der Begabteste dieser »nordischen Renaissance« war Hans Friedrich Blunck, Mitglied der Deutschen Vorkriegsjugendbewegung und Infanterieleutnant im Ersten Weltkrieg. Drei Jahre lang hatte er das Präsidium der 1933 geschaffenen »Reichsschrifttumskammer« innegehabt und war in Parteikreisen hochgeehrt [35]. Seine Fassungen der deutschen Heldensagen, in denen das Führerprinzip stets besonders stark betont ist, gehörten zu den meistverkauften deutschen Jugendbüchern [36].

Wie auch immer die Handlung der einzelnen Sagen verlaufen mag, ein Grundzug ist allen gemein: eine Gruppe von Helden ist unzertrennlich durch einen Treueid aneinandergebunden und hat gegen einen ihnen an Kraft und Anzahl überlegenen Feind zu kämpfen. Der Mann, der im Mittelpunkt dieser kleinen Schar steht, ist der »Führer«; er ist im Kampf der Stärkste und Kühnste, aber er tut nichts unüberlegt und bewahrt bei allen Entschlüssen stets einen klaren Kopf. Entweder wird nun diese Schar tapferer Recken niedergemetzelt bis zum letzten Mann, der im allgemeinen der die Leichen seiner Gefolgsleute verteidigende Führer selbst ist – siehe das große Finale des Nibelungenliedes –, oder aber es gelingt ihnen durch unvergleichliche Heldentaten, das Schicksal zu ihren Gunsten zu wenden [37].

Die Sagen schlagen auch eine Brücke zum nationalsozialistischen Mythos vom »Ersten Germanischen Reich«, jenem ostgotischen Staat, der unter Theoderich dem Großen bestanden haben soll. Die Erfinder und Verteidiger dieser völlig unhaltbaren Theorie haben offensichtlich ein Buch außer acht gelassen, das bereits Ende des neunzehnten Jahrhunderts erschien und sieben Jahrzehnte lang zu den beliebtesten Jugendbüchern gehörte: Felix Dahns »Kampf um Rom«. Auch hier existiert dieses erste germanische Reich, aber es bricht schließlich am Fuße des Vesuv zusammen, als seine letzten, um ihren König gescharten Verteidiger – wie später Hitler in Berlin – um die restlichen wenigen Quadratmeter Land kämpfen müssen [38].

Der Nationalsozialismus sah die erzieherische Bestimmung der Heldensage vor allem in der Tatsache, daß sie der Jugend das Zugehörigkeitsgefühl zu einer homogen-germanisch rassebewußten Gemeinschaft gab und ihr dadurch vor Augen führte, daß auch sie am Aufbau des neuen Reiches teilnehmen, für seine Ausbreitung kämpfen und wenn nötig ihr Leben opfern konnte. Die Altersgruppen, an die sich diese Aufforderung richtete, waren die Zwölf- bis Fünfzehnjährigen, die also die vom NS-Lehrerbund als »Wikingalter« bezeichnete Altersklasse erreicht hatten. »Mit der Reifezeit tritt der Jugendliche in das Wikingalter. Wagnis und Abenteuer, die heldische Tat werden gesucht. Fernsehnsucht und Freude am abenteuerlichen Geschehen und kühne Taten sind jedem gesunden jungen Deutschen ange-

boren ... Der todesmutige Draufgänger, der im blinden Vertrauen auf seine Gewandtheit und seine körperliche Kraft unge-
wöhnliche Schwierigkeiten siegreich überwindet, und der Held,
der mutig und trotzig Leiden ohne Schaden erträgt, sind die
Ideale.« [39]
In diesem Zusammenhang genoß das Nibelungenlied einen natürlichen und besonderen Vorzug, denn es bewahrte – so wurde
behauptet – am besten das rassische Erbe und somit jenen my-
thischen Hintergrund für die Weiterentwicklung der deutschen
Jugend und des gesamten deutschen Volkes [40]. Rosenberg erklärte es als »wahrscheinlich den mächtigsten Niederschlag
eigenwilligen abendländischen Kunstschaffens; es veranschaulicht die höchsten Werte der nordischen Rasse«. [41] Er betrachtete den Helden Siegfried als die Urgestalt germanischen Groß-
muts: »Dieser im Siegfried für ewig gleichnishaft gestaltete
Großmut, der beim Gegner auch den gleichen Ehrenwert und
offenen Kampfmut voraussetzt, ja in gradliniger Kindlichkeit
selbst auch später das Gegenteil noch immer nicht anzunehmen
vermochte, hat dem Germanen im Verlauf seiner Geschichte
manchen schweren Zusammenbruch eingetragen: Damals, als er
Rom zu bewundern begann, in neuerer Zeit, als er die Juden-
emanzipation durchführte und somit dem Gift die Gleichberechtigung mit dem gesunden Blut verlieh.« [42]
Hagen, der Mörder Siegfrieds, wurde zu einer seinem Opfer
ebenbürtigen Stellung erhoben; denn was Deutschland wirklich
brauchte, war – so befanden die literarischen Verfechter der
nordischen Mission – eine Verbindung von Hagen und Siegfried. Ein Mann mit der Wachsamkeit und Umsicht eines Hagen
und der Dynamik und Anziehungskraft eines Siegfried wäre in
der Tat unbesiegbar [43]. Siegfrieds Persönlichkeit ist der Ar-
chetyp deutschen Schicksals: eine strahlende Heldengestalt von
Jugend an, ein Beispiel tugendhafter Ritterlichkeit und Großmut, voller körperlicher und geistiger Kraft. Während Jahrhunderten deutscher Schwäche war das Bild Siegfrieds verzerrt
worden, und man hatte in ihm fast einen Narren gesehen. Erst
die Romantische Bewegung hatte ihn wieder in seiner Größe auf-

erstehen lassen, seit Mitte des neunzehnten Jahrhunderts war er wieder in den deutschen Schullesebüchern aufgetaucht, und mit den Neuausgaben der deutschen Heldensagen war er wieder ins nationale Bewußtsein der deutschen Jugend zurückgekehrt. Siegfrieds Beispiel soll auch die jugendlichen Regimenter von Langemarck inspiriert haben [44]. Er begeisterte die Helden der nationalsozialistischen Bewegung, wie Albert Leo Schlageter und Horst Wessel; er war es, dessen Schicksal das berühmte Schlagwort der Zwanziger Jahre vom »Dolchstoß in den Rücken« geprägt hatte, der – wie man behauptete – dem Heer durch Defaitismus und Bolschewismus in der Heimat zugefügt worden war. Hindenburg faßte diese Parallele in seinem Testament folgendermaßen zusammen: »Wie Siegfried unter dem hinterlistigen Speerwurf des grimmigen Hagen, so stürzte unsere ermattete Front; vergebens hatte sie versucht, aus dem versiegenden Quell der heimatlichen Kraft neues Leben zu trinken. Unsere Aufgabe war es nunmehr, das Dasein der übriggebliebenen Kräfte unseres Heeres für den späteren Aufbau des Vaterlandes zu retten.« [45]

Das nordische Epos war auch eine reiche Quelle nationalsozialistischer »Ethik«, besonders die Edda, das Hauptwerk germanischer Literatur aus dem neunten Jahrhundert und früher, eine Sammlung von Heldenliedern und Mythen. Man zog Vergleiche und stellte Analogien her zwischen Grimms Märchen und der Edda, angeblich der wahren Darstellung altgermanischen Lebens [46]. Die unverfälscht germanischen Charakterzüge der germanischen Götter waren – so hieß es – dem deutschen Wesen viel verwandter als die der einstigen griechischen und römischen Sagen [47]. Eine der meist verbreiteten Einführungen in die altnordische Dichtung zeigt den ganzen Bereich politisch zweckmäßiger Auslegungen, deren Ziel der Autor wie folgt zusammenfaßt: »Der Nationalsozialismus hat das deutsche Leben wieder unter das Gesetz der Ehre gestellt und dadurch eine klare Haltung erneuert, die unsere Vorfahren einstmals aus dem Gesetz ihres Wesens heraus gelebt und verwirklicht haben. Wie diese beschaffen war, wie sie sich in der Lebensführung ausgewirkt hat, das wird nirgends deutlicher als gerade in der altnordischen Dichtung. Sie zeigt uns ein Menschentum, dessen Leben Schicksalsbereitschaft, Wille zur Selbstbehauptung und daher Kampf war und das dieses Leben gemeistert hat aus den Grundwerten der Ehre, Treue und Tapferkeit heraus. Dazu wieder hinzuführen, wiederum einen Sinn zu erzeugen für das Beispielhafte und Gültige dieser Haltung, etwas von der tapferen, adeligen Art unserer Ahnen in dieser Jugend wieder lebendig zu machen und damit dem germanischen Erbe in uns zur Führung zu verhelfen, das muß der letzte Sinn der Beschäftigung auch mit der altnordischen Dichtung sein. Nicht um ein Wissen geht es letzten Endes, sondern um die Erziehung zu einer werthaften Haltung. Dann erst wird Dichtung eine wirkende Kraft, eine Lebensmacht.« [48]

Von den Volksmärchen und germanischen Sagen war es nur ein logischer Schritt zur Entfaltung geschichtlichen Materials, um die »nationalsozialistische Eigenart« der jugendlichen Leser zu fördern und zu formen. Hitler selbst hatte in »Mein Kampf« ausgeführt, in welcher Weise Deutschlands Größe und die seiner historischen Führer systematisch dargestellt werden sollten, um den Nationalstolz der Jugend zu erwecken und ihr Deutschlands Mission vor Augen zu führen: »Aus der Unzahl all der großen Namen der deutschen Geschichte aber sind die größten herauszugreifen und der Jugend in so eindringlicher Weise vorzuführen, daß sie zu Säulen eines unerschütterlichen Nationalgefühls werden. Planmäßig ist der Lehrstoff nach diesen Gesichtspunkten aufzubauen, planmäßig die Erziehung so zu gestalten, daß der junge Mensch beim Verlassen seiner Schule nicht ein halber Pazifist, Demokrat oder sonstwas ist, sondern ein ganzer Deutscher.« [49]

Auch Rosenberg unterstrich die Bedeutung der Geschichte und des Geschichtsunterrichts, der nationalsozialistischen Zielen zu dienen und jene Werte zu bekräftigen habe, er fordert »... die Wertung von Vergangenheit und Gegenwart nach der Beurteilung, ob dieser allein kulturschaffende Wille durch geschichtliche Ereignisse oder Persönlichkeiten gestärkt oder geschwächt worden ist. Nicht danach wird heute mehr gefragt, ob adamitische ›Erbsünden‹ durch Erkenntnisse gefährdet werden, nicht danach wird die Größe Friedrichs gemessen, ob er Macht errang, sondern daran, ob er und seine Taten Meilensteine waren auf dem Wege zu deutscher Größe. Darum fordert bereits unser heutiges Geschlecht, bei aller Gewissenhaftigkeit den Tatsachen gegenüber, eine neue *Wertung* unserer Vergangenheit, sowohl was politische als auch was Kulturgeschichte anbetrifft. Daraus ergibt sich aber auch die Ablehnung der bisher üblichen, nach *jeder* Richtung unbeschränkten Lehrfreiheit für alle Berufe. Freiheit der Forschung bleibt natürlich als unverlierbare Errungenschaft im Kampf gegen Syrien und Rom erhalten. Auf allen Gebieten. Auch Geschichte, auch Schwächen unserer Großen sollen nicht vertuscht werden, aber das über sie hinausragende Ewige, Mythische soll mit suchender Seele herausgefühlt, gestaltet werden. Es wird dann eine Geisterreihe entstehen von Odin, Siegfried, Widukind, Friedrich II. dem Hohenstaufen, Eckehart, dem von der Vogelweide, Luther, Friedrich dem Einzigen, Bach, Goethe, Beethoven, Schopenhauer, Bismarck. Fernab von dieser seelisch-rassischen Linie deutscher Seelenentwicklung stehen für uns die Institoris, Canisius, Ferdinand II., Karl V., fernab liegen werden einst auch die Ricardo, Marx, Lasker, Rathenau. Dieser neuen Wertung zu dienen, ist die Schule des kommenden Deutschen Reiches berufen, es ist ihre vornehmste, wenn nicht einzige Aufgabe in den kommenden Jahrzehnten, zu wirken, bis diese Wertung zur Selbstverständlichkeit für alle Deutschen geworden ist. Diese Schule harrt aber noch eines großen Lehrers der deutschen Geschichte mit dem Willen zu einer deutschen Zukunft. Er wird kommen, wenn Mythus Leben geworden ist.« [50]

Die Forderung, daß der Geschichtsstoff in der Jugendliteratur nationalsozialistischen Anforderungen entsprechen müsse, wurde auch sogleich vom NS-Lehrerbund im Jahre 1933 erhoben. Der Inhalt geschichtlicher Werke für Jugendliche dürfe nicht nur eine chronologische Aufzählung geschichtlicher Ereignisse sein, sondern müsse den Anforderungen der Zeit und den sich aus ihr ergebenden rassischen Aufgaben der Zukunft entsprechen. Nur die dem neuen Reich der Deutschen und der Erziehung jener, die es eines Tages führen würden, zweckdienliche Geschichtsauffassung solle den Inhalt geschichtlicher Jugendliteratur bestimmen. Auf diese Weise werde das geschichtliche Bewußtsein der Deutschen umgestaltet und die Erkenntnis des »Blutstroms« geschaffen, der das deutsche Volk mit den Epochen seiner Vergangenheit verbindet. Im Lichte dieses neuen Bewußtseins sei eine grundlegende Revision deutscher Geschichtsauffassung unvermeidlich.

Es war nicht Rusts Kultusministerium in Preußen, sondern Fricks Reichsinnenministerium, das als erstes zu Anfang 1933 Richtlinien für den Geschichtsunterricht festlegte, nach denen besonderes Gewicht auf die frühe germanische Geschichte, die Bedeutung der Rasse als Wurzel des Volkes, den Rassengedanken, den Heldenbegriff und die Gestalt des Führers als Quelle der Kraft »im rassischen Existenzkampf inmitten einer feindlichen Welt« gelegt werden sollte [51]. Das Ergebnis dieser Anschauungen zeigte sich vor allem in Biographien und weitverbreiteten Werken wie »Deutsches Wesen und Schicksal«, in dem man Kapitelüberschriften fand wie »Tausend Jahre deutschen Mittelalters«, »Das zweite Reich der Deutschen« und »Das Reich seit 1933 – Hitler baut Großdeutschland«. Die drei Kapitel umfaßten die Zeit vom »Ersten« zum »Zweiten« und von dort bis zum »Dritten Reich« [52].

Der Gedanke, daß Jugendliche – oder sonst irgendwer – Geschichtsbücher auch zur Unterhaltung lesen könnten, wurde verworfen, ebenso wie der trocken-nüchterne, langweilige Geschichtsunterricht. Der hatte der ideologischen Orientierung zu dienen, nichts anderem [53]. »Führer« in allen Lebenssphären wurden herangezogen, und ein ideales Beispiel für diesen Zweck lieferte Friedrich der Große, dessen Popularität seit 1871 wieder beträchtlich gestiegen war und über den es schon vor 1933 zahllose Jugendbücher gab. In seiner Persönlichkeit – so wurde erklärt – spiegele sich Preußen in seiner reinsten Form, und es sei keineswegs ein Zufall, daß die nationalsozialistische Bewegung

eine Verschmelzung preußischer Ordnung, preußischen Aufopferungswillens und des Begriffs der deutschen Rasse ist [54]. Daß
dieser nationalsozialistische Führerkult auch Gefahren in sich
barg, daß einige Schriftsteller ihre »Helden« wirklich allzu un-
glaubhaft gestalteten, blieb nicht unbemerkt:
»Aber auch vor einem Fehler soll hier gewarnt werden: die Gestalten unserer Vergangenheit zu sehr nationalsozialistisch auf-
zufrisieren und sie in Gesprächen schon das halbe Parteiprogramm vortragen zu lassen. Zeigt unserer Jugend doch diese
Menschen als ganze deutsche Kerle. Das ist genug. Den Nationalsozialismus aber überlaßt der Gegenwart und ihren Aufgaben und Aufträgen.« [55]
Eine andere Kritik der geschichtlichen Jugendliteratur richtete
sich gegen die stereotype Geschichtsauffassung und die ewige
Wiederholung derselben Geschichten mit denselben Helden, wie
der Wikinger, der Bauernaufstände des sechzehnten Jahrhunderts (die besonders für die antiklerikale Hetze geeignet waren)
und des Siebenjährigen Kriegs mit seinem hervorragenden Helden, Friedrich dem Großen [56]. Man richtete auch die Aufmerksamkeit auf nicht minder bedeutende, bisher vernachläs-
sigte Themen, wie die Kreuzzüge, die Geschichte Böhmens, wegen ihrer Bedeutung für das Reich, und jene Epochen, aus denen
man die wichtige geographische Einheit eines Gebietes herleitete, von dem Teile dem Reich verlorengegangen waren, wie die
Schweiz und Holland, und wo man den jungen Deutschen das
Ausmaß des einst vom deutschen Volk besiedelten Mitteleuropas
zeigen konnte. Auch den rassischen Minderheiten und ihren
Führern, den kulturellen Leistungen im deutschen Osten, bei denen man sich nicht nur auf die Geschichte der verschiedenen Rit-
terorden beschränkte, sollte mehr Aufmerksamkeit geschenkt
werden; die großdeutschen Errungenschaften in Österreich und
die Kämpfe des neunzehnten Jahrhunderts bedurften einer
Neuinterpretation, denn die kleindeutsche Einstellung des neunzehnten Jahrhunderts und der Hurrapatriotismus der wilhelminischen Epoche genügten jetzt nicht mehr [57].
Es gab gewiß keinen Mangel an Autoren, die gewillt waren,

dieser Art von Jugendliteratur ihre Dienste zu widmen, obwohl eigentlich die »Klassiker« dieser Zeit zum großen Teil bereits vor 1933 geschrieben waren, und einige ihrer Autoren hatten inzwischen die Partei verlassen oder waren ihr nie beigetreten. Will Vesper, neben Kolbenheyer einer der kleinen Zahl besserer Schriftsteller, die die NSDAP für sich beanspruchen konnte, hatte sich in seinen Romanen mit Themen deutscher Frühgeschichte befaßt [58]. Sein Werk zeichnete sich durch betonten Nationalismus und Antisemitismus aus. Eine der erfolgreichsten Veröffentlichungen war seine Neuübersetzung der »Germania« des Tacitus, die bereits 1906 erschienen war, aber nach 1933 als einzig »offiziell« anerkannte Übertragung galt [59]. Vespers Übersetzung wurde von einer Darstellung des Tacitus als Geschichtsschreiber und Chronist eingeführt, der, mit der wachsenden Degenerierung der römischen Gesellschaft, in den Germanen das genaue Gegenteil rühmte. Die regenerierende Kraft der Germanen sei deshalb so bedeutend, weil sie sich der dreifachen Quellen ihrer Gemeinschaft bewußt waren: erstens der tiefen Verwurzelung in ihrem Boden und der strengen Erhaltung ihrer Rasse; zweitens der politischen Struktur ihrer Stämme und der Einhaltung des Führerprinzips; und drittens ihrer einmaligen Reinheit, ihrer gesunden Ehesitten und ihrer Moralbegriffe [60].

Erwin Guido Kolbenheyer, dessen »Paracelsus-Trilogie«, eine Biographie des deutschen Gelehrten der Frührenaissance, eines der meistgelesenen Werke bei jung und alt war und auch verfilmt wurde, betrachtete den Staat als eine metaphysische und biologische Notwendigkeit und den Staatsbürger als einen Repräsentanten der Rasse. In seinem »Paracelsus« spricht er in aller Klarheit die Behauptung aus, daß Geschichte nur im Sinne biologischer Notwendigkeiten verstanden werden könne [61].

Der Mann jedoch, der Hitler und seiner Partei eines ihrer bevorzugten Schlagwörter liefern sollte, trat ihr niemals bei und begründete seine Weigerung mit dem Argument, die Mitgliedschaft in einer politischen Partei nehme dem Schriftsteller die für ein objektives Urteil nötige Distanz und versetze ihn in eine Lage, wo er nicht länger als Ratgeber wirken könne. Hans Grimms »Volk ohne Raum« ist wohl der einzige ausdrücklich politische Roman von einigem Niveau in der deutschen nationalistischen und philo-nationalsozialistischen Literatur. Neben anderem ist er eine Anklage gegen die Industrialisierung Deutschlands in der nach-bismarckischen Zeit und zeigt stark ablehnende Züge gegen sie. Als Kur für die Übel der Industrialisierung schlägt Grimm in seinem Roman »mehr Raum« vor, Raum in überseeischen Kolonien, mit dem allein das Gleichgewicht zwischen dem unvermeidlichen technischen Fortschritt und den Kräften sozialer Rastlosigkeit hergestellt werden kann. Das über 1300 Seiten lange und in einem weihevollen Stil geschriebene Buch war besonders bei der jüngeren Generation außerordentlich beliebt. Es wurde übrigens noch im Jahre 1956 wieder neu aufgelegt [62].

Auch der historische Hintergrund der Klassiker bedurfte unbedingt einer neuen Auslegung, denn sie entstammten ja »einer humanistisch-liberalistischen Zeit. Wir kennen das Ziel der Kultur jener Epoche: die zur größtmöglichen Steigerung emporgebildete Einzelpersönlichkeit – ein Ziel, dem völkisches Empfinden und Wollen grundsätzlich ablehnend gegenüberstehen« [63].

Wie und was auch immer die empfohlenen Neuinterpretationen waren, hier versagte der Nationalsozialismus angesichts der traditionsgebundenen Deutschlehrer, die Goethe, Schiller, Kleist und Hölderlin ihren Schülern nach wie vor in der althergebrachten Weise erklärten. Auf jeden Fall erging es den deutschen Klassikern nicht anders als denen anderer Länder, deren Welt man im allgemeinen erst lange nach der Schulzeit entdeckt – denn das Klassenzimmer ist selten ein Ort, der einem den Zugang zu ihnen erleichtert.

Außerhalb des Klassenzimmers gab es noch ein anderes, die nach dem Kriege geborene Generation viel stärker ansprechenderes Thema – den Krieg: besonders, da sein literarischer Ertrag viel bedeutender war als zum Beispiel das, was nach dem Zweiten Weltkrieg geschrieben wurde. Im Rahmen der »ideologischen Schulung« schenkten die Nationalsozialisten der aus dem Kriege entstandenen Literatur ganz besondere Aufmerksamkeit, »denn die Idee des Nationalsozialismus mit allen seinen Forderungen ist im Kriege geboren worden« – eine kaum zutreffende Behauptung, die aber in jener Zeit von vielen geglaubt wurde. Der Krieg war, vom nationalsozialistischen Standpunkt aus, die überwältigende Behauptung des deutschen Volkes auf sein Lebensrecht und eine Belebung seiner rassischen Kräfte. »Folglich ist die Kriegserlebnisliteratur deshalb das wichtigste Hilfsmittel, um die erziehlichen Wirkungen, die der Weltkrieg geben kann, zu wecken. Und weil das Weltkriegserleben unendlich und vielfältig war, ist die große Menge der Kriegsbücher notwendig und gut; denn auch die Fülle der Kriegsbücher vermag die Ganzheit des Kriegserlebens immer nur bruchstückweise und andeutend zu geben.« [65]

Die Kriegsliteratur und die Verherrlichung dieses Themas waren natürlich nicht ausschließlich Erzeugnisse der dreißiger Jahre. Die wichtigsten klassischen Darstellungen waren bereits geschrieben, und ihnen war eine Flut weniger bedeutender Werke gefolgt. Was für die deutsche Kriegsliteratur nach 1933 symptomatisch ist, ist die völlig einseitige Verherrlichung des Krieges und die Vermeidung aller ausgleichenden Tendenz. Kriegsliteratur jeder Art, von Schlachtbeschreibungen zum Abenteuerroman, wurde der deutschen Jugend angeboten. »Wir wollen Männer beschrieben sehen, die sich auf das Siegen verstehen.« [66]. Natürlich mußte der Held des Ersten Weltkriegs auch alle rassischen Tugenden in sich vereinen.

»Das Wort ›Held‹ will also im weitesten Sinn genommen sein und immer in Wechselbeziehung zur ›Gefolgschaft‹ oder zu den Widerständen stehen. Ob es Hermann der Cherusker oder ein kühner Wiking oder der Hauptmann Erckert in der Kalahari (H. Grimm) oder der Kriegsfreiwillige Siewert in der Gruppe Bosemüller (Beumelburg) ... waren, sind hinreißende Beispiele, die Bewährung in Not und Widrigkeit, das Schaubild und Vorbild völkischer Tugenden, ungerechnet die Beispiele aus dem Gegenteil, die ebenso nötig sind wie der Schatten dem Licht.« [67]

Als besonders anziehend auf die männlichen jungen Leser betrachtete man jene Verbindung von Technik und Abenteuer, wie man sie in den Berichten über die Heldentaten des Fliegers Manfred Freiherr von Richthofen, der U-Boote und des Kreuzers Emden findet. Das aggressive Element eines Buches sollte seinen Erfolg bei den jugendlichen Lesern sichern: »Vorwärts und durch!« Das war das beste Mittel, die Kriegsliteratur der Jugend nahe zu bringen [86]. Erst vom sechzehnten Lebensjahr an wurden Werke wie Ernst Jüngers »In Stahlgewittern« empfohlen [69].

Das so geförderte und propagierte Kriegsbuch eignete sich auch besonders gut zur Erläuterung des lebendig wirkenden Führerprinzips; aber das Ergebnis entsprach nicht den Erwartungen der von dieser Propaganda am meisten betroffenen Behörde. Ein General der Wehrmacht erklärte es 1939 vor Verlegern: »Die *Kriegserinnerungsbücher* gehen in die Hunderte, aber nur ein geringer Teil erfüllt den Zweck, wozu wir sie brauchen. Viele reichen bei weitem nicht an die Leistungen eines Beumelburg, Jünger, Zöberlein und Schauwecker heran, die ernst und wahr den Krieg so schildern, wie ihn unsere Frontkämpfer draußen erlebten. Oft ergeht man sich in abenteuerlichen, schwülstigen und wirklichkeitsfremden Erzählungen, die deutlich den Stempel des Nichterlebten tragen und bedenklich nach einem gewissen Hurrapatriotismus aus der Mottenkiste riechen. Bei anderen wieder tritt das Naturalistische so breit hervor, daß es das Heldische fast ganz zu verdrängen scheint und bedenklich an Remarque erinnert. Ja, hier und da meldet sich sogar heute noch ein ausgesprochener Defaitist, der sein Manuskript nur mit einem nach seiner Ansicht zeitgemäßen Frontkämpferverbrüderungsschluß versieht. Das wahre Fronterlebnis in seinen innersten Antrieben zu schildern, ist eben sehr schwer. Es gehört dazu, daß man alle diese Dinge nicht nur gesehen, sondern mitempfunden hat, aus einer seelischen Einstellung heraus, die in der Not des eigenen Volkes den stärksten Antrieb für Opfermut und Hingabe fand.

Hierbei muß ich noch eine Verirrung erwähnen, die auch häufig auftritt, aber als eine Zersetzungserscheinung der letzten Jahre des Weltkrieges zu betrachten ist: es ist Manier, dem Frontsoldaten vor allem ein rauhes, ja unflätiges Benehmen als wichtigste Eigenschaft anzudichten. Erstklassige Heere unter großen Führern, die für ein Ideal kämpften, haben immer die Auffassung gehabt, daß die Ehre der Truppe nicht nur die Erfüllung der soldatischen Pflichten, sondern auch ein menschlich tadelloses Verhalten von jedem einzelnen fordert. Ganz besonders aber, seitdem das preußisch-deutsche Heer der allgemeinen Wehrpflicht für die Freiheit der Nation kämpft, ist diese Auffassung von menschlichem Anstand bei ihm zu Hause.« [70] Offenbar war dieser Kritiker, wenn der erste Teil seiner Kritik auch berechtigt erscheint, ebenso sehr ein Opfer und ein Verbreiter von Illusionen wie die, die er anklagte.

Nach dem 30. Januar 1933 erblickte eine völlig neue Kategorie von Jugendliteratur das Licht der Welt: die Verherrlichung der Helden der Partei [71]. Das Preußische Kultusministerium veröffentlichte regelmäßig umfangreiche Listen von Büchern, die in die Schulbibliotheken eingereiht werden sollten. Ihr Thema war die Geschichte der nationalsozialistischen Bewegung und das Leben jener, die sich für sie geopfert hatten. Seitdem das Horst-Wessel-Lied ohnehin Deutschlands zweite Nationalhymne geworden war, bot sich der SA-Mann Horst Wessel geradezu als Musterbeispiel an. Das gleiche galt für Albert Leo Schlageter, der den Franzosen während der Ruhrbesetzung aktiven Widerstand geleistet hatte, und natürlich auch Herbert Norkus. Aber mit Ausnahme des »Hitlerjungen Quex« von K. A. Schenzinger erreichte keines dieser literarischen Produkte große öffentliche Beliebtheit. In den Bibliotheken der Hitler-Jugend fand man sie noch ein Jahrzehnt nach ihrem Erscheinen in verstaubtem und offensichtlich ungelesenem Zustand an, während die Bücher über den Ersten und Zweiten Weltkrieg meist stark abgegriffen waren [72].

Seit der Annullierung der Militärklauseln des Versailler Vertrags und der Einführung der allgemeinen Wehrpflicht bemühte sich das Oberkommando der Wehrmacht, jedermann mit der neuen Wehrmacht bekanntzumachen. Die zu diesem Zweck veröffentlichten Bücher und Zeitschriften hatten großen Erfolg, da sie einer stark interessierten Leserschaft eine Menge wertvoller technischer Information boten. Nach Ausbruch des Krieges erachtete die Reichsjugendführung es als dringlich, neben den informativen Berichten, wie sie die Wehrmacht brachte, die deutsche Jugend an »Deutschlands Kampf für Freiheit« zu begeistern. Die Erziehung als Vorbereitung für den Militärdienst war jetzt das gebotene Ziel bei den größeren Jungen: »Erziehung zum Wehrwillen ist also das erste und zunächst gebotene ...

Es kommt darauf an, die Menschen bewußt und ganz überzeugt zu kämpferischer Gesinnung und Haltung zu erziehen. *Der erste Maßstab,* mit dem also die Bücher unserer Schülerbücherei gemessen werden müssen, *ist der der kämpferischen Grundhaltung ...*

Tatbereitschaft des Geistes auf dem Gebiete der Wehrerziehung erfordert bei dem Jugendlichen gewisse Kenntnisse von wehrkundlichen Dingen. Stellt *wehrkundliche* Bücher in die Schülerbücherei! Der Junge will Auskunft haben über Aufbau und Einrichtung der Wehrmacht, über Wehrzustände und Wehrverhältnisse ...

Ferner soll der Jugendliche über die einzelnen Wehrmachtsteile unterrichtet werden: Heer, Marine und Luftwaffe. Ihre Bewaffnung, ihre besonderen Aufgaben und Kampfesweisen müssen ihm geläufig sein. Endlich muß der Schüler auch Bücher lesen, die ihn mit den Wehrverhältnissen anderer Staaten vertraut machen. Bücher natürlich, die samt und sonders erfüllt sein müssen von lebendiger Spannung, von packender Gestaltung, sonst könnten sie das Gegenteil von Wehrbegeisterung heraufbeschwören!« [73] [74] [75]

Von 1940 bis Ende 1943 überfluteten Bücher über die Leistungen der Stukas, der Panzer und der U-Boote den deutschen Büchermarkt, eine Flut, der nur die Papierknappheit Einhalt gebot. In den Schulen wurden den zehnjährigen Jungen und Mädchen die Heldentaten der für ihre Tapferkeit mit dem Ritterkreuz belohnten Soldaten nahegebracht, und einer der letzten vor Kriegsende erschienenen Bände war den »Jungen im Einsatz« gewidmet. Der Mythos von Langemarck mit seinem Blutopfer sollte noch einmal beschworen werden.

Wenn all diese verschiedenen Formen und Ausdrucksmittel erdachter oder geschichtlicher Literatur zum Zwecke der politischen Beeinflussung und Erfassung benutzt wurden, so heißt das noch nicht, daß es keine Literatur für eine direkte nationalsozialistische politische Erziehung gab. Im Gegenteil, ihr wurde besondere Bedeutung beigemessen [76].

»Welche Funktion hat nun innerhalb des gesamten Schrifttums die politische Jugendschrift? Sie soll der politischen Erziehung der Jugend dienen. Hitlers Forderung ist: Die Jugend soll zu künftigen Trägern des nationalsozialistischen Staates erzogen werden ... bei der politischen Bildung und Erziehung (kommt es) nicht drauf an, zuerst ein formales Staatsdenken zu erzeugen, sondern vielmehr in der Jugend ein lebendiges Staatsgefühl zu erwecken, das sich äußert in Hingabe und Opferbereitschaft für den Staat, als dem Inbegriff einer völkischen Lebensordnung. Die politische Jugendschrift hat also nicht in erster Linie ein politisches Sachbuch zu sein; sie soll nicht zuerst belehren; nein, sie soll das Kind, den jungen Menschen erheben, begeistern; sie soll die Kräfte des Willens wecken und aktivieren und mithelfen, die junge Generation innerlich bereit zu machen zum Einsatz für den Staat, für die Nation. Die politische Jugendschrift ist in dem großen volkserzieherischen Werk des Nationalsozialismus ein wichtiger Faktor, und es kann uns daher nicht einerlei sein, aus welchem Geiste die politische Jugendschrift gestaltet ist.« [77]

In anderen Worten, die stufenweise und vernunftbedingte Erziehung mit dem Ziel, verantwortliche Staatsbürger heranzubilden, war nicht die Absicht der nationalsozialistischen politischen Erziehung, sondern nur die Entwicklung zu rassebewußten Volksgenossen. Politisch motivierte Literatur hatte an die Gefühle zu appellieren, zu blindem Gehorsam und absoluter Hingabe zu leiten und »den fanatischen Glauben an Volk, Reich und Führer« zu untermauern, »dessen Erbe sie eines Tages zu hüten haben werden« [78]. Hitler selbst hatte unterstrichen, daß kein Junge oder Mädel die Schule verlassen sollte, ohne sich der Bedeutung der Rassereinheit klargeworden zu sein. Das Hauptziel bei der politischen Erziehung der deutschen Jugend solle sein, »ihnen Sinn und Gefühl der Rasse in die Herzen zu brennen« [79].

Bücher und Broschüren über Rassenkunde nahmen einen großen Platz in jeder Hitler-Jugend-Bücherei ein, aber wenn sie an Heimabenden diskutiert werden sollten, erweckten sie Langeweile. Bei vielen erreichten sie aber doch ihre Wirkung, besonders wenn sie mit dem Film »Der ewige Jude« in Verbindung gesetzt wurden und die jungen Menschen schließlich dazu brachten, die Juden als Schädlinge zu betrachten und zu behandeln.

Auch die Geschichte der Partei gehörte natürlich zu diesem Erziehungsprogramm, und die beiden erfolgreichsten Bücher waren Goebbels' »Vom Kaiserhof zur Reichskanzlei« und Otto Dietrichs, des Pressechefs der Partei, »Mit Hitler in die Macht«. Die Persönlichkeit Hitlers war ein oft »literarisch« angewandtes Thema für Jugendbücher, deren Qualität jedoch von einer auf den ersten Blick recht unwahrscheinlichen Seite besonders scharf kritisiert wurde, von Himmlers SS-Wochenzeitung »Das Schwarze Korps«, wo eine ganze Artikelserie über Kitsch und Handelsgeist im Hitler-Kult erschien [80]. Tatsächlich wurden dann auch nur sehr wenige dieser Hitler-Bücher den Hitler-Jugend-Büchereien für die Aufnahme in ihre Bibliotheken empfohlen. Außerdem beschränkten regelmäßig für die verschiedenen Zweige der HJ erscheinende Bände wie »Pimpf im Dienst«, »HJ im Dienst«, und »Mädel im Dienst« ihre politischen Informationen auf ein Minimum. In einer 349 Seiten umfassenden Ausgabe von »Pimpf im Dienst« enthalten nur 14 Seiten politischen Stoff. Der Rest betrifft körperliche Betätigungen wie Sport, Spiele, militärische Feldübungen, Luftdruckgewehrschießen, Zelten, Wandern und Erste Hilfe [81]. Der politische Inhalt von »HJ im Dienst« und »Mädel im Dienst« war etwas ergiebiger, und letzteren werden »rassische Ratschläge« erteilt.

Baldur von Schirach betrieb für seine eigenen Werke weitestmögliche Verbreitung, obwohl sie eigentlich kaum von anderem praktischem Wert für die Hitler-Jugend waren, als daß sie an besonderen National- und Parteifeiern benutzt werden mußten [82]. Auch die Biographien anderer für die Geschichte der Partei wichtiger Männer wurden veröffentlicht, besonders über Hermann Göring; aber die meistgelesenen Stellen darin waren die, in denen seine Fliegerzeit im Richthofen-Geschwader – das er als letzter führte – beschrieben wurde [83]. Die bei allen Anlässen, in denen die Hitler-Jugend in der Öffentlichkeit allein oder zusammen mit anderen Parteiformationen auftrat, produzierten Sprechchöre gehören wohl auch in das Gebiet der »Literatur«. Sie waren eigentlich nie sehr erfolgreich und wirkten zuweilen recht peinlich, wie Leni Riefenstahl es im Falle des Arbeitsdienstes mit ihrem Film »Triumph des Willens« veranschaulicht hatte.

Während der Zeit vor dem Kriege erhob das Dritte Reich immer wieder die Zurückforderung der verlorenen Kolonien. Aber Kolonien mußten ja nicht unbedingt – wie man später beweisen sollte – jenseits der Meere liegen. Um die weitverbreiteten kolonialistischen Gefühle anzufachen und den Blick der jungen Deutschen auf das Problem neu zu gewinnenden »Lebensraums« zu richten, wurde die Aufmerksamkeit sowohl auf die ehemaligen Kolonien wie auf die »Grenzlanddeutschen« und »Volksdeutschen« im Ausland gelenkt. Die spezifisch rassische Aufgabe des sich mit den außerhalb der Grenzen des Vaterlands lebenden Auslandsdeutschen befassenden Jugendbuches wurde 1941 folgendermaßen dargestellt:

»Diesem Jugendbuch kommt eine besonders wichtige völkische Aufgabe zu: Unserer Jugend Wissen vom auslandsdeutschen Leben zu vermitteln, die nötige Herzwärme für das Geschick der Volksgenossen im fremden Raum zu schaffen, daraus aber die Einsatzbereitschaft für sie wachsen zu lassen. Von dieser Anteilnahme, von dieser Einsatzbereitschaft des Reichsvolkes hängt es wesentlich ab, in welchem Maße die Volksgruppen vor den Grenzen des Reiches zu uns stehen, ob sie in allen Winden der

Welt einsatzbereit sind für das Gesamtvolk oder ob sie verwelschen, im fremden Volkstum versinken.« [84]

Das Schicksal der Volksdeutschen während der Wirren der russischen Revolution wurde in einigen damals vielgelesenen Büchern über die Wolgadeutschen beschrieben, wie auch das Leben in den ehemaligen Kolonien, die dortigen Kämpfe im Ersten Weltkrieg, wie zum Beispiel in den Erinnerungen des Generals von Lettow-Vorbeck [85]. Andererseits erregten James Fenimore Coopers Lederstrumpfgeschichten in gewissen Kreisen des NS-Lehrerbundes großes Ärgernis, weil sie die Phantasie ihrer jungen Leser in die britisch-französischen Machtkämpfe verwickelte, die doch für Deutschland nicht interessant waren. Die Ablehnung ging allerdings nie soweit, daß man das Verbot dieses Buches ins Auge faßte, aber man unterstützte tatkräftig literarische Bemühungen, einen deutschen »Lederstrumpf« zu schaffen, der in Togo, in Kamerun oder in Deutsch-Südwestafrika spielen sollte [86].

Das Schicksal der Sudetendeutschen war vor 1933 bereits ein beliebtes Thema und blieb es bis 1938; das gleiche galt für die deutschen Minderheiten in Polen [87]. Die Unruhen in Südtirol hingegen blieben unerwähnt, obwohl dort die deutsche Bevölkerung schwererer Unterdrückung ausgesetzt war, als es je in der Tschechoslowakei der Fall war. Aber Hitlers im Achsenbündnis gipfelnde Italienpolitik fand bis in die entfernteste Ecke der Jugendliteratur ihren Widerhall. Außer einigen Romanen über den Gebirgskrieg in den Dolomiten während des Ersten Weltkriegs wurden die Deutsch-Südtiroler »literarisch« ignoriert [88].

Um schon von frühem Alter an soziale Unterschiede zu überbrücken, vervollständigte man die »Volksgemeinschaft« durch die »Arbeitsgemeinschaft«. Heldische Eigenschaften mußten ja nicht ausschließlich bei Soldaten zu finden sein, es gab sie auch beim Arbeiter in seinem täglichen Schaffen, denn hier fand der eigentliche Kampf zwischen Mensch und Materie statt. Der Arbeiter sollte genauso Thema von Jugendbüchern sein wie der Soldat, während die Schilderung des Lebens bei der wohlhabenden Klasse ein Tabu war – besonders bei Büchern für die männliche Jugend [89]. Bücher über Arbeit und Arbeiter wurden vor allem für die kurz vor Schulabschluß stehende Jugend als unbedingt erforderlich betrachtet. Sie konnten dem jungen Leser bei seinem Eintritt in die »Volksgemeinschaft« und die »Arbeitsgemeinschaft« behilflich sein, um seiner Betätigung einen höheren Sinn als den des bloßen Brotgewinns zu verleihen. Die Betonung der völkisch-gesellschaftlichen Gesichtspunkte sollte dem Durchschnittsdeutschen in seiner Alltagsumgebung den Sinn seiner Pflichten als Mitglied und Diener seiner Volksgemeinschaft veranschaulichen. Man fürchtete nämlich, daß man mit der Überbetonung des völkisch-nationalen Gedankens letztendlich Gleichgültigkeit oder Ignoranz für die sozialen Probleme erzielte. Natürlich war es kein Problem, die Begriffe von Nation und Rasse in den schönsten Farben zu malen, aber es war ebenso wichtig, jenen Themen, die den einzelnen jungen Menschen direkter und unmittelbar betrafen, ihren Platz im Jugendschrifttum einzuräumen. Es wurde durchaus anerkannt, daß hier eine schwierige Aufgabe für die Schriftsteller vorlag. Die Verstricktheit moderner industrieller und sozialer Entwicklung berührte eine Fülle von Problemen, die man schwer mit jenem Spannungselement und jenem Kampfgeist beschreiben konnte, die die jugendlichen Leser anzogen. Hier mußte allerdings der Kampf nicht notwendigerweise ein Kampf zwischen Mann und Mann sein, hier handelte es sich eher um den Kampf zwischen Mensch und Natur, und infolgedessen schlug man Themen vor wie den Grubenarbeiter im Kohlenschacht oder den Schiffsheizer im Sturm bei Windstärke neun [90].

Man versuchte eine Literatur mit realistischer Tendenz zu fördern und bemerkte:

»Die kernigsten Probleme an der Front der Produktion sind noch gar nicht entdeckt ... Hinein in die Bergwerke, Gießereien, in die Konstruktionsbüros, heran an die Telefone der großen industriellen Werke! Dort spielen sich unsere wahren Kämpfe ab. Dort stehen auch im tiefsten Frieden ganze Arbeiterheere ständig im Kampf. Daß dies tatsächlich ein Kampf ist, merkt der

Zivilist nur, wenn am Frontabschnitt ›Kohle‹ wieder einmal hundertfünfzig Mann gefallen sind. Die faulen Lümmels in den Liegestühlen der Sanatorien interessieren uns nicht. Laßt sie in der dritten Fortsetzung sterben und fangt etwas Neues an . . .!« [91]

Im Vergleich dazu waren die Müßiggänger, die sich in ihren Liegestühlen ausruhten, von keinerlei Interesse [92]. Abenteuer in Nordamerika mochten aufregend sein, aber sie standen in keiner Beziehung zu den Problemen des Tages. Auch auf den Schienensträngen, den Schleusen, in Gießereien und Laboratorien gab es Abenteuer. Sie boten Probleme und Situationen, die ebensoviel Kaltblütigkeit, Geistesgegenwart, Entschlossenheit und Kameradschaftsgeist erforderten wie der Wilde Westen. Sie waren die Stätten, wo sich die Helden des Alltags bewährten [93].

Man kann nicht behaupten, daß man mit diesen Forderungen auf großen Widerhall stieß. Der nationalsozialistische »Held der Arbeit« war vielleicht nicht gerade eine Fiktion, aber er fand weder in der Jugendliteratur noch in der der Erwachsenen seine literarische Widerspiegelung. Die Freude am Lesen über abenteuerliche Begebenheiten in fernen Ländern und die Helden vergangener Zeiten war etwas, dem auch die nationalsozialistische Kulturpolitik nicht Einhalt gebieten konnte.

Sie konnte auch ein weiteres, dem frühen Nationalsozialismus sehr am Herzen liegendes Problem nicht aus der Welt schaffen: den Gebrauch von Fremdwörtern. Georg von Schönerer, der österreichische Pangermanist, einer der beiden Männer, denen Hitler in den einführenden Seiten seines »Mein Kampf« Bewunderung aussprach, hatte einst einen planmäßigen Werbefeldzug zur Ausmerzung aller in der deutschen Umgangssprache verwendeten Wörter fremden Ursprungs ins Leben gerufen. So wurde das »Fenster« lateinischen Ursprungs zum germanischen »Windauge«. Auch die Monatsnamen wurden durch altgermanische Bezeichnungen verdeutscht. Die Nazipolitik ging in dieser Hinsicht nicht ganz so weit, aber es wurde wiederholt warnend betont, daß deutsch sein auch deutsch sprechen bedeute:

»Leben und Kampf unserer deutschen Jugend von heute sind ein einziges Bekenntnis zum Deutschtum. Dieses Bekenntnis ist für sie Anfang und Ende. Wehe dem, der sie hier nicht versteht! Dreimal wehe dem, der sich ihr hierbei entgegenstellt! . . .

Daß unter diesen Allheitsanspruch auch die *Sprache* fällt, . . . ist der Jugend etwas Selbstverständliches. Sie erfaßt und erlebt die *Sprache* als eine aus dem Blut geborene *Ausdrucksform der deutschen Seele* . . .

Deutsch sein heißt nicht nur deutsch fühlen, denken, handeln, es heißt *auch deutsch sprechen.* Das welsche Wort bedeutet aber nicht nur eine Kränkung der Sprachehre . . . *Wer das Welschwort gebraucht, denkt als Angehöriger einer Schicht und handelt unkameradschaftlich,* wer das deutsche Wort wählt, schaltet sein Ich aus und fühlt mit dem Volksgenossen. Erst so wird im Sprechenden wie im Hörenden gleiches Ahnenerbe lebendig. Denn das *Fremdwort trennt, die Muttersprache eint* . . .

Das sind die Vorstellungen und Grundempfindungen, die im jungen deutschen Menschen lebendig sind, wenn er ein Buch, insbesondere ein Jugendbuch in die Hand nimmt . . .

Sprache *ist* nicht, sie *wird.* Dieses Werden im besten Sinne zugleich urtümlich und gegenwartsnah, also deutsch zu gestalten, ist eine hohe Aufgabe. Der deutschen Jugend hierbei zu dienen und sie zu führen, ist Pflicht des Jugendbuches. *Der Jugendschriftsteller sei ein Meister der Sprachzucht, ein Kämpfer für deutsches Sprachgut, ein Wecker der Sprachlehre!*« [94]

Schriftsteller, die häufig Fremdwörter und solche ausländischen Ursprungs verwendeten, wurden oft angegriffen. Diese führten zu ihrer Verteidigung die Reden Hitlers an, die man kaum als Vorbilder germanischer Sprachreinheit betrachten konnte. Darauf wurde ihnen entgegnet:

»Wir betrachten es . . . als Anmaßung, wenn z. B. ein Jugendschriftsteller in einem Brief seine Fremdworte mit einem Hinweis auf den Führer entschuldigt, der auch Fremdworte verwende. Der Führer weiß, warum er Fremdworte in seinen großen politischen Reden gebraucht, die sich an die ganze Welt wenden und in denen dann die Fremdworte wie ruhende Punkte klar

umrissen in jeder Übersetzung liegen, aber so mancher Jugend-
buchautor weiß nicht, warum er in einem Buch, das sich z. B. an
Pimpfe wendet, nur so mit Fremdwörtern um sich wirft. Solche
Bücher verfallen bei uns trotz aller Brauchbarkeit im Stoff und
in der Gesinnung wegen ihrer schlechten sprachlichen Fassung
der Ablehnung. Das ist nicht nur die Meinung von Schulmei-
stern, das ist auch die Auffassung der Reichsjugendführung und
wohl aller verantwortlichen Kreise.« [95]
Wie in der Literatur jedes anderen Landes, nahm der Abenteuerroman für jung und alt einen besonderen Platz in der
deutschen Leserschaft ein – es waren Bücher, die man als Zehn-
jähriger gelesen hatte, die aber mittlerweile nichts von der
ihnen eigenen aufregenden Spannung verloren hatten und die
der Erwachsene Jahrzehnte später immer noch mit derselben Begeisterung wie in Kinderzeiten zu seiner Entspannung ver-
schlingt. Aber die nationalsozialistischen Literaturkritiker bestanden darauf, daß das Leben der dargestellten Personen im
Dienste einer Idee und der Volksgemeinschaft zu stehen habe
und daß das »heroische Element« ausschlaggebend sein müsse [96].
»Es ist ein Schrifttum, das Vorstufe des Heldischen ist, ja dem
Heldischen selbst immer mehr zugezählt werden kann, wenn
das gefahrvolle Leben im Dienste einer Idee, einer Aufgabe,
einer Gemeinschaft, eines sinnvollen Zieles gelebt wird und
nicht aus unmotivierten Augenblicksfällen.« [97]
Rudolf Heß nahm 1940, etwa ein Jahr bevor er nach England
flog, anläßlich eines Hitler-Jugend-Treffens öffentlich zur Rolle
des Abenteuerbuches und seiner Bedeutung für die Jugend Stellung, weil es in jedem gesunden Jungen und Mädchen Begeisterung für die heldenhaften Taten erweckte:
»Ihr lest doch mit gleicher Leidenschaft, was auch wir in unserer
Jugend verschlungen haben: Karl May und den »Lederstrumpf«,
Abenteuer an fernen Goldküsten, Kämpfe mit wilden Tieren,
Jagd auf Riesenfische. Ihr lest die Bücher über wagemutige See-
fahrten, über Sturmfahrten um Kap Horn. Ihr lest die Heldensagen eures Volkes, ihr wollt wissen, wie Friedrich der Gro-

ße einst gekämpft, wie Bismarck und Moltke gesiegt, wie ein Weddigen, ein Boelcke, ein Immelmann, ein Richthofen, ein Hindenburg, ein Graf Spee, ein Admiral Scheer ihre großen Siege erfochten – das nehmt ihr auf in eure Herzen, das begeistert euch, das lebt in eurer Phantasie . . .« [98]

Während Heß so den Bereich des Abenteuers schilderte, befaßte sich der NS-Lehrerbund mit dem, was ein Abenteuerbuch nicht enthalten dürfe und welche Bücher in den Schulbüchereien keinen Platz hätten. Detektivgeschichten, die ganze Skala der Krimis mit ihrer technologischen Ermittlungs- und Fahndungspraxis wurden für unerwünscht erklärt [99]. Der Detektiv hatte keine der heroischen Eigenschaften eines Luckner, Richthofen oder Prien. Nur solche Vorbilder verkörperten Tugenden, die es wert waren, von den jungen Leuten nachgeahmt zu werden [100]. Verschiedener Ansicht war man allerdings bezüglich einer Kategorie von Abenteuergeschichten, die sich seit dem neunzehnten Jahrhundert in der Literatur jedes europäischen Sprachgebiets eingebürgert hatten: der Indianergeschichten. Will Vesper vertrat die Gegner »des veralteten Indianerromans im Jugendschrifttum«, der mit der Rassenlehre des Nationalsozialismus unvereinbar sei: »Schluß machen müssen wir mit aller weichlichen literarischen Farbigenschwärmerei, ob es sich um wissenschaftliche, halbdichterische Werke, Unterhaltungsliteratur oder die längst überständige Indianerpoesie der Jugendbücher handelt. Wir sind ein weißes Volk. Wir sind das Kern- und Hauptvolk der weißen Rasse. Die weiße Rasse ist in Gefahr. Es ist unsere Sache, das rechtzeitig zu erkennen, die Notwendigkeiten der Zukunft zu sehen und die Augen unseres Volkes für die drohenden Gefahren zu öffnen. Es sei uns Warnung genug, daß das Judentum überall Schrittmacher der farbigen Vermischung und Zerstörer der weißen Wachsamkeit ist. Und so wollen wir ihr, die eine seelische Gefahr ist, mit aller Schärfe dort begegnen, wo sie uns bedroht, dieser Farbigenschwärmerei einer europamüden Literatur.« [101]

Vesper setzte sich mit seinem Standpunkt nicht durch; Indianergeschichten waren nach wie vor außerordentlich beliebt.

Einer der erfolgreichsten Autoren dieses Genres in jener Zeit war Erhard Wittek, der seine Jugendbücher unter dem Pseudonym Fritz Steuben schrieb; sein Hauptwerk war die vielbändige Romanbiographie des Indianerhäuptlings Tecumseh. Im Gegensatz zu Vesper behauptete er, die Indianer lieferten einen klaren Beweis, daß ihr Mangel an Rassebewußtsein und ihr Versagen in der Festigung rassischer Bande, deren Bedeutung sie verkannten, ihren Untergang herbeigeführt hätten [102]. Die Indianer waren nicht der einzige Abenteuerstoff, über den die Meinungen auseinandergingen. Auch Robinson Crusoe gab zu Diskussionen Anlaß. Einige erklärten, das Buch könne jedem Jugendlichen in die Hand gegeben werden, denn Robinson Crusoe verkörpere das nordische Abenteurerblut, den typischen nordischen Helden, der die widrigsten Umstände meistern und überleben konnte [103]. Andere hingegen nahmen an Robinsons Freundschaft mit einem Karaiben Anstoß und forderten, der Text müsse revidiert werden, um Robinsons rassische Überlegenheit herauszustellen. Sie verlangten ebenfalls die Streichung der Stelle, in der die auf der Insel verbleibenden Spanier eingeborene Frauen heirateten, und empfahlen, daß Freitag auf der Insel zurückgelassen werde, was »für ihn und die weiße Rasse am besten sei«. Auch bedauerte man, daß man Robinson nicht zu einem deutschen Jungen gemacht habe – was für einen zehnjährigen Leser sicher von Bedeutung sei [104]. »Onkel Toms Hütte« wurde aus allen Schul- und Hitler-Jugend-Büchereien ausgeschlossen, da der Inhalt dieses Buches den Ideen der nationalsozialistischen rassenpolitischen Erziehung zuwiderlaufe. Tom sei auch keinesfalls die richtige Art von Held. Er sei ein demütiger Dulder und als solcher kaum ein Beispiel für die deutsche Jugend, die zur bedingungslosen Bereitschaft im Kampf für Volk und Vaterland erzogen werden sollte. Außerdem könne Tom als literarische Gegenpropaganda zu kolonialistischen Ideen betrachtet werden [105].
Der bei weitem meistgelesene und -bewunderte deutsche Autor von Abenteuerromanen von der Jahrhundertwende an bis heute ist Karl May [106]. Als Sohn einer in Armut lebenden Familie

im Erzgebirgischen gelang es ihm, sich genügend Bildung an-
zueignen, um in ein Lehrerseminar aufgenommen zu werden.
Dort machte er sich verschiedener Delikte schuldig, wofür er
mehrere Male zu kurzen Gefängnisstrafen verurteilt wurde.
Danach brach er konsequent mit seiner kriminellen Vergangenheit, aber da ihm der Lehrerberuf doch endgültig verschlossen
war, begann er für einige Wochenzeitschriften Abenteuergeschichten zu schreiben. Von dort war es nur noch ein kurzer
Schritt zur Verfassung von Abenteuerromanen, die meist in der
ersten Person geschrieben waren und soviel überzeugend genaue
Einzelheiten enthielten, daß man durchaus annehmen konnte,
Karl May habe in den Ländern, in denen sich seine Romane
abspielten, selbst gelebt. Und doch war alles frei erfunden;
er hatte weder Amerika noch einen anderen Teil der Welt
besucht, bis ihn seine Bücher zu einem reichen Manne gemacht
hatten. Sein Werk, 70 Bände von je 500 bis 600 Seiten, sind
stets Bestseller geblieben, und seine deutsche Leserschaft setzt
sich aus praktisch allen Altersklassen von acht bis achtzig Jahren
auch heute noch zusammen [107].

Heß bezog sich in seiner obenerwähnten Rede auf ihn, und
Hitler war ebenfalls ein begeisterter Karl-May-Leser – das traf
allerdings auch auf viele seiner Gegner zu. In den frühen Jahren
war im Konzentrationslager von Dachau der Besitz eines
Karl-May-Buches aus der Lagerbücherei eine Tagesration Essen
wert. Im Hinblick auf Karl Mays hochgestellte Leserschaft wagten es nur wenige, den ethischen Gehalt der Karl-May-Romane
anzugreifen, in denen der Held niemals Gewalt um der Gewalt
willen anwendet, in denen er niemals wirklich tötet, wo die Be-
lohnung sich gewöhnlich in Form göttlichen Eingreifens oder
gottgewollter Gerechtigkeit einstellt. Der Bösewicht stürzt bei
einer wilden Verfolgungsjagd zu Pferde meist in einen Abgrund
und verschwindet in der Tiefe. Der Held ist stets aufrichtig und
unkompliziert, aber doch auch allen, auch seinen Freunden,
überlegen. Er ist einfach zu vollkommen und tugendhaft, um
wahr zu sein. »Das Schwarze Korps« versuchte einmal den
Karl-May-Kult zu zerstören, hatte aber keinen Erfolg da-

mit [108]. Bis 1944 spendete die Reichsjugendführung immer noch Karl-May-Bände als Preise für Hitler-Jugend-Wettkämpfe, und das OKW bestellte 3000 für die Truppen der Wehrmacht im Partisanenkrieg [109].

Es ist außerordentlich schwer, die tatsächlichen Ergebnisse der nationalsozialistischen Jugendschrifttumspolitik abzuschätzen. Zu keiner Zeit während der Dauer des Dritten Reiches war es dem Regime gelungen, bestehende Gegeneinflüsse völlig auszuschalten [110]. Die Partei hatte keinen Schriftsteller hervorgebracht, dem es gelungen wäre, die nationalsozialistische Ideologie in Form eines Jugendbuches wirklich durchzusetzen. Sie mußte sich mit bereits bekannten Schriftstellern wie eben Schenzinger begnügen, der mit seinem »Hitlerjungen Quex« eine Art von Parteiklassiker geschrieben hatte, was er übrigens einige Jahre vor Ausbruch des Krieges bitter bereute. Die NSDAP mußte mit der nationalistischen Literatur der Weimarer Republik vorliebnehmen, denn eigentlich war ihre ganze Tätigkeit auf diesem Gebiet negativ – sie schuf nichts, brachte nichts von dem hervor, was sie für geeignet, sondern verbot nur, was sie für ungeeignet hielt. Die Funktion der NSDAP war nicht schöpferisch; sie beschränkte sich auf Kontrolle und Zensur. Die von den Parteidichtern wie dem Reichsjugendführer selbst verfaßten Werke konnten nur durch Zwang unter die Leute gebracht werden. Das einzige Neue war die breite Front des rassisch begründeten Antisemitismus, der nie irgendwo stärker als auf dem Gebiet des Jugendbuches durchgesetzt wurde.

Die Kontrollfunktion der Partei und ihre Einflußnahme auf die Jugendbuchproduktion war etwas noch nie Dagewesenes und hätte sich gewiß psychologisch sehr schädlich auf die deutsche Jugend ausgewirkt, wenn das Dritte Reich auch nur eine Generation lang angedauert hätte, geschweige die versprochenen tausend Jahre. Tatsächlich war der Schaden schlimm genug, aber er hatte keine Tiefenwirkung, wie das Nachkriegsdeutschland beweist. Es fällt leicht, vordergründig ein Maß an Beständigkeit in der nationalsozialistischen Literaturpolitik festzustellen, indem man sich auf die entsprechenden Auszüge aus den politischen Verlautbarungen verläßt, aber selbst da lassen sich Widersprüche nachweisen. Wie dem auch sei – es stellt sich doch ein viel schwierigeres Problem ein, wenn man sich fragt, wieviel eigentlich von dem von der Partei als Lesestoff Befohlenen wirklich gelesen wurde und was man daneben noch las, und diese Frage entzieht sich allen empirischen Maßstäben. Aus persönlicher Erfahrung könnte man sagen, daß »Mein Kampf« nicht lesbar, »Hitlerjunge Quex« jedoch durchaus lesbar, daß der Antisemitismus vorhanden war, seine Wurzeln aber eher in der religiösen als in der politischen Sphäre lagen; daß die deutschen Jungen in jener Zeit mit großem Interesse eine Vielfalt von Kriegsbüchern lasen, daß aber die, die im Zweiten Weltkrieg spielten, viel weniger beliebt waren, weil sie mit den meisten Wochenschauen jener Tage einen gemeinsamen Zug besaßen: Wiederholung und Übertreibung. Die deutsche Jugend war von der literarischen Welt der Jahre vor 1933 nicht abgeschnitten: Thomas Mann, Döblin, Zuckmayer und Remarque standen im Bücherschrank neben Salomon, Fallada und Grimm. Allerdings lassen sich persönliche Erfahrungen wie diese, selbst wenn sie durch ähnliche Erinnerungen von Zeitgenossen bestätigt werden, nicht verallgemeinern.

Der äußere Schein ist ebenso trügerisch wie die riesige Massenkundgebung eines Nürnberger Parteitags. Die Hakenkreuzfahnen, die Standarten, die Trommelwirbel und die Braunhemden täuschten die gleiche Einheitlichkeit vor wie die Bestandsliste einer Hitler-Jugend-Bücherei – es ist ein sehr täuschendes Bild. Man kann auf die große Anzahl der für Schulkinder und Hitler-Jugend bestimmten und meist gratis verteilten Zeitschriften hinweisen, aber man darf daraus noch lange nicht auf den Widerhall bei der Leserschaft schließen. Ob die meisten Leser sich mit dem Anschauen der Bilder begnügten – und die fachmännische Behandlung von Bildmaterial wie in der Propagandazeitschrift »Signal« war etwas, das der Hitler-Jugend und dem NS-Lehrerbund nie in den Sinn gekommen wäre –, das ist eine andere Frage, die wohl niemand beantworten kann. Selbst eine Untersuchung der Schulbücher würde nichts über ihre Wirkung aussagen, aber ohne allzusehr verallgemeinern zu wollen, enthielten die dem Schüler zum Unterricht in der Volksschule gebotenen Lesebücher derart grotesk aufgebauschte Geschichten über den Führer, daß man sich selbst im Alter von acht Jahren schnellstens nach interessanterem Lesestoff umsah.

Der Krieg brachte seine eigenen Druckmittel und Notwendigkeiten mit sich und entwickelte bald einen geübten Blick für Propaganda jeder Art. Der Geist der Unbesiegbarkeit von 1914 herrschte nicht im Jahre 1939; schon einmal hatte er getäuscht. Eine Euphorie über die lange Reihe der Siege, ja; aber gleichzeitig auch die Erkenntnis der alten Sprichwortes: Wer zuletzt lacht, lacht am besten. Skepsis ist ein schlechter Gefolgsmann für ideologische Propaganda, und es wurde offiziell zugegeben, daß die Kontrolle über den Lesestoff nicht immer erfolgreich war: »*Junge* Menschen? – Niemand darf, um sie verstehen zu wollen, allzufest an die Erfahrungen der eigenen Jugend anknüpfen – und läge sie auch erst kurz zurück. Diese mitten im gefährlichen Leben stehenden und dauernd vor ernste Aufgaben gestellten Jungen müssen sich verwahren gegen den Vergleich mit der verantwortungslos genießenden oder ziellos durch das Dunkel tappenden Jugend der Systemzeit. Fehl am Platze ist es aber auch, den Maßstab der glücklichen und reich beschenkten Hitler-Jugend von 1939 anzulegen. Abwegig wäre es, wollte man dem 14jährigen Bahn-Junghelfer, der nach zehnstündiger Rottenarbeit tatsächlich noch den Weg zur Bücherei findet, politisches Schulungsmaterial aufdrängen. Man muß sich mit ihm freuen, wenn er sich noch an liebe alte Bekannte der Kinderzeit erinnert, an die ›Feuerburgjungen‹ und ›Bill und die Rote Schlange‹.« [111]

»Nach den Räumarbeiten nach einem Luftangriff erschien ein 14jähriger Hitler-Junge in einer Bibliothek – hohläugig und blaß. Er wollte etwas Leichtes, eine Abenteuergeschichte, lesen. Die Bibliothekarin riet ab, der Junge sollte sich erst einmal ausschlafen. Ihre Kollegin aber empfahl etwas Beschauliches zu lesen. Handelte es sich bei ihm wohl um einen Sonderfall?« [112]

Während des Krieges wandte sich die Jugend von den meisten Formen direkter Propaganda ab, mit Ausnahme geschichtlicher Biographien und Volksmärchen. Wie eine Literaturhistorikerin schrieb: »Niemals in jüngster Zeit haben deutsche Jungen und Mädchen so intensiv Märchen gelesen wie in den letzten Jahren des Zweiten Weltkrieges.« [113] Je mehr der Krieg zur abschreckenden Wirklichkeit wurde, desto weniger waren Kriegsbücher gefragt; folglich kam es dazu, daß der Nationalsozialismus der deutschen Jugend ein Leseinteresse im Sinne ideologischer Kriterien zumutete, als diese mit der Entwicklung des Krieges immer weniger der Wirklichkeit entsprachen. Die Propaganda hatte sich selbst geschlagen.

Ist es schon schwer, sich von der Aufnahme bei der jugendlichen Leserschaft ein Bild zu machen, so ist es genauso schwierig, festzustellen, inwieweit die Nationalsozialisten den Widerstandskräften aus dem Elternhaus entgegenwirken konnten [114]. Es läßt sich belegen, daß Bemühungen in dieser Richtung innerhalb des Jugendschrifttums gemacht wurden, aber die Familieneinheit war 1945 gewiß von größerer Beständigkeit als heute. In den Schulen konnte der Nationalsozialismus natürlich seinen Einfluß viel stärker geltend machen, einerseits durch direkte Kontrolle von Lehrern und Büchereien und andrerseits, indem er den andauernden Lehrer-Schüler-Gegensatz nutzte.

Die Kontrolle und eine Bewältigung des konservativen Einflusses der Kirche war mindestens so schwierig wie im Elternhaus. Die katholische Kirche ebenso wie die protestantische veröffentlichte inoffiziell während der ganzen Dauer des Dritten Reiches ihre eigenen Listen empfohlener Jugendbücher, und einige Diözesen unterhielten ihre eigenen Büchereien, deren Unabhängigkeit sie unter Berufung auf das Konkordat erfolgreich aufrechterhalten konnten.

Daher, und in Anbetracht der verhältnismäßig kurzen Dauer des Dritten Reiches, konnte der durch die Kontrolle der Jugendliteratur erzielte psychologische Gewinn nur sehr beschränkt und in den meisten Fällen nur zeitweilig gewesen sein. Allerdings darf man nicht vergessen, daß der Nationalsozialismus sich auf eine weitverbreitete nationalistische literarische Tradition des Jugendbuches stützen und zu seinem Nutzen ausbauen konnte, die seit 1871 entstanden war und die deutsche Jugend im Geist der Überlegenheit und kämpferischer Angriffsbereitschaft erzieherisch beeinflußte.

Bild 1: Jungvolk auf dem Tempelhofer Feld, Juni 1934

Bild 2: »Im Wehrertüchtigungslager der germanischen Jugend« – Kriegsspiel am Sandkasten

Bild 4: »Hitlerjungen, die sich bei den Luftangriffen auf Hamburg wie Soldaten bewährten«, Hamburg, August 1943

Bild 5: Volksdeutsche Jugendliche, Lodz

◀ Bild 3: Der Jungsturm »Hitler« der »Hitlerjugend«, München, November 1933

Bild 6: HJ-Treffen im Stadion in Berlin-Grunewald, Juni 1933

Bild 7: Führer verschiedener europäischer faschistischer
Jugendverbände, Wien 1942. *(Fotos: Bundesarchiv)*

VIII. Erziehung

Hitler hatte seine Ansichten über die Erziehung der deutschen Jugend bereits in »Mein Kampf« ausgiebig dargelegt, und sie hatten sich seitdem nie mehr geändert [1]. In späteren Jahren trug er immer wieder, bei jeder Gelegenheit und vor jedem Publikum, die gleichen Gedanken und Schlagausdrücke vor [2]. Für ihn bestand die Hauptaufgabe des Staates zum Wohl der deutschen Rasse darin, jedem Jungen und Mädchen das Rassenbewußtsein einzuflößen. Nur so und so allein würde das Kind dann einst ein wertvolles Mitglied der Volksgemeinschaft werden.

Was waren nun eigentlich die Lehrsätze dieser rassisch orientierten Erziehungsphilosophie? Zunächst wurde behauptet, daß es außerhalb der arischen Rasse keine hochentwickelten intellektuellen Eigenschaften gebe. Die Qualität der Rasse bestimme ihre geistigen Qualitäten. Da Genies selten von physisch Degenerierten abstammten – und gegenteilige Beispiele aus der Geschichte seien nur die Ausnahmen, die die Regel bestätigen –, werde sich ein gesunder und starker Intellekt nur in einem gesunden Körper entwickeln, der dauernder und strenger Ertüchtigung bedürfe:

Der völkische Staat hat in dieser Erkenntnis seine gesamte Erziehungsarbeit in erster Linie nicht auf das Einpumpen bloßen Wissens einzustellen, sondern auf das Heranzüchten kerngesunder Körper. Erst in zweiter Linie kommt dann die Ausbildung der geistigen Fähigkeiten. Hier aber wieder an der Spitze die Entwicklung des Charakters, besonders die Förderung der Willens- und Entschlußkraft, verbunden mit der Erziehung zur Verantwortungsfreudigkeit, und erst als letztes die wissenschaftliche Schulung. [3]

In einem rassistisch organisierten Staat muß stets angenommen werden, daß ein körperlich gesunder Mensch mit guten Charaktereigenschaften wertvoller für die Volksgemeinschaft ist als ein noch so intelligenter Schwächling. Ein Volk von gebildeten, aber physisch degenerierten und feigen Pazifisten könne weder den Himmel erobern noch sich seine Existenz auf dieser Welt sichern. Im Kampf um das Dasein ist der, der am wenigsten weiß, selten der Unterlegene, sondern der, der aus seinem Wissen nicht die nötigen Schlüsse zu ziehen und danach zu handeln vermag.

Die so zu nationaler Bedeutung emporgerückte körperliche Erziehung war nun nicht mehr dem Einzelnen oder den Eltern überlassen, sondern sie war jetzt ein Anliegen des Staates zum Schutz der Rasse. So wie der Staat bereits durch seine Zwangserziehungsmaßnahmen zum Wohle der Gemeinschaft in die Rechte des Einzelnen eingegriffen hatte, so war jetzt der Rassenstaat mit seiner ganzen Autorität dabei, alle noch bestehende Unwissenheit in Fragen der Erhaltung der Rasse zu bekämpfen. Die erzieherische Aufgabe des Staates bestand in gezielten Bestrebungen, die jugendlichen Körper von frühester Kindheit an zu ertüchtigen, zu stählen und abzuhärten. Das Heranzüchten einer Generation von Bücherwürmern war auf jeden Fall zu vermeiden [4].

Im Schulplan also müsse der körperlichen Ertüchtigung mehr Zeit gewidmet werden, da es ja ohnehin keinen Zweck habe, die jungen Geister mit einem Übergewicht an Bildung zu belasten, von der letzten Endes doch nur ein Bruchteil haften bleibe. Statt der üblichen zwei Turnstunden pro Woche wurde nun ein Minimum von je einer Stunde morgens und abends täglich empfohlen. Dann wandte sich Hitler der von ihm am meisten geschätzten Sportart, dem Boxen zu. Er verwarf den Einwand, dieser Sport sei roh und vulgär im Vergleich zum Fechten z. B. Warum – so fragte er – sollte das Fechten so edel und löblich für einen jungen Mann sein und der Boxkampf gemein? Es gebe kaum einen anderen Sport – so erklärte Hitler –, der den Angriffsgeist mehr fördere und in höherem Maße blitzschnelle Entschlußkraft verlange als der Boxsport. Es sei durchaus nicht ordinär, wenn junge Menschen ihre Streitigkeiten mit den Fäusten anstatt mit zwei Metallklingen austrügen. Ein gesunder Junge solle Schläge austeilen und einstecken können, was »intellektuelle Kämpfer«

als wild betrachten mochten. Es sei auch nicht die Aufgabe des Rassenstaates, eine Kolonie friedliebender Ästheten und physisch Degenerierter heranzubilden. Sein Ideal sei nicht der ehrbare Kleinbürger oder die tugendhafte alte Jungfer, sondern die gesunde Verkörperung männlicher Kraft und die Entwicklung von Frauen, die solche Söhne gebären würden [5].

Das Versagen der gebildeten Oberschicht im Nachkriegsdeutschland sei – so Hitler – auf mangelnde körperliche Ausbildung zurückzuführen, denn hätte sie das Boxen gelernt, so wäre diese Revolution von Zuhältern, Deserteuren und ähnlichem Gesindel nie möglich gewesen [6]. Eine rein geistige Schulung führe nur zur Wehrlosigkeit, sowie der Kampf sich nicht mehr allein auf geistige Waffen beschränke. Prinzipiell habe die deutsche »höhere Erziehung« es sich nicht vorgenommen, Männer hervorzubringen, sondern Beamte, Techniker und Gelehrte. Die einzige Institution, die versucht hatte, diesen Mangel auszugleichen, sei das deutsche Heer gewesen. Der Ethos dieses Heeres, das seine Rekruten zum Glauben an Unbesiegbarkeit und Überlegenheit erzog, habe den Angriffsgeist der Offensiven von 1914 erzeugt. Der in den ersten Monaten des Weltkriegs bewiesene Mut sei das Ergebnis unermüdlicher Übung im Heer gewesen, dem es gelang, aus Jedem – auch aus den körperlich Schwächsten – ein Höchstmaß an Leistung zu gewinnen und ihm ein Selbstvertrauen zu schenken, das sich auch in den späteren Schlachten nicht verlor [8].

Gerade unser deutsches Volk, das heute zusammengebrochen, den Fußtritten der anderen Welt preisgegeben, daliegt, braucht jene suggestive Kraft, die im Selbstvertrauen liegt. Dieses Selbstvertrauen aber muß schon von Kindheit auf dem jungen Volksgenossen anerzogen werden. Seine gesamte Erziehung und Ausbildung muß darauf angelegt werden, ihm die Überzeugung zu geben, andern unbedingt überlegen zu sein. [9]

Nach der körperlichen Tauglichkeit kommt die Charaktertauglichkeit mit Betonung der Treue und Aufopferungsbereitschaft, und darauf folgt die Ausbildung der Willenskraft und entschlossener Verantwortung [10]. Erst danach folgt – gemäß Hitlers Vorrangigkeitsskala – die wissenschaftliche Erziehung, für die er auch Veränderungen fordert [11]. Der Geschichtsunterricht bedürfe als erster einer gründlichen Säuberung. Er strotze bisher mit einem Überfluß an Daten, Regimen, Schlachten, und es fehle ihm der Faden des politischen Zusammenhangs, der allein dem Schüler die Bedeutung der Ereignisse verständlich macht: die Geschichte müsse so dargestellt werden, daß ihre großen Themen und der Ablauf ihrer Entwicklung sichtbar werden und nicht ein Wust unnötiger Einzelheiten. Nur so werde die Geschichte jedem Einzelnen und der gesamten Gemeinschaft von Nutzen sein [12]. Hitlers positivistischer Einschlag zeigt sich am deutlichsten in seiner Behauptung, die Geschichte sei die Lehrerin für die Zukunft und der Garant für die fortgesetzte Erhaltung der Rasse. Die nationale Geschichte schien ihm weniger wichtig als die der rassischen Entwicklung.

Es ist im übrigen die Aufgabe eines völkischen Staates, dafür zu sorgen, daß endlich eine Weltgeschichte geschrieben wird, in der die Rassenfrage zur dominierenden Stellung erhoben wird. [14] Die allgemeine Erziehung bedürfe in ihrer Gesamtheit einer Säuberung und Verdichtung; erst dann komme eine Spezialisierung in Frage. Eine der Hauptaufgaben der allgemeinen Erziehung sei es, in der Jugend nationalistische Begeisterung zu erwecken – und das sei die Vorbedingung für das Aufblühen von Industrie, Wirtschaft und Handel. Wohlstand stelle sich eher infolge des Aufopferungswillens des Einzelnen für die Gemeinschaft als infolge materialistischer Selbstsucht ein. Die reine Berufsausbildung, wie sie den jungen Menschen auf Schulen und Universitäten geboten würde, könne wohl kaum diese nationalistische Begeisterung erwecken. [15] Nach Hitlers Ansicht waren Geschichte und Sprachwissenschaften sowie die Naturwissenschaften nur Hilfsmittel zur Pflege des rassischen und nationalen Stolzes. Geschichte und Kulturgeschichte müßten daher von diesem Standpunkt aus gelehrt werden. Aus welchen Gründen auch ein Mensch Größe haben möge, so sollte man ihn nicht als einen großen Einzelmenschen, sondern als ein wertvolles Rassenmitglied betrachten. Die großen

Namen der deutschen Geschichte müßten so dargestellt werden, daß sie der deutschen Jugend als die Grundpfeiler einer unerschütterlichen rassischen und nationalen Volksgemeinschaft erschienen, und die den Jungen anzuerziehende Lehre müsse sein: Wer seine Rasse liebt, beweist es nur durch die Opfer, die er ihr darzubringen bereit ist [16]. Die enge Verbindung zwischen Nationalismus und dem Sinn für soziale Gerechtigkeit müsse in die jungen Herzen gepflanzt werden. Dann werde sich eine Nation formieren, deren Bürger durch die festen Bande der Liebe und des Stolzes füreinander, auf ewig siegreich, zusammengehörig seien [17]. Der marxistische Angriff auf die »personifizierende Geschichtsschreibung« hat also, trotz qualitativ recht unterschiedlicher Prämissen, sein nationalistisches Äquivalent.

Die Angst unserer Zeit vor Chauvinismus ist das Zeichen ihrer Impotenz. Da ihr jede überschäumende Kraft nicht nur fehlt, sondern sogar unangenehm erscheint, ist sie auch für eine große Tat vom Schicksal nicht mehr ausersehen. Denn die größten Umwälzungen auf dieser Erde wären nicht denkbar gewesen, wenn ihre Triebkraft statt fanatischer, ja hysterischer Leidenschaften nur die bürgerlichen Tugenden der Ruhe und Ordnung gewesen seien.

Sicher aber geht diese Welt einer großen Umwälzung entgegen. Es kann nur die eine Frage sein, ob sie zum Heil der arischen Menschheit oder zum Nutzen des Ewigen Juden ausschlägt.

Der völkische Staat wird dafür sorgen müssen, durch eine passende Erziehung der Jugend dereinst das für die letzten und größten Entscheidungen auf diesem Erdball reife Geschlecht zu erhalten.

Das Volk aber, das diesen Weg zuerst betritt, wird siegen [18]. *Die gesamte Bildungs- und Erziehungsarbeit des völkischen Staates muß ihre Krönung darin finden, daß sie den Rassesinn und das Rassegefühl instinkt- und verstandesmäßig in Herz und Gehirn der ihr anvertrauten Jugend hineinbrennt. Es soll kein Knabe und kein Mädchen die Schule verlassen, ohne zur letzten Erkenntnis über die Notwendigkeit und das Wesen der Blutreinheit geführt worden zu sein.* [19]

Aus dieser »ideologischen« Grundlage sollte die »Revolution der Erziehung« – wie Schirach sie nannte – von 1933 an weitergeführt werden [20].

»Der Nationalsozialismus ist eine Weltanschauung, die einen totalen Anspruch auf Geltung erhebt und nicht Sache zufälliger Meinungsbildung sein will. Das Mittel, diesen Anspruch durchzusetzen, heißt Erziehung. Die deutsche Jugend soll nicht mehr wie im Liberalismus in sogenannter objektiver Weise vor die Auswahl gestellt werden, ob sie materialistisch oder idealistisch, völkisch oder international, religiös oder gottlos aufwachsen will, sondern sie soll bewußt geformt werden nach Grundsätzen, die als richtig erkannt sind und die sich als richtig erwiesen haben: nach den Grundsätzen der nationalsozialistischen Weltanschauung.« [21] Diese Äußerung des führenden nationalsozialistischen Pädagogen Ernst Krieck spiegelt natürlich Hitlers eigene Forderungen wider, und auf die Frage »Vernunft – was gehört zu ihr?« erteilte Hans Schemm, der Begründer des NS-Lehrerbundes, seine eigene Antwort: »Logik, Berechnung, Spekulation, Banken, Börsen, Zinsen, Dividenden, Kapitalismus, Karriere, Schiebung, Wucher, Marxismus, Bolschewismus, Gauner und Spitzbuben.« [22]

Der Folgesatz dieser Definition hieß also, daß der Vorrang der Vernunft durch den der physischen Tapferkeit ersetzt werden solle, durch die die angeborenen Aggressivneigungen im Menschen angespornt und entwickelt würden.

Kurz nach der Machtergreifung legte Innenminister Dr. Wilhelm Frick die Richtlinien für das zukünftige nationalsozialistische Erziehungsprogramm fest: »Die Zeit, in der die Ausbildung der selbstherrlichen Einzelpersönlichkeit als die wesentliche Aufgabe der Schule angesehen wurde, ist vorbei. Die neue Schule geht grundsätzlich vom Gemeinschaftsgedanken aus, der ein uraltes Erbteil unserer germanischen Vorfahren ist und demgemäß unserer angestammten Wesensart am vollkommensten entspricht...« [23]

Aber Lehrer, die zwar bereit waren, solchen Prinzipien Lippendienst zu erweisen, müßten dann, wenn sie sich zu sehr in ihren alten Gewohnheiten und Methoden befangen zeigten, durch eine völlig neue Lehrerschaft ersetzt werden. Und da das vorläufig noch unmöglich war, lag es jetzt – nach Schirachs Ansicht – an der Hitler-Jugend, die erzieherischen Aufgaben der Schule, sowohl auf dem Gebiet der »ideologischen Schulung« als auf dem der »körperlichen Ertüchtigung«, zu ergänzen [24]. Das Endziel war, daß die Hitler-Jugend schließlich den »Jugendführer und Erzieher der Zukunft« hervorbringen würde, der zugleich »Priester des nationalsozialistischen Glaubens und Offizier des Nationalsozialismus« wäre. Der Priester und Offizier des Nationalsozialismus sollte dann letztendlich den »ewig begeisterten Kämpfer« und den »politischen Soldaten« schaffen [26]. Der »kämpferische Instinkt« war angeblich rassisch bedingt, und wer nicht kämpfen konnte, verdiente es auch nicht, zu leben, denn das Leben sei nichts als ein ewiger Daseinskampf. In der Vergangenheit wurde das deutsche Volk wegen seines mangelnden Nationalstolzes und seiner Gespaltenheit immer wieder um seine rechtmäßigen Siege betrogen, und eine Generation von im nationalsozialistischen Sinne erzogenen Jungen würde sich diesen Sieg bald sichern und ihren Nutzen daraus ziehen. Und da die Früchte jedes Sieges stets von einer anderen immer kampfbereiten Rasse bedroht seien, müßten die Deutschen politisch orientierte Soldaten werden, Soldaten, die ebenso beschlagen im Umgang mit ideologischen Waffen wie mit dem der üblichen seien. Aber schon beim Versuch, den Nationalsozialismus als ideologische Waffe einzusetzen, zeigte sich die Fragwürdigkeit seiner geistigen Struktur. Er hielt keiner vernünftigen Diskussion stand, und wenn er angegriffen wurde, kehrte er seinen Glaubenscharakter, der sich erfahrungsgemäß gar nicht beweisen ließ, hervor [27].

Der Einbruch der handgreiflichen Tagespolitik in die Sphäre von Erziehung und Unterricht war natürlich in Deutschland nichts Neues; die politischen Spaltungen der Weimarer Republik waren zu tiefgreifend, um sich nicht auf das Erziehungssystem auszuwirken, besonders auf der Oberschul- und Universitätsebene. Bei der Ausrufung der Republik hatte es zuerst so ausgesehen, als habe der Sturz des Hohenzollernreiches den Weg zu Reformen freigegeben, als würden sich weniger formale Beziehungen zwischen Lehrern und Schülern ergeben, als werde in den Klassenzimmern und Hörsälen ein frischerer Wind wehen [28].

Aber solche Hoffnungen wurden bald durch die Einmischung sozialer, politischer und religiöser Interessengruppen erstickt. Die Reibereien zwischen »Republikanern« und »Nationalen« hatten von Anfang an in den Hörsälen der Universitäten begonnen, und je mehr sich der Parteienkampf in der Öffentlichkeit verschärfte, desto unvermeidlicher war sein schließliches Eindringen in die Schulklassenzimmer [29]. Wenn ein Lehrer – wie im Falle Bernhard Rust – es sich erlaubte, sich politisch und aktiv zu betätigen, so konnte er mit seiner Entlassung rechnen – mit Gewißheit, wenn er Nationalsozialist oder Kommunist war [30]. Die Schüler waren schon wegen ihres Alters und ihrer ungenügenden Reife oft stärker mit Wort und Tat in ihren politischen Überzeugungen engagiert und liefen dann Gefahr, von dem Abitur ausgeschlossen zu werden. Einer der ersten Erlasse Rusts, als er das preußische Kultusministerium übernahm, annullierte alle Schulstrafen, »die seit dem 1. Januar 1925 gegen Schüler wegen solcher Handlungen verhängt worden sind, die aus nationalen Beweggründen begangen sind. Etwa verwiesene Schüler sind ohne Aufnahmeprüfung wieder in die betreffende Klasse aufzunehmen.« [31] Die Betroffenen und Wiederaufgenommenen wurden als Märtyrer für die »nationale Sache« gefeiert – und schlugen dabei ein Maximum für sich heraus.

Das Widerstreben vieler Lehrer und Professoren, sich offen politisch zu bekennen, dauerte noch weit bis in das Dritte Reich hinein an. 1933 konnte niemand mit Sicherheit voraussehen, wie lange Hitler sich als Reichskanzler behaupten würde, und ein bedeutender Teil der öffentlichen Meinung in und außerhalb Deutschlands sagte ihm keine längere Zeit als die der vorherigen Regierungen voraus. Diese Haltung änderte sich jedoch bald nach jenen Ereignissen, die die Stellung der Nationalsozialisten 1933 festigten – dem Reichstagsbrand, den Märzwahlen und dem Ermächtigungsgesetz. Jetzt beeilten sich Lehrer und Beamte, Mitglieder der NSDAP oder einer ihrer Unterorganisationen zu werden. Aber das war in den meisten Fällen ein von reinem Opportunismus diktierter Schritt, der eher der Überlebensnotwendigkeit entsprang als politischer Überzeugung. Es war nicht ungewöhnlich für einen Deutsch- oder Geschichtslehrer, mit ernster Miene ein besonderes Thema deutscher Literatur oder Geschichte gemäß den Weisungen des Nationalsozialismus zu interpretieren und gleich darauf mit anderer Betonung seine eigene Auslegung und damit die Absurdität der NS-Doktrin darzulegen. Im Laufe der Jahre entwickelte sich eine besondere Art der Doppelzüngigkeit, bei der jeder verstand, was gemeint war, wo aber stets der vorgeschriebene ideologische Sprachschatz benutzt wurde, so daß niemand dem Gesagten »volkszersetzende« Absichten vorwerfen konnte. Allerdings darf man solche Übertölpelung des Nationalsozialismus kaum als eine Tat des »Widerstandes« hinstellen. Schließlich riskierte man ja dabei sehr wenig, und keine der im Namen des deutschen Volkes verübten Greuel wurden dadurch verhindert.

Aber in vielen deutschen Stadtgebieten hatte die Hitler-Jugend, noch bevor die Lehrerschaft sich dem »Diktat der Vernunft« gebeugt, ihre eigene Form der »Machtergreifung« durchgeführt. In vielen Schulen wurde, häufig gegen den physischen Widerstand der Klassenleiter und Offizianten, die schwarzrotgoldene Flagge der Republik von den Fahnenstangen gerissen und Hitlers Parteifahne an ihrer Stelle gehißt. Bilder prominenter Politiker der Republik, die die Klassenwände zierten, wie das des ehemaligen Präsidenten Ebert, wurden provokativ auf dem Schulhof verbrannt [32].

Nach der Gleichschaltung der Länder im Laufe des Jahres 1933 veranstaltete Rust mit Hilfe des militanten NS-Lehrerbundes eine systematische Säuberung des Lehrerstandes. Oberschullehrer oder Universitätsprofessoren, die einer demokratischen Partei der Linken oder der Mitte angehörten, wurden vorzeitig entlassen oder zwangspensioniert, und diese Maßnahme betraf auch alle jüdischen Lehrer, ungeachtet ihrer politischen Parteizugehörigkeit – Männer und Frauen, die oft bessere Nationalisten waren, als die, die an ihre Stelle traten [33].

Der Schüler-Lehrer-Gegensatz ist sicher so alt wie die Schule selbst, und während der Weimarer Republik hatte sich die »Wir-gegen-sie«-Einstellung zwangsläufig noch durch die ideologischen Spaltungen verschärft. Als dann aber 1933 der »Augenblick der Jugend« angebrochen war, glaubten viele Hitlerjungen, die Zeit sei gekommen, um es den »liberalen bürgerlichen Heuchlern« heimzuzahlen. Ein Jungzugführer versammelte seine Einheit, brach in die Schule ein, zersprengte und trieb eine tagende Lehrerkonferenz in althergebrachter »Bierkellerschlachtmanier« auseinander [34].

Zwischen 1933 und 1934 nahmen die Berichte über Vorfälle von Gehorsamsverweigerung bis zur Anwendung physischer Gewalt der Hitler-Jugend gegen ihre Lehrer ein solches Ausmaß an, daß die Angelegenheit die NSDAP in einige Besorgnis versetzte. Mitte November 1933 wurde ein nationalsozialistischer Erziehungsausschuß einberufen, um die Bedrohung der Schuldisziplin durch die Hitler-Jugend zu untersuchen und Wege zu finden, ihr zu begegnen. Der Ausschuß gelangte zu dem Schluß, die Angelegenheit sei auf die in der Hitler-Jugend herrschende »Führerschaftskrise« zurückzuführen – und diese Krise gab es auch wirklich – und daß man wenigstens teilweise die Mißstände dadurch beheben könne, indem man möglichst viele junge Lehrer zum Dienst in der Hitler-Jugend aufforderte [35]. Offensichtlich sollte ein Frontalzusammenstoß mit der Hitler-Jugend vermieden werden, aber die Rückkehr zu »Ordnung und Gesetz« – so verstanden viele Hitlers Berufung als Kanzler – mußte sichergestellt werden. Darin genossen die Lehrer die volle Unterstützung des Rust'schen Ministeriums. Rust selbst erklärte: »Die Schulleiter haben dafür Sorge zu tragen, daß jeder Schüler seinen Lehrern unbedingten Gehorsam leistet und daß in den Schulen tadellose Zucht und Ordnung herrschen.« [36]

Einige Ideen über die Rolle der Schulen wurden definiert, indem man als oberste Aufgabe der Schule die Erziehung der Schüler »für den Dienst an Volk und Staat im nationalsozialistischen

Geiste« heraushob [37]. Der letzte Satz wurde von der NSDAP selbst hinzugefügt, damit die Hitlerjungen sich nicht vorstellten, es sei ihre Rolle, die Lehrer zu überwachen. Vom Standpunkt der nationalsozialistischen Lehrer aus war die Funktion der Hitler-Jugend eine gegenüber der Schule zusätzliche und nicht höhergestellte. Und um Schule und Eltern zu beruhigen, wurde die Hitler-Jugend ermahnt, sie habe die Autorität der Schule bedingungslos zu respektieren, und ihre Mitglieder wurden daran erinnert, daß sie die Forderungen der Schule in bezug auf Leistung und Disziplin zu erfüllen hätten. Schule wie Hitler-Jugend hätten die Teilnahme der Familie zu respektieren wie auch die Unversehrtheit eines gesunden Familienlebens. Im neuen Staat repräsentiere die Familie die eigentliche Existenzbasis wahren »Volkstums« [38].

Schirach war jedoch nicht bereit, die Oberherrschaft der Schule bedingungslos hinzunehmen. Er lehnte mit Erfolg alle Forderungen der Lehrer auf Einflußnahme oder Führung des Hitler-Jugend-Dienstes ab und unterstrich den Unterschied zwischen Lehren und Führen. So würde ein Schullehrer nur auf Grund seiner Position nicht automatisch zum Jugendführer qualifiziert sein [39]. Das besagt natürlich noch nicht einen Widerspruch zu Schirachs vorher erwähntem Ideal vom »Führer und Erzieher«, sondern eher eine Anpassung an die bestehenden Umstände.

Die Hitler-Jugend bemühte sich um die Festigung ihrer eigenen Position als Institution in den Schulen und versuchte, auf jeder Schule wenigstens durch einen Lehrer – vorzugsweise ein ehemaliges Mitglied der HJ – vertreten zu sein, der als eine Art von Verbindungsoffizier zwischen Schule und Hitler-Jugend fungieren konnte. Da dies aber nicht in allen Schulen durchführbar war, wurde für jeden örtlichen Parteibereich ein Vertrauensmann eingesetzt [40].

Die Haltung der Lehrer gegenüber der Hitler-Jugend ist ebenso schwer zu beurteilen wie zu verallgemeinern. Gewiß betrachtete ein großer Teil von ihnen die pädagogischen und ausbilderischen Bemühungen der Hitler-Jugend mit Skepsis und Mißtrauen, aber es gab verhältnismäßig wenig Gebiete, in denen es zu offenen Reibereien kommen konnte. Die Aktivität der Hitler-Jugend war zu voll ausgeplant und geregelt, um sich mit dem Schulplan zu kreuzen oder ihn zu stören [41]. Auch ideologische Auseinandersetzungen fanden, mit einigen vereinzelten Ausnahmen, nicht statt. Die Lehrer konnten ihre eigene Position so ziemlich behaupten, wie zum Beispiel im ländlichen Bayern, wo sie die volle Unterstützung der Eltern und Schüler genossen. Aber mit der Zentralisierung des gesamten deutschen Erziehungssystems wurden die Schulen wichtige ausführende Organe des nationalsozialistischen Staates, sei es durch die zwangsmäßige Eingliederung aller Kinder über zehn Jahre in die Hitler-Jugend, sei es durch die Ausschaltung jedes möglichen Widerstandes seitens der Schüler mit Drohungen, sie nicht zum Abitur zuzulassen [42].

In ihren Beziehungen zu den Eltern bemühte sich die Hitler-Jugend zwischen 1933 und 1936 um Vertrauen und Verständnis des Elternhauses. Schirach appellierte an sie in seinen Reden und warb um Unterstützung. Als dann aber die Hitler-Jugend zur Staatsjugend geworden war, hielt man solche Anstrengungen nicht mehr für notwendig: die Eltern hatten sich mit der Hitler-Jugend abzufinden, genauso wie sie Arbeitsdienst und Militärdienst hinnehmen mußten.

Der Krieg bot der Hitler-Jugend zusätzliche Gelegenheiten, in das Schul- und Familienleben einzugreifen, und eine davon war die Einrichtung der Kinderlandverschickungsheime. Ursprünglich war das KLV-Projekt in der NSDAP als Ferienaufenthalt für gesundheitsgefährdete Kinder aus den Stadtgebieten geplant worden. Bei Kriegsausbruch wurde es auf Kinder in unmittelbar kriegsgefährdeten Gebieten unweit der Reichsgrenzen ausgedehnt. Bei Beginn der alliierten Bombenoffensive 1943 wurden ganze Schulen aus den Städten in die KLV-Lager verlegt, wo die Hitler-Jugend-Führung des betreffenden Gaues eng mit den Landesschulbehörden zusammenarbeitete. Jetzt waren Schulunterricht und Hitler-Jugend-Dienst eng miteinander verschmolzen, und man erstrebte, daß der Lehrer und Lagerleiter gleichzeitig der Hitler-Jugend-Führer sein sollte – und der Erzieher sollte so zum Führer werden. Dieses Ziel wurde nur in wenigen Lagern kurz vor Kriegsende erreicht [43].

Inzwischen schlug die Hitler-Jugend in ihren Beziehungen zu Schule und Elternhaus einen pragmatischeren Kurs ein, der praktisch auch zur Überwindung des Generationenkonflikts führte. Auf den ersten Blick scheint das im Widerspruch zu den ursprünglichen Forderungen der Partei und Hitler-Jugend zu stehen, besonders zu denen von vor 1933, als die nationalsozialistische Bewegung sich, im Gegensatz zu den anderen politischen Bewegungen jener Zeit, als die »Bewegung der Jugend« darstellte. Gewiß war die Jugendbewegung vor 1914 und in gewissem Maße auch nach 1918 eine Protestbewegung gegen die ältere Generation gewesen. Auch die NSDAP erhob Anspruch, die Bestrebungen der Jugend gegen die von den Älteren verkörperten Kräfte des sozialen und politischen Status quo zu vertreten. Agitation und Propaganda bedienten sich vor allem jener Schlagworte, die das »Weimarer System« einem »System der Alten« gleichsetzten, richteten sich gezielt an die junge Generation und gestatteten damit ihrer älteren Mitgliedschaft, sich mit den Anliegen der Jugend zu identifizieren. Da aber gerade diese Altersklasse, die die mittleren Jahre erreicht oder bereits überschritten hatte, die Zügel der Regierung in die Hand genommen hatte, mußte dem Generationenkonflikt jetzt ein Ende gesetzt werden. Nach 1933 hob die Hitler-Jugend-Führung in ihren Veröffentlichungen die organische Einheit der Volksgemeinschaft hervor und verurteilte den »jugendlichen Geist des Widerstandes um des Widerstandes willen«. Als die Hitler-Jugend 1936 als die einzige deutsche Jugendorganisation zur Staatsinstitution erhoben wurde, erklärte Schirach: »Der Gegensatz der Generationen ist heute überwunden. Und das ist gut so, denn Jugendbewegungen haben nur insoweit Daseinsberechtigung, als sie fähig sind, ihre Tätigkeit für den Staat und damit für alle Generationen positiv zu gestalten: Sie sind nicht daseinsberechtigt als Organisation unreifer, oppositioneller Kräfte gegen die Führung ihrer völkischen Gemeinschaft.« [44]

So war der Generationenkonflikt auf höchster Ebene aufgelöst und durch eine Neuauslegung des Begriffs ersetzt, nach der es sich um den Konflikt zwischen der Jugend und den Mächten der Reaktion handelte – eine Neuauslegung, die nur in Fällen direkten Widerstandes im Lande gegen die nationalsozialistische Politik und gelegentlich auch gegenüber den beiden Konfessionen angewandt wurde. Bei dieser »Auflösung« des Generationenkonfliktes spielte die große Vielfalt der Beschäftigungen und Verantwortungen des einzelnen Hitler-Jugend-Mitglieds eine bedeutende Rolle. Noch nie hatte es in der deutschen Geschichte eine Zeit gegeben, in der die Jugend so weitgehende organisatorische und auch ausübende Macht besaß, und diese Entwicklung beschleunigte sich zwangsläufig durch die Kriegsereignisse. »Jugend wäre nicht Jugend gewesen, hätte sie nicht ihre neue Macht mit Vergnügen voll ausgekostet!« [45] Derlei Einflußnahme förderte das Selbstbewußtsein und den Hochmut der Jugend.

Bezeichnend für diesen Geist war der Streit, der sich zwischen Schirach und Rommel abspielte. Da Wehrübungen und Wehrsport vor allen anderen Sportarten absolute Priorität besaßen, erhob sich die Frage, wer am besten zur Überwachung dieser Schulung geeignet sei, und das brachte die Wehrmacht auf den Plan, denn sie gebot als einzige über die notwendigen Mittel. Die SS-Verfügungstruppen kamen damals für diese Aufgabe kaum in Frage, da sie selbst gerade – teilweise unter der Aufsicht von extra dafür abkommandierten Wehrmachtsoffizieren – eine harte und intensive Ausbildung durchmachten. Die Wehrmacht sah natürlich in der Hitler-Jugend und in den jüngeren Altersklassen der Sturm-Abteilungen ein ideales Sammelbecken von Menschenmaterial, das besonders gut für die Ausführung der Pläne hinsichtlich einer raschen Vergrößerung der deutschen Streitkräfte geeignet war. Eine Zusammenarbeit von Wehrmachtsoffizieren und Hitler-Jugend-Einheiten war bereits auf verschiedenen Dienstebenen zustande gekommen, aber der Versuch, diese Beziehungen behördlich festzulegen, wurde erst 1937 gemacht, als der damalige Oberstleutnant Erwin Rommel – gerade Heeresinstruktor auf der Potsdamer Kriegsschule –

zur Hitler-Jugend abkommandiert wurde, um ihre allgemeine militärische Schulung und Disziplin zu überwachen. Als Träger des höchsten Ordens aus dem Ersten Weltkrieg, des »Pour le Mérite«, wurde er sofort von den Jungen als Held verehrt. Im Vergleich zu diesem kampfgewohnten harten Soldaten erschien Schirach mit seinen arroganten selbstgefälligen Allüren wie ein kraftloser Popanz. Rommel hatte an sich nichts gegen die militärische Schulung der Hitler-Jugend einzuwenden, aber der Erwerb einer gesunden Bildungsgrundlage mit einer guten Charaktererziehung erschien ihm wichtiger. Er verabscheute den ranghohen Hitler-Jugend-Führertyp, der seine neuerworbene Wichtigkeit mit Dienstwagen und Chauffeur bekundete. Als Sohn eines Schullehrers hatte er volles Verständnis für die früheren Schwierigkeiten der Hitler-Jugend mit den Schulbehörden und nahm bei mehreren Gelegenheiten für letztere Partei. Bei einem Versuch, sich als Mittelsmann zwischen Rusts Ministerium und Schirach einzuschalten, schöpfte der Reichsjugendführer sofort Verdacht, daß sich hier eine Verschwörung von Lehrerschaft und Wehrmacht gegen ihn anbahne, und nahm persönlich Anstoß. Rommel sagte ihm klar ins Gesicht, daß, wenn er, Schirach, entschlossen sei, der Führer eines paramilitärischen Verbandes zu sein, so solle er selbst zunächst einmal Soldat werden. Das führte zum Ende von Rommels Karriere in der HJ und beendete vorläufig auch die enge offizielle Zusammenarbeit zwischen Wehrmacht und Hitler-Jugend [46].

Während unter der Weimarer Republik ernsthafte und erfolgreiche Anstrengungen gemacht wurden, das Niveau der Volksschullehrer zu heben, bürgerte sich nach 1933 die Gewohnheit ein, den Entschluß zur Einstellung eines Lehrers von seinem für die NSDAP geleisteten Einsatz abhängig zu machen. In diesem Falle konnten viele früher obligatorische Berufsexamina übergangen werden [47]. Um den Typ des »nationalsozialistischen Lehrers« hervorzubringen, gab es die Möglichkeit, viele staatlich genehmigte Abkürzungen zu benutzen, wie die Schnellkurse der Lehrerbildungsanstalten, deren Teilnehmer Hitler-Jugend-Uniformen trugen und nach Hitler-Jugend-Regeln organisiert waren [48]. Bei Kriegsausbruch verschlimmerte sich der Lehrermangel noch mehr, und das bot der Hitler-Jugend die Gelegenheit, direkt in die Ausbildung von Lehrkräften einzugreifen, um den »politischen Lehrer« einzuführen [49]. Hitler-Jugend-Führer und Schuldirektoren wurden angewiesen, ihre Gefolgschaft und Schüler auf zwei besondere Eigenschaften hin sorgfältig zu beobachten: »Führerqualität« und »Lehrfähigkeit«. Wer erstere Eigenschaft aufwies, wurde aufgefordert, sich besonderen Prüfungen zu unterziehen, und falls er sie bestand, erhielt er ein Stipendium für eine der »Eliteschulen«; wer die Fähigkeit, zu lehren, besaß, wurde ermutigt, den Lehrerberuf zu ergreifen [50]. Die Auswahl für die Lehrerausbildung wurde gemeinsam von Beamten des Kultusministeriums und von Vertretern der Hitler-Jugend getroffen [51]. Die Leiter der Ausbildungsanstalten sollten prinzipiell Hitler-Jugend-Führer sein, und das Endziel war, eine Lehrerschaft zu schaffen, die, zusammengefaßt in einer Organisation, ein Instrument der politischen Führung sein müsse, deren Wille jeden Aspekt der Jugenderziehung bestimmte [52].

Während diese Ideale ihrer Erfüllung harrten, mußten die Schulen vorerst mit dem bestehenden Personal weitergeführt werden, und der Schulplan enthielt noch vieles, worauf die »Reformer« gern verzichtet hätten. Vor dem Kriege waren die konfessionellen Schulen am nachhaltigsten von Hitlers Erlaß betroffen, und sie wurden 1936 aufgelöst – was eine klare Verletzung des Konkordats war [53]. Ob dieser Schritt sich schädigend auf die Schüler ausgewirkt hat, ist Ansichtssache. Von diesem Zeitpunkt an wurden Katholiken und Protestanten in den gleichen Schulen unterrichtet und teilten sich einmal in der Woche wieder in ihre Konfessionen ein, um unter Leitung eines Geistlichen dem Religionsunterricht beizuwohnen. Im selben Jahr wurden die kirchlichen Feiertage, soweit sie auf Wochentage fielen, nicht mehr als öffentliche Feiertage berücksichtigt, und besondere Gebete waren in den Schulen untersagt. Zwei Jahre später wurden alle Lehrer aufgefordert, aus konfessionellen Berufsverbänden, denen sie noch angehören mochten, auszutreten.

Die Lehrer wurden angewiesen, die Klassiker zugunsten des Studiums deutschen Erbgutes und deutscher Volksgemeinschaft zu vernachlässigen. Rusts Ministerium ging so weit, Beispiele für Aufsatzthemen im Deutschunterricht zu liefern. Inwieweit sie wirklich benutzt wurden, ist nicht mehr genau zu sagen. Eine sehr eng gefaßte Umfrage bei Jungen der Jahrgänge 1925 bis 1935 kann vielleicht die allgemeine Tendenz beleuchten. Nur zehn Prozent erinnern sich, während ihrer Schulzeit bis zu fünf dieser NS-Aufsatzthemen gestellt bekommen zu haben, und die Pflichtverfasser dieser Aufsätze gehörten alle den Jahrgängen 1925–1932 an, während von den zwischen 1933 und 1935 Geborenen kein einziger je einen ausgesprochen politischen Parteiaufsatz zu schreiben hatte [54], wie »Adolf Hitler, der Retter des Vaterlandes«, »Was Adolf Hitler zum deutschen Führer und Volkskanzler befähigt«, »Die Erneuerung der deutschen Volksseele«, »Analyse, Struktur und Grundriß der Rede Adolf Hitlers vom 17. Mai 1933« [55]. Bei der Aufnahmeprüfung für die »Nationalpolitischen Erziehungsanstalten« wurden im Deutschfach nur ausdrücklich unpolitische Aufsatzthemen verwendet [56]. In den Aufnahmebedingungen für die »Adolf-Hitler-Schulen« spielte der deutsche Aufsatz ohnehin eine untergeordnete Rolle. Die ausgewählte Literatur sollte dem Zweck dienen, die vereinenden Bande der Volksgemeinschaft in ihrem gegenwärtigen Kampf zu veranschaulichen. Aber eine dieser Absicht dienende Literatur war schwer zu finden, und es gab nur zwei Möglichkeiten: sich auf die von Nationalsozialisten geschriebenen oder von ihnen ausdrücklich empfohlenen Bücher zu beschränken, oder eine Rückkehr zu den Klassikern – natürlich mit Ausnahme derer, die jüdischer Abstammung waren. Die Klassiker behielten die Oberhand.

Trotz der von Hitler vertretenen Ansicht, die Rasse auf Kosten des Individuums, der einzigartigen Persönlichkeit, herauszustellen, folgte der nationalsozialistische Geschichtsunterricht in der Praxis bis zum Exzeß einer seit dem neunzehnten Jahrhundert in der Geschichtsschreibung vorherrschenden Tendenz – der Überbetonung des »weltgeschichtlich hervorragenden Einzelmenschen«. Die Geschichte konnte – so wurde behauptet – aus politischen und militärgeschichtlichen Biographien gelehrt werden. Die neuere Geschichte, die als Lehrfach schon im ersten Jahr der Grundschule eingeführt wurde, bestand einzig und allein aus der Geschichte der NSDAP mit einer starken Mischung von nationalsozialistischer Heldenverehrung und Mythologie. In Richtlinien für den Geschichtsunterricht in den oberen Klassen der Höheren Schulen wurde angeordnet, daß die Periode zwischen 1918 und 1932 als der Versuch Deutschlands dargestellt werden sollte, die westeuropäischen Ideen von 1789 auf seinem Gebiet zu verwirklichen. Der politische Katholizismus war als Verbündeter der marxistischen und der kapitalistischen Internationale herauszustellen. Die Ausbreitung der jüdischen Weltherrschaft in Deutschland und die parlamentarische Demokratie als ein entscheidender Schritt auf dem Wege zur Machtergreifung durch die bolschewistische Weltverschwörung sollten bewiesen werden: endlich befreite Adolf Hitler das deutsche Volk im Januar 1933. Im Erdkundeunterricht wurde das Hauptgewicht auf Geopolitik, Lebensraum, demographische Bewegungen, rassische Expansion und die Bedeutung von Kolonialgebieten gelegt [57].

In den Naturwissenschaften war die Biologie besonders von der Rassenlehre bestimmt. Die unbewiesensten und absurdesten Theorien fanden ihren Weg in die Schulbücher, um bei der deutschen Jugend das Rassebewußtsein und das Rasseempfinden zu wecken [58]. Selbst Rechenaufgaben wurden zum Ziel der Beeinflussung der Kinder in dieser Richtung gestellt. Die Frage »Wieviele Kinder muß eine Familie haben, um den zahlenmäßigen Fortbestand des deutschen Volkes zu sichern?« war durchaus nicht ungewöhnlich. Kinder wurden auch grausigeren Problemen gegenübergestellt, wie: »Ein geistig Behinderter kostet die Allgemeinheit etwa 4 Reichsmark pro Tag, ein Krüppel 5,50 Reichsmark und ein verurteilter Verbrecher 3,50 Reichsmark. Vorsichtige Schätzungen ergeben, daß 300 000 Personen innerhalb der deutschen Reichsgrenzen in öffentlichen Anstalten verköstigt werden. Wie viele Ehedarlehen zu je 1000 Reichsmark pro Paar könnten jährlich aus den den Anstalten zugeführten Geldmitteln finanziert werden?« [59]

Da man aber den »politischen Lehrer« nicht in genügenden Mengen heranbilden konnte, wurde die Erziehung zum größten Teil in den Händen derer belassen, die sich seit Jahrzehnten dieser Aufgabe gewidmet hatten. Viele, wenn nicht sogar die meisten Lehrer waren national eingestellt, und nur eine kleine Minderheit waren überzeugte Nationalsozialisten. In häufigen Fällen wurde während des Unterrichts den nationalsozialistischen Idealen gebührender Respekt gezollt, aber gleich darauf wandte man sich – wie im Deutschunterricht – den Klassikern zu, oder man schöpfte den Lehrstoff aus den gleichen Quellen, aus denen ihn die Lehrer selbst vor 1914 oder vor 1933 bezogen hatten [60].

Eine wichtige Begleiterscheinung in diesem Widerspruch zwischen der nationalsozialistischen Theorie und der wirklich angewandten Praxis im Schulunterricht war ein Gefühl der Unsicherheit bei den Lehrern – Furcht vor Denunziation. Obgleich derartige Fälle verhältnismäßig selten vorkamen, mußte ein Deutschlehrer, der in Anbetracht des mangelnden nationalsozialistischen Lehrstoffes das Hauptgewicht auf die literarischen Meister der Vergangenheit legte, damit rechnen, von einem seiner Schüler daraufhin angegriffen zu werden. Und dieses Gefühl verstärkte sich noch – wie etwa im Biologieunterricht – durch die Bewußtheit, daß man gezwungenermaßen erheblichen Blödsinn lehrte. Die Unsicherheit führte zu Ungewißheit, und die Ungewißheit führte zum Absinken des Unterrichtsniveaus. Als dann noch der »totale Krieg« mit seiner Mobilisierung des größten Teils der deutschen Jugend in irgendeiner Form dazukam, als viele Schultage für das Sammeln von Altmetall verwendet wurden, als ganze Oberschulklassen die Flakgeschütze bedienten und nur noch zwischen den Bombenangriffen unterwiesen wurden, erreichte der Schulunterricht allmählich sein niedrigstes Niveau [61].

Ein Mitglied der Reichsjugendführung verfaßte 1943 einen Bericht über die allgemeine Lage des Schulunterrichts in Deutschland. Es war eine Zeit, in der jeder Untergebene nur allzu bestrebt war, seinen Vorgesetzen ein günstiges Bild vorzumalen. Der Bericht stellte fest, daß es nach dem Kriege – von den eigentlichen Folgen des Krieges ganz abgesehen – für je hundert benötigte Lehrkräfte nur noch 35 geben würde. Während in den Jahren zwischen den Weltkriegen dreißig Prozent der akademischen Jugend Philologie studierten – und die philologische Fakultät brachte die meisten Oberschullehrer hervor –, waren es 1939 nur noch zehn und 1941 fünf Prozent. Der Prestigeverlust der geistigen Berufe und das wachsende Interesse an wettbewerbsfördernden Karrieren in Industrie und Wehrmacht waren zum größten Teil für diese Entwicklung verantwortlich, aber dieser Niedergang hatte sich schon 1940 in den Ministerien bemerkbar gemacht. Der Antiintellektualismus der nationalsozialistischen Politik trug hier seine ersten unerwarteten Früchte, und das, zusammen mit dem starken Absinken des Unterrichtsniveaus aus Zeitgründen, körperlicher Erschöpfung der während und nach den Bombenangriffen mobilisierten Schüler, kündigte dem deutschen Unterrichts- und Erziehungswesen eine sehr düstere Zukunft an, wenn man dem Zerfall keinen Einhalt gebot [62]. Was für den Unterricht an Volks- und Höheren Schulen galt, traf auch auf den akademischen Unterricht zu. Die Universitäten waren sogar schon vor 1933 mehr als alle anderen Lehranstalten des Reiches zu Hochburgen des Nationalsozialismus geworden [63]. Der NS-Deutsche Studentenbund war zwar klein an Zahl, dafür aber straff organisiert und hatte sich bereits 1931 an die Spitze der deutschen Studentenschaft setzen können [64]. Schirach, nicht zufrieden, den neuen Erzieher zu bilden, strebte auch die Schaffung eines neuen Studententyps an, eines neuen Typs des akademischen Lehrers, eines neuen Begriffs der »wissenschaftlichen Materie«, mit anderen Worten, eine grundlegende Reform der deutschen akademischen Struktur und ihres Lehrinhalts [65].

Vor 1933 waren nur sehr wenige Universitätsprofessoren in den Reihen der NSDAP anzutreffen [66]. Das soll nicht heißen, daß sie Anhänger der Weimarer Republik waren. Im Gegenteil: sie

bemühten sich, so unpolitisch wie ihre eigenen Vorurteile das zuließen zu sein, und bewahrten genausoviel Distanz vor der Republik selbst wie vor den rechtsextremen Antirepublikanern. Als die Studenten nach Hitlers Machtergreifung eine Universitätsreform forderten, fand ihr Ruf allerdings in weiten Kreisen der Professorenschaft günstigen Widerhall. Radikale Reformer mögen wohl geklagt haben, die Hauptschwierigkeit in den Universitäten liege am Mangel nationalsozialistischer Professoren, aber viele äußerten sich zweifelnd, skeptisch, sogar verächtlich über den traditionellen Begriff der deutschen Universität [67]. Akademische Zeitschriften und Pamphlete der frühen dreißiger Jahre enthielten eine Fülle von Forderungen, die alten traditionellen Bindungen endlich zu zerreißen, neue Formen zu schaffen und der Wissenschaftsmaterie neuen Gehalt zu geben [68]. Die nationalsozialistischen Studenten waren keineswegs die einzigen in Deutschland, die eine Abschaffung der pluralistischen Anarchie im Universitätswesen und an ihrer Stelle eine organische Gemeinschaft, die nur einem Zwecke diente, forderten. So vage und verschwommen diese Forderungen auch klingen mochten, sie fanden viel Beifall. Allerdings waren die Antworten der deutschen Universitätsrektoren kaum klarer und präziser als die Forderungen. Sie argumentierten, eine jede Reform setze das Erhalten der bestehenden Substanz voraus, aber eine neue Definition des Wissensgehaltes könne auf »deutsch-germanischen Grundwerten« fußen, oder, wie es Heidegger ausdrückte, »in aktivistisch-heroischem Intellektualismus im Sinne existenzieller Selbstbehauptung« – derlei Entgegnungen waren ebenso vage und verwirrend wie die Forderungen der nationalsozialistischen Studenten [69]. In der Praxis jedoch bot der Nationalsozialismus den Rektoren eine ideale Verteidigungsgrundlage, nämlich die Berufung auf das »Führerprinzip«. Als »Führer« der intellektuellen akademischen Gemeinschaft konnten sie ihre Macht im Status quo festigen und das braune akademische Gewand gegen den lästigen Radikalismus der Nazi-Braunhemden verteidigen [70].
Die Gleichschaltung der Universitäten begann im Mai 1933,

beeinflußte aber wenig den Inhalt des Lehrstoffes. In Anbetracht der Bemühungen, die sozialen und politischen Gegensätze in Deutschland zu überwinden und eine geistig gespaltene Nation zu einigen, war es an sich gar nicht so abwegig, die exklusiven Studentenverbindungen abzuschaffen und die altertümliche Sitte der Mensurduelle zu verbieten. Die Bestrebungen zu einer Radikalreform der Universität jedoch, deren Hauptbefürworter Alfred Rosenberg war, stießen innerhalb der NSDAP auf starken Widerstand.

Die Maßnahmen, denen sich die deutschen Universitäten hätten widersetzen können, aber es nicht taten, waren die Amtsenthebung, Entlassung oder vorzeitige Pensionierung jener Professoren, die einst politisch »links« tätig gewesen, Nichtarier oder beides waren. In den ersten zwölf Monaten der nationalsozialistischen Herrschaft wurden 14,34% des gesamten Lehrpersonals der Universitäten und 11% der Professoren entlassen. Die Bedeutung dieser Zahlen zeigt sich erst in ihrem wahren Ausmaß, wenn man die Auswirkungen der Entlassungen und Amtsenthebungen auf den einzelnen Universitäten betrachtet. Düsseldorf verlor 50%, Berlin und Frankfurt am Main je 32%, Heidelberg über 24%, Breslau 22%, Göttingen, Freiburg, Hamburg und Köln zwischen 18 und 19% ihres Lehrpersonals. Berühmte Nobelpreisträger waren unter den Entlassenen [73].

Auch die Anzahl der Studierenden verringerte sich gleichzeitig mit der der Professoren. Am schwersten betroffen waren die jüdischen, ausländischen und weiblichen Studenten. Nationalsozialistische Studenten forderten, daß vervielfältigte Kurse und Kollegs, die nicht das Vertrauen der Studentenschaft genossen, aus den Universitätsbüchereien zu entfernen seien, daß jüdische Professoren von jetzt ab ihre Arbeiten nur noch in hebräischer Sprache veröffentlichen durften, und an der Universität von Kiel forderten sie unter Androhung von Gewalt, daß nicht weniger als achtundzwanzig Professoren entlassen würden. Neueinstellungen sollten nur mit Genehmigung der Studenten vorgenommen werden. Diese Welle studentischer Agitation erreichte im Mai 1933 ihren Höhepunkt mit der Verbrennung von

Werken »unerwünschter Autoren« wie Thomas Mann und Erich Maria Remarque [74].

Rust erkannte die Notwendigkeit, dem studentischen Treiben Einhalt zu bieten, und führte mit der Schaffung neuer Studentenorganisationen auch neue Disziplinarmaßnahmen ein. Außerdem wurde die Ableistung des Arbeitsdienstes vor Antritt des Studiums zur unerläßlichen Vorbedingung gemacht. Am 16. Juni 1933 betonte Rust in seiner Rede vor den Berliner Studenten: »Eines muß ich aber hier sofort sagen: Die wahrlich große und praktische Schule finden Sie nicht dort drüben (gemeint war die Universität) oder in den Gymnasien, Sie finden sie in den Lagern des Arbeitsdienstes, denn dort hört das Lehren und die Unterhaltung auf und die Tat beginnt ... Wer im Arbeitsdienstlager versagt, hat das Recht verloren, Deutschland als Akademiker zu führen.« [75]

Der National-Sozialistische Deutsche Studentenbund ersetzte nun die Studentenverbindungen, und die Mitgliedschaft wurde obligatorisch. Der neue »Studententyp« ähnelte sehr dem »neuen Typ des jungen Deutschen«, den die Hitler-Jugend hervorzubringen begann. Wie in den Schulen häuften sich auch auf den Universitäten die Klagen der Lehrer und Studenten über die übertriebene Inanspruchnahme der Studenten mit auferzwungenen Beschäftigungen außerhalb der Universität, die sie von der Arbeit in ihrem Studium ablenkten und zu einer allgemeinen Senkung des Studienniveaus führen mußten. Die Praxis des Nationalsozialismus hatte bald eine ernüchternde Wirkung auf die Begeisterung der Studenten. Der SS-Sicherheitsdienst teilt in einem Bericht über das Jahr 1938 mit: »Im allgemeinen macht sich bei den Studenten die Tendenz bemerkbar, sich von jeder Art von politischer Betätigung fernzuhalten und ... ihr Studium so rasch wie möglich zu beenden.« [76] Der neue »Studententyp« erwies sich als ebenso unerreichbar wie der Typ des »neuen Universitätsgelehrten«. Der Nationalsozialismus mußte sich mit den Professoren und Studenten abfinden, die er vorfand: eine Folge seiner intellektuellen Minderwertigkeit, daß er nie fähig war, etwas an intellektuellem Wert hervorzubringen.

Was die neue Auslegung des Begriffes vom »Wissenschaftsbe-
stand« betraf, so fand auch diese keine spätere Klärung oder
Definition und blieb ein nebelhaftes Bruchstück auf dem Gebiet
der akademischen Erziehung, das zu keiner Zeit das Vakuum
sinnloser politischer Übertreibungen ausfüllen konnte.

IX. Eliten

Wie in allen autoritären und totalitären Staaten – aber gelegentlich auch in demokratischen Gesellschaftsformen – mußte zum Fortbestand und zur Ausbreitung des nationalsozialistischen Regimes eine politische, militärische, wirtschaftsführende und verwaltungstechnische Elite geschaffen werden, eine Elite, die, dem Wesen der nationalsozialistischen Weltanschauung gemäß, von Kindheit an heranzuzüchten war. Die Schulung dieser Elite sollte nach einem dreischichtigen System durchgeführt werden: zuerst die Nationalpolitischen Erziehungsanstalten (NPEA, eher unter der Bezeichnung NAPOLA bekannt) [1], und die Adolf-Hitler-Schulen [2], zweitens die Ordensburgen [3] und drittens die Hohe Schule der Partei [4]. Die Kandidaten für die Ordensburgen, oder später der Hohen Schule, waren schon außerhalb der Altersklasse, in der sie der Hitler-Jugend angehört hätten. Allerdings täuscht der Eindruck, es handle sich um ein wohldurchdachtes und in allen Einzelheiten geplantes System erzieherischer Anstalten zur Schulung einer nationalsozialistischen Elite. Soweit es den nationalsozialistischen Staat an sich betrifft, ohne Berücksichtigung seiner einzelnen Führer, kann nicht behauptet werden, daß die damals bestehende Planung Vorsorge für die Schulung einer gesellschaftspolitisch definierbaren Elite der Zukunft getroffen hätte. Eine zweckentsprechende Definiton dieser Elite hat es nie gegeben. Denn eigentlich herrschte hinter der Fassade dieses dreischichtigen Systems das Chaos einer pluralistischen Anarchie, das sich aus den einerseits von der Partei und andrerseits von der Wehrmacht und der SS unterstützten Erziehungsanstalten oder aus Personalkämpfen innerhalb der Parteihierarchie, wie bei Ley und Rosenberg, ergab [5]. Zwischen Schulen wie den AHS oder den NPEAs bestand wenig oder keinerlei Zusammenwirken, und der Wettbewerb war zeitweise so erbittert wie der Machtkampf zwischen den oberen Chargen der nationalsozialistischen Führung [6]. Die Ziele der NPEA lagen in ihrem Ursprung [7]. Sie waren

269

von ihren Leitern gesetzt worden, um eine Elite zu züchten, die
Stellungen in allen Bereichen deutschen Lebens, einschließlich
der Akademikerberufe, ausfüllen sollte. Im Gegensatz zu anderen, auch völlig neuen Erziehungsanstalten konnte die NPEA
über die Weimarer Republik hinaus auf alte Vorbilder, wie die
der Ausbildung zukünftiger Offiziere im Kaiserreich gewidme-
ten Kadettenanstalten, zurückblicken, besonders auf die preußischen, unter König Friedrich Wilhelm I., dem Vater Friedrichs
des Großen, gegründeten, der dem von Ludwig XIV. in Frankreich gesetzten Beispiel nacheiferte. Im Rahmen des Versailler
Vertrages wurden diese Kadettenanstalten auf Befehl der Alliierten 1920 offiziell aufgelöst [8]. Trotzdem existierten einige
von ihnen weiter – wenn auch nicht mit dem ausdrücklichen
Ziel, zukünftige Offiziere heranzubilden – und hießen während
der Weimarer Republik »Staatliche Erziehungsanstalten«, oder
sie wurden Privatschulen, in denen man besonderes Gewicht auf
die Pflege »soldatischer Traditionen« legte [9]. Anläßlich Hitlers vierundvierzigstem Geburtstag wurden die ersten drei
NPEAs gegründet; fünf weitere folgten 1934 und sieben 1935,
und die meisten von ihnen waren ehemalige Kadettenanstalten [10]. Die ursprüngliche Machtgrundlage der NPEA lag zum
größten Teil in Preußen. Neun weitere folgten 1941, und zwischen 1942 und 1944 wurden insgesamt achtzehn solcher Anstalten geschaffen, zwei von ihnen für Mädchen bestimmt [11].
Auch außerhalb Deutschlands entstanden NPEAs unter dem
Namen »Reichsschulen«, zwei in Holland, in Valkenberg bei
Maastricht und in Heijthuijsen, und eine in Belgien, in Quat-
recht bei Gent [12].
Das Endprodukt der NPEA sollte der politische Soldat sein, der
Mensch, den man an allen Fronten einsetzen konnte, das heißt
in allen öffentlichen Betätigungsbereichen Deutschlands [13]. Im
Gegensatz zu anderen Erziehungsanstalten unterstand die
NPEA nicht direkt der Partei. Ihr unmittelbarer Vorgesetzter
war das Rust'sche Ministerium für Wissenschaft, Erziehung und
Volksbildung, und ihr Lehrplan entsprach dem einer Höheren
Schule [14]. Die verschiedenen NPEAs dienten verschiedenen

Bedürfnissen; so waren einige auf klassisch-humanistische Fächer und andere auf Naturwissenschaften und moderne Sprachen spezialisiert [15]. Bis zum Ausbruch des Zweiten Weltkriegs konnte kein Parteifunktionär direkten oder indirekten Einfluß auf diese Schulen ausüben, und die Hitler-Jugend machte ihren Einfluß nur dadurch geltend, daß ab 1936 alle NPEA-Schüler dem Jungvolk oder der HJ beitreten mußten [16]. Die Organisationsstruktur jeder dieser Schulen war nach militärischem Muster aufgebaut; statt der Klassen gab es »Züge«, und einige Schulen pflegten die Traditionen eines geschichtlich berühmten deutschen Regimentes [17]. Aber während die Lehrer in den alten kaiserlichen Kadettenanstalten meist Offiziere waren, gab es in dem NPEAs nur Zivilisten als Lehrer, die mit den Schülern zusammen lebten [18]. Man konnte den vorsätzlichen Versuch beobachten, sie nach dem britischen »Public-School«-System aufzubauen [19], wobei in der NPEA kein ausgeprägter Klassengeist herrschte wie in England. Man bemühte sich vor allem, die Elite der deutschen Jugend – ohne Klassenunterschiede – zusammenzufassen; die Schüler kamen aus allen Gesellschaftsschichten, und in den Fällen, wo die Eltern das Schulgeld nicht aufbringen konnten, wurde davon abgesehen [20].

Der eigentliche Begründer der NPEA, Joachim Haupt, kam aus der deutschen Jugendbewegung und bemühte sich, ihre Traditionen in diesen Schulen fortzusetzen [21]. Er war Freikorpsmitglied gewesen und hatte sich dem sozialrevolutionären Flügel der NSDAP angeschlossen. August Heißmeyer, der zweite Inspekteur der NPEA – sie waren Beamte des Ministeriums für Wissenschaft, Erziehung und Volksbildung –, kam ebenfalls aus der Jugendbewegung und nicht aus der HJ und kannte Haupt seit den frühen zwanziger Jahren gut [22]. Die Politik der Lehreranwerbung vor dem Krieg zeigte deutlich, daß Bewerber mit Jugendbewegungsvergangenheit im allgemeinen denen, deren Jugendaktivitäten sich auf das parteipolitische Gebiet beschränkten, vorgezogen wurden [23].

Während des Bestehens der NPEAs rekrutierte sich ihr gesamtes Personal vom Direktor abwärts aus Beamten und Staatsangestellten, und die Schulleiter genossen beträchtliche Freiheiten in der Auswahl ihrer Mitarbeiter. Für die Eignung waren akademische Maßstäbe wichtiger als politische [24]. Obwohl Hitlers Forderung nach körperlicher Abhärtung anstatt intellektueller Reifung nicht außer acht gelassen werden durfte, hatte man sich zum Ziel gesetzt, die Traditionen der Kadettenanstalten aus alten Zeiten mit denen der britischen »Public Schools« – oder zumindest, was man sich darunter vorstellte – zu verschmelzen [25].

Die nationalsozialistischen Erzieher betrachteten die Grundlage des »Public-School«-Systems als eine hierarchische, klar umrissene und straff organisierte Gemeinschaft. Und sie verglichen ihre eigenen Ansichten über eine elitäre Erziehung mit der der Briten:

»Der Knabe wird in recht jungem Alter der verzärtelnden Fürsorge des Elternhauses entrissen und wird es zunächst nicht einfach finden, sich durchzusetzen. Allein die Notwendigkeit, sich zu behaupten, wird in der Regel auch entsprechende Kräfte bei ihm wecken und bei ihm eine gewisse Härte und Sicherheit, eine Stählung seines Willens bewirken.

Durch das streng autoritär durchgegliederte Präfekten- und Fagging-System wird er daran gewöhnt, zu gehorchen und zu befehlen und stufenweise in immer neue Rechte der auf dem Autoritätsprinzip beruhenden Selbstverwaltung einzutreten ...

... Die Public Schools sind also ausgesprochenermaßen Prägeformen, in denen der Einzelschüler zu einem einheitlichen nationalen Typ der gebundenen Lebensform gebildet wird.

Unsere neuesten deutschen Erziehungsbestrebungen in den Nationalpolitischen Erziehungsanstalten ... laufen, wie mir scheint, auf die Nutzbarmachung ganz ähnlicher Erziehungsgrundsätze hinaus. Wie die Public Schools in England sollen sie ganz ausgesprochen Eliteschulen sein, in denen der Führernachwuchs herangebildet wird. Das Prinzip der internatsmäßigen Gemeinschaftserziehung wird hier ebenfalls ganz wesentlich mit den Mitteln des gemeinschaftlichen Sportes, überhaupt des gemeinschaftlichen körperlichen wie geistigen Trainings durchgeführt.

Der Mannschaftskampf wird heute höher gewertet als die sportliche Einzelleistung. Bei dieser Betonung einer gesunden Lebensführung werden die früheren Schäden stofflicher Wissensüberfütterung ausgemerzt ... Das bedeutet natürlich nicht, daß sie nicht einen regelmäßigen und gründlichen Unterricht vermittelten. Straffung und Zielstrebigkeit werden dabei durch den so wesentlichen Gedanken der ganzheitlichen Gestaltung, d. h. der Ausrichtung nach großen leitenden Ideen, erzielt. Stärkung des Geschichtsbewußtseins, des Deutschbewußtseins, der volkhaften Gesinnung, Weckung des Gedankens der Volksgemeinschaft, durch ein solches im weiteren Sinne ›politisches‹ Denken wird eine organische Gesamtschau bewirkt. Diese wiederum setzt einen organischen Aufbau des Lehrplans voraus ... Lehrer und Schüler stellen an den genannten deutschen Schulen ohnehin eine Auswahl dar, die Rücksicht auf Haltung und Charakter ist entscheidend. Das Ausbildungsziel ist die charakterliche, zum Gemeinschaftsdenken erzogene Führerpersönlichkeit. Wie in den Public Schools ist das autoritäre Prinzip unentbehrlich. Es ermöglicht eine ähnliche Durchgliederung nach Selbstverwaltungsformen, wie sie heute den großen bündischen Formationen eigen ist. Die Lehrenden sind dabei jeweils Mannschafts- und Abteilungsführer, sind also mit dem gesamten, auch sportlichen Lebenszusammenhang der Schulgemeinschaft aufs engste verbunden. Es ist ersichtlich, daß aus der Pflege der Gemeinschaftsformen bei aller Wahrung des Autoritätsprinzips sich rechte Kameradschaft ergeben muß zwischen den Schülern und ihren auch durch allzu große Altersunterschiede nicht getrennten Lehrern. Das Tutor-System hat damit auch eine deutsche Entsprechung gefunden.« [26]
Einerseits wurde großes Gewicht auf Pflichtbewußtsein, Mut, Einfachheit und Gemeinschaftsgefühl gelegt; andererseits beabsichtigte man die Eigenschaften des Kolonialherren zu fördern – kühle Überlegenheit, Zurückhaltung, tadelloses Benehmen und bestimmtes Auftreten [27]. Gleichzeitig wurde absolute Hingabe an die nationalsozialistische »Weltanschauung« verlangt, obwohl sich gerade diese Aufgabe wegen der ideologischen Ver-

schwommenheit als die schwierigste, wenn nicht gar als unmöglich erwies. Pflichtbewußtsein, rassische Überlegenheit und politische Konsequenz sollten eine neue Führerschicht heranbilden, die nicht einer, sondern allen Gesellschaftsklassen Deutschlands entstammte.

Die NPEAs versuchten, die dreifache Erziehungsaufgabe von Elternhaus, Schule und Hitler-Jugend zu vereinigen, und ein hohes Niveau an Leistung wurde von allen Schülern erwartet.

Die einzelnen NPEAs wurden regelmäßig vom Ministerium für Wissenschaft, Erziehung und Volksbildung überprüft, und von dort aus wurden auch alle Beförderungen innerhalb des Lehrkörpers vorgenommen. Obwohl Hitler in seiner Eigenschaft als Führer der NSDAP die Ernennungen der NPEA-Lehrer selbst unterlag, wurden in der Praxis alle Ernennungen und Beförderungen vom Ministerium aus getroffen, und die Lehrer mußten alle Befähigungen, die normalerweise für den Unterricht an Höheren Schulen verlangt wurden, besitzen. Trotz der Bestimmungen über die Voraussetzungen zur Lehrerauswahl, wonach nationalsozialistische Überzeugung und Parteimitgliedschaft die erste Stelle einnahmen, stand diese Bedingung in der Praxis an sechster Stelle, während pädagogische Begabung und schulische Fähigkeiten an erster und zweiter Stelle standen [28].

Joachim Haupt, während der Weimarer Republik Studienleiter an der Staatlichen Erziehungsanstalt Plön, betonte stets die Bedeutung des gewählten Namens der NPEA – der Name war vom NS-Pädagogen Ernst Krieck gewählt worden [29]. Ihm war die Identifizierung von Schule, Lehrern und Schülern mit dem »Staat« und nicht mit der nationalsozialistischen Partei besonders wichtig, was die Tatsache erklärt, daß in diesem frühen Stadium die Unterscheidung zwischen Partei und Staat noch gemacht werden konnte und erlaubt war. Das Schlagwort »Der Staat ist die Partei, und die Partei ist der Staat« kam mit all seinen praktischen Folgeerscheinungen erst später auf. Schirach sah Haupts Beliebtheit, besonders bei den noch außerhalb der Hitler-Jugend bestehenden Jugendverbänden, mit größtem Mißbehagen, betrachtete ihn als einen möglichen Rivalen, und in den Nachwehen der Säuberungsaktion vom 30. Juni 1934 fand sich dann auch ein Vorwand, ihn loszuwerden [30]. Haupt hatte noch das Glück, nicht Röhms und vieler anderer Schicksal teilen zu müssen. Einige Monate lang nahm als Stellvertreter Reinhard Sunkel seine Funktionen wahr [31].

Von ihren ersten Anfängen an blieb die NPEA ein Gebiet, über das die verschiedenen Parteistellen Kontrolle und Einfluß auszuüben versuchten. Im Spätherbst 1933 legte die SA Pläne vor, nach denen jeder Studienleiter oder Lehrer außer seinem Beamtenstatus auch einen seiner Stellung entsprechenden Dienstgrad in der SA aufweisen solle [32]. Es gelang Haupt, dieses Verlangen einstweilen aufzuhalten, aber nach dem Juni 1934 wurde der Gedanke ohnehin fallengelassen, um später von Haupts Nachfolger August Heißmeyer mit der Veränderung wieder aufgenommen zu werden, daß die Lehrer statt der SA-Dienstgrade nun Ehrengrade bei der SS annehmen mußten [33]. Heißmeyer glaubte, auf diese Weise das Drängen der Partei auf Einflußnahme zu besänftigen. Er, der von Rust persönlich eingeführt worden war, bekleidete eine merkwürdige Doppelstellung. Bis 1944 teilte er seine Funktionen auf und war Leiter des SS-Hauptamtes und Leiter der Dienststelle Heißmeyer und gleichzeitig Beamter in Rusts Ministerium. Erst danach wurden die beiden Stellungen zusammengelegt und unterstanden der Kontrolle der SS [34].

Schirach hatte von Beginn an versucht, die NPEAs unter seine Vollmacht zu bringen, aber es gelang ihm nicht [35]. Er hatte es nicht nur mit Heißmeyers Widerstand zu tun und mit dem Bernhard Rusts, sondern auch mit Himmler und anderen Würdenträgern der Partei, die Schirach die nötige Erfahrung und Reife absprachen und ihm nicht die Ausbildung jener anvertrauen mochten, die einst Deutschlands Elite bilden sollten [36]. Außerdem war Schirach bis 1936 zu sehr mit der Festigung der eigenen Position seiner Hitler-Jugend beschäftigt, um auch dieses Ziel nachdrücklich zu verfolgen. Himmler, der während des Krieges den stärksten Einfluß auf die NPEAs gewinnen sollte, ließ die Zeit für sich arbeiten.

Oberflächlich gesehen hatten sich die Aufnahmebedingungen und die Nachwuchsauswahl auf allen NPEAs seit 1933 nicht geändert. In der Praxis konnten die einzelnen Schulleiter nach eigenem Belieben verfahren. Aber der Andrang um Aufnahme hatte so zugenommen, daß Rust in einem Ministerialerlaß vom Oktober 1937 die Richtlinien für die Schülerauswahl festlegte. Er gab folgendes bekannt:

»Ich lege großen Wert darauf, daß den Nationalpolitischen Erziehungsanstalten deutsche Jungen zugeführt werden, die nach ihrer Haltung und Fähigkeit den besonderen Anforderungen dieser Anstalten entsprechen, und ordne deshalb an:

1. Die Volksschulen haben diejenigen Jungen des dritten und des vierten Schuljahres, die für eine Nationalpolitische Erziehungsanstalt geeignet erscheinen, zum 1. November jedes Jahres dem Kreisschulrat zu melden. Der Kreisschulrat reicht die Vorschläge der nächstgelegenen Nationalpolitischen Erziehungsanstalt auf dem Dienstwege weiter. Ein entsprechendes Verzeichnis ist beigefügt.

2. Den Leitern der Nationalpolitischen Erziehungsanstalten oder ihren Beauftragten sowie den Vertretern der Landesverwaltung der Nationalpolitischen Erziehungsanstalten in Preußen ist zu ermöglichen, die genannten Volksschulklassen im Unterricht zu besuchen und auch an den höheren Schulen den Aufnahmeprüfungen für die Sexta informatorisch beizuwohnen.« [37]

Später wurden diese Richtlinien folgendermaßen erweitert:

»Als Stätten nationalpolitischer Gemeinschaftserziehung haben die Nationalpolitischen Erziehungsanstalten die Aufgabe, durch eine besonders vielseitige, aber auch besonders harte, jahrelange Erziehung dem deutschen Volke Männer zur Verfügung zu stellen, die den Anforderungen gewachsen sind, die an die kommende Führergeneration gestellt werden müssen.

Um diese Aufgabe erfüllen zu können, brauchen sie laufend einen völlig gesunden, rassisch einwandfreien, charakterlich sauberen und geistig überdurchschnittlich begabten Nachwuchs.

Bewerber, die diesen erhöhten Anforderungen nicht gewachsen

sind, haben keine Aussicht auf Aufnahme. Insbesondere muß – um nötige Fehlanmeldungen zu vermeiden – darauf hingewiesen werden, daß eine ungünstige wirtschaftliche oder häusliche Lage der Eltern kein Grund ist für die Aufnahme in eine Nationalpolitische Erziehungsanstalt. Ausschlaggebend für die Aufnahme ist allein die Veranlagung des Bewerbers und für den Verbleib an der Anstalt dessen Leistungen und Führung.

Aus diesem Grunde erfolgt – auch nach der Aufnahmeprüfung – die Aufnahme zunächst für ein halbes Jahr auf Probe. Aber auch der nach dieser Probezeit aufgenommene Jungmann muß seine Leistungsfähigkeit auf allen Gebieten dauernd unter Beweis stellen. Zeigt er sich den laufenden erhöhten körperlichen, charakterlichen und geistigen Anforderungen nicht gewachsen, so kann er nach rechtzeitiger Benachrichtigung der Eltern zum nächsten Halbjahrestermin entlassen werden, ohne daß damit eine Verweisung von einer höheren Schule überhaupt ausgesprochen ist. Unwürdiges Verhalten hat in schweren Fällen die sofortige Entlassung des Jungmannen zur Folge ...

Neben der gründlichen unterrichtlich-wissenschaftlichen Ausbildung und der charakterlichen Formung wird an allen Anstalten gleichmäßig im Interesse einer vielseitigen Ausbildung großer Wert auf die verschiedensten Formen der körperlichen Ertüchtigung gelegt. Diese Ausbildung umfaßt Turnen, Spiele, Geländesport, Boxen, Fechten, Reiten, Skilaufen, Rudern, Segeln, Segelfliegen, Motorsport (Motorrad und Personenkraftwagen). Die in Unterricht und körperlicher Erziehung erworbenen Kenntnisse finden praktische Verwendung in Frühjahrs- und Herbstübungen, Landheimaufenthalten, Ferienfahrten und Auslandsaufenthalten.

Durch seine Zugehörigkeit zu einer Nationalpolitischen Erziehungsanstalt gehört jeder Jungmann der Hitler-Jugend an.

Mit Rücksicht auf die zum Teil erheblichen Entfernungen zwischen Heimatort und Anstalt wird das Schuljahr der Nationalpolitischen Erziehungsanstalten nur durch drei längere Ferien unterbrochen, nämlich zu Weihnachten, zu Ostern und im Sommer.

Die Schulzeit gilt als abgeschlossen mit Überreichung eines Reifezeugnisses, das u. a. zum Besuch der Universitäten und Hochschulen berechtigt. Aus dem Besitz des Reifezeugnisses einer Nationalpolitischen Erziehungsanstalt kann ein Anspruch auf die Offiziers- oder Führerlaufbahn in der Partei nicht hergeleitet werden.

Aufnahmen finden grundsätzlich nur nach erfolgreicher Aufnahmeprüfung statt, die acht Tage dauert und die in der Regel nur für die unterste Klasse vor Ostern abgehalten wird. Sie erstreckt sich nicht nur auf das gedächtnismäßig Erlernte, sondern auch auf die Ermittlung der körperlichen und charakterlichen Fähigkeiten und Eigenschaften. *Über Aufnahmen in die Nationalpolitischen Erziehungsanstalten entscheiden die Anstaltsleiter allein . . .*« [38]

Wie Rusts Ministerium in diesem Erlaß klarstellte, hatte jeder Kandidat rassisch einwandfrei zu sein, was bedeutete, daß der Familienstammbaum keine Spur jüdischer Ahnen aufwies; auch körperlich Behinderte oder solche, die irgendwie seh- oder gehörgeschädigt waren, wurden nicht zugelassen. Armut spielte bei der Zulassung keine Rolle, ebensowenig Wohlstand oder gesellschaftliches Ansehen [39]. Auf »Spätentwickler« wurde eine gewisse Rücksicht genommen, aber zum Zeitpunkt ihres Eintretens in die NPEA mußten ihre Leistungen der der Klasse oder des »Zuges« entsprechen, »denn im Hinblick auf den anstrengenden Lehrplan wird es keine Möglichkeit geben, verlorene Zeit aufzuholen«[40]. Die NPEAs konnten es sich erlauben, in der Auswahl der Kandidaten hohe Anforderungen zu stellen, und die Beschaffenheit des Lehrpersonals sorgte dafür, daß nur die zugelassen wurden, deren Auftreten und schulische Leistungen den besonderen Ansprüchen genügten.

Die Aufnahmeprüfungen fanden jedes Jahr zwischen Oktober und Dezember statt und wurden vom Arzt der nächsten NPEA und einigen Lehrern geleitet. Durchschnittlich erhielt jede NPEA jährlich 400 Aufnahmeanträge, und nur ein Fünftel davon wurde zu den Aufnahmeprüfungen zugelassen. Von den Vorgeladenen bestand etwa ein Drittel das Examen [41].

Eltern konnten sich zwar um die Aufnahme ihres Sohnes bewerben, aber ihr Antrag wurde nur in Betracht gezogen, sofern er von den Lehrern unterstützt war. Im Normalverfahren wurde bei der Bewerbung und Auswahl der elterliche Einfluß mit der Zeit völlig ausgeschaltet [42]. Der Antrag konnte z. B. vom Leiter einer Volksschule gestellt worden sein, ohne daß die Eltern davon eine Ahnung hatten und ohne daß sie etwas dafür oder dagegen unternehmen konnten. Eine Witwe, deren ältester Sohn an der Ostfront kämpfte und die sich dagegen sträubte, daß ihr anderes Kind in die NPEA aufgenommen werden könne, erhielt zur Antwort: »Meine liebe Frau, Sie sollten Ihre Ideen der Zeit anpassen. Ihr Sohn ist nicht Ihr persönliches Eigentum und steht Ihnen nicht frei zur Verfügung. Er ist Ihnen ausgeliehen, aber er gehört dem deutschen Volk. Wenn Sie etwas dagegen haben, daß sein Name für eine Eliteschule vorgeschlagen wird, so kommt das einer Beleidigung des Führers und des Reiches gleich.« [43]

Die Aufnahmeprüfungen fanden in den NPEAs statt, und trotz einiger Unterschiede zwischen den verschiedenen Schulen dauerten sie im allgemeinen eine Woche; an den Vormittagen wurde in den Hauptschulfächern wie Deutsch (Aufsatz und Grammatik), Rechnen, Geschichte, Erdkunde, Naturkunde und in Allgemeinbildung geprüft; die Nachmittage waren Turn- und Sportübungen gewidmet, wie Schwimmen (oder einer »Mutprobe« für Nichtschwimmer, die in die tiefste Stelle des Schwimmbeckens gestoßen wurden: Rettungspersonal war einsatzbereit), Turnen, Hindernisrennen und Feldübungen mit Orientierung nach einer Lagekarte. Diese Feldübungen wurden zum Teil auch des Nachts abgehalten, wo sie rein militärische Form besaßen; dann ging es um die Einnahme einer verteidigten Waldbrücke, oder man wurde vom Beiwagen eines Motorrades irgendwo in kilometerweiter Entfernung abgesetzt und mußte sich in finsterer Nacht und völlig unbekannter Gegend auf dem Rückweg zurechtfinden [44].

Mit diesem Ausleseverfahren sollte die Erfassung von Begabungen aus allen Gesellschaftsschichten gesichert werden. Die Listen und Statistiken sind zu unvollständig, um erkennen zu lassen, inwieweit es den NPEAs gelungen ist, die Klassenvorurteile auszumerzen. Die Nationalpolitische Erziehungsanstalt Oranienstein veröffentlichte folgende Zahlen für das Jahr 1938: Von insgesamt zweiundachtzig neu aufgenommenen Jungen in diesem Jahr – die verhältnismäßig hohe Zahl der Neuaufgenommenen erklärt sich daraus, daß einige neugegründete NPEAs noch nicht einsatzbereit und die älteren gezwungen waren, ihre Belegschaft einstweilen zu verdoppeln, bis sie den Überschuß in die neuen Schulen schicken konnten – waren neun Jungen Söhne von Arbeitern, drei von Bauern, sechs von Handwerkern, sieben von kaufmännischen Angestellten (keinen leitenden), zwanzig von Beamten, acht von Wehrmachtsoffizieren und SA-Führern, zwanzig von freiberuflich Tätigen und vier von Ärzten. Für das Jahr 1941 gibt es eine vollständige Aufteilung der Sozialherkunft aller NPEA-Schüler; sie weist 1,5% Söhne von NSDAP-Führern aus, 26% von Beamten, 5,6% von Berufssoldaten, 22% von Angestellten, 13,1% von Arbeitern, 7,2% von Bauern, 16,3% von kaufmännischen Angestellten, 6,6% von freiberuflich Tätigen und 1,7% von Eltern ohne Beruf. Die Zahlen zeigen einen vorwiegenden Anteil des Mittelstandes, aber dennoch sind Söhne und Töchter aus dem Arbeitermilieu bedeutend stärker vertreten als auf irgendwelchen anderen höheren Schulen zu jener Zeit oder heute [45].

Einige Tatsachen weisen allerdings darauf hin, daß Söhnen »alter Kämpfer«, d. h. derer, die schon vor 1923 SA-Mitglieder waren, und während des Krieges auch Söhnen Gefallener oder schwerverletzter Väter bei der Vorwahl gewisse Vorzüge gewährt wurden [46]. Jedoch geht aus dem Beispiel Oranienstein hervor, daß beide dieser Kategorien praktisch nicht viel Nutzen davon hatten.

Unter den 1943 in Bensberg bei Köln Neuzugelassenen gab es keinen einzigen Schüler, dessen Vater Parteimitglied war, aber wie in jener Zeit zu erwarten, standen die meisten Väter an der Front [47]. Ein Schulgeldsatz wurde 1937 festgelegt, aber die

Beiträge hingen letztlich vom elterlichen Einkommen ab und betrugen von 20 RM bis 150 RM pro Monat [48]. In den ersten sechs Jahren des Bestehens der NPEAs waren Freiplätze oder Stipendien eine Seltenheit, doch nach Ausbruch des Krieges nahmen sie rasch an Zahl zu, und – um noch einmal das Beispiel Bensberg anzuführen – 1943 bezahlten nur drei Schüler im ersten Jahr irgendwelche Beiträge [49]. Das gleiche galt für Schulbücher usw. Zu Anfang mußten die Eltern sie bezahlen, später waren sie kostenfrei [50].

Die Lehrpläne in den einzelnen NPEAs waren unterschiedlich. In Bensberg z. B. wurde das Hauptgewicht auf moderne Fremdsprachen gelegt, in Schulpforta auf alte Sprachen und in Oranienstein auf Mathematik und Naturwissenschaften [51]. In den höheren Klassen bestand der Lehrplan aus vier Deutschstunden pro Woche, vier in Latein, fünf in Englisch, drei in Mathematik, zwei in Kunstgeschichte, einer Religions- und einer Musikstunde und vier Stunden Sport [52]. Im Gegensatz zum Lehrplan der traditionellen höheren Schulen, wo der eigentliche Schulunterricht am Vormittag stattfand und die Nachmittage für Sport und Hausarbeiten freigelassen waren, begannen die NPEAs den Unterricht um acht Uhr früh mit zwei Schulstunden, worauf drei Stunden Sport folgten, was jede Sparte oder auch Geländeübungen bedeuten konnte. Die Nachmittage verliefen ähnlich mit einigen Unterrichtsstunden zu Beginn und dann Kunst, Musik oder Sport und Gymnastik. Man beabsichtigte damit eine Schulerziehung, die nicht nur aus Buchwissen und Lernen bestand, sondern ein förderndes Zusammenwirken von geistigen, körperlichen, künstlerischen und politischen Eigenschaften. Der Erfolg dieser Erziehungsmethode lag auch zum großen Teil im zahlenmäßigen Lehrer-Schüler-Verhältnis, wo 8,5 bis 14,4 Schüler von einem Lehrer unterrichtet wurden [53].

Die Verhältnisse innerhalb der Schule folgten dem Vorbild militärischer Anstalten, und die politischen Betätigungen wurden im Rahmen des Jungvolkes und der HJ durchgeführt. Schon vom ersten Schuljahr ab waren die Schüler angehalten, sich an den Aktivitäten der Gemeinschaft zu beteiligen [54]. Während z. B.

die Jüngeren bei Bauern arbeiteten, bei der Ernte, dem Kartoffellesen oder dem Obstpflücken halfen (letzteres gewöhnlich am beliebtesten), wurden die Älteren in die umliegenden Fabriken, Stahlgießereien oder Bergwerke geschickt. Die Bewertungen der Leistungen jedes »Jungmannes« auf diesen Gebieten waren ebenso maßgebend für sein Endzeugnis wie seine Schulleistungen.

Die Schülerberichte bieten aufschlußreiche Lektüre. So schreibt ein Schüler, daß die Bergarbeiter, mit denen er lebte und arbeitete, zwar keinen Hunger litten, aber in Anbetracht der harten Arbeit besser bezahlt werden sollten und, was noch wichtiger sei, ein besseres Ansehen verdienten. Ein anderer klagt über das schlechte soziale und sexuelle Betragen bei jungen Bergarbeitern, was auf einen Mangel an festen moralischen Grundsätzen zurückzuführen sei. Aus diesen Berichten geht der Eindruck hervor, die Bergarbeiter seien vernachlässigt worden, während alle anderen Bevölkerungsschichten Deutschlands aus dem Dritten Reich ihre Vorteile zogen [55].

Ein besonders wichtiges Element bei der Förderung des »Volksgemeinschaftsgeistes« waren die häufigen Feiern aller Züge der NPEAs; einmal waren es die Nationalfeiertage, zum anderen während des Krieges die Trauerfeiern für ehemalige Schüler, die gefallen waren [56]. Der Stil dieser Feiern war oft eine merkwürdige Mischung von Nachkriegsjugendbewegungsritual und Nürnberger Parteitag im Kleinformat. Die Anziehungskraft, die von der Masse der in gleiche Uniformen gekleideten Schüler ausging, die gemeinsam ihre Lieder sangen oder auf flaggengeschmücktem Hof vor lodernden Holzscheitfeuern ihre Sprechchöre deklamierten – all das übte auf den einzelnen Schüler dieselbe Faszination aus, die er bei den Lagerfeuern von einst verspürte, und gab ihm das Gefühl einer unmittelbaren Zugehörigkeit: »Du bist nichts, dein Volk ist alles!«

Vor dem Kriege war eine der Hauptattraktionen der NPEA ein Austauschbesuch im Ausland, dem jeder mit großer Erwartung entgegensah. Die Verbindungen waren weitgespannt. Manche wurden nach Windhoek, der Hauptstadt in Deutschlands ehemaliger Kolonie Südwestafrika, geschickt, andere sogar in die Vereinigten Staaten [57], doch das meistbesuchte »westliche« Land war England, wo die Reisen im allgemeinen auf Austauschbasis mit z. B. St. Paul's in London [58] oder Rugby stattfanden [59].

Die deutschen Berichte über England bieten interessanten Lesestoff. Sie heben die Bedeutung der Tradition in der britischen Lebensweise hervor, beklagen andererseits »einen Mangel an Rauheit« in den Spielen [60]. Am meisten wunderten sich die deutschen Besucher darüber, in welchem Maße »die Engländer« über Hitlerdeutschland schlecht informiert waren und wie sehr sie der antideutschen »Lügenpropaganda« Glauben schenkten [61]. Auch Schüler aus Harrow besuchten 1936 Oranienstein; ein deutsch-englisches Fußballspiel endete unentschieden, aber die Engländer gewannen beim Fechtwettbewerb [62]. Unter den mit den NPEAs im Austauschverkehr stehenden englischen Schulen befand sich auch die Dauntsey-Schule in West Lavington [63]. Die Reiseberichte der deutschen Schüler blieben sich inhaltlich ziemlich gleich. Sie weisen immer wieder auf den freundlichen Empfang hin, den hohen Grad geschichtlichen Bewußtseins beim Durchschnittsengländer und die allgemeine Hilfsbereitschaft. Auf der negativen Seite hingegen wurde die Abneigung gegen das Dritte Reich vermerkt und die Haltung der britischen Presse – mit der bemerkenswerten Ausnahme der »Times« – als antideutsch bezeichnet [64].

Die Austauschbesuche wurden bis gegen Ende 1938 fortgesetzt. Sie fanden auch unter Lehrern statt [65]. Ein Engländer beschrieb seine Eindrücke wie folgt: »Ich hatte das ganze letzte Jahr in einer der NPEAs verbracht, besuchte eine große Anzahl anderer Internate Deutschlands und möchte nun kurz zusammenfassen, wie die Jungens dort leben. Erstens müssen sie rassisch einwandfrei sein. Zweitens müssen sie körperlich in guter Verfassung sein – und die Ansprüche in dieser Beziehung sind beträchtlich. Drittens müssen sie offen und ehrlich aussehen (obwohl es dazu oft genügt, blondes Haar und blaue Augen zu besitzen). In England hören wir immer wieder, daß der Sportsmann Vorbild und Beispiel ist. In Deutschland ist es der Soldat; man bringt den Jungen bei, sich dem Leben gegenüber soldatisch zu verhalten. Der Sport nimmt einen großen Teil des Tagespensums ein. Auf Spezialisierung wird kein Wert gelegt. Man will keine Rekordbrecher heranzüchten, sondern junge Menschen, die sich in vielen Sportarten zugleich bewähren können. Die Deutschen verlangen jedoch grob gesehen zweierlei vom Sport: er muß den Körper stählen, und er muß ein Kampfsport sein – d. h. er muß die Kampfbereitschaft weitestmöglich fördern...« [66]

Es gibt aber auch Beispiele von englischen Lehrern, die die NPEAs höher bewerteten als ihre eigenen »Public Schools« [67]. Nach dem letzten Schuljahr, in dem jeder NPEA-Schüler sein Abitur ablegte, folgten zwei weitere Dienstperioden: neun Monate Arbeitsdienst und darauf der Dienst in der Wehrmacht. Obwohl Rust erklärt hatte, die Absolvierung einer NPEA verschaffe niemandem automatisch das Anrecht auf Karriere in den höheren Rängen der Wehrmacht, der Partei oder der Beamtenschaft [68], zeigte es sich in der Praxis, daß die NPEA-Schüler sofort von diesen Institutionen übernommen wurden. Nach Arbeits- und Militärdienst mußte man sich für eine Laufbahn entscheiden, und ein großer Teil derer, die ihre Zukunft nicht in einer Offizierskarriere sahen, gingen auf die Universitäten und konnten während ihres Studiums mit der Unterstützung der Partei rechnen. Allerdings gestattete der Lauf der Ereignisse keine weitere Entwicklung in dieser Richtung, und die ersten Kontingente dieser diplomierten Akademiker wurden sofort von der Wehrmacht aufgenommen, wo man sie bald als »ausgezeichnetes Offiziersmaterial« betrachtete [69].

Himmlers Waffen-SS zögerte nicht lange, um sich die NPEAs als Rekrutierungssammelbecken für ihre eigenen Offiziere zunutze zu machen, und Himmlers wachsender Einfluß förderte Tendenzen, die es vor 1940 nicht gegeben hatte [70]. Die Schüler der höheren Klassen erhielten spezifisch antireligiösen Unterricht von SS-Offizieren des SS-Hauptamtes, und diese Unterrichtsstunden endeten gewöhnlich mit der mehr oder weniger offenen Aufforderung an die Schüler, aus der Kirche auszutreten [71]. Auch Mitglieder der »germanischen« Waffen-SS, meist Flamen und Wallonen, kommandierte man für diesen Unterricht als Lehrer ab. Die rassischen Anforderungen bei der Vorauswahl wurden hier noch peinlicher beachtet, Schädelmessungen wurden eingeführt, und die für die Auswahl zuständigen Ärzte kamen nicht mehr aus der NPEA, sondern aus der SS [72].

Der Krieg setzte den Austauschbesuchen ein Ende, aber die älteren Schüler wurden in die deutschen Ostgebiete und häufig von dort aus auch auf Reisen in die besetzten Ostgebiete geschickt. Bei seiner Rückkehr hatte jeder Schüler, wie früher bei seinen Auslandsbesuchen, einen ausführlichen Bericht vorzulegen. Ein solcher vom August 1941 datierter Aufsatz beschreibt die Tätigkeit einer NPEA-Erntemannschaft im annektierten Warthegau. Der Verfasser beklagte die viel zu große Abhängigkeit der deutschen »Siedler« von polnischen Arbeitskräften, die die Polen nur dazu ermutige, ihre Lohnforderungen heraufzuschrauben [73]. Ein deutscher Aufseher wurde lobend erwähnt, weil er den Polen mit Stock und Pferdepeitsche die einzig wirksame Lektion erteilte [74]. Man empfahl stärkere Mechanisierung der landwirtschaftlichen Methoden, um die Abhängigkeit von polnischen Arbeitskräften zu verringern [75]. Die Ortspolizei wurde wegen Pflichtvernachlässigung getadelt und ebenso ein von der SS geleitetes Bauunternehmen, das polnische Arbeitskräfte für den Bau von Brücken und Straßen beschäftigte und ihnen die Ausführung dieser Arbeiten überließ [76]. Dem Verfasser dieses Berichts zufolge bezahle die SS viel zu hohe Löhne, und die Polen nutzten diese Lage aus, um durch absichtlich langsames Arbeiten die Fertigstellung möglichst lange hinauszuziehen [77]. Auch ein Besuch im jüdischen Ghetto von Lodz stand auf dem Programm. Die Schüler amüsierten sich am Anblick dieses Ghettos [78].

Ein NPEA-»Zugführer«, der mit seiner Einheit einige Zeit in den Niederlanden verbracht hatte, legte einen Bericht vor, der ein bezeichnendes Licht auf die Meinungsverschiedenheiten im Lager der dortigen NS-Anhänger wirft. Die Zusammenarbeit zwischen den Deutschen und den weiblichen Mitgliedern des niederländischen Arbeitsdienstes wurde zwar als »gut« bewertet, viel weniger aber die mit den männlichen, »weil er von vollkommen reaktionären niederländischen Offizieren geführt wird, die zu beseitigen heute noch Mühe macht«. Die niederländische Jugendorganisation unter Musserts NSB (der dortigen Nationalsozialistischen Bewegung) vermittelte wegen ihrer »moralischen Laxheit« einen weithin negativen Eindruck. Auch fehle es der NSB an Einigkeit. Man fand, daß wohl einige ihrer Führer ein Großdeutsches Reich befürworteten, aber andere vor allem an der Unabhängigkeit der Niederlande interessiert seien. Mitglieder der holländischen SS erklärten den Schülern, daß die Jugend bei Mussert ganz und gar in falschen Händen liege. Voraussetzung einer grundlegenden Änderung sei, daß »Mussert verschwinden muß«. Im Vergleich zu ihm sei die holländische SS ideologisch einwandfrei und orientiere sich am Gedanken des Großdeutschen Reiches. Die Wehrmacht schien sich allerdings – zumindest in den Augen der Besucher – großer Beliebtheit bei der Zivilbevölkerung zu erfreuen: ihre öffentlichen Freiluftkonzerte waren beliebt, wenn auch hier und da der Anblick eines deutschen Unteroffiziers mit auf dem Rücken verschränkten Armen und einem holländischen Mädchen an seiner Seite, deren Hand auf seinem Pistolenhalfter ruhte, zu einigem Unwillen Anlaß gab [79].

Zu dieser Zeit war Himmlers Einfluß auf die Führung der NPEAs beträchtlich angewachsen. In den ersten Jahren waren die Schüleruniformen vor allem ein Hinweis auf ein Festhalten an militärischen Traditionen. Später im Kriege wurden in einigen NPEAs Uniformen eingeführt, die im Stil denen der Waffen-SS ähnelten [80].

Die deutschen militärischen Erfolge des Herbstes 1942, die die Schaffung des Großdeutschen Reiches in greifbare Nähe zu rücken schienen, wirkten sich auch auf die erzieherischen Pläne aus, besonders auf die, die sich auf die Eliteschulen bezogen: »Denn Sie wissen: Wir haben Nationalpolitische Erziehungsanstalten und Adolf-Hitler-Schulen. In diese Schulen holen wir die talentierten Kinder herein, die Kinder unserer breiten Masse, Arbeitersöhne, Bauernsöhne, deren Eltern es niemals bezahlen könnten, daß ihre Kinder ein höheres Studium mitmachen. Die kommen hier allmählich herein und werden hier weitergebildet ...

Wir haben hier große Möglichkeiten geschaffen, diesen Staat so ganz von unten her aufzubauen. Das ist unser Ziel, und das ist auch – das kann ich Ihnen sagen, meine Volksgenossen – unsere ganze Lebensfreude.

Es ist etwas Herrliches, für ein solches Ideal kämpfen zu können.

Es ist so wunderbar, daß wir uns sagen dürfen: Wir haben ein fast phantastisch anmutendes Ziel; uns schwebt ein Staat vor, in dem in Zukunft jede Stelle vom fähigsten Sohn unseres Volkes besetzt sein soll, ganz gleichgültig, wo er herkommt. Ein Staat, in dem die Geburt gar nichts ist und Leistung und Können alles!

Das ist unser Ideal, für das wir nun arbeiten und für das wir uns mit unserem ganzen Fanatismus einsetzen. Es ist für uns, ich darf sagen, dies die schönste Glückseligkeit. Das ist die größte Freude auf dieser Welt, die uns gegeben werden könnte.

Dem steht nun ein anderes Gebilde gegenüber, eine andere Welt. Dort ist das letzte Ideal immer wieder doch der Kampf um das Vermögen, um das Kapitel, der Kampf für den Familienbesitz, der Kampf für den Egoismus des einzelnen. Alles andere bleibt dabei nur ein Mittel zum Zweck. Das sind die beiden Welten, die sich heute gegenüberstehen!

Wir wissen ganz genau, wenn wir in diesem Kampf unterliegen, dann wäre dies das Ende nicht nur unserer sozialistischen Aufbauarbeit, sondern das Ende des deutschen Volkes überhaupt. Denn ohne diese Zusammenfassung unserer Kraft können eben diese Menschen gar nicht ernährt werden. Das ist heute eine Masse von über 120, 130 Millionen, die davon abhängig ist, darunter allein 85 Millionen unseres eigenen Volkes. Das wissen wir. Die andere Welt dagegen sagt: ›Wenn wir verlieren, dann bricht unser weltkapitalistisches Gebäude zusammen. Denn wir haben das Gold gehortet. Es liegt in unseren Kellern und hat dann keinen Wert mehr. Denn wenn diese Idee unter die Völker kommt, daß die Arbeit das Entscheidende ist, was dann? Dann haben wir unser Gold umsonst gekauft. Unser ganzer Weltherrschaftsanspruch kann nicht mehr aufrechterhalten werden. Die Völker werden die Finanzdynastien beseitigen. Sie werden dann mit sozialen Forderungen kommen. Es wird ein Welteinsturz erfolgen.

Ich verstehe daher auch, wenn sie erklären: ›Das wollen wir unter allen Umständen verhindern, das wollen wir vermeiden.‹ Sie sehen ganz genau, wie sich der Aufbau unseres Volkes vollzieht. Dort ein Staat, der regiert wird von einer dünnen Oberschicht. Diese schickt ihre Söhne von vornherein in die eigenen Erziehungsanstalten, z. B. das Eton-College. Auf unserer Seite sind die Adolf-Hitler-Schulen und die Nationalpolitischen Erziehungsanstalten. Zwei Welten. In einem Fall die Kinder des Volkes, im anderen Fall nur die Söhne dieser Geldaristokratie, dieser Finanzmagnaten.

Das sind zwei Welten. Ich gebe zu, eine der beiden Welten muß zerbrechen, entweder die eine oder die andere. Aber wenn wir zerbrechen müßten, würde mit uns das deutsche Volk zerbrechen. Wenn die andere Welt zerbricht, bin ich der Überzeugung, würden die Völker überhaupt erst frei werden.« [81]

Diese Hitlerrede, die einzige, in der er sich vor einer Massenversammlung über die Ziele seiner Eliteschulen ausließ, war das Signal zur pilzartigen Ausbreitung neuer NPEAs, zwischen 1941 und 1943 vor allem in den deutschen Grenzgebieten. Die militärischen Erfolge ermutigten zu Visionen, wie man den neugewonnenen »Lebensraum« nach dem Muster des britischen Beispiels in Indien verwalten könnte. Außerdem hatten sich die von Hitler in seinem Buch »Mein Kampf« dargelegten Gedanken über die Sicherstellung genügenden »Lebensraumes« für das deutsche Volk und die Ansiedlung der in ganz Ost- und Südeuropa, von den baltischen Ländern bis zur Wolga verstreuten Deutschen im Herzen Europas inzwischen zur Idee eines auf den Schultern der »germanischen Rasse« ruhenden Großreichs erweitert [82].

Himmler war zweifellos der radikalste Verfechter dieser Idee. Bereits vor dem Krieg hatte er den Zugang zu seiner SS-Verfügungstruppe, der Vorläuferin der Waffen-SS, einer beschränkten Anzahl nichtdeutscher Nord- und Nordwesteuropäer geöffnet. Sein Ehrgeiz, die Waffen-SS auszubauen, wurde zwar durch die strengen Verbote der Wehrmacht gegen die Rekrutierung Nichtdeutscher einigermaßen gehemmt, aber schon 1940 gelang es ihm, die Bestimmungen der Wehrmacht zu umgehen und West- und Nordeuropäer in die Waffen-SS aufzunehmen. Mit Deutschlands Einmarsch in Rußland bot sich das Schlagwort vom »Kreuzzug gegen den Bolschewismus« an, aber in den darauffolgenden Kämpfen an der Ostfront erlitten Himmlers Divisionen der im Fronteinsatz stehenden Waffen-SS derartig schwere Verluste, daß eine Wiederauffüllung der Bestände nur mit Hinzuziehung von sowohl Nord- und Nordwest- als auch Osteuropäern möglich war. Der Begriff des »slawischen Untermenschen« mußte notgedrungen fallengelassen werden. Himmler würde seine »Europäisierung« des SS-Staates noch viel weiter praktiziert haben, wenn Hitler seinen Eifer nicht gelegentlich gedämpft hätte [83].

Während eines Abendessens am 5. April 1942 in Hitlers Hauptquartier in Rastenburg erklärte Himmler, daß seiner Meinung nach das französische Problem am besten gelöst werde, wenn man jährlich eine gewisse Anzahl rassisch gesunder, aus der germanischen Bevölkerung Frankreichs ausgewählter Kinder nach Deutschland schaffe. Es sei notwendig, diese Kinder möglichst in frühestem Alter in deutsche Erziehungsanstalten zu schaffen, sie so zu erziehen, daß sie sich ihrem bisherigen Nationalgefühl entfremdeten – was freilich Glückssache sei –, ihnen ihr germanisches Blut ins Bewußtsein zu rufen und ihnen damit beizubringen, daß sie zur großen Gruppe der germanischen Völker gehörten: Himmler neigte grundsätzlich zu einer viel weitergehenden Konzeption der zukünftigen »deutschen Rasse«, die sich nicht auf rein nationale Belange beschränkte, und er wurde darin durch Berichte ermutigt, wonach die Rekrutierung französischer Staatsangehöriger durch die Waffen-SS viel erfolgreicher sei, als es die unter der Obhut der Wehrmacht durchgeführte erreicht hatte [84].

Hitler indessen blieb skeptisch. Eine solche Politik erschien ihm nicht sehr erfolgversprechend. Er erklärte: die Masse des französischen Volkes habe »kleinbürgerliche« geistige Neigungen, daß es ein Triumph wäre, die Elemente germanischer Abstammung aus der führenden Klasse abzusondern [85].

Himmler gab nach und schlug die Schaffung zweier NPEAs in Holland für Jungen und einer für Mädchen vor, die man »Reichsschulen« nennen solle. Der Führer war mit der Bezeichnung einverstanden [86]. Ein Drittel der Schüler sollte Holländer, zwei Drittel sollten Deutsche sein. Nach einer gewissen Zeit – die genaue Dauer müsse man sich noch überlegen – sollten die holländischen Schüler eine deutsche NPEA besuchen. Himmler erklärte weiter, daß er, um einen Unterricht im Sinne und im Interesse der Ziele des »Germanischen Reichs« zu gewährleisten, auf eine finanzielle Unkostenbeteiligung der Niederlande verzichte und daß er Schwarz, den Reichsschatzmeister der NSDAP, beauftragt habe, eine gewisse Summe für die Finanzierung dieser Schulen bereitzustellen. Ein Entwurf für die Gründung ähnlicher Schulen in Norwegen wurde in Betracht gezogen. Auch sie sollten vom Reichsschatzamt der NSDAP finanziert werden.

»Wenn wir verhindern wollen, daß germanisches Blut in die herrschenden Klassen der Völker dringt, die wir dominieren und die sich dann gegen uns wenden können, müssen wir stufenweise diese wertvollen germanischen Elemente dem Einfluß unserer Erziehung zuführen.« [87]

Hitler stimmte diesem Standpunkt zu:

»Auf jeden Fall müssen wir nicht den Fehler machen, in die Wehrmacht Ausländer aufzunehmen, die uns als wertvolle Kameraden erscheinen, bevor sie nicht beweisen können, daß sie der Idee eines germanischen Reiches verschrieben sind.« [88]

Diese Bemerkung Hitlers bedeutete ein weitgehendes Zugeständnis an Himmler, der daraus mit Erfolg die Vorrangigkeit der SS in Angelegenheiten verschiedenster Art, wie die Erziehungspolitik im besetzten Westeuropa und die Rekrutierung von Ausländern in die Waffen-SS, herleitete. Von diesem Datum an gewann die fortschreitende Eingliederung der ursprünglich von der Wehrmacht rekrutierten Waffenverbände wie die »Légion Wallonie« oder die »Légion Volontaire Française« in die Waffen-SS starken Antrieb [89]. Nur Himmlers Legionen konnten mit der ideologischen Ausbildung betraut werden und nicht die Wehrmacht, die Hitlers Ansicht nach bereits bewiesen hatte, daß sie »weltanschaulich« unzuverlässig war.

Mit Himmlers wachsender Macht und Einflußnahme auf die NPEAs wurden die in den deutschen NPEAs eingeführten Methoden rassischer Auswahl und Ausbildung auch in allen anderen deutsch besetzten Gebieten angewandt [90]. Allerdings wies neben den holländischen und belgischen Reichsschulen nur noch die NPEA im elsässischen Rufach einen wesentlicheren Anteil nichtdeutscher Schüler auf: die meisten waren Volksdeutsche aus Südtirol, Bessarabien und der Bukowina [91]. Ein Grundprinzip, auf dem man bestand, war, daß jeder zu einer Reichsschule oder NPEA Zugelassene, sei er Deutscher oder Nichtdeutscher, West- oder Osteuropäer, die gleichen Chancen für spätere Beförderung habe [92]. Ob dieses Prinzip der Chancengleichheit ohne Ansehen der Staatsangehörigkeit sich jemals praktisch durchgesetzt hätte oder ob es eine reine Propagandamaßnahme war, ist ungewiß. Zur Anwendung kam sie jedenfalls nie.

Es ist zu bezweifeln, daß ohne Himmlers direkten Einfluß so viele NPEAs von 1941 ab entstanden wären. Aber da sie nun einmal ein Bestandteil des deutschen staatlichen Erziehungssystems waren, ging Himmler im Hinblick auf die Festigung seiner Macht- und Einflußposition langsam, aber gezielt und umsichtig vor [93]. Zuerst war er nur als einer der vielen Gäste bei den Gründungsfeiern erschienen, aber bei der zunehmenden Anzahl von Freistellen und Stipendien wurde die Finanzierung dieser Schulen bald zu einer Bürde für das Ministerium für Wissenschaft, Erziehung und Volksbildung [94]. Hier bot sich eine Gelegenheit, die Himmler rasch nutzte. Er erklärte, daß die SS bereit sei, die Kosten für Uniformen und Lehrmaterial zu übernehmen [95]. Die Wehrmacht verfolgte ähnliche Ziele, aber Himmler hatte als erster die Chance wahrgenommen, und seine

Macht gestattete es ihm, rasch zu handeln, während die Wehrmacht erst den Dienstweg über die weitverzweigten Kanäle der verschiedensten Amtsstellen beschreiten mußte [96]. Dazu kam, daß bereits 1936 mit der Ernennung Heißmeyers der erste SS-Gruppenführer eine Schlüsselposition im NPEA-System bezogen hatte. Das verschaffte Himmler einen taktischen Vorteil der Wehrmacht gegenüber und einen Hebel, mit dem er hoffte, die NPEAs in den Griff zu bekommen und direkten Einfluß auf sie auszuüben. Als die Wehrmacht vorschlug, Offiziere und Unteroffiziere als NPEA-Instrukteure zur Verfügung zu stellen, lehnte Heißmeyer von sich aus wie auf Himmlers Wunsch das Angebot ab [97]. Erst bei Kriegsbeginn erschienen Offiziere der Wehrmacht und der Waffen-SS zur Überwachung der militärischen Ausbildung [98].

Heißmeyer war zwar SS-Offizier und überzeugter Nationalsozialist, hatte aber seine eigenen Gedanken über die Führung der NPEAs, und diese Vorstellungen unterschieden sich nicht sehr von denen seiner Vorgänger. Er war der Ansicht, daß die Qualität der Schulen, die Vielfalt ihres Lehrplans und das hohe Niveau ihres Lehrpersonals bei einer Umwandlung der NPEAs in reine Parteischulen nichts zu gewinnen hatten [99]. Die verhältnismäßig weitgehende Unabhängigkeit, die er den Lehrern und Schulleitern zubilligte, konnte seiner Meinung nach nur so lange aufrechterhalten werden, wie sie Rusts Ministerium unterstanden und nicht zum Bereich der SS gehörten. Himmler betrachtete Heißmeyers Haltung zuerst als eine persönliche Herausforderung – schließlich hatte er als SS-Offizier den SS-Eid geschworen und war an ihre Satzungen gebunden. Aber Heißmeyer war gleichzeitig Staatsbeamter und in dieser Eigenschaft von Himmler nicht abhängig [100]. Der Mann, der Himmler am nachhaltigsten in seinen Ideen über eine »Europäische SS« beeinflußte, der SS-Gruppenführer Gottlob Berger, sah auch in Heißmeyer eine Art von Verräter, der den NPEAs jene bedingte Freiheit gewährte, die sie immer noch genossen [101]. Erst 1942 kamen die Reichsschulen außerhalb der deutschen Grenzen unter die ausschließliche Kontrolle des SS-Hauptamtes [102], während die NPEAs in Deutschland weiterhin Heißmeyer unterstanden. Allerdings wurde er aufgefordert, dafür zu sorgen, daß sich möglichst alle seine Abiturienten freiwillig bei der Waffen-SS meldeten [103]. Damit waren die Reibungen noch lange nicht behoben, und die Lage wurde nur komplizierter, denn Rust glaubte nun, daß Heißmeyer als SS-Offizier im Auftrage Himmlers und Bergers gegen ihn intrigiere, während Himmler seinerseits ihn beschuldigte, die Interessen der SS in seiner Einflußsphäre nicht genügend zu fördern. Als ganz besonders ärgerlich empfand Himmler die Freiheit der NPEA-Schulleiter, die ihnen gestattete, »unerwünschte« Lehrbeauftragte abzulehnen, was sich vor allem auf den von der SS geförderten ideologischen, oder, genauer gesagt, antireligiösen Unterricht auswirkte [104]. Im Laufe des Krieges verschob sich das innerdeutsche Machtverhältnis immer mehr zugunsten der SS und sicherte ihr ihre Vorherrschaft. Von 1942 an wurde eine große Anzahl erfahrener Lehrer zum Wehrdienst eingezogen und durch SS-Beauftragte ersetzt [105]. Es war unvermeidlich, daß Rust und Heißmeyer immer mehr an Boden verloren [106], und die Bestätigung blieb nicht aus. Im Dezember 1944 ernannte Hitler durch einen besonderen Führerbefehl Himmler persönlich zum Vorgesetzten aller Schulen, aus denen in der Zukunft die Offiziere der Wehrmacht und der Waffen-SS hervorgehen sollten [107]. Himmler hatte schließlich gesiegt, aber zu einer Zeit, da bereits alle Reichsschulen außerhalb Deutschlands verschwunden und einige vom Vormarsch der westlichen Alliierten bedrohte NPEAs bis zum »Endsieg« aufgelöst worden waren.

Je mehr der Krieg die letzten Reserven der deutschen Jugend aufrieb, desto stärker waren natürlich die Eliteschulen betroffen. Unter den Auswirkungen der alliierten Bombenangriffe auf Deutschland wurden die Kinder in minder bedrohte Gebiete und die jüngeren Schüler in die Kinderlandverschickungsheime evakuiert. Es handelte sich dabei um Lager in ländlichen Gegenden, wo der Unterricht vermutlich ohne Unterbrechung fortgeführt werden konnte [108]. Die in der Nähe einer NPEA liegenden KLV-Lager wurden sofort der politischen Aufsicht der

Jungvolk- und HJ-Führer der NPEA unterstellt, was praktisch die Einführung einer schärferen militärischen Disziplin in den Lagern bedeutete, als es die durchschnittliche Hitler-Jugend gewohnt war [109]. KLV-Lager, die dieses zweifelhafte Privileg genossen, wurden – zumindest in politischer Hinsicht – zu Ablegern der NPEAs.

Während der letzten Kriegsjahre nahm die Betonung der militärischen Ausbildung immer stärkere Ausmaße an, und die Waffen wurden je nach den körperlichen Fähigkeiten der Kinder, die mit ihnen umzugehen hatten, ausgewählt [110]. Schüler der oberen Klassen der NPEAs bemannten Flakbatterien, wie z. B. Bensberger Jungmannen um Köln, während die Jüngeren in die Eifel und das ländliche Westfalen evakuiert wurden [112].

Offizielle Auflösungsbefehle für die direkt vom Vordringen der alliierten Streitkräfte bedrohten oder bereits im Kampfgebiet liegenden NPEAs wurden nie erteilt. Oft lag der Entschluß im Ermessen des Schulleiters [113], der sich jedoch häufig weigerte, einen Befehl ohne Einwilligung des zuständigen Gauleiters oder eines SS-Offiziers zu geben. Aber beim Vormarsch der Alliierten löste sich die Elite der Zukunft, soweit sie nicht bereits in die Reihen der Wehrmacht und der SS eingegliedert war, ebenso rasch wieder auf, wie sie einst versammelt wurde.

Die NPEAs für Mädchen vegetierten am Randgebiet der Eliteerziehung, da die Frage nach der Rolle der Frau in der Gesellschaft in der betont männlich orientierten nationalsozialistischen Erziehungspolitik – außer der auf der Hand liegenden Antwort – nur betretene Verlegenheit auslöste. Erst viel später während des Krieges wurde der Gedanke erwogen, daß es vielleicht möglich wäre, Mädchen auch für andere Zwecke als zu Bewerberinnen für das Mutterkreuz auszubilden.

Einen anderen wichtigen Zweig der spezifisch nationalsozialistischen Eliteausbildung bildeten die Adolf-Hitler-Schulen. Diese Schulen waren im deutschen Erziehungssystem etwas noch nie Dagewesenes und standen völlig außerhalb der bestehenden staatlichen Schuleinrichtungen [114]. Es hatte zwar schon 1933 Pläne für außerhalb des staatlichen Schulsystems stehende Anstalten gegeben, deren Zweck einzig und allein in der Ausbildung einer NSDAP-Elite bestehen sollte, aber erst nach mehr als drei Jahren des Planens – man untersuchte die Systeme bestehender Internate einschließlich sogar der Jesuitenschulen – wurde ihre Schaffung im Dezember 1936 einem größeren Kreis innerhalb der NSDAP bekanntgegeben [115]. Die treibenden Kräfte hinter den AHS waren die Reichsorganisationsleiter der NSDAP und Führer der Arbeitsfront, Dr. Robert Ley, und Baldur von Schirach, der in den AHS ein wirkungsvolles Instrument sah, mit dem er es Rusts NPEAs gleichzutun hoffte [116]. In einem von Hitler unterzeichneten und am 1. Februar 1937 veröffentlichten Erlaß wurden die AHS offiziell gegründet und der alleinigen Kontrolle Leys und von Schirachs unterstellt [117]. Letzterer errichtete in der Reichsjugendführung ein neues Amt, die ihm direkt verantwortliche AHS-Aufsicht [118], während Ley von seiner Behörde aus den organisatorischen und verwaltungstechnischen Rahmen der neuen Schulen bot [119]. Die Geldmittel kamen unmittelbar von der Partei. Im Gegensatz zu den NPEAs waren die AHS prinzipiell kostenlos, aber es wurden besondere Quellen, wie die »Adolf-Hitler-Spende«, erschlossen, und vermögendere Eltern wurden »aufgefordert«, Beiträge zu leisten [120].

Die AHS waren nicht nur vom Ministerium für Wissenschaft, Erziehung und Volksbildung getrennt, sie unterstanden auch nicht dem Justizministerium. Alle Rechtsfragen waren ausschließlich Sache der Parteigerichte, und die NSDAP übernahm auch die alleinige Verantwortung für sämtliche Sozialleistungen [121]. Die Schulen waren für deutsche männliche Jugendliche im Alter von zwölf bis achtzehn Jahren bestimmt, von den Parteibeamten in den Gauen, in denen sie bestanden, ausgewählt. Rusts Richtlinien für die Auswahl der NPEAs und eine Chancengleichheit für alle spiegelten sich in den Richtlinien der AHS wider [122]. An der Vorwahl nahmen die Parteibeamten des Ortes, des Gebietes und des Gaues und die Hitler-Jugend teil. Die Endauswahl unter den Kandidaten fand Anfang jeden Jahres in einem sogenannten »Jugendlager« statt, bestand aber in

Wirklichkeit in einer vierzehntägigen Prüfung in jedem Gau [123]. Der Zulassung zu den Prüfungen ging eine gründliche ärztliche Untersuchung durch einen HJ-Arzt voraus, bei der zunächst eine große Anzahl von Kandidaten, die nicht den gewünschten Anforderungen an körperlicher Tauglichkeit entsprachen, ausgeschieden wurde. 1940 z. B. schlug der Gau Baden achtundvierzig Kandidaten für das Jugendlager vor. Bei der ärztlichen Untersuchung allein wurden vierzehn Kandidaten zurückgewiesen [124]. In den »Jugendlagern« wurden die Knaben in Gruppen von fünf bis acht Jungen eingeteilt, und ein Bannführer der HJ hatte jeden Einzelnen auf körperliche Widerstandskraft und intellektuelle Begabung hin zu beobachten [125]. Hier wurde noch viel mehr als in den NPEAs Gewicht auf körperliche Leistung und äußere Erscheinung gelegt, und erst danach wurde intellektuelle Begabung in Betracht gezogen, und schon das war ein Grund, warum die NPEA-Schüler herablassend auf ihre Kameraden von der »proletarischen Elite« hinabblickten [126]. Gesellschaftspolitisch war der Mittelstand in den AHS wie in den NPEAs vorherrschend. Nur 19,5% von den 1937 und 1938 für die AHS Auserwählten gaben als Beruf ihres Vaters Arbeiter, Handwerker oder Bauer an, und hier offenbart sich ein deutlicher Widerspruch zwischen nationalsozialistischer Theorie und Praxis, der aber in diesem Stadium unvermeidlich war [127]. Leider fehlen genauere statistische Angaben, so daß man nicht beurteilen kann, ob die soziale Zusammensetzung der AHS die gleiche geblieben ist oder sich geändert hatte.

Die Endauswahl wurde von einer zumeist unter dem Vorsitz des Gauleiters stehenden Kommission getroffen, die bei jedem Kandidaten die Ergebnisse des Gruppenleiterberichts mit dem übrigen Material verglich. Oft wurde der Kandidat persönlich vor die Kommission zitiert und mußte Fragen beantworten [128]. Nach den Erfahrungen mit den beiden ersten Jahrgängen der AHS-Schüler erkannte man, daß »Führereigenschaften« und blondes Haar doch nicht als einzige Vorbedingungen für die Parteielite der Zukunft ausreichten, und man stellte höhere und strengere Anforderungen an geistige Fähigkeiten [129].

Von den 1941 in die AHS zugelassenen Schülern hatte mehr als die Hälfte ihre Aufnahmeprüfungen für höhere Schulen bestanden. Bis 1939 war das Lehrpersonal ziemlich zweifelhafter Herkunft und bot wenig mehr Qualifikationen als eine Parteikarriere, aber von 1939 an wurden für den Unterricht der traditionellen akademischen Fächer nur noch Lehrer mit höherer Befähigung zugelassen: auf insgesamt 12 AHS hatten sechs Schulleiter vor 1933 den verschiedenen Verbänden der Deutschen Jugendbewegung angehört, vor allem den Jung-Wandervögeln, und waren nach 1933 Hitler-Jugend-Führer geworden [130]. Als der Krieg auch in die Reihen der AHS-Lehrer Lücken riß, zogen es einige AHS vor, anstatt der verfügbaren Lehrkräfte ohne Oberschulbefähigung Universitätsdozenten einzustellen [131].

Auch hier war die Vorbedingung zu einer erfolgreichen Laufbahn, und viel mehr noch als in den NPEA, die bedingungslose Anerkennung der nationalsozialistischen Grundsätze, was bei der äußerst vagen und widersprüchlichen Natur dieser »Ideologie« auf uneingeschränkte Anerkennung der nationalsozialistischen Mythologie hinauslief [132]. Es gab kaum ein Lehrfach, in dem die 1939 für die besonderen Bedürfnisse der AHS hergestellten Schulbücher nicht die Überlegenheit und den Herrschaftsanspruch des Ariers betonten. So wurde die Geschichte Spartas als ein Existenzkampf der nordischen Herrenrasse dargestellt [133]. In verführend argumentierenden, gut ausgestatteten illustrierten Schulbüchern, sei es für Geschichte oder andere Gebiete, wurde nicht so sehr dem eigentlichen Thema Bedeutung zugemessen als der Verfestigung nationalsozialistischer Macht. In einem Aufsatz über Richelieu stellte ihn ein Schüler als den Unterdrücker und Liquidator der französischen Aristokratie dar, die zumeist deutschen Ursprungs war. Deutschland zog jedoch sichtlich aus den Drangsalierungen Richelieus und der katholischen Kirche einigen Nutzen, denn die Hugenotten flüchteten in ihr Vaterland zurück, wo sie Preußen, ihre nordische Heimat, willkommen hieß [134]. Literatur wurde nicht als ein Fach unterrichtet, in dem ein kritisches Studium des Textes zu tieferem Verständnis führt, sondern als ein Fach, in dem sich durch passende Zitate die Ideologie der Partei erläutern ließ. Eine Aufgabe, in allen NSDAP-Eliteschulen mit gleicher Hingabe behandelt, war die Glorifizierung soldatischer Tugenden, der Kampf fürs Vaterland und der Heldentod, und das allerdings war ein Thema, das bereits zumindest seit 1871 in den deutschen Lesebüchern eifrige Behandlung gefunden hatte und dem die Nationalsozialisten nur noch die rassische Komponente hinzuzufügen brauchten [135]. Moderne Lyrik wurde in den Reimen und Liedertexten der SA-Dichtung geboten [136]. Die zwischen 1941 und 1944 veröffentlichten Schulbücher zeichnen sich durch die vorwiegend behandelten Themen von Deutschlands Drang nach Lebensraum und den besonderen zukünftigen Aufgaben der deutschen Jugend aus [137]. Die Folge war, daß, trotz stärkerer Betonung geistiger Fähigkeiten, die Art und Weise der Darstellung eines Themas und die zwangsläufig sich daraus ergebenden Unterrichtsmethoden den AHS ein Stigma geistiger Minderbemitteltheit gaben, das ihnen bis zum Ende anhaftete. Die Naturwissenschaften und Mathematik wurden nur sehr oberflächlich behandelt [138], und das gleiche galt für Fremdsprachen. Nur Latein und Englisch waren Pflichtfächer, andere Sprachen, soweit sie überhaupt unterrichtet wurden, wahlfrei. Schließlich war es ja nicht die Aufgabe, die Schüler mit den Kulturen anderer Völker bekanntzumachen, sondern sie zu lehren, wie man sie zu beherrschen und zu verwalten hatte. Elementarkenntnisse der russischen und polnischen Sprache hielt man zwar für wünschenswert, aber nur als Verständigungsmittel zwischen Beherrscher und Untertan [139]. Wie in den NPEAs wurde großes Gewicht auf Sport und körperliche Ertüchtigung gelegt und den Kampfsportarten wie Wehrsport, Nahkampfübungen, Boxen, Ringkampf und Fechten der Vorzug gegeben [140].

Die Schaffung eines mit Parolen vollgepropften Schülers, der sie als unabänderliche Grundsätze, an denen nicht gezweifelt und über die nicht diskutiert werden durfte, anerkannte: das war das Bild der erzieherischen Revolution, das Ley und von Schirach vorschwebte. Die Lehrmethoden sollten ebenso »revolutionär« sein. Als Vorbild nahm man sich die Vorlesung, wie sie in Universitäten üblich ist, nur wurde sie häufig zur Einpaukerei von Propaganda, die nach der Vorlesung gruppenweise unter der Aufsicht eines Lehrers diskutiert werden mußte. Hatten sich bei einem Schüler irgendwelche Zweifel gemeldet, so wußte er aus frühester AHS-Erfahrung, daß man solche Dinge lieber für sich behielt. Am Schluß erwartete man von jedem Schüler eine Zusammenfassung der gehörten Vorlesung, die dann wiederum den Lehrern Stoff zur Kritik gab – z. B. wo der Schüler einen Punkt zu stark betont oder mißverstanden hatte. Auf jeden Fall war es nicht ratsam, der Meinung des Lehrers zu widersprechen [141].

In Zahlen ausgedrückte Leistungsbewertungen, wie sie in anderen Schulen üblich waren, gab es nicht mehr, ebensowenig die traditionellen Schulzeugnisse. Das hieß aber noch lange nicht, daß die Prüfungen abgeschafft worden wären. Im Gegenteil. Doch sie fanden ohne Aufsicht statt, und man appellierte an das Ehrgefühl der Schüler, um sie vom Mogeln abzuhalten. Eigentlich folgten die AHS dem Grundsatz, die Schüler sollten »sich selbst regieren«. Es wurde für wichtiger gehalten, instinktiv die möglichen »Führereigenschaften« eines Schülers zu erkennen, als ihn anhand schriftlicher Examen zu beurteilen [142]. Um eine Beziehung zwischen »Theorie« und zukünftiger »Praxis« herzustellen, wurden AHS-Schüler während ihrer Ferien in die Verwaltungsstellen der Partei im Warthegau oder nach Elsaß-Lothringen geschickt [143]. Dort sollten sie wie die NPEA-Schüler beginnen, für ihre zukünftige Rolle als ›Kolonialherren‹ Erfahrungen zu sammeln. Welcher Art diese Erfahrungen waren, geht aus einem Bericht eines AHS-Schülers hervor, der mit Stolz erzählt, wie er die französische Bevölkerung Elsaß-Lothringens persönlich und öffentlich beschimpft habe [144].

Die AHS gehörten zum Schluß, wie die NPEAs, in Himmlers Machtbereich, aber da war es schon zu spät zu einer praktischen Auswirkung in irgendeiner Richtung [145]. Es wurde behauptet, daß, wenn Hitler den Krieg gewonnen hätte, die AHS ein wichtiger Beitrag zur Verwirklichung der nationalsozialistischen europäischen Herrschaftsplanungen geworden wären, eine neue Klasse begeisterter und »zweifellos intelligenter« junger Verwaltungsbeamter hervorbringend [146]. Es ist fraglich, ob die Begeisterung – selbst wenn intelligent gewesen – nicht schnell verflogen wäre und einem Sichabfinden mit den »harten Tatsachen des Lebens« Platz gemacht hätte. Man könnte natürlich das Beispiel der Sowjetunion anführen, die durch eine sehr enggefaßte und starre Schulung eine Parteielite hervorgebracht hat [147]. Aber der Vergleich ist unzutreffend, wenn man die nationalen und kulturellen Traditionen beider Länder in Betracht zieht, von denen das eine lange Zeitabschnitte hindurch von seinen westlichen Nachbarn abgeschlossen war, während das andere stets an der europäischen Kultur und politischen Entwicklung teilgenommen und mitgewirkt hat. Um ihre Pläne erfolgreich nach sowjetischem Muster durchzuführen, hätten Hitler und Himmler zuerst das Bewußtsein einer jahrhundertealten Tradition verdrängen, d. h. Deutschland auf das Niveau drücken müssen, auf dem Lenin 1917 den Großteil der russischen Bevölkerung vorfand, und von diesem Zustand aus hätten sie dann von neu an beginnen können. Da dergleichen nicht ausführbar war, ließ sich trotz einiger Experimente – in Ermangelung eines zusammenhängenden und systematisch gefügten ideologischen Gerüsts – kaum mehr tun, als sich an bewährte Vorbilder zu halten.

Bei dem Versuch, das zweitausendjährige europäische Kulturerbe außer acht zu lassen, war den Ordensburgen, wie die NPEAs seit 1933 gegründet, ebensowenig Glück beschert [148]. Sie waren eigentlich für die achtzehnjährigen AHS-Abiturienten bestimmt und blieben dank ihres markanten architektonischen Stils bis zum heutigen Tag die sichtbaren Überbleibsel der Hitler-Jugend, so die Ordensburgen Vogelsang in der Eifel und Sonthofen im Allgäu.

Robert Ley war auch der Begründer dieser Ordensburgen, deren Planung nach einem Gespräch zwischen ihm und Hitler bei einem Besuch in der Gewerkschaftsschule Bernau bei Berlin entstanden war [149]. Die Bezeichnung »Ordensburg« wurde damals noch nicht gebraucht; man nannte sie »Ausbildungsburgen«, und einige existierten bereits, um die Mitarbeiter für die Deutsche Arbeitsfront zu schulen. Bei Kriegsausbruch unterhielt die NSDAP insgesamt 136 solcher Anstalten für politische Schulung [150].

Ley folgte Hitlers Wunsch, etwas Repräsentatives, dem »neuen Geist« Entsprechendes, zu schaffen und errichtete zuerst die Falkenburg im pommernschen Crössinsee; ein Jahr später, 1935, begann er mit dem Bau der Burg Vogelsang und der von Sonthofen [151]. Die drei Bauprojekte wurden von der Arbeitsfront finanziert, was Ley mit dem Argument rechtfertigte, die Arbeiter, Handwerker und Privatunternehmer hätten bei der Partei »eine moralische Schuld« zu begleichen [152]. In der ersten Phase des Bauprogramms war vorgesehen, daß jede Ordensburg 1000 Mann und 500 Angestellte beherbergen sollte, aber da diese Zahlen beständig anstiegen, wurden immer neue Abänderungen in der architektonischen Planung vorgenommen [153].

Im April 1936 gelangte Ley schließlich zu einer zweckbestimmenden Formulierung ihrer Aufgaben [154]. Sie sollten jungen erwachsenen Parteimitgliedern, die eine Karriere in der Parteiverwaltung anstrebten, einen dreijährigen Schulungskurs bieten. Die Teilnehmer an diesen Kursen sollten jedes Jahr ihren Standort wechseln [155]. Der erste Kurs begann auf Vogelsang im Mai 1936, dauerte aber statt der drei Jahre nur zehn Monate und lieferte sowohl die Kader für die drei Burgen als auch das erste Lehrpersonal für die AHS [156]. Die Schüler oder Studenten der Ordensburgen trugen den offiziellen Titel »Junker«. Erst in Verbindung mit den neugegründeten AHS verlor der Entwurf seinen ersten improvisatorischen Charakter [157]. Zu keiner Zeit jedoch brachten die Ordensburgen Absolventen hervor, die den gesamten Kurs von drei (oder später vier) vorgeschriebenen Jahren durchgemacht hätten [158]. Der Kriegsausbruch setzte den Plänen ein Ende. Während des Krieges wurden drei- bis viermonatige Kurse abgehalten, oft für kriegsversehrte Parteimitglieder bestimmt, für die Stellungen in der Parteihierarchie gefunden werden mußten [159]. Auch Sonderkurse für

Verwaltungsbeamte der Ostgebiete fanden statt. Leys grandiose Bauten wurden auch während des Krieges den Schülern wohl gegründeter, aber noch nicht gebauter AHS und später evakuierten NPEA-Schülern zur Verfügung gestellt [160].

Das ganze Projekt war ein Privatvorhaben Robert Leys, der bei den Parteibeamten auf manchen Widerstand stieß, weil viele von ihnen diese neue Elite gar nicht so gern sahen – denn sie fühlten sich selbst bereits als die Vertreter der Parteielite [161]. Außerdem waren – soweit es um eine Elite ging – Himmlers Maßnahmen seitens der SS bereits eine Tatsache, und der leicht zu korrumpierende Ley war kaum der geeignete Mann, um sich dem pedantischen und fanatischen, aber in materiellen Dingen unbestechlichen Himmler entgegenzustellen. Selbst Hitler vermied, auch bei den Gründungsfeierlichkeiten der Ordensburgen, jeden Hinweis über ihre Bestimmung, eine Elite der Partei hervorzubringen, und erwähnte die Ordensburgen auch nie öffentlich als solche [162].

Die Befähigung der Kandidaten vor dem Krieg gab auch zu manchen Beanstandungen Anlaß. In einem Bericht maßgeblicher Parteibeamter an die NSPAP-Reichsleitung und an das »Amt Rosenberg« (eine dem Parteiideologen persönlich unterstellte Instanz) hieß es:

»Der Tagesplan der Burg sieht im allgemeinen höchstens einen Vortrag täglich – meist aber nur jeden zweiten oder dritten Tag – vor ... Einen von Geist und Wissen getragenen Vortrag können viele Junker nicht verarbeiten. Sie geben sich alle Mühe, das Gehörte zu behalten, aber selbst dann steht das Erlernte vielfach einsam im Raum. Die oft mangelnde Vorbildung läßt sie keine Beziehung zu dem Gehörten finden ... Diesem Übelstand sollten die vor Jahr und Tag auf der Ordensburg eingerichteten Arbeitsgemeinschaften abhelfen. In ihnen sollten die Erzieher den Tagesvortrag vor den Kameradschaften durchsprechen und erläutern, um so den wissensmäßig nur unzulänglich ausgerichteten Junkern ein Mitkommen zu ermöglichen. Die Erfolge dieser Arbeit waren jedoch ebenfalls begrenzt; die Arbeitsgemeinschaften fanden meist nur jeden zweiten Tag statt, und das da-

zugehörige Wissen der Kameradschaftsführer usw. war auch
nicht in allen Fällen auf einer erfolgversprechenden Höhe.« [163]
Die Junker waren auch selbst nicht vom Unterricht begeistert.
In Vogelsang war es allgemein bekannt, daß eine große Anzahl
von ihnen schon vor Beendigung des Kurses mit allen Rechts-
mitteln versuchte, von der weiteren Teilnahme befreit zu werden. Und das waren Leute, die bereits Parteimitglieder waren,
über achtzehn Jahre alt [164]. Innerhalb des Parteiapparates
zeigten die jungen Mitglieder ebenfalls wenig Neigung, Junker
zu werden. Leys Vorhaben fehlte es an spezifischen Richtlinien,
und es war niemandem klar, wie der Besuch der Ordensburgen
sich praktisch auf eine Laufbahn in der Parteiverwaltung auswirken sollte [165]. Die Mehrheit der Bewerber waren Arbeiter,
die ihren Weg über die Hitler-Jugend gegangen und in die Partei eingetreten waren und nun hofften, über die Ordensburgen
zu einer besseren Position zu gelangen [166].
Ley, in einem Zeitungsinterview gefragt, worauf die Schulung
in einer Ordensburg hinstrebe, antwortete, das Ziel sei, aus
einem Jungen »einen ganzen Kerl« zu machen [167]. Was unter
einem »ganzen Kerl« zu verstehen sei, ließ er offen. War körperliche Abhärtung gemeint, so waren die Lebensbedingungen
in einer Ordensburg dafür kaum geeignet. Im Vergleich zu den
NPEAs und AHS verlief das Leben dort eher luxuriös, und das
so oft beschworene spartanische Beispiel wurde kaum befolgt;
natürlich gab es auch nicht die strenge Abgeschlossenheit eines
Ordens. Die Junker hatten genügend Geld zur Verfügung, um
die nächstliegenden Städte zu besuchen und sogar Auslandsrei-
sen zu unternehmen. Verheiratete Junker genossen besondere
Vorteile, und in jeder Ordensburg gab es auch besondere Räum-
lichkeiten, die ihren Frauen längere Besuche gestatteten [168].
Jeder Junker wurde vom Tage seiner Ankunft an bedrängt,
jede Verbindung zur Kirche, der er angehörte, abzubrechen, und
dieser Druck verstärkte sich während des Krieges. Der erste
Kommandant von Vogelsang wurde wahrscheinlich aus seinem
Amt entlassen, weil er eines seiner Kinder dennoch hatte taufen
lassen [169]. Die Zeitschrift der Führerschaft »Der Hoheitsträ-

ger« berichtet 1943, daß die Hälfte der Teilnehmer am Kurs für Kriegsversehrte in Crössinsee bereits vor Kursbeginn aus der Kirche ausgetreten waren: »Der Rest wird folgen.« [170]

Neben seinen AHS und Ordensburgen plante Ley noch verschiedene andere Maßnahmen für das gesamte deutsche Erziehungssystem, die – wie er es ausdrückte – »auf der unteilbaren Verantwortung der Partei für Weltanschauung und Unterricht« fußten [171]. Gemäß seinen letzten Vorschlägen sollte die Partei die Verantwortung für sämtliche Volksschulen übernehmen. Gleichzeitig mit der Auslese für die höheren Schulen, d. h. bei Abschluß der Volksschule, sollten Internate für Schüler mit Eignung für eine spätere Parteibeamtenlaufbahn eingerichtet werden – ungeachtet dessen, daß seine AHS bereits für diesen Zweck bestimmt waren. Nach Vollendung ihres achtzehnten Lebensjahres sollten die Schüler auf die Gauburgen verschickt werden, von denen sie nach zwei Jahren Studium und praktischer Parteiarbeit auf die Ordensburgen kamen. Auch eine Lehrerakademie für die Ausbildung der Elite der Partei sollte gegründet werden [172]. Leys Einmischung in erzieherische Belange wurde mit der Zeit zu einem solchen Ärgernis, daß Martin Bormann als Leiter der Parteikanzlei ihm im Januar 1941 verbot, in die offizielle Erziehungspolitik einzugreifen [173].

Um diese Zeit sollte Alfred Rosenbergs »Hohe Schule«, eine Parteiakademie als letzter Pfeiler des Erziehungssystems, ins Leben gerufen werden [174]. Ley hatte sich schon mit ähnlichen Gedanken beschäftigt, Himmler ebenfalls. Rosenberg mißtraute Leys widersinnigen Bemühungen und verweigerte eine Zusammenarbeit – Himmler seinerseits ging mit den SS-Junkerschulen in Bad Tölz und Braunschweig seinen eigenen Weg [175]. Aber er kam nicht sehr weit. Hitler hatte zwar der Gründung der Hohen Schule, ihren Bauplänen und ihrem Lehrplan seine Zustimmung erteilt, aber der Krieg kam dazwischen. 1941 wurde in Frankfurt am Main die Lehrtätigkeit für kurze Zeit in Verbindung mit einem Forschungsinstitut für die jüdische Frage wiederaufgenommen, aber sie hielt nicht lange an. Inwieweit das den durch den Krieg bedingten Umständen zuzuschreiben oder ob dieser Mißerfolg auf Rosenbergs mangelnde Dynamik und Zuversicht zurückzuführen war, ist ungewiß [176].

Unterrichtsmäßig waren die NPEAs bei der Eliteschulung der NSDAP am erfolgreichsten, aber ihrem Wesen nach auch ganz in der deutschen erzieherischen und militärischen Tradition verwurzelt. Im Vergleich zu ihnen trugen die AHS und die Ordensburgen die deutlichen Merkmale der Improvisation und der Ideenarmut, die letztere war besonders gravierend. Die Hohe Schule hat ihre Geburt eigentlich nicht überlebt.

Eines kann man in Hitlers Haltung und bei der Mehrzahl der NSDAP-Führerschaft feststellen: es widerstrebte ihnen, ein für allemal mit den traditionellen Vorbildern des deutschen Unterrichtswesens zu brechen. Gewiß erwiesen sich die Pläne eines Ley oder anderer eher als abschreckend gegen eine radikale Revolution denn als Ermutigung. Folglich zog man es vor, innerhalb des bestehenden Systems zu prozedieren, als es durch ein Chaos zu ersetzen. Die Erziehungsanstalten der NSDAP, die NPEAs, die AHS oder die Ordensburgen, brachten kaum eine Elite hervor, die ihre Schöpfer überlebte: das gilt in gleicher Weise für die Züchtung überzeugter Nationalsozialisten wie für die von Verwaltungsbeamten gleicher Gesinnung. Dieser Mißerfolg wurzelte bereits in der ideologischen Vieldeutigkeit des Nationalsozialismus mit seinen gegeneinanderwirkenden Strukturen – die sich ihrerseits aus den persönlichen Rivalitäten innerhalb der Führerschaft ergaben.

X. Widerstand

Widerstände gegen die Hitler-Jugend oder innerhalb ihrer äußerten sich vor allem auf zweierlei Weise. Zuerst, bis 1933, tauchten Widerstände – welcher Art sie auch waren – nur in Form von Meinungsverschiedenheiten zwischen Einzelpersonen oder zwischen anderen Jugendbünden und der Hitler-Jugend auf. Nach 1933 setzte die HJ ihre totalitären Forderungen durch und erreichte mit der zwangsweisen Erfassung zum Hitler-Jugend-Dienst aller Deutschen ihr höchstes Ziel: Partei und Parteiorganisationen waren mit dem Staate eins, und somit galt auch jede öffentlich ausgesprochene Ablehnung zwangsläufig als eine Ablehnung des nationalsozialistischen Staates.

Meinungsverschiedenheiten innerhalb der Hitler-Jugend waren vor 1933 eine häufigere Erscheinung; die Begründungen reichten von persönlichen Eifersüchteleien bis zum Streit über ideologische Anschauungen – oder sehr oft, wie es in solchen Fällen üblich ist, wurden persönliche Differenzen unter dem Vorwand ideologischer Meinungsverschiedenheiten ausgetragen. Allerdings wirkten sich solche Zwistigkeiten niemals ernsthaft auf die Entwicklung der HJ aus. Die Ausscheidenden waren in der Minderheit, und in keinem Fall war einer mit der Hitler-Jugend rivalisierenden Gruppe ein Erfolg beschieden. Sie vegetierten am Rande des politischen Geschehens und des Lebens der deutschen Jugendorganisationen, bis sie sich früher oder später auflösten. Wo sich derartige Widerstände zeigten, maß man ihnen oft viel mehr Bedeutung bei als im Hinblick auf die spätere Entwicklung angemessen.

Die radikalen Sozialrevolutionäre, wie sich der linke Flügel der Hitler-Jugend häufig zu bezeichnen pflegte, erhob beständig die Forderung, die nationalistische Komponente des NSDAP-Programms nicht auf Kosten der sozialistischen hochzuspielen. Eine Zeitlang schienen sie die gefährlichste Bedrohung für die Einheit der Hitler-Jugend darzustellen, denn sie spiegelten die zwischen 1926 und 1931 geführten Gegensätze innerhalb der Partei und der SA wider [1]. Während die Erwachsenen mit den Verfechtern der orthodoxen Parteilinie von einem Kompromiß zum andern übergingen, bis sie sich schließlich fügten oder endgültig ausbrachen, zeigten sich bei der HJ von Anfang an radikalere Tendenzen, es drohte sogar bisweilen Rebellion [2].

In der NSDAP sammelte sich der revolutionäre Flügel um die Brüder Gregor und Otto Strasser, die entscheidend zum Aufbau und zur Entwicklung der NSDAP in Norddeutschland beigetragen hatten, wo es notwendig war, vor allem in den Industriegebieten dem im Parteinamen enthaltenen »Sozialismus« einen deutlicheren Klang zu geben als nur den eines Beiworts [3]. Der erste Anlaß, bei dem die Partei sich zu spalten drohte, bot sich, als KPD und SPD die Enteignung der abgesetzten königlichen und fürstlichen Familien und die Einziehung ihres Vermögens zugunsten des Staates forderten [4]. Der Strasser-Flügel unterstützte diese Forderung mit Nachdruck, aber Hitler war nicht bereit, mit den Linksparteien der Republik zusammenzuarbeiten und dabei Gefahr zu laufen, die bereits gewonnene und noch zu gewinnende mittelständische Wählerschaft zu verlieren, für die eine solche Enteignung eine Vorstufe zu einer »roten Revolution« bedeutete. Es gelang Hitler, die Einheit der Partei zu wahren, und Gregor Strasser stellte seine Forderung zurück, obwohl er, sein Bruder Otto und ihre Gefolgschaft diese Niederlage als eine starke Demütigung empfanden [5].

Dieser Streit hatte in den Berliner Gliederungen der Hitler-Jugend bald nach seinem Ausbruch im Juli 1926 seine Konsequenzen. Ein »Nationalsozialistischer Deutscher Arbeiter-Jugendbund« (NSDAJ) mit revolutionären Zielen wurde gegründet, ohne daß man sich freilich darüber im klaren war, wohin diese Ziele führen sollten [6]. Jedenfalls warnte »Der Völkische Beobachter« alle Mitglieder der Berliner NSDAP und der Hitler-Jugend vor dem NSDAJ und betonte, daß er keine anerkannte nationalsozialistische Jugendbewegung sei und sozusagen unter falscher Flagge marschiere [7]. Bis Goebbels im selben Jahr zum Gauleiter von Berlin ernannt wurde, hatten dort in der Partei ziemlich chaotische Zustände geherrscht; Kontroversen und

Streitigkeiten waren häufig, und das wirkte auch auf die Jugendorganisationen ein [8]. Als Anfang 1927 der BDAJ (Bund Deutscher Arbeiter-Jugend) gegründet wurde, stellte sich der damalige HJ-Gauführer Günter Orsoleck an seine Spitze [9]. Der BDAJ konnte zwar nie richtig Fuß fassen, aber war für die fortwährenden ideologischen Auseinandersetzungen innerhalb der damaligen Hitler-Jugend symptomatisch.

Während der nächsten zwei Jahre gärte es unter der Oberfläche. Die Unruhe machte sich erst wieder auf dem Parteitag 1929 bemerkbar, als der linke Flügel der NSDAP seine »14 Thesen der deutschen Revolution« veröffentlichte. Sie waren von der »Sozialrevolutionären Linken der NSDAP« unterzeichnet und forderten eine stärkere Betonung und Radikalisierung des sozialistischen Programms der Partei, verfaßt hauptsächlich von Otto Strasser [10]. Er hatte 1928 mit Besorgnis der Annäherung zwischen Hitler und der reaktionären Deutschnationalen Volkspartei (DNVP) Hugenbergs zugesehen [11]; Hitler seinerseits betrachtete Otto Strassers Gefolgschaft mit wachsendem Mißtrauen, denn unter ihnen befanden sich einige prominente »Nationalbolschewisten« [12], deren Werke in Strassers eigenem »Kampfverlag« [13] herausgegeben wurden. Bemühungen, Strasser auf die orthodoxe Parteilinie festzulegen, schlugen fehl, und schließlich sagte sich Strasser am 4. Juli 1930 von Hitler los, da er überzeugt war, die NSDAP sei auf falschen Kurs geraten – er gab die Nachricht in seiner Zeitung »Der Nationalsozialist« unter der Schlagzeile »Die Sozialisten verlassen die NSDAP« bekannt [14]. Unter den Unterzeichnern des Strasserschen Manifestes waren die Mitglieder des linken NSDAP-Flügels, einige davon prominente Führer der Hitler-Jugend, wie der Gauführer Richard Schapke, der ehemalige ostpreußische Gauführer Rolf Becker und Karl Baumann, Mitglied der württembergischen Gauleitung [15].

Wenn Otto Strasser gehofft hatte, eine umfassendere Spaltung herbeizuführen oder mit seinem Schritt die NSDAP irgendwie zu beeinflussen, so hatte er sich getäuscht. Sein eigener Bruder bestätigte Hitler die Treue, und andere Prominente vom linken

Flügel der NSDAP, wie der ostpreußische Gauleiter Erich Koch, der spätere Hamburger Gauleiter Karl Kaufmann, Bernhard Rust, der Gauleiter von Hannover und spätere Minister für Wissenschaft, Erziehung und Volksbildung, der Reichsjugendführer Kurt Gruber und andere bekannten sich ebenfalls zum Führer [16].

Otto Strasser ließ sich dadurch nicht entmutigen. Vier Tage nach der Veröffentlichung seines Manifestes gründete er die »Kampfgemeinschaft Revolutionärer Nationalsozialisten«, einen Vorläufer seiner späteren »Schwarzen Front«, in der er die sozialrevolutionären und antikapitalistischen Kräfte der NSDAP zu vertreten behauptete [17]. Einer der Abtrünnigen aus den Reihen der Hitler-Jugend war Arthur Grosse, der Gauschulungsleiter der Gaue Berlin–Brandenburg–Ostmark und Mitglied der Reichsleitung. In einer noch radikaleren Ausdrucksweise bezeichnete er Hitler unmißverständlich als einen Verräter an der Idee eines arteigenen deutschen Sozialismus. Er bezichtigte ihn, den deutschen Sozialismus einer idealistischen Jugend, die alles für die Idee geopfert hatte, zu eigennützigen Zwecken manipuliert und zu Schlagwörtern für skrupellose Demagogen verwässert zu haben [18].

Schapke und Grosse gründeten eine Jugendorganisation für Strassers Bewegung, die »Nationalsozialistische Arbeiter- und Bauernjugend« (NSABJ), deren Zentrum in Westfalen und im Rheinland lag, wo sie von dem wegen kleinlicher Intrigen ausgeschlossenen ehemaligen HJ-Mitglied Karl Kroll geleitet wurde [19]. Wie bei den meisten Jugendbewegungen jener Zeit waren die in den Satzungen festgelegten Ziele eindrucksvoller als die eigentliche Mitgliederzahl. Im September 1931 wurde der Gau Westmark, der die beiden Provinzen einschloß, in fünf Gebiete aufgeteilt: Essen, Wesel, Dorsten, Düsseldorf und Köln – eines von ihnen wurde ebenfalls von einem anderen ausgestoßenen Hitler-Jugend-Mitglied geleitet [20]. Um diese Zeit hatte sich Strassers Organisation in »Schwarze Front« umbenannt, und ihre Jugendbewegung berief sich auf das Gedankengut von Moeller van den Bruck, den Verfechter der Anwendung preußi-

scher Ethik auf ganz Deutschland und Verfasser des Buches
»Das Dritte Reich« [21].

Die NSABJ verkündete als ihr Ziel, die innere und äußere Freiheit und Unabhängigkeit des deutschen Volkes sicherzustellen. Sie versprach, den Aufbau des deutschen Sozialismus durchzuführen, und setzte sich für eine Jugendgesetzgebung ein, die die Wohlfahrt der Jugend auf allen Lebensgebieten gewährleisten sollte: ein Programm, das in großen Zügen auch dem von der Hitler-Jugend selbst angestrebten entsprach [22].

Ein gewisses Ausmaß – allerdings läßt es sich nicht in genauen Zahlen feststellen – gewann die NSABJ durch die teilweise Eingliederung der »Gruppe der Sozialrevolutionären Nationalisten«, jener zwei Monate vor der NSABJ von den ehemaligen HJ-Führern Orsoleck, Becker und einigen anderen gegründeten Jugendgruppe [23]. Diese Gruppe hatte nie mehr als 200 Mitglieder, obwohl sie viel höhere Zahlen angab [24]. Ihre Führer verbündeten sich schließlich mit einigen prokommunistischen Gruppen wie der »Deutschen Sozialistischen Kampfbewegung«, die sich besonders für eine »östlich orientierte deutsche Außenpolitik« einsetzte und die Schaffung eines deutsch-sowjetischen Blocks gegen die kapitalistische Gesellschaft des Westens [25].

Otto Strassers Abfall wirkte sich letzten Endes viel weniger auf die NSDAP und die HJ aus, als man zuerst befürchtet hatte. In Bayern, einschließlich der Hauptstadt München, waren praktisch überhaupt keine Abwanderungen zu verzeichnen [26]. In Berlin hatten, einem Polizeibericht zufolge, nur vereinzelte Mitglieder die Hitler-Jugend verlassen und waren der NSABJ beigetreten [27]. Berichte aus Württemberg verzeichnen Bemühungen der Strasser-Jugendgruppe, in der HJ Fuß zu fassen, aber außer bei dem oben erwähnten Karl Baumann hatten sie auch dort keinen Erfolg [28]. Auch er griff zahlreiche Persönlichkeiten der Partei an, die er einer kapitalistischen Gesinnung bezichtigte. Er verdammte das schmachvolle Bündnis mit Hugenberg und beschuldigte die NSDAP-Leitung, ihren Sozialismus nicht ernst zu nehmen und, im Gegenteil, konterrevolutionär zu sein [29].

In Berlin wurde ein gewisser Karl Heinz David zum Gauführer der NSABJ für Berlin-Brandenburg ernannt, aber in einem weiteren Berliner Polizeibericht vom Juni 1931 bestätigte sich noch einmal die frühere Beobachtung: »Die NSABJ hat keine Fortschritte gemacht ... die Entwicklung in Berlin bleibt unverändert in ihrer Ausgangsposition.« [30] Goebbels hielt die Zügel straff in seinem Gau, und die Wahlerfolge der NSDAP waren auch nicht gerade eine Ermutigung, den offenbaren Sieger zu verlassen.

Im Norden begann der ehemalige Führer der Sportabteilung der HJ, Werner Hansen, in Schleswig-Holstein eine Zweigstelle der NSABJ aufzubauen, aber sie zählte nie mehr als zwölf Mitglieder. In Bremen schien allerdings im September 1931 der Abfall des HJ-Gruppenführers-Nord, Walter Burchhard, und des Bremer HJ-Gebietsführers, Rolf Jänisch, die NSDAP für kurze Zeit in Panik versetzt zu haben, denn die gesamte Gefolgschaft des Hitler-Jugend-Gebiets Bremen hatte sich ihnen angeschlossen [31]. Burchhard war ein Mann mit kommunistischen Tendenzen und stand in enger Verbindung mit Strassers »Schwarzer Front«. Drei Monate lang trieb er ein Doppelspiel und blieb offiziell Mitglied der Hitler-Jugend, bis er im Dezember 1931 ausgeschlossen wurde [32]. Die Abtrünnigen versuchten ihren Mangel an Gefolgschaft durch radikale Beredsamkeit in ihren scharfen Angriffen auf die NSDAP wettzumachen, und die Hitler-Jugend-Widerständler des Gaues Mecklenburg–Lübeck unter ihrem Führer, dem ehemaligen HJ-Gauführer Lothar Hielscher, veröffentlichten einen Aufruf, in dem sie ihre Sorge über die Entwicklung der Hitler-Jugend ausdrückten. Solange die NSDAP ihrem Parteiprogramm gefolgt war, konnte man zeitweilige Abweichungen tolerieren. Da aber jetzt offensichtlich aus taktischen Gründen ein Kurs verfolgt wurde, der vollständig im Gegensatz zur nationalsozialistischen Idee stehe, könne der NSDAP der gute Glaube nicht mehr entgegengebracht werden. Sie erklärten daher ihren Austritt aus der Hitler-Jugend [33]. Sie erklärten weiter, sie würden den Kampf für die nationalso-

zialistische Revolution gemäß den fünfundzwanzig Punkten fortsetzen [34]. Aber wie lautstark sie auch zu überreden und zu
überzeugen versuchten: ihre Rednergabe konnte den Mangel an
Gefolgschaft nicht wettmachen. Die »Schwarze Front« und die
»Nationalsozialistische Arbeiter- und Bauernjugend« waren
und blieben Splitterorganisationen, über die die NSDAP zu
spotten sich leisten konnte. Der anfängliche Schock, den ihr Abfall auf die Parteileitung und auf Gruber ausgelöst hatte, war
verpufft und ließ rasch die Gefahr ihrer Position erkennen. Die
Abwanderung aus der Hitler-Jugend in die NSABJ beschränkte
sich auf die Großstädte und Industriegebiete. Aber die Verlockung muß sehr gering gewesen sein, denn als Baldur von
Schirach 1931 Jugendführer wurde, schätzte man die Stärke der
NSABJ im gesamten Reichsgebiet auf nicht mehr als fünfzig Jugendliche [35]. Das will allerdings nicht heißen, daß die von ihnen aufgezeigten Mißstände nur von einer verschwindenden
Minderheit als solche empfunden wurden, sondern nur, daß
ganz wenige glaubten, eine wirksame Wandlung der Zustände
außerhalb der Reihen der Hitler-Jugend und ihrer Untergliederungen herbeiführen zu können. Bemühungen, durch »Beeinflus-
sungsgruppen« innerhalb der HJ die Durchführung der sozialistischen Ziele doch noch zu erreichen, wurden fortgesetzt. Der
vor allem auf Süddeutschland beschränkte und auf innere Reformen drängende »Roland-Kreis« ist ein Beispiel, aber er sowie andere ähnliche Versuche, sozialrevolutionäre Gruppen innerhalb der Hitler-Jugend zu bilden, vermochten es nie, sich
Gehör zu verschaffen [36]. Ihre Bemühungen schlugen fehl,
nicht weil die Reichsjugendführung sich strikt allem widersetzte,
was ihre Einheit bedrohen konnte, sondern weil die Oppositi-
onsführer bei der Masse der Hitler-Jugend keinen Anklang
fanden, im Vergleich zum »Führer«, dessen Machtstellung und
Persönlichkeit bereits in diesem Stadium der Entwicklung mit
einer Aura von Göttlichkeit umgeben war, die sich erst 1945
endlich verflüchtigte. Dieser unbedingte Respekt für Autorität
ließ auch weiterhin keinen Zweifel darüber aufkommen, daß
Hitler in jeder Situation genau wußte, was er tat, während man

in den Abweichlern nur Männer sah, die wie alle anderen einst der Hitler-Jugend angehört hatten und nun einem Otto Strasser folgten, der schließlich vor seinem Eintritt in die NSDAP unter den Sozialdemokraten im Reichstag gesessen hatte. Immerhin nahmen Gruber und später Schirach bis 1933 die »Schwarze Front« ernst genug, um ständig vor ihr zu warnen [37].

Walter Stennes' Rebellion im April 1931 war an sich gefährlich. Er war der SA-Führer für ganz Ostdeutschland und genoß starke Sympathien und Unterstützung bei seinen unmittelbaren Mitarbeitern und besonders in der Berliner SA. Meinungsverschiedenheiten über Kompetenzfragen in Stennes' Gebiet und Opposition gegen Hitlers Befehl, die SA habe sich von Straßenkämpfen fernzuhalten, setzten die Rebellion in Gang: Stennes glaubte, er könne schaffen, was Otto Strasser mißlungen war; als Hitler ihn seiner sämtlichen Ämter enthob, erklärte er, »daß die NSDAP den revolutionären Kurs des wahren Nationalsozialismus für Deutschlands Freiheit verlassen hat, in die reaktionäre Linie einer Koalitonspartei eingeschwenkt ist und damit das reine Hochziel, für das wir kämpfen – gewollt oder ungewollt – aufgegeben hat« [38].

Die HJ blieb von diesem Zwischenfall im großen und ganzen unberührt, aber im Hinblick auf die bedeutende Rolle, die die Berliner SA in der »Stennes-Revolte« gespielt hatte, hielt es der Hitler-Jugend-Gauführer für Berlin-Brandenburg-Ostmark, Robert Gadewoltz, nach diesen Ereignissen für angebracht, eine Erklärung abzugeben, in der sich praktisch die HJ von der SA lossagte. Er stellte fest, daß die Streitigkeiten zwischen der SA und der NSDAP in Berlin die Hitler-Jugend nichts angingen, da sie sich für alle Zeiten zum Prinzip unentwegter Treue zu Adolf Hitler bekenne [39].

Andere mehr oder weniger mit der »Schwarzen Front« verbündete sozialrevolutionäre Jugendgruppen bildeten sich sporadisch, aber ohne Erfolg. In einem Fall wurde Anfang 1933 eine offenbar von Schirach-Anhängern in Szene gesetzte abwegige Intrige gesponnen, um Kurt Gruber zu diskreditieren und ihn aus der Partei ausschließen zu lassen; in einem vertraulichen Lagebericht der Hitler-Jugend wurde behauptet, Gruber spiele eine wichtige Rolle in der »Schwarzen Front«. Es war jedoch ein so plumpes Manöver, daß man dem Bericht gar nicht erst nachging [40].

Überhaupt wurden die Zwistigkeiten häufiger auf persönlicher als auf organisatorischer Ebene ausgefochten, und auch die Gründe waren meist eher persönlicher als weltanschaulicher Natur. Ein streitsüchtiger HJ-Führer, der in dem Rufe stand, aus jeder kleinen Meinungsverschiedenheit eine persönliche Fehde zu entwickeln, war auch nicht gerade ein Beispiel für Disziplin und Autoritätsgehorsam, und er hatte seine Fehden vor allem mit Gruber auszufechten. Es war daher auch nicht verwunderlich, daß er schließlich ausgeschlossen wurde. Er verlor keine Zeit, gründete seine eigene Jugendgruppe und mischte sich persönlich oder durch die Gerichte, wo immer er konnte, in die Angelegenheiten der HJ ein. Dadurch erlangte er eine gewisse Berühmtheit, und da er es nicht lassen konnte, erntete er den Spitznamen »Reichsjugendnarr« [41]. Alfred Bach, der Herausgeber der »Hitler-Jugend-Zeitung«, des Hauptpresseorgans der HJ, wurde 1930 ausgestoßen, »weil er sich den Zielen der Bewegung entgegenstellte«, aber in Wirklichkeit lag der Grund seines Streites mit Gruber in einer Meinungsverschiedenheit über die Gestaltung der Zeitung [42]. Ungehorsam, persönliche Auseinandersetzungen, Reibereien zwischen einem HJ-Führer und dem zuständigen Gauleiter, wie z. B. zwischen dem badischen Hitler-Jugend-Gauführer Felix Wankel und dem Gauleiter Adolf Wagner [43] führten oft zu Einzelvendettas, zu Ausschließung und der Gründung einer rivalisierenden Jugendgruppe oder dem Beitritt in eine andere Partei wie in die SPD. Eine der widerlichsten Affären betraf den Gebietsführer des Hochlandes (Oberbayern), Emil Klein. Er war ein »Überbleibsel« der Gruberzeit, hatte Gruber die Treue bewahrt und machte sich durch fortgesetzt ausgedrücktes Bedauern über den Abgang des ersten HJ-Führers bemerkbar. Er betrachtete Schirachs Ernennung als den Anfang vom Ende des sozialrevolutionären Ethos der Hitler-Jugend. Anstatt sie jedoch zu verlassen, glaubte er, seiner

Sache besser zu dienen, wenn er in ihr weiterwirken konnte, und schien sich dem »Roland-Kreis« angeschlossen zu haben. Zuerst verbreiteten sich Gerüchte in der Reichsjugendführung, wonach seine arische Abstammung zweifelhaft sei, da auch viele Juden Klein hießen [44]. Als diese Gerüchte und Vermutungen sich nicht beweisen ließen, deutete man an, Klein habe 3000 Reichsmark unterschlagen [45]. Auch das erwies sich als unbegründet, aber als man dann in seinem Privatleben herumzuschnüffeln begann, entdeckte man angeblich, daß Kleins Verlobte Jüdin sei, was zu einem Skandal mit häßlichen Auseinandersetzungen und schließlich zur Entlassung Kleins führte [46]. Jetzt war man ihn zwar losgeworden, aber ohne es zu wissen, hatte man sich ein neues Problem aufgehalst, denn sein Nachfolger Kurt Haller von Hallerstein hatte wiederum ganz andere Auffassungen über Wesen und Rolle der Hitler-Jugend.

Beim Antritt seines Amtes gab er in einem Rundschreiben allgemeine Richtlinien über die Arbeit der Hitler-Jugend: »Es ist vollkommen falsch, wenn man die HJ als eine NSDAP jüngeren Formats betrachtet und ihr deren Aufgaben zuweist. Nun soll es aber gerade Aufgabe der HJ sein, frei von parteipolitischer Beeinflussung die deutsche Jugend zu Staatsbürgern zu erziehen. Der politische Kampf um die Macht ist im allgemeinen Sache der NSDAP und der SA. Nur in ganz besonderen Fällen hat auch die HJ teil daran. Aus diesem Grunde gehören öffentliche Werbeversammlungen, in denen doch meist parteipolitische Phrasen gedroschen werden ... nicht in das Arbeitsgebiet der HJ. Werbekundgebungen für die HJ kann man auch in einer ganz anderen, wirkungsvolleren Weise ausgestalten. Das Auftreten und das Verhalten in der Öffentlichkeit ist Werbekraft genug und zieht die Leute, die wir haben wollen, zu uns. – Die Grundlage zur Erziehung ist die Erziehung zur Disziplin, da man mit disziplinlosen Haufen bekanntlich nichts anfangen kann. Zucht und Ordnung werden in erster Linie durch planmäßige Exerzierübungen geweckt. Sinnlose Drillerei hat damit allerdings nichts zu tun.« [47]
Er widersetzte sich der militärischen Ausbildung in jeder Form

und kritisierte herausfordernd die paramilitärischen Züge, die die Hitler-Jugend sowie die meisten anderen Jugendbewegungen auszeichneten. Er wollte Erziehung statt Propaganda, und zum Entsetzen der NSDAP-Leitung und der heftig opponierenden anderen HJ-Führer des Gebietes Hochland versuchte er, seine Politik durchzusetzen [48]. Die unvermeidliche Trennung kam im November 1932. Das Überraschendste war, daß man zu seinem Nachfolger ausgerechnet wieder denselben Emil Klein ernannte, dessen Fall in der Zwischenzeit vom Untersuchungs- und Schlichtungsausschuß der NSDAP (Uschla) geprüft und geklärt worden war [49].

Bei den internen Streitigkeiten unter HJ-Führern war es üblich, daß, wo immer persönliche Meinungsverschiedenheiten in offene Feindschaft ausarteten, außer »weltanschaulichen Abweichungen« zwei Anklagen vorherrschten: nichtarische Abstammung und Veruntreuung von Geldern. Was Klein geschah, widerfuhr auch Robert Gadewoltz, dem HJ-Gauführer für Berlin-Brandenburg-Ostmark, weniger als sechs Monate nach seiner Treueerklärung an Hitler 1931 [50]. Es begannen in Berlin Andeutungen und Gerüchte umzulaufen, sein wahrer Name sei Gadewolsky, und er stamme aus den Ghettos Osteuropas, aber die Entlassung wurde schließlich auf Grund finanzieller Mißwirtschaft ausgesprochen [51]. Dasselbe Schicksal ereilte den einstigen Gauführer von Berlin und späteren Reichsschulungsleiter und Schriftleiter des NS-Jugendverlags Joachim Walter [52]. Es ist heute unmöglich, festzustellen, inwieweit und ob überhaupt die Beschuldigungen der Unterschlagung und geschäftlicher Unfähigkeit begründet waren. Gewiß war es unter Jugendlichen und jungen Menschen ohne jede ausreichende Schulung und Erfahrung in finanziellen und verwaltungstechnischen Angelegenheiten möglich, dem einen oder anderen Unfähigkeit vorzuwerfen, da ja alles, wie es gerade kam, gehandhabt wurde und man sich weitgehend auf Improvisation verließ. Eine politische Jugendbewegung oder auch nur einen Teil davon zu führen, sie durch die komplizierten politischen Aktivitäten und den Wirrwarr der frühen dreißiger Jahre zu leiten und gleichzeitig ein vorsichtig planender finanzieller Verwalter und aktenkundiger Bürokrat zu sein, das war zuviel verlangt. Daher war die unordentliche oder ungenügende Buchführung die Achillesferse der meisten HJ-Führer, und wenn sie dann aus irgendeinem Grunde unbequem wurden, war der erste offizielle Schritt stets eine Bücherkontrolle, die in den meisten Fällen die gewünschten Resultate ergab. Die Entdeckung weitverbreiteter verwaltungstechnischer Unfähigkeit auf Gebietsebene und darunter führte jedoch nie zu irgendwelchen Verbesserungen; sie blieb während des ganzen Bestehens der HJ ein ungelöstes Problem.

1933 war das entscheidende Jahr für die deutsche Jugend, sowohl für die Hitler-Jugend wie für ihre Widersacher. Letztere hatten es von da an nicht mehr nur mit der Hitler-Jugend zu tun – was sie taten oder sagten, richtete sich gegen den nationalsozialistischen Staat: Abweichung war Verrat.

Das Problem der Verschmelzung von Partei und Staat gab in vielen Kreisen zu schweren Gewissenskonflikten Anlaß. Hatte sich vorher ein politischer Gegner im Rahmen des pluralistischen demokratischen Systems gegen einen anderen aufgelehnt, so verwandelte jetzt die absolute Verneinung dieses Pluralismus und seine völlige Abschaffung durch die nationalsozialistische Regierung den politisch Andersdenkenden in einen Staatsfeind. Die Gegner Hitlers waren in ihrer Mehrheit nicht weniger begeisterte und überzeugte deutsche Patrioten als seine Anhänger, jung und alt. Sie hatten eine ebenso tiefe Vaterlandsliebe bezeugt wie ihre Gegner. Vielleicht liebten sie Deutschland sogar mehr. Jetzt aber mußten sie sich bewußt entschließen, um Deutschlands willen als »Verräter« am Nationalsozialismus zu gelten, und das brachte schwere Seelenqual, Zweifel und Gewissenskonflikte mit sich. Die Tatsache, daß Widerstandsgruppen sich überhaupt bildeten, daß sie während längerer oder kürzerer Zeitabschnitte aktiv werden konnten, ist bezeichnend für den Widerspruch zwischen dem totalitären Anspruch nationalsozialistischer Jugenderziehung und der Wirklichkeit. Wenn auch dieser Widerstand in all seinen Ausdrucksformen nie mehr erreichte, als ein Leuchtfeuer für die Jugend zu sein, eine moralische Fackel, die

317

gelegentlich ein glänzendes Licht in die Finsternis der Hitler-Diktatur warf, um sogleich nur zu rasch und zu grausam wieder ausgelöscht zu werden, wenn auch alle seine Bemühungen schließlich mißlangen, so ist das doch kein Grund, ihn abschätzend zu bewerten und seine Rolle in einer Fußnote zu behandeln. Die Geschichte ist nicht nur die Chronik der Sieger und ihrer Erfolge, sie berichte auch von den Besiegten und ihren Niederlagen. Eine »Bilanz« der Geschichte würde vielleicht beweisen, daß die Mißerfolge des Menschen seine Siege weitaus überwiegen.

Die Ursprünge der Widerstandsgruppen im nationalsozialistischen Deutschland waren so unterschiedlich, wie ihre Taktiken verschieden waren, aber sie hatten alle einen gemeinsamen Zug, der auch die um Goerdeler, Beck und Stauffenberg gruppierte Widerstandsbewegung in den späteren Kriegsjahren auszeichnete, nämlich den wenigstens zeitweisen Abbau parteipolitischer und konfessioneller Gegensätze und die Durchsetzung sozialrevolutionärer Reformen zu erreichen. Die Erfahrungen der letzten Jahre der Weimarer Republik, als die parteipolitische Zersplitterung schließlich Hitler und seiner Bewegung den Weg zum Erfolg eröffnete, waren für die meisten eine Warnung. Einzelne Angehörige der einstigen Jugendbewegungen von verschiedenen Parteien, Kirchen und Gewerkschaften und der Jugendbünde wandten sich zueinander, weil sie wußten, daß der Widerstand nur dann einen Sinn habe, wenn die Zusammenarbeit sich über alle Trennungen hinwegsetzte. Die Enttäuschung über die Führerschaft der deutschen Jugendbewegungen wirkte auch mit, die bestehenden Gegensätze zu überbrücken, denn viele sprachen »von der nicht zu vergessenden Enttäuschung, daß nämlich 1933 ein großer Teil der Führerschicht der Jugendbewegung schmählich vor dem Nationalsozialismus kapitulierte, sich ihm anpaßte, sich mit Stellung, Ämtern, Titeln und Uniformen bekleidete und uns Jüngere nicht nur einsam und hilflos zurückließ, sondern uns sogar ermahnte, aus unserer verrannten, unfruchtbaren und gefährlichen Opposition (das sind wörtliche Zitate) herauszugehen und, wie sie, mitzumachen. Damit sollten

wir an allem irre werden, was uns groß, unveräußerlich und heilig war: die Freiheit, die Menschlichkeit, die Sauberkeit, das Recht und der von uns gelebte wahrhafte Sozialismus. Ich werde nie die Jahre und Gefühle vergessen, als wir mit wenigen getreuen Freunden immer gegen den allgemeinen braunen Strom schwammen und uns oft, gerade aus dem ›Vorbild‹ unserer ehemaligen ›Führer‹, die Zweifel kamen, ob wir wenigen oder die vielen anderen im inneren Recht und Einklang waren. Und mancher von uns ist dieser unerträglichen Spannung nicht gewachsen gewesen und hat gleichfalls kapituliert, nicht ohne für immer einen Bruch in seinem ganzen Sein zu erleiden«. [53]
Sie waren alle kleine Gruppen, die sich wie die Hitler-Jugend der ersten Jahre als »verlorener Haufen« fühlten.

> »Wir sind ein kleines trutzig Heer,
> die Letzten von den Allerletzten,
> uns lockt kein heller Hornruf mehr,
> kein dumpfes Trommeln den Gehetzten.« [54]

Unter den Jugendbünden – wenn man von den Jugendkampforganisationen der KPD und SPD absieht – machte sich der Widerstand zuerst bemerkbar [55]. Obgleich ihre Gefolgschaft und eine große Anzahl ihrer Führer in die HJ hinübergewechselt hatten, erwies sich die Übergangsperiode bei der straffen Organisierung und härteren Disziplin der HJ als schwierig [56]. Die Führer waren in einer heiklen Lage, denn der Uniformwechsel genügte nicht, um sie bei der Hitler-Jugend-Führung von jedem Verdacht reinzuwaschen; im Gegenteil, er mag sie noch mißtrauischer gemacht haben. In vielen Fällen war das Mißtrauen berechtigt, denn die ehemaligen Führer der Jugendbünde versuchten im Schutze ihrer neuen Braunhemden so viel wie möglich zu retten [57]. Wer vor dem Hitler-Jugend-Gesetz sich noch außerhalb mit Musikaufführungen oder Laientheatergruppen betätigen wollte, stieß auf diesem Wege auf alle möglichen Hindernisse. In einem Fall, wo eine Musikgruppe einen Besuch in England organisiert hatte und bei ihren Bemühungen von Goebbels' Ministerium für Volksaufklärung und Propaganda unterstützt wurde, griff die NS-Kulturgemeinde ein, erreichte ein Verbot der Reise und beschuldigte die Führer, Freimaurer zu sein, und den ganzen Kreis, der »politischen Reaktion« anzugehören [58]. In einem anderen Fall legte die Gauführerin des BDM in Niederschlesien, Inge Knoke, zusammen mit vierzig anderen BDM-Führerinnen ihre Ämter nieder und beschloß ihre Kündigungsschreiben mit folgenden bezeichnenden Sätzen: »Wir, die wir in der Jugendbewegung waren, ehe es die HJ, ehe es vor allem bezahlte HJ-Führerstellen gab, werden jetzt ebenso systematisch ausgeschaltet. Auch der Grund hierfür wird Ihnen bekannt sein. Aber eben weil der bündische Führer nicht um Ehren oder gar um Bezahlung arbeitet, kann er diese Entwicklung der Jugendführung nicht schweigend mitansehen. Es ist nur noch eine Frage der Zeit: entweder man läßt die Bündische Jugend innerhalb der Jugendführung entscheidend zu Worte kommen, oder wir geben dem Ausland das Beispiel, daß die gesamte Hitler-Jugend-Bewegung zusammenbricht und mit ihr die deutsche Zukunft.« [59]

Im Rückblick war dieser letzte Satz eine maßlose Überschätzung des politischen Gewichts der Jugendbünde und ihrer Führung, aber schließlich konnten viele die Lage der nationalsozialistischen Regierung im Juni 1934 noch als nicht gesichert betrachten.

Da die Hitler-Jugend in jener Zeit noch nicht die einzige Jugendbewegung und nicht einmal die einzige Jugendorganisation der NSDAP geworden war – Leys Jugendgruppen mit harmloser klingenden Namen und Tschammer und Ostens Sportjugend waren noch nicht in der HJ eingegliedert – und da Schirachs Stellung noch nicht voll gefestigt war, glaubten einige Jugendführer, sie könnten sich die laufenden Rivalitätskämpfe innerhalb der NSDAP zunutze machen und sich mit ihren Bünden eher einem der harmloser klingenden nationalsozialistischen Verbände anschließen, wie etwa dem NS-Luftschutz-Bund. Friedrich Hielscher, unter den Widerständlern gegen Hitler ein bekannter Name, hoffte, den proletarischen Einflüssen der SA und der Hitler-Jugend zu entgehen, indem er seine Jugendgruppe unter den Schutz der elitäreren und aristokratischeren SS stellte. Er hatte seiner Gefolgschaft erklärt: »Wir müssen im Bilde sein, was in der Horde gespielt wird. Wir müssen einen Mann drinhaben, der uns deckt. Sonst brauchen wir mit der unterirdischen Arbeit gar nicht erst anzufangen.« [60]

Robert Ley, Führer der Bewegung »Kraft durch Freude« (KdF) und der »Deutschen Arbeitsfront«, stand damals noch im Wettkampf mit Schirach und hieß praktisch jeden in seinen Reihen willkommen, was vielen Mitgliedern der »Schwarzen Front« Gelegenheit gab, wieder einzutreten und sogar unter Leys Schutz ihre eigene Zeitung zu veröffentlichen [61].

In den ersten Jahren des Hitler-Regimes war es noch möglich, sich irgendeiner nationalsozialistischen Organisation anzuschließen, in der Hoffnung, der Nationalsozialismus werde bald von selbst die ihm eigenen besonders abstoßenden Merkmale verlieren, oder er sei überhaupt nur eine bald vorübergehende Erscheinung, ein Spuk, der sich rasch verflüchtigen würde. Als Hitler jedoch seine Stellung immer weiter festigte, konnte man sich nicht mehr länger der Frage entziehen, inwieweit man überhaupt den Nationalsozialismus noch wirksam von innen her bekämpfen und wie lange man noch die taktische Zusammenarbeit an der Oberfläche fortsetzen konnte, ohne seine Prinzipien und Überzeugungen aufs Spiel zu setzen oder sie sogar zu opfern und sich an den Verbrechen des Nationalsozialismus mitschuldig zu machen.

Schirach selbst nutzte diese Lage aus und handelte nach dem Grundsatz: »Wer nicht für mich ist, ist gegen mich.« Er brandmarkte jede Jugendtätigkeit neben der Hitler-Jugend als »bündische Umtriebe« und rief Gestapo, SA und SS zu Hilfe, um sich seiner Konkurrenten zu entledigen [62]. Der HJ-Streifendienst wurde auch eingesetzt, um sich in andere Gruppen einzuschleichen und sie auszuspionieren. Einer der ersten, die man daraufhin verhaftete, war Eberhard Köbel — besser unter dem selbstgewählten Pseudonym »Tusk« bekannt —, der zu den bekanntesten, wenn auch gleichzeitig zu den exzentrischsten Leuten der Jugendbewegung gehörte [63]. Er und seine wenig später verhafteten Mitarbeiter bekamen eine erste Kostprobe der brutalen SS-Verhörmethoden in den Kellern des berüchtigten Columbus-Hauses in Berlin zu spüren [64]. Ein Selbstmordversuch mag ihm das Leben gerettet haben; er wurde entlassen, stand aber unter ständiger polizeilicher Überwachung [65]. Er verließ dann Deutschland – unter dem Vorwand der Säuberung nach der Röhmnacht vom 30. Juni hatte man mehrere ehemalige Jugendführer hingerichtet –, ging zuerst in die Tschechoslowakei, später nach Schweden und von dort nach England [66].

Einige Opfer aus Schirachs erstem Kesseltreiben wurden wieder in Freiheit gesetzt, blieben aber unter Gestapoüberwachung. Während der Röhmsäuberung wurde Adalbert Probst, ein Führer der katholischen Jugendbewegung, »auf der Flucht erschossen« [67]. Dasselbe Schicksal ereilte Ernst Lämmermann, den HJ-Führer aus Plauen [68]. Die Verfolgung der ehemaligen bündischen Führer wurde innerhalb der HJ durch die Verfolgung von Führern, die irgendwann einmal einem Jugendbund angehört hatten, ergänzt [69]. Die meisten wurden systematisch ausgeschlossen wegen »illegaler bündischer Tätigkeit«, »unsittlichen Betragens« oder »Veruntreuungen«. Wie es bei Verfolgungen im allgemeinen üblich ist, waren die wildesten Verfolger meist Übergetretene. In dieser Hinsicht war der ehemalige Jugendbündler und spätere HJ-Obergebietsführer Gotthart Ammerlahn vielleicht der fanatischste [70]. Die ehemaligen Jugendführer wie Köbel, Hans Ebeling, Fritz Borinski und Karl O. Paetel, die ins Ausland gingen, verloren ihre Staatsangehörigkeit. Andere verbrachten lange Jahre in den Konzentrationslagern, viele kamen dort um.

Zur gleichen Zeit, als man die Führer der Jugendbünde verfolgte, versuchte man, die beiden wichtigsten Verlagshäuser der deutschen Jugendbünde gerichtlich zu belangen. Das Gericht lehnte jedoch die Klage ab und weigerte sich, die Voruntersuchung einzuleiten [71]. Der »Ludwig-Voggenreiter-Verlag« in Potsdam deutete die Zeichen der Zeit [72] und stellte sein Verlagsprogramm rasch auf Schirachs Hitler-Jugend-orientierte

Forderungen ein [73]. Der andere bekannte Jugendschriften-verleger Günther Wolff aus Plauen war nicht so leicht unterzu-kriegen. Auch in seinem Fall weigerten sich die Gerichte, der Hitler-Jugend als Werkzeug zu dienen, und selbst mit nacktem Terror gelang es nicht, Wolff zu brechen. Er wurde wiederholt verhaftet, tätlich angegriffen, des Nachts von einem Hitler-Ju-gend-»Kommando« aus dem Bett geholt und zusammengeschla-gen, aber er weigerte sich, nachzugeben, und fuhr unbeirrt fort, die literarischen Erzeugnisse ehemaliger Jugendbündler zu ver-legen, unter ihnen auch Eberhard Köbel mit Gedichten und Liedern. Er ging sogar so weit, 1935 ein von Köbel herausgegebe-nes Liederbuch zu veröffentlichen, in dem kein einziges natio-nalsozialistisches Kampflied zu finden war [74]. Da man diesen Mann durch Terror nicht einschüchtern konnte und die Gerichte nicht bereit waren, ihn gefügig zu machen, blieb Baldur von Schirach schließlich nichts anderes übrig, als jede öffentliche Er-wähnung des Verlagshauses zu verbieten: »Der Günther-Wolff-Verlag steht in direkter Beziehung zu dem kommunisti-schen Jugendführer Köbel, gen. ›Tusk‹. Außerdem erscheinen in diesem Verlag Bücher, Zeitschriften usw., die nicht nur nicht dem Charakter und Stil der Hitler-Jugend entsprechen, sondern sich darüber hinaus in ihrer Tendenz gegen den neuen Staat richten. Die Gliederungen der Hitler-Jugend, des Deutschen Jungvolks und des Bundes Deutscher Mädchen ist es verboten, Schriften und Hefte, die in ihrer Tendenz antinationalsoziali-stisch gehalten sind, zu beziehen.« [75]
Trotz schier unüberwindlicher Schwierigkeiten gelang es Gün-ther Wolff, im Geschäft zu bleiben, bis er Anfang 1938 aus der Reichsschrifttumskammer und dem Börsenverein der Deutschen Buchhändler ausgestoßen wurde. So hatte man schließlich und endlich das Mittel gefunden, mit dem ihm jede weitere verlege-rische Tätigkeit verboten war [76].
Der Hauptteil der ehemaligen Jugendbundführer, die emigriert waren, ließ sich zunächst in den an Deutschland grenzenden Ländern nieder, in der Hoffnung, von dort aus ihre illegale Tä-tigkeit über die Grenze fortzusetzen [77]. Karl O. Paetel, der

Führer der einstigen »Sozialrevolutionären Nationalisten«, zog nach Paris; andere gingen nach Schweden, Österreich und in die Tschechoslowakei [78]. Schweden und Österreich erwiesen sich als enttäuschend, denn die dortigen Behörden verboten offene politische Tätigkeit in ihrem Lande. Besonders in Österreich ging man unter dem Dollfuß- und dem Schuschnigg-Regime streng gegen jede illegale Betätigung der deutschen Emigranten vor, und dies nicht etwa aus dem Wunsch, Hitler zu besänftigen, sondern weil die Führer der deutschen Jugendbünde zumeist stark links eingestellt waren [79]. In einem Land, wo man gerade eben die Sozialdemokraten mit Gewalt und vielem Blutvergießen unterdrückt hatte, mochte man eine politische Betätigung möglicherweise linksgerichteter Emigranten nicht dulden.

Die regste Tätigkeit wurde von der Tschechoslowakei aus betrieben, wo die ehemaligen Jugendführer in Eger und Prag weiterhin ihre Broschüren und Flugblätter veröffentlichten und sie dann nach Deutschland schmuggeln ließen [80]. Bemühungen, die Arbeit der im Ausland lebenden Jugendbundführer zu koordinieren, führten im Juli 1937 zuerst zur Gründung einer »Arbeitsgemeinschaft Bündischer Jugend« in Brüssel, und diese bildete danach die »Deutsche Jugendfront« [81]. Das war zum größten Teil auf die Arbeit Hans Ebelings, des Gründers der früheren »Deutschen Jungenschaft«, zurückzuführen, der mit Karl O. Paetel in Paris und dem nach London emigrierten Sozialisten Fritz Borinski Verbindung aufgenommen hatte. Allerdings scheiterte der Versuch, eine gemeinsame antifaschistische Front der Jugendbünde zu gründen, an der Unnachgiebigkeit der kommunistischen Delegierten, die ihr eigenes Programm ohne Abänderungen als einzige Richtlinie für alle zukünftigen Maßnahmen durchsetzen wollten [82]. Die »Jugendfront« und die Zeitschrift »Kameradschaft« veröffentlichten regelmäßig Rundschreiben, die offenbar in genügender Anzahl nach Deutschland geschmuggelt wurden, um ein offizielles Verbot zu erwirken [83]. Nach dem deutschen Einfall in die Niederlande gelang Ebeling die Flucht nach England, aber sein enger Mitarbeiter Theodor Hespers, ein ehemaliger Pfadfinderführer, wur-

de von der Gestapo festgenommen und nach Deutschland gebracht, wo er 1943 hingerichtet wurde [84]. Er war jedoch nicht
das erste Opfer. Helmut Hirsch, ein Mitarbeiter Otto Strassers
und Eberhard Köbels, kehrte illegal nach Deutschland zurück,
wurde verhaftet und des geplanten Mordes an Adolf Hitler angeklagt. Er wurde schuldig gesprochen und 1937 hingerichtet [85].

Von den ehemaligen Jugendbünden war Köbels »d. j. 1. 11.« –
eine Abkürzung für »Deutsche Jungenschaft, 1. November«
(1929), das Gründungsdatum – wahrscheinlich die aktivste und
einflußreichste innerhalb Deutschlands. Köbel hatte vor seiner
Verhaftung und späteren Emigration offenbar gehofft, mit ihr
das Jungvolk zu unterwandern, aber es war ihm nicht gelungen [86]. Seine Organisation lebte illegal weiter und bestand
mit Gewißheit noch bis zum Krieg, obwohl ihre Mitglieder
schweren Verfolgungen und harten Strafen ausgesetzt waren,
wenn man sie entdeckte. In einer ihrer Gruppen hatte sich ein
Spitzel des HJ-Streifendienstes eingeschlichen, der in einem Bericht schreibt: »Besondere Umstände ermöglichten es mir, mit
einer Gruppe der ›d. j. 1. 11.‹ Fühlung zu bekommen. Ich wurde zunächst nur zu den Heimabenden zugelassen, auf welchen
ich nach meiner bündischen Vergangenheit ausgefragt wurde.
Ich gab, obwohl ich nie im Bund gewesen bin, an, lange Zeit der
›d. j. 1. 11.‹ angehört zu haben, und unterstützte diese Aussage
durch den Bericht vieler Ereignisse, welche sich im Bund zuge-
tragen haben. Ich kannte diese Erzählungen aus den Berichten
alter ›d. j. 1. 11.‹-Jungen. Da ich Koppel und Abzeichen besitze, erlangte ich mit der Zeit das Vertrauen des Hordenführers,
obwohl die Aufnahme älterer Jungen jetzt sehr schwer ist.
Die Organisation der einzelnen Horden ist sehr straff. Die Leitung liegt in der Hand einer auch den Führern unbekannten
Zentralstelle. Eine Unterschrift ist im Dienstverkehr nicht ge-
bräuchlich. An ihre Stelle tritt eine Rune, die für den Außenstehenden nichtssagend ist, da sie sich von anderen Runen nur
durch kleine Quer- oder Seitenstriche unterscheidet. Auch Namen sind durchaus ungebräuchlich. Man ruft sich mit Spitz-

namen. So kommt es, daß die Führer ihre Kameraden nicht bei
ihrem bürgerlichen Namen kennen, die Feststellung der Namen
ist schwierig, da Fragen immer großes Aufsehen erregen, man
also eine günstige Gelegenheit abwarten muß.

Aus den Andeutungen der Führer entnehme ich, daß die alten
›d. j. 1. 11.‹-Jungen jetzt als Führer dienen, so bleibt in den
Gruppen der ›d. j. 1. 11.‹-Geist, ihre Leute sitzen bis in die
höchsten Stellen der Hitler-Jugend hinauf.« [87]

Aus den Akten der Anklagebehörde des Volksgerichtshofes von
1938 geht hervor, daß es die »d. j. 1. 11.«-Gruppen in Hamburg, Hannover, Leipzig, Dessau, Haynau in Schlesien, Breslau
und Bonn gegeben habe. Was Köbel 1933 und 1934 nicht gelungen war, hatte der ehemalige Führer des Deutschen Pfadfinder-
bundes, Gerhard Tessmer, in Haynau erreicht; er hatte dort das
»Jungvolk« völlig unterwandert, und erst Ende 1937 führte die
Verhaftung eines schlesischen »d. j. 1. 11.«-Mitglieds zur Auf-
deckung des gesamten schlesischen Widerstandsnetzes und seiner
Verbindungen zu Frankreich und der Tschechoslowakei. Es war
ein Glücksfall für die Angeklagten, daß sie nur zu mehr oder
weniger langen Gefängnisstrafen verurteilt wurden, und in gewissen Kreisen der Reichsjugendführung zeigte man sich über
die Milde des Urteils sehr enttäuscht [88].

Die ehemaligen Jugendbünde und ganz besonders die »d. j. 1.
11.« waren bis zum Kriegsausbruch eine fortwährende Besorgnis
für Schirach. Er fand auch nicht immer bei den Gerichten – wie
schon erwähnt – die gewünschte Unterstützung, wenn ein ehemaliger Jugendführer wegen Verletzung des Paragraphen 4 der
»Verordnung des Reichspräsidenten zum Schutz von Volk und
Staat« vom 28. Februar 1933 (gleich nach dem Reichstagsbrand
erlassen, den Abbau rechtsstaatlicher Grundlagen einleitend)
überführt wurde. Zuerst gelang es ihm, einige Verurteilungen zu
erwirken, bis ein Gericht darauf hinwies, daß dieser Paragraph
sich in keiner Weise auf Jugendaktivitäten beziehe und kein
Verbot der Jugendbünde und ihrer Arbeit darstelle [89]. Selbst
das Verbot der »d. j. 1. 11.«-Literatur oder der »d. j. 1. 11.«
selbst und anderer Jugendbünde sicherte den illegalen Mitglie-

dern keine Straffälligkeit zu, da die zu ihrem Verbot erlassenen Bestimmungen nur den Behörden und der Gestapo, nicht aber der Öffentlichkeit bekannt waren [90]. Daraus schlossen die Gerichte, daß die Führer, die sie neu gegründet hatten, und ihre Mitglieder zwangsläufig in Unkenntnis des Gesetzes gehandelt hatten, wofür man sie unter diesen Umständen also nicht verantwortlich machen könne [91]. Erst im Mai 1937 wurden die Gesetze auf Drängen des Gestapo-Hauptquartiers öffentlich bekanntgegeben [92]. In der Zwischenzeit versuchte die Reichsjugendführung mit mehr oder weniger Erfolg die gleichen Methoden anzuwenden, die innerhalb der Hitler-Jugend üblich waren, und brachte Anklagen wegen Unsittlichkeit, Unterschlagungen und vor allem Devisenvergehen vor. Schließlich hatte die Legalisierung der Totalitätsansprüche der HJ gegen Ende 1939 die Reste der deutschen Jugendbewegung von vor 1933, ihre wirksame Kraft und ihren Einfluß auf die deutsche Jugend völlig zerstört. In Süddeutschland scheinen die jugendbündischen Gruppen von Anfang an eine weniger bedeutende Rolle gespielt zu haben – zumindest sagen die Polizeiberichte nicht viel über sie aus –, wenn auch mehrere Mitglieder der Widerstandsgruppe »Weiße Rose« früher illegalen Jugendgruppen angehört hatten [93].

Dagegen aber war Süd- und Südwestdeutschland schon immer eine Hochburg der konfessionellen Jugendgruppen gewesen, die eine längere Lebensfrist genossen als die Jugendbünde. Während die protestantischen Jugendgruppen von innen und außen bereits nationalsozialistisch durchsetzt waren, sicherte das Konkordat, wenigstens theoretisch, den Fortbestand der katholischen Jugendbewegung [99]. Aber wie schon erwähnt, enthielt auch das Konkordat manche Zweideutigkeiten, vor allem im Artikel 31 [95]. Als die katholische Kirche sich weigerte, ihre Jugendbewegung der Hitler-Jugend einzugliedern, reagierte Schirach mit dem Beschluß, gleichzeitige Mitgliedschaft in der Hitler-Jugend und der Katholischen Jugend sei nicht vereinbar; aber selbst nachdem die Mitgliedschaft in der Hitler-Jugend obligatorisch geworden war, ließ sich Schirachs Beschluß praktisch nicht durchsetzen. Da die Gerichte auch in diesen Fällen gewöhnlich nicht den von der Reichsjugendführung vorgebrachten Argumenten folgten, wurde mit Störmaßnahmen vorgegangen. Katholische Jugendschriften wurden unter allerlei Vorwänden beschlagnahmt, einer offiziellen Prüfung unterzogen und erst Monate später wieder freigegeben. Katholischen Beamten wurde inoffiziell mit Beförderungsstopp oder sogar Entlassung gedroht, wenn sie ihre Kinder nicht in die Hitler-Jugend schickten [96]. Wollte die geschlossene Formation einer katholischen Jugendgruppe in Uniform sich öffentlich zeigen, wurde das unter dem Vorwand verboten, eine solche Demonstration errege öffentliches Ärgernis und beleidige das »vorwiegend nationalsozialistische Bewußtsein der örtlichen Bevölkerung« [97]. Die Uniformen waren überhaupt verboten, und einzelne katholische Jugendheime wurden von Hitler-Jugend-Formationen überfallen und geplündert. Doch trotz all dieser Belästigungen gelang es katholischen Jugendgruppen und Pfadfindern mit 2000 Jungen zu Ostern 1935 eine gutorganisierte Pilgerfahrt nach Rom zu unternehmen, wo sie von Papst Pius XI. empfangen wurden, und bis 1937 erfreuten sich ihre Sommerferienlager in den Balkanländern, Italien und Lappland großen Zuspruchs [98].

Nachdem die Hitler-Jugend die offizielle staatliche Jugendorganisation geworden war, wurden die Maßnahmen gegen die katholischen Jugendverbände zunehmend direkter und schärfer. Im April 1937 wurde vor dem Volksgerichtshof in Berlin ein Prozeß gegen einige ihrer Mitglieder in Szene gesetzt. Unter dem Vorwand, daß einige der Angeklagten, wie der Kaplan Joseph Roussaint, ebenfalls Mitglieder des »Katholischen Friedensbundes« waren, der angeblich von den Kommunisten unterstützt wurde, sprach man sie des Hochverrats schuldig und verurteilte sie zu mehreren Jahren Zuchthaus [99]. Im März 1939 wurde die katholische Jugendbewegung auf nationaler und regionaler Ebene als Organisation auf Grund der Bestimmungen der Jugenddienstordnung [100] verboten, und jede katholische Jugendbetätigung durfte nur noch im Rahmen der »Pfarrjugend« ausgeübt werden [101]. Auch das bedeutete noch nicht das Ende der Schikanen; von Hitler-Jugend-Gruppen veranstaltete Überfälle waren eine häufige Erscheinung, und bereits vor dem März 1939 mußten Versammlungen an geheimgehaltenen Orten stattfinden, die man immer wieder wechselte. In München z. B. trafen sich die katholischen Jugendgruppen abends im Keller der Städtischen Elektrizitätswerke in der Blumenstraße oder auf dem Waldfriedhof [102].

Der Krieg stellte vielen jungen Katholiken eine Gewissensfrage. Wie sie beantwortet wurde, läßt sich ganz genau nicht feststellen, aber es ist wahrscheinlich, daß die meisten jetzt, da ihr Land im Krieg war, es für ihre Pflicht hielten, ihm als ihrem Vaterland zu dienen. Um ein Beispiel anzuführen: Ende Oktober 1939 trafen sich verschiedene katholische Jugendgruppen im Münchner Franziskanerkloster von St. Anna — demselben Ort, der am Vorabend des Hitler-Putsches von 1923 als Waffenlager für die SA gedient hatte — und lösten ihre Verbände bis zum Kriegsende auf [103].

Die protestantische Kirche und die protestantischen Jugendverbände litten sehr unter der Haltung ihrer Führerschaft. Nur des »Reichsbischofs« Ludwig Müller »Reichskirche« mit ihrem Jugendverband für junge Menschen über achtzehn durfte ihre Betätigung fortsetzen, aber das bedeutete praktisch nur eine Fortsetzung ihrer Tätigkeit in den Reihen der Hitler-Jugend [104]. Die »Bekennende Kirche«, die Müller ablehnte, und die lutherischen Kirchen Württembergs und Bayerns hatten ähnliche Schwierigkeiten wie die Katholiken. Da die Mehrheit der protestantischen Jugendgruppen schon vor 1937 aufgefordert wurden, sich in die Hitler-Jugend einzuordnen, entließen mehrere Jugendführer absichtlich die Mitglieder der Gruppen, um zu verhindern, daß sie automatisch in die Hitler-Jugend übertreten mußten. Martin Niemöller, Hermann Ehlers, der spätere Bundestagspräsident der Bundesrepublik, und andere unternahmen auf eigene Initiative und ohne die Unterstützung ihrer Vorgesetzten eine Rekrutierungskampagne, um die protestantische Jugend für die »Bekennende Kirche« zu gewinnen. Aus taktischen Gründen beschloß man, nicht eine zentralisierte Jugendorganisation zu schaffen, sondern führte ihre Jugendbetätigung auf Orts-ebene unter verschiedenen Namen durch. Das einzige zentrale Organ war die Zeitschrift »Jungwacht«, die ihr Erscheinen bis April 1938 fortsetzte. Das öffentliche Auftreten der Bekennen-den Jugend war denselben Einschüchterungsmanövern wie das der katholischen Jugend ausgesetzt, und natürlich waren die Protestanten besonders empfindlich von dem Vorwurf betroffen, sie hätten sich mutmaßlich von den offiziell zwischen der prote-stantischen Kirche und der nationalsozialistischen Regierung ge-troffenen Abmachungen losgesprochen [105]. Selbst einige prote-stantische Jugendführer, die anfänglich an die Möglichkeit einer fruchtbaren Zusammenarbeit mit der Hitler-Jugend geglaubt hatten, wie Friedrich Zahn, ein evangelischer Pastor, der Reichs-kirchenjugendführer geworden war und zu Beginn ein über-zeugter Nationalsozialist zu sein schien, merkte in den zwei Jahren seit Hitlers Machtergreifung, daß Schirach seine prote-stantische Gefolgschaft nur zu eigenen Zwecken ausnutzte. In einem selbstverfaßten Dokument, das er im Oktober 1935 dem Reichskirchenrat vorlegte, bemerkte er unter anderem, Schirach sei nur auf den Hochzeiten höherer Hitler-Jugend-Führer er-schienen, die nicht in der Kirche stattfanden, daß Hitler-Ju-gend-Führer in verschiedenen Gebieten sich anmaßten, Gläubige vom Kirchgang fernzuhalten, und daß Schirach sich wahr-scheinlich nicht an den Wortlaut der Abmachungen von 1933 halten würde, wenn man ihn nicht zwinge, eine zusätzliche Ab-machung zu unterschreiben, in der die festgestellten Verstöße ausdrücklich erwähnt seien. Zahn hatte zu diesem Zweck eine ganze Liste aufgestellt, aber wie zu erwarten war, unternahm der Reichsbischof Müller nichts. Zahn fiel im Krieg [106].

Nach 1936 hatte es die Hitler-Jugend noch mit einer ganz ande-ren Art von Widerstand zu tun. Er kam von Banden feindseliger junger Menschen. Sie kamen nicht unbedingt aus den ehema-ligen Jugendbewegungen, verfolgten auch nicht immer klare po-litische Ziele oder waren – wie die BBC es ausdrückte – »vom Geist einer Revolte gegen die Nazis angesteckt« [107]. Sie hat-ten eigentlich nur eins gemeinsam: sie lehnten den obligatorischen Dienst in der Hitler-Jugend ab. Meist waren sie, der Not gehorchend, bereits Mitglieder der Hitler-Jugend, und sie schlossen sich in Banden zusammen, nannten sich »Edelweiß-Piraten«, »Navajos«, »Schwarze Bande«, »Lechler Landsturm« oder ähnlich [108]. Über die interne Struktur dieser Banden ist wenig bekannt, es ist aber mit ziemlicher Sicherheit anzunehmen, daß sie nichts weiter als freiwillige Zusammenschlüsse von Jugendlichen waren, die sich in Cafés oder Bierlokalen trafen, sich in für die damalige Zeit extravagante »Stenzen« kleideten, wie karierte Hemden, verbeulte Hüte, und furchterregende Siegelringe trugen, oft mit Totenkopf und gekreuzten Knochen. Sie waren vor allem in größeren Städten und Industriegebieten anzutreffen [109]. Bei der allgemein zunehmenden Jugendkriminalität wurden sie sowohl von der Reichsjugendführung als auch von der Gestapo als eine ernsthafte Gefahr betrachtet, denn natürlich waren unter ihnen auch kriminelle Elemente, und während des Krieges geschah es oft, daß diese Banden sich zusammenrotteten, um Hitler-Jugend-Führer im Schutze der Verdunkelung zu überfallen [110]. Die ersten größeren Maßnahmen gegen sie wurden 1937 in Leipzig getroffen, wo angeblich 1500 Jugendliche sich in »Geheimbanden« zusammengetan und es sich zum Ziel gemacht hatten, in dieser Stadt mehr Anhänger zu gewinnen als die Hitler-Jugend. Von Leipzig aus erstreckte sich das Netz dieser Banden nicht nur über ganz Sachsen, sondern bis nach Berlin und Köln. Die Führer, Helmut Heß und Horst Lippert, wurden festgenommen. Diese beiden Siebzehnjährigen wurden zu drei Jahren Zuchthaus verurteilt und ein weiterer Führer, der sechzehnjährige Kurt Hoppe, zu einem Jahr Gefängnis [111]. Die Hitler-Jugend-Richter, wie der Hauptbannführer und Landgerichtsrat Dr. Walter Tetzlaff, betrachteten jede Art von Jugendverein außerhalb der HJ als Verrat am deutschen Volk [112]. Wenn keine Delikte gegen Personen oder Eigentum begangen worden waren, blieb die Bestrafung dieser Jugendlichen der Hitler-Jugend selbst vorbehalten. Sie bediente sich dieses Rechtes, das sie auf Grund der ausführenden Bestimmungen des Hitler-Jugend-Gesetzes und dann des »Disziplinar-Erlasses«

von 1940 besaß, um formelle Warnungen und Verweise zu erteilen, Beförderungen rückgängig zu machen, Degradierung und Arrest zu verhängen. Der Arrest wurde an Wochenenden bei Wasser und Brot abgesessen [113]. Aber diese Strafen durften nur bei Jugendlichen unter vierzehn verhängt werden [114]. Im wachsenden Chaos des Krieges verminderte sich die Wahrscheinlichkeit, je mit dem Problem der Jugendkriminalität fertig zu werden, und aus den regelmäßig vom SS-Sicherheitsdienst gesammelten Meinungsumfragen ging hervor, daß die Öffentlichkeit mit zunehmender Besorgnis dem sich ausbreitenden Vagabundenwesen und dem Phänomen der »vernachlässigten Jugend« gegenüberstand; auch eine der Hauptursachen (außer dem Krieg) wurde erwähnt – Auflehnung der Hitler-Jugend gegen ihre Disziplin [115]. Die Urteile der Zivilgerichte gegen diese Jugendlichen wurden als zu mild befunden, weil die Richter nicht begriffen hatten, »daß es sich hier um ein ernsthaftes Gefahrensymptom für die Jugend handle« und nicht nur um ein paar Einzelfälle [116]. Im allgemeinen machte sich die Jugendkriminalität am stärksten in den verdunkelten Städten West- und Mitteldeutschlands bemerkbar.

Es wurde bereits bemerkt, daß Bandenbildungen innerhalb der Hitler-Jugend-Einheiten durchaus nicht selten waren und besonders bei solchen, die täglich den Realitäten des Krieges ausgesetzt waren, wie z. B. die Luftwaffenhelfer [117]. Es war für ein Mitglied des HJ-Führerkorps nicht ratsam, sich in einem Flakbunker sehen zu lassen oder bei den mit Aufräumarbeiten beschäftigten Hitlerjungen nach Bombenangriffen, sonst hätte er sich Angriffen und Beschimpfungen ausgesetzt, zu denen sich sonst wohl kein anderer deutscher Zivilist getraut hätte, es sei denn, er wollte sich unbedingt in ein Konzentrationslager einsperren lassen. Ein Beispiel: Im April 1944, kurz nach einem schweren Bombenangriff auf München, war eine große Hitler-Jugend-Versammlung in einem Kino der Stadt einberufen worden. Viele Jungen kamen direkt von den Aufräumarbeiten in den Trümmern dorthin und wurden von einem geschniegelten HJ-Führer, noch dazu einem »Preiß«, wegen ihres »liederlichen«

Auftretens angeraunzt [118]. Ein Murren erhob sich aus dem Zuschauerraum, dann ertönten Pfiffe, und es folgte ein begeistert grölendes Absingen der letzten Strophen eines der bekanntesten Lieder des Bauernaufstands:

»Dem Ritter fuhr ein Schlag ins Gesicht
Und der Spaten zwischen die Rippen.
Er brachte das Schwert aus der Scheide nicht
Und nicht den Fluch von den Lippen ...

Ja, gnade dir Gott, du Ritterschaft,
Der Bauer steht auf im Lande,
Und tausendjährige Bauernkraft
Macht Schild und Schärpe zu Schande.«

Als der HJ-Führer es dann für klüger hielt, die Bühne zu verlassen, wurde sein Abgang von dem beliebten Lied begleitet: »Es zittern die morschen Knochen«, nur wurde es in eingeweihten Kreisen mit leicht abgeändertem Text gesungen und begann: »Es zittern im Arsch die Knochen.« Es folgten noch mehrere Lieder gleicher Art, und das Treffen endete, diesmal zum Glück für alle Beteiligten, in bester Stimmung [119].
Die Ablehnung und der Widerstand aus den Reihen der ehemaligen linksparteilich gebundenen Jugendverbände hatten mit der Haltung der noch übriggebliebenen Aktivisten der ehemaligen Jugendbünde viel gemeinsam. Die Parteiapparate der Kommunisten und Sozialdemokraten waren zerschlagen, ebenso ihre Kampforganisationen wie der »Rote-Front-Kämpferbund« oder das »Reichsbanner Schwarz-Rot-Gold«, und ihre Führer saßen entweder in Haft oder waren emigriert. Was selbst unter der Bedrohnis der Hitlerischen Machtergreifung nicht zustande gekommen war – eine Zusammenarbeit der KPD und SPD –, scheint sich wenigstens teilweise in der ersten illegalen sozialistischen Jugendorganisation, dem »Roten Stoßtrupp« verwirklicht zu haben. Der »Rote Stoßtrupp« wurde von Rudolf Küstermeier für Mitglieder der sozialistischen und kommunistischen Stu-

denten- und Jungarbeiterorganisationen gegründet [120]. Er gab sich als eine Bewegung »ohne Mitgliedsbuch und ohne Mitgliedsabzeichen« und hatte in seine Reihen auch Juden und Katholiken aufgenommen [121]. Sein Zentrum war in Berlin, er brachte eine illegale Wochenzeitschrift »Der Rote Stoßtrupp« heraus und unterhielt Zweigstellen in allen größeren Städten Nord- und Mitteldeutschlands; über die Zahl dieser Zweigstellen ist jedoch nichts bekannt. Auf jeden Fall wurde Küstermeiers Organisation im November 1933 von der Gestapo ausgehoben, er wurde im August 1934 des Hochverrats schuldig gesprochen und zu zehn Jahren Zuchthaus verurteilt [122]. Andere Versuche, die Arbeit der linksstehenden Jugend fortzusetzen, wurden immer wieder unternommen, aber außer der Tatsache, daß sie schon wegen ihrer geringen Anzahl keine politische Bedeutung erreichten, waren die Linksgruppen ganz besonders in Gefahr, denunziert zu werden, denn sie hatten nicht nur die Nationalsozialisten, sondern auch das Gros der deutschen Bourgeoisie gegen sich. Viele gute Bürger hätten sich gescheut, Mitglieder der ehemaligen Jugendbünde oder Protestanten und Katholiken anzuzeigen, aber hatten keine Bedenken, wenn es sich um den »gemeinsamen Feind« handelte. Die meisten der jugendlichen Gegner des Hitler-Regimes, die zwischen 1933 und 1945 hingerichtet wurden, waren Sozialdemokraten, Kommunisten oder Mitglieder ihrer Jugendorganisationen [123]. Im Zuchthaus Brandenburg wurden zwischen 1940 und 1945 1807 Insassen aus politischen Gründen hingerichtet. Fünfundsiebzig davon waren unter zwanzig Jahre alt, zweiundzwanzig waren Schüler und Studenten, einer hatte gerade das sechzehnte Lebensjahr erreicht [124]. Über die Hinrichtung eines von ihnen, des kommunistischen Jugendführers Ernst Knaacke, wird in der seelenlosen Beamtensprache folgendermaßen berichtet: »Um 12 Uhr 36 wurde der Verurteilte, die Hände auf dem Rücken gefesselt, durch zwei Gefängnisbeamte vorgeführt. Der Scharfrichter Rüttger aus Berlin stand mit seinen drei Gehilfen bereit. Anwesend war ferner:
der Anstaltsarzt Reg.-Med.-Rat Dr. Müller.

Nach Feststellung der Personengleichheit des Vorgeführten zu dem Verurteilten beauftragte der Vollstreckungsleiter den Scharfrichter mit der Vollstreckung. Der Verurteilte, der ruhig und gefaßt war, ließ sich ohne Widerstreben auf das Fallbeilgerät legen, worauf der Scharfrichter die Enthauptung mit dem Fallbeil ausführte und sodann meldete, daß das Urteil vollstreckt sei.

Die Vollstreckung dauerte von der Vorführung bis zur Vollzugsmeldung 7 Sekunden.« [125]

Knaacke hatte in seinem Abschiedsbrief an seinen Bruder geschrieben: »Mein Leben ist nun abgeschlossen. Mein Leben ist nicht vollendet, denn noch wollte ich erst bewußt leben, noch war ich voller Vorsätze und glaubte, noch viel leisten und erreichen zu müssen ...

Ich will nicht sagen, daß mir das Sterben leicht fällt mit meinen kaum 30 Jahren, es ist ein schwerer Gang, der bitter genug wird. Jedoch werde ich ruhig und gelassen meinen letzten Gang antreten. So ruhig und gelassen, wie ich im Bewußtsein bin, stark und fest und vor allem mir selbst treu geblieben zu sein ...

Ich habe niemandem etwas Schlechtes zugefügt, habe nicht die geringste Schuld am Schicksal anderer ...« [126]

Die Gruppe, die am meisten Aufsehen erregte, die Phantasie vieler beflügelte und über sich die Kunde in ganz Deutschland und im Ausland verbreitete, ohne daß die Regierung es verhindern konnte, wurde von Hans und Sophie Scholl geleitet. Der Sicherheitsdienst (SD) schreibt am 15. März 1943 in seinem »Bericht aus dem Inland« (regelmäßig gesammelte Stimmungsberichte):

»Auch über die Tätigkeit gegnerischer Kreise gehen den Meldungen zufolge Gerüchte um, welche die Bevölkerung beunruhigen. So wird in verschiedenen Gebieten des Reiches ›von größeren Demonstrationen Münchner Studenten‹ gesprochen, ferner erzählt man sich von Schmier- und Flugzettelpropaganda marxistischen Inhalts an öffentlichen Gebäuden in Berlin und anderen Städten. Einige Meldungen heben die Beobachtung hervor, daß die Bevölkerung solchen Erscheinungen offenbar nicht mehr soviel eigene Aktivität entgegensetze wie früher, z. B. teilweise nicht mehr so prompt für die Entfernung von hetzerischen Schriften usw. Sorge trage oder Flugblätter nicht mehr sofort abgebe, sondern lese und z. T. weitergebe.« [127] Der SD berichtete ferner, daß die Polizei in Düsseldorf allein dreißig verschiedene »kommunistische« Hefte und Flugblätter beschlagnahmt und einundsechzig Personen, die sie verteilten, verhaftet habe. Wegen ähnlicher Delikte wurden auch in Dortmund, Stettin, Magdeburg, Görlitz, Chemnitz, Nürnberg, Saarbrücken und Weimar Verhaftungen vorgenommen [128]. Die Rückwirkungen von Stalingrad machten sich in ganz Deutschland bemerkbar, aber nirgends so sehr wie in München, wo eines Tages an den Wänden der Ludwig-Maximilians-Universität in kühnen weißen Buchstaben die Worte »Nieder mit Hitler« zu lesen waren. Trotz des Einsatzes ukrainischer Scheuerfrauen blieb die Inschrift tagelang lesbar. Hier war zweifellos etwas im Gange, und für die Münchner hatte es 1941 begonnen und war im Herbst 1942 erst recht in Schwung gekommen. Im Frühjahr und Sommer 1941 fanden viele Münchner in ihren Briefkästen Flugblätter, die zunächst nichts weiter als Auszüge aus Predigten katholischer Priester gegen die Euthanasiepraktiken enthielten [129]. 1942 waren es Proteste des Klerus gegen die staatliche Enteignung mehrerer Klöster [130], und darauf folgten Flugblätter rein politischen Inhalts:

»Aufruf an alle Deutschen!
Der Krieg geht seinem sicheren Ende entgegen. Wie im Jahre 1918 versucht die deutsche Regierung alle Aufmerksamkeit auf die wachsende U-Boot-Gefahr zu lenken, während im Osten die Armeen unaufhörlich zurückströmen, im Westen die Invasion erwartet wird. Die Rüstung Amerikas hat ihren Höhepunkt noch nicht erreicht, aber heute schon übertrifft sie alles in der Geschichte seither Dagewesene. Mit mathematischer Sicherheit führt Hitler das deutsche Volk in den Abgrund. *Hitler kann den Krieg nicht gewinnen, nur noch verlängern!* Seine und sei-

ner Helfer Schuld hat jedes Maß unendlich überschritten. Die gerechte Strafe rückt näher und näher!

Was aber tut das deutsche Volk? Es sieht nicht, und es hört nicht. Blindlings folgt es seinen Verführern ins Verderben. Sieg um jeden Preis! haben sie auf ihre Fahne geschrieben. Ich kämpfe bis zum letzten Mann, sagt Hitler – indes ist der Krieg bereits verloren.

Deutsche! Wollt Ihr und Eure Kinder dasselbe Schicksal erleiden, das den Juden widerfahren ist? Wollt Ihr mit dem gleichen Maß gemessen werden wie Eure Verführer? Sollen wir auf ewig das von aller Welt gehaßte und ausgestoßene Volk sein? Nein! Darum trennt Euch von dem nationalsozialistischen Untermenschentum! Beweist durch die Tat, daß Ihr anders denkt! Ein neuer Befreiungskrieg bricht an. Der bessere Teil des Volkes kämpft auf unserer Seite. Zerreißt den Mantel der Gleichgültigkeit, den Ihr um Euer Herz gelegt! Entscheidet Euch, *ehe es zu spät ist*! Glaubt nicht der nationalsozialistischen Propaganda, die Euch den Bolschewistenschreck in die Glieder gejagt hat! Glaubt nicht, daß Deutschlands Heil mit dem Sieg des Nationalsozialismus auf Gedeih und Verderben verbunden sei! Ein Verbrechertum kann keinen deutschen Sieg erringen. Trennt Euch *rechtzeitig* von allem, was mit dem Nationalsozialismus zusammenhängt! Nachher wird ein schreckliches, aber gerechtes Gericht kommen über die, so sich feig und unentschlossen verborgen hielten.

Was lehrt uns der Ausgang dieses Krieges, der nie ein nationaler war?

Der imperialistische Machtgedanke muß, von welcher Seite er auch kommen möge, für alle Zeit unschädlich gemacht werden. Ein einseitiger preußischer Militarismus darf nie mehr zur Macht gelangen. Nur in großzügiger Zusammenarbeit der europäischen Völker kann der Boden geschaffen werden, auf welchem ein neuer Aufbau möglich sein wird. Jede zentralistische Gewalt, wie sie der preußische Staat in Deutschland und Europa auszuüben versucht hat, muß im Keime erstickt werden. Das kommende Deutschland kann nur föderalistisch sein. Nur eine gesunde föderalistische Staatenordnung vermag heute noch das geschwächte Europa mit neuem Leben zu erfüllen. Die Arbeiterschaft muß durch einen vernünftigen Sozialismus aus ihrem Zustand niedrigster Sklaverei befreit werden. Das Truggebilde der autarken Wirtschaft muß in Europa verschwinden. Jedes Volk, jeder Einzelne hat ein Recht auf die Güter der Welt!

Freiheit der Rede, Freiheit des Bekenntnisses, Schutz des einzelnen Bürgers vor der Willkür verbrecherischer Gewaltstaaten, das sind die Grundlagen des neuen Europa.

Unterstützt die Widerstandsbewegung, verbreitet die Flugblätter!« [131]

Das war eines der weitestverbreiteten Flugblätter, die von einer Gruppe Studenten der Münchner Universität verteilt wurden. Es waren Hans und Sophie Scholl, Christoph Probst, Willi Graf und Alexander Schmorell, und sie wurden aktiv von Dr. Kurt Huber, Professor für Philosophie und Psychologie an der Ludwig-Maximilians-Universität, unterstützt. Die Scholls kamen aus Schwaben und waren, wie ihre anderen drei Brüder und Schwestern, zuerst begeisterte Anhänger der Hitler-Jugend gewesen. Hans Scholl hatte es bis zum Grad eines »Fähnleinführers« im »Jungvolk« gebracht. Aber die Begeisterung war nach 1936 schnell verflogen, und nach einer Reihe ärgerlicher Vorfälle schloß er sich einer katholischen Jugendgruppe an, wurde bei einer Polizeikontrolle aufgelesen und verbrachte einige Tage im Gefängnis, was jedoch keine Folgen für ihn nach sich zog. Vor Kriegsausbruch hatte er sein medizinisches Studium begonnen, dann wurde er eingezogen und diente an der Westfront als Sanitäter. Er wurde zwar nicht vom Heeresdienst befreit, durfte aber sein Studium fortsetzen, und im Vergleich zu seinen gleichaltrigen Kameraden führte er ein verhältnismäßig gesichertes Leben. Auf der Universität begegnete er Alexander Schmorell, einem Baltendeutschen, der mit seinen Eltern Rußland verlassen hatte, um der bolschewistischen Revolution zu entkommen, und dessen Vater inzwischen eine gutgehende ärztliche Praxis in München hatte [133]. Bald gesellte sich Christoph Probst zu ihnen; er war gebürtiger Bayer und als einziger der Gruppe ver-

heiratet, Vater zweier kleiner Söhne [134]. Später kam noch der
aus Saarbrücken stammende Willi Graf dazu, und die letzte im
Bunde war Hans Scholls Schwester Sophie, die nicht wie die anderen Medizin studieren wollte, sondern ab 1942 Philosophie-
vorlesungen belegte [135]. Die Einführungskurse wurden von
Professor Huber abgehalten. Er verkündete »im Stil Fichtes«
einen ethischen und religiösen Idealismus, der bei seinen Hörern
– von denen viele aus anderen Fakultäten kamen – einen tiefen
Eindruck hinterließ [136]. Schon vor Sophie Scholls Studium
hatte es Flugblätter auf der Universität gegeben, aber sie ahnte
zunächst nicht, daß ihr Bruder und seine Freunde sie vervielfältigten und verteilten und daß Professor Huber einige davon
selbst verfaßt hatte. Sie kam zufällig dahinter und gehörte seitdem dem Kreise an, der sich »Die Weiße Rose« nannte und sich
zu diesem Symbol der Reinheit bekannte. Im Frühling und
Frühsommer benutzten sie ein Atelier, das ihnen ein Maler vor
seiner Abfahrt an die Ostfront zur Verfügung gestellt hatte,
vervielfältigten Flugblätter, verteilten sie zuerst in der Universität, wurden allmählich kühner und warfen sie in die Briefkästen Münchens und anderer süddeutscher Städte, bis sie sie
schließlich kofferweise in Frankfurt, Stuttgart, Wien, Freiburg,
Saarbrücken, Mannheim und Karlsruhe verbreiteten – ein ge-
fährliches Unternehmen, wenn man bedenkt, daß besonders in
den D-Zügen Gepäckkontrollen durch die Gestapo durchaus
üblich waren [137]. Während der Sommerferien wurde die medi-
zinische Fakultät nach Rußland verlegt, um persönliche Erfahrungen zu sammeln. Während dieser Zeit fanden keine Flug-
blätterverteilungen durch die »Weiße Rose« statt; aber was die
Studenten in Rußland gesehen hatten, bestärkte sie nur noch in
ihrer Überzeugung, und im frühen Herbst 1942 wurde die
Kampagne fortgesetzt [138].
Um diese Zeit war der Groll angestiegen. Viele Münchner nahmen an dem angeblich sorglosen Leben der Studenten Anstoß,
während andere Männer an der Front kämpften und die Frau-
en in die Munitionsfabriken eingezogen wurden. Gauleiter
Giesler sah hier eine gute Gelegenheit, die Sympathien der

Münchner Bevölkerung zu gewinnen, erschien persönlich in der Universität und wandte sich in einer Rede an die Studenten. Er drückte ihnen seinen Abscheu für ihre minderen Moralbegriffe aus und erklärte dann den Studentinnen, sie hätten in Kriegszeiten überhaupt nichts auf Universitäten zu suchen und könnten ihren Begabungen besseren Ausdruck verleihen, wenn sie dem Führer ein Kind schenkten [139]. Giesler hatte das Maß überschritten. Die männlichen Studenten buhten ihn aus, und er mußte schmählich geschlagen die Universität verlassen. Die Scholls und ihre Freunde nutzten sofort die Unzufriedenheit bei den Studenten aus und starteten eine neue Flugblattkampagne gegen ein Regime, das – wie sie sagten – das moralische Recht, Deutschland zu führen, verloren habe. Das Gespenst der Katastrophe war bereits in Nordafrika und, psychologisch noch viel bedrückender, in Stalingrad deutlich geworden. Kaum vierzehn Tage nach dem Fall von Stalingrad, am Morgen des 16. Februar 1943, sahen die Münchner Bürger, die die Ludwigstraße zum Siegestor entlanggingen, an den Wänden eines öffentlichen Gebäudes in kühner weißer Schrift die Worte »Freiheit« und »Nieder mit Hitler« [140]. Zwei Tage später, am Donnerstag, dem 18. Februar, verteilten Hans und Sophie wieder Flugblätter, dieses Mal in der Universität. Frühmorgens, bevor die Vorlesungen begannen, verteilten sie die Flugblätter in den Hörsälen, und da noch einige übriggeblieben waren, leerten sie ihren Koffer vom obersten Stockwerk aus über dem Haupteingang. Der Universitätspedell sah sie und rief sofort die Polizei. Alle Ausgänge der Universität wurden gesperrt, die Polizei traf ein und brachte die Scholls in das Wittelsbacher-Palais, das Hauptquartier der Gestapo. Bei einer Haussuchung fand man die Namen der übrigen Mitglieder der »Weißen Rose«. Roland Freisler, der berüchtigte Volksgerichtshofpräsident, kam nach München, und der Prozeß fand am 22. Februar 1943 statt. Auch Christoph Probst wurde angeklagt. Die Verhandlung war kurz, das Urteil lautete auf Tod durch Enthauptung. Am Nachmittag des gleichen Tages durften die Verurteilten zum letztenmal ihre nächsten Angehörigen sehen. Sophie mußte als erste sterben,

»frei, furchtlos und mit einem Lächeln auf den Lippen«. Hans Scholl rief, bevor er seinen Kopf auf das Schafott legte, laut genug, daß es durch die kahlen Gänge des Gefängnisses von München-Stadelheim schallte: »Es lebe die Freiheit!« Probst folgte [142]. Himmler wünschte offenbar nicht, daß sich Märtyrerlegenden verbreiteten. Er verlangte anscheinend einen Aufschub der Hinrichtung, aber es war bereits einige Stunden zu spät [143]. Schmorell, Graf und Professor Huber wurden einige Wochen später verhaftet und am 13. Juli hingerichtet. Ihr Tod war umsonst: die Hoffnung, er könne Deutschland zur Besinnung bringen, er würde überall die Gewissen wecken, erwies sich als eine Täuschung. Der Erinnerungskult um den Kreis der »Weißen Rose« und all der anderen jungen Menschen, die ihren einsamen Opfergang gehen mußten, wurde jedoch nur von der schuldgequälten älteren Generation heraufbeschworen – als eine Art von moralischem Alibi.

XI. Krieg

Der Ausbruch des Krieges fand die Hitler-Jugend vorbereitet: die Beschwörung des Mythos von Langemarck, der Anspruch auf selbstlose Hingabe und Opfermut hatten das ihre beigetragen und taten es noch in den folgenden sechs Jahren. Ein führender Beamter der Reichsjugendführung drückte es so aus:

»Nach einem wunderbaren Wort Baldur von Schirachs ist in Deutschland nichts lebendiger als unsere Toten. Aus dem Erlebnis des Weltkrieges wurde die Idee des Nationalsozialismus geboren, und aus dem Millionenheer der unbekannten Frontsoldaten erhielt sie ihren Führer Adolf Hitler. Der Mythos vom Weltkriegsopfer der deutschen Jugend hat dazu beigetragen, auch in der Jugend der Nachkriegszeit einen neuen Glauben an die eigene Kraft und das Bekenntnis zu den nationalsozialistischen Idealen zu entfachen. Da alle Erziehung nach der Sinngebung durch den Reichsjugendführer auf dem Vorbild beruht, so war es erklärlich, daß der Einsatz der deutschen Jugend im Weltkrieg ebenso wie das Opfer von Herbert Norkus und der anderen, die in ihrer Jugend für ein neues Deutschland ihr Leben gaben, zu den tiefsten und entscheidendsten Voraussetzungen einer revolutionären erzieherischen Idee und ihrer Jugendbewegung wurde.« [1]

Was die Selbstaufopferung anbetraf, so genoß Schirach gewiß eine Vorzugsbehandlung. Er erhielt Hitlers persönliche Erlaubnis, sich Ende 1939 zum Heeresdienst zu melden, und im Laufe einer »Sonderschulung« brachte er es in weniger als sechs Monaten vom einfachen Gefreiten zum vollbestallten Leutnant. Seine militärische Laufbahn war 1940 beendet, als er zum Reichsstatthalter von Wien ernannt wurde [2]. An seiner Stelle wurde Arthur Axmann, bisher Leiter des Sozialamtes der Hitler-Jugend, als Reichsjugendführer eingesetzt. Er erwies sich als ein zuverlässiger und tüchtiger Organisator, der zumindest in den ersten Kriegsjahren den Respekt seiner Mitarbeiter und Untergebenen genoß. Um die verwaltungstechnische Struktur der Hitler-Jugend zu rationalisieren, führte er sofort die Gleichschaltung der regionalen Organisationen mit denen der Partei durch, so daß jeweils ein Hitler-Jugend-Bann einem NSDAP-Kreis entsprach, was 1940 die Anzahl der Banne auf 223 erhöhte. Ferner wurde die anfänglich strikt eingehaltene Trennung zwischen Jungvolk und HJ, die bereits in den letzten Jahren vor dem Krieg hinfällig zu werden begann, offiziell aufgehoben [3]. Zwischen Juni und Dezember 1941 kämpfte Axmann an der russischen Front, wo er den rechten Arm verlor.

Die Hitler-Jugend konnte sofort auf eine Reserve Jugendlicher zurückgreifen, die bereits in verschiedenen militärischen Sparten geschult war. Am nützlichsten waren natürlich die Jungen, die in den Sonderabteilungen der HJ gedient hatten. Sie waren unter dem ständigen Druck der Reichsjugendführung entstanden, die ihre Einflußsphäre vergrößern wollte. Gleichzeitig dienten sie aber auch einer Notwendigkeit. Während der Jahre 1936 und 1937 vermehrten sich ständig die Klagen und Kritiken in den internen Hitler-Jugend-Berichten über den Tiefstand in Betragen, Auftreten und Gemeinschaftsgeist bei vielen Einheiten und Nachlässigkeit in der Ausbildung, laxe Disziplin und ein allgemeines Versagen der Hitler-Jugend: fehlende anregende Beschäftigung wurde unter anderem für diese Entwicklung verantwortlich gemacht. Die HJ hatte aufgehört, eine begeisternde Aufgabe zu sein; sie war zu einem Teil der wöchentlichen Routine geworden und dazu noch obligatorisch. Um dem entgegenzuwirken und neue Begeisterung zu wecken, begann man sich auf die Interessen ihrer Mitglieder einzustellen [4].

Der Segelflug war schon vor 1933 in Deutschland ein beliebter Pioniersport gewesen, und bereits 1934 hatte der Deutsche Flugsport-Verband begonnen, Schuljungen in seine Reihen aufzunehmen. In der HJ schlossen sich die Flugbegeisterten zu Gruppen zusammen und bauten Modellflugzeuge. 1500 Hitlerjungen nahmen 1936 am jährlichen Modellflugwettbewerb teil. Ein Jahr später wurde für die Jungen über achtzehn in der SA das NS-Flieger-Korps (NSFK) gegründet, und es wurde von einem Stab geschulter Segelfluginstrukteure und auch solchen für Motorflugzeuge geleitet. Aber während die Regierung sich zwar bemühte, die Jugend für die fliegerische Ausbildung zu begeistern, vermochte sie nicht die Geldmittel zur Beschaffung des notwendigen Ausbildungsmaterials freizumachen. Die chronische Geldknappheit des NSFK führte zu einer eher unerwünschten Entwicklung: die meisten seiner Mitglieder waren junge Leute, die sich den Kauf eines eigenen Segelflugzeuges leisten konnten [5]. Kurz nach der Gründung des NSFK wurden Maßnahmen getroffen, die Flugausbildung bei der HJ durch die Gründung einer Flieger-HJ zu fördern. Zu Anfang sollten die letzten beiden Dienstjahre beim Jungvolk zur Vorausbildung verwendet werden, aber 1941 war es für Flugbegeisterte üblich, zwei oder drei Monate in der regulären HJ zu dienen und dann der Flieger-HJ beizutreten. Was sie von den ersteren unterschied, waren die Luftwaffe-blauen Uniformen mit hellblauen Litzen und der HJ-Armbinde. In den Anfangszeiten wurde noch ein Unterschied zwischen modellbauendem Jungvolk und der HJ gemacht, aber es dauerte nicht lange, bis diese Abteilung des Jungvolkes mit der HJ zusammengelegt wurde [6].

Grundsätzlich sollte die Mitgliedschaft bei der Flieger-HJ – und sie zählte schließlich insgesamt 78 000 Jungen – theoretische und praktische Elementarkenntnisse in der Fliegerei vermitteln. Man begann im allgemeinen mit dem Bau von Modellflugzeugen und diente den Älteren, die für ihren ersten Segelflugtest in die Luft katapultiert werden mußten, als Hilfsmannschaft. Ein Mitglied der Flieger-HJ zwischen vierzehn und achtzehn mußte versuchen, sich seine »Schwingen« zu verdienen und die A-, B- und C-Prüfungen im Gleitflug zu bestehen [7]. Ein anderer aufregender Vorteil war der enge Kontakt zur Luftwaffe, auf deren Basen die Flieger-HJ-Mitglieder häufige und gern gesehene Besucher waren und in Bombern oder zweisitzigen Kampfflugzeugen mitgenommen wurden [8].

Eine weitere Sonderabteilung der Hitler-Jugend war die Motor-HJ, die 1933 3000 Mitglieder zählte. Nach 1936 begann eine Periode erzwungener Ausdehnung. Die SA hatte ihre eigene Kraftfahrertruppe, das NSKK (Nationalsozialistisches

Kraftfahrer-Korps), von einem Major Konrad Hühnlein geleitet. Schirach nahm bald die Möglichkeiten des NSKK für die
HJ wahr, setzte sich mit Hühnlein in Verbindung, und sie
einigten sich auf eine Zusammenarbeit und gründeten die
Reichsmotorschule. Jeder Hitlerjunge konnte ihr vom Alter von
sechzehn Jahren an beitreten – mit sechzehn durfte jeder Deutsche offiziell seinen ersten Führerschein für ein Motorrad bean-
tragen und mit achtzehn Jahren dann ein Mitglied des NSKK
werden. Die Mitgliedszahlen für die Motor-HJ stiegen rasch an,
und die Schätzungen für 1938 schwanken zwischen 90 000 und
102 000. Trotz der hohen Teilnehmerzahl litt die Motor-HJ jedoch am gleichen Übel wie die Flieger HJ: Mangel an Geldmitteln und Betriebsmaterial. 1938 verfügte sie über insgesamt 300
Motorräder; der Rest war Privateigentum der Teilnehmer. Immerhin wurden 1937 10 000 Führerscheine und 1938 28 000
ausgegeben. Das Fahren war aber nur ein Teil der Ausbildung;
auch gründliche Kenntnisse in Mechanik, in deutscher und inter-
nationaler Verkehrsordnung wurden verlangt. Das Endziel dieser Schulung geht aus einem internen Memorandum der Reichsjugendführung hervor: »Es versteht sich von selbst, daß die
Mitglieder der Motor-HJ später in den motorisierten Einheiten
der Wehrmacht dienen werden.« [9]
Die Anforderungen an die Kursteilnehmer waren also hoch. Neben all den anderen üblichen Aktivitäten der allgemeinen
HJ hatte ein Motor-HJ-Mitglied pro Jahr ein Minimum von
80 Fahrstunden und von 105 Stunden an Mechanikerarbeit vor-
zuweisen [10].
Sehr beliebt – vor allem in Norddeutschland – war die Marine-HJ, die eine Mitgliedszahl von 62 000 Jungen erreichte. Die
erste Reichsseesportschule wurde 1935 in Brandenburg gegründet; später folgte eine weitere an den Ufern des Bodensees. Wie
bei den anderen Sonderabteilungen der HJ wurden bei der Marine-HJ weit höhere Anforderungen in bezug auf Zeit, körperliche und geistige Leistungen gestellt als bei der gewöhnlichen
Hitler-Jugend. In den Reihen der Marine-HJ konnte man alle
nötigen Eignungszeugnisse für die Schiffahrt erlangen, und vor

dem Krieg war für jedes Mitglied eines der erregendsten Erlebnisse die Teilnahme an einer Übungsfahrt auf einem der Segel-
schulschiffe der deutschen Kriegsmarine, der »Gorch Fock« und
der »Horst Wessel«. Inlandsübungen umfaßten Flußschiffahrt,
wie 1940, als Einheiten der Marine-HJ im Konvoi die Donau
von Passau hinunter bis nach Wien und Budapest fuhren. Zum
Abschluß dieser Übungsfahrt fand ein offizieller Empfang der
Marine-HJ bei der ungarischen Regierung und eine Parade der
Marine-HJ statt [11].

Es gab auch kleine Sonderabteilungen: eine Nachrichten-HJ, die
1943 von der »Flieger-HJ« und den »Flakhelfern« übernommen wurde. Eine weitere war für zukünftige Ärzte dem Sani-
tätsdienst gewidmet und wurde 1939 der allgemeinen Hitler-
Jugend eingegliedert, und dann gab es noch die Reiter-HJ, eine
Kavallerieeinheit, besonders für die Jugend der Landgegenden
geschaffen [12].

Bei Ausbruch des Krieges wurde eine Sonderabteilung für die
Hitler-Jugend-Luftschutzhelfer gegründet; die dieser Abteilung
entsprechende Ausbildung wurde ab 1942 allen Mitgliedern des
Jungvolkes, der HJ und des BDM zuteil.

Ein »Sonderdienst«, der von allen Mitgliedern der Hitler-Jugend, männlichen oder weiblichen Geschlechts, verlangt wurde,
ganz gleich welcher sonstigen »Sonderabteilung« sie angehören
mochten, war der Landdienst: übrigens der einzige Dienst, bei
dem in der sonst vorwiegend männlich-orientierten Hitler-Jugend aus den Begabungen der weiblichen Mitglieder Nutzen gezogen wurde. In einem Rundschreiben der HJ vom 8. Januar
1940 wurde die »Blut-und-Boden«-Theorie zu diesem Zweck
noch einmal ausdrücklich betont: »Der Landdienst ist eine politische Aufgabe des Nationalsozialismus. Er hat die Aufgabe, Jungen und Mädel aus der Stadt wieder dem Lande zuzuführen,
den Nachwuchs für die verschiedenen landwirtschaftlichen Berufe sicherzustellen und den besten aus ihnen den Weg zur Sied-
lung zu ermöglichen ... Die HJ ist alleinige Trägerin des Landdienstes. Sie hat die politische und weltanschauliche Erziehung.
Aufgabe des Reichsnährstandes ist es, im Bauerntum Verständ-

nis und Aufgeschlossenheit im vollsten Maße zu erreichen, die wirtschaftliche und soziale Betreuung und die berufliche Förderung zu übernehmen.« [13]

Die ersten fünfundvierzig Landdienstgruppen wurden 1934 gebildet. Zuerst waren es voneinander getrennte Einheiten, aber der Krieg verwischte die Unterschiede zwischen ihnen und der allgemeinen Land- und Erntehilfe, die allgemein obligatorisch war. 11 752 Jungen und 14 264 Mädchen wirkten 1939 bei der Einbringung der Ernte mit. Infolge des Mangels an erwachsenen Arbeitskräften während des Krieges erhöhte sich die Gesamtzahl 1943 auf 38 522, und um diese Zeit war es bereits praktisch unmöglich, zwischen den ursprünglichen Landdienstgruppen und der allgemeinen HJ im Landdienst beim Einsatz in der landwirtschaftlichen »Erzeugungsschlacht« zu unterscheiden [14].

So fand der Krieg die deutsche Jugend, die Jugend Adolf Hitlers, nicht unvorbereitet. Das gesamte, von der Jugendbewegung übernommene Traditionsgut, die Jugendliteratur jener Zeit, das düster-feierliche und doch so beschwingende Zeremoniell hatten eine Generation mit einer Hingabe und einem Opfergeist durchtränkt, den sich das Regime sofort zunutze machte, denn es war sich der selbstlosen Begeisterungsfähigkeit seiner Jugend nur allzu bewußt. Während des Krieges wiederholten sich ständig Vorfälle, wo Jungen bei der örtlichen HJ-Befehlsstelle erschienen, sich beklagten, man habe sie bei der Einberufung übergangen, und ihre Beschwerde mit der Vorlage ihrer Geburtsurkunde belegten. Mit Achselzucken und einer abschätzigen Bemerkung über den Amtsschimmel, der wieder einmal versagt habe, wurden sie sofort in das Jungvolk aufgenommen. Daß die Geburtsscheine oft gefälscht und die letzte Ziffer des Geburtsjahres vielleicht allzu stümperhaft ausradiert worden waren, fand man erst später heraus [15]. In den meisten solcher Fälle waren der Vater oder Bruder zum Kriegsdienst eingezogen, und die Kleinen wollten nun auch »ihren Beitrag« leisten. Im allgemeinen durften sie bleiben.

Die HJ wurde zuallererst dort aktiv in die Kriegsgeschehnisse einbezogen, wo die Kampftätigkeit auf deutschen Boden getragen wurde, wie in den Ostprovinzen und später auch im Westen. Die Schulen wurden geschlossen – worüber die Betroffenen sich natürlich freuten – und in Soldatenquartiere umgewandelt und die Hitlerjungen für die verschiedensten Aufgaben, als Meldegänger, Geländeführer oder »Transportbegleiter« für das Gros der aus dem Kampfgebiet evakuierten Bevölkerung, eingesetzt. Der BDM und die »Jungmädel« halfen bei der Betreuung der Kleinkinder. Aber eigentlich hatte die Hitler-Jugend bereits in ganz Deutschland in der Woche vor Kriegsausbruch begonnen, ihren Beitrag zum Kriegseinsatz zu leisten, denn sie, und nicht die Postbeamten, verteilten die Einberufungsscheine, und sie gaben damals schon, wie während der ganzen Dauer des Krieges, an jeden Haushalt die Bezugsscheine für Lebensmittel und Gebrauchsgüter aus [16].

Alle körperlich gesunden Abituranwärter wurden sofort für den Sommer in den Bauernhöfen zur Ernteeinbringung eingesetzt. Für die meisten bedeutete das ein Ende ihrer Schulzeit, denn sie wurden gleich nach der Ernte vom Arbeitsdienst übernommen und dann zum Militärdienst eingezogen [17]. Alle diese Maßnahmen fanden ihre legale Begründung im »Jugenddienstgesetz«. Natürlich gerieten die kraft dieses Gesetzes verlangten Pflichten zuweilen mit den neuerlassenen Bestimmungen in Konflikt, z. B. mit Schirachs Erlaß vom 18. September 1939, wonach alle Angehörigen des »Jungvolks« im Hinblick auf die Verdunkelungsvorschriften vor Einbruch der Dämmerung zu Hause sein mußten. Das war praktisch gar nicht ausführbar, und so wurden diese und ähnliche Bestimmungen stillschweigend übergangen [18]. Eine Gemeinschaftsaktion der Hitler-Jugend im ganzen Reichsgebiet, die in den ersten Wochen nach Kriegsausbruch stattfand, betraf ebenfalls die Verdunkelung. Um das Überqueren der Straßen bei Dunkelheit zu erleichtern, wurden an jeder Straßenecke die Bordsteine weiß angestrichen, und diese Aufgabe fiel der Hitler-Jugend zu, und sie wurde oft wiederholt. Diese Beschäftigung erfreute sich besonderer Beliebtheit, denn sie gehörte zu den wenigen, die bezahlt wurden [19]. In den ersten Monaten nach

Kriegsbeginn waren allein 1 091 000 HJ-Angehörige am Kriegseinsatz beteiligt [20].

Bei Kriegsausbruch zählte die Hitler-Jugend insgesamt 8 870 000 Jungen und Mädel zwischen zehn und achtzehn Jahren [21]. Sie wurden von 765 000 Führern aller Ränge befehligt, von denen 8018 beruflich geschulte Jugendführer waren, aber in diesen Zahlen sind die zwanzig- bis dreißigtausend älteren Führer, die sich ehrenamtlich betätigten, nicht inbegriffen [22]. Von letzteren wurden die meisten und von den beruflich geschulten mehr als ein Viertel zum Kriegsdienst eingezogen. Bei dem ohnehin chronischen Führermangel riefen diese Maßnahmen sofort eine Führungskrise hervor, der man vorerst nur begegnen konnte, indem man das vorschriftsmäßige Alter für HJ-Führer herabsetzte, so daß sechzehnjährige Jungen sich plötzlich in der Stellung eines Unterbannführers sahen, wo sie für 500 bis 600 Jugendliche verantwortlich waren [23]. Dazu kam, daß die Reichsjugendführung umorganisiert werden mußte, da 273 ihrer 424 vollbeschäftigten Mitarbeiter sich freiwillig zur Wehrmacht gemeldet hatten oder einberufen waren. An ihre Stelle traten Studenten, Lehrer und Parteimitglieder mit Jugendführungserfahrung [24]. Die Organisation der Reichsjugendführung wurde drastisch eingeschränkt, und der verschwenderische Aufwand ihrer vierzehn verschiedenen Ämter wurde auf sechs Hauptabteilungen reduziert, schließlich in drei Gruppen zusammengefaßt: Entwicklung, Schulung und weltanschauliche Orientierung [25].

Der ständig betonte Aktivismus der HJ, dem es zwischen 1936 und 1940 so oft an eigentlichem Inhalt gefehlt hatte und dessen überzogene Betriebsamkeit häufig Leerlauf war, stand nun vor neuen und scheinbar sinnvollen Aufgaben. Die Regierung hatte eine Sammelaktion für Messing, Kupfer, Alteisen, Rasierklingen, Papier und Flaschen angeordnet, und die Hitler-Jungen sammelten. Sie stiegen Treppen hinauf, läuteten Türglocken, grüßten höflich und fragten nach verwendbarem Altmaterial [26]. Fähnlein, Jungzug und Jungenschaft wurden für Stadtviertel, Straßenzüge, Häuserblocks eingeteilt, und kaum eine Wohnung entging ihrem Eifer. Antwortete niemand, so kam der Junge später wieder, und dann noch einmal, und wenn er heute kein Glück hatte, so durfte er es morgen wiederum versuchen. Und während eine Gruppe sammelte, stand eine andere auf dem Hinterhof und sang mit aller Inbrunst, der die Knabenstimmen fähig waren, Volksweisen und Lieder der Jugendbewegung. Nationalsozialistische Lieder wurden bei solchen Gelegenheiten, wo man schließlich um die Gunst des Publikums warb, nur selten gesungen, denn sie waren nicht so beliebt [27].

Auf jeden Fall waren die kleinen Sammler von ganzem Herzen dabei:

»H . . . sammelt Flaschen. Ich sehe ihn vor mir, wie er von Tür zu Tür läuft und sich welche erbittet. Goldig war, wie er in seiner Uniform seine Flaschen zur Schule trug! Links den Korb, rechts das Netz, auf dem Rücken den Ranzen! Dabei ein Gesicht, als wenn durch ihn und seine Flaschen der Krieg gewonnen würde.« [28]

Alles, was das »Vaterland« verlangte, wurde ihm dargebracht. Selbst als die Regierung im ersten Winter des russischen Feldzugs so kostbare und sorgfältig gehütete Güter wie Skier brauchte, überredeten die Hitlerjungen ihre Besitzer, sich von ihnen zu trennen, und taten es mit solchem Eifer, daß die gespendeten Bestände den Bedarf weit überschritten. Was sie nicht ohne weiteres bekommen konnten, »organisierten« sie; und das »Organisieren« hatte sich in jenen Jahren chronischer Knappheit zu einer wahren Kunst entwickelt: es war ein Handwerk, das sich eigentlich nicht sonderlich vom Diebstahl unterschied, außer daß es in diesem Fall selbstlosen Zwecken dienen sollte.

BDM-Gruppen wurden in Feldlazarette abkommandiert, um dort die Verwundeten zu pflegen und zu unterhalten. Sie halfen auch in den staatlichen Kindergärten und standen auf den Bahnsteigen der Bahnhöfe, um Truppentransporte mit Speisen und Getränken zu versorgen. Allein 1940 halfen 318 782 BDM-Mädchen im Haushalt, 64 106 arbeiteten beim Roten Kreuz, 60 263 in Wehrmachtslazaretten und 107 185 auf Bahnhöfen [29]. Die Hitler-Jugend versah einen regulären Meldegängerdienst zwischen den verschiedenen Parteiämtern und später auch zwischen den Garnisonen der Wehrmacht [30]. Der totale Krieg hatte für die Hitler-Jugend schon viel früher begonnen als für die übrige Zivilbevölkerung.

Wie vor dem Krieg, so stand auch jetzt jedes Jahr der HJ unter einem besonderen Schlagwort:

1940 Das Jahr der Bewährung
1941 Unser Leben ein Weg zum Führer
1942 Osteinsatz und Landdienst
1943 Deutsche Jugend im Kriegseinsatz
1944 Das Jahr der Kriegsfreiwilligen. [31]

Jedes dieser Schlagworte ist für die Wendung bezeichnend, die das Kriegsglück bzw. -unglück nahm. Trotz der wachsenden Besorgnis, die die Entwicklung mit sich brachte, verfolgte die Hitler-Jugend auch eine eigene außenpolitische Tätigkeit, die durch die Ausrufung des »Kreuzzuges gegen den Bolschewismus« im Jahr 1941 besonderen Auftrieb erhielt. Es hatte 1937 bei einem Besuch Schirachs in Italien angefangen und wurde 1938 (»Das Jahr der Verständigung«) fortgesetzt, als es im besonderen darum ging, Fühlung mit wesensverwandten Bewegungen in ganz Europa aufzunehmen [32]. Die Betätigungen wurden vom Auslandsamt der Reichsjugendführung überwacht, von wo aus Gruppenaustauschbesuche mit Italien und den Balkanländern organisiert und Hitler-Jugend-Gruppen bei den deutschen Minderheiten in der ganzen Welt unterstützt wurden [33]. In der Slowakei z. B. zählte die Hitler-Jugend 17 400 Mitglieder, und Luxemburg hatte nur 400 weniger [34]. In Estland mit seiner 20 000köpfigen deutschen Kolonie gab es 5000 Hitlerjungen und in Danzig kurz vor Kriegsausbruch 43 400. Einige Tage nach dem deutschen Einmarsch in Straßburg richtete sich die Hitler-Jugend dort ein; sie hatte allerdings seit Beginn der dreißiger Jahre als Geheimorganisation existiert. Die Reichsjugendführung gab regelmäßig Lageberichte über die Hitler-Jugend-Betätigung in den Grenzländern und den besetzten Gebieten heraus. Demnach wurde die HJ im Warthegau gut aufgenommen, hatte Schwierigkeiten in Lothringen und genoß in Eupen-Malmedy (das nach dem Ersten Weltkrieg von Deutschland an Belgien abgetreten wurde) gutes, in Luxemburg sehr gutes und in Holland und Norwegen wohlwollendes Ansehen [35].

Am 14. September 1942, als die Ausweitung des Dritten Reiches ihren Höhepunkt erreicht hatte, beriefen Arthur Axmann und Baldur von Schirach, neben seinem Amt als Reichsstatthalter und Gauleiter von Wien auch noch zum »Reichsleiter für Jugenderziehung der NSDAP« ernannt, gemeinsam ein »Europatreffen« in Wien ein, um den »Europäischen Jugendbund« zu gründen. An ihm nahmen teil: die italienische faschistische Jugendbewegung, die Jugendbewegung der spanischen »Falange«, die flämische Nationalsozialistische Jugend, die Rexistische Jugend der Wallonen, die dänische und holländische Nationalsozialistische Jugend, die norwegische »Nasjional-Samling-Jugend«, die finnische Jugendbewegung, die bulgarische Brannik-Jugend, die rumänische Staatsjugend, die »Große Ustascha-Jugend«, die slowakische Hlinka-Jugend, die ungarische Levente-Jugend und Beobachter von verschiedenen Jugendgruppen Hollands und Frankreichs. Auch japanische Jugendführer waren gekommen. Trotz des »internationalen Charakters« dieses Treffens schenkte die deutsche Presse ihm wenig Beachtung, während es in den Achsenländern und den deutsch besetzten Gebieten als ein bedeutendes Ereignis gefeiert wurde [37]. Den offiziellen deutschen Standpunkt zu dieser Frage verdeutlicht vielleicht am besten ein Bericht über eine geheime Pressekonferenz bei Dr. Goebbels, in der er die Richtlinien über die Behandlung besonderer Themen ausgab: »Der Minister polemisiert sehr scharf gegen das Gerede vom ›Neuen Europa‹. Er halte es nicht für richtig, wenn heute von unserer Seite aus so ein Lärm um dieses Thema gemacht würde. Es wird uns in der Welt niemand glauben, daß wir nur für ein neues Europa kämpfen würden, ohne dabei materielle Interessen zu haben. Von dem Deutschen allgemein würde man es noch glauben, daß er nur für eine Idee kämpfe, aber von den Nazis wisse man, daß sie einen Kampf um Öl und Getreide und eine materielle Besserstellung unseres Volkes führen würden und nicht einem Phantom nachrennten.« [38]

Doch schon weniger als fünf Monate später genügte das Debakel von Stalingrad, um dennoch die Bedrohung durch den Bolschewismus heraufzubeschwören, als er in seiner Rede vom »totalen Krieg« erklärte: »Hier ist eine Bedrohung des Reiches und des europäischen Kontinents gegeben, die *alle* bisherigen Gefahren des Abendlandes weit in den Schatten stellt. Würden wir in diesem Kampf versagen, so verspielten wir damit überhaupt unsere geschichtliche Mission!« [39]

Und weitere vier Monate später: »Fast ganz Europa arbeitet im Dienste unserer Kriegführung; es wird auch einmal in den Genuß der Früchte unseres gemeinsamen Kampfes und Fleißes kommen. Unser Erdteil wird nach dem Siege eine machtvolle kontinentale Gemeinschaft bilden, zusammengesetzt aus *freien* Völkern, die sich dem Dienst an einer gemeinsamen großen Sache widmen. Nur so kann Europa überhaupt weiterleben.« [40]

Von Oktober 1939 an wurde die militärische Ausbildung der Hitler-Jugend verstärkt; sie fand meist an Wochenenden statt und stand unter der Leitung ehemaliger HJ-Führer, die sich im Kampf bereits erste Orden verdient hatten [41]. Vom Sommer 1941 an wurde es üblich, Frontoffiziere zu HJ-Einheiten zu schicken, aber im Laufe der Entwicklung verkürzten sich ihre Besuche, und sie wurden häufiger abgelöst. Meist waren es Offiziere, die verwundet waren und einen Genesungsurlaub hatten [42].

Der neue durch den Krieg verursachte Betätigungsaufwand führte zwangsläufig zu einer Einschränkung der politischen und »weltanschaulichen« Schulung. Dafür war die praktische Anwendung der nationalsozialistischen Weltanschauung etwas, mit dem die Hitler-Jugend beiderlei Geschlechts nun häufig in Berührung kam, besonders dort, wo es um die Gewinnung neuen »Lebensraums« im Osten ging und wohin viele HJ- und

BDM-Mitglieder zur Hilfe bei den »Umsiedlungsmaßnahmen« abkommandiert wurden [43]. Diese Maßnahmen bedeuteten natürlich nichts anders als die Vertreibung der polnischen Bevölkerung aus dem Warthegau – im Unterschied zum »Generalgouvernement«, des deutsch besetzten Polen, war der »Warthegau« polnisches, von Deutschland annektiertes Gebiet – und die Ansiedlung von »Rassedeutschen«, die schon vor und noch während des Krieges aus allen möglichen Gegenden, wo es deutsche Minderheiten gab, wie Mitteleuropa und Südtirol, nach Deutschland zurückgeholt wurden. Es war die Aufgabe der Hitler-Jugend, bei diesem Umsiedlungsprogramm zu helfen, und viele taten es mit großer Bereitwilligkeit:

»Während des Krieges träumten wir von der Gründung eines deutschen Imperiums. Ohne es selbst zu merken, glitten wir nach und nach in eine Haltung hinein, für die der Zweck die Mittel heiligte.

Es gab keine unter uns, der die Situation an diesem Morgen nicht höchst widerwärtig war. Aber wurden die Soldaten gefragt, ob sie einen Angriff machen wollten? Wir fühlten uns als Soldaten an der Front der Heimat. Unzählige Männer hatten im Krieg lernen müssen, Menschen des feindlichen Volkes kaltblütig zu töten, obwohl sie ihrer Veranlagung nach sensibel, rücksichtsvoll und hilfsbereit waren. Und sie haben es gelernt, weil sie glaubten, Deutschland damit einen Dienst zu leisten, und weil es leichter ist, selbst zu so persönlichkeitsfremdem Verhalte zu gelangen, wenn man nicht als Einzelner, sondern ›in der Gruppe‹ handelt.

Heute weiß ich, daß dieser ›Einsatz‹ in den Aussiedlungsdörfern den Mädchen zum Schaden gereichte. Sie waren wohl eine besonders aktive Auslese, aber sie waren nicht herzlos. Die Aufgabe, vor die sie gestellt waren, zwang sie dazu, sich selbst zu vergewaltigen, um eine kriegerische Männerrolle zu spielen. Es gehörte eine andere psychische Konstitution als die unsere dazu, ungekränkten Gemütes mitanzusehen, wie ganze Familien von ihren angestammten Höfen vertrieben wurden. Und nun gar eingreifen zu sollen, wenn diese Leute, die ins Elend zogen, lieb-

gewordenen Besitz unter den Augen ihrer Austreiber heimlich mitzunehmen versuchten . . . Ehe die Mädchen auf die Höfe gingen, sagte ich ihnen: ›Es ist schwer, was hier von uns verlangt wird, aber denkt daran: nach dem vorigen Krieg mußten die deutschen Bauern ihre Höfe verlassen!‹ (Daß sie auch für Verbleiben optieren konnten, habe ich damals noch nicht gewußt.) Als wir uns bei einem der SS-Führer erkundigten, wohin die Polen, deren Vertreibung wir miterlebten, kämen, wurde uns geantwortet: sie kommen auf die durch Aussiedlung der Deutschen leer gewordenen Höfe, oder: sie werden im Generalgouvernement angesiedelt. Mit diesen Auskünften gaben wir uns zufrieden. Ich sagte wohl schon, daß wir groß darin waren, einen Bogen um heikle Fragen zu machen. Unser Unterbewußtsein sorgte in der Regel mit Erfolg dafür, daß das Bewußtsein sich nicht erst in gefährliche Diskussionen einließ. Wären wir bis zu der Einsicht vorgestoßen, daß es unmöglich genug freistehende Höfe für die Ausgesiedelten im Generalgouvernement geben konnte und daß viele von ihnen der Heimatlosigkeit und bitterster Armut preisgegeben wurden, so hätte uns wohl auch die Feststellung nicht beängstigt: Die Polen waren unsere Feinde. Wir mußten den Augenblick, in dem wir mächtiger waren als sie, ausnützen, um sie in ihrer ›völkischen Substanz‹ zu schwächen. Solche Argumente bezeichneten wir als ›Realpolitik‹. Daß wir im Grunde einen ›Volksmord‹ planten, habe ich mir niemals eingestanden.« [44]
Im Jahre 1942, dem Jahr des Osteinsatzes und des Landdienstes, dienten 18 000 Hitler-Jugend-Führer aus Deutschland in den besetzten Gebieten Polens und der westlichen Ukraine, und der Bericht des Reichsjugendführers erwähnt die Schaffung von zehn Führerschulen, dazu von Lagern und Herbergen, während 30 000 Jungen und Mädchen ihren Landdienst in den Ostgebieten ableisteten [45]. Im gleichen Jahr erhielt die HJ Verstärkung durch die »Ostfreiwilligen der Germanischen Jugend«, vor allem Holländer, Norweger, Dänen und Flamen. Der Einsatz der Hitler-Jugend und der »germanischen Freiwilligen« in diesen Gebieten war nicht nur durch den Mangel an Arbeitskräften während der

Erntezeit bedingt, sondern sollte auch als Ausbildung und Anregung für künftige Siedler im Osten gelten [46]. Bereits im Februar 1940 war die »Siedlernachwuchsstelle Ost« gemeinsam von der Reichsjugendführung und dem Reichsführer-SS Himmler ins Leben gerufen worden [47].

Die Hitler-Jugend wurde auch eingesetzt, als es darum ging, den Lehrermangel bei den neuangekommenen Gruppen von Rassedeutschen zu beheben [48]. Diese »rassedeutschen« Kinder fielen automatisch unter das Hitler-Jugend-Gesetz, auch solche, bei denen nur der Vater deutscher Abstammung war. HJ- und BDM-Führer, die meist gar keine besondere Ausbildung besaßen, leiteten Schulen in abgelegenen Gebieten Polens und erteilten rassedeutschen Kindern Unterricht. Oft waren sie nur dem Namen nach deutsch, und weder sie noch ihre Eltern sprachen mehr als einige wenige Worte ihrer angeblichen Muttersprache [49]. Die ganze Vorbereitung auf den Lehrerberuf bestand bestenfalls in einem Lehrerschulungskurs von drei Monaten und drei Wochen praktischer Landarbeit. Erforderlich waren vor allem Begeisterung und Improvisationsvermögen [50]. Die Aufgabe dieser jungen Leute beschränkte sich jedoch nicht auf die Schule. Oft mußten sie auch bei der Einordnung der Rassedeutschen in die deutsche »Rassengemeinschaft« nach besten Kräften mitwirken. Das war eine Ganztagsbeschäftigung; sie umfaßte u. a. Deutschunterricht für die erwachsene Bevölkerung, Organisation von Gemeinschaftsabenden mit Musik und Gesang für ganze Dörfer, Beratung in Fragen des »guten Geschmacks« bei Kleidung und Hauseinrichtung, wobei die im Reich üblichen Normen maßgebend waren, denn schließlich hatte sich doch ein Deutscher von einem polnischen Landarbeiter zu unterscheiden und in seinem Auftreten seine Überlegenheit kundzutun. Daß nämlich die Rassedeutschen sich bei ihrer Ankunft auf ihren neuen Bauernhöfen äußerlich durch nichts von den polnischen Bauern unterschieden, war für viele HJ- und BDM-Angehörige im Osten eine überraschende Entdeckung, denn sie hatten bisher geglaubt, dem Deutschen sei seine Überlegenheit angeboren und er müsse schon äußerlich auf den ersten Blick als Herrenmensch zu erkennen sein. Natürlich wuchs die Aufgabe den mit ihr Betrauten oft bald über den Kopf [51].

Die Jungen, die vor oder während der frühen dreißiger Jahre der Hitler-Jugend beigetreten waren, hatten sich 1941 zu kampferprobten Soldaten entwickelt, und viele derer, die ihnen an die Front folgten, waren entschlossen, sich als das zu bewähren, was Hitler von der deutschen Jugend verlangt hatte: »schnell wie die Windhunde, zäh wie Leder und hart wie Krupp-Stahl« zu sein [52]. Die militärische Ausbildung wurde durch die Schaffung von »Wehrertüchtigungslagern« erweitert, wo man fünfzehnjährige Hitlerjungen in einem Kurs von drei Wochen für die Infanterie drillte [53]. In den Wehrertüchtigungslagern wurden nicht nur Hitlerjungen, sondern auch andere junge »Germanen« aus Nord- und Westeuropa militärisch ausgebildet, und oft befanden sie sich dort in den Händen nichtdeutscher Ausbilder wie Mitgliedern der lettischen oder niederländischen Waffen-SS. Sie standen unter der Aufsicht des HJ-Oberbannführers Gerhard Hein, bereits mit dem »Ritterkreuz mit Eichenlaub und Schwertern« ausgezeichnet [54]. Das Benehmen dieser jungen Soldaten war für die genossene NS-Erziehung bezeichnend und erweckte bei manchem älteren Beobachter ein unbehagliches Gefühl. Gottfried Benn, der expressionistische Dichter und Essayist, der zuletzt als Oberstarzt in der Wehrmacht diente, schrieb 1944:

»Die Leutnants, hervorgegangen aus der HJ, also mit einer Erziehung hinter sich, deren Wesen systematische Ausmerzung von gedanklichem und moralischem Lebensinhalt aus Buch und Handlung war und deren Ersatz durch Gotenfürsten, Stechdolche – und für die Marschübungen Heuschober zum Übernachten. Ferngehalten von noch gebildeten, im alten Sinne geschulten Eltern, Erziehern, Geistlichen, humanistischen Kreisen, kurz Bildungsträgern irgendwelcher Art, und zwar dies schon im Frieden: Bewußt, zielgerecht und gut durchdacht, übernahmen sie so wohl ausgerüstet die Erdteilzerstörung als arischen Auftrag.« [55]

Trotz einer gewissen Satirik spiegelt er den Eindruck wider, den die deutsche Jugend von damals auf die ältere Generation machte.

Unter dem Druck der Ereignisse und der unersättlichen Bedürfnisse der deutschen Kriegsmaschinerie wurden alle Arten militärischer Ausbildung durch Wehrmachtspersonal oder innerhalb der Hitler-Jugend von 1943 an nach und nach zeitlich immer mehr eingeschränkt. Vom 26. Januar dieses Jahres an wurden die Flakbatterien mit Hitlerjungen bemannt; offiziell waren es höhere Schüler vom 16. Lebensjahr aufwärts [56]. Da aber die behördliche Arbeit bei der Einberufung der »Luftwaffenhelfer« von den Ämtern der NSDAP durchgeführt wurde, schlichen sich bald Irrtümer in die korrekte Auslegung des Begriffs HJ ein. So war z. B. die Flieger-HJ offiziell eine Abteilung der HJ und nicht des Jungvolks. Da ihr aber gleichzeitig die Altersgruppen angehörten, die normalerweise zum Jungvolk gehörten, hatte es sich eingeführt, daß diese ebenfalls HJ-Abzeichen trugen und sich als zur HJ gehörig betrachteten. In einigen Teilen Deutschlands wurde die Einberufung der HJ zur Luftabwehr so ausgelegt, daß sie auch die Flieger-HJ betraf. Die älteren bemannten die Geschütze, und die Jüngeren dienten beim Verbindungsnetz der Flaks, bei Scheinwerferbatterien und als Meldegänger, und das alles in scheinbarer Übereinstimmung mit ihren Einberufungspapieren: »Die Jungen werden nur für die ihren Altersgruppen entsprechenden Aufgaben verwendet.« [57] Erst als im Oktober 1943 eine ausschließlich von Vierzehnjährigen und noch jüngeren bemannte Scheinwerferbatterie getroffen und die gesamte Mannschaft umkam, wurde der Befehl dahingehend erläutert, daß die jungen Altersgruppen vom Dienst als Luftwaffenhelfer ausgeschlossen seien [58]. Aber die dienten auch weiterhin als Meldegänger während der Bombenangriffe. War der Angriff vorüber, so oblag es den älteren Männern und Frauen der Parteiorganisationen und der Hitler-Jugend, die Ausgebombten mit Kost und Unterkunft zu versorgen [59]. Es muß so manchen Hitlerjungen gegeben haben, der sich lokale Berühmtheit erwarb, indem er mit besonderer Schläue große leerstehende Wohnungen ausfindig machte, deren Mieter sich auf das Land in Sicherheit zurückgezogen hatten, oder solchen, die nur von einer Person bewohnt wurden und deren Inhaber nur widerwillig und unter polizeilichem Zwang den obdachlos Gewordenen ihre Türen öffneten. Als die Bombenoffensiven immer stärker wurden, verbrachten Jungen und Mädchen, eigentlich noch richtige Kinder, Tage und Nächte, teilten Nahrung an die Bombenopfer aus und schützten für sie ihr Eigentum – meist unter freiem Himmel aufgestapelt – vor Plünderern.

Die Luftwaffenhelfer der HJ wurden zwar angehalten, ihren Schulunterricht in den Flakbatterien fortzusetzen, aber die Lebensumstände machten das unmöglich [60]. Zuerst war beabsichtigt, daß sie nur in der unmittelbaren Nähe ihres Wohnortes dienen sollten, aber bald war es allgemein, daß man sie quer durch Deutschland, von einer Stadt in die andere abkommandierte, je nach der Kriegslage. Vier oder mehr Versetzungen im Jahr waren nicht ungewöhnlich:

»Da wir innerhalb von einem Jahr vierzehnmal den Standort wechselten, fiel für uns seit Sommer 1943 jeglicher Unterricht aus. Im Sommer 1944 bekamen wir automatisch die Versetzung in die 7. Klasse und im Oktober 1944, als ich zur Wehrmacht eingezogen wurde, die Vorsemesterbescheinigung.« [61]

Das mag zwar ein Ausnahmefall gewesen sein, aber die Umstände waren jedenfalls nicht gerade zur Fortsetzung eines Oberschulunterrichts geeignet. Die Jungen lebten in der Gesellschaft eines einzigen Erwachsenen, dem Hauptkanonier in ihren Geschützstellungen; und hatte man noch ursprünglich den Schulunterricht für vormittags vorgesehen, so war auch das bei den Bombardierungen, die Tag und Nacht stattfanden, unausführbar geworden, und schließlich gab es nichts mehr, was die Kinder von den übrigen Soldaten unterschied – nicht einmal der Tod.

»In einem Vorort von Berlin sah ich eine Reihe toter Flakhelfer nebeneinanderliegen. Eben erst war ein Luftangriff zu Ende gegangen. Die Flakstellung, in der diese Schuljungen Dienst taten, hatte mehrere Volltreffer bekommen. Ich kam in einen Barackenraum, in dem die Überlebenden sich gesammelt hatten.

An den Wänden entlang saßen sie auf dem Fußboden und wandten mir ihre weißen, vom Grauen verzerrten Gesichter zu. Viele weinten.

In einem anderen Raum lagen Verwundete. Einer von ihnen, ein Junge mit einem runden, weichen Kindergesicht, straffte sich, als der Offizier, in dessen Begleitung ich mich befand, ihn fragte, ob er Schmerzen habe. »Ja, aber das ist nicht wichtig, Deutschland muß siegen.« [62]

Die KLV-Lager sollten während der Kriegsdauer den Oberschülern der bombengefährdeten Städte als Unterkunft dienen [63]. Dabei hegte man natürlich auch die Erwartung, die der elterlichen Einflußsphäre entzogenen Jungen nun unbeeinflußt »ideologisch« schulen zu können [64]. Ganze Schulklassen wurden in ländliche Gegenden Ost- und Süddeutschlands verschickt. Die Reichsjugendführung veröffentlichte einen prunkvoll illustrierten Band, der die KLV-Planung als »die größte soziale Tat des Krieges« pries [65]. Die Bilder zeigten Jungen und Mädchen bei ihrer Schularbeit in idyllisch ländlicher Umgebung, wo sie alle Vorteile des Landlebens auskosten konnten [66]. Der Reichsjugendführer Arthur Axmann erklärte, daß die Ernährung der Kinder in den KLV-Lagern zu zwanzig Prozent der häuslichen Kost überlegen sei und daß die Lager in zu diesem Zwecke eigens umgestalteten Hotels und Pensionen untergebracht seien. Er beklagte jedoch, daß die unvernünftige Einstellung mancher Eltern ihn bei der Ausführung seiner Aufgabe stark behindere [67].

Tatsächlich konnten weder die Regierung, die NSDAP noch irgendwer sonst die Eltern zwingen, ihr Kind in ein KLV-Lager zu schicken, außer daß man ihnen gut zuredete. 1943 z. B. sandte Gauleiter Giesler an alle Münchner Eltern einen Faksimileabzug eines handgeschriebenen Briefes, in dem er ihnen zwei Ratschläge erteilte. Erstens forderte er alle Erwachsenen auf, deren Beruf sie nicht zwang, in München zu bleiben, in die bayerischen Landgegenden zu ziehen, wo man ihnen Unterkunftsmöglichkeiten zur Verfügung stellen würde, und zweitens riet er allen Eltern, ihre Kinder in die KLV-Lager zu schicken [68]. Der zweite Ratschlag wurde nicht gerade mit großer Begeisterung aufgenommen. Gewiß waren die Lager im allgemeinen behaglich, aber oft viel zu weit entfernt, um von den Eltern besucht werden zu können. Das einzige Druckmittel, das man auf die Eltern anwenden konnte, war der Mangel an Höheren Schulen, von denen die meisten in die KLV-Lager verlegt worden waren. Das bedeutete, daß 1943 und 1944 Kinder nur dann für den Oberschulunterricht eingeschult werden konnten, wenn sie in ein KLV-Lager gingen. Es blieb ihnen sonst keine andere Wahl, als vorläufig weiter die Volksschule zu besuchen, bis wieder – wer wußte, wann – friedliche Zeiten kämen, wo die Schulen wieder normal betrieben werden konnten, oder aber sie mußten staatlich anerkannte Privatschulen besuchen, die sich regen Zulaufs erfreuten und bald die sich ihnen bietenden einträglichen Vorteile erkannten – einige ermäßigten zudem auch ihre Gebühren, um mehr Schüler anzulocken. Die Oberschulen waren oft auf mehrere Lager verteilt, da ursprünglich jedes Lager nicht mehr als fünfzig Kinder aufnehmen sollte. Es geschah auch häufig, daß mehrere Oberschulen sich in Anbetracht des Mangels an Lehrkräften zeitweilig vereinigten und den Unterricht zusammenlegten [69].

Die psychische Beanspruchung lastete schwer auf Eltern und Kindern. Nach jedem Luftangriff mußte sich jedes Kind fragen, ob daheim noch jemand am Leben geblieben war – und der zeitweise auftretende Zusammenbruch der Kommunikationsmittel trug noch zur Steigerung der Ängste bei. Eltern, die es sich leisten konnten, und besonders Mütter, ließen sich in einen Ort in der Nähe ihres Kindes evakuieren. Axmann beschuldigte sie, einen zersetzenden Einfluß auf das Lagerleben auszuüben, und diese Klage war nicht ganz unbegründet: da solche Eltern eine kleine Minderheit waren, erregte ihre Anwesenheit den Neid derer, die von ihren Eltern getrennt lebten. Und natürlich gab es auch noch jenen Typ von Eltern, die ihre Kinder mit einem absoluten Minimum ausstatteten und vom »Vater Staat« erwarteten, den Rest gratis beizusteuern [70].

Die KLV-Lager wurden nicht von den lokalen Schulbehörden

überwacht, sondern von Sonderbeauftragten des NS-Lehrerbundes. Jedes Lager wurde gemeinsam von einem Lehrer und einem HJ-Führer geleitet. Ihr unmittelbarer Vorgesetzter war der Hauptlagerleiter, der mehrere Lager unter sich hatte und wieder dem Inspekteur gegenüber verantwortlich war. Offizielle Berichte der NSDAP lobten die exemplarische Zusammenarbeit zwischen Lehrern und Hitler-Jugend-Führern [71]. Aber die geistige Armut der nationalsozialistischen »Weltanschauung«, die es selbst einem geschulten Ideologen unmöglich machte, die jungen Geister in irgendeiner Form auszubilden, machte den KLV-Versuch einer gezielt nationalsozialistischen Erziehung zu einer unerfüllt bleibenden Hoffnung.

Da man den deutschen Osten stets als ein nichtgefährdetes Gebiet betrachtete, wurden etwa 500 000 Jugendliche in KLV-Lager in Ostpreußen, im Warthegau, in Oberschlesien und in der Slowakei evakuiert. Durch die Unfähigkeit, sie im Winter 1944–45 rasch genug von dort zurückzuholen, gerieten viele von ihnen, zusammen mit der örtlichen Zivilbevölkerung, in den Sog der Katastrophe. Zu einer Zeit, da ganz Deutschland sich auflöste, lebten hunderttausende Kinder und Eltern in furchtbaren Ängsten umeinander, völlig voneinander abgeschnitten.

Nach dem Krieg wurden die Vermißtenstellen des Deutschen Roten Kreuzes von Kindern belagert, die überlebt hatten und nach dem Westen gelangt waren und nun nach ihren Vätern und Müttern forschten, und von Eltern, die auf Nachrichten von ihren Kindern warteten, von denen zahllose Tausende dem Haß und dem Vernichtungsmechanismus des Krieges zum Opfer gefallen waren.

Die KLV-Planung hatte auch ihre negativen Auswirkungen auf die Hitler-Jugend, denn sie hatte die in den Städten bestehenden Einheiten zwar gesprengt, aber es blieben immer noch genug Jungen und Mädchen, um neue, jedoch unterbesetzte Einheiten zu bilden [72], während sie in den ländlichen Gebieten anschwollen, ohne je über genügend geschulte Führer zu verfügen, was zu leichten und vorzeitigen Beförderungen führte [73]. Manchmal kam der Kriegsdienst für die Hitler-Jugend unerwartet, wie es im Juli und August 1944 einer Flieger-HJ-Einheit aus Süddeutschland geschah, deren Mitglieder im Alter zwischen zehn bis fünfzehn standen. Sie waren nach Pommern gefahren, um Segelflugferien in den Dünen der Ostsee in der Nähe von Zoppot zu verbringen. Mitten in diesen Ferien erhielten sie von der örtlichen NSDAP-Dienststelle den Befehl, sich nach Allenstein in Ostpreußen zu begeben und von dort nach Bischofsburg. In der Nähe dieser Stadt war die Bevölkerung mit dem Bau von Panzersperren beschäftigt, und es wurden vor allem Panzergräben ausgehoben. Man fürchtete, daß die russische Armee, nachdem sich die deutsche Armeegruppe Mitte unter dem Anprall der russischen Sommeroffensive so gut wie aufgelöst hatte, die deutsche Front durchbrechen könnte. Die älteren Hitlerjungen halfen den Zivilisten beim Grabenausheben, und die jüngeren wurden für weniger anstrengende Arbeiten eingesetzt wie Materialtransporte auf Pferdewagen aus Bischofsburg. Ein Mitglied dieser Gruppe beschreibt seine Erinnerung an die widersinnige Situation, in der sie sich in Anbetracht ihrer Aufgabe und ihres kindlichen Alters befand:

»Während die Sonne ihre letzten Strahlen über die Felder sandte, stellten wir unsere Zelte auf und kochten Makkaroni. Zu müde, um zu singen, gingen wir schlafen.

In der Nacht wurde ich aufgeweckt durch ein feines stetiges Donnern. Ich stupste meinen Kameraden neben mir. ›Was ist los?‹ fragte der verschlafen. ›Hörst du das Donnern?‹ – ›Was für ein Donnern?‹ – ›Hör zu!‹ Es klang wie eine endlose Kolonne schwerer Laster, die eine mit Stahlplatten belegte Brücke donnernd überquerte. Wir krochen aus unseren Zelten. Die Nacht war kühl, und der Tau glänzte matt im Mondlicht. Die Wache, eingehüllt in Decken, saß bei der glühenden Asche des Lagerfeuers. Er war wach. ›Seht ihr es?‹ fragte er. Im Osten bildete der Horizont eine lange rote Linie, für Sekunden an allen Stellen durchbrochen von hellen Zuckungen. Hier und da ließ die Röte nach, manchmal verblaßte sie vollkommen. Aber wenig später kehrte das Lichtspiel ferner Explosionen wieder – begleitet von einem unaufhörlichen fernen Donner.

›Hoffentlich kommt es nie bis hierher‹, sagte mein Nachbar, ›mein Vater ist in Rußland, und der hat gesagt, wenn die Russen kämen, sollten wir Selbstmord begehen, denn was wir von den Russen erwarten könnten, wäre noch schlimmer.‹ – ›Die kommen niemals bis hierher, wir hauen die schon zum Teufel‹, sagte ich. ›Aber froh wäre ich doch, wenn wir bald nach Hause könnten‹, fügte ich hinzu. ›Hoffentlich‹, sagte der Junge von der Wache.‹ Meine Mutter wird mir eine Tracht Prügel verabreichen, denn sie wird mir niemals glauben, daß wir hier zum Bau von Panzersperren geschickt worden sind.« [74]

Mit dem wachsenden Einfluß der SS auf alle Lebenssphären Deutschlands während der Kriegsjahre konzentrierten sich auch die Rekrutierungskampagnen für die Waffen-SS auf die HJ. Im Zuge der Mobilisierung für den »totalen Krieg« kam der Gedanke auf, eine besondere Division der Hitler-Jugend innerhalb der Waffen-SS zu schaffen, die dann auch schließlich als »12. SS-Panzerdivision Hitler-Jugend« eingesetzt wurde [75]. Goebbels widersetzte sich damals der Benennung dieser Division mit der Begründung, man verschaffe dem Feind damit nur neue Propagandaargumente [76]. Aber er wurde von Hitler abgewiesen. Die Befehle wurden am 16. Februar 1943 ausgegeben, und die ersten Gespräche zwischen der Reichsjugendführung und Himmlers SS-Führungshauptamt fanden statt. Der offizielle Befehl zur Aufstellung der Division wurde am 24. Juni 1943 erteilt [77].

Es war beabsichtigt, die Rekruten aus den HJ-Wehrertüchtigungslagern zu beziehen, und zwar Siebzehn- und Achtzehnjährige, aber in der Praxis war es nicht ungewöhnlich, auch Sechzehnjährige und noch jüngere in der Division anzutreffen [78]. Die Hitler-Jugend-Parole für 1943 »Deutsche Jugend im Kriegseinsatz« wurde in die Tat umgesetzt, denn die Hitler-Jugend-Division sollte, wenn sie sich bewährte, für weitere solcher Divisionen beispielgebend sein, besonders die Elitedivision »Großdeutschland« der Wehrmacht, die sich für den Einsatz größerer Kontingente von Jugendlichen eignete [79]. Dieses Vorhaben wurde allerdings fallengelassen, und in der Folge erwiesen sich die

»Volksgrenadier«-Divisionen als die einzigen außer der SS, in der Freiwillige der Hitler-Jugend eingesetzt werden konnten.

Das allererste Problem war wieder einmal der Mangel an geschultem Personal. Man bezog es aus den zusammengeschrumpften Reihen der »1. SS-Panzerdivision Leibstandarte-SS Adolf Hitler« (LAH), die ursprünglich zusammen mit der »Hitler-Jugend-Panzergrenadierdivision« das »I. SS-Panzer-Korps« bilden sollte [80]. Die LAH erlitt im Winter 1942–43 bei den Kämpfen am südlichen Flügel der russischen Front enorme Verluste. Sie hatte entgegen Hitlers ausdrücklichem Befehl im Februar Charkow vor den Russen geräumt, es im März 1943 zurückerobert. Dann wurde sie zeitweilig zur Auffüllung der Bestände und zur Nachwuchsschulung zurückgezogen und später wieder in der »Operation Zitadelle« eingesetzt, wo sie bei dem fehlgeschlagenen Versuch, 1943 den russischen Vormarsch in Kursk abzuschneiden und die Initiative erneut an sich zu reißen, eine wichtige Rolle spielte [81].

Die LAH sollte den Kern der Hitler-Jugend-Division bilden, aber da stärkster Mangel an Kompanie-, Zug- und Truppführern herrschte, hielt man es den Umständen zufolge für geboten, Zugführer schnellstens zu Kompanieführern zu befördern [82]. Außerdem wurden 50 Wehrmachtsoffiziere, die früher einmal Hitler-Jugend-Führer gewesen waren, zur Hitler-Jugend-Division abkommandiert [83]. Um die nötige Anzahl von Zug- und Truppführern zu erreichen, wurden Hitlerjungen, die bei ihrer früheren Ausbildung im Wehrertüchtigungslager »besondere Eignung zu militärischer Führung« gezeigt hatten, nach ihrer Elementarausbildung zu einem drei Monate langen Schulungskurs für Unteroffiziere in die Waffen-SS-Schule in Lauenburg geschickt [84]. Sie hatten genausowenig Kampferfahrung wie die, die sie befehligen sollten, sie versuchten diesen Mangel durch Todesverachtung und Tollkühnheit auszugleichen und erlitten dabei schwere Verluste.

Der erste Kommandant der Hitler-Jugend-Division war der 34jährige Generalmajor Fritz Witt, der noch aus der Jugendbewegung und der Hitler-Jugend von vor 1933 stammte [85].

1933 war Witt einer der ersten Freiwilligen, die sich bei der LAH meldeten, und schon zwei Jahre später war er bereits Kompaniechef [86]. Im französischen Feldzug verdiente er sich das Ritterkreuz und für seinen Anteil bei der Wiedereroberung von Charkov das Eichenlaub dazu [87]. Er war kein »Parteisoldat«, sondern verkörperte den Typ des echten Soldaten, genoß hohes Ansehen sowohl bei der Waffen-SS wie auch bei der Wehrmacht und war in vieler Hinsicht für die Aufgabe, aus Jungen Männer zu machen, der am besten geeignete Kommandant.

Im Juli und August 1943 trafen die ersten Schübe von Rekruten im Lager Beverloo in Belgien ein; es waren etwa 10 000 Jungen, von denen viele noch nicht ihr siebzehntes Lebensjahr vollendet hatten [88]. Sie waren auch nicht alle als Freiwillige gekommen. Viele hatten sich vorher hauptsächlich bei der Luftwaffe und der U-Boot-Abteilung der Marine beworben, aber bei ihrer Einberufung fanden sie sich in den Kasernen der Waffen-SS. Andere, wie die Jungvolk-Führer, wurden mehr oder weniger moralisch erpreßt oder einfach überredet, sich als Freiwillige zu melden [89]. Es spricht immerhin für die Geschicklichkeit der Führung, daß es ihr sehr rasch gelang, die anfänglichen, durch diese Art von »Überredung« verursachten Übelstände zu überwinden und die jugendliche Division mit einem ausgeprägten Korpsgeist und einer kämpferischen Begeisterung zu beseelen, die sich ein Jahr später bei der Feuerprobe in der Normandie bewähren sollte.

Obwohl zu Anfang noch nicht einmal genügend Uniformen für alle vorhanden waren, begann die Ausbildung sofort sowie die Aufteilung der Division in zwei Infanterieregimenter, ein Panzerregiment, ein Artillerieregiment, ein Pionierbataillon und je einen Spähtrupp, Panzerabwehr, Flak und Nachrichtentrupp [90]. Im Oktober 1943 wurde die Hitler-Jugend-Division offiziell in »12. SS-Panzer-Division Hitler-Jugend« umbenannt, aber die Panzer waren inzwischen ebenso knapp wie die Uniformen im Sommer [91]. Das Panzerregiment, das in der Nähe von Reims aufgestellt wurde, verfügte nur über vier Panzer IV und vier Panzer vom Typ »Panther«, und auch diese waren inoffiziell und entgegen dem Befehl des OKH von der Ostfront zurückgebracht worden [92]. Das Artillerieregiment hatte nur einige leichte Haubitzen, und Transportfahrzeuge wie Motorwagen, Laster und Traktoren gab es fast überhaupt nicht [93]. Um diesem Mangel zumindest vorläufig abzuhelfen, erhielt die Division requirierte Fahrzeuge der italienischen Armee, die inzwischen zum Teil auf seiten der Alliierten und nur noch zu einem kleinen Teil auf deutscher Seite kämpfte [94]. Da es aber unmöglich war, Ersatzreifen zu beschaffen, standen diese nutzlos gewordenen Fahrzeuge überall verloren in der Gegend um Beverloo herum [95]. Im November und Dezember 1943 und in den ersten Monaten 1944 verbesserte sich die Materialzulieferung, und als die Panzerabteilung der Division im Frühjahr 1944 nach Hasselt in Belgien verlegt wurde, konnten Feldübungen der Division als richtiger Panzerdivision beginnen. Generaloberst Guderian und Feldmarschall von Rundstedt wohnten den Divisionsmanövern bei und sprachen sich anerkennend über den Enthusiasmus der Jungen und den in so kurzer Zeit erreichten Wirkungsgrad aus [96].

Im Vergleich zu anderen Waffen-SS- und Wehrmachtseinheiten kannte die Division Hitler-Jugend keinen Kasernenhofdrill und keine Stechschrittübungen. In Anbetracht des jugendlichen Alters der Rekruten war man der Ansicht, derartige Ausbildungsmethoden würden nur die Truppenmoral untergraben und entsprächen auch nicht der militärischen Lage und den bevorstehenden Kampfanforderungen. Man legte großen Wert auf ein kameradschaftliches Verhältnis zwischen Offizieren und Mannschaften, und in einem auf Witts persönliche Initiative erlassenen Divisionsbefehl wurden alle Kompaniekommandanten aufgefordert, sich mit den Eltern ihrer Rekruten regelmäßig in Verbindung zu setzen [97].

Witts Nachfolger, Kurt Meyer, schreibt denn auch, daß »viele altmodische Prinzipien der militärischen Ausbildung durch neue ersetzt werden mußten, deren Ursprung im Grunde genommen in der deutschen Jugendbewegung lag«, denn dort kannte man die Rangunterschiede zwischen Offizieren und Mannschaften im althergebrachten Sinne nicht [98]. Die Befehle wurden so formuliert – wenn die Lage es erlaubte –, daß man die hinter ihnen stehende Begründung erkannte, weil man annahm, die Leistungen der Soldaten auf ein Maximum hin anspornen zu können, wenn sie Sinn und Zweck begriffen [99]. Das Hauptgewicht bei der Ausbildung wurde auf Situationen gelegt, die bei der späteren Kampftätigkeit auftreten würden, und Gefechtsübungen wurden so wirklichkeitsnah wie möglich, einschließlich der Verwendung echter Munition, abgehalten. Auf Guderians Rat wurde die Ausbildung auf dem Schießplatz eingestellt und in die Feldübungen verlegt. Die in den Kämpfen mit russischer Infanterie und Panzern gesammelten Erfahrungen und die Wichtigkeit wirksamer Tarnung wurden den Jungen beigebracht, ebenso die Entschlüsselung feindlicher und die Tarnung eigener Funksignale [100]. In Anbetracht ihres Alters erhielten die Jungen besondere Lebensmittelzuteilungen und bis zum achtzehnten Jahr Bezugskarten für Süßigkeiten statt Zigaretten – eine Bestimmung, die den Betroffenen gar nicht gefiel und natürlich umgangen wurde. Sie waren wohl zu jung, um zu rauchen, aber alt genug, um zu sterben.

Am 6. Juni 1944 rückte die Division zum Kampf vor, aber bereits auf dem 120-km-Marsch von ihrem Stützpunkt zum Kampfgebiet bei Caen war sie schweren Angriffen alliierter Bomber ausgesetzt. Bei ihrem ersten Einsatz gegen die Kanadier schossen sie achtundzwanzig Panzer ab und verloren nur sechs ihrer eigenen [101]. Sie kämpften während des ganzen Normandie-Feldzugs in dieser Gegend, und Chester Wilmot berichtete über sie: »Die Truppen der 12. SS, die diesen Sektor hielten, kämpften mit einer Hartnäckigkeit und Wildheit, wie man sie selten erlebt und gewiß während des ganzen Feldzugs nie erreicht hatte.« [102] Sie sprangen die alliierten Panzer »wie Wölfe« an – so erzählt ein britischer Panzerkommandant –, »bis wir sie gegen unseren eigenen Willen töten mußten« [103]. Es war die erste Begegnung der Alliierten mit der Generation der Hitler-Jugend, einer Generation, fast ausschließlich im NS-Deutschland aufgewachsen. Ob sie damit »fanatische Nazis« waren, ist unmöglich zu beurteilen; man darf aber nicht vergessen, daß sie einer Generation angehörten, deren Ansichten und Einstellung zum Feind durch das Erlebnis der alliierten Bombenoffensive auf die deutschen Städte bestimmt und beeinflußt war, einer Generation, von der Propaganda Dr. Goebbels' verführt, der man beigebracht hatte, die Alliierten wollten Deutschland nicht nur besiegen, sondern es zerstören und die Bevölkerung ausrotten – und die von den Bombenangriffen zerstörten Städte schienen diese Behauptung auch zu bestätigen.

Innerhalb eines Monats hatte die Division Hitler-Jugend an Menschen und Materialbeständen folgende Verluste: 20% Gefallene, 40% Vermißte und Verwundete, 50% Panzer und Panzerwagen [104]. Am 16. Juni 1944 fiel Fritz Witt und wurde durch Generalmajor Kurt Meyer, »Panzermeyer«, ersetzt, mit seinen dreiunddreißig Jahren der jüngste Divisionskommandeur des deutschen Heeres [105]. Er war Sohn eines Arbeiters, ehemals selbst Bergmann, dann Polizist und eins der ersten Mitglieder der SS-Verfügungstruppe, und obwohl er den typisch »politischen Soldaten« verkörperte, besaß er doch beachtliche Begabung in persönlicher Führung und taktischer Strategie [106]. In der frühen Nachkriegsliteratur wird er häufig als ein »verstockter fanatischer Nazi« beschrieben [107], aber dem sollte man zumindest hinzufügen, daß vor allem er in den späten fünfziger und frühen sechziger Jahren kurz vor seinem Tod seinen ganzen Einfluß geltend machte, um die Organisation der ehemaligen Waffen-SS-Angehörigen dazu zu bewegen, ihre Verbindungen zu neonazistischen Gruppen abzubrechen und eine gemäßigte Politik zu verfolgen.

Im Juli wurde die Division von der Normandie-Front abgezogen, aber es war nur eine kurze Atempause, denn schon sechs Tage später drohten die deutschen Stellungen zwischen Maltot und Vendes zusammenzubrechen, und die Division Hitler-Jugend wurde ins Feuer zurückgeworfen. Sie kämpfte mitten im Kessel von Falaise, aus der sie nur mit einem Bruchteil ihrer einstigen Stärke ausbrechen konnte [108]. Die Normandie war nicht nur die Feuerprobe für die Division Hitler-Jugend gewesen, sie wurde auch zu ihrem Grab. Als sie am 4. September 1944 auf ihrem Rückzug die Maas bei Yvoir überquerte, bestand sie nur noch aus 600 Mann, hatte sämtliche Panzer eingebüßt und besaß keine Munition mehr für ihre Artilleriegeschütze [109]. »Es ist ein Jammer, daß diese gläubige Jugend in aussichtsloser Lage geopfert wird«, bemerkte dazu Feldmarschall von Rundstedt [110].

Nach den Kämpfen in der Normandie existierte die Division Hitler-Jugend dem Namen nach noch weiter, aber ihre Rekruten wurden, wie bei den meisten anderen Divisionen, aus den allerletzten Beständen des verfügbaren Menschenmaterials zusammengekratzt. Mitte September war sie nach Deutschland zurückgekehrt, um für die Teilnahme an der Ardennenoffensive neu ausgerüstet zu werden, wonach sie im Gebiet um Bastogne eingesetzt wurde [111]. Nachdem wurde sie im Februar 1945 nach Ungarn versetzt, nahm an der deutschen Offensive am Ostufer des Plattensees zur Wiedereroberung von Budapest teil, schloß sich dem Rückzug der Achsenstreitkräfte in Südosteuropa an, überquerte am 8. Mai 1945 mit 455 Mann und einem Panzer die Demarkationslinie an der Enns und ergab sich dort den Streitkräften der amerikanischen 7. Armee [112].

Auch in anderen militärischen Einheiten kämpften Hitlerjungen während des Krieges. Mit der Schaffung des »Volkssturms« im Oktober 1944 wurde der obligatorische Kriegsdienst in Volkssturmeinheiten für alle männlichen Deutschen im Alter von sechzehn bis sechzig eingeführt [113]. Tatsächlich waren aber oft die Rekruten jünger oder älter. Schließlich konnten ja auch schon Elfjährige mit der rückstoßfreien Panzerfaust hantieren. Auch Mädchen waren im Kriegseinsatz beschäftigt. Da sie angeblich physisch nicht in der Lage waren, eine Lugerpistole oder ein Maschinengewehr zu laden, »bemannte« man mit ihnen Flakbatterien, wie in der 6. Flakbatterie der Flakreserve, Einheit 61, in Wien-Kagran. Während eines Luftangriffes am hellen Tage schoß eines ihrer 88-mm-Geschütze einen Liberator-Bomber ab, aber gleich darauf erhielt die Einheit einen direkten Treffer, bei dem drei Mädchen getötet und zwei verletzt wurden [114]. Dieselbe immer noch von Mädchen »bemannte« Einheit setzte man auch in der Panzerabwehr ein, als die Russen unter Marschall Malinowsky Wien angriffen [115].

Gelegentlich wurden bis in die höchsten Stellen der Wehrmacht Proteste gegen diese sinnlose und unverantwortliche Vernichtung der jungen Generation laut, aber um auch nur einigen Erfolg zu haben, mußten solche Einwände wohlbegründet sein. General Westphal, Stabschef in Feldmarschall Rundstedts Hauptquartier, bietet ein Beispiel für die praktischen Einwände gegen den »Fronteinsatz der Hitler-Jugend«, hinter denen sich in seinem Fall grundsätzliche moralische Bedenken verbargen. In einem Memorandum für das OKW trug er vor, daß die HJ nur geringen militärischen Wert besitze und – hier bemüht sich Westphal nicht, seine Ironie zu verbergen – »die jugendliche Kampfbegeisterung« wohl kaum aufrechterhalten werden könne, wenn man sie in den Stabsquartieren und anderen Etappenstellen des Heeres einsetzte. Jeder verfrühte Fronteinsatz der HJ würde auch für die Zukunft die verfügbare Menschenreserve für die deutschen Streitkräfte empfindlich gefährden [116].

Es erübrigt sich zu erwähnen, daß das Memorandum nicht beachtet wurde. Reichsjugendführer Axmann erklärte noch am 28. März 1945: »Aus der Hitler-Jugend ist eine Bewegung junger Panzerknacker hervorgegangen« und betonte immer wieder die seit Kriegsanfang bereits zu Gemeinplätzen gewordenen Schlagworte:

»Aus der Hitler-Jugend ist die Bewegung der jungen Panzerbrecher entstanden ... Es gibt nur Sieg oder Untergang. Seid grenzenlos in der Liebe zu eurem Volk und ebenso grenzenlos im Haß gegen den Feind. Eure Pflicht ist es, zu wachen, wenn andere müde werden; zu stehen, wenn andere weichen. Eure größte Ehre sei aber eure unerschütterliche Treue zu Adolf Hitler!« [117]

Die Begegnungen mit fanatisierten Hitlerjungen hatten oft etwas Erschreckendes. Im Ruhrkessel ließen die Deutschen die amerikanischen Panzer durch und warteten dann auf die langsamer vordringenden Infanterieeinheiten, die sich ihren Weg mitten durch den Teutoburger Wald erkämpften. Hier gab es bei den deutschen Einheiten noch starke Formationen von Hitlerjungen aller Altersgruppen, die die amerikanischen Truppen aus dem Hinterhalt angriffen, ihnen schwere Verluste zufügten und dann im Wald verschwanden [118]. Wenn man sie stellte, kämpften sie häufig bis zum letzten Kind. Oberstleutnant Roland Rolb von der 84. US-Division erinnert sich an einen Fall, wo seine Männer auf das Feuer einer von zwölfjährigen und noch jüngeren Kindern besetzten Artilleriestellung stießen: »Die Jungen kämpften bis in den Tod und weigerten sich, sich zu ergeben.« [119] Bis zum letzten Augenblick wurde die deutsche Jugend aufgerufen, bei der Verteidigung des Reiches gegen die »bolschewistischen Horden« und die »angloamerikanischen Gangster« mitzukämpfen. Allzu oft folgte sie diesem Ruf.

»Sie waren mit Heldenlegenden gefüttert worden, solange sie zurückdenken konnten. Für sie war der Aufruf zum ›letzten Einsatz‹ keine Phrase, er traf sie mitten ins Herz, und sie empfanden, daß nun ihre Stunde gekommen sei, der Augenblick, in dem auch sie ganz zählten und nicht mehr beiseite geschoben wurden, weil sie noch zu jung waren. Überall fand man sie: sie schippten Tag und Nacht am Ostwall oder am Westwall, jenem System von Verteidigungsgräben und Panzerfallen, das während der letzten Monate an allen Grenzen ausgebaut wurde. Sie versorgten die Flüchtlinge, sie halfen den Verwundeten. Während der Bombenangriffe bekämpften sie die Flammen und mühten sich um die Rettung kranker oder verletzter Menschen. Schließlich traten sie den Russen mit den Panzerfäusten entgegen, die an den ›Volkssturm‹ ausgegeben wurden.« [120]

Die größeren Kämpfe, über die Berichte vorliegen, fanden in Breslau und Berlin statt. In Breslau, seit März 1945 von den russischen Streitkräften umzingelt, formte Gebietsführer Herbert Hirsch ein gut ausgerüstetes und von erfahrenen Unteroffizieren der Wehrmacht geführtes Regiment. Immer wieder gelang es ihnen in Gegenangriffen, wichtige Stellungen von den Russen zurückzuerobern, und die Ortsbevölkerung gab ihrer Stellung den Spitznamen »Hitler-Jugend-Ecke«. Sie kämpften noch bis zur Übergabe der Stadt am 9. Mai 1945 [121].

Eine Tagebuchaufzeichnung vom 13. April 1945 berichtet:

»Der Oberst vereidigt junge Frauen und Mädchen als Kampfhelferinnen. Sie müssen den üblichen Soldateneid sprechen und sollen an der Nordfront an Geschütze gestellt werden. An dem Flakgeschütz vor der Seminarmauer sind 13- bis 15jährige Jungen in viel zu weiten Uniformen und mit Stahlhelmen als Geschützbedienung eingesetzt.« [122]

Auf Axmanns persönlichen Befehl wurden am 23. April 1945 Hitler-Jugend-Bataillone ausgehoben, um die Pichelsdorfer Brücken über die Havel vor Berlin zu verteidigen und den Weg für Wencks Geisterarmee, Hitlers letzte Hoffnung auf Befreiung, offenzuhalten [123]. Da die Armee Wenck in der Form, in der sie Hitler sich vorstellte, gar nicht existierte, kämpften die Hitlerjungen umsonst.

»In den flachen Gräben vor der Pichelsdorfer Brücke, beiderseits der Heerstraße, lagen in kleineren oder größeren Abständen Hitlerjungen mit Panzerfäusten allein oder zu zweien. Die Morgendämmerung war bereits so weit fortgeschritten, daß sich die dunklen Umrisse schwerer russischer Panzer in der Nähe des Bahnhofs Heerstraße deutlich vom dunkleren Hintergrund abhoben. Sie standen mit Schußrichtung auf die Brücken. Zu dritt rannten wir mit äußerster Kraftanstrengung über die lange schmale Brücke und waren herzlich froh, als wir uns auf der anderen Seite im Schutz der Straßenböschung verschnaufen konnten. Nach einigen Stunden Suchen in dem kleinen Waldstück, das sich der Straße entlangzieht, fanden wir den Führer der sich dort verteidigenden Kampfgruppe in einem mit Holz abgestützten Erdbunker, der in den ansteigenden Hang einer kleinen Senke gebaut war. Nachdem wir uns ausgewiesen hatten, erfuhren wir aus seinem Munde vom Schicksal seiner Leute. ›Als vor etwa fünf Tagen die Kämpfe hier begannen‹, erzählte er, ›waren es rund 5000 Jungen der Hitler-Jugend und einige Soldaten, die den verzweifelten Kampf gegen die erdrückende Übermacht aufnahmen. Die nur mit Gewehren und Panzerfäusten notdürftig ausgerüsteten Jungen hatten durch die Wirkung des verheerenden Artilleriefeuers furchtbare Verluste erlitten. Von den

5000 Jungen waren nur noch etwa 500 kampffähig. Keine Reserven, keine Ablösungen trafen ein, um den ermüdeten Jungen auch nur kurze Zeit Schlaf zu gönnen‹.« [124]
Das war keineswegs ein vereinzelter Vorfall. Ein Wehrmachtsoffizier berichtete von einer Begegnung mit den Jungen: »Wir fragten ihn, wie er denn mit seinen 13 Jahren überhaupt dazu kommt, mitzukämpfen. Und er zeigt auf seine Kameraden, die zum Teil aus Oranienburg sind. ›Wir wurden von dem Standortführer, Hauptbannführer Frischefsky, durch Polizei aus den Häusern geholt und mußten in den Kasernen der SS und auf dem Schloßplatz antreten. Dann wurden die einzelnen Fähnlein aufgeteilt und Gruppen der SS und dem Volkssturm zugeteilt. Nördlich und östlich der Stadt wurden unsere Gruppen eingesetzt. Die meisten von uns wurden vom Infanteriefeuer getötet, denn wir mußten über freiem Feld angreifen. Später tobte der Kampf in der Stadt. Zwei Tage. In zwei Tagen und zwei Nächten wechselte Oranienburg viermal den Besitzer. Und dabei gingen eben fast alle von uns drauf. Dann schoß der Russe noch mit der Stalinorgel in die Stadt. Und als wir Schluß machen wollten und nach Hause gingen, wurden wir angehalten und mußten mit, nach Eden zu, über den Kanal flüchten. Mein Jungzugführer, der sich weigerte, wurde von ein paar SS-Männern und einem SA-Mann am nächsten Baum aufgehängt. Er war ja auch schon 15 Jahre. Da ging dann der Rest von unserem Fähnlein, acht Mann – früher waren wir 120 –, mit. Als dann die Kanalbrücke gesprengt wurde, hatten wir Ruhe. Ich traf noch ein paar Schulfreunde, die mir sagten, daß der Hauptbannführer mit seiner Freundin und dem Stammführer Schiller von der Fliegertechnischen Vorschule schon vor zwei Tagen mit Fahrrädern nach dem Westen abgehauen sind. Ich bin dann nach Velten gelaufen und wollte nach Henningsdorf, wo ich eine Tante habe. Aber unterwegs, kurz vor dem Ort, wurde ich aufgegriffen. Dann kämpfte ich in Reinickendorf. An der Straße nach Spandau. Und dann sind wir zurückgegangen. Heute morgen wurden wir neu gesammelt und sollen hier eingesetzt werden.‹« [125]

Sie wurden vor den Brücken geopfert, und sie wurden vor Hitlers Bunker geopfert. Bei seinem letzten öffentlichen Auftreten anläßlich seines 56. Geburtstages im Garten der Reichskanzlei verteilte Hitler Orden an einige der Verteidiger Berlins und heftete auch einigen zwölfjährigen Hitlerjungen das Eiserne Kreuz 2. Klasse an die Brust [126]. Man hatte sie einfach in den Hexenkessel der Vernichtung geworfen. Die Jungen der Division Hitler-Jugend hatten wenigstens eine richtige militärische Ausbildung genossen. Die, die nach ihnen kamen, hatten als einzige Vorbereitung den Mythos von Langemarck und die Legenden von den »Helden der nationalsozialistischen Bewegung« mit auf den Weg bekommen. Es waren verschreckte Buben, zwischen dem Phrasengeschwätz, mit dem man ihre Phantasie genährt hatte, und der Realität des Krieges hin und her gerissen. Eine Gruppe solcher verängstigten Jungen bemannte eine aus Straßenbahnwagen errichtete Barrikade auf einer der Münchner Isarbrücken. Der jüngste war etwa zehn, der älteste kaum vierzehn Jahre alt. Sie trugen aus Hitler-Jugend, Luftwaffe und Waffen-SS bunt zusammengewürfelte Uniformen, viel zu groß für sie, und sie hatten viel zu große Angst, ihre Panzerfäuste gegen eine schier endlose Kolonne von Sherman-Panzern abzufeuern, die der Barrikade schwerfällig entgegenrollten. Es war Montag, der 30. April 1945. Ungefähr um die gleiche Zeit, als ihr Führer Selbstmord beging, kamen diese Hitlerjungen in Kriegsgefangenschaft. Am nächsten Tage brachte man sie an einen Ort, von dem sie bisher nur im Flüsterton oder in makabren Witzen gehört hatten: in das befreite Konzentrationslager Dachau. »Links und rechts mischten sich Amerikaner mit den KZ-Häftlingen mit ihren vertikal blau-weiß gestreiften Anzügen, die an den Figuren hingen, Figuren, so dünn, daß es unmöglich war, zu glauben, sie könnten sprechen, geschweige denn aufrecht gehen. Ihre Köpfe waren kahl geschoren oder bedeckt mit einer Mütze aus gleichem Stoff wie ihre Uniform. Das Tor war flankiert von zwei Sherman-Panzern, deren Besatzungen die sie umgebenden Häftlinge mit Kaugummi und Schokolade fütterten und Zigaretten austeilten ... Während der ersten paar

Minuten im Lager fürchtete ich, daß man uns zerreißen würde. Zu unserer Überraschung sprachen sie kein Wort und erhoben keine Faust, obwohl sie uns überall hin folgten. Zuerst wurden wir zu einem Abstellgleis geführt, das vom Hauptlager abzweigte. Ein amerikanischer Soldat suchte die scheinbar Stärksten von uns aus und befahl in perfektem Deutsch, einen Güterwaggon auf dem Gleis zu öffnen. Mit Brechstangen und Anstrengung wurde die Tür zurückgeschoben.

Das erste, was herausfiel, war das Skelett einer Frau. Dann fiel nichts mehr heraus, denn die Körper waren wie Sardinen zusammengepfercht, daß einer den andern stützte ... Dann wurden wir in einen Ziegelbau geführt, der furchtbar stank. In einer Halle dachten wir zuerst, wir wären in einer Heizanlage, aber vor den Öfen sahen wir Metallgestelle wie Lazarettbahren. Einige von ihnen waren halbwegs in den Öfen, bedeckt von den Überresten verbrannter Körper. Die folgende Nacht war eine schlaflose. Was wir gesehen hatten, war zu überwältigend, als daß es verdaut werden konnte. Ich heulte ganz einfach los.« [127]

Für diesen Hitlerjungen war eine Welt zusammengebrochen. Er war nur einer von Millionen einer Generation, die von einem neutralen Beobachter folgendermaßen charakterisiert wurde:

»Seit diese Jungens mit einigem Bewußtsein ihr Leben lebten, gibt es für sie nur Mangel und Entbehrung, nur eine Rationierung der Lebensmittel, der Kleider und all der vielen Kleinigkeiten, die Kinder auch dann noch lieben, wenn ihnen eine harte Erziehung bereits die Angst vor dem Sterben nahm. Seit diese Jugend mit offenen Augen durch das Leben schreitet, kennt sie die Sorgen der schwer arbeitenden Mutter, die noch die Last des im Felde stehenden Vaters zu tragen hat, kennt sie nur Arbeit, Arbeit und noch einmal Arbeit. Seit mehr als zwei Jahren gesellt sich dazu noch das Leben unter den Bomben des Feindes. Niemand braucht sich deshalb zu wundern, wenn diese Jugend hart geworden ist, hart nach außen, hart im Herzen und im Denken. Kaum, daß sie noch einige Tränen unterdrückt, wenn die Nachricht vom Heldentod des Vaters oder Bruders kommt, die sie beide kaum gekannt haben und die mehr durch die Erzählungen der Mutter und aus Briefen in ihrer Vorstellung eine fest umrissene Gestalt annahmen. Niemand braucht sich zu wundern, wenn diese 16jährigen ganz gute Soldaten werden. Sie verkörpern im wahren Sinne des Wortes zu einem großen Teil den Nachwuchs der Toten des Dritten Reiches.« [128]

Hitler war tot, das Dritte Reich und seine Jugendorganisation zertrümmert. Und das gilt auch für die deutsche Jugendbewegung als eine kämpferisch organisierte Massenbewegung. Einige ihrer ehemaligen Mitglieder werden noch hie und da an die Zeit zurückdenken, als die Krise, die nackte Angst und der Glaube an ihr Vaterland sie verband. Und in solchen Augenblicken der Erinnerung mögen manche von ihnen vielleicht wehmütig an den Kameradschaftsgeist der Vergangenheit zurückdenken und versucht sein, mit milder und wohlwollender Geringschätzung auf jene hinabzublicken, die an diesem Kameradschaftsgefühl, für das in der allgemeinen Hast und dem Getriebe einer atomisierten industriellen Wettbewerbsgesellschaft nur wenig oder kein Platz ist, nicht teilhaben konnten. Aber eine solche Anwandlung von Nostalgie findet ein jähes Ende, denkt man zwangsläufig an die Opfer, an die Unschuldigen und den entsetzlichen Mißbrauch, der mit ihrem Idealismus und ihrer Bereitschaft zur Selbstaufopferung getrieben wurde. Sie waren einer besseren Sache wert als jener, die der Mann, dessen Namen sie einst trugen, zu bieten hatte. Die Hitler-Jugend veranschaulicht eine der erschreckendsten Erscheinungen des Nationalsozialismus: den grundsätzlichen Idealismus, den er als treibende Kraft verwendete und sich für seine Exzesse zunutze machte.

XII. Nachwirkungen

»Nach Auschwitz kann es keine Dichtung mehr geben.« [1] Der
letzte deutsche Traum, der Traum von »Volk« und »Volksgemeinschaft« hatte sich im bestialischen Gestank der musterhaft
betriebenen Todesfabriken, die die Reinerhaltung der deutschen Rasse auf immer sicherstellen sollten, aufgelöst. Eine
scheinbar letzte Revolte gegen die Maschine und das technische
Zeitalter war fehlgeschlagen und hatte in ihrem Sog soviel Leid
und Vernichtung mit sich gezogen, daß die Worte keiner Sprache fähig sind, ihr Ausmaß zu beschreiben.
Und da stand, gebeugt und geschlagen, inmitten der Trümmer,
Deutschlands junge Generation, eine von gestürzten Symbolen
und geschändeten Idealen umgebene Jugend, die wenigstens,
nach dem, was sie gesehen und erlitten hatte, zum größten Teil
für die Zukunft von exaltierten »Weltanschauungen« und politischem Radikalismus geheilt war. Sie hatte alles und das Gegenteil davon erlebt. Als Baldur von Schirach beim Kriegsverbrecher-
prozeß in Nürnberg zu zwanzig Jahren Kerker verurteilt wurde,
interessierte das noch kaum jemanden, und als Axmann öffentlich
bereute, Hitlerjungen in der Schlacht um Berlin geopfert zu
haben, wurde es zur Kenntnis genommen und vergessen. Die
Probleme der unmittelbaren Gegenwart, die Fragen des Überlebens nahmen die Menschen so in Anspruch, daß kaum Zeit
blieb, sich um Schuld und Verantwortlichkeit zu kümmern.
Im Jahre 1945 herrschte schlimmster Lebensmittelmangel:
Deutschland verfügte nur über 40⁰/o der von der Bevölkerung
benötigten Nahrungsmittel, aber dieser Mißstand wirkte sich
eigentlich erst richtig in den Jahren 1946 und 1947 aus. Die
durch die Zerstörungen entstandenen Trümmer beliefen sich in
Deutschland auf 400 Millionen Kubikmeter, 19 Millionen Wohnungen, 2 ³/4 Millionen Wohnhäuser waren dem Erdboden gleich-
gemacht und 1 ¹/4 Millionen schwer beschädigt. In Hamburg waren 53⁰/o aller Wohnungen zerstört, in Köln 70⁰/o, in Dortmund
66⁰/o, in Berlin 37⁰/o, in München 33⁰/o, in Magdeburg 50⁰/o

und in Dresden 60% [2]. Baracken, Scheunen, Keller zerstörter Häuser mußten vielen für Jahre als Notbehelf dienen. Über sechzehn Millionen Deutsche waren aus dem Osten geflohen, und zwölf Millionen von ihnen fanden in den westlichen Besatzungszonen ein Unterkommen. Die Produktionsleistung der Industrie war fast auf den Nullpunkt gesunken, und die Textilindustrie z. B. befand sich damals in einem solchen Zustand, daß ihren Produktionsnormen gemäß auf jeden Deutschen alle vierzig Jahre ein Mantel und alle zehn Jahre ein Hemd gekommen wären [3]. Die Reisebestimmungen der alliierten Besatzungsmächte machten es dem Einzelnen fast unmöglich, sich von einer Zone in die andere zu begeben. Die öffentlichen Transportmittel, besonders die Eisenbahn, waren so gut wie nicht vorhanden. Das Geld, was man noch besaß, war wenig wert, und der schwarze Markt blühte überall in Deutschland; man bekam zwanzig amerikanische Zigaretten für 150 Mark, ein Kilo Kaffee für 600 Mark und ein Pfund Butter für 250 Mark [4]. Diesen Hintergrund von Armut, Zerstörung und Hunger muß man berücksichtigen, wenn man über die Gleichgültigkeit und Teilnahmslosigkeit vieler, wenn nicht der meisten jungen Deutschen spricht, denen man in Presse und Film die Greuel der Konzentrationslager vor Augen hielt. Nur die, die sie wirklich erlebt oder gesehen hatten, waren sicher, sie nicht so schnell wieder zu vergessen. Aber für die meisten war der Krieg vorbei; jetzt ging es einzig und allein nur noch darum, seine Folgen zu überleben.

Deutschlands Nachkriegsjugend wuchs in Trümmern auf, lebte in ihnen, spielte in ihnen, stand in den Trümmern Schlange und erhielt dort ihre Erziehung. Das war eine Umwelt, die zu jenem neuen, nüchtern praktischen Denken in allen Lebensfragen anregte, das so entscheidend zur Entwicklung des Nachkriegsdeutschland der nächsten zwanzig Jahre beitragen sollte. Die Kinder räumten gemeinsam mit ihren Müttern die Trümmer von den Straßen, suchten in den Ruinen nach Brennholz, und ganze Banden von Jungen und Mädchen versammelten sich an gewissen Punkten der Eisenbahnstrecken, wo die Kohlenzüge ihr Tempo verlangsamen mußten, kletterten auf die Waggons und warfen in Sekundenschnelle genug Kohlen herunter, daß die anderen ihre Säcke damit anfüllen konnten. Sie plünderten Automobile der Besatzungsmächte – besonders, wenn sie Amerikanern gehörten –, waren nach Eßwaren und Zigaretten aus, nach allem, das als »Währung« auf dem schwarzen Markt zu gebrauchen war.

Die Wiedereinführung der allgemeinen Schulpflicht im Oktober 1945 war der erste Schritt der Rückkehr zu einem normalen Leben. Aber damals machte sich diese Maßnahme kaum bemerkbar. Es herrschte ein solcher Mangel an Schulräumen, daß in vielen Fällen zwei oder mehrere Schulen zusammengelegt wurden. Der Unterricht wurde nur schichtweise erteilt, und in den ersten Jahren war der schwarze Markt in den Klassenzimmern mindestens ebenso rege wie auf den Straßen der Städte. Die Zugehörigkeit zu einer Schulklasse besagte nichts mehr über die Altersgruppe, der der Schüler entsprach. Der Krieg hatte das gesamte Schulsystem so durcheinandergebracht, daß man oft Siebzehn- oder Achtzehnjährige in Klassen fand, die normalerweise von Dreizehnjährigen besucht wurden [5], und dieses Problem machte den Oberschulen und Gymnasien für Jungen viel mehr zu schaffen als den Lyzeen für Mädchen, denn die Jungen waren vom Krieg stärker betroffen gewesen.

Die Probleme waren etwa die gleichen auf den Universitäten, wo man als Aufnahmebedingung von jedem Studenten verlangte, ein, manchmal auch zwei Semester als Hilfsarbeiter beim Wiederaufbau der Universität zu helfen. Und doch hatten diese Studenten etwas Imponierendes. Diese abgezehrten, ausgehungerten, im Feldgrau aller ehemaligen Wehrmachtsteile gekleideten jungen Menschen betrieben ihr Studium mit einem Ernst und einer Entschlossenheit, die jedem Universitätsprofessor von heute legendär erscheint. Ein amerikanischer Gastprofessor an der Universität Marburg berichtete aus dem Jahre 1946: »Ich habe niemals bessere Studenten gehabt als die in Marburg. Mir und meinen Kollegen erschienen sie als junge Männer und Frauen von ungewöhnlichem geistigem Ernst, von tiefem Verständnis für die Probleme der Zeit und beseelt von einem brennenden Wunsch nach zuverlässigem Wissen und Kenntnis der Methoden wissenschaftlicher Arbeit. Es mag wahr sein, daß sehr wenige dieser Studenten als überzeugte Demokraten bezeichnet werden konnten. Jedoch betrachte ich diese Haltung in keiner Weise als ein Negativum; sie erscheint mir vielmehr als das Ergebnis einer vorsichtigen Einstellung, wie sie einem ernsthaften Menschen ansteht, der sich davor scheut, von der einen Ideologie in eine andere zu springen, von der er noch wenig weiß und die er noch nicht an der Arbeit gesehen hat.« [6]

Hatte sich 1918 die deutsche Jugend zum großen Teil nur sehr schwer in das normale Zivilleben zurückgefunden, so gab es 1945 dieses Problem nicht. Die überwältigende Mehrheit der Zurückgekehrten war fest entschlossen, die Uniform für immer abzulegen, und als sich bereits 1948 die Frage nach Deutschlands militärischem Beitrag zur Verteidigung des Westens erhob, war die spontane Reaktion: »Ohne uns!« Die Wiederaufrüstung stieß fast auf allgemeine Ablehnung – und nicht zuletzt, weil die Aufrüstung eines Teiles von Deutschland die Spaltung nur noch endgültiger machen konnte. Das hieß aber nicht, daß die Jugend jedes politische Engagement ablehnte. Schließlich waren es im Sommer 1951 deutsche Jugendgruppen gewesen, die sich über die Deutsche Bucht nach Helgoland begeben hatten, um gegen die »Royal Air Force« zu protestieren, die diese Insel für Bombentests verwendete und sie unbewohnbar machen wollte. Und dieser Protest erreichte sein Ziel. Die zur Bombardierung eingesetzten RAF-Geschwader überflogen die Insel, kreisten mehrere Male über ihr und kehrten zu ihren Stützpunkten zurück, ohne eine Bombe abgeworfen zu haben.

Im Herbst 1949 und Sommer 1950 schlossen sich Jugendliche den Arbeitern des Erzbergbaues von Salzgitter an, als die Besatzungsmächte sie im Rahmen des Demontageprogramms für die deutsche Eisenindustrie sprengen wollten. Und Salzgitter wurde nicht gesprengt [7]. Sie protestierten gegen die Teilung Berlins, des düsteren Wahrzeichens der Teilung ihres Landes, sie setzten sich dem russischen Feuer aus, als sie auf das Brandenburger Tor kletterten, die rote Fahne herabholten und an ihrer Stelle die schwarz-rot-goldene Fahne hißten, und sie stellten sich 1953 in Berlin, Magdeburg und Leipzig den russischen T-34-Panzern mit Ziegelsteinen in den Weg. Und als die Europa-Idee an Boden gewann, glaubten sie, die Entwicklung schneller vorantreiben zu können, indem sie in Kehl und anderswo die Grenzbäume niederrissen und öffentlich verbrannten [8].

Die Tatsache, daß die Jugend in einem Teil Deutschlands in der Lage war, öffentlich zu protestieren, machte es um so deutlicher, daß ihre Altersgenossen im sowjetisch besetzten Teil Deutschlands nicht die Möglichkeit hatten, sich gegen die Politik ihrer Besatzungsmacht auszusprechen, geschweige gegen die seit 1946 aufgenommene Wiederaufrüstung zu protestieren. Die Jugend in der Sowjetzone hatte, im Gegensatz zu den westlichen Zonen, zumindest an der Oberfläche keine großen Veränderungen mitgemacht. Die Russen und ihre deutschen Handlanger waren entschlossen, die Jugend möglichst rasch organisatorisch zu erfassen. Was früher die Hitler-Jugend war, hieß jetzt FDJ (Freie Deutsche Jugend); sie trugen blaue statt brauner Hemden und gliederten sich rasch unter Erich Honeckers energischer Führung in den Apparat der SED, der Sozialistischen Einheitspartei Deutschlands, ein. Die jungen Deutschen im Westen konnten gegen alles, was ihnen nicht gefiel, protestieren; im Osten, wo die Partei – wie in Hitlerdeutschland – dem Staate gleichgesetzt wurde, durften sie es nicht: es sei denn, sie waren bereit, sich in eines den Bedürfnissen der SED und ihrer russischen Herren angepaßten Konzentrationslager einsperren zu lassen oder gar nach Sibirien zu gehen. Als die Verzweiflung sie auf die Straße trieb, sorgte die russische Besatzungsarmee dafür, daß der Protest rasch niedergeschlagen wurde. Die einzige Wahl, die ihnen blieb, war die Flucht, und von ihr wurde Gebrauch gemacht, solange es irgend möglich war.

Trotz der Unterdrückung im Osten und der scharfen Wachsamkeit im Westen tauchte immer wieder die Frage auf, ob die rechtsradikalen Einflüsse wirklich aus den deutschen Jugendbewegungen verschwunden seien. Das Thema vom Neonazismus und von neonazistischen Jugendorganisationen gehörte zum eisernen Bestand der internationalen Presse, bis es endlich 1966 durch die von Paris-Match angewandten Methoden endgültig in Mißkredit geriet [9]. Allerdings beruhten all diese Berichte, so sensationell sie auch aufgebauscht sein mochten, fast immer auf einem Teil von Wahrheit, wie es aus den beiden Malen, als das Thema wieder aufgegriffen wurde – 1953 und 1959 –, hervorgeht.

Das erste Mal, daß eine sensationelle Meldung die Welt erschütterte, war am 14. Januar 1953. Der britische Hohe Kommissar in Bonn und das britische Außenamt in London gaben in einer amtlichen Mitteilung der Öffentlichkeit bekannt, eine ganze Gruppe ehemaliger führender NSDAP-Mitglieder, die angeblich geplant hatte, zu irgendeiner Zeit in Westdeutschland die Macht zu ergreifen, befinde sich in Gewahrsam. Die Tätigkeit dieser Gruppe erstrecke sich hauptsächlich auf die britische Besatzungszone, und um sie einer gründlichen Prüfung zu unterziehen, habe der britische Hohe Kommissar, Sir Brian Robertson, beschlossen, die führenden Mitglieder verhaften zu lassen. Unter ihnen befand sich Dr. Werner Naumann, ehemaliger Staatssekretär in Goebbels' Ministerium, der in Hitlers »Letztem Willen« zum Propagandaminister ernannt worden war. Die übrigen waren ehemalige Gauleiter, höhere Parteibeamte und auch einige ehemalige HJ-Führer. Die Naumann-Gruppe machte wochenlang Schlagzeilen, aber mit der Zeit erlahmte das Interesse des Publikums. Als Ende 1954 dann die Meldung erschien, alle Verhafteten seien entlassen und die Verfahren gegen sie eingestellt, scherte sich kaum noch ein Mensch darum [10].

Immerhin hatten die britischen Behörden Anlaß zu Besorgnis. Den Verhaftungen war in Nordrhein-Westfalen und Niedersachsen eine Entwicklung vorausgegangen, die unter den Aspekten der damaligen Zeit als gefährlich betrachtet werden konnte. In der dortigen FDP hatte sich eine Anzahl von ehemaligen NSDAP-Funktionären versammelt, die das Normale weit überstieg. Der Fraktionsvorsitzende der FDP im Landtag von Nordrhein-Westfalen, Wilke, ehemaliges Mitglied der Reichsjugendführung, hatte sich durch Geschicklichkeit den Weg zu einer raschen politischen Karriere geöffnet. Man vermutete, Wilke habe die Absicht gehabt, die FDP mit ehemaligen Nationalsozialisten zu unterwandern, was er bereits vorher bei der CDU – allerdings ohne Erfolg – versucht hatte. Einige seiner ehemaligen Mitarbeiter hatten bei der SPD größeres Glück, wo eine ganze Gruppe ehemaliger HJ-Führer mit Professor Carlo Schmid Verbindung aufnahm [11]. Wilke festigte seine Position in Nordrhein-Westfalen im Jahre 1947, und sechs Jahre später saßen fünfzehn Mitglieder der ehemaligen NSDAP-Prominenz in der Leitung der nordrhein-westfälischen FDP, unter ihnen sieben SS- und vier HJ-Führer. In Niedersachsen war die Lage ähnlich. Das sagt natürlich an sich noch nichts über die politische Einstellung der einzelnen Betroffenen aus, aber schon in Anbetracht ihrer Anzahl mußte die Mitgliedschaft ehemaliger, wenn auch junger NSDAP-Funktionäre bei Außenstehenden einige Besorgnis auslösen, um so mehr, als sich ähnliche Entwicklungen in der konservativen DP und beim BHE gezeigt hatten [12].

Von der Parteiebene aus war da nicht viel zu machen; die FDP-Leitung gab diese Entwicklung auch offen zu:

Wir erklären offen, daß im Landesverband eine Reihe von Mitarbeitern tätig sind, die als junge Menschen in die HJ gezogen sind und dort auch Führungsstellen innehatten. Auch einzelne Angehörige der Waffen-SS arbeiten in der Landesgeschäftsstelle oder in den Bezirken und Kreisen. Selbstverständlich haben wir diese Mitarbeiter genau angesehen, ehe wir ihnen Aufgaben übertrugen. Wir haben die Erfahrung gemacht, daß sie sich mit bestem Willen und mit aller Hingabe den ihnen vom Vorstand zugeteilten Aufgaben gewidmet haben und sich mit allen ihren Kräften für die Freie Demokratische Partei einsetzen. Der Vorstand hat auch bei zahlreichen Überprüfungen immer wieder feststellen können, daß negative Tendenzen nicht in Erscheinung getreten sind.[13]

Dr. Middelhauve, der Vorsitzende der FDP in Nordrhein-Westfalen, erläuterte seinen eigenen Standpunkt zu dieser Frage wie folgt:

Ich möchte meine Meinung zu diesem Punkt dahin zusammen-
fassen, daß es sachlich ungerecht wäre, jeder politischen Betäti-
gung früherer Nationalsozialisten von vornherein mit Mißtrau-
en zu begegnen und ihnen den Willen zur Unterwanderung zu
unterstellen. Es müßte der FDP vielmehr gerade im Interesse
der Demokratie hoch angerechnet werden, daß sie auf diesem
Gebiet, uneigennützig und allein von rechtlichen Erwägungen
geleitet, eine Pionierarbeit geleistet hat, durch die eine nicht
wieder gutzumachende Verbitterung und eine gefährliche Ab-
wanderung an sich gutwilliger Elemente in das radikale Lager
verhindert werden konnte. [14]

Die geschichtliche Entwicklung der Bundesrepublik seitdem hat
Dr. Middelhauve schließlich recht gegeben. Aber in jener Zeit
war es wirklich zuviel verlangt, von den Besatzungsmächten
und der öffentlichen Meinung des Auslands die gleiche Ansicht
zu erwarten. Vom Standpunkt des britischen Hohen Kommis-
sars aus war die Lage bedenklich genug, denn als es offenbar
wurde, daß die FDP Beziehungen zum Naumann-Kreis unterhielt, zeichnete sich das Gespenst einer Verschwörung zu deutlich an der Wand ab, und die Briten schritten zur Tat. Im Lichte
des vorgelegten Beweismaterials war die Anklage gegen Naumann und seinen Kreis wegen Gefährdung der britischen Besat-
zungstruppen durch das Vorhaben, die nationalsozialistische
Herrschaft wiederherzustellen, etwas weit hergeholt, wenn nicht
gar lächerlich, aber in der damaligen Zeit war sie verständlich.
Die Angelegenheit führte dann natürlich zu politischen Verwicklungen und wurde an das Bundesverfassungsgericht weiter-
geleitet, dem es genau wie den Besatzungsmächten nicht möglich
war, weitere Beweise zu erbringen, und das schließlich die Verhafteten, ohne Anklage zu erheben, auf freien Fuß setzte. Dieser Fall verhinderte jedoch in keiner Weise das weitere Verbleiben von NSDAP- und Hitler-Jugend-Führern in der FDP, von
denen einige, wie der ehemalige HJ-Gebietsführer Siegfried
Zoglmann, in den Bundestag einzogen oder Ministerposten
erhielten.

Der Neonazismus und besonders die Möglichkeit des Bestehens

aktiver neonazistischer Gruppen begann wieder Ende 1959 die Öffentlichkeit zu beschäftigen, als zwei Jugendliche beim Beschmieren einer Synagoge in Köln mit Hakenkreuzen gefaßt wurden. Sofort wurden Verbindungen zu Rechtsparteien vorausgesetzt und dort nach den verantwortlichen Anstiftern gesucht, aber nichts konnte bewiesen werden. Es folgte eine Welle von Hakenkreuzschmierereien, die sich über die ganze Welt erstreckte. In der Bundesrepublik wurden 243 Fälle strafrechtlich verfolgt; nur 8% dieser Delikte waren aus politischer Überzeugung begangen worden, 48% nichts als Rowdyakte und 15% Kritzeleien von Kindern [15]. Es wäre von den deutschen Behörden gewiß unklug gewesen, diese Vorfälle zu ignorieren, aber die ihnen gewidmete internationale Beachtung war auf jeden Fall übertrieben. Selbst Zeitungen von Niveau veröffentlichten Phantasieberichte, denen zufolge 50 000 deutsche Jugendliche in rechtsextremen Verbänden organisiert seien und Hitlers »Mein Kampf« als ihre Bibel benutzten [16]. Offenbar waren die ausländischen Korrespondenten in Bonn die Opfer zweier Fehlschlüsse: erstens gab es zwar in Westdeutschland noch eine große Anzahl nationalistischer Jugendgruppen, was aber noch lange nicht bedeutete, daß die Gefolgschaft dieser Anzahl entsprach; zweitens waren die Angaben der Führer dieser Gruppen über ihre Mitgliedszahl nicht nur stärkstens übertrieben, sondern fast durchweg frei erfunden [18].

Der »Bundesjugendring« war eine Organisation, in der die meisten deutschen Jugendverbände vertreten waren; dort wurden die »nationalen Jugendbünde« in vier Kategorien eingeteilt. Erstens gab es die mit ausgesprochen politischem Charakter, organisationsmäßig oder ideologisch einer nationalistischen Partei oder einem parteiähnlichen Erwachsenenverband angeschlossen. Zweitens gab es die Jugendbünde von vor 1933, drittens Jugendgruppen, die unter der Obhut von Kriegsteilnehmerverbänden standen, und viertens politische Studentengruppen, die mit extremen Rechtsgruppen eng zusammenarbeiteten [18]. Von all diesen begann die erste Gruppe sehr früh tätig zu werden, als der ehemalige HJ-Gebietsführer Herbert Münchow die mit der

DRP eng zusammenarbeitende »Reichsjugend« gründete, obwohl die eigentliche Jugendgruppe dieser Partei die »Junge
Kameradschaft« war. Die Gruppen erstreckten sich zwar über
das ganze Bundesgebiet, erreichten aber nie die Mitgliederzahlen
der DRP, die in ihrer Glanzzeit nicht einmal 30 000 überstieg
und seit ihrer Fusion mit der NPD im Jahre 1965 aufgehört
hatte zu bestehen. Mit ihr starben auch die »Reichsjugend« und
die »Junge Kameradschaft«. Außerdem war ihre ganze Geschichte, wie die aller Nachkriegsparteien, eine einzige Folge in-
terner Rivalitäten, die zu Spaltungen der Jugendgruppen führten und die Anzahl dieser Verbände erklären. Eine andere
Rechtspartei der fünfziger Jahre war die »Deutsche Gemeinschaft« deren Jugendorganisation »Junge Deutsche Gemeinschaft« hieß; nach internen Streitigkeiten entstand dann noch
die »Junge deutsche Bewegung«, und eine andere Splittergruppe
mit dem Namen »Wiking-Jugend« erfreute sich der Protektion
Mathilde Ludendorffs [19].
Die zahlenmäßig stärkste Gruppe der fünfziger Jahre war der
von Richard Etzel geleitete »Jugendbund Adler«. Etzel hatte
schon in frühen Jahren der Münchner Hitler-Jugend angehört
und war wegen seiner politischen Betätigungen 1932 verurteilt
worden. Etzel beschreibt die Aufgabe seines »Jugendbundes«
wie folgt:
*In unserer Tätigkeit, die der Ausrichtung junger Menschen
dient, arbeiten wir für den Körper, damit dieser zäh, kräftig,
hart und flink werde und bleibe, schulen den Geist, um Wissen
und Können zu erweitern. Dort, wo in einem gesunden Körper
ein reger Geist lebt, hat auch eine Seele Platz, die zu großen
Regungen fähig ist und die jene Haltung in Sauberkeit und
Ehre ermöglicht, die wir in der jüngsten Vergangenheit, aber
auch in der Gegenwart sehr schmerzlich vermißten und noch
vermissen.* [20]
Versuche, die nationalen Jugendgruppen durch die Gründung
des »Kameradschaftsringes Nationaler Jugendbünde« im Jahre
1954 zusammenzufassen, schlugen fehl. Ein interessantes Merk-
mal dieses »Kameradschaftsrings« waren jedoch seine Verzwei-

gungen, die bis nach Österreich und ins deutschsprachige Südtirol reichten. Der österreichische Einfluß war besonders stark, und als der KNJ sich angesichts der Unfähigkeit seiner Mitglieder auflöste, ersetzte ihn der österreichische »Bund heimattreuer Jugend«. Diese Gruppe wurde von dem Wiener Konrad Windisch geleitet, dessen Kontakte sich über ganz Westeuropa erstreckten, wo er in enger Verbindung mit rechtsradikalen Bewegungen in Frankreich, Belgien und Holland stand [21].

Die bündischen Jugendgruppen bemühten sich, das Erbe der »Bündischen Jugend« der Weimarer Republik zu übernehmen. So erhoben die »Deutschen Wandervögel« Anspruch, die Vereinigung einer »rassisch bewußten« deutschen Jugend anzustreben. Eine andere Gruppe, die »Schiller-Jugend«, fand Unterstützung bei Dr. Herbert Böhme, einem Lyriker der Hitlerschen Sturm-Abteilungen. Er versuchte, in die Oberschulen mit seiner Organisation »Deutsches Kulturwerk Europäischen Geistes« Eingang zu finden und bediente sich dabei der »Schiller-Jugend«. Die Behörden setzten seiner Tätigkeit ein Ende, und dieses offizielle Eingreifen hatte einen massenweisen Austritt aus den Jugendgruppen zur Folge, weil viele geglaubt hatten, einer rein kulturellen Organisation beigetreten zu sein [22].

Die militärischen Jugendbünde waren an Mitgliedschaft die stärksten in der Zeit zwischen 1950 und 1960. Der bekannteste von ihnen war der »Deutsche Jugendbund Kyffhäuser«, die Jugendgruppe des Kriegsteilnehmerverbandes »Kyffhäuserbund«. Es gab noch die »Deutsche Jugend im Verband Deutscher Soldaten« und die »Marine-Jugend«, aber wie in den beiden anderen Kategorien schmolz die Mitgliedschaft in den späten sechziger Jahren derart zusammen, daß die meisten von ihnen, wenn sie überhaupt noch existieren, nur noch aus einem Führer und einer Handvoll Anhängern besteht [23]. So geschah es, daß bei einem im August 1961 einberufenen Jugendkongreß in Coburg Richard Etzel mit einem Mitglied auf dem Rücksitz seines Motorrades erschien. Die einzige andere anwesende Jugendgruppe – die aus fünf Mann bestand – war aus Belgien gekommen. Außer ihnen war überhaupt keine Jugend vorhanden.

Die vierte Kategorie, die der Studentengruppen, war in den
späten fünfziger und frühen sechziger Jahren vor allem durch
den »Bund Nationaler Studenten« vertreten. Im Gegensatz zu
den meisten der den drei anderen Kategorien angehörigen Jugendgruppen gab es beim BNS niemanden unter den Führern,
der direkt mit irgendeiner Organisation der NSDAP in Verbindung gestanden hatte, und diese Tatsache wurde auch besonders
hervorgehoben. Der BNS arbeitete eng mit der DRP zusammen
und schien bis 1960 eine beträchtliche Anzahl von Studenten in
seine Reihen gelockt zu haben. In Bonn muß der erste Eindruck
vom BNS eher positiv gewesen sein, denn seine Zeitschrift »Student im Volk« veröffentlichte sogar ein ganzseitiges Inserat des
Bundesministeriums für Verteidigung, in dem Offiziere für die
Bundeswehr angeworben wurden. Der scheinbare Anfangserfolg
führte zu übermäßigem Selbstvertrauen. Der BNS glaubte auf
dem Kamm der »nationalen Welle« zu reiten und ließ die demokratische Tarnung fallen: ehemalige NSDAP-Funktionäre
traten immer häufiger als Redner in seinen Versammlungen auf,
und als die Stimme der öffentlichen Meinung nicht länger außer
acht gelassen werden konnte, wurde der BNS durch Gerichtsbe-
schluß verboten [24]. An seine Stelle trat eine Reihe anderer Organisationen, die im Sog der DRP operierten. Allerdings sollten
diese Bundesgenossen den DRP-Führer Adolf von Thadden
bald in Verlegenheit bringen, als er die NPD startete und sich
alle Mühe gab, seiner Partei ein respektierliches, demokratisches,
kleinbürgerliches Image zu verschaffen. Die Erfolge der NPD
bei den Länderwahlen von 1965, 1966 und 1967 waren zum
großen Teil auf die Unterstützung der Altersgruppen unter
dreißig zurückzuführen. Diese Unterstützung war aber viel
mehr ein Protest gegen die Große Koalition zwischen CDU/CSU
und SPD. Viele junge Deutsche, die keine eigentliche Alternative mehr sahen, gaben ihre Stimme einer Partei, die sie für
die einzige Opposition hielten. Sobald aber die Gegensätzlich-
keit der beiden großen Parteien wiederhergestellt war, kehrten
die jungen Wähler zu ihren alten Parteien zurück, was sich in
den Bundestagswahlen von 1969 bestätigte [25].

Inzwischen hatten einige Wechsel stattgefunden, die die Landschaft der Jugend Westdeutschlands gründlich veränderten. Da war zunächst der Generationswechsel. Man kann im Nachkriegsdeutschland drei große Altersgruppen unterscheiden. Erstens die skeptische Generation, die, die aus dem Krieg zurückgekehrt war und bis in die mittleren fünfziger Jahre die Universitäten besucht hatte. Ihnen folgte eine Altersgruppe, die bereits wieder eine ordentliche Erziehung genossen hatte und die die Früchte des von ihren Vätern geschaffenen Wirtschaftswunders auskosteten. Sie hatten aber noch die in den späten vierziger Jahren herrschenden Zustände in lebhafter Erinnerung und waren um so mehr bereit, die materiellen Vorteile des Wunders zu schätzen. Und ihnen folgte – wenigstens auf den Unversitäten – in den mittleren sechziger Jahren eine Altersgruppe, deren historisches Bewußtsein nicht mehr mit den schlimmen Erlebnissen der Vergangenheit belastet und deshalb auch wieder bereit war, utopischen Zielen zuzustreben, und sich zwar nicht einen totalitären Staat, aber eine totalitäre Gesellschaft wünschte.

Noch im Jahre 1964 ergaben Meinungsumfragen bei der Jugend Westdeutschlands ein Bild, das keine grundsätzliche Ablehnung der vorherrschenden politischen, sozialen und wirtschaftlichen Strukturen erkennen ließ. Die herkömmlichen Autoritätsbegriffe wurden zwar zuweilen als lästig empfunden, aber nicht in Frage gestellt, und auch die Begleiterscheinungen des wirtschaftlichen Wohlstands wie gesellschaftlicher Konformismus und soziales Ansehen wurden als notwendige Übel empfunden, wenn man materielle Vorteile und Erfolg erstrebte. Ein Jahr später machte sich besonders bei den jungen Studenten ein ausgesprochener Wechsel in der Einstellung bemerkbar. In einem Stil und mit Parolen, die den US-studentischen Protestbewegungen – besonders der von Berkeley – entnommen waren, lehnten sie sich zuerst gegen die hierarchischen Strukturen der deutschen Universitäten auf, forderten Unterrichtsreformen und prangerten das immer noch übliche schwerfällige Zeremoniell der Hochschulen an. In diesem Stadium erfreute sich die Studentenbewegung noch starker Sympathien bei den Professoren, aber sehr bald trat die politische und theoretische Auseinandersetzung an die Stelle der praktischen Fragen, und ihre Zweckmäßigkeit war nicht immer klar zu erkennen wie bei den Demonstrationen gegen den Schah des Iran, anläßlich seines Besuches in Berlin im Juni 1967. Der Tod eines Studenten, der nicht einmal zu den Demonstranten gehört und als unbeteiligter Zuschauer auf der Straße gestanden hatte, gab das Signal zu Studentenkrawallen in ganz Westdeutschland. Kaum war diese Welle abgeebbt, kam eine neue auf: diesmal ging es um den Kampf gegen die in Axel Springer personifizierte »Monopolpresse«. Die Kampagne richtete sich vor allem gegen das Ausmaß dieses Pressekonzerns, der eine Manipulation der öffentlichen Meinung darstelle, und gegen die politische Einstellung Springers, die man als demokratisch-konservativ bezeichnen könnte. Gewiß werden einige bezweifeln, daß die Errichtung eines Pressemonopols durch Überkonzentration ein ernsthaftes Problem ist, aber ob es sich durch Molotow-Cocktails und Fanatisierung der Massen lösen läßt, dürfte noch zweifelhafter sein. Auch Vietnam wurde in der Bundesrepublik wie in den meisten andern westlichen Ländern ein häufiger Anlaß zu Studentenunruhen und ein dankbares Objekt zur politischen Agitation [26].

Hochschulreformen, Springer und Vietnam beschäftigten die deutschen Studenten und brachten sie 1967 und bis Anfang 1968 auf die Straßen. Die Demonstrationen erreichten mit dem Mordversuch an Rudi Dutschke, einem der linksradikalen Studentenführer, ihren Höhepunkt. Tagelang hing Dutschkes Leben in der Schwebe, und das Ereignis löste bei den Studenten die heftigste Protestwelle aus, die die Bundesrepublik je erlebt hatte. Vom Karfreitag 1968 an beherrschten die Studenten vier Tage lang die Straßen der großen westdeutschen Städte. Der Pariser »Mai 1968« verlieh den deutschen Demonstranten noch zusätzliche Antriebe. Die außerparlamentarische Opposition, die APO, machte jetzt besonders die »Notstandsverfassung« zur Zielscheibe ihrer Angriffe. Mit ihr erhielt die Bundesregierung bisher für die Alliierten reservierte Polizeifunktionen im Falle die Sicherheit der Bundesrepublik bedrohender innerer Unruhen. Einstige Helden wie Kurt Eisner, Erich Mühsam, Ernst Toller wurden wieder populär. Einige waren bekannter, wie Rosa Luxemburg und Karl Liebknecht, und andere neu, wie Ho Chi Minh, Fidel Castro und Che Guevara. Und natürlich erhielten auch die historischen Begründer des internationalen Kommunismus, Marx, Lenin und Trotzki, ihren Tribut.

Wie die Jugendbewegung aus alten Zeiten wußte die APO sehr genau, was ihr an der herrschenden Gesellschaftsordnung mißfiel. Der Philosoph Herbert Marcuse lieferte ihr mit seiner Kritik der modernen Konsumgesellschaft die schärfsten Waffen. Aber wenn es um die Frage ging, was nun anstelle der liberaldemokratischen Gesellschaft gesetzt werden solle, waren seine Antworten recht vage und naiv und reichten von einer Art von Sowjetsystem bis zu utopischen und anarchistischen Wachträumen. Vielleicht trug dieses Ausbleiben einer möglichen Alternative zum Teil dazu bei, daß die APO bald an Schwung verlor und sich in vielerlei trotzkistische, maoistische und spartakistische Fraktionen auflöste. Ein anderer Grund mag das Wahlergebnis vom September 1969 gewesen sein, als der Sozialdemokrat Willy Brandt Bundeskanzler wurde, die Hoffnungen vieler junger Menschen zumindest verkörperte und die APO weitgehend ihrer Daseinsberechtigung beraubte. Es blieb ein harter Kern übrig, der sich in zwei Hauptgruppen aufteilte; die eine glaubte, daß man die Gesellschaftsordnung nur durch gewaltsame Revolution ändern könne, die andere war überzeugt, daß nur der lange Marsch durch die Institutionen dazu führe: die Politik des »Adolphe Légalité« unter anderen Vorzeichen.

Die Ansicht der ersten Gruppe kristallisierte sich in der Baader-Meinhof-Gruppe, deren intellektuelle Führerin Ulrike Meinhof war, einstige Redakteurin des Studentenmagazins »konkret«. Sie bezeichnete sich als »Fraktion Rote Armee« und setzte sich zum Ziel, »den Krieg in die Wohnviertel der Herrschenden zu tragen ... Durch geeignete Aktionen muß klargestellt werden, daß sich die Angriffe grundsätzlich gegen *alle* Institutionen des Klassenfeindes, alle Verwaltungsdienststellen und Polizeiposten, gegen die Direktionszentren der Konzerne, aber auch gegen alle Funktionsträger dieser Institutionen, gegen leitende Beamte, Richter, Direktoren usw. richten«.

In kleinen Kommandotrupps von mindestens drei und höchstens zehn Mann sollte der Guerillakrieg in die westdeutschen Städte getragen werden, weil »die Großstadt eine Massierung von Angriffszielen ist ... In der Großstadt liegt die ganze Flanke des Feindes offen. Dieser weiß nie, welches Objekt angegriffen wird« [27].

Allein die Fälle von Brandstiftung, deren vermutliche Urheber Linksradikale waren, vermehrten sich von 48 im Jahre 1949 auf 117 im Jahr 1970 und steigerten sich noch zwei Jahre später zu einer Reihe von Bombenattentaten auf amerikanische Hauptquartiere in Frankfurt und Heidelberg, auf einen Bundesrichter, die Kriminalermittlungsstelle in München und die Büros des Springer-Konzerns. Das Ergebnis waren vier Tote und einundvierzig Verletzte [28].

Drei Monate später wurden Ulrike Meinhof, Andreas Baader, Gudrun Ensslin, Tochter eines protestantischen Pfarrers, und ihre Mitarbeiter verhaftet. Aber die Jagd hatte mehreren Polizisten und mindestens einen unbeteiligten Zuschauer, einen in Stuttgart wohnhaften Schotten, das Leben gekostet. Eine mit immer raffinierteren Methoden arbeitende Kriminalität im Dienste utopischer Ziele ist in der Geschichte nichts Neues, aber auf der westdeutschen politischen Bühne seit 1945 war sie bisher nicht dagewesen. Sie zeugt von der extremen Haltung jener weitverzweigten Gruppe junger Deutschen, die es ablehnen, Problemen und Konflikten mit Vernunftslösungen zu begegnen, und die sich statt dessen auf den Weg des Irrationalen und auf die Suche nach einem neuen Jerusalem oder Langemarck mit anderen Vorzeichen begeben.

Inwieweit das auch auf die zweite Gruppe, die »Jusos«, zutrifft, wird sich erst mit der Zeit herausstellen. Immerhin war die Drohung des Bundeskanzlers Brandt am Vorabend des Kongresses der SPD von 1973, sein Amt als Parteivorsitzender niederzulegen, falls die radikalen Einflußgruppen versuchen sollten, die Durchführung seiner 1972 der deutschen Wählerschaft gegebenen Versprechen in Frage zu stellen, bezeichnend für die Gefahr, die man der extremen Linken beimaß und die sich inzwischen nicht verringert, sondern ständig zugenommen hat. Die »Jusos« sind in allen Bereichen der SPD und besonders in den höheren Parteistellen sehr aktiv gewesen und haben es verstanden, sich durch geschicktes Manövrieren überall Positionen zu sichern. Bestimmt hoffen sie, dadurch zu gegebener Zeit die gesamte Basis der SPD-Angehörigen zu verändern. Und wenn das erst einmal erreicht ist, kann man, wie einige von ihnen es taten, nur fragen: Wer braucht schon die Parteiführer?

So hat die Jugend den politischen Aktivismus nicht aufgegeben. Der einzige Unterschied ist, daß sie sich vor einem halben Jahrhundert an den verschiedenen Ausdrucksformen des Rechtsradikalismus begeisterte, während sie jetzt zum größten Teil links engagiert ist, und diese Entwicklung hat sich auch auf die Christdemokraten und Liberalen ausgewirkt. Das Wiedererwachen militanter nationalistischer Jugendbewegungen im Nachkriegsdeutschland war meist nicht mehr als ein Gespenst, das sich beim Kontakt mit der Wirklichkeit rasch verflüchtigte.

Das ist jedoch alles nur die halbe Wahrheit – denn wir sprechen ja nur über die eine Hälfte Deutschlands. Und Studentenunruhen, Demonstrationen, offene Opposition gegen die regierende Partei, offene Militärdienstverweigerung sind Dinge, die in der DDR in die Kategorie »streng verboten« gehören. Dort beginnt die militärische Ausbildung bei den Sechsjährigen mit dem Eintritt in die »Jungpioniere«, wird in der FDJ fortgesetzt, wo der »Jungpionier« im Alter von fünfzehn Jahren aufgenommen wird, und findet in der von einem Generalmajor der Volksarmee geleiteten GST (Gesellschaft für Sport und Technik) noch besondere Betonung, denn von dort aus werden Kurse organisiert, die den »Wehrertüchtigungslagern« aus verflossener Zeit nicht unähnlich sind. Alles steht natürlich im Dienst der Verteidigung des Sozialismus gegen den aggressiven Imperialismus des westlichen Nachbarn.

»Wenige Minuten nach der Alarmierung marschieren die Jugendlichen zu einer Übung ins Gelände an der Tromper Wiek.

Marschsicherung wird geübt. ›Wasserläufe‹ und ›tiefe Schluchten‹ sind auf schmalen Stegen oder am Tau hangelnd zu überwinden. Mit den vorrückenden Stunden klettert die Quecksilbersäule höher. Der Marsch durch knöcheltiefen Sand zehrt an den Kräften. Dann geht es gar im Laufschritt vorwärts. Handgranatenweitwurf folgt. Die Besten legen 50 m vor, andere haben ihre liebe Not, wenigstens die 30-m-Marke zu erreichen. Nächste Station ist der Schießstand. Ruhig muß die KK-MPi in der Hand des Schützen liegen. Sonst wird es nichts mit dem Schuß ins Schwarze.

Vier Stunden dauert die Übung. In diesen vier Stunden beweisen die Jungen gute Kondition, Ausdauer und Zähigkeit.« [29] Das könnte ebensogut der Bericht einer HJ-Übung in einem »Wehrertüchtigungslager« sein, ist aber tatsächlich eine Schilderung aus einem GST-Lager, und ihr Verfasser betont auch, daß solche Leistungen nicht nur auf die der GST-Ausbildung, sondern vor allem auf die »Wehrerziehung« in der Schule zurückzuführen sind. Folgende Schulaufgaben werden siebenjährigen Kindern gestellt:

»1. Beschreibe die Kleidung der abgebildeten Soldaten!
2. Welche Aufgaben haben die Soldaten unserer Volksarmee zu erfüllen? Erzähle, was du darüber gelesen, gehört oder gesehen hast!
3. An einem Tag im Jahr danken wir unseren Soldaten ganz besonders dafür, daß sie uns und unser Land schützen. Suche das Datum und den Namen dieses Tages im Kalender auf und schreibe einen Satz!« [30]

Etwas komplizierter wird es, wenn in der Schule mathematische Aufgaben wie die folgende gestellt werden:

»1.7. (6) Eine feindliche Fernkampfrakete, die mit der Geschwindigkeit $v = 3000$ m/s auf das Territorium der sozialistischen Länder zufliegt, wird vom Radarsystem 600 km vor dem Überfliegen der Grenze geortet. Wieviel Zeit steht zur Verfügung, um diese Rakete spätestens beim Überfliegen der Grenze zu vernichten?

Hinweis: Das Zahlenbeispiel zeigt deutlich, daß die Soldaten

der Luftverteidigung beständige Wachsamkeit besitzen und ihre Waffen und Geräte ausgezeichnet beherrschen müssen, damit sie eine hohe Gefechtsbereitschaft erreichen, um in einem Ernstfall die Sicherheit der sozialistischen Länder garantieren zu können.
1.8. (6) Eine Maschinenpistole (MPi) hat die Masse m_w = 3,8 kg. Ein zugehöriges Geschoß hat die Masse $m_g \approx$ 8 g. Es verläßt mit der Geschwindigkeit v_g = 715 m/s den Lauf.
Berechne nach der Formel

$$m_w \cdot v_w = m_g \cdot v_g$$

die Geschwindigkeit v_w, mit der die MPi beim Abgehen des Schusses zurückgeschleudert wird (Rückstoß)!
Hinweis: Um den Rückstoß bei Artilleriegeschützen abzufangen, haben die Geschützrohre einen Rücklauf; bei Eisenbahngeschützen rollt das ganze Geschütz nach dem Abschießen auf den Schienen zurück. Raketenwerfer sind rückstoßfreie Geschütze.
2.3. (9) Ein Flugzeug fliegt in der Höhe h = 1000 m mit der Geschwindigkeit v = 800 km/h ein Ziel an.
a) In welchem Abstand vom Ziel muß eine Bombe, die nach dem Gesetz des freien Falls fällt, ausgeklinkt werden, damit sie im Ziel auftritt?
b) Bestimmen Sie durch eine maßstäbliche Zeichnung den Vorhaltewinkel β!
Hinweise: 1. Sprengbomben werden z. T. mit Verzögerungs- bzw. Zeitzündern ausgerüstet. Sie können außerdem mit Bremsfallschirmen versehen oder auch durch einen Raketentreibsatz zusätzlich beschleunigt werden.
2. Um durch starken Flakschutz gesicherte Ziele zu bombardieren, werden mit Tragflügeln und Raketentreibsätzen versehene großkalibrige Gleitbomben eingesetzt, die in einer Entfernung bis zu 30 km vor dem Ziel ausgeklinkt werden.« [31]
Auch der Geschichtsunterricht wird so erteilt, daß die Schüler sich mit »der Entwicklung geschichtlicher Beweggründe zur Wehrbereitschaft« bekanntmachen können. Die empfohlenen Methoden sind:

»Analyse der wirkenden Klassenkräfte in Kriegen, Revolutionen, revolutionären Volksbewegungen militärischen Charakters und Aufständen;
Einschätzung des Charakters von Kriegen;
militärpolitische Wertung historischer Ereignisse;
exakte Verwendung militärischer Begriffe;
militärische Vorbildwirkung historisch-revolutionärer Persönlichkeiten;
Pflege historisch-militärischer Traditionen.« [32]
Es ist unmöglich zu ergründen, wie die Jugend der DDR in einer Gesellschaft, die jede spontane und freie Meinungsäußerung unterbindet, darauf reagiert. Im Vergleich ist die Lage in der Bundesrepublik gesünder – wenn auch oft unberechenbar –, denn hier hat die Jugendprotestbewegung wenigstens viel Verkrustetes aufgebrochen, vieles von dem, das sich verhärtet hatte, wiederum in Bewegung gebracht, aus der, zum Besseren oder Schlechteren, neue Formen entstehen können.
Nietzsche sagte einst, es sei die Bestimmung der Jugend, einer Pseudokultur, die sich im Verfall befindet, den Todesstoß zu versetzen. Vielleicht verdient es der Konformismus einer konsumhörigen kapitalistischen Gesellschaft ebenso gestürzt zu werden wie der Konformismus der starren ideologischen Dogmatik im Osten. Ob nun einer von den beiden sich im Zustand des Zerfalls befindet, ist eine offene Frage. Nur eines scheint klar: die Fesseln, die den größten Teil der Jugend Deutschlands anderthalb Jahrhunderte lang in Banden hielten, sind zwar endgültig zerstört, aber im Laufe des Zerstörungsprozesses durch andere ersetzt worden.
Aber dann ist die Verpflichtung eine nicht zu ändernde Gegebenheit des menschlichen Lebens und verglichen mit ihr das *Recht* zur Verfolgung des persönlichen Glücks eine idealistische, aber wenige realistische Formulierung des 18. Jahrhunderts. Der Mensch im Rahmen seiner Verpflichtungen, Verpflichtungen vieler Art, Verpflichtungen, oft als Fesseln empfunden, ist etwas genauso natürliches, wie es unnatürlich wäre für die Jugend, diesen Zustand nicht in Frage zu stellen, nicht gegen ihn zu

rebellieren und nicht zu versuchen, ihre eigenen Ideale an ihren Platz zu setzen. In der Vergangenheit mag es wohl hie und da der Fall gewesen sein, daß sie Änderungen an diesem Zustand herbeiführen konnte, nicht aber dem Zustand als solchem ein Ende zu setzen. Aber niemals, zumindest in der deutschen Geschichte, hat es eine Ära gegeben, der die deutsche Jugend einen höheren Preis für einen solchen Versuch gezahlt hat, an persönlichen Opfern, an physischen und psychischen Wunden, als in jenem von den Zeichen der Rune und des Hakenkreuzes beherrschten Zeitalter.

Die Dienstränge der Hitler-Jugend

Während der kurzen Geschichte der HJ wechselten die Gliederungs-
benennungen häufig. Die hier wiedergegebene Aufstellung stammt, ver-
einfacht, aus dem Jahr 1943. Zur Stärke der einzelnen Einheiten s. das
Schema der nächsten Seite.

Jugendführer des Deutschen Reiches: Baldur von Schirach
Reichsjugendführer: Arthur Axmann

HJ	DJV
Stabsführer	–
Obergebietsführer	–
Gebietsführer	–
Oberbannführer	–
Bannführer	*Jungbannführer*
Stammführer	*Unterbannführer*
Gefolgschaftsführer	*Fähnleinführer*
Scharführer	*Jungzugführer*
Kameradschaftsführer	*Jungenschaftsführer*
Hitlerjunge	*Pimpf*

BDM	DJM
Reichsreferentin	–
–	–
Obergauführerin	–
Hauptmädelführerin	–
Untergauführerin	*JM-Untergauführerin*
Mädelringführerin	*JM-Ringführerin*
Mädelgruppenführerin	*JM-Gruppenführerin*
Mädelscharführerin	*JM-Scharführerin*
Mädelschaftsführerin	*Jungmädelschaftsführerin*
Mädel	*Jungmädel*

Diagramme

I. Die Gebietsaufteilung der Hitlerjugend 1943

Sie bestand aus insgesamt sechs *Obergebieten*, deren jedes aus mindestens sechs, höchstens acht *Gebieten*. Seit 1940 entsprach ein *Gebiet* einem NSDAP-*Gau*. Jedes umfaßte, je nach Größe, mehrere HJ-*Banne*, DJ-*Unterbanne*, *Jungmädeluntergaue* und *Untergaue*. Damals gab es 42 *Gebiete* und 223 *Banne* (mit entsprechenden DJV-, DJM- und BDM-Gliederungen); außerdem unterstanden der Reichsjugendführung Schwerpunkte in der CSSR (Böhmen–Mähren), in Polen (dem Generalgouvernement), im Osten in den baltischen Ländern, Rußland, Ukraine und auf dem Balkan und in den Niederlanden.
Jeder *Bann* hatte fünf *Unterbanne*, jeder *Unterbann* vier *Gefolgschaften*, jede *Gefolgschaft* drei *Scharen* und jede *Schar* drei *Kameradschaften*. Das gilt gleichermaßen für die entsprechenden DJV-, DJM- und BDM-Gliederungen.

DER AUFBAU DER HITLERJUGEND

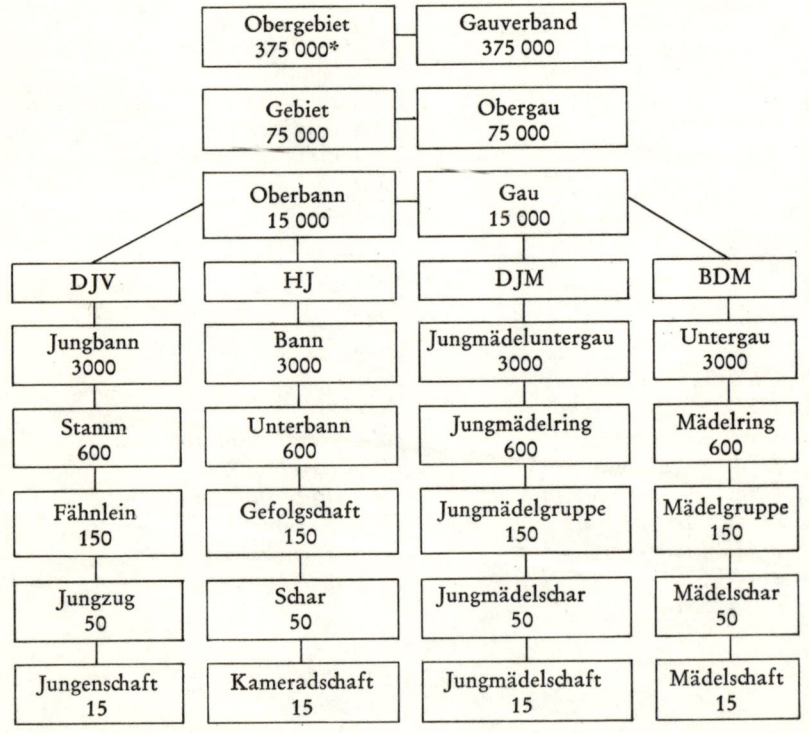

* Annähernde Zahlen nach Gebieten bzw. Einheiten.

II. Die Reichsjugendführung 1933

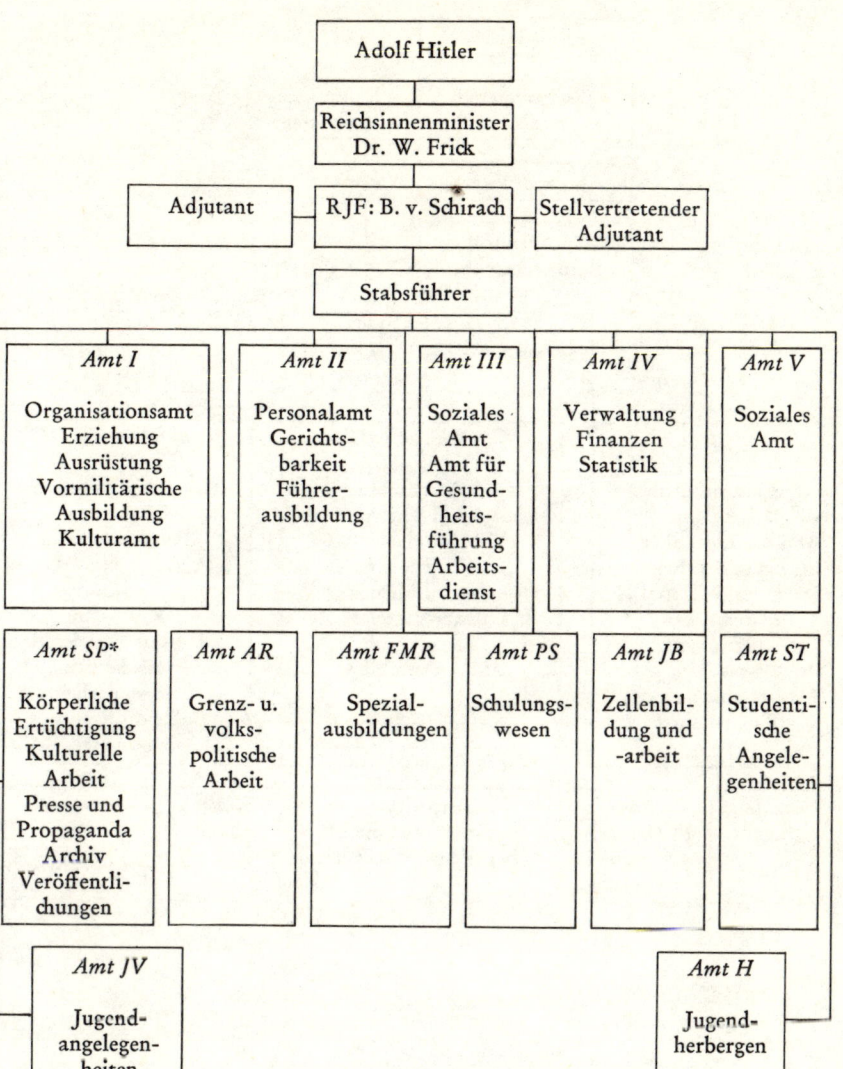

Adolf Hitler

Reichsinnenminister
Dr. W. Frick

Adjutant

RJF: B. v. Schirach

Stellvertretender
Adjutant

Stabsführer

Amt I

Organisationsamt
Erziehung
Ausrüstung
Vormilitärische
Ausbildung
Kulturamt

Amt II

Personalamt
Gerichts-
barkeit
Führer-
ausbildung

Amt III

Soziales
Amt
Amt für
Gesund-
heits-
führung
Arbeits-
dienst

Amt IV

Verwaltung
Finanzen
Statistik

Amt V

Soziales
Amt

Amt SP*

Körperliche
Ertüchtigung
Kulturelle
Arbeit
Presse und
Propaganda
Archiv
Veröffentli-
chungen

Amt AR

Grenz- u.
volks-
politische
Arbeit

Amt FMR

Spezial-
ausbildungen

Amt PS

Schulungs-
wesen

Amt JB

Zellenbil-
dung und
-arbeit

Amt ST

Studenti-
sche
Angele-
genheiten

Amt JV

Jugend-
angelegen-
heiten

Amt H

Jugend-
herbergen

III. Die Reichsjugendführung 1942

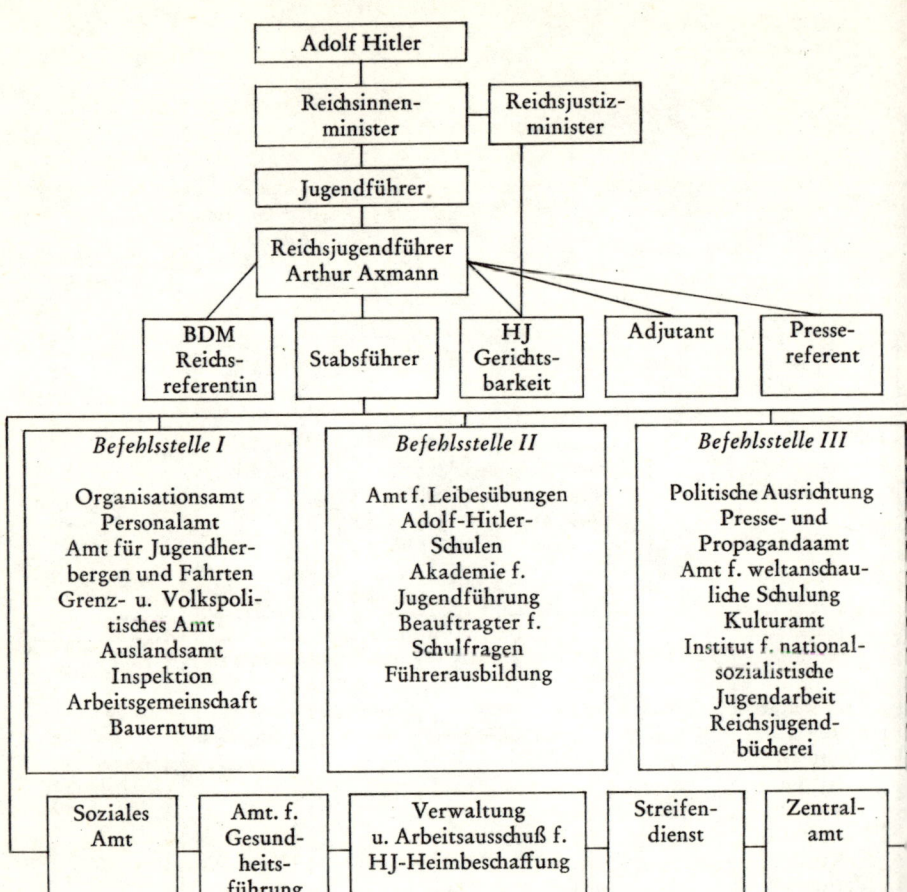

NAMEN UND NUMMERN DER OBERGEBIETE UND GEBIETE

OBERGEBIET OST
Ostpreußen (1)
Mark Brandenburg (2)
Niederschlesien (4)
Sudetenland (35)
Danzig-Westpreußen (37)
Wartheland (38)
Oberschlesien (40)

OBERGEBIET MITTE
Kurhessen (14)
Mitteland (15)
Sachsen (16)
Thüringen (17)
Mittelelbe (23)
Mainfranken (39)

OBERGEBIET WEST
Westfalen-Nord (9)
Ruhr-Niederrhein (10)
Köln-Aachen (11)
Moselland (12)
Hessen-Nassau (13)
Westmark (25)
Düsseldorf (34)
Westfalen-Süd (42)

OBERGEBIET SÜD
Franken (18)
Hochland (19)
Württemberg (20)
Baden (21)
Schwaben (36)
Bayreuth (22)
Tirol-Vorarlberg (33)

OBERGEBIET NORD
Berlin (3)
Pommern (5)
Nordmark (6)
Nordsee (7)
Niedersachsen (8)
Mecklenburg (24)
Hamburg (26)
Osthannover (41)

OBERGEBIET SÜDOST
Wien (27)
Niederdonau (28)
Oberdonau (29)
Steiermark (30)
Kärnten (31)
Salzburg (32)

IV. Das Erziehungsmodell des NS-Staates

Schulpflicht bestand vom sechsten bis zum vierzehnten Lebensjahr. Mit zehn Jahren war der Eintritt in den DJV oder die DJM möglich, damit auch die erste Möglichkeit geboten, eine höhere Schule zu besuchen, mit zwölf Jahren eine weitere: in diesem Alter wurde auch die Auswahl für die Adolf-Hitler-Schulen getroffen. Im Alter von vierzehn Jahren folgte der Übertritt von DJV und DJM in die HJ und den BDM. Wer in der Volksschule verblieb, konnte dann eine dreijährige Handelsschulausbildung beginnen oder eine handwerkliche Lehrzeit anfangen. Mit achtzehn Jahren wurden die HJ- und BDM-Mitglieder in die NSDAP übernommen. Schüler der höheren Schulen, der Nationalpolitischen Erziehungs-Anstalten und der Adolf-Hitler-Schulen konnten nunmehr studieren, nach einem sechs- bis zwölfmonatigen Arbeitsdienst – bei der männlichen Jugend schloß sich noch ein zweijähriger Wehrdienst an, während des Studiums auch noch durch körperliche Ertüchtigungskurse fortgesetzt. Schüler der Nationalpolitischen Erziehungs-Anstalten und der Adolf-Hitler-Schule konnten in Anerkennung eines aktiven Dienstes in der NSDAP für drei Jahre eine Ordensburg absolvieren – eine Vergünstigung also für die, die keine höhere Erziehung genossen hatten. In der Praxis sah dieses Förderungssystem, von zahlreichen ad hoc-Schulungskursen relativiert, folgendermaßen aus:

Diagramme

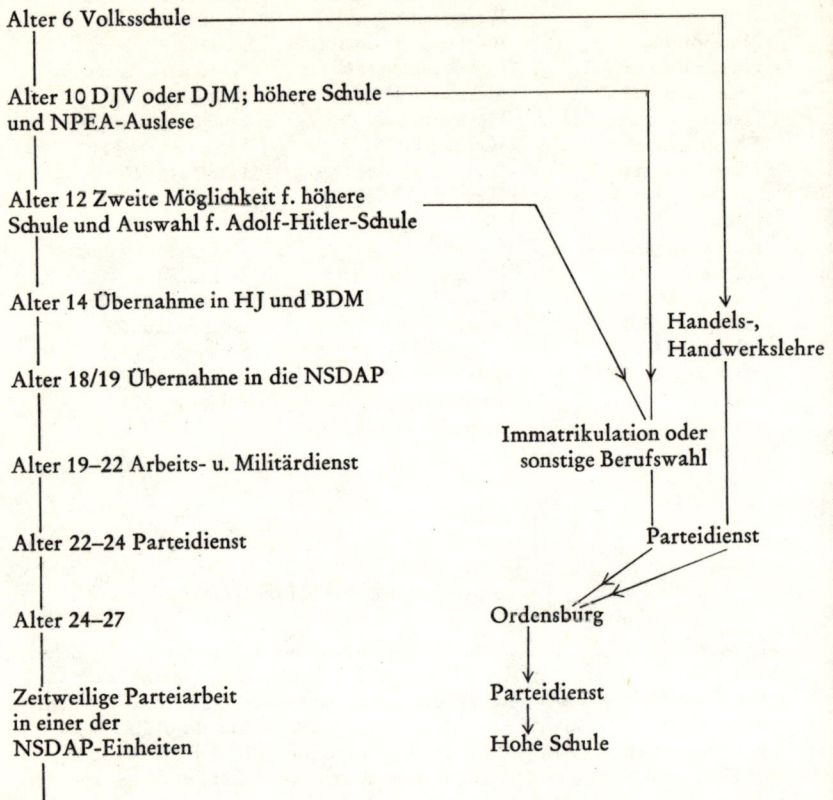

Alter 6 Volksschule

Alter 10 DJV oder DJM; höhere Schule
und NPEA-Auslese

Alter 12 Zweite Möglichkeit f. höhere
Schule und Auswahl f. Adolf-Hitler-Schule

Alter 14 Übernahme in HJ und BDM

Alter 18/19 Übernahme in die NSDAP

Alter 19–22 Arbeits- u. Militärdienst

Alter 22–24 Parteidienst

Alter 24–27

Zeitweilige Parteiarbeit
in einer der
NSDAP-Einheiten

Handels-,
Handwerkslehre

Immatrikulation oder
sonstige Berufswahl

Parteidienst

Ordensburg

Parteidienst

Hohe Schule

Anmerkungen und Quellen

Abkürzungen

BHSA, Abt. I	Bayerisches Hauptstaatsarchiv, Abteilung I, Allgemeines Staatsarchiv, München NSDAP-Hauptarchiv Ministerium für Kultus und Erziehung Ministerium des Inneren Finanzministerium
BHSA, Abt. II	Bayerisches Hauptstaatsarchiv, Abteilung II, Geheimes Staatsarchiv, München Innere Verwaltung: Monatsberichte und Lageberichte Protokoll des parlamentarischen Untersuchungsausschusses über Vorgänge vom 1. Mai 1923 Protokolle über die Sitzungen des Ausschusses zur Untersuchung der Vorgänge vom 1. Mai 1923 und der gegen Reichs- und Landesverfassung gerichteten Bestrebungen vom 26. Sept. bis 9. Nov. 1923 Ministerratssitzungen Lageberichte des Reichskommisars für Überwachung der öffentlichen Ordnung
BHSA Abt. IV	Bayerisches Hauptstaatsarchiv, Abteilung IV, Kriegsarchiv, München Personalakten
BHSA Abt. V	Bayerisches Hauptstaatsarchiv, Abteilung V, Stadtarchiv München
BA	Bundesarchiv Koblenz NSDAP-Hauptarchiv Akten der Reichskanzlei Reichsjustizministerium
BA S.Sch.	Bundesarchiv Koblenz, Sammlung Schumacher
BA ZSg	Bundesarchiv Koblenz, Zeitgeschichtliche Sammlung, heute aufgelöst und rekatalogisiert unter Nationalsozialistische Drucksachen (NDS)
WKT	Wolfgang-Koch-Tagebuch
IfZ	Institut für Zeitgeschichte, München, Akten des Volksgerichtshofes Akten des Oberreichsanwaltes beim Volksgerichtshof

I. Traditionen

1 Harry Pross, *Jugend, Eros, Politik*, München 1964, S. 22; die Langemarck-Darstellung basiert auf dem Tagebuch des damals 17jährigen H. Dannemann vom 214. Reserve-Infanterie-Regiment. Siehe auch K. O. Paetel *Die deutsche Jugendbewegung als politisches Phänomen*, S. 2.

2 G. Forster, *Sämtliche Schriften, Die Glückseligkeit der Wilden*, Bd. I, Leipzig 1843, S. 296–297.

3 E. Adler, *Herder i Oświecenie niemieckie*, Warschau 1965; E. Lemberg, *Nationalismus, Psychologie und Geschichte*, Reinbek bei Hamburg 1964, S. 102–165.

4 G. W. F. Hegel, *Die Vernunft in der Geschichte. Einleitung in die Philosophie der Weltgeschichte*, Leipzig 1930, S. 49.

5 Herders *Sämtliche Werke*, hg. v. B. Suphan, Bde. I–XXXIII, Berlin 1877–1913. Zu diesem Kapitel und den verwendeten Zitaten s. G. Kaiser, *Pietismus und Patriotismus im Literarischen Deutschland*, Wiesbaden 1961.

6 Herder, *op. cit.*, Bd. XVIII, S. 204.

7 vgl. Herders *Germanien* in F. Sehrwald, *Deutsche Dichter und Denker*, Altenburg 1880, Bd. II, S. 332.

8 Herder, *op. cit.*, Bd. XXIX, S. 329.

9 *ebd.*, Bd. XIV, S. 52; Bd. XIII, S. 384.

10 *ebd.*, Bd. V, S. 528–529, 546, 554, 555; Bd. XIII, S. 255.

11 *ebd.*, Bd. V, S. 512, 565, 585; Bd. VII, S. 458.

12 *ebd.*, Bd. I, S. 152; Bd. XVII, S. 288.

13 *ebd.*, Bd. XVIII, S. 271, 284.

14 *ebd.*, Bd. XXIX, S. 411.

15 F. Schnabel, *Deutsche Geschichte im 19. Jahrhundert*, Bd. II, S. 42.

16 E. M. Arndt, *Geist der Zeit*, Bd. II, S. 197.

17 *ebd.*, S. 212.

18 W. Killy (Hg.), *Deutsches Lesebuch*, Bd. II, Frankfurt 1960, S. 40.

19 F. L. Jahn., *Das deutsche Volksthum*, Lübeck 1810, S. 325.

20 F. Schleiermacher, *Sämtliche Werke*, Abt. 2, Bd. I, S. 224, 230 bis 231, 237; Bd. IV, S. 439.

21 Herder, *op. cit.*, Bd. I, S. 23.

22 H. Steffens, *Über die Idee der Universitäten*, Berlin 1809, S. 46, 62, 68.

23 H. v. Kleist, ›Katechismus der Deutschen‹ in *Sämtliche Werke*, München 1954, S. 856 ff.

24 Klopstock, *Werke*, 1. Teil, *Der Messias*, Bd. I, Stuttgart 1883.
25 G. Kaiser, *Pietismus und Patriotismus im Literarischen Deutschland*, Wiesbaden 1961, S. 124 ff.
26 E. M. Arndt, *Lieder für Teutsche*, 1813, S. 13.
27 Schleiermacher, *op. cit.*, S. 406.
28 J. G. Fichte, *Reden an die deutsche Nation*, Rede 1, München (o. J.).
29 *ebd..*, S. 56, 60, 64–65, 69–70.
30 Herder, *op. cit.*, Bd. I, S. 400; Bd. XVIII, S. 137.
31 *ebd.*, Bd. XVII, S. 59.
32 Schleiermacher, *op. cit.*, S. 233.
33 Fichte, *op. cit.*, S. 78.
34 Novalis, *Sämtliche Schriften*, hg. v. K. C. E. Ehmann, Bd. III, S. 228.
35 Fichte, *Reden an die deutsche Nation*, S. 78.
36 Schleiermacher, *op. cit.*, S. 43.
37 Arndt, *Lieder für Teutsche*, S. 62.
38 Jahn, *op. cit.*, S. 21.
39 *ebd.*
40 Fichte, *Reden an die deutsche Nation*, S. 85; Arndt, *Geist der Zeit*, Teil III, S. 396.
41 H. v. Kleist, *op. cit.*
42 vgl. J. Hirn, *Tirols Erhebung im Jahre 1809*, Innsbruck 1909.
43 H. Rössler, *Graf Johann Philipp Stadion*, Bd. I, S. 277 ff.
44 H. Heitzer, *Insurrectionen zwischen Weser und Elbe*, (Ost) Berlin 1959, S. 166 ff.
45 R. Ibbeken, *Preussen 1807–1813*, Berlin 1970, S. 443 ff.
46 *ebd.*
47 E. Zechlin, *Die deutsche Einheitsbewegung*, Berlin 1969, S. 33 ff.
48 *ebd.*
49 G. Linne, *Jugend in Deutschland*, Gütersloh 1970, S. 42.
50 *ebd.*, S. 45–47.
51 *ebd.*, S. 47.
52 *ebd.*
53 F. Schnabel, *op. cit.*, Bd. II, S. 53.
54 W. Conze und D. Groh, *Die Arbeiterbewegung in der nationalen Bewegung*, Stuttgart 1966, S. 13–41.
55 P. J. Siebenpfeiffer, *Von Hambacher Fest 1832*, München 1910.
56 Zechlin, *op. cit.*, S. 93.
57 V. Valentin, *Geschichte der deutschen Revolution 1848–49*, 2 Bde., Köln 1969, Bd. II, S. 1 ff.; F. Eyck, *The Frankfurt Parliament 1848–49*, London 1968, S. 57 ff.

II. Anfänge

1 V. Engelhardt, *Die deutsche Jugendbewegung als kulturhistorisches Phänomen*, Berlin, 1923; Hans Kohn, ›Youth Movements‹ in *Encyclopaedia of Social Sciences*, Bd. XV.

2 E. Friedell, *Kulturgeschichte der Neuzeit*, Bd. 3, München 1931, S. 79.

3 Conze, *op cit.*, S. 41.

4 G. A. Rein, *Die Revolution in der Politik Bismarcks*, Göttingen 1957, S. 117 ff.

5 G. Ritter, *Staatskunst und Kriegshandwerk*, München 1955–1968, 4 Bde., Bd. I, S. 167 ff.

6 Linne, *op. cit.*, S. 76–80.

7 A. Rosenberg, *Entstehung der Weimarer Republik*, Frankfurt 1961, Kap. I.

8 vgl. R. Pascal, *Th. German Novel*, Manchester 1956; E. K. Bramsted, *Aristocracy and the Middle Classes in Germany*, London 1964.

9 vgl. K. M. Bolte, *Sozialer Aufstieg und Abstieg*, Stuttgart 1959; G. Kath, *Das soziale Bild der Studentenschaft*, Bonn 1964.

10 vgl. F. Stern, *The Politics of Cultural Despair*, New York 1961.

11 H. W. Koch, *Der Sozialdarwinismus. Seine Genese und sein Einfluß auf das imperialistische Denken*, München 1973, S. 74 ff.

12 V. Engelhardt, *op cit.*

13 Eine vergleichende Darstellung der Industrialisierungseinflüsse in Europa und den USA steht noch aus. Einige diesbezügliche Ausführungen s. Ernst Nolte, *Der Faschismus in seiner Epoche*, München 1963, S. 343 ff.

14 Th. Veblen, *Imperial Germany and the Industrial Revolution*, New York 1965; Ritter, *op. cit.*; E. Kehr ›Zur Genesis des Königlich-Preussischen Reserve-Offiziers‹ in *Der Primat der Innenpolitik*, hg. von H.-U. Wehler, Berlin 1965.

15 Stern, *op. cit.*, S. 153 ff.

16 *ebd.*

17 Max Weber, *Jugendbriefe*, Tübingen (o. J.).

18 Stern, *op. cit.*, S. 131 ff.

19 G. Masur, *Propheten von gestern*, Frankfurt 1961, S. 375.

20 Stern, *op. cit.*, S. 154.

21 E. Nolte, *op. cit.*, S. 351.

22 G. Wyneken, *Der Kampf für die Jugend. Gesammelte Aufsätze*, Jena 1919.

23 P. de Lagarde, ›Über die Klage, daß der deutschen Jugend der Idealismus fehle‹ in *Deutsche Schriften*, 1885, S. 412–413.

24 Koch, *op. cit.*, S. 157 ff.
25 F. Nietzsche, *Unzeitgemäße Betrachtungen*, 1873.
26 Stern, *op. cit.*, S. 52 ff.
27 Lagarde, *op. cit.*
28 P. de Lagarde, ›Zum Unterrichtsgesetz‹ in *Deutsche Schriften, op. cit.*, S. 237, 322; K. Löwith, *Von Hegel zu Nietzsche. Der revolutionäre Bruch im Denken des neunzehnten Jahrhunderts*, Stuttgart 1950, S. 312–326.
29 Lagarde, ›Die Religion der Zukunft‹ in *Deutsche Schriften, op. cit.*, S. 267; *ebd.* ›Über das Verhältnis des deutschen Staates zu Theologie, Kirche und Religion‹, S. 69.
30 V. Engelhardt, *op. cit.;* Masur, *op. cit.*, S. 374 ff.
31 vgl. Hans Heinrich Muchow, *Sexualreife und Sozialstruktur der Jugend*, Hamburg 1962, *Jugendgenerationen im Wandel der Zeit*, Wien 1964, zusammengefaßt auch in *Zeitgeist im Wandel. Zeitgeist der Weimarer Republik*, hg. von Hans Joachim Schoeps, Stuttgart 1968.
32 E. Busse-Wilson, *Stufen der Jugendbewegung*, Jena 1925, S. 81, 87.
33 Eine verhältnismäßig kurze, aber genaue Darstellung bei W. Laqueur, *Die deutsche Jugendbewegung*, Köln 1962; V. Engelhardt, *op. cit.*
34 Laqueur, *op. cit.*, S. 16–22; H. Blüher, *Wandervogel. Geschichte einer Jugendbewegung*, Bd. I, Celle 1912, S. 1.
35 H. Becker, *German Youth: Bond or Free*, London 1946, S. 99.
36 Ch. Lütkens, *Die deutsche Jugendbewegung. Ein soziologischer Versuch*, Frankfurt 1925, S. 24 ff.
37 Wyneken, *op. cit.*, S. 123 f.
38 Laqueur, *op. cit.*, S. 11; außerdem ist der Slogan ›Jugend sollte von Jugend geführt werden‹ häufig Hitler zugerechnet worden. Er hat ihn auch häufig benutzt, aber er taucht schon oft in den Flugschriften der Jugendbewegung vor dem Ersten Weltkrieg auf.
39 *ebd.*, S. 15–25.
40 J. Schult, *Aufbruch einer Jugend*, Bonn 1956, S. 22.
41 K. Bondy, *Die proletarische Jugendbewegung*, Lauenburg 1922, S. 54.
42 Schult, *op. cit.*, S. 33.
43 Masur, *op. cit.*, S. 385.
44 W. Stählin, *Fieber und Heil in der deutschen Jugendbewegung*, Hamburg 1923, S. 25.
45 F. W. Förster, *Jugendseele, Jugendbewegung, Jugendziele*, München 1923, S. 252 ff.
46 O. Piper, *Jugendbewegung und Protestantismus*, Rudolstadt 1923, S. 33.

47 Laqueur, *op. cit.*, S. 73.
48 Th. Herrle, *Die deutsche Jugendbewegung*, Gotha 1921, S. 103.
49 Masur, *op. cit.*, S. 384.
50 *ebd.*
51 Laqueur, *op. cit.*, S. 25–32; s. auch H. Fallada, *Heute bei uns zu Haus*, Hamburg 1956.
52 Blüher, *Wandervogel* . . ., *op. cit.*, S. 112; Laqueur, *op. cit.*, S. 32.
53 vgl. F. Fischer, *Krieg der Illusionen*, Düsseldorf 1969, S. 311 ff.; K. Wernecke, *Der Wille zur Weltgeltung*, Düsseldorf 1970, S. 220 ff.
54 A. Messer, *Die freideutsche Jugendbewegung*, Langensalza 1920, S. 12; H. Buddensieg, *Vom Geist und Beruf der freideutschen Jugendbewegung*, Lauenburg 1924, S. 46.
55 A. Messer, *op. cit.*, S. 19.
56 Laqueur, *op. cit.*, S. 36.
57 Messer, *op. cit.*, S. 13.
58 Bondy, *op. cit.*, S. 78.

III. Umgestaltung

1 E. v. Salomon, *Die Geächteten*, Berlin 1930, S. 30–33.
2 *ebd.*, S. 42; Reichskriegsministerium (hg.), *Darstellungen aus den Nachkriegskämpfen deutscher Truppen und Freikorps*, Berlin 1936–40, Bd. VI, S. 21–27, 58.
  L. F. R. Maercker, *Vom Kaiserheer zur Reichswehr*, Leipzig 1921, S. 64.
3 Eingehendere Diskussion dieser Frage bei Karl Seidelmann, *Bund und Gruppe als Lebensform deutscher Jugend*, München 1955, und Th. Wilhelm ›Der geschichtliche Ort der deutschen Jugendbewegung‹ in *Grundschriften der deutschen Jugendbewegung*, Düsseldorf 1963.
4 H.-C. Brandenburg, ›Nachkriegsgeneration 1918 – Nachkriegsgeneration 1945‹ in *Europäische Begegnungen*, 1962.
5 G. Gründel, *Die Sendung der Jungen Generation*, München 1932, S. 15.
6 Abgesehen von R. C. L. Waite's *Vanguard of Nazism: The Free Corps Movement in Postwar Germany 1918–23*, Cambridge, Mass., 1952 (etwas tendenziöse Darstellung), basiert keine Untersuchung auf dem umfangreichen Quellenmaterial, das inzwischen verfügbar ist.
7 Nolte, *op. cit.*, S. 381.
8 W. Gerhart, *Um des Reiches Zukunft*, Freiburg 1932, S. 137.
9 Salomon, *op. cit.*, S. 121.

10 *ebd.*, S. 338–353.
11 E. v. Salomon, *Der Fragebogen*, Hamburg 1951, S. 328 ff.
12 H.-C. Brandenburg, *Die Geschichte der HJ*, Köln 1968, S. 16.
13 Walter Flex, *op. cit.*, S. 22.
14 Brandenburg, *op. cit.*, S. 18.
15 Salomon, *Die Geächteten*, S. 38.
16 *ebd.*, S. 256–269.
17 H. J. Gordon, *The Reichswehr and the German Republic*, Princeton 1957, S. 226–228. H. W. Koch, ›The Freikorps‹ in *History of the First World War*, hg. v. B. Pitt, London 1969–72, Bd. VIII, S. 318 ff.
18 Eine sachgerechte und bislang unübertroffene Darstellung der innenpolitischen Probleme in der Weimarer Republik bei K. D. Bracher, *Die Auflösung der Weimarer Republik*, Villingen 1955; Kurt Sontheimer, *Antidemokratisches Denken in der Weimarer Republik* (Neuausg.), München 1962.
19 H. Stelter, *Eine Geschichte deutscher Jugendbewegung, zugleich Handbuch und Richtlinien der deutschen Jugendbewegung*, Berlin (o. J.).
20 Seidelmann, *op. cit.*
21 Laqueur, *op. cit.*, S. 157–166.
22 Linne, *op cit.*, Zitat Robert Oelbermann, S. 39; Pross, *op. cit.*, S. 286 ff.
23 Linne, *op. cit.*, S. 140.
24 Pross, *op. cit.*, S. 265 ff.
25 vgl. J. Schult, *Das Weimar der arbeitenden Jugend*, Weimar 1920.
26 Linne, *op. cit.*, S. 148.
27 vgl. Kapitel I.
28 E. Nolte, *op. cit.*, S. 343 ff.
29 Sontheimer, *op. cit.*, Kapitel 6, 9, 10.
30 Matzke, *Jugend bekennt: So sind wir!*, Leipzig 1930, S. 83.
31 G. Franz-Willing, *Die Hitlerbewegung*, Hamburg 1962, S. 126.
32 *ebd.*, S. 129.
33 Über Ursprung und Frühgeschichte der NSDAP s. Franz-Willing, *op. cit.*, und Ernst Deuerlein, ›Hitlers Eintritt in die Politik‹, in *Vierteljahrshefte für Zeitgeschichte*, 7, Stuttgart 1959, S. 182.
34 Nolte, *op. cit.*, S. 387 ff.
35 Franz-Willing, *op. cit.*, S. 21 ff.; W. Hoegner, *Der schwierige Außenseiter*, München 1959; E. Müller-Meiningen, *Aus Bayerns schwersten Tagen*, München 1923; E. Röhm, *Geschichte eines Hochverräters*, München 1928; W. Benz (Hg.), *Politik in Bayern 1919 bis 1933. Berichte des württembergischen Gesandten Moser v. Filseck*, Stuttgart 1971.

36 H. Heiber, *Die Republik von Weimar*, München 1966, S. 126 ff.
37 *ebd.*
38 Franz-Willing, *op. cit.*, S. 137 ff.; Masur, *op. cit.*, S. 307 ff.
39 BA NS 26/332, 26/333.
40 *ebd.*
41 *ebd.*
42 *HJ kämpft und siegt. Die Jungenschaft, Blätter für Heimabendgestaltung im Deutschen Jungvolk,* Heft 10, Berlin 1938.
43 *ebd.*
44 BA NS 26/331.
45 *ebd.*
46 *ebd.*
47 BA NS 26/336.
48 *ebd.*
49 Bericht im *Völkischen Beobachter,* Nr. 39, 17. 5. 1922.
50 BA NS 26/336. Planungen für Mädchenabteilungen gab es, sie wurden jedoch erst mehrere Jahre später realisiert. BHSA, Abt. I, NS 1483.
51 Es gab eine frühere öffentliche Kundgebung in Coburg mit anderen rechtsgerichteten Gruppen am 14. und 15. 10. 1922. Der Parteitag in München war die erste rein nationalsozialistische Massenkundgebung. BA NS 26/333, NS 26/336.
52 BA NS 26/336.
53 BA NS 26/333.
54 *ebd.;* Brandenburg, *op. cit.*, S. 23 ff.
55 K. Heiden, *Geschichte des Nationalsozialismus,* Hamburg 1932, S. 33; Franz-Willing, *op. cit.*, S. 76 ff.; R. Jung, *Der nationale Sozialismus – Seine Grundlagen, sein Werdegang und seine Ziele,* München 1922.
56 *Völkischer Beobachter,* Nr. 59, 27. 6. 1920.
57 A. Schilling, *Dr. Walter Riehl und die Geschichte des Nationalsozialismus,* Leipzig 1933, S. 67.
58 W. Maser, *Die Frühgeschichte der NSDAP,* Frankfurt 1965, S. 245 ff.; desgl. ›Der Hitlerpunkt auf der Landkarte‹ in der *Münchner Post,* Nr. 28, 3. 2. 1922.
59 A. Ciller, *Deutscher Sozialismus in den Sudetenländern und in der Ostmark,* Hamburg 1944, S. 151.
60 Lt. Jungs Sekretär, vgl. Franz-Willing, *op. cit.*, S. 95.
61 Brandenburg, *op. cit.*, S. 24.
62 Schilling, *op. cit.*, S. 271 f.; Jung, *op. cit.*, S. 81; Franz-Willing, *op. cit.*, S. 96.
63 Schilling, *op. cit.*, S. 271 f.; Franz-Willing, *op. cit.*, S. 96.
64 *ebd.*, S. 252; Franz-Willing, *op. cit.*, S. 96.

65 *ebd.*
66 Jung, *op. cit.*, S. 81–83.
67 A. Hitler, *Mein Kampf*, Dünndruckausgabe, München 1937, S. 384.
68 BA NS 26/333; Brandenburg, *op. cit.*, S. 22.
69 *ebd.*
70 *ebd.*
71 Hofmann, *op. cit.*, S. 17–123; H. Bennecke, *Hitler und die SA*, München 1962, S. 47–92.
72 BHSA, Abt. I, NS 1485, NS 1487; *Münchner Neueste Nachrichten*, Nr. 108, 22. 4. 1923.
73 Hermann Esser lt. Maser *Frühgeschichte, op. cit.*, S. 389.
74 *ebd.*
75 Otto Strasser, *Hitler und Ich*, Konstanz 1948, S. 47.
76 BHSA, Abt. II, MA 99 521.
77 Maser, *op. cit.*, S. 389.
78 *ebd.*
79 BHSA, Abt. II, MA 103 476, MA 106 669–106 699, MA 99 521.
80 BHSA, Abt. I, NS 1817.
81 BA NS 26/104; BHSA, Abt. I, NS 1493.
82 Bennecke, *op. cit.*, S. 94.
83 vgl. Anm. 81.
84 BHSA, Abt. IV, HSI V, EE 7, Endres-Manuskript.
85 *ebd.*
86 BA NS 26/331.
87 BHSA, Abt. II, MA 103 476; Bennecke, *op. cit.*, S. 69.
88 *ebd.;* Hofmann, *op. cit.*, S. 95–137.
89 Hofmann, *ebd.*
90 *ebd.*
91 Das Mitglied war Kurt Neubauer, BA NS 26/336; 26/333; BHSA, Abt. I, NS 1492.
92 Mitteilung durch Herrn Heinrich Puls und den verstorbenen Pater Stefan Bachmaier vom Franziskanerkloster St. Anna in München, wo die SA und andere rechtsgerichtete Bünde ein Waffenlager besaßen. Ein Mitglied des *Jungsturms Adolf Hitler* stellte die Verbindung zwischen dem Kloster und den SA-Einheiten an der Wittelsbacher Brücke her; BHSA, Abt. I, NS 1492.

IV. Geburt

1 Ernst Deuerlein, *Der Hitler-Putsch. Bayerische Dokumente zum 8./9. November 1923*, Stuttgart 1962. Das Protokoll der Gerichts-

verhandlungen auf Mikrofilm im Institut für Zeitgeschichte, München vorhanden; s. auch Hofmann, *op. cit.* S. 241 ff.

2 BHSA, Abt. V, Staatsanwaltschaft München I, 3098; Bennecke, *op. cit.*, S. 106.
3 Bennecke, *op. cit.*, S. 107.
4 W. Horn, *Führerideologie und Parteiorganisation in der NSDAP*, Düsseldorf 1972, S. 154–208.
5 vgl. G. Rossbach, *Mein Weg durch die Zeit*, Weilburg/Lahn 1950.
6 BHSA, Abt. I, NS 1805; BA NS 26/331.
7 BA NS 26/336.
8 Brandenburg, *op. cit.*, S. 24.
9 BA NS 26/336.
10 BA NS 26/332.
11 *Der Hitlerprozeß vor dem Volksgericht München*, 2 Bde., München 1924, Bd. II, S. 8.
12 BHSA, Abt. II, MA 101 249.
13 Dieser ganze Komplex wird ausführlich behandelt in Horn, *op. cit.*, Kapitel IV.
14 Hitlers Proklamation im *Völkischen Beobachter*, 26. 2. 1925; s. auch Hitlers Rede vom 27. 2. 1925 in *Reden des Führers, Politik und Propaganda Adolf Hitlers 1922–1945*, hg. v. Erhard Klöss, München 1967, S. 52 ff.
15 *Völkischer Beobachter*, Hitlers Rede, *op. cit.*, 26. 2. 1925.
16 BHSA, Abt. II, MA 1943, 101 249; *Völkischer Beobachter*, 14. 3. 1925.
17 BA NS 26/332; BHSA, Abt. I, NS 1541, NS 1805.
18 *ebd.;* BA S.Sch. G. VIII, Nr. 239.
19 *ebd.;* BA NS 26/364.
20 BA NS 26/332.
21 vgl. Anm. 17.
22 *ebd.*
23 BA NS 26/336.
24 *ebd.*
25 vgl. Anm. 17; Staatsarchiv Bremen 4, 465-II. E. 3. a. 13 (HJ-Grossd.-Jugend), Bd. I und IV, und 4, 14b-II. E. 3. a. 13. Bd. I.
26 Brandenburg, *op. cit.*, S. 26.
27 BA NS 26/332.
28 *Völkischer Beobachter*, 26. 2. 1925; Hitler, *Mein Kampf*, S. 103.
29 Röhm, *op. cit.*, S. 313.
30 K. O. Paetel, *Handbuch der deutschen Jugendbewegung*, Flarchheim 1930, S. 17–18.
31 BA NS 26/332.
32 vgl. Anm. 25.

33 Hitler, *Mein Mampf*, S. 348, 451 ff., 611 ff.
34 *Völkischer Beobachter*, 13. 5. 1925; BA NS 26/332, BA S.Sch. G. VIII, Nr. 239.
35 *Die Kommenden*, Bd. I, Heft 1, Dezember 1926, S. 557 f.; Brandenburg, *op. cit.*, S. 29 ff.
36 BA NS 26/335.
37 *ebd.*; BA S.Sch. G. VIII, Nr. 239.
38 *ebd.*
39 vgl. Horn, *op. cit.*, Kapitel IV.
40 *ebd.*
41 *ebd.*
42 Bennecke, *op. cit.*, S. 128.
43 *ebd.*; auch H. Heiber (Hg.), *Das Tagebuch des Joseph Goebbels, 1925–26*, Stuttgart 1960, bis 30. Juli 1926.
44 Bennecke, *op. cit.*, S. 127 ff.; Horn, *op. cit.*, S. 231 ff.
45 Horn, *op, cit.*, S. 243.
46 *ebd.*
47 SABE (SA-Befehle), 1. 11. 1926; Bennecke *op. cit.*, S. 237 ff.
48 *ebd.*
49 *ebd.*
50 BA NS 26/389, 26/335. BHSA, Abt. I, NS 1541, NS 1542, NS 1544, NS 1804. Der Name *Hitler-Jugend* wurde zuvor vom thüringischen Zweig der *Großdeutschen Jugendbewegung* geführt.
51 BA NS 26/335.
52 Brandenburg, *op. cit.*, S. 29.
53 BHSA, Abt. I, NS 1541.
54 *ebd.*
55 *ebd.*
56 BA NS 26/360.
57 BHSA, Abt. I, NS 1542.
58 *ebd.*
59 vgl. Anm. 57; Brandenburg, *op. cit.*, S. 244 ff.
60 *ebd.*
61 *ebd.*
62 *ebd.*
63 G. Wehner, *Die rechtliche Stellung der HJ*, Dissertation, Universität Leipzig 1939; Brandenburg, *op. cit.*, S. 31.
64 A. Klönne, *Hitler-Jugend. Die Jugend und ihre Organisation im Dritten Reich*, Marburg 1960, S. 9.
65 H. Bolm, *Hitler-Jugend in einem Jahrzehnt*, Hamburg 1938, S. 52; s. auch Kapitel X.
66 *ebd.*

67 BHSA, Abt. I, MInn/71799; R. Ruder in ›Hitler-Jugend‹ in *Deutsche Jugend*, S. 196, schätzt die Zahl auf 500.
68 BA S.Sch. G. VIII, Nr. 239.
69 Brandenburg, *op. cit.*, S. 33.
70 vgl. Anm. 25.
71 Klönne, *op. cit.*, S. 10; Brandenburg, *op. cit.*, S. 33 ff.
72 BA S.Sch. G. VIII, Nr. 239; Brandenburg, *ebd.*; am 9. 11. 1927 wurde verfügt, daß geeignete Hitler-Jugendführer auch nach Vollendung des 18. Lebensjahres in ihr verbleiben konnten.
73 *ebd.*
74 BHSA, Abt. I, NS 1776; s. Schirachs Antwort im Nürnberger Prozeß, *Trial of Major War Criminals*, Bd. XIV, S. 373.
75 vgl. Anm. 25.
76 BHSA, Abt. I, NS 1542.
77 BHSA, Abt. I, NS 1541.
78 *ebd.*
79 BA NS 26/390.
80 *Wille und Macht. Führerorgan der Nationalsozialistischen Jugend*, September 1937; Burden, *op. cit.*, S. 38 ff.
81 *Nationalsozialistische Monatshefte*, Jg. 1930, Heft 1.
82 BA NS 26/362; F. W. Hymmen ›10 Jahre HJ‹ in *Die Junge Kameradschaft. Jahrbuch der HJ 1935*, hg. von E. Fischer, S. 12.
83 So z. B. war die Melodie des *Horst-Wessel-Liedes* die eines bekannten kommunistischen Kampfliedes.
84 BA S.Sch. G. VIII, Nr. 239.
85 *ebd.*
86 *ebd.*
87 Hymmen, *op. cit.*, S. 14.
88 *Statistisches Jahrbuch 1928*, S. 580–581.
89 Bennecke, *op. cit.*, S. 137 ff.
90 vgl. Anm. 84.
91 BHSA, Abt. I, NS 1542.
92 Staatsarchiv Bremen 4, 65–IV. 25 (Politische Berichte, München).
93 *ebd.*
94 s. Grubers eigenes Grundsatzreferat in ›Die HJ kämpft und siegt‹ in *Die Kameradschaft*, 1935; Brandenburg, *op. cit.*, S. 246 ff.
95 und 96 *ebd.*
97 vgl. Anm. 25.
98 BA NS 26/370.
99 BA NS 26/354.
100 BA NS 26/360, 26/1366B, 26/1264; *Das Deutsche Führerlexikon 1935*, S. 415; *Wer ist's?*, 1945, S. 415; J. C. Fest, *Das Gesicht des Dritten Reiches*, München 1963, S. 343 ff.

101 BHSA, Abt. I, NS 1542; *Der Jungvolkführer,* 24. 3. 1932; Fest, *ebd.*
102 BA NS 26/354.
103 BA NS 26/370; Brandenburg, *op. cit.,* S. 37.
104 *ebd.*
105 BA S.Sch. G. VIII, Nr. 239.
106 BHSA, Abt. I, NS 1541.
107 vergl. Anm. 114.
108 BA NS 26/327.
109 Brandenburg, *op, cit.,* S. 37.
110 *ebd.*
111 Burden, *op. cit.,* S. 54.
112 BA NS 26/336.
113 *ebd.*
114 *ebd.*
115 *ebd.*
116 *ebd.*
117 BA S.Sch. G. VIII, Nr. 239.
118 *ebd.;* BHSA, Abt. I, NS 1541.
119 K. O. Paetel, *Jugend in der Entscheidung. 1913–33–45,* Bad Godesberg 1963, S. 63.
120 Brandenburg, *op. cit.,* S. 39.
121 *ebd.*
122 BHSA, Abt. I, NS 1544.
123 *ebd.;* NS 1555.
124 BHSA, Abt. I, MInn 7199 225365.
125 *ebd.*
126 vgl. Anm. 117.
127 Baldur v. Schirach, *Die Hitler-Jugend, Idee und Gestalt,* Leipzig 1934, S. 21; Bennecke, *op. cit.,* S. 144 ff.; Horn, *op. cit.,* S. 287 ff.
128 Bennecke, *op. cit.,* S. 147 ff.
129 *ebd.*
130 *ebd.;* s. auch Pfeffer von Salomons Abschiedsbotschaft, Bennecke, S. 251.
131 *ebd.,* S. 149 ff.
132 BHSA, Abt. I, NS 1557.
133 *Verordnungsblatt der Obersten SA-Führung,* 23. 10. 1932.
134 Brandenburg, *op. cit.,* S. 40.
135 BHSA, R. Ko. In. Nr. 128; Hertha Siemering, *Die deutschen Jugendverbände,* Berlin 1931, S. 251; Brandenburg, *op. cit.,* S. 40.
136 *ebd.*
137 BA NS 26/366.
138 BHSA, Ab.t I, NS 1555.

139 BA ZSg. 3/1473.
140 Schirach, *Hitler-Jugend, op. cit.*, S. 25.
141 BHSA, Abt. I, NS 1544.
142 Brandenburg, *op. cit.*, S. 40.
143 BHSA, Abt. I, NS 1544, 1555.
144 BHSA, Abt. I, NS 1555.
145 BA S.Sch. G. VII, Nr. 199A.
146 BHSA, Abt. I, NS 1544.
147 BHSA, Abt. I, NS 1541.
148 *ebd.*
149 Brandenburg, *op. cit.*, S. 55; W. Klose, *Generation im Gleich-schritt*, Oldenburg 1964, S. 16 ff.
150 vgl. Bracher, *op. cit.*, S. 287 ff.
151 *ebd.*
152 Eine gute Beschreibung dieser Art von Wahlpropaganda in Salo-mon, *Der Fragebogen, op. cit.*, S. 348 ff.
153 BHSA, Abt. I, NS 1541.
154 BA NS 26/370. Daß Schirachs Einfluß zum Sturz Grubers beige-tragen hat, geht aus den Berichten hervor, die zwei einstige Mit-glieder aus Schirachs Stab abgegeben haben und die sich im Be-sitz des Verfassers befinden. Die Stellungnahme von Rentelns, dem Nachfolger Grubers, in bezug auf die organisatorische Unord-nung, ähnelt zu sehr der üblichen Darstellungsweise von Rück-tritten in der Hitler-Jugend, um das Gesicht zu wahren.
155 BA NS 26/357.
156 BA NS 26/364; BA NS 26/361; BHSA, Abt. I, MInn. 71799 225361.
157 *ebd.*
158 BA NS 26/370, 26/335, 26/357; BHSA, Abt. I, NS 1555. Die Dokumente zeigen die Erbitterung der Gruberschen Streitereien, aber nicht unbedingt den wahren Sachverhalt in den einzelnen Gebieten und Obergebieten.
159 vgl. Anm. 25.
160 BA NS 26/337.
161 BHSA, Abt. I, NS 1849.
162 s. W. Jochmann, Nationalsozialismus und Revolution, Frankfurt 1963, S. 348 ff.
163 BA NS 26/364; BHSA, Abt. I, NS 1544. Harald Scholtz, *Natio-nalsozialistische Ausleseschulen*, Göttingen 1973, S. 51–52.
164 Schirach, *Hitler-Jugend, op. cit.*, S. 21.
165 BA NS 26/364; BHSA, Abt. I, NS 1543; Klönne, *op. cit.*, datiert Gruber's ›Resignation‹ irrtümlicherweise ein Jahr früher.
166 BA NS 26/364.
167 BA NS 26/338; NS 26/370.

168 BHSA, Abt. I, NS 1542; Brandenburg, *op. cit.*, S. 49 ff.
169 *ebd.*, BHSA NS 1555; BA NS 26/332.
170 Diese wahrscheinlich übertriebene Zahl stammt von Günter Kaufmann, *Das kommende Deutschland*, Berlin 1940, S. 33.
171 BA NS 26/339.
172 BHSA, Abt. I, MInn 71799/225363/14; NS 1544; Siemering, *op. cit.*, S. 99.
173 BA NS 26/339; Brandenburg, *op. cit.*, S. 55 ff.
174 *ebd.*
175 Bracher, *op. cit.*, S. 481 ff.
176 BHSA, Abt. I, NS 1542; MInn 71799/225362; BA NS 26/339.
177 BA S.Sch. G. VIII, Nr. 239.
178 BHSA, Abt. I, NS 1544.
179 *ebd.*
180 BA NS 26/337; BHSA, Abt. I, NS 1542.
181 H. Bolm, *op. cit.*, S. 168.
182 BA NS 26/337.
183 Schirach, *Hitler-Jugend, op. cit.*, S. 29.
184 BA NS 26/369; Klose, *op. cit.*, S. 10.
185 *Münchner Neueste Nachrichten*, Nr. 212, 6. 8. 1932; F. Friedensburg, *Die Weimarer Republik*, Berlin 1946, S. 217.
186 Lothar Danner, *Ordnungspolizei Hamburg*, Hamburg 1958, S. 233 ff.
187 BA NS 26/369; BHSA, Abt. I, NS 1544, NS 1555; Joseph Goebbels, *Vom Kaiserhof zur Reichskanzlei*, München 1934, notiert den 26. und 29. 1. 1932; Klose, *op. cit.*, S. 8 ff.
188 *ebd.* Die *Münchner Post* vom 27. und 28. 2. 1932 behauptete, daß der Mörder von SA-Leuten gedungen worden sei. Der *Völkische Beobachter* vom 21. 5. 1932 meldete die Verhaftung von sechs Kommunisten und vier ehemaligen SA-Mitgliedern als mutmaßlichen Mördern.
189 Becker, *op. cit.*, S. 160, 204; Fest, *op. cit.* S. 302, 314.

V. Vorherrschaft

1 BHSA, Abt. I, NS 1555; BA S. Sch. G. VIII, Nr. 239; zum genauen Mitgliederschwund der HJ P. Strachura, *Development and Organization of the Hitler Youth 1930–33*, unveröffentlichte Dissertation, East Anglia, Kap. 7 und ›Nachwort‹.
2 Klönne, *op. cit.*, S. 11.
3 BA S. Sch. G. VIII, Nr. 239.
4 *ebd.*

419

5 *ebd.*
6 *ebd.*
7 BHSA, Abt. I, NS 1542. Dem Verf. übermittelte Information von Helmut Sündermann, August 1961.
8 *ebd.*
9 vgl. Anm. 3.
10 M. Vandray, *Der politische Witz im Dritten Reich,* München 1967, S. 61.
11 BA NS 26/337; BHSA, Abt. I, NS 1555.
12 vgl. *zur sozialen Verschiebung im Gau Rheinland-Pfalz,* BHSA, Abt. I, NS 1776; Klose, *op. cit.,* S. 17.
13 *ebd.*
14 BHSA, Abt. I, NS 1555.
15 G. Kaufmann, *op. cit.,* S. 19.
16 G. Hempel, *Die Kieler Hitlerjugend,* Kiel 1938, S. 21.
17 BHSA, Abt. I, NS 1555.
18 Hempel, *op. cit.*
19 *ebd.*
20 *ebd.*
21 *ebd.;* Klose, *op., cit.,* S. 19.
22 Bracher, *op. cit.,* S. 168.
23 vgl. G. Stoltenberg, *Das Schlesw.-Holst. Landvolk 1918–33,* Düsseldorf 1962; Salomon, *Der Fragebogen, op. cit.,* S. 221–240; vom gleichen Autor, *Die Stadt,* Hamburg 1934; s. auch Hans Fallada, *Bauern, Bonzen, Bomben,* ebd. 1964.
24 Hempel, *op. cit.*
25 Salomon, *Der Fragebogen* und *Die Stadt, op. cit.*
26 BHSA, Abt. I, NS 1535, NS 1544, MInn Nr. III 31 436; Klose, *op. cit.,* S. 21.
27 H. Müller, *Katholische Kirche und Nationalsozialismus: Dokumente 1930–1935,* München 1965, S. 5.
don 1968, S. 7.
28 J. Conway, *The Nazi Persecution of the Churches 1933–45,* London 1968, S. 7.
29 Sontheimer, *op. cit.,* S. 221–243.
30 vgl. Othmar Spann, *Der wahre Staat,* Leipzig 1921; *Hauptpunkte der universalistischen Staatsauffassung,* Berlin 1930; Müller, *op. cit.,* S. 38.
31 Über die Beziehung zwischen NSDAP und der Katholischen Kirche, s. Conway, *op. cit.*
32 Brandenburg, *op. cit.,* S. 97.
33 Zitiert in H. Köhler, *Arbeitsdienst in Deutschland,* Berlin 1967, S. 224.

34 vgl. *Werkhefte katholischer Laien*, 1958; Brandenburg, *op. cit.*, S. 97.

35 Der Verfasser erinnert sich noch genau eines seiner Einheit, damals einer *Jungenschaft*, erteilten Befehls, den korrekten Wortlaut zu wahren. Der Befehl wurde anschließend auf *Jungzug-* und *Fähnlein*ebene wiederholt. Er ging von der *Gebietsführung, Gebiet Hochland*, aus, sollte jedoch angeblich von der *Reichsjugendführung* stammen. Gelegentlich schloß der Befehl auch das Verbot des Liedes aus dem Westfeldzug ein: *Kamerad, wir marschieren im Westen*, als für französische Empfindlichkeit zu aggressiv im Hinblick auf die hohe Zahl französischer, belgischer und niederländischer kriegsgefangener Arbeitskräfte.

36 Brandenburg, *op. cit.*, S. 97 ff.

37 *ebd.*

38 Udo Schmidt, *In den Tag hinein*, Barmen 1931; Brandenburg *op. cit.*, S. 100.

39 Kaufmann, *op. cit.*, S. 42.

40 BHSA, Abt. I, NS 1776, NS 1542, NS 1543, NS 1544. Dieses Verbot zielte auf eine Reduzierung der rasch ansteigenden Welle politischer Gewalt auf der Straße.

41 BHSA, Abt. I, NS 1544.

42 *ebd.*

43 *ebd.*

44 B. v. Schirach, *Ich glaubte an Hitler*, Hamburg 1967, S. 133.

45 *ebd.*, S. 134.

46 *ebd.*

46 BA NS 26/337.

48 BHSA, Abt. I, NS 1541; Brandenburg, *op. cit.*, S. 119.

49 F. v. Papen, *Der Wahrheit eine Gasse*, Innsbruck 1952, S. 163 ff.

50 BA NS 26/337, NS 26/345; Köhler, *op. cit.*, S. 222; Th. Vogelsang, *Die Reichswehr, Staat und NSDAP*, Stuttgart 1962, S. 231, 348. Die insgeheime Ausbildung von Jugendverbänden durch die *Reichswehr* geht auf die Jahre 1922/23 zurück.

51 *ebd.;* BHSA, Abt. I, MK 13 852, MF 68 510.

52 BA NS 26/345, NS 26/354.

53 Brandenburg, *op. cit.*, S. 122.

54 BA NS 26/333, 26/339; BHSA, Abt. I, NS 1536.

55 Bracher, *op. cit.*, S. 609.

56 BHSA, Abt. I, NS 1541, NS 1845.

57 M. Schwarz, *Biographisches Handbuch der Deutschen Reichstage*, 1965, S. 334.

58 BHSA, Abt. I, NS 1542.

59 Schirach, *Ich glaubte . . .*, S. 153.

60 *ebd.*
61 BHSA, Abt. I, NS 1544; Klönne, *op. cit.*, S. 10; Klose, *op. cit.*, S. 10.
62 BA NS 26/367.
63 BA NS 26/367; Klose, *op. cit.*, S. 22.
64 *ebd.*
65 *ebd.*
66 *Wille und Werk. Pressedienst der deutschen Jugendbewegung*, hg. von W. Kind, Jg. 1932; Klose, *op. cit.*, S. 24.
67 BA NS 26/367; BHSA, Abt. I, NS 1544.
68 Schirach, *Hitler-Jugend, op. cit.*, S. 183–186.
69 *ebd.*
70 vgl. Anm. 69.
71 Schirach, *Hitler-Jugend, op. cit.*, S. 183–186.
72 BHSA, Abt. I, NS 1544; BA NS 26/367; *Vorwärts, Zentralorgan der SPD*, Nr. 469 a, 299, Jg. 49, 5. 10. 1932.
73 BA NS 26/367.
74 Bracher, *op. cit.*, S. 645 ff.
75 *ebd.*, S. 677 ff.; H. Heiber, *Die Republik von Weimar*, München 1966, S. 266 ff.
76 *ebd.*; Goebbels, *Vom Kaiserhof, op. cit.*, Notiz vom 28. 12. 1932.
77 *ebd.*; E. Forsthoff, *Deutsche Verfassungsgeschichte der Neuzeit*, Stuttgart 1961, S. 192.
78 *ebd.*
79 W. S. Churchill, *Great Contemporaries*, London 1941, S. 227.
80 W. S. Allen, *The Nazi Seizure of Power*, London 1966, S. 73.
81 M. Maschmann, *Fazit*, Stuttgart 1964, S. 8.
82 *ebd.*, S. 19.
83 Schirach, *Hitler-Jugend, op. cit.*, S. 31.
84 Fest, *op. cit.*, S. 302.
85 *ebd.*, S. 300.
86 Schirach, *Hitler-Jugend, op. cit.*, S. 180.
87 H. J. Schoeps, *Rückblicke: Die letzten dreißig Jahre*, Berlin 1963, S. 98. Jüdischen Studenten war nicht unbekannt, von der HJ als Propagandisten akzeptiert zu werden, obwohl ihnen die volle Mitgliedschaft versagt blieb. Vgl. BHSA, Abt. I, NS 1535.
88 Theodor Heuss, ›Fragmente‹ in *Vierteljahrshefte für Zeitgeschichte*, Stuttgart 1967, S. 2.
89 Als beste Darstellung aller Stadien dieser Entwicklung: Bracher, Sauer, Schulz, *Die national-sozialistische Machtergreifung*, Köln 1962.
90 R. Dahrendorf, *Gesellschaft und Demokratie in Deutschland*, München 1965.

91 Klönne, *op. cit.*, S. 28.
92 H.-H. Dietze, *Die Rechtsgestalt der HJ*, Berlin 1939, S. 88.
93 *Das Junge Deutschland*, Amtliches Organ der Jugendführer des Deutschen Reiches, April–Mai 1933, S. 97.
94 Klose, *op. cit.*, S. 28.
95 *Wille und Werk*, *op. cit.*, April 1933.
96 vgl. F. Tobias, *Der Reichstagsbrand*, Berlin 1961.
97 Brandenburg, *op. cit.*, S. 135.
98 *ebd.*
99 *ebd.*; R. Höhne, *Kennwort Direktor*, Frankfurt 1970, S. 135 ff.
100 *ebd.*
101 S. auch Eberhard Köbels Einstellung in *Die Kiefer*, Heft 3, Mai 1933, S. 16.
102 vgl. *Das Junge Deutschland*, April–Mai 1933.
103 Brandenburg, *op. cit.*, S. 144.
104 BA NS 26/334.
105 BA NS 26/337.
106 BA NS 26/334.
107 K. O. Paetel, *Jugend in der Entscheidung, op. cit.*, S. 155; Brandenburg, *op. cit.*, S. 138.
108 vgl. Erich Matthias und Rudolf Morsey, *Das Ende der Parteien 1933*, Düsseldorf 1960.
109 BA NS 26/334.
110 Pross, *op. cit.*, S. 420; Brandenburg, *op. cit.*, S. 149.
111 *ebd.*; BA NS 26/334; Schirach, *Hitler-Jugend*, S. 36.
112 BA NS 26/334.
113 Schirach, *Hitler-Jugend, op. cit.*, S. 36.
114 BA NS 26/366.
115 *ebd.*; Hitler-Zitat bei Schirach.
116 *ebd.*; BHSA, Abt. I, NS 1544.
117 *Das Junge Deutschland, op. cit.*, Juli 1933.
118 BA NS 26/366, *Das Junge Deutschland, op. cit.*, Juli 1933.
119 *Das Junge Deutschland, op. cit.*, August 1933, Verfügung des Reichsinnenministers vom 8. 7. 1933, BA ZSg 3/499 (heute NS-Drucksachensammlung).
120 *ebd.*; Richtlinien des Reichsministers des Innern für die Jugendführer des Deutschen Reiches vom 8. 7. 1933.
121 Schirach, *Ich glaubte, op. cit.*, S. 177, S. 185–188; Brandenburg, *op. cit.*, S. 146.
122 *Das Junge Deutschland, op. cit.*, Juli 1933.
123 *ebd.*
124 Pross, *op. cit.*, S. 420.
125 Kaufmann, *op. cit.*, S. 41; s. auch Anm. 111.

126 *ebd.*, S. 42.
127 Schirach, *Ich glaubte* . . ., S. 169, 189.
128 vgl. Anm. 122.
129 vgl. Anm. 123.
130 BA NS 26/339.
131 *Das Schwarze Korps,* 19. 7. 1935.
132 *Reichsjugendführung. Aufbau, Gliederung, Anschriften der Hitler-Jugend,* S. 12 ff.
133 *ebd.*
134 *ebd.*
135 *Reichsjugendführung. HJ im Dienst,* S. 11.
136 vgl. Anm. 135.
137 Brandenburg, *op. cit.,* S. 151 ff.
138 *ebd.*
139 *ebd.*
140 Schirach, *Ich glaubte* . . ., S. 233; s. auch Kapitel XI.
141 BA NS 26/339; s. auch Kapitel XI.
142 B. v. Schirach, *Revolution und Erziehung,* München 1938, S. 8, 43; A. Axmann, ›Hitler-Jugend 1933–43. Die Chronik eines Jahrzehnts‹ in *Das Junge Deutschland,* Heft 1/2, Jg. 37, Februar 1943.
143 *ebd.;* s. auch Kapitel X.
144 R. Kneip, *Jugend zwischen den Kriegen,* Heidenheim 1967, S. 169 ff.
145 *ebd.*
146 *Wer ist's?,* 1935, S. 866; *Das Deutsche Führerlexikon,* 1934/35, S. 251.
147 *Das Deutsche Führerlexikon,* 1934/35, S. 417.
148 A. Klönne, *Gegen den Strom. Ein Bericht über die Jugendopposition im Dritten Reich,* Hannover 1958, S. 52.
149 Schirach, *Hitler-Jugend, op. cit.,* S. 135.
150 Axmann, *op. cit.*
151 vgl. Anm. 152.
152 vgl. Anm. 153.
153 Mitteilung von H. Sündermann an den Verfasser.
154 Klönne, *Hitler-Jugend, op. cit.,* S. 15; Brandenburg, *op. cit.,* S. 161 ff.; Klose, *op. cit.,* S. 67.
155 Schirach, *Hitler-Jugend, op. cit.,* S. 130.
156 *Völkischer Beobachter,* 25. und 26. 1. 1934.
157 BA NS 26/360.
158 A. Axmann, *Der Reichsberufswettkampf,* Berlin 1938, S. 313.
159 *ebd.;* auch Klönne, *Hitler-Jugend, op. cit.,* S. 16.
160 *ebd.*
161 Klönne, *Hitler-Jugend, op. cit.,* S. 16.

424

162 Brandenburg, *op. cit.*, S. 164.
163 *Dokumente der deutschen Politik,* Bd. II, Berlin 1936, S. 287 ff.
164 Klose, *op. cit.*, S. 68.
165 Schirach, *Hitler-Jugend, op. cit.*, S. 135 ff.
166 *ebd.*
167 Burden, *op. cit.*, S. 86 ff.
168 *ebd.*
169 *Völkischer Beobachter,* 10. 9. 1934.
170 *ebd.*
171 Kaufmann, *op. cit.*, S. 243.
172 *ebd.*
173 *ebd.*
174 ›Ausbildungsverordnung für das Führerkorps der Hitler-Jugend vom 23. Februar 1938‹ in *Das Dritte Reich,* hg. von G. Rühle, Berlin 1938, S. 132 ff.
175 *ebd.*
176 R 43II/515 *Jugendführer;* R 43II/515a K. O. Paetel, *Handbuch der deutschen Jugendbewegung,* Flarchheim 1930, S. 89.
177 N. J. Ryschkowsky, *Die Hitler-Jugend,* zitiert in Klönne, *Hitler-Jugend, op. cit.*, S. 42.
178 Kaufmann, *op. cit.*, S. 45.
179 Klönne, *op. cit.*, S. 42.
180 vgl. die Zahlen bei Kaufmann, *op. cit.*, S. 45.
181 Eine ausgezeichnete Darstellung der sozialen Ursprünge der HJ bei Strachura, *op. cit.*, Kapitel II.
182 R 43II/515; R 43II/515a, s. auch Melita Maschmanns Beobachtungen, *op. cit.*, S. 148.
183 A. Möller, *Wesen und Forderung der Hitler-Jugend,* Breslau 1935, S. 71; Klose, op. cit., S. 152, 157.
184 *ebd.;* BHSA, Abt. I, MK 14 858, Nr. VIII 15 728 A III.
185 BHSA, Abt. I, MK 14 858, Nr. VII 42 669; Brandenburg, S. 165.
186 *Führerdienst,* Mai/Juni 1933, zitiert von Brandenburg, *op. cit.*, S. 131.
187 Brandenburg, S. 153–154. Ursprung und unmittelbarer Anlaß des Befehls waren HJ-Aktionen auf lokaler Ebene gegen katholische und evangelische Jugendgruppen.
188 Priepke, *op. cit.*, S. 194 ff.
189 BA NS 26/339; in bezug auf die Rolle Müllers Conway, *op. cit.*, Kapitel II.
190 *ebd.*
191 *ebd.;* auch Klaus Scholder, ›Die evangelische Kirche‹ in der Sicht der nationalsozialistischen Führung‹ in *Vierteljahreshefte für Zeitgeschichte,* Stuttgart 1966, S. 15–35.

192 Priepke, *op. cit.*, S. 181.
193 Vollständig wiedergegeben bei Brandenburg, *op. cit.*, S. 158–159.
194 *ebd.*
195 *ebd.*
196 *Dokumente der deutschen Politik,* hg. von Hohlfeld, Berlin 1954, Bd. IV, S. 30.
197 Conway, *op. cit.,* Kapitel I.
198 *ebd.*
199 *ebd.*
200 BA NS 26/339.
201 Müller, *op. cit.,* Dok. Nr. 59.
202 *ebd.;* auch Dok. Nr. 328; BA NS 26/339.
203 G. Lewy, *The Catholic Church and Nazi Germany,* New York 1964, S. 43.
204 R. d'Harcourt, ›National-Socialism and the Catholic Church in Germany‹ in *The Third Reich* published by the International Council for Philosophy and Humanistic Studies, London 1954, S. 807. Hinsichtlich früherer Komplikationen über die Interpretation des Artikels 31 vgl. BHSA, Abt. I, MK 13 984, Nr. III 3482.
205 *ebd.,* vollständig wiedergegebenes Dokument bei Brandenburg, *op. cit.,* S. 322.
206 vgl. Conway, *op. cit.;* Lewy, *op. cit.,* S. 84.
207 BA NS 26/357.
208 BHSA, Abt. I, MK 14 858, Nr. VIII 582 694 III: diese Akte enthält höchst interessante Korrespondenzen zwischen der HJ und der katholischen Kirche in Süd- und Südwestdeutschland zwischen 1935 und 1940; J. B. Neuhäusler, *Kreuz und Hakenkreuz,* München 1946, Bd. I, S. 213.
209 *ebd.*
210 BHSA, Abt. I, MK 13 984, Nr. III 3482; MK 14 858, Nr. VIII 51 420 A III; 8638 A III.
211 BA NS 26/339, BA R 22/4203 (Dank schulde ich Dr. Lothar Gruchmann, meine Aufmerksamkeit auf dieses Dokument gelenkt zu haben).
212 *ebd.*
213 *Durchführungsverordnung vom 29. 3. zum Gesetz zur Sicherung der Einheit von Partei und Staat vom 1. 12. 1933.*
214 BA NS 26/338.
215 BA S. Sch. G. VIII, Nr. 239, *Abkommen zwischen dem Reichsjugendführer und dem Reichsführer-SS vom 7. 10. 1938.*
216 *ebd.*
217 BA NS 26/357; s. auch Kapitel X.

218 Brandenburg, *op. cit.*, S. 178 ff.
219 *ebd.*
220 *ebd.*; BHSA, Abt. I, MK 14 858, Nr. VIII 50 200; Klose, *op. cit.*, S. 66 ff.
221 *ebd.*
222 Eigene Erinnerung des Verfassers; Klose, *op. cit.*, S. 71.
223 Sehr gezielte und genaue Erfordernisse wurden für jede Prüfung vorausgesetzt, aber zumindest nach Kriegsbeginn selten durchgeführt. Zu diesen Erfordernissen Kaufmann, *op. cit.*, S. 57 f.
224 *Gesetz über die Hitler-Jugend vom 1. Dezember 1936* in Reichsgesetzblatt I, Nr. 113, 3. Dezember 1936, S. 993.
225 *ebd.*
226 Ein Augenzeugenbericht bei Salomon, *Der Fragebogen*, S. 322 ff.
227 Fest, *op. cit.*, S. 310.
228 Axmann, *op. cit.*, S. 34.
229 H. Stellrecht laut Fest, *op. cit.*, S. 315; auch Stellrecht ›Jugenderziehung und Wehrmacht‹ in *Die Wehrmacht*, Bd. I, Heft Nr. 7, Berlin 1937.
230 *ebd.*
231 vgl. Anm. 228.
232 *Erste Durchführungsverordnung zum Gesetz der Hitler-Jugend vom 25. 3. 1939*, wiedergegeben bei Brandenburg, *op. cit.*, S. 306 ff.
233 *Zweite Durchführungsverordnung zum Gesetz der Hitler-Jugend vom 25. 3. 1939*, wiedergegeben bei Brandenburg, *op. cit.*, S. 308 ff.
234 *ebd.*; um zwischen den eigentlichen freiwilligen HJ-Angehörigen und den obligatorisch Verpflichteten zu unterscheiden, wurden für die ersteren die Bezeichnung *Stamm-HJ* und für die anderen die einer *Allgemeinen HJ* eingeführt. Praktisch indessen verschwanden diese Unterscheidungen sehr rasch.

VI. Ideologie

1 Ludwig Henn, *Die unteren Führer in der Hitler-Jugend*, unveröffentl. Dissertation, Universität Würzburg 1940, S. 187.
2 vgl. P. G. J. Pulzer, *The Rise of Political Anti-Semitism in Germany and Austria*, New York 1964.
2 vgl. Nolte, *op. cit.*, S. 343–355, 445–451, 386–491.
4 s. Kapitel II und III.
5 vgl. E. Sandvoss, *Hitler und Nietzsche*, Göttingen 1969.
6 s. Kapitel I.
7 *ebd.*
8 H. W. Koch, *Der Sozialdarwinismus*, *op. cit.*, S. 151 ff.

9 H. v. Treitschke, *Politik*, 2 Bde.
10 Paetel zitiert bei Fest, *op. cit.*, S. 305.
11 Bracher, *op. cit.*, S. 37–47.
12 *ebd.*, S. 129–134 ff.
13 s. Kapitel VII.
14 John H. E. Fried, ›Fascist Militarisation and Education for War‹ in *The Third Reich, op. cit.*, S. 775.
15 E. Jünger (Hg.), *Krieg und Krieger*, Berlin 1930, S. 15.
16 Zitiert bei Fest, *op. cit.*, S. 311.
17 Klönne, *op. cit.*, S. 77.
18 s. Kapitel IV.
19 Es lag in erster Linie an dem von der HJ ausgeübten Druck und ihrer Agitation, daß die exklusiven studentischen Verbindungen aufgelöst wurden: vgl. *Führerblätter der HJ*, August 1935, S. 14. Ob allerdings die HJ eine NSDAP-Formation gewesen ist, in der die sozialistische Idee echter und ehrlicher als in anderen, wie Klönne *(op. cit.,* S. 77) meint, bleibt, unabhängig von der Unterstützung durch Willi Münzenberg, eine Behauptung, für die es bislang keinen Beweis gibt: offensichtlich eine Lücke in unserer Kenntnis, denn es gibt noch keine vergleichende Analyse über die Rolle der ›sozialistischen‹ Ideologie in den einzelnen NSDAP-Bereichen.
20 s. Kapitel VIII und IX.
21 Eine Rückerinnerung des Verfassers geht bis etwa in den Herbst 1943 zurück.
22 Schirach, *Hitler-Jugend, op. cit.,* S. 76; ebenso Grubers Rede vom Dezember 1928, BHSA, Abt. I, NS 1541; Brandenburg, *op. cit.,* S. 246.
23 vgl. F. W. v. Oertzen, *Die deutschen Freikorps 1918–1923,* München 1938; F. Schauwecker, *Aufbruch der Nation*, Berlin 1930, S. 403.
24 vgl. Anm. 22.
25 *ebd.*
26 *ebd.*
27 E. Hanfstaengl, *Hitler – The Missing Years*, London 1957, S. 75 ff.
28 Die gleiche Grundstimmung kommt auch in den Berichten aus Württemberg zum Ausdruck, s. *Politik in Bayern, op, cit.*
29 E. v. Salomon, *Das Schicksal des A. D.*, Hamburg 1960, S. 24 ff.
30 s. Anm. 19 und Stachura, *op. cit.,* der ein sehr anders erhellendes Kapitel über die ideologischen Aspekte der HJ liefert.
31 Oswald Spengler, *Preußentum und Sozialismus*, München (o. J.), S. 98–99.
32 B. v. Schirach, *Revolution der Erziehung*, München 1938, S. 45.
33 Schirach, *Hitler-Jugend, op. cit.* S. 77–78.
34 *ebd.*

35 Maschmann, *op. cit.*, S. 150.
36 *ebd.*, S. 41.
37 BA S. Sch. G. VIII, Nr. 239.
38 *Gesetz über Kinderarbeit und über die Arbeitszeit der Jugendlichen vom 30. April 1938* (Jugendschutzgesetz) in *Das Dritte Reich*, Bd. VI, hg. v. G. Rühle, Berlin 1939, S. 108.
39 BA NS 26/360; s. als Beispiel *Die Hitler-Jugend, Die Jungenschaft, Die Mädelschaft*, ebenso der *Führerdienst der HJ* mit jedem Heft.
40 Maschmann, *op. cit.*, S. 25.
41 Eigene Erinnerung des Verfassers.
42 Maschmann, *op. cit.*, S. 27.
43 Rede in Reichenberg, 2. 12. 1938, zitiert bei Fest, *op. cit.*, S. 312.
44 Becker, *op. cit.*, S. 175–176.
45 Schirach, *Revolution, op. cit.*, S. 49 ff.
46 Maschmann, *op. cit.*, S. 143–144.
47 Daß solcher Wettbewerb sehr positive Ergebnisse erzielen kann, verglichen mit einer übertriebenen Glorifizierung des einzelnen, wie er in westlichen Ländern üblich ist, betont eine Veröffentlichung über die Erziehung in den USA und der UdSSR: Urie Bronfenbrenner, *Erziehungssysteme . . .,* München 1973.
48 Maschmann, *op. cit.*, S. 144.
49 *ebd.*
50 Klose, *op. cit.*, S. 78.
51 *ebd.*
52 *ebd.*
53 *ebd.*
54 *ebd.*
55 *ebd.*, S. 10.
56 *Trial of the German Major War Criminals*, London 1947, Teil XIV, S. 373.
57 BA S. Sch. G. VIII, Nr. 239.
58 Pross, *op. cit.*, S. 441.
59 Dahrendorf, *op. cit.*, S. 441.
60 *ebd.*, S. 442.
61 Dies ist ein Beispiel für die Situation im *Gebiet Hochland* 1944 bis 1945.
62 BA NS 26/366.
63 *ebd.*
64 Ein Fragment dieses vom Verfasser identifizierten Films befindet sich im Besitz des Imperial War Museum in London.
65 Diese Ausnahme war der Film *Soldaten von morgen*, der sowohl in seiner propagandistischen Wirkung wie in seiner technischen

Ausführung jedem anderen Film der *Reichsjugendführung* hoch überlegen war. Eine 16-mm-Kopie befindet sich ebenfalls im Imperial War Museum und kann von pädagogischen Institutionen entliehen werden.

66 Besondere Vorführungen fanden an Sonntagvormittagen statt. Die jüngeren Mitglieder der HJ mußten die anderen ihrer Einheit oft von zu Hause abholen, um sie selbst zum Sammelplatz zu bringen.

67 s. Kap. V, Anm. 122.

68 Brief von H. H. John, Leiter des Organisationsamtes in der RJF, an Kurt Gruber kurz vor dessen Tod am 1. 12. 1943 (Kopie im Archiv des Verfassers).

69 So auch beim *Fähnlein 8*, München 22.

70 s. Kapitel VII.

71 Conway, *op. cit.*, S. 283.

72 *ebd.*, S. 443 Fußnote 64.

73 *ebd.*, S. 127 ff.

74 *ebd.*

75 Telegramm der Gestapo-Leitstelle Nürnberg–Fürth vom 24. 7. 1938: Bracher, Sauer, Schulz, *op. cit.*, S. 347–348.

76 Hans-Günter Zmarzlik, *Wieviel Zukunft hat unsere Vergangenheit?*, auszugsweiser Nachdruck in der *ZEIT*, Nr. 44, 1969.

77 BHSA, Abt. II, Epp-Nachlaß, Akt 450; Conway, *op. cit.*, S. 151.

78 *ebd.*, S. 151–152.

79 *The Trial of German Major War Criminals*, London 1947, Teil 14, S. 395.

80 Conway, *op. cit.*, S. 160, Zitierung aus den Nürnberger Dokumenten NG-1392 und NG-1755, BA NS 26/357.

81 *Hitler's Secret Conversations 1941–1944*, New York 1953, S. 516 bis 520.

82 WKT Eintritt am 24. 9. 1939.

VII. Literatur

1 Dieses Kapitel ist sehr zu Dank verpflichtet dem Werk von Peter Aley, Jugendliteratur im Dritten Reich, Hamburg 1967 – noch immer beste Monographie zu diesem Thema, dem auch die meisten Zitate entnommen sind.

2 Bernhard Payr und Hans-Georg Otto (Hg.), *Das Deutsche Jugendbuch*, München 1942, S. 3.

3 *ebd.*

4 *ebd.*

5 *ebd.*

6 *ebd.*

7 *ebd.*, S. 19.
8 *Die Schulbücherei*, hg. v. der Reichsverwaltung des NSLB, Leipzig 1939, S. 12.
9 Aley, *op. cit.*, S. 12.
10 *ebd.*
11 *ebd.*, S. 25.
12 *NS-Frauenwarte* 1936, Nr. 6, S. 170, auch zitiert von Aley, *op. cit.*, S. 26.
13 *ebd.*
14 *ebd.*
15 Gottfried Neesse, ›Reichjugendführung‹ in H.-H. Lammers und H. Pfundtner (Hg.), *Grundlagen, Aufbau und Wirtschaftsordnung des nationalsozialistischen Staates*, Berlin 1938, Bd. I, S. 30.
16 *Jugendschriften-Warte*, Bd. 47, Heft 7/8, Stuttgart 1942, S. 64.
17 Fritz Helke ›Kritik am Jugendbuch durch die Jugend‹ in *Jugendschriften-Warte*, Bd. 40, Heft 5, 1935, S. 6.
18 Aley, *op. cit.*, S. 30 ff.
19 Fritz Helke, ›HJ-Arbeit am Schrifttum‹ in *Der Deutsche Schriftsteller*, 1936, Heft 1, S. 8.
20 *Börsenblatt für den Deutschen Buchhandel*, Nr. 283, Dezember 1936, S. 1063–1066.
21 *Die Schulbücherei, op. cit.*, S. 20 ff.
22 *ebd.*
23 Aley, *op. cit.*, S. 96.
24 D. Klagges, ›Die Märchenstunde als Vorstufe des Geschichtsunterrichts‹ in *Jugendschriften-Warte*, Bd. 45, Heft 7/8, Stuttgart 1940, S. 40 ff.
25 *ebd.*
26 *ebd.*
27 K. v. Spiess, ›Was ist ein Volksmärchen?‹ in *Jugendschriften-Warte*, Bd. 43, Heft 6/7, Stuttgart 1938, S. 37.
28 G. Grenz, ›Vom Märchenerzählen‹ in *Die Neue Gemeinschaft. Parteiarchiv für nationalsozialistische Feier- und Freizeitgestaltung*, München 1943, S. 548 f.; Aley, *op. cit.*, S. 102.
29 Georg Schott, *Weissagung und Erfüllung im Deutschen Volksmärchen*, München 1936, S. 199.
30 Gunter Harmut, *Deutsche Weihnachten, Brauchtum und Feiergestaltung*, Halle 1937, S. 29.
31 Herman Lorch, *Germanische Heldendichtung*, Leipzig 1934, S. 111.
32 Erich Beier-Lindhardt, *Das Buch vom Führer für die deutsche Jugend*, Oldenburg 1933; Hitlers Rede ist darin ebenfalls zitiert, S. 77; s. auch Kapitel V.
33 Lorch, *op. cit.*

34 A. Rosenberg, *Der Mythus des 20. Jahrhunderts*, München 1935, S. 614.
35 E. Loewy, *Literatur unterm Hakenkreuz. Das Dritte Reich und seine Dichtung*, Frankfurt 1969, S. 290.
36 *Deutsche Heldensagen. Neuerzählt von Hans Friedrich Blunck*, Stuttgart 1958.
37 Aley, *op. cit.*, S. 111.
38 Felix Dahn, *Ein Kampf um Rom*, Stuttgart 1954.
39 *Die Schulbücherei, op. cit.*, S. 38.
40 Aley, *op. cit.*, S. 115.
41 Rosenberg, *op. cit.*, S. 306.
42 *ebd.*, S. 158.
43 E. Rothemund, ›Das Jugendbuch in der deutschen Schule‹ in *Das Deutsche Jugendbuch, op. cit.*, S. 54.
44 Josef Prestel, ›Wandel des Heldenbildes‹ in *Jugendschriften-Warte*, Bd. 40, Heft 7, Stuttgart 1935, S. 45; Aley, *op. cit.*, S. 116.
45 Aley, *op. cit.*, S. 117.
46 M. Führer, *Nordgermanische Götterüberlieferung und deutsches Volksmärchen. 80 Märchen der Brüder Grimm vom Mythus her beleuchtet.* München 1938, S. 3.
47 *ebd.*, S. 4.
48 S. Ott, *Die altnordische Dichtung in der Schule*, Esslingen 1940, S. 5.
49 Hitler, *Mein Kampf, op. cit.*, S. 474.
50 Rosenberg, *op. cit.*, S. 629.
51 Rede des Reichsinnenministers Dr. Frick, 9. 5. 1933, in *Dokumente der deutschen Politik*, Bd. I 1933, hg. v. P. Meyer-Benneckenstein, Berlin 1936, S. 300–311.
52 *Deutsches Wesen und Schicksal*, hg. v. der Reichsverwaltung des NSLB, Bayreuth 1936.
53 W. Frenzel, ›Jugendbuch und Vorgeschichte‹ in *Jugendschriften-Warte*, Bd. 43, Heft 10, Stuttgart 1938, S. 65 f.; Aley, *op. cit.*, S. 123.
54 E. Weisser, ›Schulausgaben über Friedrich den Großen‹ in *Jugendschriften-Warte*, Bd. 41, Heft 9, Stuttgart 1936, S. 65.
55 *Das Deutsche Jugendbuch, op. cit.*, S. 57.
56 *ebd.*, S. 56.
57 *ebd.*
58 Loewy, *op. cit.*, S. 312.
59 R. Schneider-Neustadt, *Deutsche Größe*, Stuttgart 1934, S. 40 f.
60 *ebd.*
61 *ebd.*, S. 302.
62 Hans Grimm, *Volk ohne Raum*, München 1926, Neuausg. Lippoldsberg 1956.

63 G. Stark, *Völkisches Erbgut in den Schuldramen unserer Klassiker*, Bamberg 1935, S. 7.
64 *Die Schulbücherei, op. cit.*, S. 41.
65 A. Schwarzlose, ›Der Weltkrieg im Spiegel des deutschen Schrifttums‹ in *Jugendschriften-Warte*, Bd. 40, Heft 8, Stuttgart 1935, S. 49; Aley, *op. cit.*, S. 131.
66 Th. Lüddecke, ›Der heroische Auftrieb in der Literatur‹, *ebd.*, Heft 7, S. 48.
67 Prestel, ›Volkhafte Dichtung‹ in *Völkisches Lehrgut*, hg. v. K. Higelke, Leipzig 1935, S. 19; Aley, *op. cit.*, S. 133.
68 *ebd.*, S. 20.
69 *ebd.*
70 General von Cochenhausen, zitiert bei Rothemund, *op. cit., S. 60.*
71 Aley, *op. cit.*, S. 137 ff.
72 Pers. Erinnerung des Autors.
73 Aley, *op. cit.*, S. 137 ff.
74 E. Neugebauer, ›Schülerbücherei und Jugendschrifttum im Dienst der Wehrerziehung‹ in *Jugendschriften-Warte*, Bd. 45, Heft 3/4, Stuttgart 1940, S. 34 ff.
75 *Jungen im Einsatz. Kriegsjahrbuch der Hitler-Jugend*, München 1944.
76 Aley, *op. cit.*, S. 142 ff.
77 H. Mohr, ›Zur Frage der politischen Jugendschrift‹ in *Jugendschriften-Warte*, Bd. 39, Heft 6, Stuttgart 1934, S. 41.
78 Ph. Bouhler, *Kampf um Deutschland*, München 1939, Vorwort.
79 Hitler, *Mein Kampf*, S. 476.
80 vgl. *Das Schwarze Korps*, 12. 12. 1935, S. 10.
81 *Pimpf im Dienst, op. cit.*
82 B. v. Schirach, *Die Fahne der Verfolgten*, Berlin 1933; *Das Lied der Getreuen*, Berlin 1938.
83 E. Gritzbach, *Hermann Göring*, München 1940.
84 B. Eichinger, ›Das deutsche Jugendbuch im Auslande‹ in *Jugendschriften-Warte*, Bd. 41, Heft 6, Stuttgart 1936, S. 48.
85 Aley, *op. cit.*, S. 164 ff.
86 *ebd.*, S. 166 ff.
87 Rothemund, *op. cit.*, S. 61.
88 Diesbezügliche Werke sind Graf Bossi Fedrigottis *Standschütze Bruggler* und Karl Springenschmids Romane.
89 *Die Schulbücherei, op. cit.*, S. 22.
90 Lüddecke, *op. cit.*, S. 47.
91 *ebd.*
92 *Die Schulbücherei, op. cit.*, S. 22.
93 Prestel, *op. cit.*, S. 24.

94 R. Sprockhoff, ›Das Fremdwort im Jugendbuch‹ in *Jugendschrif-ten-Warte*, Bd. 41, Heft 3, Stuttgart 1936, S. 21; Aley, *op. cit.*, S. 169 ff.

95 Rothemund, *op. cit.*, S. 64.

96 ›Wer war uns Old Shatterhand?‹ in *Das Schwarze Korps*, 1. 4. 1937, S. 16.

97 Rothemund, *op. cit.*, S. 64.

98 *Völkischer Beobachter*, 21. 4. 1940.

99 Aley, *op. cit.*, S. 173.

100 *ebd.*

101 W. Vesper (Hg.), *Die Neue Literatur*, Leipzig 1939, S. 101–102.

102 Witteks Erwiderung bei Aley, *op. cit.*, S. 174.

103 Aley, *op. cit.*, S. 175.

104 *ebd.*, S. 176.

105 *ebd.*

106 H. Wollschläger, *Karl May*, Hamburg 1965.

107 *ebd.*

108 Und änderte seine Einstellung, vgl. Anm. 96.

109 Aley, *op. cit.*, S. 208–209.

110 s. Kapitel VI.

111 Aley, *op. cit.*, Bibliotheksbefragung 1943.

112 *ebd.*

113 I. Dyhrenfurth-Graebsch, *Geschichte des deutschen Jugendbuches*, Hamburg 1951, S. 262.

114 Dahrendorf, *op. cit.*, S. 327 ff., 415 ff.

VIII. Erziehung

1 Hitler, *Mein Kampf*, *op. cit.*, S. 457 ff.

2 *Hitler's Secret Conversations*, *op. cit.*, S. 376, 406–407, 647–648.

3 *Mein Kampf*, S. 452.

4 *ebd.*, S. 453.

5 *ebd.*, S. 454–455.

6 *ebd.*

7 *ebd.*

8 *ebd.*, S. 456.

9 *ebd.*

10 *ebd.*, S. 460 ff.

11 *ebd.*, S. 464 ff.

12 *ebd.*, S. 467 ff.

13 *ebd.*

14 *ebd.*, S. 468.

15 *ebd.*, S. 470.
16 *ebd.*, S. 474.
17 *ebd.*
18 *ebd.*, S. 475.
19 *ebd.*, S. 476.
20 BA NS 22/739. Eine ausgezeichnete Dokumentation der meisten nationalsozialistischen Erziehungsfragen bietet Hans-Jochen Gamm, *Führung und Verführte*, München 1964.
21 Zitiert in Kurt Zentner, *Geschichte des Dritten Reiches*, München 1965, S. 347; s. auch Gamm, *op. cit.*, S. 312.
22 Zentner, *ebd.*
23 s. Kapitel VII, Anm. 51.
24 s. Schirachs Rede vom 7. 12. 1936 in *Dokumente der Deutschen Politik*, *op. cit.*, Bd. 4, Berlin 1938, S. 331–335.
25 G. Pein, ›Der deutsche Lehrer und Erzieher als pädagogischer Offizier‹ in *Nationalsozialistisches Bildungswesen*, Nr. 5, 1940, S. 145 ff.
26 *ebd.*; desgl. Schirach, *Revolution*, *op. cit.*, S. 125.
27 *ebd.*
28 Klose, *op. cit.*, S. 189.
29 s. Kapitel IV und V.
30 Klose, *op. cit.*, S. 190.
31 *ebd.*
32 *ebd.*, S. 191.
33 vgl. Rolf Eilers, *Die nationalsozialistische Schulpolitik*, Köln 1963.
34 Klose, *op. cit.*, S. 191; bezüglich späterer Vorkommnisse s. BHSA Abt. I, MK 14 858.
35 *ebd.*
36 *ebd.*
37 *ebd.*
38 *Leitgedanken zur Schulordnung 1934–1935*, BA NS 22/739.
39 *ebd.*
40 Gamm, *op. cit.*
41 A. Kluger (Hg.), *Die deutsche Volksschule im Großdeutschen Reich*, Breslau 1940, S. 387.
42 Konfliktsituationen zwischen Schule und HJ ergaben sich hauptsächlich aus der Kriegssituation und wurden in der Praxis zugunsten der letzteren entschieden.
43 BHSA, Abt. I, MK 14 858, Nr. VIII 13 820 A III; Eilers, *op. cit.*
44 Gamm, *op. cit.*, S. 26–27.
45 s. Anm. 24.
46 Fest, *op. cit.*, S. 308.
47 Desmond Young, *Rommel*, London 1950, S. 56–57; B. v. Schirach,

Ich glaubte . . ., op. cit., S. 64–65. In bezug auf weitere Aspekte der vormilitärischen Erziehung BHSA, Abt. I, MK 13 985, Nr. 1501 Adj.

48 vgl. Eilers, *op. cit.*
49 Klose, *op. cit.*, S. 203.
50 *ebd.*
51 vgl. H. Stellrecht, *Neue Erziehung*, Berlin 1944.
52 Klose, *op. cit.*, S. 203.
53 Stellrecht, *op. cit.*
54 Eilers, *op. cit.*, S. 86.
55 Eine vom Verfasser 1970 erstellte Umfrage.
56 Zentner, *op. cit.*, S. 347.
57 BA R 43 II/9566.
58 vgl. Adolf Viernow, *Zur Theorie und Praxis des nationalsozialistischen Geschichtsunterrichts*, Halle 1935.
59 BA NS 22/739; vgl. P. Brohmer, *Biologieunterricht und völkische Erziehung*, Frankfurt 1936.
60 vgl. A. Dorner (Hg.), *Mathematik im Dienst der nationalsozialistischen Erziehung*, Frankfurt 1936; Zentner, *op. cit.*, S. 348.
61 vgl. Anm. 55.
62 Eilers, *op. cit.*, S. 38.
63 BHSA, Abt. I, MK 14 858, Nr. 1557/40 Adj.; vgl. Albert Müller, *Sozialpolitische Erziehung*, Berlin 1943. 1942 erhielt auch Himmler einen von seinem Stab zusammengefaßten Bericht gleicher Tendenz; vgl. BA NS 19/1531.
64 vgl. Bleuel/Klinner, *Deutsche Studenten auf dem Weg ins Dritte Reich*, Gütersloh 1967.
65 Brandenburg, *op. cit.*, S. 107.
66 vgl. B. v. Schirach, *Wille und Weg des Nationalsozialistischen Deutschen Studentenbundes*, München 1929.
67 W. Kunkel, ›Der Professor im Dritten Reich‹ in *Die deutsche Universität und das Dritte Reich*, München 1966, S. 103 ff.
68 *ebd.*
69 *Deutsches Geistesleben und Nationalsozialismus – Eine Vortragsreihe der Universität Tübingen*, Tübingen 1965, S. 25–46.
70 H. Seier, ›Der Rektor als Führer‹ in *Vierteljahreshefte für Zeitgeschichte*, Stuttgart 1964, S. 105–146.
71 *ebd.*
72 W. Hagemann, *Publizist im Dritten Reich*, Hamburg 1948, S. 99.
73 K.-D. Bracher, *Die deutsche Diktatur*, Köln 1969, S. 294.
74 *ebd.*, S. 295.
75 *Die deutsche Universität, op. cit.*, S. 154.
76 *ebd.*

IX. Eliten

1 Horst Ueberhorst, *Elite für die Diktatur. Die Nationalpolitischen Erziehungsanstalten 1933–1945*. Die beste und schärfste Analyse des gesamten Spektrums der nationalsozialistischen ›Elite‹-Erziehung ist von Harald Scholtz geliefert worden, *Nationalsozialistische Ausleseschulen. Internatsschulen als Herrschaftsmittel des Führerstaates*, Göttingen 1973. Ueberhorst war Schüler einer Nationalpolitischen Erziehungsanstalt, Schultz der einer Adolf-Hitler-Schule. Der letztere bemüht sich in beträchtlicher Ausführlichkeit um das, was noch von der intellektuellen Reputation der AHS zu retten war, manchmal sogar erfolgreich. Leider erschien sein Buch zu spät, um voll ausgewertet zu werden. G. A. Rowan-Robinson, ›Training the Nazi Leaders of the Future‹ in *International Affairs*, Bd. 17, 1938, S. 233–251; Gamm, *op. cit.*, S. 401–414; Klose, *op. cit.*, S. 203–207.

2 Dietrich Orlow, ›Die Adolf-Hitler-Schulen‹ in den *Vierteljahrsheften für Zeitgeschichte*, Stuttgart 1965, S. 272–285; Scholtz, *Ausleseschulen, op. cit.*, S. 162–254; Gamm, *op. cit.*, S. 422–438; Klose *ebd.*

3 Harald Scholtz ›Die NS-Ordensburgen‹ in *Vierteljahrshefte für Zeitgeschichte*, Stuttgart 1967, S. 269–298; Gamm, *op. cit.*, S. 414 bis 421; ›Führers of the Future‹ in *Manchester Guardian*, 17. 11. 1937.

4 H. P. Rothfeder, *A Study of Alfred Rosenberg's Organization* (unveröffentl. Diss.). Ann Arbour, Michigan 1963; Orlow, *op. cit.*, Fußnote S. 272.

5 Robert Ley, *Wir alle helfen dem Führer*, München 1937, S. 137 ff.; R. Ley, ›Der Erziehungswert bei der nationalsozialistischen Führerauslese‹ im *Völkischen Beobachter*, 24. 11. 1937; Scholtz, *Ordensburgen, op. cit.*, S. 271.

6 Scholtz, *ebd.*; Ueberhorst, *op. cit.*, S. 36–37.

7 *Deutsche Schulerziehung. Jahrbuch des Deutschen Zentralinstituts für Erziehung und Unterricht*, hg. v. R. Benze, Berlin 1940, S. 248–257.

8 vgl. Ernst von Salomon, *Die Kadetten*, Hamburg 1957 (Neuaufl.), S. 6 ff.

9 J. Haupt, ›Neuordnung im Schulwesen und Hochschulwesen‹ in *Das Recht der nationalen Revolution*, Berlin 1933, Heft 5, S. 24 ff.

10 B. Rust, ›Erziehung zur Tat‹ in der *Deutschen Schulerziehung, op. cit.*, Bd. 1943, S. 6; Ueberhorst, *op. cit.*, S. 64 ff., 103 ff.; *Der Jungmann*, 6. Kriegsnummer, S. 5.

11 Ueberhorst, *op. cit.*, S. 437 ff.

12 *ebd.*
13 BA S.Sch. G III, Nr. 270; R. Benze, *Erziehung im Großdeutschen Reich. Eine Überschau über ihre Ziele, Wege und Richtungen,* Frankfurt 1939, S. 42 ff.
14 BA S.Sch. G. III, Nr. 270; schriftliche Eideserklärung von Dr. Albert Holfelder, Leiter der Abteilung Erziehung im Reichsministerium für Wissenschaft, Erziehung und Volksbildung, bei Ueberhorst, *op. cit.,* S. 60 f.
15 *Merkblatt für die Aufnahme in Nationalpolitische Erziehungsanstalten.*
16 s. Kapitel V, Anm. 227, 235 und 236.
17 *Der Jungmann,* Bd. IV (1938), Heft 6/7, S. 68; *Nationalpolitische Erziehungsanstalt Stuhm im Aufbau. Festschrift,* Königsberg 1938, S. 89 f.
18 Holfelders schriftliche Erklärung, *op. cit.*
19 H. Heuer, ›Englische und deutsche Jugenderziehung‹ in der *Zeitschrift für neusprachlichen Unterricht,* Bd. 36, Berlin 1937, S. 215 ff.
20 A. Heißmeyer, ›Über die Nationalpolitischen Erziehungsanstalten‹ in *Der Altherrenbund – Amtl. Organ der deutschen Studenten,* Bd. 1, 1939, Heft 3, S. 202; Rust, *op. cit.; Der Jungmann,* Bd. IV (1938), Heft 6/7, S. 67.
21 J. Haupt, *Nationalerziehung,* Langensalza 1933, S. 7; Scholtz, *Ausleseschulen, op. cit.,* S. 82, ist der Meinung, daß hohes Schulgeld den Abbau der Klassenunterschiede verhinderte. Aber er liefert keinen tragenden Beweis; existierende Quellen scheinen seiner Behauptung zu widersprechen.
22 Ueberhorst, *op. cit.,* S. 41.
23 *ebd.,* auch S. 428–429; A. Baeumler / A. Heißmeyer, *Weltanschauung und Schule,* Bd. I, Heft 2, Dezember 1936, S. 106.
24 vgl. Anm. 18; Gamm, *op. cit.,* S. 381.
25 Ueberhorst, *op. cit.,* S. 38 ff.
26 H. Heuer, *op. cit.*
27 BA R 43 II/956b.
28 Scholtz, *Ausleseschulen, op. cit.,* S. 155.
29 vgl. Anm. 18.
30 *ebd.,* BA NS 26/354.
31 *ebd.*
32 BA S.Sch. G. III, Nr. 270.
33 *ebd.*
34 Ueberhorst, *op. cit.,* S. 428.
35 Ueberhorsts Bemerkung, daß die HJ Joachim Haupt ›niemals verzieh‹, ist eine leichte Untertreibung.
36 vgl. Ueberhorst, *op. cit.,* S. 56 Fußnote 3.

37 Erlaß des Reichsministeriums für Wissenschaft, Erziehung und Volksbildung vom 7. 10. 1937.
38 vgl. Anm. 15.
39 vgl. Anm. 20.
40 vgl. Anm. 15.
41 Ueberhorst, op. cit., S. 78.
42 Archiv des Verfassers.
43 ebd.
44 ebd.; auch Ueberhorst, op. cit., S. 78–79.
45 BA R 43 II/956 b; Der Jungmann, Bd. IV (1938), Heft 6/7, S. 64.
46 BA R 43 II/956 b.
47 ebd.
48 Merkblatt, op. cit.
49 Brief eines früheren Lehrers in Bensberg im Archiv des Verfassers.
50 BA R 43 II/956 b.
51 Merkblatt, op. cit.
52 vgl. Anm. 17.
53 ebd., S. 24 f.; Scholtz, Ausleseschulen, op. cit., S. 151.
54 O. Calliebe, ›Die Nationalpolitischen Erziehungsanstalten‹ in der Deutschen Schulerziehung, op. cit., S. 253; Der Jungmann, Bd. IV (1938), Heft 6/7, S. 74 f., 76 f.; Bd. I (1936), Heft 3/4, S. 18 f., 23 f.
55 BA R 43 II/956 b; Rust, Erziehung, op. cit., S. 10; Der Jungmann, Bd. III (1937), Heft 5, S. 20 f.
56 vgl. Anm. 17, S. 68; Der Jungmann, Bd. I (1936), Heft 2, S. 22 ff.; Der Jungmann, Bd. I (1936), Heft 2, S. 22 ff.; Der Jungmann, 1. Kriegsnummer, S. 29; ebd., 8. Kriegsnummer, S. 3.
57 Rust, Erziehung, op. cit., S. 10; Calliebe, op. cit., S. 253; Scholtz, Ausleseschulen, op. cit., S. 146–147.
58 Der Jungmann, Bd. I (1936), Heft 3/4, S. 47.
59 Scholtz, Ausleseschulen, op. cit., S. 146.
60 Der Jungmann, Bd. IV (1938), Heft 6/7, S. 60; ebd., Bd. I (1936), Heft 3/4, S. 48 ff., 83 f.
61 ebd., Bd. I (1936), Heft 3/4, S. 47–48 ff; Bd. IV (1938), S. 62.
62 ebd., Bd. I (1936), Heft 3/4, S. 83 f.
63 ebd., S. 48 ff.
64 ebd., Bd. IV (1938), Heft 6/7, S. 62.
65 vgl. Anm. 62, S. 76 f.
66 G. A. Rowan-Robinson, op. cit., Anm. 1.
67 Scholtz, Ausleseschulen, op. cit., S. 143.
68 Merkblatt, op. cit.
69 BA NS 19/1560.
70 ebd.

71 Scholtz, *Ausleseschulen*, *op. cit.*, S. 157.
72 BA S.Sch. G. III, Nr. 270.
73 vgl. Anm. 27.
74 *ebd.*
75 *ebd.*
76 *ebd.*
77 *ebd.*
78 *ebd.*
79 *ebd.*
80 Archiv des Verfassers.
81 In Ph. Bouhler (Hg.), *Der Großdeutsche Freiheitskampf. Reden Adolf Hitlers*, München 1941, S. 350 ff. Dieser entscheidende Teil der Rede ist bei Domarus, *Hitlers Reden*, Bd. II, Würzburg 1963, weggelassen.
82 G. Skroblin, ›Die nationalpolitischen Erziehungsanstalten‹ in *Die höhere Schule*, 1941, S. 211 f.
83 vgl. H. Höhne, *The Order of the Death's Head*, London 1970.
84 *Hitler's Secret Conversations*, *op. cit.*, S. 381 f.; Eberhard Jäckel, *Frankreich in Hitlers Europa. Die deutsche Frankreichpolitik im Zweiten Weltkrieg*, Stuttgart 1966, S. 302.
85 *Hitler's Secret Conversations*, *op. cit.*, S. 382.
86 *ebd.*
87 *ebd.*
88 *ebd.*
89 G. H. Stein, *The Waffen SS*, London 1966, S. 153 ff.
90 BA S.Sch. G. III, Nr. 270; Himmlers Memorandum über die Behandlung der östlichen Rassen in den *Vierteljahrsheften für Zeitgeschichte*, Stuttgart 1957, S. 194–198.
91 *Der Jungmann*, 6. Kriegsnummer, S. 14.
92 Heißmeyer an den *SS-Standartenführer* Dr. Brandt, Brief, abgedruckt bei Ueberhorst, *op. cit.*, S. 113 ff.
93 *Das Schwarze Korps*, 16. 6. 1938; *ebd.*, 8. 6. 1939; Eugen Kogon, *Der SS-Staat*, München 1974 (Neuaufl.), S. 20.
94 Ueberhorst, *op. cit.*, S. 135 ff.; *ebd.*, S. 432.
95 *ebd.*
96 BA NS 19/1560.
97 *ebd.*
98 BA R 43 II/956b.
99 Ueberhorst, *op. cit.*, S. 137.
100 Vgl. die eidesstattliche Bestätigung von Kurt Petter, einstigem Inspekteur für die AHS, Ueberhorst, *op. cit.*, S. 179.
101 BA S.Sch. G. III, Nr. 270; BA NS 19/1531.
102 *ebd.*

103 *ebd.*
104 *SS-Gruppenführer* Berger an Himmler, 14. 2. 1942, Ueberhorst, *op. cit.,* S. 156 ff.
105 BA S.Sch. G. III, Nr. 270.
106 Im Zusammenhang mit dieser Entwicklung, die die Vorherrschaft der SS auf allen Gebieten scheinbar sicherte, muß man Heißmeyers Vorschlag verstehen, das gesamte NPEA-Lehrpersonal solle Rangordnungen der allgemeinen SS einnehmen. Vgl. auch Anm. 105.
107 Hitler's Befehl vom 7. 12. 1944 bei Ueberhorst, *op. cit.,* S. 177.
108 vgl. Kapitel XI.
109 *Der Jungmann,* 7. Kriegsnummer, S. 38 ff.
110 vgl. Kapitel XI.
111 Bericht eines Bensberg-Schülers im Archiv des Verfassers.
112 BA S.Sch. G. III, Nr. 270.
113 Heißmeyers Bestätigung bei Ueberhorst, *op. cit.,* S. 434.
114 vgl. Dietrich Orlow, *op. cit.; Verfügung des Führers und Reichskanzlers vom 15. 1. 1937* bei G. Rühle (Hg.), *Das Dritte Reich. Das fünfte Jahr 1937,* S. 117; gemeinsame Erklärung von Schirach und Ley, *ebd.,* S. 117 ff.; Eilers, *op. cit.,* S. 46, 117–119.
115 Scholtz, *NS-Ordensburgen, op. cit.,* S. 271 Fußnote 7a; Scholtz, *Ausleseschulen, op. cit.,* S. 191.
116 vgl. Anm. 98 und Leys Antwortschreiben an Rust vom 22. 1. 1937 bei Gamm, *op. cit.,* S. 133–134; Scholtz, *NS-Ordensburgen, op. cit.,* S. 271.
117 Scholtz, *NS-Ordensburgen, op. cit.,* S. 273.
118 *Organisationsbuch der NSDAP,* München 1938, S. 443.
119 *ebd., Vorschriftenhandbuch der Hitler-Jugend,* Berlin 1942, Bd. 3, S. 1862.
120 *Junges Deutschland,* Berlin 1937, S. 49.
121 Orlow, *op. cit.,* S. 273.
122 *Auslese und Ausmusterung der Schüler für die Adolf-Hitler-Schulen, Jahrgang 1938, 15. 11. 1937,* bei Orlow, *op. cit.,* S. 275.
123 *ebd., Vorschriftenhandbuch, op. cit.,* S. 1865–1867.
124 Orlow, *op. cit.,* S. 276; Eilers, *op. cit.,* S. 47.
125 *Vorschriftenhandbuch, op. cit.,* S. 1871–1872.
126 lt. Archiv des Verfassers.
127 Orlow, *op. cit.,* S. 277.
128 *ebd.*
129 *ebd.,* S. 278.
130 Scholtz, *Ausleseschulen, op. cit.,* S. 210.
131 Orlow, *op. cit.,* S. 279.
132 vgl. O. W. von Vacano, *Sparta, der Lebenskampf einer nordischen Herrenschicht,* Bücherei der Adolf-Hitler-Schulen, 1942.

133 *ebd.*
134 Orlow, *Adolf-Hitler-Schulen, op. cit.,* S. 281.
135 vgl. George L. Mosse, *The Crisis of German Ideology,* New York 1964.
136 Orlow, *Adolf-Hitler-Schulen, op. cit.,* S. 282.
137 *ebd.*
138 Eilers, *op. cit.,* S. 14; Scholtz, *Ausleseschulen, op. cit.,* sieht das als einstiger AHS-Absolvent eher anders, aber vielleicht im Rückblick leicht verschönt.
139 Orlow, *Adolf-Hitler-Schulen, op. cit.,* S. 282.
140 *ebd.*
141 ebd., S. 283; Ley, *Wir alle helfen dem Führer, op. cit.,* S. 130.
142 Orlow, *Adolf-Hitler-Schulen, op. cit.,* S. 283.
156 *ebd.*
144 H. Rhein, ›In Lothringen‹ im *Jungenblatt der Adolf-Hitler-Schulen,* I, 1941.
145 vgl. Anm. 107.
146 Orlow, *Adolf-Hitler-Schulen, op. cit.,* S. 284.
147 vgl. U. Bronfenbrenner, *Erziehungssysteme* . . ., wo sehr klar die Bedeutung dieses frühen Stadiums der Jugendschulung dargelegt ist.
148 Ihre genaue Aufgabe war niemals genau definiert, außer daß sie eine Erziehungsinstitution unter der Kontrolle von Leys *Reichsorganisationsleitung der NSDAP* bildeten.
149 Scholtz, *NS-Ordensburgen, op. cit.*
150 R. Benze und G. Gräfer, *Erziehungsmächte und Erziehungshoheit im Großdeutschen Reich,* Leipzig 1940, S. 225.
151 Ley, *Wir alle* . . ., *op. cit.,* S. 166, 173.
152 *ebd.,* S. 172.
153 *Völkischer Beobachter,* 27. 5. 1938.
154 Scholtz, *NS-Ordensburgen, op. cit.,* S. 275 ff.; *Der Angriff,* 5. 5. 1936, S. 10.
155 Scholtz, *NS-Ordensburgen, op. cit.,* S. 275.
156 ebd.
157 Ley, *Wir alle* . . ., S. 117 ff.
158 Scholtz, *NS-Ordensburgen, op. cit.,* S. 275.
159 ebd.; *Der Hoheitsträger,* Heft 9, 1943, S. 17 ff.
160 Scholtz, ebd.
161 ebd., S. 276.
162 *ebd.*
163 *Gauschulungsleiter* Kölker vom *Gau* Köln-Aachen mit spezifischem Bezug auf seine Erfahrungen mit der Ordensburg Vogelsang, bei Scholtz, *NS-Ordensburgen, op. cit.,* S. 284.

164 *ebd.*
165 *ebd.*
166 BA NS 22/604.
167 Ley, *Wir alle . . ., op. cit.,* S. 159 ff.
168 Scholtz, *NS-Ordensburgen, op. cit.,* S. 279.
169 *ebd.,* S. 285.
170 *Der Hoheitsträger, op. cit.,* S. 19.
171 BA NS 22/739.
172 Scholtz, *NS-Ordensburgen, op. cit.,* S. 286.
173 BA NS 22/739.
174 *Völkischer Beobachter,* 24. 11. 1937; Poliakov und Wulf, *Das Dritte Reich und seine Denker,* Berlin 1959, S. 124–64.
175 Poliakov und Wulf, *Das Dritte Reich . . ., ebd.,* S. 146.
176 *ebd.*

X. Widerstand

1 vgl. Bennecke, *op. cit.;* Horn, *op. cit.;* Strachura, *op. cit.,* Kapitel VI.
2 *ebd.*
3 *ebd.*
4 Horn, *op. cit.,* S. 238 ff.; G. Schildt, *Die Arbeitsgemeinschaft Nord-West. Untersuchungen zur Geschichte der NSDAP 1925–26.* Dissertation Freiburg 1964.
5 *ebd.*
6 BHSA, Abt. I, NS 1804.
7 *ebd.*
8 Bennecke, *op. cit.,* S. 129 ff.; vgl. Kapitel IV, S. 108 ff.
9 vgl. Kapitel IV, S. 108 ff., H. Bolm, *Hitler-Jugend in einem Jahrzehnt: Ein Glaubensweg der niedersächsischen Jugend,* Braunschweig 1938, S. 52.
10 Horn, *op. cit.,* S. 260 ff.; K. O. Paetel, *Versuchung oder Chance?,* Berlin 1965, S. 160; R. Kühnl, *Die nationalsozialistische Linke 1925–1930,* Meisenheim 1966, S. 225 ff., 243 f.
11 Kühnl, *op. cit.,* S. 234
12 zum ›Nationalbolschewismus‹ s. O. E. Schüddekopf, *Linke Leute von rechts,* Stuttgart 1960.
13 Paetel, *Versuchung, op. cit.,* S. 210.
14 Kühnl, *op. cit.,* S. 252.
15 ebd.; Brandenburg, *op. cit.,* S. 40.
16 Bennecke, *op. cit.,* S. 142 ff.; Horn, *op. cit.,* S. 261–265.
17 BA S.Sch. G. VIII, Nr. 239.

18 Kühnl, *op. cit.*, S. 376.
19 BHSA, Abt. I, NS 1508; Strachura, *op. cit.*, Kapitel VI.
20 *ebd.*
21 *ebd.*
22 *ebd.*
23 Schüddekopf, *op. cit.*, S. 335.
24 Paetel, *Versuchung, op. cit.*, S. 159.
25 BHSA, Abt. I, NS 1541.
26 BHSA, Abt. I, NS 1834.
27 Strachura, *op. cit.*, Kapitel VI.
28 BHSA, Abt. I, NS 1508.
29 *ebd.*
30 Strachura, *op. cit.*
31 *ebd.*
32 *ebd.*
33 BA S.Sch. G. VIII, Nr. 205.
34 *ebd.*
35 Strachura, *op. cit.*
36 BHSA, Abt. I, NS 1542.
37 Brandenburg, *op. cit.*, S. 201.
38 Bennecke, *op. cit.*, S. 165.
39 BA NS 26/362.
40 BA NS 26/370.
41 BHSA, Abt. I, NS 1555.
42 Staatsarchiv Bremen 4.65-II.E.3.a.13.
43 BA NS 26/340.
44 BHSA, Abt. I., NS 1544; NS 1535; NS 1542.
45 *ebd.*
46 *ebd.*
47 BHSA, Abt. I, NS 1541.
48 *ebd.*
49 BA NS 26/337; BHSA, Abt. I, NS 1542.
50 BA NS 26/362.
51 *ebd.* BA S.Sch. G. III, Nr. 241.
52 Strachura, *op. cit.*, Kapitel VII.
53 J. Georgi, ›Die geistige Überwindung des Nationalsozialismus und die Freideutsche Bewegung‹ in *Freideutscher Rundbrief*, Nr. 3, Hamburg 1948. BA S.Sch. G. VII, Nr. 205; BHSA, Abt. I, NS 1544.
54 Karl Heinz Meyers ›Lied der bekennenden Jugend‹ bei Brandenburg, *op. cit.*, S. 193.
55 vgl. Arno Klönne, *Gegen den Strom. Ein Bericht über die Jugendopposition im Dritten Reich*, Hannover 1958.

56 Brandenburg, *op. cit.*, S. 194.
57 *ebd.*
58 Schreiben der *NS-Kulturgemeinde* an das *Außenpolitische Amt der NSDAP* vom 18. 6. 1936 in *Jugend zwischen den Kriegen. Eine Sammlung von Aussagen und Dokumenten*, Heidenheim 1967.
59 Brandenburg, *op. cit.*, S. 313.
60 F. Hielscher, *Fünfzig Jahre unter Deutschen*, Hamburg 1954, S. 173.
61 BA NS 26/357.
62 *ebd.*, R 43 II/515.
63 Laqueur, *op. cit.*, S. 175 f.
64 *ebd.*
65 Brandenburg, *op. cit.*, S. 196.
66 Die Gründe und Hintergründe der Emigration Köbels und ihr weiterer Verlauf sind noch nicht geklärt. Siehe Laqueur, *op. cit.*, S. 175, und Brandenburg, *op. cit.*, S. 196.
67 *Jugend zwischen den Kriegen*, *op. cit.*, S. 170.
68 BA R 22/4103.
69 vgl. Anm. 67, S. 171.
70 Brandenburg, *op. cit.*, S. 197.
71 *ebd.*
72 *ebd.*
73 Arthur Ehrhardt trat während des Zweiten Weltkriegs von der *Wehrmacht* über zur *Waffen-SS*. Im Majorsrang war er unmittelbar Himmler verantwortlich für eine Geschichte der deutschen Maßnahmen gegen die Partisanen. Nach Kriegsende verschwand er bis 1950 im Hintergrund. Von 1951 bis zu seinem Tod 1971 gab er die Monatszeitschrift *Nation Europa* in Coburg heraus.
74 Institut für Zeitgeschichte, Akten des Oberreichsanwalts beim Volksgerichtshof, Nr. 8 J 419/37 g.
75 *ebd.*
76 *ebd.*
77 *ebd.*
78 *ebd.*
79 *cbd.*
80 *ebd.*
81 *ebd.*
82 *ebd.*
93 *Deutscher Reichs- und Preußischer Staatsanzeiger*, Nr. 212, 12. 9. 1938.
84 Brandenburg, *op. cit.*, S. 218.
85 vgl. Anm. 74.
86 *ebd.*

87 *Geheimschrift Nr. 21 der Reichsjugendführung der NSDAP – Amt für Jugendverbände*, 1. 2. 1936; Brandenburg, *op. cit.*, S. 204–205.
88 vgl. Anm. 74.
89 *ebd.*
90 *ebd.*
91 *ebd.*
92 *ebd.*
93 Klönne, *Gegen den Strom, op. cit.*, S. 66; G. Weisenborn, *Der lautlose Aufstand*, Hamburg 1954, S. 344.
94 vgl. Kapitel V.
95 *ebd.*
96 BHSA, Abt. I, MK 14 858, Nr. VIII 58 269 III; H. J. Cron (Hg.), *Dreißig Jahre Bund Neudeutschland*, Köln 1949, S. 98.
97 Brandenburg, *op. cit.*, S. 222.
98 BHSA MK 13 984, Nr. VI 101 296; MInn 71 799, 22 536 15, Klönne, *Gegen den Strom, op. cit.*, S. 66.
99 Brandenburg, *op. cit.*, S. 223; Roussaint's Urteil lautete auf elf Jahre Schwerarbeit. Er überlebte den Krieg und ist heute Präsident der VVN, der Vereinigung der Verfolgten des Naziregimes.
100 vgl. Kapitel V, Anm. 236 und 237.
101 Brandenburg, *op. cit.*, S. 223.
102 WKT – Eintragungen zwischen 1938 und 1939.
103 WKT – Eintragung am 30. 10. 1939.
104 vgl. Kapitel V.
105 Priepke, *op. cit.*
106 Eine Zusammenfassung bei Brandenburg, *op. cit.*, S. 224–225.
107 BBC-Sendung 1945, *ebd.*, S. 213.
108 BA R 43 II/956b.
109 *ebd.;* Klönne, *Hitler-Jugend, op. cit.*, S. 96.
110 BA R 22/4003; *Informationsdienst des Reichsministers der Justiz.*
111 Institut für Zeitgeschichte, Akten des Volksgerichtshofes, 8 J 330/338.
112 W. Tetzlaff, *Das Disziplinarrecht der Hitler-Jugend*, Berlin 1944, S. 53.
113 *Dienststrafordnung der Hitler-Jugend*, 4. 10. 1940; Klönne, *Hitler-Jugend, op. cit.*, S. 21.
114 *ebd.*, Klose, *op. cit.*, S. 219.
115 H. Bobrach (Hg.), *Meldungen aus dem Reich. Lageberichte des Sicherheitsdienstes der SS 1939–1944*, Neuwied 1965, S. 403.
116 *ebd.*
117 Brandenburg, *op. cit.*, S. 212.
118 Für ein traditionsbewußtes Bayern ist ein nicht süddeutschen Dialekt Sprechender ein ›Preiß‹.

119 Zwischenfall am 26. 4. 1944 im Türken-Film-Theater in München.
120 A. Leber (Hg.), *Das Gewissen entscheidet,* Berlin 1956, S. 32.
121 *ebd.*
122 *ebd.*
123 Siehe die Liste der bis zum Alter von 30 Jahren zwischen Februar 1933 und Mai 1945 Hingerichteten bei K.-H. Jahnke, *Entscheidungen, Jugend im Widerstand* 1933–1945, Frankfurt 1970. Sie umfaßt auch die Mitglieder der von Dr. J. Rittmeister organisierten Jugendgruppen, die mit dem sowjetischen Spionagenetz, der ›Roten Kapelle‹, in Verbindung gebracht wurden. Einzelheiten bei R. Höhne, *Kennwort Direktor,* Frankfurt 1972.
124 Klose, *op. cit.,* S. 235.
125 Faksimilereproduktion bei Jahnke, *op. cit.,* S. 111.
126 *ebd.,* S. 109.
127 Boberach, *op. cit.,* S. 372.
128 *ebd.*
129 WKT-Notiz vom 8. 10. 1941.
130 *ebd.*
131 Inge Scholl, *Die weiße Rose,* Frankfurt 1971, S. 119 ff.
132 *ebd.*
133 *ebd.*
134 *ebd.*
135 *ebd.*
136 G. Ritter, *Carl Goerdeler und die deutsche Widerstandsbewegung,* München 1964, S. 366.
137 Scholl, *op. cit.,* S. 63.
138 *ebd.,* S. 59.
139 *ebd.,* S. 124.
140 *ebd.,* S. 71 ff.
141 *ebd.,* S. 74 ff.
142 *ebd.,* S. 85 ff.
143 U. v. Hassel, *Vom anderen Deutschland,* Frankfurt 1964, S. 270.

XI. Krieg

1 G. Kaufmann, *op. cit.,* S. 207.
2 R 43 II/515 Jugendführer.
3 *ebd.,* BA S.Sch. G. VIII, Nr. 239.
4 BA NS 26/364.
5 BA NS 26/382; A. Axmann, *Hitler-Jugend, op. cit.,* S. 35 ff.; Klose, *op. cit.,* S. 95 ff.
6 *ebd.;* BA NS 26/360, NS 26/382.

7 *ebd.*

8 BA NS 26/382.

9 *Jungen im Einsatz, op. cit.*, S. 23; desgl. Axmann, *Hitler-Jugend, op. cit.*, S. 35, Anm. 8.

10 *ebd.*

11 *ebd.;* BA NS 26/382; BHSA, Abt. I, NS 1541; über die zusätzlichen Anforderungen, den Spezialformationen der HJ auferlegt, s. G. Kaufmann, *Das kommende Deutschland, op. cit.*, S. 217 ff. Nebenbei geht die Idee für spezialisierte Formationen zuerst auf Lenk zurück, der eine Seglereinheit aufstellte: vgl. BA NS 26/333.

12 Klose, *op. cit.*, S. 95 ff.

13 *ebd.*, S. 103.

14 R 43 II/515a; Klose, *op. cit.*, S. 104; allerdings war Kloses Unterscheidung zwischen Landdienstgruppen und dem allgemeinen Ernteeinsatz zumindest während des Krieges weit weniger streng, als er es darstellt.

15 Archiv des Verfassers.

16 Kaufmann, *op. cit.*, S. 210 ff.; Klönne, *op. cit.*, S. 21; Klose, *op. cit.*, S. 238.

17 *ebd.*

18 *ebd.*

19 WKT-Notiz vom 2. 10. 1939.

20 Kaufmann, *op. cit.*, S. 211.

21 Axmann, *op. cit.*, S. 34 ff.; Klose, *op. cit.*, S. 238.

22 *ebd.*

23 *ebd.*

24 *ebd.;* Brandenburg, *op. cit.*, S. 229.

25 *ebd.;* Brandenburg, *op. cit.*, S. 230; *Kriegsdienstvorschrift der HJ vom 20. 9. 1939.*

26 Kaufmann, *op. cit.*, S. 211.

27 vgl. Anm. 15.

28 WKT-Notiz vom 8. 11. 1941.

29 Klose, *op. cit.*, S. 249.

30 BA NS 26/370.

31 BA NS 26/370; Klose, *op. cit.*, S. 249.

32 *ebd.*, S. 243.

33 *ebd.*

34 *ebd.*

35 *ebd.;* BA S.Sch. GVIII, Nr. 239.

36 BA NS 26/375; Axmann, *op. cit.*, S. 48; Klose, *op. cit.*, S. 248.

37 *Der Wanderer,* 19. 11. 1942; s. auch P. Kluke, ›NS-Europaideologie‹ in den *Vierteljahrshefte für Zeitgeschichte,* Stuttgart 1955, S. 247 ff.

38 W. A. Boelke (Hg.), *Wollt Ihr den totalen Krieg? Die geheimen Goebbels-Konferenzen 1939–1943*, München 1969, S. 368.
39 H. Heiber (Hg.), *Goebbels' Reden 1939–1945*, Bd. II, Düsseldorf 1972, Goebbels' Rede vom 18. 2. 1943, S. 176.
40 *ebd.*, Rede vom 5. 6. 1943, S. 237.
41 Axmann, *op. cit.*, S. 35 ff., *Jugend im Einsatz, op. cit.*
42 BA S.Sch. G. VIII, Nr. 239.
43 Klose, *op. cit.*, S. 246 f.
44 Maschmann, *op. cit.*, S. 123–124.
45 Axmann, *op. cit.*
46 Klose, *op. cit.*, S. 247.
47 *ebd.*
48 *ebd.*
49 *ebd.*
50 Maschmann, *op. cit.*, S. 124.
51 *ebd.*
52 Hitler, *Mein Kampf*, S. 392.
53 Kaufmann, *op. cit.*, S. 217; Klönne, *op. cit.*, S. 22.
54 Brandenburg, *op. cit.*, S. 230.
55 Gottfried Benn, zitiert bei Klose, *op. cit.*, S. 251.
56 *Jugend im Einsatz, op. cit.*, vgl. BHSA, Abt. II, Epp-Nachlaß, Akte 451.
57 Brandenburg, *op. cit.*, S. 231.
58 vgl. Anm. 15.
59 *ebd.*
60 Klose, *op. cit.*, S. 252 ff.; Brandenburg, *op. cit.*, S. 231.
61 Klose, *op. cit.*, S. 252.
62 Maschmann, *op. cit.*, S. 1–59.
63 vgl. Kapitel VIII und IX.
64 Gamm, *op. cit.*, S. 26 f.
65 Axmann, bei Klose, *op. cit.*, S. 254.
66 A. Schmidt, *Jugend im Reich*, Berlin 1943, S. 34.
67 vgl. Anm. 65.
68 Kopie im Archiv des Verfassers.
69 Brandenburg, *op. cit.*, S. 231.
70 Klose, *op. cit.*, S. 254.
71 Brandenburg, *op. cit.*, S. 231.
72 *ebd.*
73 vgl. Anm. 15.
74 Bericht im Archiv des Verfassers.
75 K. G. Klietmann, *Die Waffen-SS. Eine Dokumentation*, Osnabrück 1965, S. 181 ff.
76 L. P. Lochner (Hg.), *The Goebbels Diaries*, London 1948, S. 263.

77 Klietmann, *op. cit.*, S. 181.
78 Panzermeyer (Kurt Meyer), *Grenadiere*, München 1957, S. 204.
79 *ebd.*
80 Klietmann, *op. cit.*, S. 181.
81 Panzermeyer, *op. cit.*, S. 205.
82 *ebd.*
83 Klietmann, *op. cit.*, S. 181.
84 Panzermeyer, *op. cit.*, S. 205.
85 *ebd.*, S. 207.
86 E. G. Krätschmer, *Die Ritterkreuzträger der Waffen-SS*, Göttingen 1957, S. 22 f.
87 *ebd.*
88 Panzermeyer, *op. cit.*, S. 207.
89 *ebd.*
90 *ebd.*, S. 205; Klietmann, op. *cit.*, S. 183 ff.
91 Klietmann, *op. cit.*, S. 182.
92 Panzermeyer, *op. cit.*, S. 206.
93 *ebd.*
94 *ebd.*
95 vgl. Anm. 74.
96 Panzermeyer, *op. cit.*, S. 206.
97 *ebd.*, S. 207.
98 *ebd.*
99 *ebd.*
100 *ebd.;* Meyers Bericht wird von zahlreichen Gesprächen mit einstigen Angehörigen der HJ-Division bestätigt, ohne Rücksicht auf ihre gegenwärtige politische Einstellung, die von der NPD- bis zur SPD-Meinung reichte.
101 *ebd.*, S. 208.
102 *ebd.*, S. 208 ff.
103 Chester Wilmot, *Der Kampf um Europa*, Frankfurt 1954.
104 D. Young, *op. cit.*, S. 56.
105 Klietmann, *op. cit.*, S. 182.
106 Panzermeyer, *op. cit.*, S. 236.
107 M. Shulman, *Defeat in the West*, London 1947, S. 104.
108 *ebd.*
109 Panzermeyer, *op. cit.*, S. 304 f.; Klietmann, *op. cit.*, S. 1822.
110 Panzermeyer, *op. cit.*, S. 313.
111 *ebd.*, S. 271.
112 Klietman, *op. cit.*, S. 183.
113 *ebd.;* Stein, *op. cit.*, S. 249.
114 BA NS 26/382; *Völkischer Beobachter*, 19. 10. 1944.
115 Klose, *op. cit.*, S. 261.

116 Th. Rossiwall, *Die letzten Tage*, Wien 1969, S. 233.
117 bei K. Zentner, *Illustrierte Geschichte des Zweiten Weltkrieges*, München 1963, S. 454.
118 *Völkischer Beobachter*, 28. 3. 1945.
119 C. Ryan, *Der letzte Kampf*, München 1966.
120 *ebd.;* Ch. Whiting, *The Battle of the Ruhrpocket*, New York 1970, S. 86.
121 Maschmann, *op. cit.*, S. 158.
122 v. Alfen und Niehoff, *So kämpfte Breslau*, München 1961, S. 126; Klose, *op. cit.*, S. 264.
123 H. Altmer zitiert bei E. Kuby, *Das Ende des Schreckens*, München 1955, S. 116.
124 Maschmann, *op. cit.*, S. 270.
125 G. Boldt, *Die letzten Tage der Reichskanzlei*, Hamburg 1962, S. 197 ff.
126 Tagebuch von Hugo Hartung, zitiert bei Kuby, *op. cit.*, S. 116.
127 Bei dieser Gelegenheit entstand das letzte offizielle Foto von Adolf Hitler.
128 vgl. Anm. 74.
129 *Die Tat*. Zentner, *op. cit.*, S. 523.

XII. Nachwirkungen

1 Die Herkunft dieses Ausspruchs war nicht festzustellen. Er wird verschiedenen deutschen Schriftstellern zugeschrieben, u. a. Heinrich Böll und Peter Weiss.
2 E. Klöss, *Der Luftkrieg über Deutschland*, München 1963, S. 270.
3 H. W. Koch, ›German and Austria: a Question of Survival‹ in *History of the Second World War*, Bd. VII, London 1966–69, S. 2755 ff.
4 *ebd.*
5 Diese Situation, obwohl auf des Verfassers eigene Erfahrung zurückgehend, war keineswegs einmalig.
6 *Die Neue Zeitung*, München, 11. 10. 1946.
7 *Süddeutsche Zeitung*, 12. 10. 1950, 15. 1. 1951.
8 *Süddeutsche Zeitung*, 9. 6. 1950.
9 *Der Spiegel*, 1966, 14. 6. 1966; vgl. auch H. Schelsky: *Die skeptische Generation*, Köln 1957.
10 M. Jenke, *Verschwörung von Rechts?*, Berlin 1961, S. 161 ff.
11 ›Bericht über die Lage im Landesverband Nordrhein-Westfalen der FDP‹ zitiert bei Jenke, *op. cit.*, S. 158 f.
12 *ebd.*

13 *ebd.*

14 ›Antworten der FDP – Behauptungen und Tatsachen zu der Verhaftungsaktion des britischen Hochkommissars, *ebd.*, S. 159 f.

15 *ebd.*

16 *Die nazistischen und antisemitischen Vorfälle*, Memorandum des Bundesinnenministeriums vom Februar 1960.

17 vgl. Antony Terry in der *Sunday Times*, 3. 1. 1960.

18 H.-H. Knütter, *Ideologien des Rechtsradikalismus im Nachkriegsdeutschland*, Bonn 1961, S. 33.

19 *Unsere Auseinandersetzungen mit nationalistischen Tendenzen in der Jugendarbeit*, Deutscher Bundesjugendring, Frankfurt 1960.

20 Einzelheiten s. bei Jenke, *op. cit.*, S. 326 ff.; Knütter, *op. cit.*, S. 35.

21 *ebd.*, S. 328.

22 *ebd.*

23 *ebd.*, S. 330.

24 *ebd.*, S. 331.

25 *ebd.*, S. 334.

26 H. W. Koch, ›Bavaria Again‹ in *New Society*, 24. 11. 1966, London; und ›Germany 20 Years After‹ in *New Society*, 25. 9. 1969.

27 Einzelheiten s. im *Spiegel;* Bände von 1965–68.

28 *Der Spiegel*, Nr. 23, 29. 5. 1972.

29 *ebd.*

30 *The Times*, 16. 4. 1973.

31 *Neues Deutschland,* (Ost) Berlin, 14. 7. 1971.

32 *Unsere Fibel: Volk und Wissen*, (Ost) Berlin 1969.

33 *Mathematik in der Schule*, Heft 6, (Ost) Berlin 1970, S. 416.

34 *Pläne für den fakultativen gesellschaftswissenschaftlichen Unterricht in der erweiterten Oberschule*, (Ost) Berlin 1970, S. 217.

Bibliographie

ADLER, E. *Herder i Oświecenie niemieckie*, Warschau 1965.

AHRENS, H. *Die deutsche Wandervogelbewegung von den Anfängen bis zum Weltkrieg*, Hamburg 1939.

ALFEN und NIEHOFF. *So kämpfte Breslau*, München 1961.

ALEY, P. *Jugendliteratur im Dritten Reich*, Hamburg 1967.

ALLEN, W. S. *The Nazi Seizure of Power*, London 1966.

ALTRICHTER, F. *Das Wesen der soldatischen Erziehung*, Oldenburg 1938.

ARENDT, H. *Elemente und Ursprünge totaler Herrschaft*, Frankfurt 1955.

ARIS, R. *History of Political Thought in Germany*, London 1936.

ARNDT, E. M. *Der Rhein, Deutschlands Strom, aber nicht Deutschlands Grenze*, Berlin 1813.

Geist der Zeit, 5 Bde., Berlin 1808–54.

Lieder für Teutsche, 1813.

ARNDT, R. *Mit 15 Jahren an die Front. Als kriegsfreiwilliger Jäger durch Frankreich, die Karpathen u. Italien, 1914–18*. Leipzig 1933.

AXMANN, A. *Der Reichsberufswettkampf*, Berlin 1938.

Hitlerjugend 1933–43, Berlin 1943.

AXTMANN, H. *Kinder werden Pimpfe, Erzählung aus dem Leben des Jungvolks*, Reutlingen 1939.

BACH, S. ›Gestaltung und Zielsetzung der Hitler-Jugend‹ in *Nationalsozialistische Monatshefte*, Januar 1930.

BARTELMÄS, E. F. *Unser Weg: Vom Werden einer Hitlerjugend-Schar*, Stuttgart 1933.

(Hg.): *Das Junge Reich: Vom Leben und Wollen der neuen Deutschen Jugend*, Stuttgart 1935.

BARTSCH, M. *Erbgut, Rasse und Volk. Ein Lese- u. Arbeitsbogen für den Schulgebrauch*, Breslau 1934.

BAUMANN, H. *Trommel der Rebellen. Neue Lieder u. Sprechchöre*, Potsdam 1935.

Unser Trommelbube. Neue Lieder in Wort u. Weise, Potsdam 1934.

Der große Sturm. (Chorspiel), Potsdam 1935.

BAYNES, R. H. (Hg.) *The Speeches of Adolf Hitler, 1922–39*. London 1942.

BECK, F. A. *Geistige Grundlagen der neuen Erziehung, dargestellt aus der nationalsozialistischen Idee*, Osterwieck 1933.

BECKER, H. *German Youth: Bond or Free*, London 1946.

›Interpretive Sociology and Constructive Typology‹, in *Twentieth*

Century Sociology, Gurvitch, G., und Moore, W. E., Hg., New York 1945.

›Peoples of Germany‹, in *Problems of the Post-War World*, McCormick, T. C. T., Hg., New York 1945.

›Changing Societies as Family Contexts‹, in *Marriage and the Family*, Becker and Hill, Hg., Boston 1942.

Systematic Sociology on the Basis of the Beziehungslehre and Gebildelehre of Leopold von Wiese, New York 1932.

The Student Challenge, Chicago 1924–25.

BECKER und GILDEMEISTER. *Förderung der Jugendpflege durch Reich, Länder, Gemeinden und Gemeindeverbände*, Berlin 1932.

BECKER, J. ›Zentrum und Ermächtigungsgesetz‹ in *Vierteljahrshefte für Zeitgeschichte (VfZG)*, Stuttgart 1961.

BEIER-LINDHARDT, E. *Das Buch vom Führer für die deutsche Jugend*. Mit einem Geleitwort des Reichsjugendführers Baldur von Schirach, Oldenburg 1933.

BENNECKE, H. *Hitler und die SA*, München 1962.

BENZ, R. (Hg.) *Deutsche Schulerziehung. Jahrbuch des Deutschen Zentralinstituts für Erziehung und Unterricht*, Berlin 1940.

BENZ, W. (Hg.) *Politik in Bayern 1919–33. Berichte des württembergischen Gesandten Moser v. Filseck*, Stuttgart 1971.

BENZE, R. *Erziehung im Großdeutschen Reich*, Frankfurt 1939.

BENZE, R. und GRÄFER, G. *Erziehungsmächte und Erziehungshoheit im Großdeutschen Reich*, Leipzig 1940.

BERGER, G. *Verwaltungs- und Dienstvorschriften für die NSDAP-HJ*; Bd. 1–11, Berlin 1935.

BERGHAHN, V. R. *Der Stahlhelm. Bund der Frontsoldaten, 1918–35*, Düsseldorf 1966.

BERGHÄUSER, E. *Von Wandervogels Art und Fahrt*, Rudolstadt 1912.

Pachantenmären, Leipzig 1915.

Wandervogels Sturzflug, Rudolstadt 1922.

BERGMANN, R. ›Die Reichswehr‹, in *Das Buch der Hitler-Jugend. Die Jugend im Dritten Reich*, München 1934.

BESSON, W. *Württemberg und die deutsche Staatskrise 1928–33*, Stuttgart 1959.

BETHGE, E. *Dietrich Bonhoeffer. Eine Biographie*, München 1967.

BEYER, H. *Von der Novemberrevolution zur Räterepublik in München*, Berlin 1957.

BLEUEL, H. P., und Klinnert, E., *Deutsche Studenten auf dem Weg ins Dritte Reich, Ideologien – Programme – Aktionen 1918–35*, Gütersloh 1967.

BLUNCK, H. F. *Deutsche Heldensagen. Neuerzählt*, Stuttgart 1958.

BLÜHER, H. *Wandervogel. Geschichte einer Jugendbewegung*, Celle 1912.
Die deutsche Wandervogelbewegung als erotisches Phänomen, Berlin 1912.
BORBACH, H. (Hg.) *Meldungen aus dem Reich. Lageberichte des Sicherheitsdienstes der SS 1939–44*, Neuwied 1965.
BOEHM, M. H. *Das eigenständige Volk. Volkstheoretische Grundlagen der Ethnopolitik und Geisteswissenschaften*, Göttingen 1932. *Volkstheorie als politische Wissenschaft*, Jena 1934.
BOELKE, W. A. (Hg.) *Wollt Ihr den totalen Krieg, Die geheimen Goebbels-Konferenzen 1939–43*, München 1969.
BOLDT, G. *Die letzten Tage der Reichskanzlei*, Reinbek 1964.
BOLM, H. *Hitler-Jugend in einem Jahrzehnt*, Braunschweig-Berlin-Leipzig-Hamburg 1938.
BONDY, K. *Die proletarische Jugendbewegung*, Lauenburg 1922.
BOLTKE, K. M. *Sozialer Aufstieg und Abstieg*, Stuttgart 1959.
BORGWARDT, K. *Die sozialistische Jugendbewegung*, Rostock 1924.
BORINSKI, F., und MILCH, W. *Jugendbewegung*, Frankfurt 1967.
BOSSE, R. *Aus der Jugendzeit*, Leipzig 1904.
BOUHLER, Ph. *Kampf um Deutschland*, München 1939.
(Hg.) *Der Großdeutsche Freiheitskampf. Reden Adolf Hitlers*, München 1941.
BRACHER, K. D. *Die Auflösung der Weimarer Republik*, Villingen 1960.
›Stufen totalitärer Gleichschaltung: Die Befestigung der NS-Herrschaft 1933/34‹ in *VfZG*, Stuttgart 1956.
Die deutsche Diktatur, Köln 1969.
BRACHER – SAUER – SCHULZ. *Die nationalsozialistische Machtergreifung*, Köln 1960.
BRADY, R. A. *The Spirit and Structure of German Fascism*, New York 1937.
BRAMSTED, E. K. *Aristocracy and the Middle Classes in Germany*, London 1964.
BRANDENBURG, H.-C. *Die Geschichte der HJ*, Köln 1968.
›Nachkriegsgeneration 1918 – Nachkriegsgeneration 1945‹ in *Europäische Begegnungen*, 1962.
BRANDT, L. *Warum? Nationalsozialistischer Schülerbund!*, München 1931.
BRAUN, O. *Von Weimar zu Hitler*, Hamburg 1949.
BRENNECKE, F. *Vom Deutschen Volk und seinem Lebensraum. Handbuch für die Schulungsarbeit in der HJ*, München 1938.
BREUER, H. *Der Zupfgeigenhansl*, 26. Aufl., Leipzig 1915.
BROCKMEIER, W. *Du, Deutschland, wirst bleiben*, Wolfenbüttel 1943.

BROHMER, P. *Biologieunterricht und völkische Erziehung*, Frankfurt 1936.
BROOK-SHEPERD, G. *Dollfuß*, London 1961.
BROSZAT, M. ›Die Anfänge der Berliner NSDAP 1926/27‹ in *VfZG*. Stuttgart 1960.
Der Nationalsozialismus, Stuttgart 1961.
Der Staat Hitlers, München 1969.
›Soziale Motivation und Führer-Bindung des Nationalsozialismus‹ *in VfZG*. Stuttgart 1970.
BRONFENBRENNER, U. *Erziehungssysteme. Kinder in den USA und der Sowjetunion*, München 1973.
BRÜNING, H. *Memoiren, 1918–34*, Stuttgart 1970.
BRUFORD, W. H. *Germany in the Eighteenth Century*, Cambridge 1965.
BUCHHEIM, H. *Glaubenskrise im Dritten Reich. Drei Kapitel nationalsozialistischer Religionspolitik*, Stuttgart 1953.
BUCHHEIM, K. *Die Weimarer Republik*, München 1960.
BUDDENSIEG, H. *Vom Geist und Beruf der deutschen Jugendbewegung*, Lauenburg 1924.
BULLOCK, A. *Hitler. Eine Studie über Tyrannei*, Düsseldorf 1964.
BÜRKNER, T. *Der Bund Deutscher Mädel in der Hitler-Jugend*, Berlin 1937.
BURDEN, H. T. *The Nuremberg Party Rallies, 1923–39*, London 1967.
BURMANN, H., und MÖLDERS, C. *Handbuch des gesamten Jugendrechts*, Berlin 1933 ff.
BUSSE-WILSON, E. *Stufen der Jugendbewegung*, Jena 1925.
BUTLER, R. *The Roots of National Socialism. 1783–1933*, London 1941.
CANTRIL, H. *The Psychology of Social Movements*, New York 1941.
CARSTEN, F. L. *The Reichswehr and Politics: 1918 to 1933*, Oxford 1966.
The Rise of Fascism, London 1967.
Revolution in Central Europe, London 1972.
CASSELS, A. ›Mussolini and German Nationalism, 1922–25‹ in *The Journal of Modern History*, Juni 1963.
CASSIRER, E. *Die Philosophie der Aufklärung*, Tübingen 1932.
CERFF, K. ›Die Hitler-Jugend gestaltet den Rundfunk‹, in *Wille und Macht*, Jg. 1935, Heft 1.
CHITAROW, R. *Unser Kampf gegen Faschismus und Kriegsgefahr*, Berlin 1931.
CHURCHILL, W. S. *Great Contemporaries*, London 1941.
CILLER, A. *Deutscher Sozialismus in den Sudetenländern und in der Ostmark*, Hamburg 1944.
CLEMENS, J. (Hg.) *Ruf von Trier*, Düsseldorf 1931.

CONZE, W. ›Zum Sturz Brüning‹ *in VfZG*, Stuttgart 1954.
›Brünings Politik unter dem Druck der Großen Krise‹ in *Historische Zeitschrift*, 1964.
›Die Politischen Entscheidungen in Deutschland 1929–23‹ in *Die Staats- und Wirtschaftskrise des Deutschen Reiches. 1929/33*, Stuttgart 1967.
CONZE, W., und GROH, D. *Die Arbeiterbewegung in der nationalen Bewegung*, Stuttgart 1966.
CONWAY, J. S. *The Nazi Persecution of the Churches, 1933–45*, London 1968.
CRON, H. J. (Hg.) *Dreißig Jahre Bund Neudeutschland*, Köln 1949.
CUNNINGHAM, C. *Germany: Today and Tomorrow*, 1936.
CURTIUS, E. R. *Die geistigen Wegbereiter des modernen Frankreich*, Bonn 1919.
CZECH-JOCHBERG, E. *Adolf Hitler und sein Stab*, Oldenburg 1933.
DÄHNHARDT, H. ›Wandlungen in der bürgerlichen Jugend‹ in *Das Junge Deutschland. Amtliches Organ des Reichsausschusses der deutschen Jugendverbände*. Heft 8, August, 1930.
DAS DEUTSCHE FÜHRERLEXIKON 1934/35.
Die Antifaschistische Aktion, Dokumentation und Chronik Mai 1932 bis Januar 1933, hg. und eingeleitet von Heinz Karl und Erika Kücklich, Berlin 1965.
DAHN, F. *Ein Kampf um Rom*, Stuttgart 1954.
DAHRENDORF, R. *Gesellschaft und Demokratie in Deutschland*, München 1965.
DANNER, L. *Ordnungspolizei Hamburg*, Hamburg 1958.
DARGEL, M. (Hg.) *Mädel im Kampf*, Berlin 1941.
DEGENER, H. A. L. (Hg.) *Wer ist's 1935*
Der Dienst in der Allgemeinen Hitler-Jugend.
Pflichtjahrgang 1923, Berlin 1941.
Der Tag von Potsdam, München 1933.
Reichsjugendtag der HJ, Oktober 1932.
DEUERLEIN, E. ›Hitlers Eintritt in die Politik und die Reichswehr‹ in *VfZG*, Stuttgart 1959.
(Hg.) *Der Hitler-Putsch. Bayerische Dokumente zum 8./9. November 1922*, Stuttgart 1962.
Deutsches Geistesleben und Nationalsozialismus – Eine Vortragsreihe der Universität Tübingen, Tübingen 1965.
Deutscher Jugenddienst, Potsdam 1933.
DIETRICH, A. *Die Schule im Gefüge der nationalen Ordnung*, Berlin 1940.
DIETRICH, O. *Mit Hitler in die Macht. Persönliche Erlebnisse mit meinem Führer*. München 1935.

DIETZE, H. H. ›Verfassungsrechtliche Stellung der HJ‹ in *Deutsches Recht*, 1939, Heft 13/14.

DINGRÄVE, L. *Wo steht die junge Generation?* Jena 1931.

DONOHOE, J. *Hitler's Conservative Opponents in Bavaria, 1930–45*, Leiden 1961.

DORNER, A. (Hg.) *Mathematik im Dienst der nationalpolitischen Erziehung*, Frankfurt 1936.

DÖRNER, C. *Freude, Zucht, Glaube, Handbuch für die kulturelle Arbeit im Lager*, Potsdam 1937.

DORPALEN, A. *Hindenburg in der Geschichte der Weimarer Republik*, Berlin 1966.

DROZ, J. *L'Allemagne et la Révolution française*, Paris 1949.

DUDERSTADT, H. *Vom Reichsbanner zum Hakenkreuz*, Stuttgart 1933.

DÜNING, H.-J. *Der SA-Student im Kampf um die Hochschule*, Weimar 1936.

DYHRENFURTH-GRAEBSCH, I. *Geschichte des deutschen Jugendbuches*, Hamburg 1951.

EBELING, H. *The German Youth Movement*, London 1945.

EHRENTHAL, G. *Die Deutschen Jugendbünde*, Berlin 1929.

EHRING, H. *Bauern, Kumpels, Kameraden*, Berlin 1938.

EILERS, R. *Die nationalsozialistische Schulpolitik*, Köln 1963.

ENGELHARDT, V. *Die deutsche Jugendbewegung als kulturhistorisches Phänomen*, Berlin 1923.

ESCHENBURG, Th. ›Die Rolle der Persönlichkeit in der Krise der Weimarer Republik‹ in *VfZG*, Stuttgart 1961.

u. a., *The Road to Dictatorship: Germany 1918–33*, London 1962.

ESPE, W. M. *Das Buch der NSDAP*, München 1934.

EYCK, E. *Geschichte der Weimarer Republik*, Zürich 1954–56.

EYCK, F. *The Frankfurt Parliament 1848–49*, London 1968.

FABIAN, A. u. MOSLEHNER, O. *Heldengeist im Heldenlied.* Eine Einführung in die Edda und andere altdeutsche Dichtungen für die Jugend des 3. Reiches, Breslau 1934.

FANDRERL, W. (Hg.) *HJ marschiert! Das neue Hitler-Jugend-Buch*, Berlin 1933.

FALLADA, H. *Bauern, Bonzen, Bomben*, Neudruck, Hamburg 1964.

FICHTE, J. G. *Reden an die deutsche Nation*, München o. D.

FISCHER, H. ›Der Aufstieg der NSDAP und die Nationalsozialistische Machtergreifung 1933/34‹ in *Geschichte in Wissenschaft und Unterricht.* Heft 6, 1969.

FEST, J. C. *Das Gesicht des Dritten Reiches*, München 1963.
Adolf Hitler, Frankfurt 1973.

FICK, L. *Die deutsche Jugendbewegung*, Jena 1939.

FISCHER, E. (Hg.) *Die junge Kameradschaft*, Berlin 1935.

FISCHER, F. *Krieg der Illusionen*, Düsseldorf 1969.

FISCHER, J. ›Entwicklung und Wandlungen in den Jugendverbänden im Jahre 1929‹ in *Das Junge Deutschland. Amtliches Organ des Reichsausschusses der deutschen Jugendverbände.* Heft 1, Januar 1930.

›Entwicklungen und Wandlungen in den Jugendverbänden im Jahre 1931‹ in *Das Junge Deutschland. Amtliches Organ des Reichsausschusses der deutschen Jugendverbände.* Heft 2, Februar 1932.

›Die Nationalsozialistische Bewegung in der Jugend‹ in *Das junge Deutschland. Amtliches Organ des Reichsausschusses der deutschen Jugendverbände.* Heft 8, August 1930.

FLECHTHEIM, O. K. *Die KPD in der Weimarer Republik*, Offenbach 1948.

FLEX, W. *Der Wanderer zwischen beiden Welten*, München 1918.

FÖRSTER, F. W. *Jugendseele, Jugendbewegung, Jugendziel*, Erlenbach 1923.

FORSTHOFF, E. *Deutsche Verfassungsgeschichte der Neuzeit*, Stuttgart 1961.

FOURET, L. A. ›Pédagogie Hitlerienne‹ in *Revue des Deux Mondes, 8me Periode XXIV*, 1934.

FRANKE, V. *Anti-Nazi development among German Youth*, New York 1945.

FRANZ, G. *Die politischen Wahlen in Niedersachsen 1867 bis 1949*, Bremen 1957.

FRANZ, H. *Die Straße frei dem Jungvolk*, Berlin 1934.

FRANZ-WILLING, G. *Die Hitler-Bewegung: Der Ursprung 1919–22*, Hamburg 1962.

FRASCHKA, G. *Das letzte Aufgebot. Vom Sterben der Deutschen Jugend*, Rastatt 1960.

FREDIGOTTI, Graf Bossi. *Standschütze Bruggler*, Neuausg. Oldenburg 1973.

FRIEDELL, E. *Kulturgeschichte der Neuzeit, Bd. 3*, München 1931.

FRIEDENSBURG, F. *Die Weimarer Republik*, Berlin 1946.

FÜHRER, M. *Nordgermanische Götterüberlieferung und deutsches Volksmärchen. 80 Märchen der Brüder Grimm vom Mythus her beleuchtet. Band III der Beiträge zur Volkstumsforschung*, München 1938.

GALERA, K. S. v. *Das junge Deutschland und das 3. Reich*, Leipzig 1932.

GAMM, H.-J. *Der braune Kult. Das Dritte Reich und seine Ersatzreligion*, Hamburg 1962.

Führung und Verführung. Pädagogik des Nationalsozialismus, München 1964.

GAY, P. *Weimar Culture*, London 1969.

GEHL, J. *Austria, Germany and the Anschluss 1931–38*, Oxford 1963.

GERLACH, E. ›Westdeutsche Jugend 1943. Leserkundliche Beobachtungen einer Volksbibliothekarin‹ in *Die Bücherei, Zeitschrift der Reichsstelle für das Büchereiwesen*, Leipzig, 11. Jg. Heft 1–3, 1944.

GERLACH, H. v. *Von Rechts nach Links*, Zürich 1937.

GILBERT, G. M. *The Psychology of Dictatorship*, New York 1950.

GOEBBELS, J. *Vom Kaiserhof zur Reichskanzlei*, München 1934.

GORDON, H. J. *The Reichswehr and the German Republic*, Princeton 1957.

GLONDAJEWSKI, G., und SCHUMANN, H. *Die Neubauer-Poser-Gruppe. Dokumente und Materialien des illegalen antifaschistischen Kampfes (Thüringen 1939–1945)*, Berlin 1957.

GOOCH, G. P. *Studies in German History*, London 1948.

GÖRZ, H., u. WREDE, F. O. *Unsterbliche Gefolgschaft*, Berlin 1936.

GRANZOW, K. *Tagebuch eines Hitlerjungen 1943–45*, Bremen 1966.

GRASS, G. *Die Blechtrommel*, Frankfurt 1962.

GREGOR, M. *Die Brücke*, München 1964.

GRENZ, G. ›Vom Märchenerzählen‹ in *Die Neue Gemeinschaft*, Parteiarchiv für nationalsozialistische Feier- und Freizeitgestaltung, München 1943.

GRETZ, H. ›Der Kampf um die Hitler-Jugend‹ in *Nationalsozialistische Monatshefte*, Januar 1930.

GRIESMAYER, G. *Wir Hitlerjungen: Unsere Weltanschauung in Frage und Antwort*, Berlin 1936.

GRIMM, H. *Volk ohne Raum*, München 1926, Neuausg. Lippoldsberg 1956.

GRITZBACH, E. *Hermann Göring*, München 1938.

GROSSE, A. ›Die Hitler-Jugend. Bund deutscher Arbeiterjugend‹ in *Handbuch der Deutschen Jugendbewegung*, hg. von K. O. Paetel, Flarchheim 1930.

GRUBE, K. *Zur Charakterologie der deutschen Jugendbewegung*, Magdeburg 1930.

GRUBER, K. *Der Gau Sachsen. Ein Buch der Grenzlandheimat*, Dresden 1938.

›Die gegenwärtige Hitler-Jugend‹ in *Die Junge Front*, Jg. 1929.

GRÜNDEL, G. *Die Sendung der jungen Generation*, München 1932.

GÜNTHER, A. *Geist der Jungmannschaft*, Hamburg 1934.

GÜNTHER, K. *Neues Deutschland: Ein Erinnerungsbuch für die Jugend an das Erwachen des Deutschen Volkes 1933*, Breslau 1935.

HAARER, J. *Mutter, erzähl von Adolf Hitler! Ein Buch zum Vorlesen, Nacherzählen und Selbstlesen für kleinere und größere Kinder*, München 1940.

HAGEMANN, W. *Publizistik im Dritten Reich*, Hamburg 1948.

HAGENER, C. *Deutschland unter der Diktatur, 1933–45*, Braunschweig 1966.

HALPERIN, S. W. *Germany tried Democracy*, New York 1965.

HANFSTAENGL, E. *Hitler – The Missing Years*, London 1957.

d'HARCOURT, R. ›Jeunesse Hitlerienne‹ in *Revue des Deux Mondes, 8me Période, XVIII*, 1933.

L'Evangile de la Force, Paris 1936.

HARTMUT, G. *Deutsche Weihnachten, Brauchtum und Feiergestaltung*, Halle 1937.

HARTSHORNE, E. Y. *The German Universities and National Socialism*, Cambridge 1937.

›German Youth and the Nazi Dream of Victory‹ in *America Faces the War*, Nr. 6, 1941.

HASS, K. *Jugend unterm Schicksal. Lebensberichte junger Deutscher 1946–49*, Hamburg 1950.

HASSELBACH, U. v. *Die Entstehung der nationalsozialistischen deutschen Arbeiterpartei*, Dissertation, Leipzig 1931.

HASSEL, U. v. *Vom andern Deutschland. Aus den nachgelassenen Tagebüchern 1938–1944*, Zürich 1946.

HAUFER, K. *Kampf: Geschichte einer Jugend*, Jena 1934.

HAUPT, J. *Nationalerziehung*, Langensalza 1933.

›Neuordnung im Schulwesen und Hochschulwesen‹ in *Das Recht der nationalen Revolution*, hg. von G. Kaisenberg und F. A. Medicus, Berlin 1933.

HAVERBECK, W. ›Aufbruch der Jungen Nation. Ziel und Weg der Nationalsozialistischen Volksjugendbewegung‹ in *Nationalsozialistische Monatshefte*, Februar 1933.

HEBERLE, R. *From Democracy to Nazism: a Regional Case Study on Political Parties in Germany*, Baton Rouge 1964.

›Zur Soziologie der nationalsozialistischen Revolution‹ in *VfZG*, Stuttgart 1965.

HEGEL, G. W. F. *Die Vernunft in der Geschichte. Einleitung in die Philosophie der Weltgeschichte*, Leipzig 1930.

HEIBER, H. (IIg.) *Das Tagebuch des Joseph Goebbels 1925/26*, Stuttgart 1961.

Die Republik von Weimar, München 1966.

(Hg.) *Goebbels' Reden 1939–1945*, 2 Bde., Düsseldorf 1971–72.

HEIDEGGER, M. *Die Selbstbehauptung der deutschen Universität*, Breslau 1933.

HEIDEN, K. *Geschichte des Nationalsozialismus*, Berlin 1932.

HEITZER, H. *Insurrectionen zwischen Weser und Elbe*, (Ost) Berlin 1959.

461

HELLER, H. *Sozialismus und Nation*, Berlin 1925.
HELWIG, W. *Die blaue Blume des Wandervogels*, Gütersloh 1960.
(Hg.) tusk, *Gesammelte Schriften*, Heidenheim 1962.
HEMM, L. *Die unteren Führer in der Hitler-Jugend*, Dissertation, Würzburg 1940.
HENNICKER, R. *Die Jugendverbände der Bundesrepublik*, München 1951.
HEMPEL, G. *Die Kieler Hitlerjugend*, Kiel 1938.
HERDER, J. G. v. *Sämtliche Werke*, hg. von B. Suphan, Bde. 1–33, Berlin 1877–1913.
HERRLE, Th. *Die deutsche Jugendbewegung*, Gotha 1921.
HERMENS, F., u. SCHIEDER, Th. *Staat, Wirtschaft und Politik in der Weimarer Republik*, Berlin 1967.
HERTZMANN, L. *DNVP:* Right-wing Opposition in the Weimarer Republic, 1918–24, Lincoln 1963.
HEUER, H. ›Englische und deutsche Jugenderziehung‹ in *Zeitschrift für neusprachlichen Unterricht*, Berlin 1937.
HEUSS, Th. *Hitlers Weg. Eine historisch-politische Studie über den Nationalsozialismus*, Stuttgart-Berlin-Leipzig 1932.
›Der Kampf um das deutsche Geschichtsbild‹ in *Die Hilfe* 40, 1934.
Friedrich Naumann, Stuttgart 1937.
›Fragmente‹ in *VfZG*, Stuttgart 1967.
HEYEN, F. J. *Nationalsozialismus im Alltag*, Boppard 1967.
HIRN, J. *Tirols Erhebung im Jahre 1809*, Innsbruck 1909.
HIRSCH, E. ›Children's books for Germany‹ in *Junior Bookshelf*, 7 November 1943.
Der Hitlerprozeß vor dem Volksgericht München, 2 Bde., München 1924.
HITLER, A. *Mein Kampf*, München 1937.
Hitler's zweites Buch, Stuttgart 1961.
HJ erlebt Deutschland – Die Großfahrten der sächsischen Hitler-Jugend, Leipzig 1935.
HOEGNER, W. *Die verratene Republik*, München 1958.
Der schwierige Außenseiter, München 1959.
HÖHNE, H. *Kennwort Direktor*, Frankfurt 1970. *The Order of the Death's Head*, London 1970.
HÖING, G. (Hg.) *Jungmädelleben. Ein Jahrbuch für 8–14jährige Mädel*, Leipzig 1936.
HOFER, W. *Der Nationalsozialismus, Dokumente 1933–1945*, Frankfurt/Main 1957.
HOFFMANN, H., und ZOGLMANN, S. *Jugend erlebt Deutschland*, Berlin 1935/36.
HOFMANN, H. H. *Der Hitler-Putsch*, München 1961.

HOHLFELD, H. (Hg.) *Dokumente der deutschen Politik*, Berlin 1936.

HOLBORN, H. ›Origins and Political Character of Nazi Ideology‹ in *Political Science Quarterly*, Dezember 1964.

HOLZAPFEL, O. ›Politische Bildungsarbeit in den Jugendverbänden‹ in *Gesellschaft, Staat, Erziehung. Blätter für Politische Bildung und Erziehung*, Jg. 1966.

HOMBURGER-ERIKSON, E. ›Hitler's Imagery and German Youth‹ in *Psychiatry*, Jg. 1942.

HORN, W. *Führerideologie und Parteiorganisation in der NSDAP*, Düsseldorf 1972.

HUBBEN, W. *Die Deutsche Jugendbewegung*, New York 1937.

HÜTTENBERGER, P. *Die Gauleiter. Studie zum Wandel des Machtgefüges in der NSDAP*, Stuttgart 1969.

HYMMEN, F. W. ›10 Jahre Hitler-Jugend‹ in *Die Junge Kameradschaft*, Berlin 1936.

IBBEKEN, R. *Preußen 1807–1813*, Berlin 1970.

INTERNATIONAL COUNCIL FOR PHILOSOPHY AND HUMANISTIC STUDIES AND UNESCO (Hg.) *The Third Reich*, London 1955.

IMT The Trials of the Major War Criminals before the International Military Tribunal at Nuremberg, 14 November 1945 to 1 October 1946. (Trial of Schirach of parts I, II, V, IX, XIV, XVIII, XIX, XXII.) London 1947.

JÄCKEL, E. *Frankreich in Hitlers Europa. Die deutsche Frankreichpolitik im Zweiten Weltkrieg*, Stuttgart 1966.

JAHN, F. L. *Das deutsche Volksthum*, Lübeck 1810.

Jahr der Bewährung – der Dienst einer steirischen HJ-Einheit 1940, Graz 1940.

JANTZEN, W. ›Die soziologische Herkunft der Führungsschicht in der Deutschen Jugendbewegung 1900–33‹ in *Führungsschicht und Eliteproblem, Konferenz der Ranke-Gesellschaft*, Göttingen 1957.

JARMAN, T. L. *The Rise and Fall of Nazi Germany*, New York 1961.

JASPER, G. (Hg.) *Von Weimar zu Hitler, 1930–33*, Köln 1968.

JEDLICKA, L. *Ende und Anfang Österreichs*, 1918/19, Salzburg 1969.

JENKE, M. *Verschwörung von Rechts?*, Berlin 1961.

JOCHMANN, W. *Nationalsozialismus und Revolution: Ursprung und Geschichte der NSDAP in Hamburg, 1922–33*. Dokumente. Frankfurt/Main 1963.

JOEL, E. *Die Jugend vor der sozialen Frage*, Jena 1915.

Jugend zwischen den Kriegen. Eine Sammlung von Aussagen und Dokumenten, Heidenheim 1967.

JUNG, R. *Der nationale Sozialismus. Seine Grundlagen, sein Werdegang und seine Ziele*, München 1922.

JUNG, W. *Deutsche Arbeiterjugend. Auslese, Förderung, Aufstieg,* Berlin 1940.

JÜNGER, E. *Der Kampf als inneres Erlebnis,* Berlin 1922.

Der Arbeiter. Herrschaft und Gestalt, Hamburg 1932.

In Stahlgewittern, Berlin 1926.

Krieg und Krieger, Berlin 1930.

KAISER, G. *Pietismus und Patriotismus im literarischen Deutschland,* Wiesbaden 1961.

KATH, G. *Das soziale Bild der Studentenschaft,* Bonn 1964.

KAUFMANN, G. *Das kommende Deutschland,* Berlin 1940.

KAUFMANN, R. *Gebrannte Kinder. Die Jugend in der Nachkriegszeit,* Düsseldorf 1961.

KEMPKENS, K. ›Die politische Bewegung in den Jugendverbänden‹ in *Das Junge Deutschland. Amtliches Organ des Reichsausschusses der deutschen Jugendverbände.* Bd. VI, Juni 1930.

KILLY, W. (Hg.) *Deutsches Lesebuch,* 4 Bde., Frankfurt 1960.

KIEL, W. ›Der Weg der Jugendbünde zum Nationalsozialismus‹ in *Nationalsozialistische Monatshefte,* Januar 1930.

KINDERMANN, C. *Der Jungführer* im deutschen Volksstaat, Leipzig 1930.

KINDT, W. ›Bund oder Partei in der Jugendbewegung‹ in *Das Junge Deutschland. Amtliches Organ des Reichsausschusses der Deutschen Jugendverbände.* Bd. XII, Dezember 1932.

(Hg.) *Grundschriften der Deutschen Jugendbewegung,* Düsseldorf 1963.

KLEMER, G. *Jugendstrafrecht und Hitler-Jugend, Schriften zum Jugendrecht,* Berlin 1944.

KLIETMANN, K. G. *Die Waffen-SS. Eine Dokumentation,* Osnabrück 1965.

KLÖNNE, A. *Hitlerjugend. Die Jugend und ihre Organisation im Dritten Reich,* Marburg/Lahn 1960.

Gegen den Strom. Ein Bericht über die Jugendopposition im Dritten Reich, Hannover 1958.

›Die Hitler-Jugend-Generation, Politische Folgen der Staatsjugenderziehung im Dritten Reich‹ in *Aus Politik und Zeitgeschichte, Beilage zur Wochenzeitung Das Parlament,* 24. 2. 1960.

KLOPSTOCK, F. G. *Werke,* Stuttgart 1883.

KLÜSS, E. (Hg.) *Reden des Führers. Politik und Propaganda Adolf Hitlers 1922–45,* München 1967.

Der Luftkrieg über Deutschland, München 1963.

KLOSE, W. *Generation im Gleichschritt,* Oldenburg 1964.

KLOTZ, H. *Wir gestalten durch unser Führerkorps die Zukunft,* Berlin 1931.

KLUGER, A. (Hg.) *Die Deutsche Volksschule im Großdeutschen Reich*, Breslau 1940.

KLUKE, P. ›NS-Europaideologie‹ in *VfZG*, Stuttgart 1955.

KNEIP, R. (Hg.) *Jugend zwischen den Kriegen*, Heidenheim 1967.

KNELLER, G. *The Educational Philosophy of National Socialism*, New Haven, Yale University Press, 1941.

KNIGHT, M. E. *The German Executive 1890–1933*, Stanford 1933.

KNOPP, W. ›Das Überwachungswesen der Hitler-Jugend / Bekämpfung der Jugendgefährdung und Jugendkriminalität‹ in *Das Junge Deutschland*, Jg. 1944, Nr. 7.

KNÜTTER, H.-H. *Ideologien des Rechtsradikalismus im Nachkriegsdeutschland*, Bonn 1961.

KOCH, H. W. *Der Sozialdarwinismus. Seine Genese und sein Einfluß auf das imperialistische Denken*, München 1973.

KOCHAN, L. *Pogrom, 10 November 1938*, London 1957.

KÖBEL, E. *Fahrtbericht 29*, Potsdam 1929.
Der gespannte Bogen, Berlin 1931.

KÖHLER, H. *Arbeitsdienst in Deutschland*, Berlin 1967.

KÖNIGSWALD, H. v. *Preußisches Lesebuch*, München 1966.

KÖRBER, W. *Das ist die HJ*, Berlin 1935.

KOGON, E. *Der SS-Staat*, München 1974.

KOHN, H. *Wege und Irrwege*, Düsseldorf 1962.
Prelude to Nation States, New York 1967.

KORN, K. *Die Arbeiterjugendbewegung*, Berlin 1923.

KOTOWSKI – POLS – RITTER (Hg.) *Das Wilhelminische Deutschland – Stimmen der Zeitgenossen*, Frankfurt 1965.

KRÄTSCHMER, E. G. *Die Ritterkreuzträger der Waffen-SS*, Göttingen 1957.

KREBS, A. *Wir Jungen tragen die Fahne*, Frankfurt 1939.

KRIEGER, L. *The German Idea of Freedom. History of a Political Tradition*, Boston 1957.

KRIEGER, L., und STERN, F. (Hg.) *The Responsibility of Power*, London 1968.

KRIECK, E. *Nationalpolitische Erziehung*, 22. Aufl., Leipzig 1938.
Nationalsozialistische Erziehung, Osterwieck 1937.
Wissenschaft, Weltanschauung, Hochschulreform, Leipzig 1934.

KRÜGER, H. *Das zerbrochene Haus*, München 1966.

KUBY, E. *Das Ende des Schreckens*, München 1957.
Die Russen in Berlin 1945, Hamburg 1965.

KÜHNL, R. *Die nationalsozialistische Linke 1925–30*, Meisenheim/Glan 1966.

KUNKEL, W. ›Der Professor im Dritten Reich‹ in *Die deutsche Universität und das Dritte Reich*, München 1966.

KURELLA, A. *Die deutsche Volksgemeinschaft,* Jena 1918.

LADNER, G. *Seipel als Überwinder der Staatskrise vom Sommer 1922,* Wien-Graz 1964.

LAGARDE, P. de. *Deutsche Schriften,* Göttingen 1878.

LANG, H. *Die Wissenskiste,* Leipzig 1936.

LANGE, M. G. *Totalitäre Erziehung. Das Erziehungssystem der Sowjetzone Deutschlands,* Frankfurt 1954.

LAMPRECHT, H. *Teenager und Manager,* Bremen 1960.

LAPPER, K., (Hg.) und UTERMANN, U. *Jungen – eure Welt! Jahrbuch der Hitler-Jugend,* München 1938, 1939, 1940, 1941, 1942, 1943.

LAQUEUR, W. *Die deutsche Jugendbewegung,* Köln 1952.

LEBER, A. (Hg.) *Das Gewissen entscheidet,* Berlin 1956.

LEMBERG, E. *Nationalismus,* 2 Bde., Hamburg 1964.

LERNER, D. *The Nazi Elite,* Stanford 1951.

LERSNER, Frh. v. *Die evangelischen Jugendverbände Württembergs und die Hitler-Jugend 1933/34,* Göttingen 1958.

LEWY, G. *The Catholic Church and Nazi Germany,* New York 1964.

LEY, R. *Wir alle helfen dem Führer,* München 1937.

LINNE, G. *Jugend in Deutschland,* Gütersloh 1970.

LITTMANN, A. *Herbert Norkus und die Hitlerjungen vom Beusselkietz.* Nach dem Tagebuch Gerd Mondt und nach Mitteilungen der Familie, Berlin 1934.

LOCHNER, L. P. (Hg.) *The Goebbels Diaries,* London 1948.

LÖWITH, K. *Von Hegel zu Nietzsche. Der revolutionäre Bruch im Denken des neunzehnten Jahrhunderts,* Stuttgart 1950.

LOEWY, E. *Literatur unterm Hakenkreuz. Das Dritte Reich und seine Dichtung,* Frankfurt 1966.

LORCH, H. *Germanische Heldendichtung,* Leipzig 1934.

LÜTKENS, Ch. *Die deutsche Jugendbewegung. Ein soziologischer Versuch,* Frankfurt 1925.

MAASS, H. *Geistige Formung der Jugend unserer Zeit,* Berlin 1931.

MAIKOWSKI, H. *Sturm 33. Geschrieben von Kameraden des Toten,* Berlin 1939.

MAERCKER, L. F. R. *Vom Kaiserheer zur Reichswehr,* Leipzig 1921.

MANN, G. *Deutsche Geschichte des neunzehnten und zwanzigsten Jahrhunderts,* Frankfurt 1958.

MANNHEIM, K. *Diagnose unserer Zeit,* Zürich 1951.

Mensch und Gesellschaft im Zeitalter des Umbaus, Leiden 1935.

›Mass Education and Group Analysis‹ in *Educating for Democracy,* hg. v. Cohen, J. I., and Traver, R. M. W., London 1930.

MASCHMANN, M. *Fazit,* Stuttgart 1964.

MASER, W. *Die Frühgeschichte der NSDAP*, Frankfurt 1965.
Adolf Hitler, München 1971.
MASSMANN, K. *Wir Jugend! Ein Bekenntnisbuch der Deutschen Nachkriegsgeneration*, Berlin 1933.
Hitler-Jugend – neue Jugend! Breslau 1938.
MASUR, G. *Propheten von Gestern*, Frankfurt 1961.
MATTHIAS, E., und MORSEY, R. *Das Ende der Parteien*, Düsseldorf 1920.
MATTHIAS, E. ›Hindenburg zwischen den Fronten 1932‹ in *VfZG*. Stuttgart 1960.
MATZKE, F. *Jugend bekennt: So sind wir!*, Leipzig 1930.
MAU, H. ›Die deutsche Jugendbewegung‹ in *pädagogik*, (Ost)Berlin 1947.
MAU, H., und KRAUSNICK, H. *Deutsche Geschichte der jüngsten Vergangenheit 1933–45*, Stuttgart 1956.
MAURER, H. *Jugend und Buch im neuen Reich*, Leipzig 1934.
McRANDLE, J. H. *The Track of the Wolf. Essays on National Socialism and its Leader, Adolf Hitler*, Evanston 1965.
MEINECKE, F. *Die deutsche Katastrophe*, Wiesbaden 1946.
MESSER, A. *Die Freideutsche Jugendbewegung*, Langensalza 1920.
MEYER, K. *Grenadiere*, München 1957.
MILATZ, A. *Wähler und Wahlen in der Weimarer Republik*, Bonn 1968.
MILLAR, J. W. ›Youth in the Dictatorships‹ in *American Political Science Review*, Jg. 1938.
MITCHELL, A. *Revolution in Bavaria 1918–1919*, Princeton N. J. 1965.
MÖLLER, A. *Wir werden das Volk. Wesen und Forderung der Hitler-Jugend*, Breslau 1935.
MOELLER VAN DEN BRUCK, A. *Das Dritte Reich*, Berlin 1923.
MOHLER, A. *Die konservative Revolution*, Stuttgart 1950.
MORSEY, R. ›Hitlers Verhandlungen mit der Zentrumsführung am 31. Januar 1933‹ in *VfZG*, Stuttgart 1961.
Die Deutsche Zentrumspartei, 1917–23, Düsseldorf 1966.
MOSSE, G. L. *The Crisis of German Ideology*, New York 1964.
MOSSE, W. E. *Entscheidungsjahr 1932. Zur Judenfrage in der Endphase der Weimarer Republik*, Tübingen 1965.
MUCHOW, H. H. *Jugend und Zeitgeist*, Hamburg 1962.
Sexualreife und Sozialstruktur der Jugend, Hamburg 1962.
Jugendgeneration im Wandel der Zeit, Wien 1964.
MÜLLER, A. *Sozialpolitische Erziehung*, Berlin 1943.
MÜLLER, H. (Hg.) *Katholische Kirche und Nationalsozialismus: Dokumente 1930–35*, München 1965.

467

MÜLLER-HENNIG, E. *Wolgakinder*, Berlin 1935.

MÜLLER-MEININGEN, E. *Aus Bayerns schwersten Tagen*, München 1923.

MUNSKE, H. (Hg.) *Mädel – eure Welt! Das Jahrbuch der Deutschen Mädel*, München 1940–44.

MÜNZENBERG, W. *Die sozialistischen Jugendorganisationen während des Krieges*, Berlin 1919.
Die Dritte Front, Berlin 1930.

MUTH, H. ›Zum Sturz Brünings‹ in *Geschichte in Wissenschaft und Unterricht*, Jg. 1965.

NASARSKI, P. (Hg.) *Deutsche Jugendbewegung in Europa*, Köln 1967.

Nationalpolitische Lehrgänge für Schüler. Denkschrift des Oberpräsidenten der Rheinprovinz, Frankfurt 1935.

NAUMANN, F. *Werke*, Köln 1964.

NEESSE, G. *Brevier eines jungen Nationalsozialisten*, Oldenburg 1933.
›Reichjugendführung‹ in *Grundlagen, Aufbau und Wirtschaftsordnung des nationalsozialistischen Staates*, Berlin 1938, hg. von H. H. Lammers und H. Pfundtner.

NEUHÄUSLER, J. *Kreuz und Hakenkreuz. Der Kampf des Nationalsozialismus gegen die katholische Kirche und der kirchliche Widerstand*, 2 Bde. München 1946.

NEUMANN, F. *Behemoth: The Structure and Practice of National Socialism*, London 1942.

NEUMANN, S. *Die Parteien der Weimarer Republik*, Stuttgart 1965.

NOAKES, J. ›Conflikt and Development in the NSDAP, 1924–27‹ in *Journal of Contemporary History*, Vol. 1966.
The NSDAP in Lower Saxony 1921–33: A Study of National Socialist Organisation and Propaganda, Oxford 1971.

NÖLDECKEN, W. *Die Deutsche Jugendbewegung*, Osnabrück 1953.

NOLTE, E. *Der Faschismus in seiner Epoche*, München 1963.
Die faschistischen Bewegungen. Die Krise des liberalen Systems und die Entwicklung der Faschismen, München 1966.
(Hg.) *Theorien über den Faschismus*, Köln 1967.
Der Faschismus. Von Mussolini zu Hitler, München 1968.

NOVALIS, *Sämtliche Schriften*, hg. von K. C. E. Ehmann, 6 Bde., Jena 1907.

NSDAP *Adolf Hitler und seine Kämpfer*, München 1933.

NSDAP *Das Deutsche Führerlexikon 1934–35*, München 1934.

NSDAP *Jugend hilft und dankt dem Bauern*, München 1939.

NSDAP Reichsleitung (Hg.) *Nationalsozialistisches Jahrbuch 1934*.

NYOMARKAY, J. *Charisma and Factionalism in the Nazi Party*, Minneapolis 1967.

OERTZEN, F. W. v. *Die deutschen Freikorps 1918–1923*, München 1938.

O'NEILL, R. J. *The German Army and The Nazi Party 1933–39*, London 1966.

Orientalische Cigaretten-Compagnie, ›Rosma‹ Album: *Männer im Dritten Reich*, Bremen 1934.

ORLOW, D. O. ›The Organisational History and Structure of the NSDAP, 1919–23‹ in *The Journal of Modern History*, Juni 1965.

›Die Adolf-Hitler-Schulen‹ in *VfZG*, Stuttgart 1965.

›The Conversion of Myths into Political Power: The Case of the Nazi Party, 1925–26‹ in *Amer. Hist. Review*, Vol. 72, 1967.

The History of the Nazi Party 1919–33, Vol. I, Pittsburg 1969. Vol. II, Newton Abbot 1973.

Organisationsbuch der NSDAP, München 1938.

PAETEL, K. O. ›Das Geistige Gesicht der nationalen Jugend‹ in *Das Junge Deutschland. Amtliches Organ des Reichsausschusses der deutschen Jugendverbände*. Jg. 6, Juni 1929.

›Die heutige Struktur der nationalen Jugend‹ in *Das Junge Deutschland. Amtliches Organ des Reichsausschusses der deutschen Jugendverbände*. Jg. 6, Juni 1929.

Handbuch der deutschen Jugendbewegung, Flarchheim 1930.

Das Bild vom Menschen in der deutschen Jugendführung, Bad Godesberg 1954.

›Die Deutsche Jugendbewegung als politisches Phänomen‹ in *Politische Studien*, Jg. 86, Juli 1957.

Jugend in der Entscheidung 1913–1933–1945, Bad Godesberg 1963.

›Jugend von Gestern und Heute‹ in *Neue Politische Literatur*, 1964.

Versuchung oder Chance? Göttingen 1967.

PAPEN, F. *Der Wahrheit eine Gasse*, Innsbruck 1952.

PASCAL, R. *The German Novel*, Manchester 1956.

PASTENACI, K. *Volksgeschichte der Germanen*, Berlin 1936.

PAYR, B., und OTTO, H.-G. (Hg.) *Das Deutsche Jugendbuch*, München 1942.

PEISER, W. ›Educational Failure of the Weimar Republic‹ in *School and Society*, vol. 1943.

PETERSON, E. N. ›The Bureaucracy and the Nazi Party‹ in *The Review of Politics*, vol. 1966.

The Limits of Hitler's Power, Princeton 1969.

PHELPHS, R. H. ›Hitler and the Deutsche Arbeiterpartei‹ in *American Hist. Review*, vol. 1963.

PICHL, E. *Schoenerer*, 6 Bde., Wien 1913–38.

PINSON, K. P. *Modern Germany: Its History and Civilisation*, New York 1954.

PIPER, O. *Jugendbewegung und Protestantismus*, Rudolstadt 1923.
PLESSNER, H. *Die verspätete Nation. Über die politische Verführbarkeit bürgerlichen Geistes*, Stuttgart 1959.
POLIAKOV, L., und WULF, J. *Das Dritte Reich und seine Denker*, Berlin 1959.
PRIDHAM, G. *Hitler's Rise to Power*, London 1973.
PRIEPKE, M. *Die Evangelische Jugend im Dritten Reich 1933–36*, Frankfurt 1960.
PROSS, H. *Die Zerstörung der deutschen Politik, Dokumente 1871 bis 1933*, Frankfurt 1959.
Jugend, Eros, Politik, München 1964.
PROSSE, E. H. *Die politischen Kampfbünde Deutschlands*, Berlin 1931.
PULZER, P. G. J. *The Rise of Political Anti-Semitism in Germany and Austria*, New York 1964.
RAABE, F. *Die Bündische Jugend: Ein Beitrag zur Geschichte der Weimarer Republik*, Stuttgart 1961.
RAMLOW, R. *Herbert Norkus? – Hier! Opfer u. Sieg der Hitler-Jugend*, Stuttgart 1939.
RANDEL, E. *Die Jugenddienstpflicht*, Berlin 1942.
RAUSCHNING, H. *Die Revolution des Nihilismus*, Zürich 1933.
Gespräche mit Hitler, Zürich 1973.
REICHSKRIEGSMINISTERIUM (Hg.) *Darstellungen aus den Nachkriegskämpfen deutscher Truppen und Freikorps*, 8 Bde., Berlin 1936–40.
REIN, G. A. *Die Revolution in der Politik Bismarcks*, Göttingen 1957.
REITLINGER, G. *Die SS. Tragödie einer deutschen Epoche*, München 1957.
REMOLD, J. *Handbuch für die Hitler-Jugend*, München 1933.
RJF REICHSJUGENDFÜHRUNG (Hg.) *Adolf-Hitler-Marsch der deutschen Jugend*, München 1939.
Das Buch der Jugend, 1934/35, 1935/36, 1937/38, 1940, 1941, 1942, Berlin, Stuttgart, München.
Jungen im Einsatz, Kriegsjahrbuch der Hitler-Jugend, München 1944.
HJ im Dienst, Handbuch für die Dienstgestaltung der HJ, Berlin 1934.
Aufbau, Gliederung und Anschriften der HJ, Berlin 1934.
Aufbaudienst (1. Der organisatorische Aufbau der HJ, 2. Der Dienst der Mannschaft und die Schulung der Führerschaft, 3. Die Leibeserziehung), Wien 1939.
Aufbau und Abzeichen der HJ, (o. J.).
Bekleidung und Ausrüstung der HJ: Amtliche Bekleidungsvorschrift der Reichsjugendführung der NSDAP, Berlin 1934.

Die Uniformen der HJ, Hamburg 1934.
Die Kameradschaft, Blätter für Heimabendgestaltung der HJ, Berlin 1933.
HJ im Dienst: Ausbildungsvorschrift für die Ertüchtigung der deutschen Jugend, Berlin 1939.
Dienstvorschrift der HJ (Rang und Dienststellungsordnung der HJ, Vorschrift über Bearbeitung von Personalangelegenheiten), Berlin 1940.
Jahrbuch der Hitlerjugend, München 1937–43.
Junge Welt, Monatszeitschrift der HJ, Berlin 1939.
Die Jungenschaft, Blätter für die Heimabendgestaltung im DJ. (Hg.): Amt für weltanschauliche Schulung, Berlin 1933 ff.
Jungvolk, Blätter deutscher Jungen, München 1933–34.
Jungvolk-Jahrbuch, Berlin 1937.
Jungvolk-Jahrbuch, München 1940.
Pimpf im Dienst, Berlin 1934.
Der Pimpf, (NS-Jugendblätter), Berlin 1937–41.
Die Jungmädelschaft, Blätter für die Heimabendgestaltung, Berlin.
Die Mädelschaft (Blätter für Heimabendgestaltung in BDM), Berlin.
Glaube und Schönheit, München 1933.
Kriminalität und Gefährdung der Jugend. Lagebericht bis zum Stande vom 1. Januar 1941, Berlin 1941.
Reichsjugendpressedienst (Amtlicher Pressedienst des Jugendführers des Deutschen Reiches), Berlin 1934.
Blut und Ehre: Liederbuch der Hitler-Jugend, Berlin 1933.
Unser Kriegs-Liederbuch, München 1939.
Unser Liederbuch, Lieder der Hitler-Jugend, München 1941.
Unser Dienst: Aufgabe für die neuen Einheiten der HJ, Berlin 1940.
Vorschriftenhandbuch der HJ, Berlin 1942.
Die Werkarbeit im Kriegseinsatz der HJ, Berlin 1942.
RITTEL, H., und STÄHLIN, W. ›Das Neue Reich‹ in *Das Junge Deutschland. Amtliches Organ des Reichsausschusses der deutschen Jugendverbände*, März 1930.
RITTER, G. *Carl Goerdeler und die deutsche Widerstandsbewegung*, München 1954.
Staatskunst und Kriegshandwerk, 4 Bde., München 1955–68.
ROBERTS, S. H. *The House that Hitler built*, London 1937.
RÖGELS, F. R. *Der Marsch auf Berlin*, Berlin 1932.
RÖHM, E. *Die Geschichte eines Hochverräters*, München 1928.
RÖSSLER, M. *Graf Johann Philipp Stadion*, 2 Bde., Wien 1969.
ROGGER, H., und WEBER, E. *The European Right*, London 1965.
ROHE, K. *Das Reichsbanner Schwarz-Rot-Gold*, Düsseldorf 1966.

ROLOFF, E. A. *Bürgertum und Nationalsozialismus* 1930–33, Hannover 1961.

›Wer wählte Hitler?‹ in *Politische Studien*, Jg. 1964.

Braunschweig und der Staat von Weimar, Braunschweig 1964.

ROSENBERG, Alfred ›Rebellion der Jugend‹ in *Nationalsozialistische Monatshefte*, Januar 1930.

Der Mythus des 20. Jahrhunderts, München 1935.

ROSENBERG, Arthur *Entstehung der Weimarer Republik*, Frankfurt 1961.

Geschichte der Weimarer Republik, Frankfurt 1961.

ROSIWALL, Th. *Die letzten Tage*, Wien 1969.

ROSSBACH, G. *Mein Weg durch die Zeit: Erinnerungen und Bekenntnisse*, Weilberg/Lahn 1950.

ROWAN-ROBINSON, G. A. ›Training the Nazi Leaders of the Future‹ in *International Affairs*, vol. 17.

ROTH, H. *Psychologie der Jugendgruppe*, Berlin 1938.

Katholische Jugend in der NS-Zeit, Düsseldorf 1959.

ROTHFELS, H. *Die Universitäten und der Schuldspruch von Versailles*, Königsberg 1929.

RÜHLE, G. (Hg.) *Das Dritte Reich. Dokumentarische Darstellung des Aufbaues der Nation*, Berlin 1933 ff.

RUST, B. ›Education in The Third Reich‹ in *Germany Speaks*, 1938.

RYAN, C. *Der letzte Kampf*, München 1966.

SADILA-MANTAU, H. *German Political Profiles*, Berlin 1938.

Unsere Reichsregierung, Berlin 1940.

SALOMON, E. v. *Die Kadetten*, Hamburg 1957 (Neuaufl.).

Die Geächteten, Berlin 1930.

Die Stadt, Berlin 1934.

Nahe Geschichte, Berlin 1937.

Der Fragebogen, Hamburg 1951.

Das Schicksal des A. D., Hamburg 1960.

SAND, T. *Zickezacke Landjahr heil! Leben, Treiben, Taten u. Abenteuer d. Jungen u. Mädel im Landjahr. Von ihnen selber aufgeschrieben und mit Zeichnungen versehen*, Stuttgart 1938.

SANDVOSS, E. *Hitler und Nietzsche*, Göttingen 1969.

SAUER, W. ›National Socialism: Totalitarianism or Fascism?‹ *American. Hist. Review*, Vol. 1967.

SAUTTER, R. *Hitler-Jugend. Das Erlebnis einer großen Kameradschaft*, München 1942.

Pimpf, jetzt gilt's. Das Erlebnis der Jungbannfehden, Stuttgart 1937.

SCHÄFER, H. *Deutscher Jugendkalender, 1934/35*, Plauen 1935.

SCHÄFER, W. *NSDAP: Entwicklung und Struktur der Staatspartei des Dritten Reiches*, Hannover 1956.

472

SCHAIRER, R. *Not: Kampf: Ziel der Jugend in sieben Ländern,* Frankfurt 1935.

SCHEEL, G. A. *Die Reichsstudentenführung.* Arbeit und Organisation des deutschen Studententums, Berlin 1938.

SCHENZINGER, K. A. *Hitlerjunge Quex,* Berlin 1932.

Der Herrgottsbacher Schülermarsch, Berlin 1935.

SCHELSKY, H. *Arbeiterjugend – gestern und heute,* Heidelberg 1955.

Die skeptische Generation, Köln 1957.

SCHIERER, H. *Das Zeitschriftenwesen der Jugendbewegung,* Berlin 1938.

SCHILLING, A. *Dr. Walter Riehl und die Geschichte des Nationalsozialismus,* Leipzig 1933.

SCHIRACH, B. v. *Wille und Weg des Nationalsozialistischen Deutschen Studentenbundes,* München 1929.

Die Fahne der Verfolgten, Berlin 1933.

Die Hitler-Jugend. Idee und Gestalt, Berlin 1934.

Wesen und Aufbau der Hitler-Jugend: Dokumente der deutschen Politik. Revolution der Erziehung, München 1938.

Das Lied der Getreuen, Berlin 1938.

Ich glaubte an Hitler, Hamburg 1967.

SCHLEIERMACHER, F. *Sämtliche Werke,* Berlin 1834–38.

SCHMIDT, U. ›Über das Verhältnis von Jugendbewegung und Hitler-Jugend‹ in *Geschichte in Wissenschaft und Unterricht,* Jg. 1965.

SCHMIDT-PAULI, E. v. *Die Männer um Hitler,* Berlin 1932.

Geschichte der Freikorps 1918–1924, Stuttgart 1936.

SCHNABEL, F. *Deutsche Geschichte im 19. Jahrhundert,* 4 Bde., Freiburg 1947–51.

SCHNABEL, R. *Das Führerschulungswerk der HJ,* Berlin 1938.

SCHNEIDER, B. *Daten zur Geschichte der Jugendbewegung,* Bad Godesberg 1965.

SCHNEIDER, E. A. *Ein Bildbuch der Hitler-Jugend,* Kaufbeuren 1938.

SCHOENBAUM, D. *Hitler's Social Revolution: Class and Status in Nazi Germany 1933–39,* London 1966.

SCHOEPS, H.-J. *Wir deutschen Juden,* Berlin 1934.

Die letzten dreißig Jahre: Rückblicke, Berlin 1963.

(Hg.) *Zeitgeist im Wandel. Bd. II: Die Weimarer Republik,* Stuttgart 1968.

SCHOLDER, K. ›Die evangelische Kirche in der Sicht der nationalsozialistischen Führung‹ in *VfZG,* Stuttgart 1966.

SCHOLL, I. *Die weiße Rose,* Frankfurt 1953.

SCHOLTZ, H. ›Die NS-Ordensburgen‹ in *VfZG,* Stuttgart 1967.

Nationalsozialistische Ausleseschulen. Internatsschulen als Herrschaftsmittel des Führerstaates, Göttingen 1973.

473

SCHOTT, G. *Weissagung und Erfüllung im Deutschen Volksmärchen*, München 1936.

SCHRAMM, H. *Das Hitlerbuch der Deutschen Jugend*, Hamburg 1933.

SCHÜDDEKOPF, O. E. *Linke Leute von rechts*, Stuttgart 1960.

SCHULT, J. *Das Weimar der arbeitenden Jugend*, Weimar 1920.

Aufbruch einer Jugend. Der Weg der deutschen Arbeiterjugendbewegung, Bonn 1956.

SCHÜRER-STOLLE, L. *So sind wir. Jungmädel erzählen*, Berlin 1937.

SCHWARZ, M. *Biographisches Handbuch der Deutschen Reichstage*, 1965.

SCHWEND, K. *Bayern zwischen Monarchie und Diktatur*, München 1954.

SEHRWALD, F. *Deutsche Dichter und Denker*, 2 Bde., Altenburg 1880–82.

SEIDELMANN, K. *Bund und Gruppe als Lebensform deutscher Jugend*, München 1955.

SEIDL, E. *Kampfgenossen des Führers: Hitler und die Männer seiner Bewegung*, Linz 1933.

SEIER, H. ›Der Rektor als Führer‹ in *VfZG*, Stuttgart 1964.

SHULMAN, M. *Defeat in the West*, London 1947.

SIEBENPFEIFFER, P. J. *Vom Hambacher Fest 1832*, München 1910.

SIEFERT, H. *Der Bündische Aufbruch 1919–1933*, Bad Godesberg 1963.

SIEMERING, H. *Die deutschen Jugendverbände*, Berlin 1931.

Deutschlands Jugend in Bevölkerung und Wirtschaft, Berlin 1937.

SIMON, W. M. *Germany: A Brief History*, London 1967.

SONTHEIMER, K. *Antidemokratisches Denken in der Weimarer Republik*, München 1962.

SPANN, O. *Der wahre Staat*, Leipzig 1921.

Hauptpunkte der universalistischen Staatsauffassung, Berlin 1930.

SPENGLER, O. *Preußentum und Sozialismus*, München 1919.

SPIESS, K. v., und MUDRAK, E. *Deutsche Märchen, deutsche Welt. Zeugnisse nordischer Weltanschauung in volkstümlicher Überlieferung*, Berlin 1939.

STÄHLIN, W. *Fieber und Heil in der deutschen Jugendbewegung*, Hamburg 1923.

STEFFENS, H. *Über die Idee der Universitäten*, Berlin 1809.

STEIN, W. *The Waffen-SS at War*, Oxford 1966.

STELLRECHT, H. *Glauben und Handeln. Ein Bekenntnis der jungen Nation*, Berlin 1938.

Die Wehrerziehung der deutschen Jugend, Berlin 1936.

Neue Erziehung, 5. Aufl., Berlin 1944.

STELTER, H. *Eine Geschichte deutscher Jugendbewegung, zugleich Handbuch und Richtlinien der deutschen Jugendbewegung*, Berlin (o. J.).

STERN, F. *The Politics of Cultural Despair: A Study in the Rise of the Germanic Ideology*, New York 1965.

STIPPEL, F. *Die Zerstörung der Person. Kritische Studie zur nationalsozialistischen Pädagogik*, Donauwörth 1957.

STOLTENBERG, G. *Politische Strömungen im schleswig-holsteinischen Landvolk, 1918–1933*, Düsseldorf 1962.

STRACHURA, P. *Development and Organisation of the Hitler Youth 1930–33*, Dissert., unveröffentlicht, East Anglia 1972.

STRASSER, O. *Hitler und Ich*, Konstanz 1948.

STROTHMANN, D. *Nationalsozialistische Literaturpolitik. Ein Beitrag zur Publizistik im Dritten Reich*, Bonn 1960.

TAUBER, K. P. *Beyond Eagle and Swastika: German Nationalism since 1945*, Connecticut 1967.

TETZLAFF, W. *Das Disziplinarrecht der Hitler-Jugend*, Berlin 1944.

TIMM, H. *Die Deutsche Sozialpolitik und der Bruch der Großen Koalition im März 1930*, Düsseldorf 1952.

TJADEN, K. *Rebellion der Jungen, Die Geschichte von tusk und von dj. 1.11*, Frankfurt 1958.

TOLAND, J. *The Last 100 Days*, London 1965.

TOBIAS, F. *Der Reichstagsbrand*, Berlin 1961.

TOMIN, V., und GRABOWSKI, S. *Die Helden der Berliner Illegalität*, Berlin 1967.

TÖNNIES, F. *Gemeinschaft und Gesellschaft*, Leipzig 1935.

TREVOR-ROPER, H. R. *Hitler's Secret Conversations 1941–44*, New York 1961.

Hitlers letzte Tage, Zürich 1948.

UEBERHORST, H. *Elite für die Diktatur. Die Nationalpolitischen Erziehungsanstalten 1933–45*, Düsseldorf 1969.

UETRECHT, F. E. *Jugend im Sturm. Ein Bericht aus den schicksalsschweren Jahren 1917–33*, Berlin 1936.

USADEL, G. *Die nationalsozialistische Jugendbewegung*, Bielefeld und Leipzig 1934.

Zucht und Ordnung, Berlin 1935.

UWESON, U., und ZIERSCH, W. (Hg.) *Das Buch der Hitler-Jugend: Die Jugend im Dritten Reich*, München 1934.

VACANO, O. W. v. *Sparta, der Lebenskampf einer nordischen Herrenschicht*, Bücherei der Adolf-Hitler-Schulen, 1942.

VALENTIN, V. *Geschichte der deutschen Revolution 1848–49*, 2 Bde., Köln 1969.

VANDRAY, M. *Der politische Witz im Dritten Reich*, München 1967.

VEBLEN, Th. *Imperial Germany and the Industrial Revolution*, New York 1965.

VESPER, W. (Hg.) *Deutsche Jugend*, Berlin 1934.

VIERA, J. *Utz kämpfte für Hitler*, Leipzig 1933.

VIERHAUS, R. ›Auswirkungen der Krise um 1930 in Deutschland‹ in *Die Staats- und Wirtschaftskrise des Deutschen Reichs 1929/33*, Stuttgart 1967.

VIERNOW, A. *Zur Theorie und Praxis des nationalsozialistischen Geschichtsunterrichts*, Halle 1935.

VOGELSANG, T. ›Zur Politik Schleichers gegenüber der NSDAP‹ in *VfZG*, Stuttgart 1958.

Reichswehr und NSDAP, Stuttgart 1962.

WAGNER, G. *Die Fahne ist mehr als der Tod*, Hamburg 1958.

WARD-PRICE, G. *I know these Dictators*, London 1937.

WEBER, E. *Varieties of Fascism*, Princeton 1964.

WEBER, M. *Jugendbriefe*, Tübingen (o. J.).

WEHNER, G. *Die rechtliche Stellung der HJ*, Dissert., Leipzig 1930.

WEISENBORN, G. *Der lautlose Aufstand*, Hamburg 1954.

WERNER, K. *Mit Baldur von Schirach auf Fahrt*, München 1937.

WEYMAR, E. ›Ernst Moritz Arndt‹ in *Aus Politik und Zeitgeschehen, Beilage zur Wochenzeitung Das Parlament*, 18. Mai 1960.

WHITESIDE, A. G. ›The Nature and Origins of National Socialism‹ in *Journal of Central European Affairs*, vol. 1957.

WHITING, Ch. *The Battle of the Ruhrpocket*, New York 1970.

WILHELM, Th. ›Der geschichtliche Ort der deutschen Jugendbewegung‹ in *Grundschriften der deutschen Jugendbewegung*, Düsseldorf 1963.

WILMOT, Ch. *Der Kampf um Europa*, Frankfurt 1954.

WIMMER, H. *Nationalismus und Jugenderziehung*, Hamburg 1936.

WITTRAM, R. *Nationalismus und Säkularisation*, Lüneburg 1949.

WOLFF, G. (Hg.) *Die Deutschen Jugendbünde*, Plauen 1931.

WOLLSCHLÄGER, H. *Karl May*, Hamburg 1965.

WOLTERS, F. ›Mensch und Gattung‹ in *Jahrbuch für die geistige Bewegung*, 1912.

WREDE, F. O. ›Eine Geschichte der Hitler-Jugend‹ in *Nationalsozialistische Monatshefte*, September 1934.

WULF, J. *Literatur und Dichtung im Dritten Reich. Eine Dokumentation*, Gütersloh 1963.

WYNEKEN, G. *Der Kampf für die Jugend*, Jena 1919.

Der Gedankenkreis der freien Schulgemeinde, Jena 1919.

Schule und Jugendkultur, Jena 1919.

Eros, Lauenburg 1921.

YOUNG, D. *Rommel*, London 1950.

ZAHN, K. F. *Kirche und HJ*, Berlin 1934.

ZECHLIN, E. *Die deutsche Einheitsbewegung*, Berlin 1969.

ZEMAN, Z. A. B. *Nazi Propaganda*, Oxford 1964.

ZÖBERLEIN, H. *Der Glaube an Deutschland. Ein Kriegserleben von Verdun bis zum Umsturz*, München 1931.

ZORN, W. ›Student Politics in the Weimar Republic‹ in *Journal of Contemporary History*, Vol. 1970.

Register

ERSCHIENEN BEI R. S. SCHULZ

Frank Arnau
Watergate · Der Sumpf
DM 9,80

Dr. med. Max Bajog
**Wer denkt, raucht nicht —
wer raucht, denkt nicht**
DM 5,80

João Bethencourt
**Der Tag, an dem der Papst
gekidnappt wurde**
DM 9,80

Manfred Bockelmann
Magic Hollywood
DM 38,—

Werner Egk
Die Zeit wartet nicht
DM 25,—

Anneliese Fleyenschmidt
Wir sind auf Sendung
DM 19,80

Indira Gandhi
Indira Gandhi spricht
DM 22,—

Valeska Gert
Katze von Kampen
DM 14,80

Michael Graeter
Leute · Bd. I und II
je DM 69,—

Erich Helmensdorfer
Die große Überquerung
DM 12,80

Erich Helmensdorfer
Westlich von Suez
DM 26,—

Erich Helmensdorfer
Hartöstlich von Suez
DM 22,80

Otto Hiebl
schön daß es München gibt
Broschiert DM 9,80
Leinen DM 14,80

Werner Höfer
Knast oder Galgen?
DM 24,—

Werner Höfer
**Starparade —
Sternstunden**
DM 36,—

Werner Höfer
Deutsche Nobel Galerie
DM 25,—

ERSCHIENEN BEI R. S. SCHULZ

ERSCHIENEN BEI R. S. SCHULZ

ERSCHIENEN BEI R. S. SCHULZ

Johannes Rüber
Wer zählt die Tage
DM 19,80

Jürgen v. Scheidt
Der geworfene Stein
DM 25,—

Karlfriedrich Scherer
**Essen + Trinken
250,— DM monatlich für
eine Familie mit einem Kind**
DM 9,80

Peter Schmidsberger
Skandal Herzinfarkt
DM 25,—

Franz Schneider
Der Baum der Erkenntnis
DM 9,80

Rolf S. Schulz
**Die soziale und rechtliche
Verpflichtung
des Verlegers**
DM 7,80

Hannelore Schütz,
Ursula v. Kardorff
Die dressierte Frau
DM 14,80

Dieter Sinn
**Besondere Kennzeichen:
Augen katzengrün**
DM 25,—

Sigi Sommer
Das kommt nie wieder
DM 23,—

Monika Sperr
Die dressierten Eltern
DM 16,80

Jean Starobinski
**Besessenheit und
Exorzismus**
DM 12,80

Josef Steidle
I sag's wia's is
DM 9,80

Helene Thimig-Reinhardt
Wie Max Reinhardt lebte
DM 26,—

Luise Ullrich
**Komm auf die Schaukel
Luise**
Balance eines Lebens
DM 25,—